教育部全国普通高等学校优秀教材

普通高等教育“十一五”“十二五”国家级规划教材

“十三五”江苏省高等学校重点教材(2017-1-054)

交通工程学

(第3版)

王　炜　陈　峻　过秀成　等编著

王殿海　主审

东南大学出版社

·南京·

内 容 提 要

本书总结与吸收了国内外近年来交通系统规划、设计与管理的最新研究成果和实践经验。考虑到交通工程学科综合性、系统性、交叉性、动态性的特点，书中注重交通工程基本概念、基本理论及基本方法的阐述，并概要介绍国内外交通工程研究的最新动态。

全书共分十二章，前五章为基础部分，阐述交通系统中人-车-路及交通流的基本特性、交通调查与分析技术、交通流理论以及道路通行能力与服务水平等内容；中间五章为应用部分，介绍道路交通规划、交通设计、交通管理与控制、交通安全、交通环境保护的理论与方法；最后两章为发展动态，介绍交通仿真、智能运输系统等内容。

本书可作为交通工程、交通运输、土木工程、城市规划等专业本科生教材，也可作为城市交通、公路交通、城市规划等领域规划、设计与管理部门技术人员的参考用书。

本教材获教育部全国普通高等学校优秀教材二等奖，入选普通高等教育“十一五”“十二五”国家级规划教材、“十三五”江苏省高等学校重点教材(2017-1-054)，并得到江苏省品牌专业建设工程一期项目资助(交通工程专业，PPZY2015B148)。

图书在版编目(CIP)数据

交通工程学/王炜等编著. —3版. —南京:东南大学出版社，2019.6(2023.3重印)
ISBN 978-7-5641-8337-0

Ⅰ.交… Ⅱ.①王… Ⅲ.①交通工程学 Ⅳ.①U491

中国版本图书馆CIP数据核字(2019)第051657号

东南大学出版社出版发行
(南京四牌楼2号 邮编 210096)
网 址：http://www.seupress.com
电子邮件：press@seupress.com
全国各地新华书店经销 徐州绪权印刷有限公司印刷
开本：787 mm×1092 mm 1/16 印张：24 字数：600千字
2000年10月第1版 2011年6月第2版
2019年6月第3版 2023年3月第22次印刷
ISBN 978-7-5641-8337-0
定价：60.00元

第3版前言

随着我国国民经济的高速发展及城镇化、机动化进展的加快，交通需求迅速增长，交通问题日趋严重，主要表现在道路交通拥挤、交通秩序混乱、交通事故增多、交通引起的环境污染严重等诸多方面。目前，交通问题已成为社会经济发展、人民生活水平提高的一个制约因素，交通问题已越来越受到人们的重视。

交通工程学是为解决交通问题提供基础理论及基本技术的一门学科，是一门集自然科学与社会科学于一体的综合性学科，它涉及工程、法规、教育、环境、能源、经济等诸多领域，由于工程、法规、教育、环境、能源、经济的英文单词均为“E”开头，我们也称交通工程学为“六E”科学。

本书总结与吸收了国内外近年来交通系统规划、设计与管理的最新研究成果和实践经验。考虑到交通工程学科综合性、系统性、交叉性、动态性的特点，书中注重交通工程基本概念、基本理论及基本方法的阐述，并概要介绍国内外交通工程研究的最新动态。教材主要特色包括：

1. 基础性：作为交通运输工程专业类专业基础课“交通工程学基础”的教材，本教材注重交通工程基本概念、基本理论及基本方法的阐述。

2. 创新性：教材既包括专业基础知识点，也包括国际上最新交通工程进展及作者的最新研究成果，如交通环境、交通仿真、智能交通系统等新内容。

全书共分十二章，前五章为基础部分，阐述交通系统中人-车-路及交通流的基本特性、交通调查与分析技术、交通流理论以及道路通行能力与服务水平等内容；中间五章为应用部分，介绍道路交通规划、交通设计、交通管理与控制、交通安全、交通环境保护的理论与方法；最后两章为发展动态，介绍交通仿真、智能运输系统等内容。

本次再版，我们在第2版的基础上根据交通工程学科的发展状况，对内容做了较大的调整，主要包括：

(1) 定位国际前沿与我国交通运输发展最新要求，改革与更新教材内容。

国际交通呈现出高度信息化、智能化发展趋势，我国的交通系统发展体现出“资源集约、环境友好、绿色交通、智能交通”的导向。为此，本次修订重点补充更新面向信息化、智能化的交通调查与分析方法、智能交通运输系统前沿知识等内容。包括第 3 章中重点增加现代交通数据采集相关内容、第 12 章对智能交通系统发展内容进行大幅度更新等。同时，结合绿色交通发展导向，在第 10 章中新增了“道路交通对自然生态的影响”“道路交通污染和绿色交通”内容，以及对共享交通等的概念介绍。

(2) 强化与国内外最新基础理论发展及规范标准资料相结合。

结合交通工程学科研究的不断深入，本次修订重点增加国际上最新交通工程进展及作者的最新研究成果，如第 4 章交通流理论、第 5 章道路通行能力与服务水平、第 11 章交通仿真等内容。同时，将 2010 年至今交通工程领域最新颁布的相关规范和技术标准(《城市综合交通体系规划标准》(GB/T 51328－2018)、《城市道路工程设计标准 2014》等)融入教材内容的更新。

(3) 将原第 9 章停车场的规划与设计，替换为第 7 章道路交通设计，章节顺序适当调整。

本教材主编单位东南大学交通运输规划与管理学科是国家级重点学科，对应“交通运输工程”一级学科 2017 年国家学科综合评估排名 A^{+}，本教材建设以“交通工程国家一类特色专业”建设、“交通工程专业国家级教学团队”建设开展，参编人员包括交通工程领域的众多知名教授，成果具有很强的示范性。

本书第 3 版中，第一、六、八章由王炜撰写，陈峻、杨敏等参与修订；第二章由陈学武撰写，刘攀、李志斌等参与修订；第三、四、九章由过秀成撰写，王昊、张健、刘攀、徐铖铖等参与修订；第五章由邓卫撰写，李文权等参与修订；第七章由项乔君撰写；第十章由王炜、陆建撰写，刘志远等参与修订；第十一章由王炜、任刚、李文权撰写与修订，任刚等参与修订；第十二章由王炜、叶智锐、朱中撰写与修订。全书由王炜、陈峻教授统稿，浙江大学王殿海教授主审。

本教材自 2000 年 10 月出版至今，已印刷 19 次，累计印数 10 万余册，在东南大学、哈尔滨工业大学、吉林大学、西南交通大学、中国矿业大学、河海大学等近百所大学使用。大家普遍反映该教材基础理论扎实，内容深入浅出，创新信息丰富，使用效果很好。该教材 2002 年获评教育部全国普通高等学校优秀教材二等奖，2006 年入选普通高等教育“十一五”国家级规划教材，2014 年入选教育部“十二五”国家级规划教材，2017 年入选“十三五”江苏省高等学校重点教材，并被交通工程领域同行广泛引用。截至 2018 年 12 月，本教材被中国引文数据库(CNKI)引文收录 2 000 次，创我国该类教材(交通工程学、交通工程导论、交通工程基础等)的最高引用率。

1980 年以来，东南大学在道路工程、交通工程专业开设了“交通工程学基础”课程，先后由徐吉谦、王炜、高辉、杨涛、过秀成、邓卫、陈学武、陆建、李文权、程琳、陈峻、任刚、项乔君、刘攀、陈淑燕、张国强、季彦婕、杨敏、马永锋、王昊、王卫、陈茜、胡晓健、张健、梁衡弘、李大韦、金诚杰、徐铖铖、杨帆、李豪杰、曲栩、李志斌、沈永俊、叶智锐、刘志远、芮一康、鲍琼等教师参与该课程和教材的建设，本书凝结了他们的辛勤劳动和教学经验，在此一并表示衷心的感谢！本书参阅了大量国内外资料，未能一一列出，借此向这些著作和文献资料的作者表示衷心感谢！

著　者

2018 年 12 月于东南大学

目录

第1章 绪论…… 1
§1-1 交通工程学的定义 …… 1
§1-2 交通工程学科的研究范围与特点 …… 2
§1-3 交通工程学科的产生与发展 …… 4
§1-4 我国的交通工程现状及发展趋势 …… 6

第2章 交通特性 …… 15
§2-1 人-车-路基本特性 …… 15
§2-2 交通量特性 …… 28
§2-3 交通流特性 …… 34

第3章 交通调查与数据采集 …… 47
§3-1 概述 …… 47
§3-2 数据采集原理与方法 …… 48
§3-3 交通量调查 …… 58
§3-4 车辆速度调查 …… 67
§3-5 交通密度调查 …… 72
§3-6 行车延误调查 …… 76
§3-7 通行能力调查 …… 84
§3-8 起讫点调查 …… 90

第4章 道路交通流理论 …… 98
§4-1 连续流与间断流基本特征 …… 98
§4-2 跟驰模型 …… 107
§4-3 流体模型 …… 115
§4-4 概率统计模型 …… 121
§4-5 排队论模型 …… 129
§4-6 交通网络流理论 …… 135

第5章 道路通行能力与服务水平…… 143
§5-1 概述 …… 143
§5-2 基本路段的通行能力与服务水平 …… 148

§5-3 平面交叉口的通行能力与服务水平 …… 152
§5-4 公共汽车交通线路的通行能力与服务水平 …… 162
§5-5 自行车道的通行能力与服务水平 …… 164
§5-6 行人交通设施的通行能力与服务水平 …… 170

第6章 道路交通规划 …… 175
§6-1 城市道路交通规划工作总体设计 …… 175
§6-2 城市道路交通规划中的基础信息调查 …… 177
§6-3 城市交通需求发展预测 …… 180
§6-4 城市道路网络布局规划方案设计 …… 195
§6-5 城市道路网络布局方案交通质量评价 …… 202
§6-6 城市道路交通规划方案综合评价 …… 209

第7章 道路交通设计 …… 211
§7-1 概述 …… 211
§7-2 交通设计基础 …… 215
§7-3 交通设计依据及基本原理 …… 223

第8章 道路交通管理与控制 …… 236
§8-1 概述 …… 236
§8-2 交通需求管理和系统管理 …… 238
§8-3 道路交通法规与标志标线 …… 241
§8-4 平面交叉口交通管理 …… 245
§8-5 道路交通行车管理 …… 250
§8-6 城市道路交通信号控制 …… 254
§8-7 城市道路交通管理规划 …… 263

第9章 交通安全 …… 269
§9-1 概述 …… 269
§9-2 道路交通事故及影响因素 …… 271
§9-3 交通安全分析 …… 277
§9-4 交通安全管理 …… 283

第10章 道路交通与环境保护 …… 287
§10-1 概述 …… 287
§10-2 大气污染 …… 288
§10-3 噪声污染 …… 298
§10-4 光污染与振动污染 …… 307
§10-5 道路交通对自然生态的影响 …… 312

§10-6　道路交通污染与绿色交通 …………………………………………………… 320

第11章　交通仿真 ……………………………………………………………………… 327
§11-1　交通仿真概述 …………………………………………………………………… 327
§11-2　交通仿真模型 …………………………………………………………………… 331
§11-3　交通仿真系统设计方法 ………………………………………………………… 334
§11-4　常用交通仿真软件简介 ………………………………………………………… 337

第12章　智能运输系统 ………………………………………………………………… 355
§12-1　概述 ……………………………………………………………………………… 355
§12-2　国外智能运输系统的研究进展 ………………………………………………… 361
§12-3　我国智能运输系统的研究情况 ………………………………………………… 365

参考文献 ………………………………………………………………………………… 369

第 1 章　绪　　论

§1-1　交通工程学的定义

交通工程学是交通工程学科发展的基本理论，是从道路工程学科中派生出来的一门较年轻的学科，它把人、车、路、环境及能源等与交通有关的几个方面综合在道路交通这个统一体中进行研究，以寻求出行效率最大、交通事故最少、通行速度最快、运输费用最省、环境影响最小、能源消耗最低的交通系统规划、建设与管理方案，从而达到安全、迅速、经济、方便、舒适、节能及低公害的目的。

交通工程学作为一门正在发展中的交通工程学科的基础理论，目前很难对它下确切的定义。各国学者从不同的视角、以不同的观点、用不同的方法对它进行探索研究，试图提出一个公认的定义，但都没有成功，定义很难统一。

早在 1933 年 8 月，国际现代建筑协会通过了一个有关城市规划建设的纲领性文件《雅典宪章》，定义了城市的四大功能：生活、工作、游憩、交通，而城市交通是四大功能的基础支撑；并明确城市交通的基本功能是完成人和物的空间移动（即城市居民出行与货物出行）。

20 世纪 40 年代交通工程学科作为一门独立的学科刚建立时，美国交通工程师学会下的定义是：交通工程学是道路工程学的一个分支，它研究道路规划、几何设计、交通管理和道路网、终点站、毗邻区域用地与各种交通方式的关系，以便使客货运输安全、有效和方便。

澳大利亚著名交通工程学家布伦敦教授则认为：交通工程学是关于交通和出行的计测科学，是研究交通流和交通发生基本规律的科学，为了使人、物安全而有效地移动，将此学科的知识用于交通系统的规划、设计和运营。

1983 年，世界交通工程师协会会员指南提出：交通工程学是运输工程学的一个分支，它涉及规划、几何设计、交通管理和道路网、终点站、毗连用地与其他运输方式的关系。

苏联学者把交通工程学定义为：研究交通运行的规律和对交通、道路结构、人工构造物影响的科学。

英国学者则认为，道路工程中研究交通用途与控制、交通规划、线形设计的那一部分称为交通工程学。

尽管各国学者对交通工程学的理解、认识不完全一致，但在以下两个方面是基本共同的：交通工程学是从道路工程学分化出来的，它的主要研究对象是道路交通（公路、城市道路）；交通工程学主要解决道路交通系统规划与管理中的科学问题。但进入 21 世纪以来，随着区域综合交通体系及城市综合交通系统的逐步建立，交通工程学的研究对象已经从单一的道路工程扩展至整个综合交通运输系统。

§1-2　交通工程学科的研究范围与特点

一、交通工程学科的研究范围

交通工程学科作为交通运输工程学科的一个重要分支，随着社会对交通需求的增加及科学技术的进步而得到了迅速发展，学科的研究内容日趋丰富。一般来说，交通工程学科的研究内容包括以下几个方面：

1. 交通特性分析技术

包括研究交通参与者（行人、车辆驾乘人员）、交通工具（机动车、非机动车）、道路（公路、城市道路、交叉口及交通枢纽）的交通特性以及交通流交通特性的分析方法。

2. 交通调查方法

包括交通流量、交通速度、交通密度调查方法，居民出行、车辆出行调查方法，交叉口车辆延误、交通量时空分布特征调查方法，交通事故、交通大气污染与声污染调查方法等。

3. 交通流理论

包括交通流三参数（流率、速度、密度）相互关系，交通流动力学特征，车辆跟驰理论，概率论、排队论、流体力学方法在交通流分析中的应用。

4. 道路通行能力与服务水平分析方法

包括道路通行能力与服务水平的基本概念，路段、平面交叉口的通行能力与服务水平分析方法，多方式交通设施（公共汽车线路、自行车道、行人交通设施）的通行能力与服务水平分析方法。

5. 道路交通系统规划理论与方法

包括城市交通需求、区域综合运输需求、公路交通需求的预测方法，网络交通流的动态、静态交通分配模型，城市道路网络、地面公交网络、轨道交通网络、公路交通网络的规划方法，道路交通规划的评价技术。

6. 道路交通系统设计方法

包括交通设计的技术流程与知识体系，平面交叉口、立体交叉口、路段、公共交通、慢行交通、公共停车场等的交通功能及空间参数设计方法。

7. 道路交通系统管理控制方法

包括道路交通法规制定、交通系统管理（TSM）策略、交通需求管理（TDM）策略、交通运行组织管理、交叉口交通控制、干线交通控制、区域交通控制、交通管理策略的仿真模拟及定量化评价技术等。

8. 交通安全技术

包括交通事故发生机理、事故预防、交通安全设施的技术开发与研究。

9. 交通系统的可持续发展规划

包括交通合理结构规划，交通环境污染（大气污染、声污染、振动等）的预测、评价及预防，交通能耗预测与评价，交通系统中的其他资源消耗预测与评价，交通系统的可持续发展保障体系等。

10. 交通工程的新理论、新方法、新技术

交通工程是一门新学科，它随着科学技术的发展而发展。目前，交通工程的新理论、新

方法、新技术主要集中在智能交通系统(ITS)方面,包括现代通信技术、计算机技术、信息技术、管理技术、控制技术在交通规划、建设与管理中的应用,如道路交通状况智能检测、交通信号智能控制、车辆卫星导航技术、高速公路自动收费技术、自动高速公路等内容。

从上述交通工程学科的研究内容可以看出,交通工程学的内容非常丰富,其研究涉及许多相关理论,如社会学、法学、经济学、心理学、管理学、预测学、运输工程、道路工程、系统工程、信息工程、控制工程、环境工程、能源工程、土木工程、计算机技术等。

二、交通工程学科的特点

交通工程学科是一门正在发展中的综合性学科,它从交通运输的角度把人、车、路、环境、资源作为一个有机的统一体进行研究,兼有社会科学与自然科学双重特点。

1. 系统性

交通系统是一个复杂的、开放的大系统,它是社会经济系统的一个有机组织部分,交通系统的运转受到社会经济系统中其他子系统的影响与制约,如城市形态、人口分布、土地开发直接影响城市交通系统的交通需求总量及其空间分布,区域城镇布局及城镇经济发展直接影响区域公路网系统的交通需求总量与空间分布等。而交通系统本身又是由许多相互影响、相互制约的子系统所组成,如城市交通需求的发展受城市道路网络水平的制约,而城市道路网络的规划又以城市交通需求的发展为依据。

由于交通系统是一个复杂的大系统,因此,交通工程学最重要的方法论基础就是系统工程原理,以系统工程原理来认识和解决交通问题是交通工程学科发展最显著的特点。

2. 综合性

交通工程学科的研究往往从六个方面展开:①工程(Engineering)。研究能满足交通需求的交通基础设施,包括这些交通基础设施的规划与设计。②法规(Enforcement)。由于交通系统的复杂性及综合性,完善的交通法规是保障交通系统正常运转的必要条件。③教育(Education)。由于所有公民都是交通系统的直接或间接参与者,对广大公民(特别是少年儿童)进行现代交通意识教育是非常必要的。④能源(Energy)。交通工具是能源消耗大户,低能耗交通工具开发、降低交通工具在运行过程中的能耗一直是发达国家的研究热点。⑤环境(Environment)。在发达国家,50%以上的噪声污染、废气污染是由汽车交通造成的,因此,交通组织、交通结构优化及道路环境保护设计是保障交通系统可持续发展的重要措施。⑥经济(Economy)。交通基础设施建设需要花费大量的建设资金。如,一条城市主干道的建设需要几个亿甚至十几个亿的建设资金,一条地铁线路的建设需要消耗上百亿巨资。但交通基础设施的完善可以促进城市经济的快速发展,产生巨大经济效益。近十年来交通经济已经成为交通工程学的核心内容。由于工程、教育、法规、能源、环境、经济的英文单词开头都是“E”,因此,人们通常称交通工程学科为“六 E”学科。

3. 交叉性

如前面所述,交通工程学是从道路工程学派生的一门综合性学科,它与其他相关学科有着非常密切的联系。特别是随着科学技术的发展,交通工程学科与其他学科的交叉性更加明显。一个最有说服力的例子是智能交通系统(ITS),它是交通工程学科、电子工程学科、信息工程学科、自动控制学科、计算机学科、汽车工程学科在交通运行管理中的多学科交叉。

4. 社会性

交通系统是社会经济系统中的一个子系统，它涉及社会的各个方面，交通工程学科中最重要的交通规划、交通管理、交通法规三个研究方向都直接影响到全社会的公民及企事业单位。同样，交通系统的建设管理水平直接影响到城市、区域的经济发展及人民生活水平的提高。

5. 超前性

交通系统是为社会经济发展、人民生活水平的提高服务的，是区域及城市发展的载体、社会经济活动的支撑体系。社会经济要发展，交通必须先行。社会上流传的“要想富，先修路”“快路快富、大路大富、小路小富”的说法不是没有道理的。交通基础设施的使用年限很长，一条地铁往往要服务上百年，一条高速公路也要服务50年左右，大型桥梁都是以百年为设计寿命，因此，在进行交通系统规划建设时，必须考虑以后几十年、甚至上百年的交通需求及社会经济状况。

6. 动态性

交通工程的动态特性表现在两个方面。一是交通状况的实时动态特点。交通流是典型的随机流，它在道路网上的时空分布是随机变化的，反映出的交通流规律是统计规律，对交通系统规律描述（特别是用于交通管理与控制）必须采用动态的方法。二是交通系统规划建设的动态特点。由于交通系统的规划建设必须是超前的，但随着社会经济发展状况的变化，原来预测的与实际发生的可能会有差异。因此，交通系统的规划建设必须采用动态滚动的手段，根据变化的情况，不断进行动态调整。

§1-3　交通工程学科的产生与发展

一、交通工具的变革与交通工程的发展

“衣、食、住、行”是人们基本生活条件的四要素，“行”就是指交通。自从出现了人类，就出现了交通。交通的发展依赖于交通工具的变革，交通工具的变革又依赖于科学技术的发展。以交通工具发生根本性变革来划分交通发展时代，一般可分为步行交通、马车交通、汽车交通、智能交通四个时代。

1. 步行交通时代

从远古时代到车轮发明前的漫长时期，人们唯一的交通方式是步行，人们从事一切活动（包括运输）都靠步行来解决，尽管后来人们开始驯化野兽（或动物）来驮运货物，但仍属步行范畴。

2. 马车交通时代

车轮的发明使交通方式发生了根本性的变化，使人类交通进入车辆时代。车轮的发明对人类文明发展起了相当大的促进作用。

以马车为主的畜力车辆的发展，使交通工程作为一种“工程”开始出现，能适应于马车、牛车通行的地方性道路开始修建，如我国春秋战国时期在秦岭地区修建的“金牛道”、秦始皇统一中国后修建的全国性“驰道”与“驿道”、汉代开辟的经西域通往西方的“丝绸之路”。能适应于马车通行的城市道路网也开始规划，如我国周代就已有了明确的道路系统及城市道路网规划，《周礼·考工记》记有“匠人营国，方九里，旁三门，国中九经九纬……经涂九轨，环

涂七轨，野涂五轨”，这种“九经九纬”的道路网模式（方格网模式）及道路等级配置几乎一直沿用到近代。

3. 汽车交通时代

19世纪末，产业革命之后出现了蒸汽机和电动车，为交通工具的改革和发展奠定了基础。于是，以动力机械驱动的各种机动车辆相继出现，以机器为动力的汽车逐步替代了以马、牛为动力的马车、牛车，成为交通发展的一个里程碑。

1885年，德国人道格力普·达姆勒制造了第一辆实验性的燃油四轮汽车，同年卡尔·奔驰也制造了一辆燃油三轮汽车，1888年，在市场上首次出售奔驰汽车。从此，世界上出现了近代汽车，并逐步替代了马车。1900年全世界汽车保有量只有约1 000辆，20年后（1920年）就发展到约300万辆，目前全球汽车拥有量超过13亿辆。进入新世纪后，欧美国家汽车拥有量增长缓慢，而中国、印度等新兴国家却是快速增加。截至2017年底，全国机动车保有量达3亿辆（包括摩托车、拖拉机等农用车及机动三轮车等），其中汽车拥有量突破2亿辆。

交通工具的革命性变化，促进了交通工程学科的迅猛发展。为了适应汽车交通，各国都相继开展了交通基础设施规划与建设工作。如美国在20世纪60～70年代，对大中城市进行了一轮城市交通基础设施的建设规划。在20世纪50～70年代，在全美范围内实施州际高速公路发展战略。这一时期，美国修建了约6万km的高等级公路（大部分达到了高速公路标准），使美国的高速公路里程在相当长的时期一直保持在世界第一水平。

中国的第一条高速公路“中山高速公路”建于台湾，北起基隆、南到高雄，1978年建成通车，全长373 km。但中国大陆在1989年才实现高速公路“零的突破”，2001年建成高速公路2万km（总量排世界第二），2010年底建成高速公路超过7.4万km（我们用20年时间完成了美国半个世纪的建设量），2017年底中国高速公路总量已经突破13万km，远远超过美国，为世界第一。

4. 智能交通时代

智能交通是交通发展的最高阶段，目前发达国家交通工程的发展开始进入此阶段，它是各国交通工程发展的目标，各国都投入了巨大的财力、人力进行智能交通系统的研究。

汽车化时期给交通发展带来的后果是在全世界范围内出现了13多亿辆汽车，为了满足这些汽车的运行，各国都花费了巨大的资金及土地资源修建城市道路或高速公路。但汽车化时期并未由此结束，全世界的汽车保有量还在继续上升，交通需求量仍在快速增长，发达国家已经无法提供土地来修建道路以满足无限膨胀的交通需求，因此把目标寄托于通过当今世界上最新科学技术的应用，实现智能化的交通运输环境，以此减少交通需求量，提高交通运输系统的运输效率，解决交通问题。

二、交通工程学科的产生与发展

尽管交通工程在古代就已经存在，但作为一门独立学科的交通工程学，是以1930年美国交通工程师学会成立作为交通工程学科诞生的标志。

交通工程学是为交通工程实践提供理论指导的一门学科，交通工程学科发展的各个阶段，其研究内容各有侧重，并取决于当时交通工程的实际情况，而各国交通工程的发展受本国社会经济发展的制约。因此，各国交通工程学科的发展历程不尽相同，但对于大多数发达国家来说，交通工程学科的发展经历了以下几个阶段。

1. 基础理论形成阶段(20 世纪 30 年代初～40 年代末)

在这一阶段，由于交通工程学科刚刚诞生，学科发展重点是建立交通工程学的基本理论体系，研究的重点是对交通现象的调查及探索交通现象的一般规律。

2. 交通规划理论形成阶段(20 世纪 50 年代初～70 年代初)

为了适应汽车化带来的大量交通需求，在这一时期，发达国家开展了大规模的交通基础设施建设，包括城市交通基础设施建设及区域高等级公路网络建设，交通工程学科义不容辞地为当时这场大规模的基础设施建设热潮提供理论支持。该阶段的学科研究重点是城市交通规划理论与实用技术、区域公路网规划理论与实用技术。在这一时期形成的"四阶段"交通规划模式至今仍为各国所沿用。

3. 交通管理技术形成阶段(20 世纪 70 年代初～90 年代初)

汽车化的后果带来了交通需求的无限膨胀，20 世纪 50～70 年代建成的交通设施并不能完全满足进一步增加的交通需求，从 80 年代开始，发达国家将解决交通问题的措施从大规模交通基础设施建设转移到了现代化交通管理，以期望提高交通系统的运输效率。这一时期交通工程学科的研究重点是交通管理与控制技术的开发，如当时提出的交通需求管理(TDM)概念、交通区域控制系统(TRANSYT、SCOOT、SCATS)等目前仍在全世界范围内广泛采用。

4. 智能交通系统研究阶段(20 世纪 90 年代中期开始)

尽管发达国家在 20 世纪 50～70 年代进行了大规模的交通基础设施建设，在 20 世纪 80～90 年代进行了科学的交通管理，使当时的交通发展能与社会发展基本适应。但交通需求的继续增长迫使发达国家开始寻找更为科学的解决交通问题的途径，智能交通系统于 20 世纪 90 年代应运而生。

智能交通系统(ITS：Intelligent Traffic System)是交通管理的最高形式，其目标是建设智能化运输环境。智能交通系统是交通工程、信息工程、通信工程、计算机技术、电子工程等学科在交通领域的交叉与综合应用，当然，交通工程学科的研究起到主导作用。

智能交通系统经过了近 30 年的不断探索，目前已经处于技术开发阶段，部分成果已经开始在解决城市交通问题及区域运输问题中发挥作用。

§1-4　我国的交通工程现状及发展趋势

一、我国的交通现状

1. 综合运输

1949 年以来，我国交通运输事业有了很大发展，形成了铁路、公路、水运、空运和管道五大运输方式组成的初具规模的运输框架。特别是改革开放以来，国家在交通运输基础建设方面投入了巨大资金，五大运输方式的里程均有较大增长，以公路及民航增长最快。图 1-1 为我国五大运输方式的里程发展图，表 1-1 为 2016 年我国主要运输方式客货运输量对比，图 1-2、图 1-3 为 2016 年主要运输方式客运量、货运量构成图。

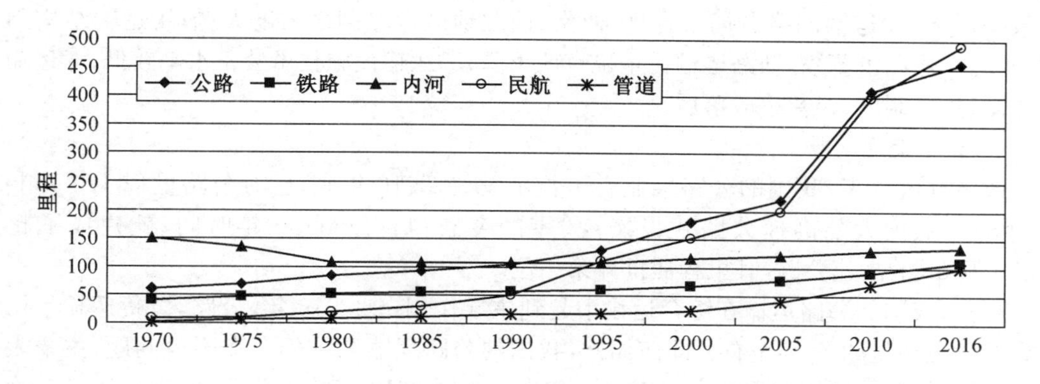

图 1-1　五大运输方式里程发展图

（里程单位：公路、民航线路为万公里，其他为千公里）

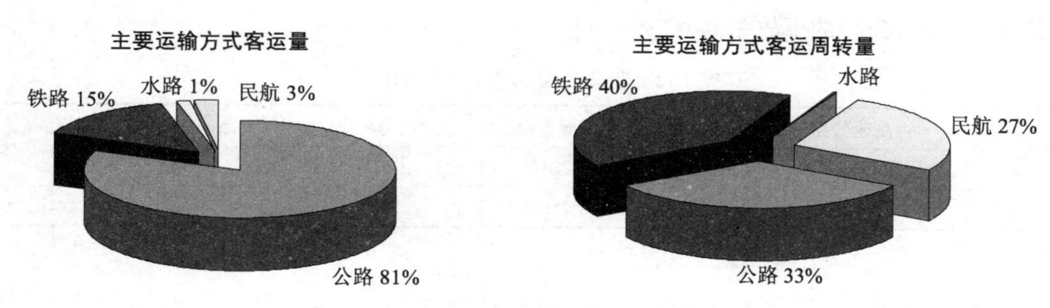

图 1-2　2016 年主要运输方式客运量构成

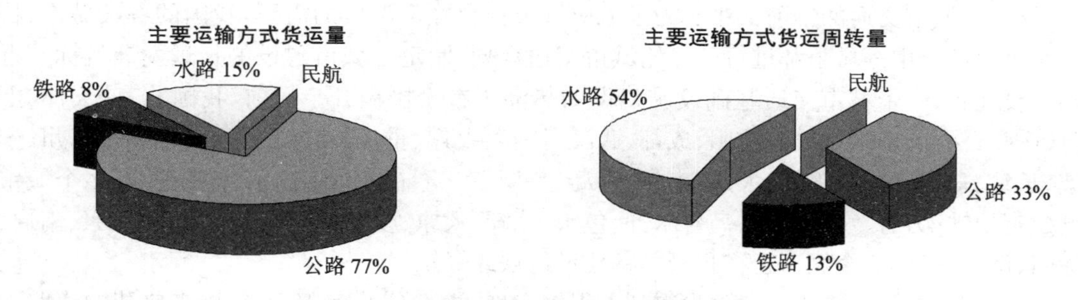

图 1-3　2016 年主要运输方式货运量构成

表 1-1　我国主要运输方式客货运输量对比（2016 年）

交通方式	公路	铁路	水路	民航
客运量/亿人	154.28	28.14	2.72	4.88
客运周转量/(亿人・km)	10 228.71	12 579.29	72.33	8 359.54
货运量/亿 t	334.13	33.32	63.82	0.07
货运周转量/(亿 t・km)	61 080.10	23 792.26	97 338.80	221.13

资料来源：中华人民共和国交通运输部网站

尽管我国的交通运输事业有了长足发展，但仍存在着不少问题，主要表现在：①运输能力仍严重不足，不能适应国民经济发展的需要；②不同运输方式各自为政，缺乏协调，综合运输效率低下;③运输网络布局不合理,西南、西北地区运输网络密度太低;④运输结构不合理,水运运输严重萎缩,铁路运输比重也有所下降;⑤运输设施技术装备水平较低;⑥运输管理体制、规章制度、经营手段落后。

2. 公路交通

改革开放以来,我国的公路事业有了长足发展,2016 年底,已有公路里程 470 万 km。自 1989 年我国大陆高速公路建设实现“零的突破”后,不到 30 年时间,就建成了超过 13.10 万km 的高速公路,其里程居世界第一位。

目前,我国的公路运输在综合运输中起到主导作用,到 2016 年,公路客、货运输量已占综合客货运输量的 80%左右。即使如此,我国的公路运输系统仍存在不少问题,主要表现在:①低等级公路所占比重太大。表 1-2 列出了我国 2016 年的公路等级构成,从表 1-2 中可见,我国低等级公路仍占了绝大部分,尽管这几年对低等级公路进行了改造,但四级及等外公路仍占 78%以上。②对已建高速公路的交通管理技术跟不上,高速公路的运输效率有待提高,高等级公路的事故率高。

表 1-2 我国公路等级结构(2016 年)

等级	高速公路	一级公路	二级公路	三级公路	四级公路	等外公路
里程/万 km	13.16	9.87	37.13	42.30	320.54	47.00
比重/%	2.8	2.1	7.9	9.0	68.2	10.0

资料来源:中华人民共和国交通运输部网站

3. 城市交通

我国目前已有 660 多个建制市,3 000 多个城镇,城市化人口已达 57%,人口向城市集聚,导致了城市交通的空前紧张。为了适应城市社会经济发展的需要,我国的各大城市、特大城市及部分中等城市都进行了一轮城市交通规划,制定了城市建设的长远发展目标及近期建设任务,一个城市交通基础设施建设的热潮正在全国展开。目前,我国北京、天津、上海、广州、深圳、南京、佛山、沈阳、成都、武汉、长春、大连、重庆、哈尔滨、杭州、西安、苏州、宁波、长沙、郑州、昆明、无锡、大连、南昌、青岛、合肥、东莞、福州、南宁、石家庄等 30 多个城市已建有地铁,另有兰州、贵阳、乌鲁木齐、包头、芜湖、太原、厦门、呼和浩特、常州、绍兴、南通、徐州、济南等近 20 个城市正在积极筹备建设地铁或轻轨。

改革开放以来,城市交通建设得到了很大发展,大部分城市 1978 年以来修建的道路面积已经远远超过了该城市建城以来至 1978 年修建的道路面积总和,大规模的交通设施建设在某种程度上缓解了城市交通紧张局面。但我国的城市交通问题仍很严重,主要表现在:①城市交通结构很不合理。在城市居民出行中,道路利用效率最高的公交出行比例没有明显的提高,自行车、电动自行车出行仍然是城市居民出行的主体。进入 21 世纪以来,由于城市规模的扩大及住房分配制度的改革,居民出行距离不断增长,自行车的出行优势正在逐渐削弱,自行车出行正在逐步向机动化出行转变,但目前的机动化趋势不符合城市交通可持续发展要求,自行车出行正在向私人小汽车与电动自行车转移。图 1-4 为南方某大城市居民出行比例(平均值)的变化图。②总体来说,我国城市道路建设欠账过多,建设速度仍跟不上交通需求增长速度。③许多城市政府部门只重道路建设,不抓交通管理,导致城市交通系统运行效率较低。④市民的现代交通意识淡薄,交通违纪现象严重,造成交通秩序混乱,影响了已有道路的利用效率。

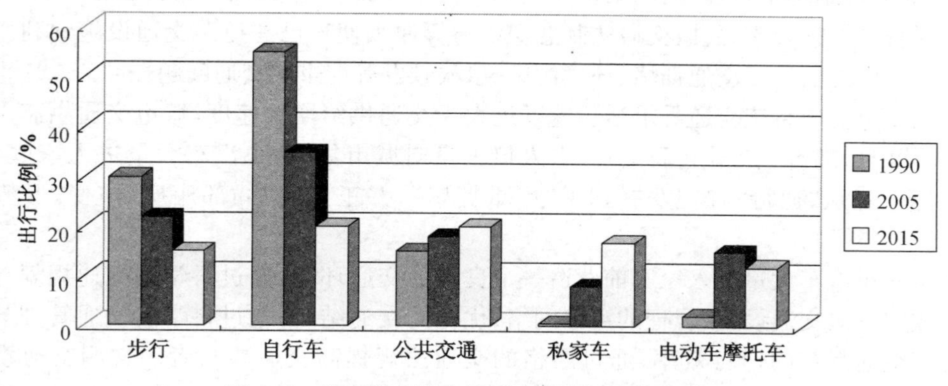

图 1-4　南方某大城市居民出行交通结构变化图

二、我国交通工程学科的产生及面临的任务

1. 我国交通工程学科的产生

我国交通工程学科的产生，美籍华人交通工程专家张秋先生起了很大的推动作用。1978 年以来，以张秋先生为代表的美、日、英、加等国交通工程学专家，先后在上海、北京、西安、南京、哈尔滨等城市讲学，系统介绍西方发达国家交通规划、交通管理、交通控制及交通安全方面的建设与管理经验。国内也派出了多个代表团出国参加由英、美、日、澳、德等国举办的国际交通工程学术会议，这些活动推动了国内交通工程学科的产生。

1980 年上海市率先在国内成立了交通工程学会，1981 年中国交通工程学会宣告成立，20 多个省、市、自治区也相继成立了省级交通工程学会或交通工程学术委员会，有些早先成立的国家级专业学会也设立了交通工程分会。东南大学、同济大学、北京工业大学、西南交通大学、西安公路交通大学、哈尔滨工业大学等院校相继设立了交通工程本科生专业，并着手招收、培养交通工程专业的硕士研究生、博士研究生。我国的新闻出版部门也相继出版了《中国交通工程》《中国交通报》《交通安全报》《交通工程》《道路交通管理》《红绿灯下》等杂志及一批交通工程方面的报刊，广泛传播交通工程方面的知识。

我国交通工程学科的成立不像美国有明确的标志，但一般认为，我国交通工程学科产生于 20 世纪 80 年代初，而美籍华人张秋先生是该学科成立的有力推动者。

2. 全国城市交通“畅通工程”

全国城市交通“畅通工程”是交通工程学科的基础理论与关键技术在城市交通系统的规划、建设与管理中集成应用的一个成功范例。

全国城市交通“畅通工程”是由国务院批准（国办发〔2000〕18 号文件），公安部、原建设部共同负责实施（2008 年起增加了交通运输部、教育部，四部委联合实施），旨在提高我国城市交通建设与管理科学化水平的全国性城市交通科技工程。“畅通工程”2000 年启动，已实施近二十多年，全国 600 多个城市参加。

（1）全国城市交通“畅通工程”的发起背景

随着我国经济、社会的快速发展，道路交通需求迅速增长，城市交通供需矛盾十分突出。

一方面道路交通供给严重不足，一些城市总体规划和交通规划不完善、交通综合运输体系不健全、交通运输结构不合理、路网结构不科学。另一方面，由于我国道路交通管理水平落后、道路交通管理设施匮乏、公民交通法制意识淡薄等原因使得已建道路交通设施的利用效率十分低下。由此引发了交通拥堵、环境污染、事故频发等严重的交通问题。

我国城市交通系统交通需求增长速度远大于交通供给增长速度，城市交通供需矛盾日益尖锐。并且，随着城市化进程的加快、人口大量向城市集聚、小汽车大量进入家庭，城市交通问题已经从"通行不畅"发展到了"严重拥堵"，并正在向"局部瘫痪"演变，形势非常严峻。

为了在小汽车大量进入家庭前营造一个良好的交通环境（通过科学的交通规划与交通建设形成完善的交通设施、合理的道路网络、优化的交通结构；通过科学的交通管理与运行组织提高交通系统的运行效率；通过严格的交通法规提高交通参与者的文明交通意识等等），最大限度地提高现有交通系统的通行效率，保持行车通畅、缓解交通拥堵、避免交通状况向"整体瘫痪"发展，公安部、原建设部联合发起了声势浩大的"畅通工程"。

(2) 全国城市交通"畅通工程"的工作重点

改善道路条件：保障城市交通基础设施资金投入，通过强化城市总体交通规划，优化城市道路建设过程，改善路网结构与路面行车条件，合理配置道路等级，提高人均道路面积率及停车车位数，尽可能提高道路交通系统的供给能力。

优化交通结构：强化交通需求宏观控制，合理控制土地利用开发强度，制定公共交通优先政策（大城市需完成城市公共交通发展规划），提高公交分担率，合理控制出租车规模，优化城市交通出行结构，尽可能减少道路交通出行需求。

强化科学管理：保障道路交通管理资金投入，通过强化道路交通管理规划，优化建设交通信号控制系统、智能交通系统及标志标线等交通管理基础设施，明确交通参与者的通行权力，优化道路交通运行组织，合理引导交通流在道路网络上均衡分布，尽可能提高现有道路交通系统的通行效率。

规范交通行为：加强交通法规和交通安全知识的普及教育，提高广大交通参与者的现代交通意识，建立一支群众满意的交通管理与城建监察的专业队伍，提高道路管控能力，严格交通执法，规范交通行为，提高交通遵章率，营造一个井然有序的交通运行环境。

3. 我国交通工程学科重点研究方向 —— 交通工程学科发展战略研究

我国交通工程学科产生于20世纪80年代初，仍属于一门新兴学科，因此必须在学习国外先进经验与基本理论的同时，从我国交通工程的实际和特点出发，建立符合我国国情的交通工程理论与方法。东南大学交通工程创新团队徐吉谦教授、王炜教授于1990年受国家自然科学基金委员会委托进行了我国交通工程学科发展战略研究，当时提出了以下一些重点研究方向：

■ 城市交通规划理论与方法

■ 区域综合交通运输规划理论与方法

■ 适应我国交通特点的交通控制理论与方法

■ 交通流理论

■ 交通综合管理方面的理论、方法与措施

■ 可持续发展的城市交通系统模式

■ 智能交通系统基础理论

这些研究方向基本上都已得到国家自然科学基金资助，或被已资助项目的内容所覆盖。通过国家自然科学基金资助的这些课题以及其他渠道课题的研究，我国的交通工程学科从无到有、从弱到强得到了长足的发展，大大缩小了与发达国家的差距，但总体上说，我国与本领域的国际水平相比，基础理论研究薄弱，与国际先进水平相差较远。

2005年，东南大学交通工程创新团队王炜教授再次受国家自然科学基金委员会委托联合国内交通领域一批著名教授进行了我国交通工程学科第二轮发展战略研究，根据学科发展战略目标，结合国际研究前沿和国内实际情况，提出了六个重点研究领域的若干优先研究方向。

■ 交通流模型

(1) 交通流的非线性特征研究

(2) 交通流的建模和模拟研究

(3) 交通网络建模与复杂性研究

(4) 交通流检测和数据库建设

■ 缓解城市交通拥堵的基础理论

(1) 城市形态、交通模式与路网结构的耦合关系

(2) 城市交通需求集成分析理论

(3) 城市交通需求与供给的平衡理论

(4) 基于供需平衡的城市交通系统规划理论

(5) 道路交通系统管理的基础理论

(6) 道路交通流诱导与智能化控制的基础理论

(7) 城市公共交通优先发展及快速公交系统的应用基础理论

(8) 城市综合交通枢纽规划与设计理论

(9) 交通地理信息系统(GIS-T)的基础理论

■ 减少交通能耗与环境污染的基础理论

(1) 交通能耗与尾气污染形成机理与宏观量化模型研究

(2) 混合交通环境下城市分等级道路行驶周期的生成方法研究

(3) 基于大规模实时数据的新一代微观能耗与尾气预测模型和算法研究

(4) 交通网络尾气排放特性与时空分布理论研究

(5) 城市交通网络尾气扩散基础理论研究

(6) 基于环境承载能力和能源制约的交通系统研究

■ 解决交通安全问题的基础理论

(1) 道路交通事故形成机理

(2) 道路交通安全微观评价

(3) 交通安全与网络可靠性

(4) 道路交通安全控制理论

■ 实验交通工程理论与信息技术

(1) ITS环境下的交通流运行机理解析与特性分析

(2) 城市动态交通系统计算实验平台

(3) 实验交通系统——基于人工交通系统的建模与分析及系统集成

■ 轨道交通工程领域动力学基础理论

(1) 车辆-轨道-基础系统动力学

(2) 复杂荷载作用下特殊路基(黄土、冻土)动力学特性

(3) 轨道交通振动噪声

(4) 列车脱轨机理与预防脱轨理论

这些研究方向部分得到了国家自然科学基金委员会重点项目的资助,针对当时新出现的大城市交通严重拥堵状况,东南大学交通工程创新团队于2010年再次受国家自然科学基金委员会委托开展了以城市交通为重点的第三轮交通工程学科发展战略研究,提出了"一个核心问题(高效能城市公交系统规划与管理基础科学问题)、二大基础理论(城市交通系统交通结构优化基础理论、城市多模式交通网络交通流基础理论)、六个学科方向(城市交通规划、城市交通控制、城市交通管理、城市交通安全、城市交通节能、城市交通环保)的多学科(学部)交叉的公交主导型城市交通系统关键科学问题"研究框架,提交了"主动引导式城市交通系统规划、设计与调控基础理论"的战略研究报告,并提出了2011—2020年交通工程学科领域的优先资助方向,包括:

(1) 城市规划与城市交通规划的互动机理与耦合研究

(2) 主动引导式的城市交通系统供需平衡理论与耦合机理研究

(3) 现代城市综合交通系统的规划与设计新方法

(4) 新一代城市公共交通系统的规划与设计方法

(5) 复杂条件下混合网络交通流形成机理与演化规律

(6) 网络交通流及其优化管理与控制基础理论

(7) 基于实验科学的新一代网络交通流仿真理论

(8) 安全和环境导向性的交通规划设计与管理方法

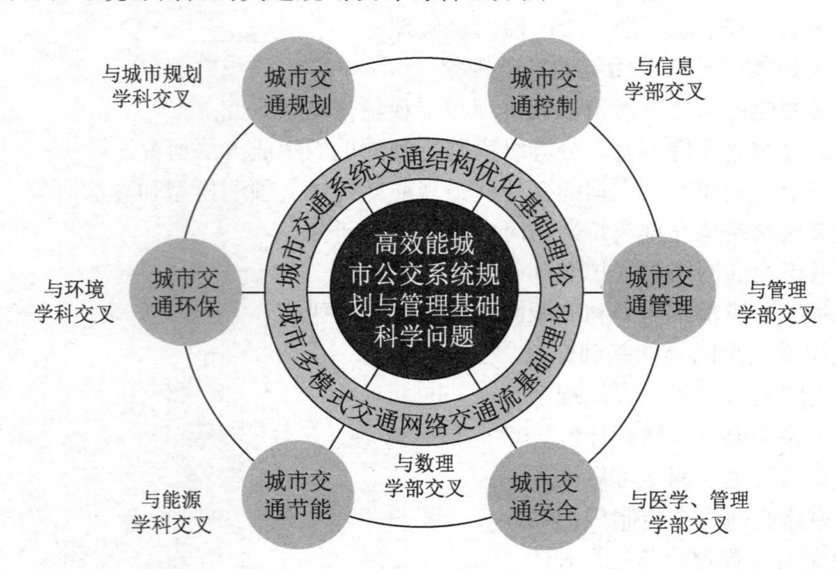

图1-5 交通工程学科发展战略研究——研究方向总体框架

根据国家自然科学基金委员会的总体安排,2014年以东南大学交通工程创新团队为主

开展了第四轮交通工程学科发展战略研究，提出了优先发展领域，勾勒了学科发展“地貌图”。

(1) 优先发展领域

城市综合交通体系的协同规划与设计基础理论

➢ 关键科学问题

· 复杂条件下多模式网络交通流形成机理与演化规律

· 多方式交通系统协同运行及状态调控

➢ 主要研究方向

· 城市规划与城市综合交通规划的互动机理与耦合理论

· 综合交通系统中多模式网络流协同机理与耦合理论

· 多模式公共交通系统效能评估与优化设计方法

· 城市综合客运枢纽的多方式协同资源配置与规划设计理论

· 混合交通条件下道路交通安全分析与调控的基础理论

· 多模式网络交通流多尺度仿真与实验优化

· 城市尺度的交通环境污染分布动态模拟方法

(2) 跨学部优先发展领域

城市交通规划与系统调控中的大数据问题

➢ 关键科学问题

· 全样本环境下的人类出行活动与网络交通流形成机理

· 大数据驱动的综合交通系统演变趋势判别和内在规律辨识

· 大数据环境下的交通流建模与仿真

随着国家自然科学基金委员会专业目录的调整，上述研究方向目前正分别在国家基金委材料与工程学部、信息工程学部、管理学部立项申报。国家科学技术部也部署了“综合交通与智能交通系统”“十三五”重点专项，就上述研究方向进行科学技术攻关。

2017 年 10 月 18 日，中国共产党第十九次全国代表大会在北京隆重举行，习近平总书记在大会报告中提出了“交通强国”发展战略，交通运输部正在研究制定交通强国建设的纲要，到 2035 年，使我国进入世界交通强国的行列。

一系列数据表明，我国已经成为名副其实的交通大国。到 2017 年底，中国铁路的营运里程已经达到 12.7 万 km，其中高铁通车里程达 2.5 万 km，居世界第一。公路通车的总里程达 477 万 km，其中高速公路通车里程突破 13 万 km，居世界第一。城市轨道交通的营运线路总里程达 4 500 km，同样居世界第一。世界上的十大港口，中国占了七席。

我国尽管建成了世界第一的交通运输基础设施系统，但交通基础设施的管理与运用方面存在严重不足，距离交通强国还有相当长的路要走。下一步的重点就是要解决发展质量的问题。目前，交通运输部正在研究制定交通强国建设的纲要，分两步走建设交通强国。第一步，2020 到 2035 年，基本建成交通强国，使我国进入世界交通强国的行列。第二步，2036 到本世纪中叶全面建成交通强国，使我国进入世界交通强国的前列。到那时，中国将全面实现交通运输的现代化，交通基础设施、交通运输服务、交通技术装备、行业治理，以及国际影响力都将达到世界领先水平。

复习思考题

1-1　简述交通工程学的定义、性质、特点与发展趋势。

1-2　简述我国交通现状与交通工程学科面临的任务。

1-3　简述城市交通“畅通工程”的目标与重点任务。

1-4　简述交通工程学科的研究范围、重点与作用。

第2章 交通特性

交通特性分析是交通工程学的基础部分，是进行合理的交通规划、设计、运营、管理与控制的前提。交通特性分析的重点是研究道路交通系统各基本要素(人、车、路)的自身特性以及各要素之间的相关特性。

§2-1 人-车-路基本特性

一、人的交通特性

道路交通系统中的人包括驾驶员、乘客和行人。人是交通系统中的主要部分，贯穿于交通工程学的各个方面。例如，汽车的结构、仪表、信号、操作系统应当适合驾驶员操纵，交通标志的大小、颜色、设置地点应考虑驾驶员的视觉机能，道路线形的设计要符合驾驶员的视觉和交通心理特性，制定的交通法规、条例应合情合理等等。

(一) 驾驶员的交通特性

1. 驾驶员的职责和要求

在道路交通要素中，驾驶员具有特别重要的作用。因为除了行人和自行车交通以外，其他的道路客、货运输都要由驾驶员来完成。驾驶员既要保证将旅客和货物迅速、顺利、准时送到目的地，又要保证旅客安全、舒适及货物的完好。同时，行人和自行车交通也使用同一道路网络，受到机动车交通的影响。交通事故统计表明，绝大多数交通事故直接、间接地与驾驶员有关。因此，要求驾驶员具有高度的社会责任感，良好的职业道德、身体素质、心理素养，熟练的驾驶技术。充分认识和掌握驾驶员的交通特性对于保证交通运输的正常运行以及人民生命财产的安全是十分重要的。

2. 驾驶员的反应操作过程

驾驶员在驾驶车辆过程中，首先通过自己的感官(主要是眼、耳)从外界环境接受信息，产生感觉(视觉和听觉)，然后通过大脑一系列的综合反应产生知觉。知觉是对事物的综合认识。在知觉的基础上，形成所谓"深度知觉"，如目测距离、估计车速和时间等。最后，驾驶员凭借这种"深度知觉"形成判断，从而指挥操作。在这个过程中，起控制作用的是驾驶员的生理、心理素质和反应特性。

3. 驾驶员的生理、心理特性

(1) 视觉特性

眼睛是驾驶员在行车过程中最重要的生理器官，视觉给驾驶员提供80%的交通情况等信息。因此，驾驶员的视觉机能直接影响到信息获取和行车安全。对于驾驶员的视觉机能，主要从以下几方面来考察：

① 视力。眼睛辨别物体大小的能力称为视力。视力可分为静视力和动视力。顾名思义，静视力即人体静止时的视力。我国目前对驾驶员的静视力要求是，两眼视力不低于标准

视力表 0.7 或对数视力表 4.9(允许矫正),无红、绿色盲。

动视力是汽车运动过程中驾驶员的视力。动视力随速度的增大而迅速降低,同时,动视力还与驾驶员的年龄有关,年龄越大,动视力越差。视力还与亮度、色彩等因素有关,视力从暗到亮或从亮到暗都要有一个适应过程。高速公路上要设置必要的防眩设施,在隧道进出口都要认真考虑视力的这一渐变过程,而采取相应的措施。

② 视野。两眼注视某一目标,注视点两侧可以看到的范围称为视野。视野受到视力、速度、颜色、体质等多种因素影响。静视野范围最大。随着车速增大,驾驶员的视野明显变窄,注视点随之远移,两侧景物变模糊,见表 2-1。

表 2-1　驾驶员视野与行车速度的对应关系

行车速度/($km\cdot h^{-1}$)	注视点在汽车前方距离/m	视野/(°)
40	180	90～100
70	360	60～80
105	610	<40

③ 色感。驾驶员对不同颜色的辨认和感觉是不一样的。红色刺激性强,易见性高,使人产生兴奋、警觉,黄色光亮度最高,反射光强度最大,易唤起人们的注意,绿色光比较柔和,给人以平静、安全感。因此,交通工程中将红色光作为禁行信号,黄色光作为警告信号,绿色光作为通行信号。交通标志的色彩配置也是根据不同颜色对驾驶员产生不同的生理、心理反应而确定的。

(2) 反应特性

反应是由外界因素的刺激而产生的知觉-行为过程。它包括驾驶员从视觉产生认识后,将信息传到大脑知觉中枢,经判断,再由运动中枢给手脚发出命令,开始动作。知觉-反应时间(从刺激到反应之间的时距)是控制汽车行驶性能最重要的因素,如图 2-1。

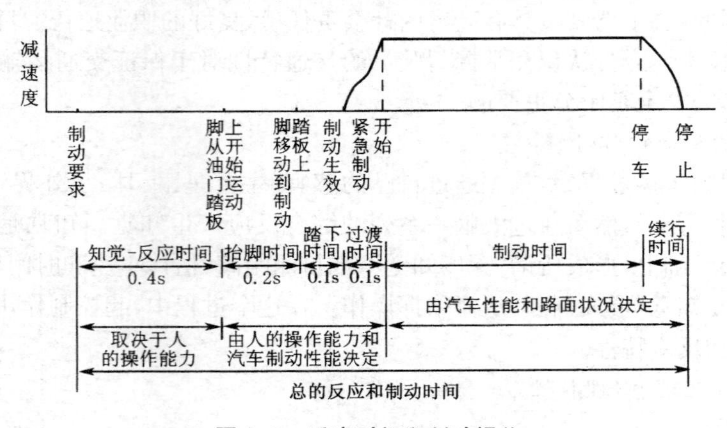

图 2-1　反应时间和制动操作

驾驶员的知觉-反应由一系列互不相关的元素构成,即由大脑延迟、眼球运动、状况识别、制动操作等元素构成的反应链。常用的反应时间模型为 Hick-Hyman 定律:

$$RT = a + bH \tag{2-1}$$

式中　RT——反应时间(s)；

H——信息数，$H=\log_2 N$，N 为等概率的选择数；

a——这种情况下的最小反应时间(s)；

b——经验系数，常取 0.13 s。

驾驶员开始制动前最少需要 0.4 s 的知觉-反应时间，产生制动效果需 0.3 s 时间，共计 0.7 s。根据美国各州公路工作者协会规定，判断时间为 1.5 s，作用时间为 1 s，故从感知、判断、开始制动到制动发生效力全部时间通常按 2.5～3.0 s 计算。道路设计中以此作为计算制动距离的基本参数。

反应时间的长短取决于驾驶员的素质、个性、年龄、情绪、环境、行车途中思想集中情况以及驾驶经验。

交通控制设施对驾驶员行为的影响主要为以下几点：

① 作为静止物体在视野内被发现；

② 驾驶员意识到是交通控制设施；

③ 交通控制设施内容被阅读或识别。

· 交通信号变化。驾驶员对信号灯变化的平均反应滞后时间为 1.3 s，85%位值为 1.5 s。如果信号变化后还有复杂的操作(如左转等)，可以采用 Hick-Hyman 模型计算反应时间。

· 标志可视性和易读性。驾驶员对标志的阅读和识别能力取决于视觉感知系统的分辨力和视觉训练。夜晚人的视力会比白天差一个档次，老年人视力会比年轻人差。

· 实时信息标志。随着智能交通系统的普及，可变信息标志对驾驶行为和交流可能产生影响。但可变信息标志及有光源标志的基础视觉过程和特性与传统标志一致。

· 阅读时间。有些标志无法一眼就理解，阅读速度受以下因素的影响：字体类型、字数、句子结构、信息顺序、阅读目的等。

驾驶员对前方车辆和邻近车道车辆动态的反应如下：

① 前方车辆。当一个物体匀速接近时，视角会由线性变化变为几何级数变化，当视角成几何级数增减时，感知系统就会发出可能碰撞的警告。当相对运动速度是变化的时候，视角变化率大致等于相距时间的倒数。人的视觉系统对加速和减速的判断是非常粗略和不准确的。当相对距离变化达到 12%或者视角变化率达到 0.003 5 rad/s 时，驾驶员会发现。

② 邻近车道车辆。驾驶员的外周视觉侦查能力没有内周视觉敏锐，另一方面外周视觉比较模糊，运动的物体比静止的物体要容易发现，外周的静止物体(比如邻近车道运动一致的车辆)会趋近于消失，而且外周车辆的相对运动速度看起来会偏小。驾驶员对径向运动(如邻近车道车辆进行转弯)的观察与对前方车辆的观察模式相同。

驾驶员在驾驶过程中会遇到各种障碍和危险情况，他们会采取规避行为或者停车。在知觉-反应之前驾驶员需要首先发现物体，并且将其识别为危险。

a. 障碍和危险的发现。在白天，障碍物视角达到 $5'$ 就会被发现，但在夜晚由于视力会下降两档，发现同一个物体，所需视角是白天的 2.5 倍。

b. 障碍和危险的识别与确认。当驾驶员在行驶道路前方发现了物体，他们会分为下面两阶段：①识别阶段，判断该物体是否为危险，一般根据物体大小判断；②确认阶段，该阶段驾驶员与物体之间的距离会较近，可以分辨出物体是什么。如果物体影响到车辆行驶，驾驶员就需要采取规避行为。

③ 当物体的高度大于 60 cm 时一般会被认为是危险需要采取规避行为，当驾驶员与物体之间距离较远时，驾驶员一般根据该物体与道路宽度及其他熟悉的物体（如栏杆等）进行大小对比作出判断。

(3) 驾驶员的心理特点和个性特点

驾驶员身心健康是安全行车必不可少的条件。思想上注意安全行车，平静的精神状态、安定谨慎的性格也是必要的条件。研究表明，情绪不稳定、易冲动、缺乏协调性、行为冒失往往容易造成行车事故。相反，情绪稳定、行为谨慎、有耐心的驾驶员发生交通事故的情况就少些。

4. 驾驶特性

驾驶实际上是一个连续的动态过程，车辆位置对时间的一阶和二阶导数（速度、加速度），通过加速器（油门）和刹车控制连续变化。

(1) 最大制动行为

驾驶员以最大力去踩刹车，该动作几乎是瞬时的，制动距离计算公式如下：

$$d = \frac{V^2}{257.9f} \tag{2-2}$$

式中 d——制动距离(m)；

V——初始速度(km/h)；

f——轮胎与路面的摩擦系数。

在典型干燥道路上减速过程中，减速度急剧增长直至到达峰值，减速度达到 0.9g 后，在 0.7g 左右到达稳定状态。在典型潮湿道路上减速过程中，车辆在减速度达到 0.4g 左右到达稳定状态。g 为重力加速度。

(2) 闭环制动行为

闭环制动下，稳定状态的减速度变化范围比较大，在 0.46g 到 0.70g 之间，表 2-2 是对驾驶员遇到未知障碍时采取的减速度估计，表 2-3 是对驾驶员已知障碍存在时采取的减速度估计。

表 2-2 未知障碍下减速度估计

均值	0.55g
标准差	0.07
75%分位点	0.43
90%分位点	0.37
95%分位点	0.32
99%分位点	0.24

表 2-3 已知障碍下减速度估计

均值	0.45g
标准差	0.09
75%分位点	0.36
90%分位点	0.31
95%分位点	0.27
99%分位点	0.21

(3) 舒适制动行为

这种制动行为是指一种较为“舒适”的制动，例如驾驶员发现交叉口或者控制设施提前做出制动行为。这种状态下，驾驶员的刹车输入随时间变化近似为直线上升，直至达到期望减速度，直线的斜率与驾驶员到停车位置的距离有关，这种状态下，最大减速度接近 $0.30g$。对于接近交叉口的减速度，最小为 $0.2g$。

(4) 速度和加速控制行为

驾驶员对车辆的重要控制是车辆速度和速度变化率(即加速度)。

① 稳定状态的速度控制。稳定的交通状态下，驾驶员主要是跟踪车速显示仪来控制加速器。当显示速度和期望速度有差距时，驾驶员就会通过改变油门踏板的位置进行速度控制。稳定交通状态下，期望速度和实际速度之间的差距不超过±1.5 m/s，定速巡航技术会使得这个差别显著减少。

② 加速控制。实际加速度要小于车辆最大加速性能，美国国家公路与运输协会标准规定，速度48 km/h对应的舒适加速度为 0.6～0.7 m/s^2；美国交通工程手册给出非紧急情况下驾驶员加速度约为最大加速度的 65%。

(5) 可接受间隙和合流

① 可接受间隙。驾驶员在进入或穿过交通流时，会根据冲突车辆和自身的距离决定是否进入或穿过。可接受间隙就是在冲突车辆到达前完成合流或横穿需要的最小时间，分为 5 种情况：

a. 主路左转

b. 主路 U 型转弯

c. 辅路右转

d. 辅路直行

e. 辅路左转

② 合流。高速公路上车辆进入加速匝道的可接受间隙估计为 4.5 s。理论上，如果车辆速度相同，3 个车身长度可作为可接受间隙的最小值，实际合流时至少需要这个值的两倍。

(6) 转向行为

转向可以看作是广义跟踪模型的一个特例，对驾驶员的判别内容为：①驾驶员通过道路特点、视野内流量等判断的期望路线；②由车头与道路关系判断车辆当前的行驶方向。

5. 驾驶疲劳

驾驶疲劳是指由于驾驶作业引起的身体上的变化、心理上的疲劳以及客观测定驾驶机能低落的总称。

驾驶员长时间开车会发生疲劳，这时感觉、知觉、判断、意志决定、运动等都受到影响。统计表明，因疲劳产生交通事故的次数，约占总事故的 1%～1.5%。由于疲劳很难明确判断，所以实际上因疲劳发生的事故比上述数字要大。试验发现，驾驶员以 100 km/h 的速度行进，30～40 min 之后，出现抑制高级神经活动的信号，表现欲睡，主动性降低。2 h 后，生理机能进入睡眠状态。在一般情况下，驾驶员一天行车超过 10 h，前一天睡眠时间不足 4.5 h者，事故率明显增高。因此，对驾驶员一天的开车时间长短、连续行驶距离、睡眠都应加强管理，作出具体规定。

目前对疲劳的检查方法一般有生化测定、生理机能测定、神经机能测定、自觉症状申述等。从交通心理学的角度看，常被采用的方法有：触两点辨别检查、颜色名称测验、反应时间检查、心理反应测定、驾驶员动作分析等。

在行车过程中，如出现动作不及时、或迟或早、操作粗糙、不准确、情绪低落、身体不适等情况，则要求驾驶员停车休息，避免肇祸。

（二）乘客的交通特性

1. 乘客的交通需求心理

人们总是抱着某种目的（如上班、上学、购物、公务、社交、娱乐等）去乘车，为乘车而乘车的旅客几乎没有。乘车过程本身意味着时间、体力、金钱的消耗。因此，人们在乘车过程中总是希望省时、省钱、省力，同时希望安全、方便、舒适。道路设计、车辆制造、汽车驾驶、交通管理及交通设施布设等都应考虑到乘客的这些交通心理要求。

2. 乘车反应

不同的道路等级、线形、路面质量、汽车行驶平稳性、车厢内的气氛、载客量、车外景观、地形等对乘客的生理、心理反应都有一定的影响。

研究表明，汽车在弯道上行驶，当横向力系数大于 0.2 时，乘客有不稳定之感；当横向力系数大于 0.4 时，乘客感到站立不稳，有倾倒的危险。汽车如果由长直线直接转入圆曲线，并且车速较快，乘客就感到不舒服。因此，在公路线形设计中对于平曲线的最小半径和缓和曲线的长度等均有明确规定的标准。

道路路面开裂、不平整，引起行车振动强烈，乘客受颠簸之苦，厉害时使人感到头晕、恶心、呕吐。

在山区道路上或陡边坡或高填土道路上行车，乘客看不到坡脚，易产生恐惧心理。如果在这种路段的路肩上设置护栏或放缓边坡，就可消除乘客的不安全心理。

乘车时间过长，容易产生烦躁情绪。为此，路线的布设应考虑到美学要求，尽量将附近的自然景物、名胜古迹引入司机和乘客的视野，使乘客在旅途中能观赏风光、放松精神、减轻疲劳感。

每个乘客都有一定的心理空间要求。心理空间是指人们在自己周围划出的、确定为自己领域的不可见区域。当个人的心理空间遭到外界不该闯入的人或物的侵袭时，人的心理会感到压抑、厌恶、排斥。乘车拥挤不但消耗人的体力，而且给乘客心理上造成额外的压力。

由于体力、心理、生活、就业等方面的原因，城市居民对日常出行时间的容忍性有一定限度，如表 2-4。居民的居住地如果离市中心或工作地点的距离超出了可容忍的最大出行时间，则他们对居住地的位置以及交通系统服务就不会满意。我们根据城市大小和建设水平提出不同规模城市的出行时耗列于表 2-5。

苏联在城市交通规划时规定了乘客的乘车时耗定额，如表 2-6。

表 2-4　不同出行目的出行容忍时间　　单位：min

出行目的	理想出行时间	不计较出行时间	能忍受出行时间
就　业	10	25	45
购　物	10	30	35
游　憩	10	30	85

表 2-5 不同规模城市的最大出行时耗

城市规模		最大出行时耗/min
大	>200 万人	60
	100～200 万人	50
	<100 万人	40
中		35
小		25

表 2-6 苏联不同城市乘车时耗定额

人口规模/万人	>100	100～50	50～25	<25
时耗定额/min	45	35	30	25

3. 社会影响

乘车安全性、舒适性、满意性不仅对乘客个人的生理、心理有影响,同时也对社会产生预想不到的影响。上下班等车与路途上时间过长、多次换乘、过分的拥挤给乘客造成疲劳、心理压力、情绪烦躁,就难免产生下列情况:

① 容易引起乘客纠纷,发生过激行为;

② 既有损乘客身体健康,又会使劳动效率降低;

③ 下班回家过迟影响家庭和睦;

④ 引起居民对公交服务系统的不满;

⑤ 影响居民对社会生活和公共事业的态度,或对政府产生不满等等。

(三) 行人交通特性

步行交通是与人类生活密不可分的一项活动。步行能够使个人与环境及他人直接接触,达到生活、工作、交往、娱乐等各种目的。为了满足步行者的生理、心理和社会需要,并保证他们不消耗过多的体力、不受其他交通的干扰、不发生交通事故,就必须提供必要的物质设施。这些设施的规划、设计、实施需要对行人交通的特性有很好的认识和理解。

1. 行人交通流特性

相对于汽车交通来说,我国对行人交通特性的研究还很少。国外一些学者则已经做了不少工作。美国学者弗洛因(J. T. Fruin)在其博士论文《行人规划与设计》中,详细研究了行人流的速度、流量、密度及行人占有空间等特征要素及其相互关系,提出了人行道服务水平划分建议值,见表 2-7。1979 年,以色列学者普鲁士(A. Polus)等人对行人交通作了实地观测和理论分析。他们发现,步行道行人的步行速度平均值在 1.03～1.28 m/s 之间。男性的步行速度比女性要快。步行速度随行人流密度增大而下降。他们在平均步行速度与平均行人密度之间建立了一元回归模型,如图 2-2。

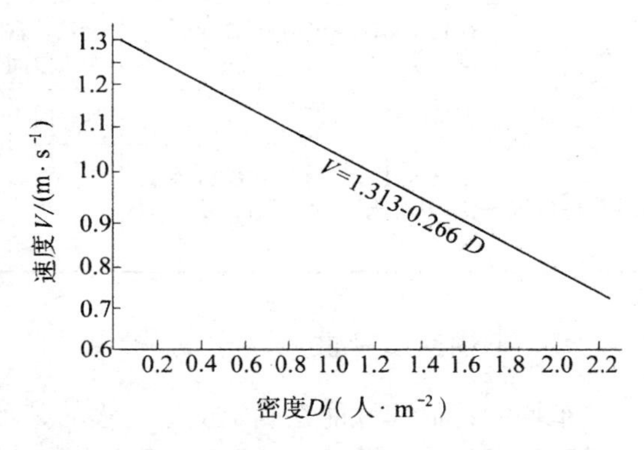

图 2-2 平均步行速度、平均行人密度回归模型

表 2-7 人行道流量、行人占有空间与服务水平

服务水平	行人流量/[人·(m·min)$^{-1}$]	行人占有空间/(m^2·人$^{-1}$)	行人交通情况
A	≤30	>2.3	自由流
B	30～55	2.3～0.9	行人步行速度和超越行动受到限制；在有行人反向和横穿时严重地感到不方便
C	55～70	0.9～0.5	步行速度受到限制，经常需要调整步伐，有时只好跟着走；很难绕过前面慢行的人；想要反方向走或横穿特别困难
D	≥70	<0.5	不稳定流动，偶尔向前移动；无法避免与行人相挤；反向和横穿行走不可能

2. 行人交通特征及相关因素

行人交通特征表现在行人的速度、对个人空间的要求、步行时的注意力等方面。这些与行人的年龄、性别、出行目的、教养、心境、体质等因素有关，也与行人生活的区域、周围的环境、街景、交通状况等有关，总结起来如表 2-8。

表 2-8 行人交通特征及相关因素分析

因素	行人速度	个人空间	行人注意力
年　　龄	成年人正常的步行速度在 1.0～1.3 m/s 之间，儿童的步行速度随机性较大，老年人较慢	成年人步行时个人空间要求为 0.9～2.5 m^2/人，儿童个人空间要求比较小，老年人则要求比较大	成年人比较重视交通安全，注意根据环境调整步伐和视线，儿童喜欢任意穿梭
性　　别	男性比女性快	男性大、女性小	大致相当
出行目的	工作、事务性出行，步行速度较快，生活性出行较慢		工作、事务性出行，注意力比较集中，生活性出行注意力分散
文化素养		受教育程度高的人一般要求高，为自己，也为别人。反之，则要求低，也不太顾及他人	受教育程度高的人一般对个人空间要求高，比较注意文明走路和交通安全
心　　境	心情闲暇时速度正常，心情紧张、烦恼时速度较快	心情闲暇时个人空间要求正常，心情紧张时要求较小，烦恼时要求较大	心情闲暇时注意力容易分散，紧张时比较集中
街　　景	街景丰富时速度放慢，单调时速度加快	街景丰富时个人空间小，单调时个人空间大	街景丰富时注意力分散，单调时集中
交通状况	拥挤时速度放慢	拥挤时个人空间变小	拥挤时注意力集中
生活的区域	城里人生活节奏快，步行速度快；乡村人生活节奏慢，步行速度慢		城里人步行时注意力比较集中，乡村人比较分散

二、车辆交通特性

车辆的特征和性能在确定交通工程的某项任务中起着重要的作用。车辆尺寸、质量决定道路桥梁几何设计、结构设计以及停车场地等交通设施的设计；车辆的各种运行性能与使用这些性能的驾驶员相结合，决定交通流的特性和安全。目前，公路、城市道路上通行的各

种车辆，有小汽车、公共汽车、货车、特种车、摩托车和自行车等，这里仅扼要介绍汽车交通特性和自行车交通特性。

(一) 汽车交通特性

1. 设计车辆尺寸

车辆尺寸与道路设计、交通工程有密切关系。例如，制定公共交通规划时要用到公共汽车额定载客量的参数；研究道路通行能力时要使用车辆长度等数据；车辆宽度影响着车行道宽度设计等。在我国《公路工程技术标准》(JTG B01-2014)和《城市道路工程设计规范》(CJJ 37-2012)中都规定了机动车辆外廓尺寸界限，如表 2-9、表 2-10 所示。

表 2-9 《公路工程技术标准》(JTGB 01-2014)规定的设计车辆外廓尺寸 单位:m

车辆类型	总长	总宽	总高	前悬	轴距	后悬
小客车	6	1.8	2	0.8	3.8	1.4
大型客车	13.7	2.55	4	2.6	6.5+1.5	3.1
铰接客车	18	2.5	4	1.7	5.8+6.7	3.8
载重汽车	12	2.5	4	1.5	6.5	4
铰接列车	18.1	2.55	4	1.5	3.3+11	2.3

表 2-10 《城市道路工程设计规范》(CJJ 37-2012)规定的机动车设计车辆外廓尺寸 单位:m

车辆类型	总长	总宽	总高	前悬	轴距	后悬
小客车	6	1.8	2.0	0.8	3.8	1.4
大型车	12	2.5	4.0	1.5	6.5	4.0
铰接车	18	2.5	4.0	1.7	5.8+6.7	3.8

2. 动力性能

汽车动力性能通常用三方面指标来评定，即最高车速、加速度或加速时间、最大爬坡能力。

(1) 最高车速 V_{max}

是指在良好的水平路段上，汽车所能达到的最高行驶速度(km/h)。

(2) 加速时间 t

分为原地起步加速时间和超车加速时间。原地起步加速时间是指汽车由第Ⅰ挡起步，以最大的加速度逐步换至高挡后达到某一预定的距离或车速所需要的时间。超车加速时间大多是用高挡或次高挡由 30 km/h 或 40 km/h 全力加速至某一高速度所需的时间来表示。

(3) 最大爬坡能力

用汽车满载时第Ⅰ挡在良好的路面上可能行车的最大爬坡度 i_{max}(%)表示。

3. 制动性能

汽车的制动性能是汽车的主要性能之一，直接关系到交通安全，是汽车安全行驶的重要保障。汽车制动性能主要体现在制动距离或制动减速度上。制动距离计算公式为

$$L = \frac{V^2}{254(\varphi \pm i)} \tag{2-3}$$

式中　V——汽车制动开始时的速度(km/h)；

φ——轮胎与路面之间的附着系数；

i——道路纵坡度(%)，上坡为正，下坡为负。

汽车的制动性能还体现在制动效能的力度稳定性和制动时汽车的方向稳定性上。制动过程实际上是汽车行驶的动能通过制动器转化为热能。所以在制动片温度升高后，能否保持在冷状态时的制动效能，对于高速时制动或长下坡连续制动都是至关重要的。

方向稳定性是指制动时不产生跑偏、侧滑及失去转向能力的性能。制动跑偏与侧滑，特别是后轴侧滑是造成事故的主要原因。

(二) 自行车交通特性

自行车交通是目前我国城市交通的一大特点，除个别因地形、温度等影响的城市自行车不多外，其他城市自行车出行均占有较大的比例。一般大城市自行车出行量占总出行量的20%～30%，中小城市占30%～40%。因此，研究自行车的交通特性，对于治理城市交通、保障交通安全具有重要的意义。

1. 自行车的基本特性

(1) 短程性

自行车是靠骑车人用自己的体力转动车轮，因此其行驶速度直接受骑车人的体力、心情和意志的控制，行、止、减速与制动亦决定于骑车人的操纵。同时，也受到路线纵坡度、平面线形、车道宽度、车道划分、气候条件与交通状况的直接影响。个人的体力虽有强、弱之分，但总是很有限的。因此，只适应于短距离出行，一般在5～6 km以内(或20 min左右)。

(2) 行进稳定性

自行车静态时直立不稳，当以一定速度前进时，则可保持行进的稳定性，只要不受突然加之的过大横向力的干扰，是可以稳定向前而不致侧向倾倒的。

(3) 动态平衡

自行车骑行过程中重心较高，因此，存在如何保持平衡的问题，特别是在自行车转向或通过小半径弯道时，就必须借助于人体的变位或重心倾斜以维持运行中的动态平衡，一般有以下三种情况：

① 中倾平衡。人体同车倾斜角度一致，即自行车的中心线同身体的中心线完全重合。

② 内倾平衡。自行车的倾斜角度小于人体的倾斜角度。

③ 外倾平衡。自行车的倾斜角度大于人体的倾斜角度。

这种巧妙的动态平衡，每位熟练的骑车人都在实践中逐步掌握并应用自如。

(4) 动力递减性

自行车前进的原动力是人的体力，是两脚蹬踏之力。一般成年男子，10 min以上可能发挥出的功率约为220.6 W，成年女子则约为147.1 W，儿童更小，约为73.5 W，持续时间愈长，则可能发挥出的功率愈小，车速亦随之减小。这就是动力递减的结果，一般自行车出行不宜超过10 km。

(5) 爬坡性能

由于自行车的动力递减，对于普通无变速装置的自行车，不能爬升大坡、长坡，也不宜爬陡坡，否则控制不住易酿成危险。通常规定在短坡道上坡度不大于5%，长坡道上坡度不大于3%；对纵坡3%、4%与5%的坡道，其坡长限制分别为500 m、200 m和100 m。当然，对于北方冰雪地区，其坡度与坡长更应减小，否则冬天无法骑车。

(6) 制动性能

自行车的制动性能，对于行车安全与通行能力具有重要意义，它与反应时间一起决定纵向安全间距，即纵向动态净空($L_{净}$)，根据国内外的研究资料，认为可采用公共汽车的制动模式，参数采用下限，即

$$L_{净} = 1.9 + 0.14V_{max} + 0.009\,2V_{min}^2 \tag{2-4}$$

式中 1.9——自行车车身长度(m)；

V_{max}——行驶时的最大车速(km/h)；

V_{min}——制动前减速后的车速，即刹车开始时的车速(km/h)；

0.009 2——制动系数；

0.14——制动时的反应系数，采用0.5 s的反应时间计算得出。

在实际使用时为安全起见，多采用$V_{min}=V_{max}$。这样，制动距离要大些，因为车速不是太高，相差不会很大。按理论上考虑，因为经过反应时间自行车的速度已有所降低，应较正常速度稍低。现以$V_{min}=V_{max}$，并采用自行车的常见速度对纵向动态净空进行计算，得出的结果列于表2-11。

表2-11 纵向动态净空距离 单位：m

自行车速度/($km \cdot h^{-1}$)	5	10	15	20	25	30
$0.14V_{max}$	0.7	1.40	2.1	2.8	3.5	4.2
$0.009\,2V_{min}^2$	0.23	0.92	2.07	3.68	5.75	8.28
$L_{净}=1.9+0.14V_{max}+0.009\,2V_{min}^2$	2.83	4.22	6.07	8.38	11.15	14.38

注：自行车常见速度为10～20 km/h。

2. 自行车流的交通特性

(1) 群体性

由于自行车众多，在多车道高峰时间常首尾相连、成群结队的骑行，甚至连绵不断，像水流一样不可遏止。

(2) 潮汐性

在信号灯控制的路段，自行车车流由于受到交叉口红灯的阻断，常一队一队的像潮汐一样向前流动。

(3) 离散性

在车辆不多时，为了不受其他骑行者的约束与干扰，有不少骑车人常选择车辆少、空档大的路段骑行。在这样的车道上行驶可以自由、机动。

(4) 赶超现象

青年骑行者多喜欢超赶其他自行车，甚至有相互追逐、你追我赶的现象。

(5) 并肩或并排骑行

下班或放学的青年人，常三五成群地并肩骑行，甚至拉手、搭肩，使其他自行车无法通过，形成压车现象。

(6) 不易控制

由于自行车灵活机动，特别在机动车与非机动车混行的车道上，有空就钻，常常不遵守交通法规，甚至闯红灯或逆向骑行。

三、道路基本特性

道路是汽车交通的基础、支撑物。道路必须符合其服务对象的交通特性，满足它们的交通需求。道路服务性能的好坏体现在量、质、形三个方面，即道路建设数量是否充足，道路结构和质量能否保证安全快速行车，路网布局、道路线形是否合理。另外，还有附属设施、管理水平是否配套等。

1. 路网密度

要完成一定的客、货运输任务，必须有足够的道路设施。路网密度是衡量道路设施数量的一个基本指标。一个区域的路网密度等于该区域内道路总长与该区域的总面积之比。一般地讲，路网密度越高，路网总的容量、服务能力越大。但路网的密度也不是越大越好，道路网密度的大小应与一定的经济发展水平相当，与所在区域内的交通需求相适应，应使道路建设的经济性和服务水平以及道路系统的社会效益、经济效益、环境效益得到兼顾和平衡，既要适当超前，也要节约投资。在我国《城市综合交通体系规划标准》(GB/T 51328-2018)中，给出了不同规模城市的干线道路网络密度以及城市不同功能区的路网密度推荐值，可供实际应用时参考。

2. 道路结构

道路结构基本部分是路基、路面、桥涵，另外还有边沟、挡墙、盲沟、护坡、护栏等，亦属其组成部分。这些结构物的设计标准和使用要求将在“路基工程”“路面工程”“桥梁工程”等有关课程中介绍，这里不再重复。

3. 道路线形

道路线形是指一条道路在平、纵、横三维空间中的几何形状，传统上分为平面线形、纵断面线形、横断面线形。线形设计的要求是通畅、安全、美观。随着交通需求的增大和道路等级的提高，人们对道路线形的协调性、顺适性的要求也越来越高，更加强调平、纵、横线形一体化，即立体线形的设计，详细内容在“道路勘测设计”课程中介绍。

4. 道路网布局

道路的规划、设计不能仅仅局限于一个点、一条线，而应从整个路网系统着眼。路网布局的好坏对整个运输系统的效率有很大影响，良好的路网布局可以大大提高运输系统的效率，增加路网的可达性，节约大量的投资，节省运输时间和运输费用，取得良好的经济效益、社会效益与环境效益。

对于不同的区域、不同的城市，不存在统一的路网布局模式。路网布局必须根据所在区域的自然、社会、经济情况等选取。

典型的公路网布局有三角形、并列形、放射形、树杈形等。这些布局形式的特点、性能如表 2-12。

表 2-12　典型公路网布局形式及其性能

图　式	特点与性能
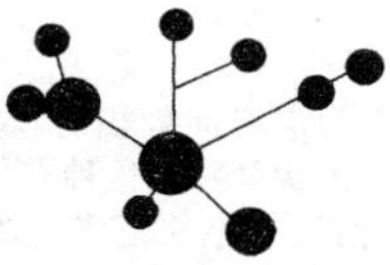 放射形路网	放射形路网一般用于中心城市与外围郊区、周围城镇间的交通联系，对于发挥大城市的经济、政治、科技、文化、信息中心作用，促进中心城市对周围地区的辐射和影响有重要作用，不足之处是周围城镇之间联系不便
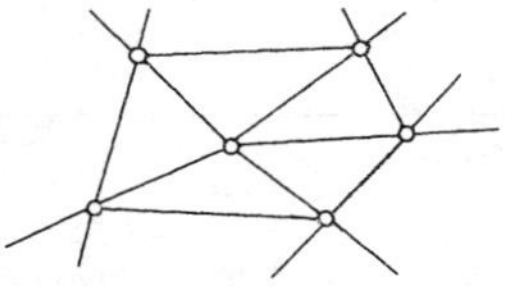 三角形路网	三角形路网一般用于规模相当的重要城镇间的直达交通联系。这种布局形式通达性好，运输效率高，但建设量大
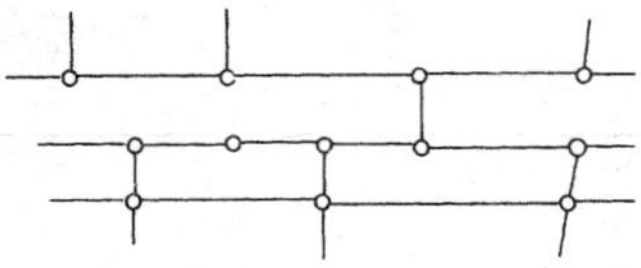 并列形路网	平行的几条干线分别联系着一系列城镇，而处于两条线上的城镇之间缺少便捷道路连接，是一种不完善的路网布局
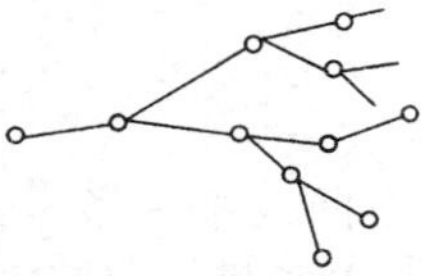 树杈形路网	树杈形的路网一般是公路网中的最后一级，是从干线公路上分叉出去的支线公路，将乡镇、自然村寨与市、县政府连接起来

典型的城市道路网布局有棋盘形（方格形）、带形、放射形、放射环形等。我国古代城市道路以方格形最常见，近现代城市发展了许多其他形式的道路布局，这些路网布局的特点和性能如表 2-13。

表 2-13　典型城市道路网布局及其性能

图　式	特点和性能
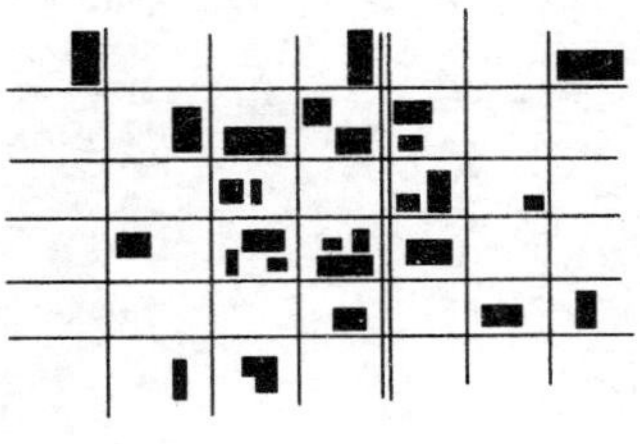 棋盘形	布局严整、简洁，有利于建筑布置，方向性好，网上交通分布均匀，交叉口交通组织容易，但非直线系数大，通达性差，过境交通不易分流，对大城市进一步扩展不利
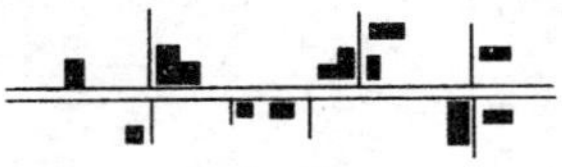 带　形	建筑物沿交通轴线两侧铺开，公共交通布置在主要交通干道范围内，横向靠步行或非机动车，有利于公共交通布线和组织，但容易造成纵向主干道交通压力过大，不易形成市中心

续表 2-13

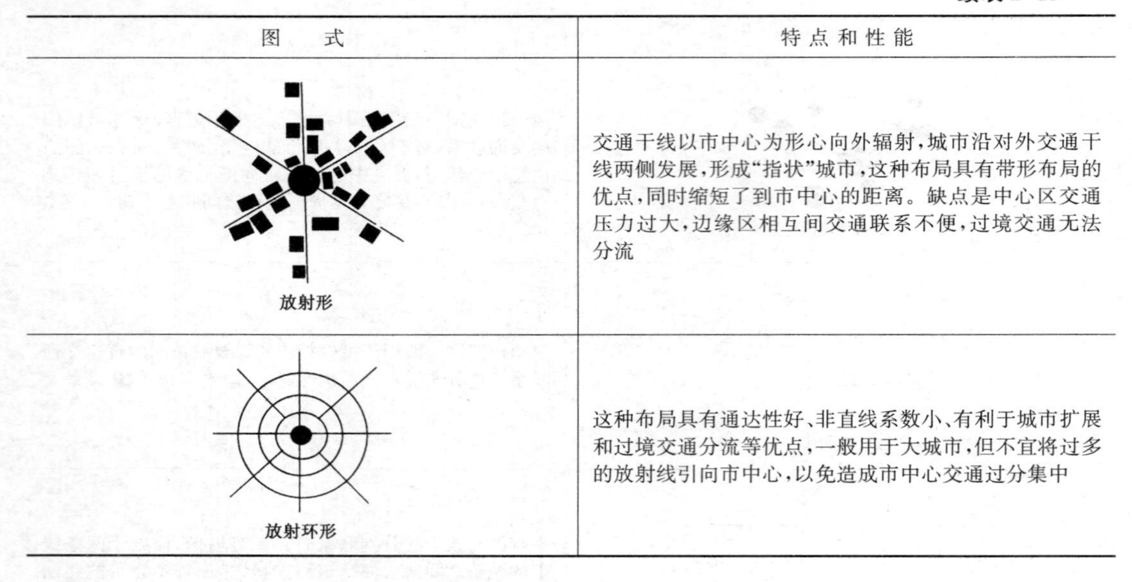

图　式	特点和性能
放射形	交通干线以市中心为形心向外辐射，城市沿对外交通干线两侧发展，形成“指状”城市，这种布局具有带形布局的优点，同时缩短了到市中心的距离。缺点是中心区交通压力过大，边缘区相互间交通联系不便，过境交通无法分流
放射环形	这种布局具有通达性好、非直线系数小、有利于城市扩展和过境交通分流等优点，一般用于大城市，但不宜将过多的放射线引向市中心，以免造成市中心交通过分集中

§2-2　交通量特性

一、交通量的定义与表达方法

交通量是指在单位时间段内，通过道路某一地点、某一断面或某一条车道的交通实体数。按交通类型分，有机动车交通量、非机动车交通量和行人交通量，一般不加说明则指机动车交通量，且指来往两个方向的车辆数。

交通量是一个随机数，不同时间、不同地点的交通量都是变化的。交通量随时间和空间而变化的现象，称之为交通量的时空分布特性。研究或观察交通量的变化规律，对于进行交通规划、交通管理、交通设施的规划、设计方案比较和经济分析以及交通控制与安全，均具有重要意义。

交通量时刻在变化，在表达方式上通常取某一时间段内的平均值(如高峰小时，一天，一个月等)作为该时间段的代表交通量。当时间段不足 1 h 时，所计算的平均交通量通常称为流率，两者的区别详见§2-3。

如果以辆/d 为单位，则日平均交通量表达式为

$$\mathrm{ADT} = \frac{1}{n}\sum_{i=1}^{n} Q_i \tag{2-5}$$

式中　Q_i——各规定时间段内的日交通量(辆/d)；

n——各规定时间段的时间(d)。

按平均值所取的时间段的长度计，常用的平均交通量有：

1. 年平均日交通量(AADT)

$$\mathrm{AADT} = \frac{1}{365}\sum_{i=1}^{365} Q_i \tag{2-6}$$

2. 月平均日交通量(MADT)

$$\mathrm{MADT} = \frac{1}{n}\sum_{i=1}^{n} Q_i \tag{2-7}$$

式中 n——各自然月的天数。

3. 周平均日交通量(WADT)

$$\mathrm{WADT} = \frac{1}{7}\sum_{i=1}^{7} Q_i \tag{2-8}$$

其中,年平均日交通量在城市道路与交通工程中是一项极其重要的控制性指标,用作道路交通设施规划、设计、管理等的依据,其他平均交通量系供交通量统计分析、求各时段交通量变化系数,以便将各时段平均交通量进行相互换算之用。

二、交通量的时间分布特性

1. 月变化

一年内各月交通量的变化称为月变化,以一年为周期,统计12个月的交通量,每个月的交通量均不尽相同。以月份为横坐标,月平均日交通量相当于年平均日交通量的百分数为纵坐标,绘成曲线图,则此曲线简称为交通量的月变图,如图2-3所示。而年平均日交通量与月平均日交通量之比,称为交通量的月变系数(或称月不均衡系数、月换算系数),以 $K_月$ 表示,则

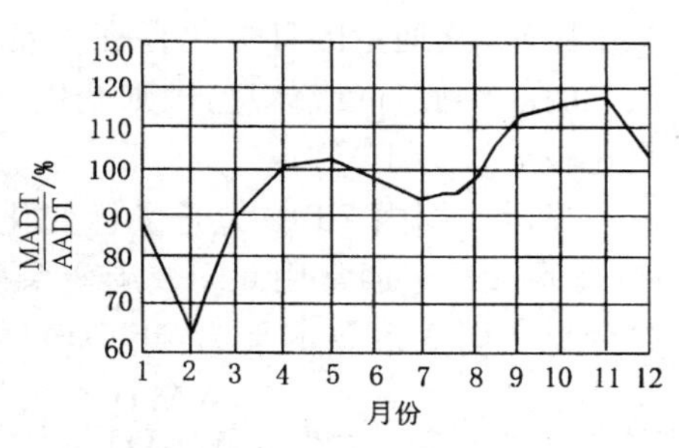

图2-3 交通量的月变图

$$K_月 = \frac{\mathrm{AADT}}{\mathrm{MADT}} = \frac{\frac{1}{365}\sum_{i=1}^{365} Q_i}{\frac{1}{n}\sum_{i=1}^{n} Q_i} \tag{2-9}$$

式中 n——当月的天数,有30d, 29d, 31d和28d,年则有平年(365d)和闰年(366d),为简便起见,年平均日交通量可用下式计算:

$$\mathrm{AADT} = \frac{1}{12}\sum_{i=1}^{12} \mathrm{MADT}_i \tag{2-10}$$

通常月交通量变化系数($K_月$)可用以表示交通量的月变化规律。

例2-1 某测站测得各月的交通量及全年的累计交通量如表2-14,试计算各月的月平均日交通量与月变系数。

表2-14 月平均日交通与月变系数计算表

月份	1	2	3	4	5	6	7	8	9	10	11	12	全年合计
全月交通量	65 785	42 750	67 141	73 317	77 099	72 782	70 641	70 951	83 043	91 661	88 166	78 180	881 516
MADT	2 122	1 527	2 166	2 444	2 487	2 426	2 279	2 289	2 768	2 957	2 939	2 522	AADT=2 415
$K_月$	1.14	1.58	1.11	0.99	0.97	1.00	1.06	1.06	0.87	0.82	0.82	0.96	

解 首先计算年平均日交通量：

$$\mathrm{AADT}=\frac{881\,516}{365}\approx 2\,415\ 辆/\mathrm{d}$$

再计算月平均日交通量及月变系数：

$$1\ 月份\ \mathrm{MADT}=\frac{65\,785}{31}\approx 2\,122\ 辆/\mathrm{d}$$

$$K_{月}=\frac{\mathrm{AADT}}{\mathrm{MADT}}=\frac{2\,415}{2\,122}=1.14$$

其余类推，结果如表 2-14 第三、第四行。从表 2-14 可知，2 月份的月变化系数最大，为 1.58，说明气候寒冷和春节对出车影响较大，故 2 月份为一年交通量最小的一个月。

2. 周变化

交通量的周变化是指一周内各天的交通量变化，因此也称日变化。对于一定的城市或某个路段，交通量的日变化存在一定规律。我国城市道路，一般各工作日的交通量变化不大，而在节、假日（或休息日）则变化显著，交通量一般都要小一些。在公路上一周内交通量变化较城市为小。

显示一周内 7d 中交通量日变化的曲线叫做交通量日变图，如图 2-4。通常用此图或周变系数来描述一周内日交通量的变化。周变系数定义为：年平均日交通量除以某周日的平均交通量，即 $K_{周日}=\frac{\mathrm{AADT}}{\mathrm{WADT}}$。某周日的平均日交通量（WADT）等于全年所有该周日的交通量除以全年该周日的总天数。若仅有抽样观测数据而缺乏全年的交通量观测数据，则其周日变化系数 $K_{周日}$ 可以用公式（2-11）计算：

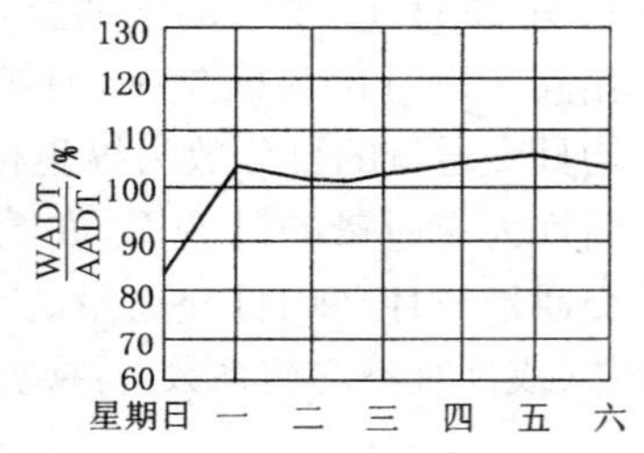

图 2-4 交通量日变化图

$$K_{周日}=\frac{周平均日交通量}{观测日交通量}=\frac{\frac{1}{7}\sum_{i=1}^{7}Q_i}{Q_i} \tag{2-11}$$

例 2-2 某测站测得各周日的全年累计交通量列于表 2-15 第二行，试求各周日的周平均日交通量与日变系数。

表 2-15 周平均日交通量与日变系数计算表

周日	星期日	一	二	三	四	五	六	全年合计
累计交通量	111 496	128 809	128 963	128 494	127 030	129 886	126 838	881 516
WADT	2 103	2 477	2 480	2 471	2 443	2 498	2 439	AADT=2 415
$K_{周日}$	1.15	0.97	0.97	0.98	0.99	0.97	0.99	

解 先求周日平均交通量，以星期日为例（该年有 53 个星期日）：

$$\mathrm{WADT}=\frac{111\,496}{53}\approx 2\,103\ 辆/\mathrm{d}$$

星期日的日变系数为

$$K_{周日}=\frac{2\ 415}{2\ 103}=1.15$$

仿此计算其他各周日的日平均交通量、日变系数，列于表 2-15 第三、四行。

3. 时变化

一天 24 h 中，每个小时的交通量亦在不断地变化。表示各小时交通量变化的曲线，称为交通量的时变图(如图 2-5)，亦有采用直方图表示的，如图 2-6。

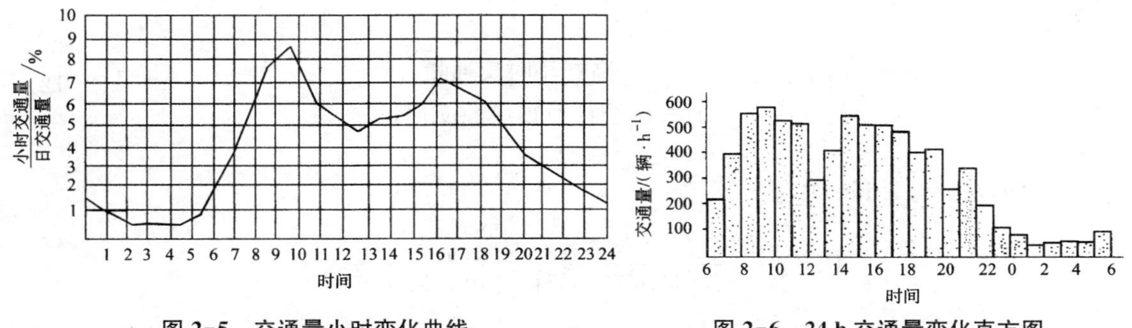

图 2-5 交通量小时变化曲线　　图 2-6 24 h 交通量变化直方图

也可以用某一小时或某一时段交通量占全日交通量之比表示交通量的时变规律，常用的有 16 h(6:00～22:00)或 12 h(6:00～18:00)，亦有用 18 h(4:00～22:00)交通量占全日交通量之比及高峰小时占全日交通量之比作为特征变化系数，示于表 2-16。

表 2-16 南京市宁六公路 16 h、高峰小时交通量变化表

高峰月日	1 月 20 日	2 月 17 日	3 月 11 日	4 月 16 日	5 月 20 日	6 月 29 日	7 月 16 日	8 月 12 日	9 月 23 日	10 月 21 日	11 月 19 日	12 月 8 日
高峰小时	8～9	8～9	8～9	8～9	8～9	8～9	8～9	8～9	8～9	8～9	9～10	9～10
该日全天汽车交通量/辆	5 585	4 354	4 497	4 851	5 020	4 915	4 592	4 727	5 778	5 743	5 862	5 421
高峰小时汽车交通量/辆	538	462	501	502	498	490	500	529	616	585	594	594
高峰小时流量比/%	9.6	10.6	11.6	10.3	9.9	10.0	10.9	11.2	10.7	10.2	10.1	11.1
16 h 汽车交通量/辆	5 223	4 141	4 267	4 631	4 611	4 496	4 197	4 407	5 417	5 397	5 501	4 921
16 h 占全天汽车比/%	93.5	95.1	94.9	95.5	91.9	91.5	91.4	93.2	93.8	94.0	93.8	90.8
全天交通量/16 h 交通量	1.069	1.051	1.053	1.047	1.088	1.093	1.094	1.073	1.066	1.064	1.066	1.101

(1) 高峰小时交通量

在城市道路上，交通量时变图一般呈马鞍形，上下午各有一个高峰，交通量呈现高峰的那个小时，称为高峰小时，高峰小时内的交通量称为高峰小时交通量。

高峰小时交通量占该天全天交通量之比称为高峰小时流量比(以%表示)，它反映高峰小时交通量的集中程度，并可供高峰小时交通量与日交通量之间作相互换算之用。我国公

路部门近年来对各交通量观测站的初步统计表明，高峰小时流量比为 9%～10%，平均为 9.6%。南京宁六公路高峰小时流量比为 10.47%，详见表 2-16。

(2) 高峰小时系数 PHF

高峰小时系数就是高峰小时交通量与高峰小时内某一时段的交通量扩大为高峰小时的交通量之比。一般将高峰小时划分为 5 min，6 min，10 min 或 15 min 的连续时段内的统计交通量，此连续 5 min，6 min，10 min 或 15 min 所计交通量中最大的那个时段，就是高峰小时内的高峰时段，把高峰时段的交通量扩大为 1 h 的高峰小时交通量，因此，高峰小时系数系指高峰小时交通量与扩大的高峰小时交通量之比。高峰小时系数的一般表达式为

$$PHF_t = \frac{\text{高峰小时交通量}}{t\,\text{时段内统计所得最高交通量} \times \frac{60}{t}} \tag{2-12}$$

例如，当 $t=15$ min 时，

$$PHF_{15} = \frac{\text{高峰小时交通量}}{\text{高峰小时中高峰 15 min 交通量} \times 4}$$

类似的还有 PHF_5，PHF_6，PHF_{10} 等表示的高峰小时系数。城市道路中短时间交通量过分集中往往会造成交通阻塞，如最大 15 min 交通量可达小时交通量的 40%，最大5 min交通量可达小时交通量的 20%。因此，掌握交通量的时变规律是十分重要的。

例 2-3 某测站测得的连续各 5 min 时段的交通量统计数如表 2-17，高峰小时交通量为 1 349 辆/h，求 5 min 和 15 min 的高峰小时系数。

表 2-17 某路段高峰小时以 5 min 为时段的交通量统计

统计时间	8:00～8:05	8:05～8:10	8:10～8:15	8:15～8:20	8:20～8:25	8:25～8:30	8:30～8:35	8:35～8:40	8:40～8:45	8:45～8:50	8:50～8:55	8:55～9:00
5 min 交通量	118	114	112	111	114	120	115	106	104	118	110	107

解 由表 2-17 知 5 min 交通量在 8:25～8:30 达到最大，故

$$PHF_5 = \frac{1\,349}{120 \times 12} = 0.94$$

15 min 交通量在 8:20～8:35 达到最大，故

$$PHF_{15} = \frac{1\,349}{349 \times 4} = 0.97$$

三、交通量的空间分布特性

交通量的大小与社会经济发展速度、人民文化生活水平、人口分布、气候、物产等多方面因素有关，它除了随时间而变化外还随空间位置的不同而变化。这种随空间位置而变化的特性称为空间分布特性，一般是指交通量在同一时间或相似条件下，随地域、城乡、路线、方向、车道等的差别而变化的情况。

1. 城乡分布

由于城乡之间经济发展、生产与文化活动对交通的需求不同，以及人口密度和汽车拥有量的差别，城乡道路上的交通量有显著差别。一般说来，城市道路上的交通量高于郊区道路，近郊高于远郊，乡村道路交通量最低。

2. 在路段上的分布

由于路网上各路段的等级、功能、所处的区位不同，在同一时间内，路网上各路段的交通量有很大不同。一般我们用路网交通量分布图来表示交通量在各路段上的分布，如图 2-7 所示。从路网交通量分布图上可以很明显地分辨出路上交通的主要流向、走廊，判断交通量分布的均匀性。

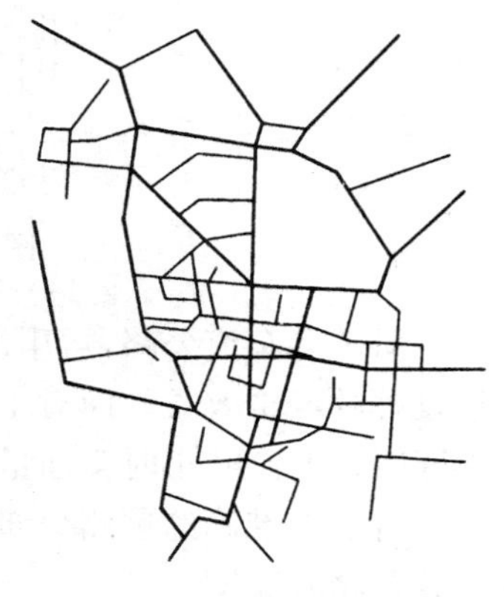

图 2-7　路网交通量分布图

3. 交通量的方向分布

一条道路往返两个方向的交通量，在很长时间内可能是平衡的，但在某一短时间内，如一天中某几个小时，两个方向的交通量会有较大的不同。

这种方向不平衡性，常采用方向分布系数 K_D 表示：

$$K_D = \frac{主要行车方向交通量}{双向交通量} \times 100\% \tag{2-13}$$

据国外的数据，上下班路线 $K_D=70\%$，主要干道 $K_D=60\%$，市中心干道 $K_D=50\%$。城市出入口道路高峰小时中进、出城交通量有明显的不同，早高峰时进城方向交通量占 60%～70%，晚高峰时则反过来。国内数据表明，上下班路线 $K_D=60\%\sim70\%$，郊区主要干线来往方向变化不大。

4. 交通量在车道上的分布

多车道道路上，因非机动车数量及车辆横向出入口数量的不同，各条车道上交通量的分布也是不等的。在交通量不大的情况下，一般靠近右侧车道的交通量比较大。随着交通量增大，靠近中心线的车道交通量比重也增大。

四、设计小时交通量及其应用

交通量具有随时间变化和出现高峰小时的特点，在进行道路设施规划设计时，必须考虑这个特点。工程上为了保证道路在规划期内满足绝大多数小时车流能顺利通过，不造成严重阻塞，同时避免建成后车流量很低，投资效益不高，规定要选择适当的小时交通量作为设计小时交通量。美国的研究认为第 30 位最高小时交通量是最合适的。所谓第 30 位最高小时交通量(30 HV)就是将一年中测得的 8 760 个小时交通量，从大到小按序排列，排在第 30 位的那个小时交通量。

研究表明，第 30 位小时交通量与年平均日交通量之比的 K 值十分稳定。据国外观测，按道路类别及所在地区不同，K 值分布在 12%～18%范围内。

我国 20 世纪 80 年代开始进行了大量的观测统计。根据对我国国家干线公路的观测统计，K 值分布在 0.11～0.15，平均为 0.133，设计小时交通量与年平均日交通量的比值称为设计小时交通量系数，图 2-8 是我国部分地区设计小时交通量系数图。

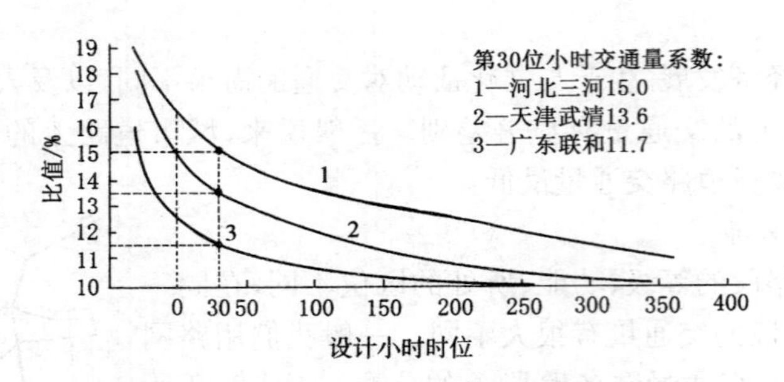

图 2-8　我国部分地区设计小时交通量系数图

对于多车道公路，运用设计小时交通量可确定车道数和路幅宽度，通过准确的计算可取得良好的经济效益。而对于双车道公路，由于车道数已定，设计小时交通量主要用于计算各不同时期的高峰小时交通量，并据以评价道路服务水平、使用品质等。

有了较准确的预测交通量、设计通行能力及设计小时交通量，则可以用下列公式计算车道数及路幅宽度。

$$\mathrm{DHV} = \mathrm{AADT} \cdot \frac{K}{100} \tag{2-14}$$

$$n = \frac{\mathrm{DHV}}{C_1} \tag{2-15}$$

$$W = W_1 \cdot n \tag{2-16}$$

式中　DHV——设计小时交通量(辆/h)；

K——设计小时交通量系数(%)；

n——车道数；

C_1——每一车道设计通行能力(辆/h)；

AADT——规划年度的年平均日交通量(辆/d)；

W——路幅宽度(m)；

W_1——一条车道宽度(m)。

在考虑方向不均匀系数的情况下，单向设计小时交通量为

$$\mathrm{DDHV} = \mathrm{AADT} \cdot \frac{K}{100} \cdot \frac{K_\mathrm{D}}{100} \tag{2-17}$$

式中　DDHV——单向设计小时交通量(辆/h)；

K_D——方向不均匀系数(%)。

则

$$n = \frac{\mathrm{DDHV}}{C_1} \times 2 = \frac{\mathrm{AADT}}{C_1} \cdot \frac{K}{100} \cdot \frac{K_\mathrm{D}}{100} \times 2 \tag{2-18}$$

§2-3　交通流特性

道路交通流是一个复杂动态系统，交通流特性是进行道路设计、服务水平分析、通行效率研究等的重要基础，交通流的运行状态可以由交通流参数来描述。本节结合交通流参数

测量方法，阐述交通流基本参数及特性。

一、交通流测量

交通流的主要参数包括流率（单位时间通过某断面车辆数）、速度（单位时间行驶距离）、驾驶时间（距离已知情况下）、占用率（固定道路断面被车辆占用的时间比率）、密度（单位距离内车辆数）、车头时距（个体车辆间时间距离）和车头间距（个体车辆间空间距离）等。

交通流测量类型包括点、短路段、长路段三种。测量类型可通过图 2-9 具体说明。在该图中，纵轴表示车辆的行驶距离，横轴表示车辆的行驶时间（可使用任意时间任意地点作为原点）。图中的每一条直线都表示一个特定车辆的行驶轨迹，直线的斜率表示车辆速度。当速度大的车辆超过了速度小的车辆时，两条直线相交。

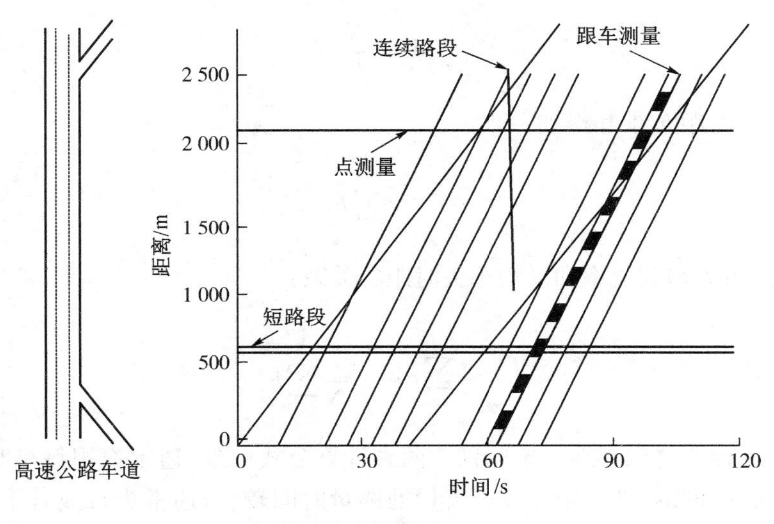

图 2-9　车辆轨迹时空图

点测量在该时空图中为一条横线，表示固定点上的连续时间测量。短路段测量为该图中的两条平行横线。而纵线表示固定时间的连续路段测量。跟车测量技术则通过一辆车的行驶轨迹表示，图中用黑白交叉的重线表示。

根据交通流参数定义中关于时间跨度或空间跨度的要求，不同测量方式所能得到交通流参数不同。下面给出具体说明。

1. 点

可以在点测量的交通流参数包括流率、车头时距和速度。密度不可以直接通过在一点测量得到。传统点测量方式包括计数器和气动管。目前基于感应检测器的点测量方式包括微波、雷达、光敏电阻、超声波和摄像头等技术。

2. 短路段

早期采用布设距离很近的双气动管测量短路段交通流参数，之后主要采用双地感线圈测量技术，布设间距约为 5～6 m。占有率可通过短路段测量得到，占有率定义为仪器的检测区域被车辆占用的时间比例。短路段测量不能直接得到密度。但通过计算可以得到密度。

3. 长路段

长路段(或连续路段)测量主要来自摄像机或航空拍摄,且观测路段通常大于0.5 km。视频得到的单个帧图像,只能测量密度;单帧没有时间跨度,因此不能测量占有率和速度。如果有多帧可用,速度也可以测量得到。

密度须在单个时间点测量。流量是随时间变化经过固定点的车辆数量。因此,流量和密度是不同的测量维度,分别属于固定时间点和固定空间点测量。

二、交通流率特性

流率可直接通过点测量得到。流率和时间间隔关系如下:流率 Q 是计数得到的车辆数 N 除以总时间 T:

$$Q = \frac{N}{T}$$

T 通过车头时距 h_t 求和得到:

$$T = \sum_{i=1}^{N} h_t^i$$

通过推导,可以得到流率和平均车头时距的关系:

$$Q = \frac{N}{T} = \frac{N}{\sum_i h_t^i} = \frac{1}{\frac{1}{N}\sum_i h_t^i} = \frac{1}{\bar{h}_t}$$

交通流量和流率之间存在一定区别。两者计算公式一致,通常都用每小时车辆数来表示,但测量的时间间隔存在一定差异。流量的测量时间较长,通常为日或若干小时;而流率的实际测量时间可以比 1 h 小得多,美国通行能力手册建议使用至少 15 min 的间隔,但在智能交通系统中通常为 30 s 至 5 min。

例 2-4 设在某路段四个连续 15 min 时段内观测了通过的车辆数,分别为 150、180、220、200 辆,计算该路段 1 h 内交通流量和流率。

解 该路段 1 h 内交通流量为各时段交通量之和,即 750 辆/h。然而流率在每个 15 min时段内各不相同,分别为 600 辆/h、720 辆/h、880 辆/h、800 辆/h,最大流率时段为 30 min至 45 min 时段内。可见流率能更加细致地反映交通量的波动情况,也更便于相互比较。

三、行车速度特性

行车速度既是道路规划设计中的一项重要控制指标,又是车辆运营效率的一项主要评价指标,对于运输经济、安全、迅捷、舒适具有重要意义。了解和掌握各道路上行车速度及其变化规律是正确进行道路网规划、设计、运营、管理的基础。

(一) 基本定义

设行驶距离为 s,所需时间为 t,则车速可用 s/t 形式表示。按 s 和 t 的取值不同,可定义各种不同的车速。

1. 地点车速(spot speed)

这是车辆通过某一地点时的瞬时车速,因此观测时 s 取值应尽可能短,通常以 20～25 m为宜,用作道路设计、交通管制和规划资料。

2. 行驶车速(running speed)

这是由行驶某一区间所需时间(不包括停车时间)及其区间距离求得的车速,用于评价该路段的线形顺适性或进行通行能力分析,也可用于道路使用者的成本效益分析。

3. 运行车速(operating speed)

这是指中等技术水平的司机在良好的气候条件、实际道路状况和交通条件下所能保持的安全车速,用于评价道路通行能力和车辆运行状况。

4. 行程车速(overall speed)

行程车速又称区间车速,是车辆行驶路程与通过该路程所需的总时间(包括停车时间)之比。行程车速是一项综合性指标,用以评价道路的通畅程度,估计行车延误情况。要提高运输效率归根结底是要提高车辆的行程车速。

5. 临界车速(critical speed)

这是指道路理论通行能力达到最大时的车速,对于选择道路等级具有重要作用。

6. 设计车速(design speed)

这是指在道路交通与气候条件良好的情况下仅受道路物理条件限制时所能保持的最大安全车速,用作道路线形几何设计的标准。

7. 期望车速(desired speed)

这是指车辆行驶过程中不受或基本不受其他车辆约束的条件下,驾驶员心目中希望达到的最高安全行驶车速。不同驾驶员心目中确定的期望车速大小存在不同。

8. 限速值(speed limit)

这是指对一定长度距离内的路段规定一定数值范围内的行车速度,一般用于防止司机因超速驾驶而带来安全隐患,预先提醒司机在前方后续路段行驶中合理控制车速、防范危险。

限速值具有强制性,通常在路标中标识,由交通警察执行管理。国外道路限速值确定一般以自由流下的85%位车速作为最高限速值。我国实际应用中一般以公路的设计速度作为其限速值。限速值一般大于行驶车速、运行车速、行程车速和临界车速。先进的可变限速技术主要考虑高速公路、城市快速道路上的行车速度、车流量、天气状况、道路状况等因素,通过可变信息标志向道路使用者发布动态限速信息,并以此影响道路使用者的驾驶行为。

(二) 行车速度的统计分布特性

行车速度与交通量一样,也是一个随机变量。研究表明在乡村公路和高速公路路段上,运行车速一般呈正态分布;在城市道路或高速公路匝道口处,车速比较集中,一般呈偏态分布,如皮尔逊Ⅲ型分布。

对行车速度进行统计分析,一般要借助车速分布直方图和车速频率、累计频率分布曲线,如图 2-10(a)、(b)、(c)。

表征车速统计分布特性的指标常用以下几种:

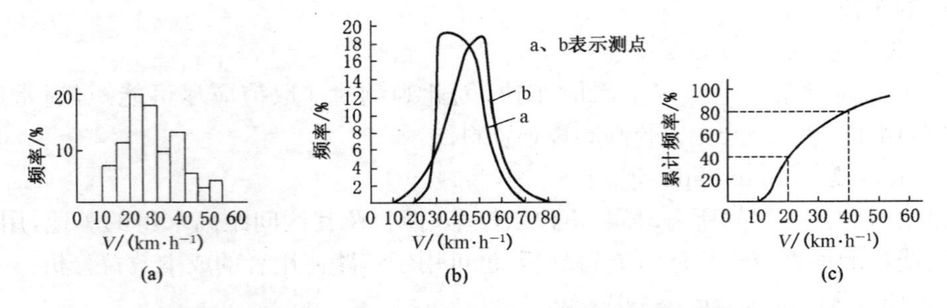

图 2-10　地点车速直方图、频率分布图、累计频率分布图

1. 平均车速

平均车速即平均地点车速

$$V=\frac{\sum f_iV_i}{n} \tag{2-19}$$

式中　V——地点车速的算术平均值(km/h)；

V_i——各组地点车速的平均值(km/h)；

f_i——地点车速观测值分组出现的频数；

n——观测速度总车辆数(辆)。

2. 车速标准差与平均标准误差

车速标准差为衡量速度离散程度的标准，其计算公式如下：

$$S=\sqrt{\frac{\sum f(V-\overline{V})^2}{n-1}} \tag{2-20}$$

将 $V=\dfrac{\sum f_iV_i}{n}$ 代入后，得

$$S=\sqrt{\frac{\sum f_iV_i^2}{n-1}-\frac{(\sum f_iV_i)^2}{n(n-1)}} \quad 或 \quad S=\sqrt{\frac{\sum f_iV_i^2}{n-1}-\frac{1}{n(n-1)}\overline{V}^2} \tag{2-21}$$

取自同一个总体的不同样本的均值关于总体的真实均值呈标准差为 $\sigma/n^{1/2}$ 的正态分布，这里 σ 为总体标准差。对于大样本($n\geqslant25$)情况，样本标准差 S 是总体标准差的可靠估值。因此：

$$S_{\bar{\sigma}}=\frac{S^2}{n} \tag{2-22}$$

$$S_{\overline{V}}=\sqrt{S_{\bar{\sigma}}} \tag{2-23}$$

式中　$S_{\bar{\sigma}}$—— 平均方差；

$S_{\overline{V}}$—— 平均标准差；

S^2—— 作为 σ^2 估值的样本方差。

于是可以说，具有 95% 置信水平的整个交通流的真实平均车速范围，为观测数据的均

值（ $\overline{V}$ ）加减两倍标准差（ $S_{\overline{V}}$ ）。

3. 中位车速

中位车速也称 50%位车速，或中值车速，是指在该路段上在该速度以下行驶的车辆数与在该速度以上行驶的车辆数相等时的车速。在正态分布的情况下，50%位车速等于平均车速，但一般情况下，两者不等。

4. 百分位车速

85%位车速：在该路段行驶的所有车辆中，有 85%的车辆行驶速度在此速度以下，只有 15%的车辆行驶速度高于此值，交通管理部门常以此速度作为某些路段的限制车速。

15%位车速：意义类前。在高速公路和快速道路上，为了行车安全，减少阻塞排队现象，要规定低速限制，因此 15%位车速测定是非常重要的。

85%位车速与 15%车速之差反映了该路段上的车速波动幅度，同时车速分布的标准偏差 S 与 85%位车速和 15%车速之差存在着下列近似关系：

$$S \approx \frac{85\%\ \text{位车速} - 15\%\ \text{位车速}}{2.07} \tag{2-24}$$

（三）时间平均车速与空间平均车速

由于平均数常常是表示数据集中特性的数值，所以车速也常常用平均值表示，如时间平均车速、区间平均车速。两者区别在于测量方法上的差异，时间平均车速为在单位时间内道路某断面车辆车速，空间平均测速为在单位道路长度内某时间片刻的车辆车速。其计算方法如下：

1. 时间平均车速

在单位时间内测得通过道路某断面各车辆的地点车速，这些地点速度的算术平均值，即为该断面的时间平均车速，即

$$\overline{V}_t = \frac{1}{n}\sum_{i=1}^{n} V_i \tag{2-25}$$

式中 $\overline{V}_t$——时间平均车速（km/h）；

V_i——第 i 辆车的地点车速（km/h）；

n——单位时间内观测到车辆总数（辆）。

2. 区间平均车速

在某一特定瞬间，行驶于道路某一特定长度内的全部车辆的车速分布的平均值，称为区间平均车速。当观测长度一定时，其数值为地点车速观测值的调和平均值，其计算公式为

$$\overline{V}_s = \frac{1}{\frac{1}{n}\sum_{i=1}^{n}\frac{1}{V_i}} = \frac{ns}{\sum_{i=1}^{n} t_i} \tag{2-26}$$

式中 $\overline{V}_s$——区间平均车速（km/h）；

s——路段长度（km）；

t_i——第 i 辆车的行驶时间（h）；

n——车辆行驶于路段长度 s 的次数；

V_i——第 i 辆车行驶速度(km/h)。

3. 时间平均车速与区间平均车速之间的相互关系

由时间平均车速可以推算区间平均车速：

$$\overline{V}_s = \overline{V}_t - \frac{\sigma_t^2}{\overline{V}_t} \tag{2-27}$$

式中 σ_t——时间平均车速观测值的均方差。

推算方法如下：

设总体交通流由 n 辆车组成，每辆车车速为 V_i。

$$\overline{V}_i = \frac{\sum_{i=1}^{n} V_i}{n}, \sigma_t^2 = \frac{\sum_{i=1}^{n}(V_i - \overline{V}_t)^2}{n}, \overline{V}_s = \frac{n}{\sum_{i=1}^{n}\frac{1}{V_i}}$$

$$\frac{1}{V_i} = a_0 + a_1(V_i - \overline{V}) + a_2(V_i - \overline{V})^2 + a_3(V_i - \overline{V})^3 + \cdots$$

$$\overline{V}_s = \frac{1}{\frac{\overline{V}_t^2 + \sigma_t^2}{\overline{V}_t^3}} = \frac{\overline{V}_t}{1 + \frac{\sigma_t^2}{\overline{V}_t^2}} = \frac{\overline{V}_t\left(1 - \frac{\sigma_t^2}{\overline{V}_t^2}\right)}{1 - \frac{\sigma_t^4}{\overline{V}_t^4}} \approx \overline{V}_t - \frac{\sigma_t^2}{\overline{V}_t}$$

由区间平均车速推算时间平均车速：

$$\overline{V}_t = \overline{V}_s + \frac{\sigma_s^2}{\overline{V}_s} \tag{2-28}$$

式中 σ_s——区间平均车速观测值的均方差。

推导过程如下：

设总体交通流由 m 个车速 V_i 组成，每种车速的流量为 q_i。

$$\overline{V}_t = \frac{\sum_{i=1}^{m} q_i V_i}{\sum_{i=1}^{m} q_i} = \frac{\sum_{i=1}^{m} q_i V_i}{q}, \overline{V}_s = \frac{q}{k} = \frac{\sum_{i=1}^{m} q_i V_i}{k} = \sum_{i=1}^{m} f_i V_i$$

$$\overline{V}_t = \frac{\sum_{i=1}^{m} k_i V_i^2}{q} = \frac{\sum_{i=1}^{m} k_i V_i^2}{k\overline{V}_s} = \frac{\sum_{i=1}^{m} f_i V_i^2}{\overline{V}_s} = \frac{1}{\overline{V}_s}\sum_{i=1}^{m} f_i[\overline{V}_s + (V_i - \overline{V}_s)]^2$$

$$= \frac{1}{\overline{V}_s}\left[\sum_{i=1}^{m} f_i \overline{V}_s^2 + 2\overline{V}_s \sum_{i=1}^{m} f_i(V_i - \overline{V}_s) + \sum_{i=1}^{m} f_i(V_i - \overline{V}_s)^2\right]$$

$$= \frac{1}{\overline{V}_s}[\overline{V}_s^2 + \sigma_s^2] = \overline{V}_s + \frac{\sigma_s^2}{\overline{V}_s}$$

$$\sigma_t = \sigma_s = 0$$

显然，当等速行驶时，$\overline{V}_s = \overline{V}_t$。

例 2-5 设有 3 辆汽车，分别以 20，40，60 km/h 的速度，通过路程长度为 10 km 的路段，试求时间平均车速和区间平均车速。

解 先求时间平均车速，按公式(2-25)有

$$\overline{V}_t = \frac{1}{n}\sum_{i=1}^{n} V_i = \frac{1}{3} \times (20 + 40 + 60) = 40 \text{ km/h}$$

再求区间平均车速，按公式(2-26)有

$$\overline{V}_s = \frac{1}{\frac{1}{n}\sum_{i=1}^{n}\frac{1}{V_i}} = \frac{1}{\frac{1}{3}\times\left(\frac{1}{20}+\frac{1}{40}+\frac{1}{60}\right)} = 32.7 \text{ km/h}$$

(四) 影响车速变化的因素

车速的变化特性是反映交通流特性的一个重要方面，它能说明车速在人、车、路和环境等因素影响和交通流作用下所产生的变化。主要因素有如下几项：

1. 驾驶员对车速的影响

汽车行驶速度除众所周知的与驾驶员的技术水平、开车时间长短有关外，还与驾驶员的个性、性别、年龄和婚姻状况有关。一般开新车、长途旅行的人比本地出行的人开得快，车上无乘客时比有乘客时开得快，青年、男性、单身驾驶员要比中年、女性、已婚的驾驶员开得快。

2. 车辆对车速的影响

车型和车龄对地点车速有显著影响，小汽车快于专用大客车，货车最慢，新车快于旧车。运货汽车的平均车速按轻型车、中型车、中型组合车、重型单辆车的次序依次降低。单辆车和组合车的平均车速随总重的增加而降低。

3. 道路对车速的影响

驾驶员采用的实际车速不是根据街道的等级，而是根据街道的实际状况，如街道类型、平纵线形、坡长、车道数和路面类型等对汽车行驶的影响而定的。另外，街道所处的地理位置、视距条件、车道位置、侧向净空和交叉口间距等对车速也有很大的影响。

(1) 道路类型及等级

根据《公路路线设计规范》(JTG D20-2017)，公路一般分为五个技术等级：高速公路、一级公路、二级公路、三级公路、四级公路。平原微丘情况下各级公路宜采用的设计车速为：高速公路 120 km/h、一级公路 100 km/h、二级公路 80 km/h、三级公路 40 km/h、四级公路 30 km/h。根据《城市道路工程设计规范》(CJJ 37-2012)2016 年版，城市道路分为快速路、主干路、次干路、支路四个等级，各级道路的设计车速为：快速路 60～100 km/h、主干路40～60 km/h、次干路 30～50 km/h、支路 20～40 km/h。

(2) 平面线型

一般平曲线上车速比直线段上车速低，小半径平曲线上车速比大半径曲线上车速低。在设计车速很低的弯道上，平均车速接近设计车速；在设计车速高的弯道上，平均车速低于设计车速并接近于切线段上观测的平均车速。据国外的研究，道路上平均车速与弯道的曲

度 D 有明显的线性关系，可用下式表示：

$$V_t = 70.04 - 1.2D \tag{2-29}$$

英国还提出一个表示曲率和坡度对速度影响的公式：

$$\Delta\overline{V} = 1.96D + 2.2G \tag{2-30}$$

式中　$\Delta\overline{V}$——平均车速降低值(km/h)；

D——曲率度数(度)；

G——坡道的平均纵坡(%)。

(3) 纵断面线形

道路纵断面线形对车速影响显著，对货车比对小汽车影响更大。下坡与平坡直线路段相比，对于货车行驶的纵坡大致为 5%，对于专用大客车和小汽车纵坡大致为 3%时，平均车速都比平坡直线路段有所增加。当下坡的路段超过此值以及上坡时，各类汽车的车速都要降低。重型货车上坡时，车速随坡长与坡度的增大急剧降低，直至降到等于爬坡车速，并以此速度继续爬坡。

(4) 车道数及车道位置

车道多于四车道时，车速与四车道相似，有分隔带的四车道要比双车道和三车道道路的平均车速明显增高，三车道上的车速略高于相类似的双车道道路。

在行近市区的道路上，入境车辆的平均车速一般比出境车辆的车速高 3～6 km/h，多车道的道路上，各车道的车速由中间向两侧逐渐降低。

(5) 视距

在无分隔带的街道上，当实际能保证的视距小于超车视距的路段百分比增加时，车速显著降低。

(6) 侧向净空

在双车道道路上，侧向净空受到限制时，平均车速要降低 2～5 km/h，城市街道上的地点车速，随单位长度内障碍物数量的增加而降低，这些障碍物包括道路交叉口、铁路平交口、人行过街横道等。

(7) 路面

路面由低级到高级时，车速逐渐增加，路况不良引起车速降低比视距不足引起车速的降低更为严重。一般货车在高级路面直线行驶，车速可达 60～80 km/h，在次高级路面上行驶可达 40～60 km/h，在中级路面上行驶仅达 30～40 km/h。

4. 交通条件对车速的影响

(1) 交通量

大量的调查已确切地表明，当其他条件相同且不超过临界密度时，交通量和平均速度为线性关系。美国的资料表明，双车道道路双向总交通量约为 2 000 辆(小汽车)/h，分隔行驶的四车道每条车道 1 000 辆(小汽车)/h，临界车速为 48 km/h，且平均车速随交通量增加而降低。

(2) 交通组成

当有多种车辆混合时，互相干扰使车速降低，当机动车与非机动车分开行驶或用分隔带分开时，车速增高。城市街道的三块板断面比一块板断面的汽车速度要高。在机动车流中重型车和拖挂车增加，则行车速度降低，小汽车增加则车速提高。

(3) 超车条件

在具有良好超车条件的情况下车速上升，当交通量增加使超车受到限制时，平均车速随运货汽车的增加而迅速地下降。因为车速较快的车辆如不能转移车道超过慢行车辆，就无法提高车速。

(4) 交通管理

严格的管理、良好的秩序能显著地提高车速。近年来，在城市实行快慢分流、各行其道之后车速显著提高。如北京市从 2008 年 10 月起，采用机动车限行政策，当时相比政策实施之前，早晚高峰车辆运行速度分别提高了 15.2%和 15.3%。

(5) 交通环境的影响

车速同时间、气候、地理环境等有密切的关系，在通往卫星工业城的干道上或市际干道上受地形因素的影响较大。

四、交通密度特性

1. 交通密度定义

交通密度是指一条车道上车辆的密集程度，即在某一瞬时内单位长度一条车道上的车辆数，又称车流密度，常以 K 表示，其单位为辆/km(如为多车道，则应除以车道数换算成单车道的车辆数然后再计算)，于是有：

$$K = N/L \tag{2-31}$$

式中 K——车流密度(辆/km)；

N——单车道路段内的车辆数(辆)；

L——路段长度(km)。

交通密度还可以用式(2-32)计算：

$$K = \frac{Q}{\overline{V}_s} \tag{2-32}$$

式中 Q——单车道上交通量(辆/h)；

$\overline{V}_s$——区间平均车速(km/h)。

交通量由零逐渐增大，接近或达到道路通行能力时的车流密度称为临界密度，相应车速称为临界速度。临界密度反映交通流量最大时的密度，故又称为最佳车流密度。当密度继续增大，导致所有车辆无法通行时，速度趋近于零，交通流量也趋近于零，此时的密度称为阻塞密度。

密度是对车辆在空间上拥挤程度的表示，而对车辆在时间上的拥挤程度通过占有率来表示。对于特定的时间间隔 T，占有率是车辆覆盖检测器时间的总和除以总的时间间隔 T。例如，统计时间 1 h，检测器检测到车辆存在的时间为 30 min，此时的车道占有率为 50%。对于单个车辆来说，车辆覆盖检测器的时间由车辆的速度 V 和它的长度 L 加上检测器本身的长度 d 所决定。也就是说，车辆覆盖检测器的时间计算从车辆前保险杠进入时间检测区域开始，直到后保险杠离开时间检测区停止。占有率 O 的公式表达为：

$$O = \frac{\sum_i \frac{L_i + d}{V_i}}{T} = \frac{1}{T}\sum_i \frac{L_i}{V_i} + \frac{d}{T}\sum_i \frac{1}{V_i}$$

其中 L_i——第 i 辆车的长度(m)；

d——检测器本身长度(m)；

V_i——第 i 辆车速度(m/s)；

T——特定时间间隔(s)。

假设车辆具有相同的长度 L,则占有率和密度 K 的关系为：

$$O = (L + d)K$$

当前智能交通系统快速发展下,交通流占有率比密度指标更为重要,其原因在于目前市面上的交通流检测器(如感应线圈、微波等)能够测量的是时间占有率,而无法直接测量密度。车流量和时间占有率呈抛物线关系,当车道占有率为零时,其流量也为零;随着车流量的增加,车道占有率持续增加;占有率达到关键值时,车流量达到最大值,此时交通流处于通行能力状态。如果车道占有率持续增加,则交通量急剧下降,从而引起交通拥堵。由此可以看出车道占有率过高是交通拥堵的征兆,可通过交通控制与诱导措施及时调整占有率值。

2. 车头间距与车头时距

在同向行驶的一列车队中,相邻两辆车的车头之间的距离称为车头间距(或间隔)。路段中所有车头间距的平均值称为平均车头间距 (h_s)。如果用时间表示车头之间的间隔,则称为车头时距或时间车头间隔,以 h_t 表示。道路上车流的车头间距也反映交通密度,根据定义,车头间距 h_s 和密度之间的关系为

$$h_s = 1\,000/K \tag{2-33}$$

式中 h_s——车头间距(m/辆)；

K——车流密度(辆/km)。

车头时距和交通量之间的关系为

$$h_t = 3\,600/Q \tag{2-34}$$

式中 Q——道路的交通量(辆/h)；

h_t——平均车头时距(s/辆)。

车头间距 h_s、车头时距 h_t 及速度 V 三者之间的关系为

$$h_s = \frac{V}{3.6}h_t \tag{2-35}$$

式中 V——汽车行驶速度(km/h)。

例 2-6 在一条长 30 km 的某路路段的起点断面上,在 5 min 内测得 60 辆汽车,车流是均匀连续的,V=30 km/h,试求 Q, h_t, h_s, K 以及第一辆车通过这段路所需时间 t。

解 $Q = \frac{60}{5/60} = 720$ 辆/h

车头时距：　　　　　$h_t=\frac{3\,600}{Q}=\frac{3\,600}{720}=5$ s/辆

车头间距：　　　　　$h_s=\frac{V}{3.6}h_t\approx\frac{30}{3.6}\times5\approx42$ m/辆

车流密度：　　　　　$K=\frac{1\,000}{h_s}=\frac{1\,000}{42}\approx24$ 辆/km

第一辆车通过时间：$t=\frac{s}{V}=\frac{30}{30}=1$ h

从车头时距公式可知，车头时距与交通量有关，使车辆安全行驶的最短车头时距，称为极限车头时距或临界车头时距，此时距一般采用 2 s。根据美国资料，最小车头时距的允许值：支路来车不停即右转驶入主干道最小车头时距为 3.0 s，支路停车而后再右转进入主干道，最小车头时距为 4.5 ～8.0 s，左转弯驶入则为 3.75～4.75 s。

3. 交通密度资料的应用

道路上交通量较小时，车头间距较大，交通密度小，驾驶员可以自由选择行驶车速；当交通量增大时，车头间距缩小，密度加大，车辆行驶时相互制约。随着交通密度进一步增大，车辆拥挤，车速下降，驾驶自由度极小，车辆走走停停，直到车辆趋于停驶状态。交通流密度与流率和速度唯一对应，因此从车流密度的大小，可以判定交通状态和拥挤情况，从而决定应采取何种管理措施。

研究交叉口信号灯的配时、高速道路监测控制系统设计和服务水平分级等均需要交通密度资料，德国将交通密度 K 作为划分快速干道服务水平的标准，将交通密度划分五个区：Ⅰ区 K 为 0～10 辆/km，Ⅱ区 K 为 10～20 辆/km，Ⅲ区 K 为 20～30 辆/km，Ⅳ区 K 为30～40 辆/km，Ⅴ区 K 大于 40 辆/km。交通密度在Ⅰ～Ⅲ区范围内，车流稳定，超出此区则车流不稳，故Ⅲ区作为设计范围。美国对服务水平划分亦提出密度指标：对高速公路，Ⅰ级 $K\ngtr$ 19 辆/km，Ⅱ级 $K\ngtr32$ 辆/km，Ⅲ级 $K\ngtr48$ 辆/km，Ⅳ级 $K\ngtr67$ 辆/km，Ⅴ级 $K\ngtr107$ 辆/km。

交通流密度也是快速道路智能交通控制算法中的关键变量。以往研究发现交通流密度可以作为判断交通流通行能力下降和交通流失效现象发生概率的重要指标，智能交通控制技术(如入口匝道控制、可变限速控制等)通过将交通瓶颈路段的交通流状态控制在关键密度(或关键占有率)附近，从而最大限度上利用道路通行能力，维持较高的车辆通过流率，减少车辆总通行时间和延误。

复习思考题

2-1　交通特性包括哪几个方面？为什么要进行分析？意义如何？分析中要注意什么问题？

2-2　交通特性对交通流理论建立、通行能力研究、道路交通的规划设计各有什么影响？在交通工程中应如何正确对待？

2-3　交通量的类型、定义及表示方法。交通量有哪些特性？研究这些特性有什么意义？

2-4　地点车速、行驶车速、行程车速的定义及测定方法。这些速度指标在交通工程中有什么作用？

2-5　行车速度有什么特性？具体表现在哪些方面？

2-6　时间平均车速与空间平均车速的定义及相互关系如何?

习　题

2-1　下表为某高速公路观测交通量,试计算:

(1) 小时交通量;(2) 5 min 高峰流率;(3)15 min 高峰流率;(4)15 min 高峰小时系数。

统计时间	8:00～8:05	8:05～8:10	8:10～8:15	8:15～8:20	8:20～8:25	8:25～8:30	8:30～8:35	8:35～8:40	8:40～8:45	8:45～8:50	8:50～8:55	8:55～9:00
5 min 交通量	201	208	217	232	219	220	205	201	195	210	190	195

2-2　某公路需进行拓宽改造,经调查预测在规划年内平均日交通量为 50 000 辆(小汽车)/d,设计小时系数 $K=17.86x^{-1.3}-0.082$, x 为设计小时时位(x 取 30),取一条车道的设计通行能力为 1 500 辆(小汽车)/h,试问该道路需修几车道。

2-3　在一条 24 km 长的公路段起点断面上,在 6 min 内测得 100 辆汽车,车流量是均匀连续的,车速 $V=20$ km/h,试求 Q, h_t, h_s, K 以及第一辆车通过该路段所需的时间 t。

2-4　对长为 100 m 的路段进行现场观测,获得如下表中所示的数据,试求平均行驶时间 t,区间平均车速$\overline{V}_s$,时间平均车速$\overline{V}_t$。

车辆	行驶时间 t/s	车速 V/(km·h^{-1})	车辆	行驶时间 t/s	车速 V/(km·h^{-1})
1	4.8	75.0	9	5.1	70.6
2	5.1	70.6	10	5.2	69.2
3	4.9	73.5	11	4.9	73.5
4	5.0	72.0	12	5.3	67.9
5	5.2	69.2	13	5.4	66.7
6	5.0	72.0	14	4.7	76.6
7	4.7	76.6	15	4.6	78.3
8	4.8	75.0	16	5.3	67.9

第3章　交通调查与数据采集

交通调查是交通工程学的重要部分，是进行科学的交通规划、设计、运营、管理、控制与评价的基础。交通调查的关键是从调查目的出发，根据被调查对象的特性、采用合适的调查方法、通过可靠的技术手段，以采集有效、及时的交通数据。

§3-1　概　　述

一、交通调查的目的与意义

随着我国经济社会的不断发展，当前社会的主要矛盾已发生转变，体现在交通运输领域的主要矛盾就是，人民群众美好生活中日益增长的交通需求和不平衡不充分的交通供给之间的矛盾，这就要求交通工作者不仅能够准确掌握交通现状及其变化规律，更能预先判断不同区域未来交通需求下所要求提供的相应道路工程设施及交通管理控制手段。这些都必须通过广泛、深入、可持续的交通调查和数据采集才能做到。

交通调查是指围绕调查对象，通过实测、统计、分析等手段，测定道路环境、交通流及其有关参数，获得调查数据、采集交通信息并加以分析，从而客观描述有关交通现象、变化规律及存在的问题，进而掌握交通发展态势的一系列工作过程。

开展交通调查，是为了满足交通科学研究和工程应用的需求，通过采集基础数据和信息，为科学规划、设计、管理等工作夯实基础，为交通运输、规划建设、环境保护、交通管理等政府职能部门以及科研院、设计院等技术部门乃至社会其他行业提供支撑服务。

如前所述，交通流特性是通过实际交通流中某些特定的交通流参数（诸如交通量、行车速度、交通密度等）大小与变化规律来表示。与交通有关的其他现象（如交通事故、对环境的危害程度、车辆停放等，也都由相应的量值及发生的形式来反映）对交通流也有一定影响。因此，在交通特性分析、交通规划、设计、管控、安全等领域中都需要了解和掌握各种参数变量，为此必须进行交通调查。

交通调查所获数据在交通工程领域有着广泛应用，这些数据不仅可以定量描述交通系统的需求，还可以应用于交通系统设施管理、建立时间趋势、研究出行行为、标定参数、评价改善措施的有效性等。

二、交通调查要求与数据采集方法

1. 交通调查的要求

交通调查是自然科学与社会科学的有机统一，开展交通调查需要注意以下三点：

（1）交通调查人员要有较好的素养

交通调查在多数情况下是在交通现场进行观测统计，工作量大、条件差，持续时间长且要求一定的实测精度。为此要求调查人员要有较好的素质，其中包括职业道德、专业技术、分析能力和工作态度。此外，交通调查工作还经常涉及社会各个方面，需要有较好的涵养，良好的沟通交流、协作组织能力，只有这样才能做好这项工作。

(2) 要遵循实事求是的原则

不论出于何种调查目的，还是使用何种调查、分析方法，都应遵循实事求是的原则，对交通调查对象进行实地观测统计或数据采集，切忌主观臆断，更不能弄虚作假，否则会导致错误结论，这将给规划、设计等后续工作带来极大危害。

(3) 要认识到调查的局限性

任何调查都是在某些特定条件下进行的，从具体到一般的过程中必然受到诸如调查环境改变的制约、调查参数大小与变化规律的波动等，这些条件经常变化。因此，交通调查总是在对应于某些条件下进行的，这些条件在调查中必须予以注明。某些特定目的调查必须真实反映特定的实际道路与交通条件以防止失真。

2. 数据采集方法

交通调查为交通分析、规划、设计等工作提供基础数据，通过数据加工处理产生信息，若采集的数据不准确或不可用，则所有基于数据的工作都会产生缺陷。因此，数据的重要性毋庸置疑。数据采集方法非常多，从数据采集者角度对采集方法进行分类，主要包括：人工采集法和机器采集法。前者是最早、最常用的采集方法，从数据采集伊始就是靠人工获取。后者是伴随科技进步，由人工到机械再到电子系统，逐步由机器替代人工进行数据的采集。这将在后续章节作详细介绍。

三、道路交通调查的内容

道路交通调查的内容非常丰富，主要包括：交通流要素调查、交通规划调查、交通事故调查、交通管理调查、交通环境调查等等。

1. 交通流要素调查

包括描述交通流特性的主要参数：交通量、车速、密度及有关车头间距、占有率等调查。

2. 交通规划调查

包括土地利用与交通基础设施调查，交通生成、分布与分配特性等调查，其中常见的有起讫点(OD)调查、居民出行调查等。

3. 交通事故调查

包括对交通事故发生次数、伤亡、性质、地点、原因的调查。

4. 交通管理调查

包括交通政策法规(限行、收费等)、交通运行规则(单向、双向通行等)、交通组织与控制方案等的调查。

5. 交通环境调查

包括交通对环境造成污染等方面的调查，如噪声、废气、振动、电磁场干扰等的调查，有时还需调查交通对名胜古迹、景观、生态与居民心理等方面所产生的影响。

§3-2　数据采集原理与方法

数据采集是交通调查的重要内容和必要组成，是交通调查客观语义表述的展示形式。

数据采集的方法主要分为人工采集和机器采集两大类，并随着科技的进步而不断更新，本节重点阐述当前常用方法的基本原理和特点。

一、人工计数法

人工计数法是数据采集的最原始手段。如入口调查法只要有一个或几个调查人员，即能在指定路段或交叉口引道的一侧进行调查。该方法组织工作简单，调配人员和变动地点灵活，使用的工具除必备的计时器(手表或秒表)外，一般只需手动(机械或电子)计数器和其他记录用的记录板(夹)、纸和笔。

通常，调查所得资料主要有：

① 分类车辆交通量。可根据公路部门、城建部门或其他需要对车辆分类、选择和记录，分类可以很细，调查内容甚至可区分空载或重载，车辆轴数多少，各种不同的分类车辆数。公交车辆的各种分类(如公共汽车或无轨电车、大或小型车、载客情况、公交线路区别)等。

② 车辆在某一行驶方向、某一车道(内侧或外侧、快车道或慢车道)上的交通量，以及双向总交通量。

③ 交叉口各入口引道上的交通量及每入口引道各流向(左转、直行和右转)交通量，各出口引道交通量和交叉口总交通量。对于环形交叉口还可调查各交织段的交通量。

④ 非机动车交通量和行人交通量。

⑤ 车辆排队长度及车辆的时间和空间占有率等。

⑥ 车辆所属车主(单位或个人)，车辆所属地区(外省、外地区、本地)，车辆所属部门或系统(公务车辆、运输企业车辆、社会车辆、特种车辆)。

⑦ 司机和骑车人对交通管理和控制的遵守情况。

其优缺点和适用范围：人工计数法适用于任何地点、任何情况的交通调查，机动灵活，易于掌握，且精度较高(当调查人员经过培训，比较熟练，又具有良好的责任心时)，资料整理也很方便。但这种方法需要大量人力，劳动强度大，冬、夏季室外工作辛苦。对工作人员要事先进行业务培训，在现场要进行预演调查和巡回指导、检查。另外，如需作长期连续的交通调查，需要较多的费用。交通调查中一般适用于：转向交通量调查；分车种交通量调查；车辆占用调查；行人、非机动车交通量调查。

二、机械计数法

根据调查的要求，可以选择所需的自动机械计数装置，进行连续性调查，可以得到 1 天 24 小时交通量、1 月累计交通量、1 年累计交通量等各种数据。这种装置可以节省大量人力，使用方便，可以同时进行范围广泛的调查，精度也较高，特别适用于长期连续性交通量调查。但是这类装置也存在着一些不足，如一次性投资大，使用率往往不太高，特别是对调查项目适应性较差，在区分车辆类型、车辆分流流向以及对于行人交通量和自行车非机动车交通量等调查也往往作用有限甚至无能为力。

自动机械计数装置一般由车辆检测器(传感器)和计数器两部分组成，分为便携式和永久式(或半固定型)两种，前者适用于临时、短期的交通量调查，后者适用于固定或长期的交通量调查。如果在某特定地点，搜集资料的时间从 1 天到 1 个星期，则大多数情况下将采用便携式自动计数装置。在连续式观测站作长期调查，则往往采用固定式自动计数装置。

如果调查的资料可用机械方法得到，那么对于需要超过 12 h 的连续长期调查，就应当考虑用自动机械计数装置。这种形式的计数装置在只需车辆数量资料时(不分车辆类型、方向、交叉口或车道转向行驶以及车道使用等)具有广泛的应用。在有些情况下，再辅以人工调查抽样，确定交通流的车种构成和转向比例等。

三、视频图像法

当前，利用录像机(摄像机或照相机)作为便携式记录设备，通过一定时间的连续图像给出定时间间隔的或实际上连续的交通流详细资料，这种方法在工作时要求设备升高到工作位置(或合适的建筑物)，以便能观测到所需的范围，将摄制到的录像(影片或相片)重新放映或显示出来，按照一定的时间间隔以人工来统计。

这种方法搜集交通量或其他资料数据的优点是：现场人员较少，资料可长期反复应用，也比较直观。缺点是费用相对较高，整理资料花费人工多。因此，目前一般多用于研究工作的调查中。

对于交叉口交通状况的调查，往往采用录像法。通常将摄像机(或摄影机或时距照相机)安装在交叉口附近的某制高点上，镜头对准交叉口，按一定的时间间隔(如 30 s，45 s 或 60 s)自动拍摄一次或连续摄像。根据不同时间间隔情况下每一辆车在交叉口内其位置的变化情况，数出不同流向的交通量或流率。这种方法的优点是能够获取一组连续时间序列的画面，只要适当选择摄影的间隔时间，就可以得到最完全的交通资料，对于如自行车和行人通量、分车种分流向的机动车交通量、车辆通过交叉口的速度及延误时间损失、车头时距、信号配时、交通堵塞原因、各种行人与车辆冲突情况等，均能提出令人信服的证据，并可以长期保存。其缺点是费用大，内业整理工作量大，需要做大量图像上的量距，在有繁密树木或其他遮挡物时，调查比较困难或会引起较大误差。

四、基于磁感应检测设备的数据采集

磁感应检测技术是基于电磁原理进行车辆检测，通过检测磁场强度的变化来判断是否有车辆存在或通过，主要分为环形线圈车辆检测器、地磁车辆检测器和磁成像车辆检测器三类。

1. 环形线圈车辆检测器

它是一种基于电磁感应原理的检测器，通常由三部分组成：埋设在路面下的环形线圈、传输馈线和检测处理单元。其工作机理是：环形线圈通过传输馈线与检测处理单元相连，检测处理单元用高频信号驱动环形线圈。通有高频交流电流的环形线圈，在线圈的周围产生了交变电磁场。当车辆通过线圈或停在线圈上时，由铁磁材料构成的车体引起线圈回路电感量变化，表现为耦合振荡电路频率的变化和相位的变化。信号检测处理单元检测出其中一个量的变化，就可以检测出车辆的存在。

环形线圈车辆检测器主要应用于交通流数据信息采集系统、信号控制系统、交通诱导及停车管理系统。通过不同的感应线圈设置方式，可实现对交通流量、时间占有率、车速和车辆长度等交通数据的采集或信息的检测。

(1) 交通流量

环形线圈车辆检测器的最初基本功能是统计车流量。由于检测器可以准确地检测到车辆的通过，因此只要在设定时间内对通过的车辆进行计数即可得到车辆的流量值。

(2) 时间占有率

时间占有率即车辆的时间密集度，在一定的观测时间 T 内，车辆通过检测器时所占用的时间与观测时段时间的比值。

(3) 车速

单线圈可用来估计速度，传统的单线圈速度估计方法为

$$v=\frac{l}{t_{\mathrm{off}}-t_{\mathrm{on}}} \tag{3-1}$$

式中 l——车长加线圈的总长度；

t_{on}——检测器检测到车辆进入的开始时间；

t_{off}——检测器检测到车辆离开的时间。

由于实际车辆的长度未知，一般只能采用平均值，这将导致速率估计存在较大的误差。为更好地进行速度估计，可采用双线圈车速检测方法。在一个车道上相距一定的距离 s 埋设两个环形线圈，如图 3-1 所示。

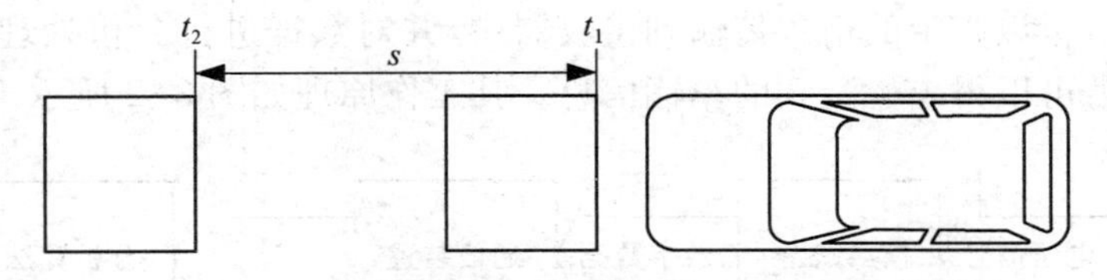

图 3-1 双线圈车速检测法示意图

得到车速的估计值为

$$v=\frac{s}{t_2-t_1} \tag{3-2}$$

式中 s——两个线圈的相隔距离；

t_1——车辆到达线圈 1 的时刻；

t_2——车辆到达线圈 2 的时刻。

地点车速是指车辆通过道路某指定地点的瞬时速度。合理布置两线圈之间的距离，则可通过式(3-4)获得每辆车的地点车速 v_i。在单位时间内测得通过道路某断面各车辆的瞬时车速，这些瞬时速度的算术平均值，即为该断面的时间平均车速 V。

$$V=\frac{1}{N}\sum_{i=1}^{N}v_i \tag{3-3}$$

式中 V——采样间隔内时间平均速度；

v_i——采样间隔内第 i 辆车的地点速度；

N——采样间隔内的车辆数。

(4) 车辆长度

根据检测器原理，车辆长度有如下关系：

$$l_i+d=v_i t_i \tag{3-4}$$

式中 l_i——采样间隔内第 i 辆车车身长度；

d——检测线圈的长度。

一般把车身长度和检测线圈的长度之和称为有效车身长度，则平均有效车身长度为

$$\bar{l} = \frac{1}{N}\sum_{i=1}^{N}(l_i + d) \tag{3-5}$$

式中　$\bar{l}$——采样间隔内平均有效车身长度。

环形线圈车辆检测器的主要优点是：检测准确度高、可靠性强、灵敏度高、技术成熟、性能稳定。但线圈长时间埋在路面下，实际使用中由于路面物理位移（道路施工、热胀冷缩、重车碾压等）而造成的损坏居多，使用寿命较短。

2. 地磁车辆检测器

地磁车辆检测器由电源、磁棒和接收机三部分构成。把一个具有高导磁率铁芯和线圈装在一个保护套内，里面填满非导电的防水材料，形成一根磁棒。在路上垂直于交通流的方向开一个 0.2～0.6 m 的孔，把磁棒埋在路面下，当车辆经过检测器时会使检测器周围磁场发生扭曲，从而改变检测器中磁化向量的角度。通过数据传输信道将检测磁场变化的数据传输到接收器上，再以固定的格式传输到接收器中，并对数据进行分析处理，经过分析算法的分析检测后，就可以得出检测到的车辆信息。其工作原理如图 3-2 所示。

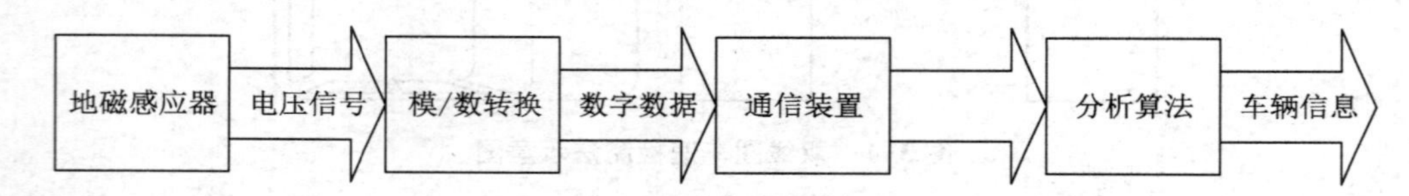

图 3-2　地磁检测器工作原理

地磁检测器具有安装容易、不易损坏、价格便宜等优点。缺点是对慢速车辆会出现误检，甚至不能检测，且材料容易老化，灵敏度会逐年衰减。地磁车辆检测器是小范围、高灵敏度的检测器，可以将多个地磁车辆检测器组网进行大范围的车辆检测。

3. 磁成像车辆检测器

它是利用车辆磁成像技术，通过测量车辆出现引起的磁场变化来检测车辆。由于不同构造的车辆有不同的磁纹，通过检测这些磁纹，还可以获得车辆的车速、车型和构造等信息。

五、基于波频检测设备的数据采集

利用波的特性来实现车辆检测的检测器归为波频车辆检测器，主要包括激光雷达检测器、微波检测器、超声波检测器和红外线检测器。

1. 激光雷达检测器

雷达测速仪是由激光发射器和接收器组合而成的车辆检测器。雷达测速仪根据多普勒效应的原理对行驶中的车辆进行测速。多普勒效应是指当发射源和接收者之间有相对径向运动时，接收到的信号频率将发生变化。多普勒雷达的基本工作原理如图 3-3 所示。接收器发射无线电波，当物体朝着无线电发射的方向前进时，反射回来的无线电波会被压缩，因此该电波频率随之增加；反之，当物体朝着远离无线电波的方向前进时，其反射回来的无线电波频率会随之减少。

根据不同的应用场合，雷达测速仪的发射器和接收器可以安装在公路旁的立柱上或公

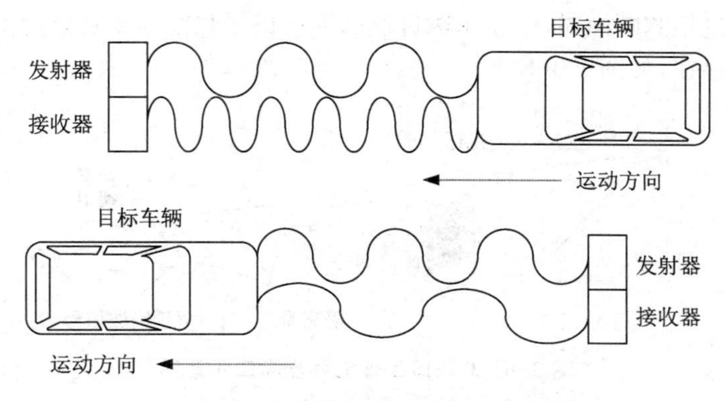

图 3-3　多普勒雷达的基本工作原理

路正上方的信号灯柱、高架横梁、过街天桥上。

2. 微波检测器

用于工程实际的检测器主要是远程交通微波检测器(Remote Traffic Microwave Sensor, RTMS),其主要由三部分组成:雷达波发射接收设备及其控制器、专用无线电调制解调发射设备和专用电源。RTMS检测器实际是一个在微波范围内工作的雷达,通过发射和接收反射雷达波以达到检测车辆的目的。RTMS以低功率微波信号在扇形光线区域内发射连续调制波(Frequency Modulated Continuous Wave, FMCW),信号束在探测车道上形成长达60 m的椭圆状投影(如图3-4所示)。RTMS的范围测量解决方案将该投影区域分割为32层,每层约为2 m,每个探测区域或车道均由一层或多层组成,用户可根据需要自行定义。

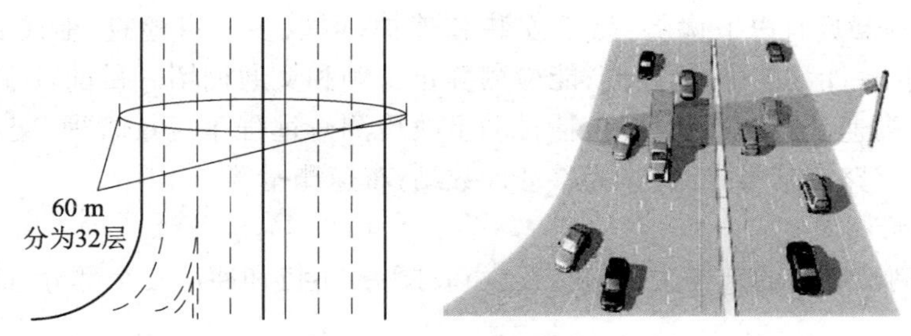

图 3-4　RTMS 工作原理图

RTMS的工作流程如下:RTMS连续向探测车道上发射微波信号束,首先,RTMS在通电开机后自动进行背景学习,接收天线检测到路面的回波信号后,根据回波信号的强弱自动生成背景阈值,如图3-5所示。

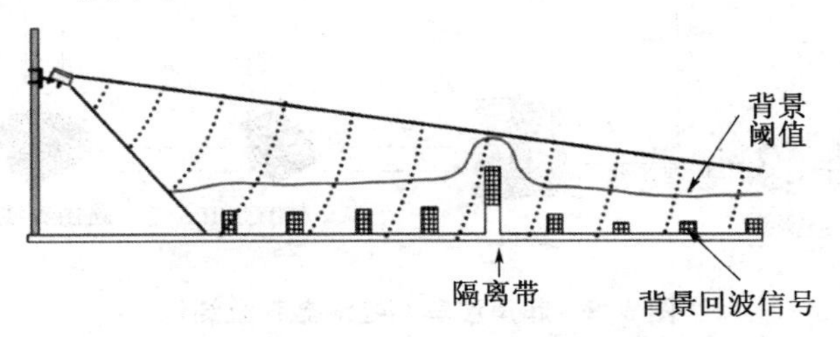

图 3-5　RTMS 工作流程步骤一示意图

当有车辆经过检测断面时，由于车辆近侧面回波信号强度高于背景阈值，则判断该车辆所在车道有目标存在，如图 3-6 所示。

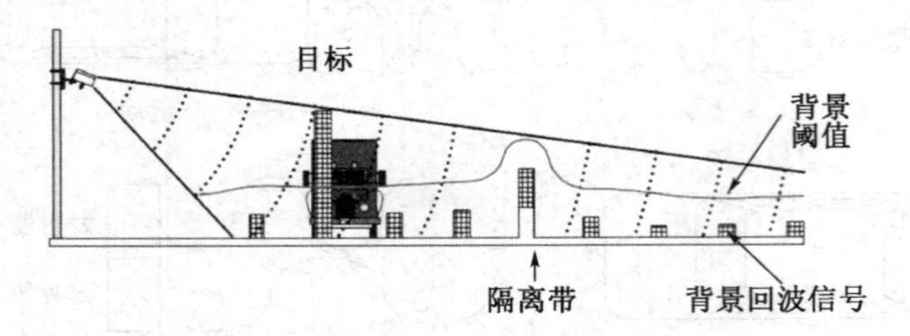

图 3-6　RTMS 工作流程步骤二示意图

目标车辆驶离检测区域，车检器接收的回波信号恢复到背景阈值以下，等待下次检测，同时将车流量、时间占用数据记录到检测器内部的缓存中，待记录周期结束后输出结果。如图 3-7 所示。

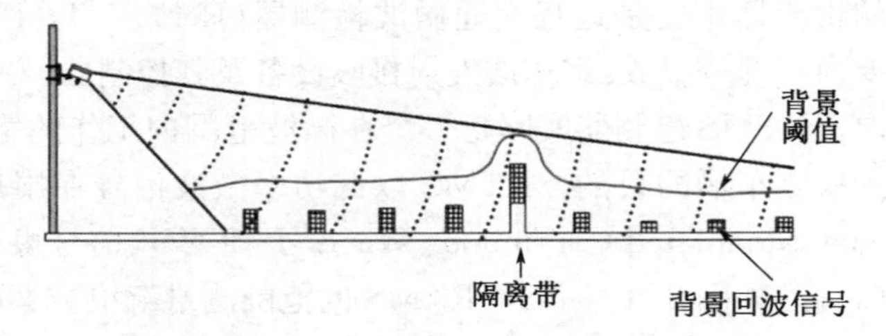

图 3-7　RTMS 工作流程步骤三示意图

RTMS 检测器具有以下优势：易于安装和养护；可以多车道检查，能防止车辆相互遮挡；受环境影响小；计数准确、精度高；能检测静止车辆和交通拥堵。目前，RTMS 检测器的主要应用如下：高速公路交通管理（包括自动事故检测）；远程车流量管理；交通事故检测报警系统；实现十字路口信号控制；作为移动计数站；车速测量等。

3. *超声波检测器*

超声波车辆检测器的结构主要包括：超声波探头、主机和通信三个部分，如图 3-8 所示。

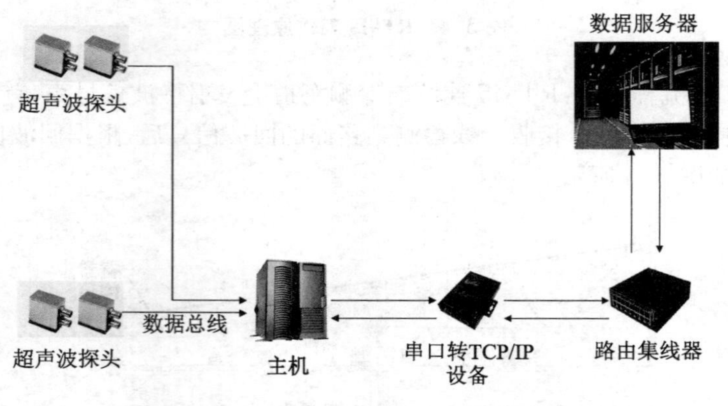

图 3-8　超声波车辆检测器系统结构

其工作原理是:根据声波的传播和反射原理,通过对发射波和反射波的时差测量实现位移测量的设备。利用超声波传感器发射脉冲波,通过测量由路面或车辆表面发射的脉冲超声波的波形,可确定从传感器到路面或车辆表面的距离,同时,因路上有车和路上无车时传感器所测信号是有差别的,可借此确定有无车辆通过;传感器将接收的超声波信号转换为电信号,通过信号处理模块进行分析和处理,就可以得出车辆数量、车速以及车道占有率等交通流参数。

超声波车辆检测器可以检测有无车辆的存在或通过。同时,可根据预置的参数,按车型分别技术,进一步得到车型(大车型、小车型)、交通流量、占有率、拥堵时间等参数。

4. 红外线检测器

红外线检测器分主动和被动两种类型。主动型红外线检测器包括一个红外发射管和一个接收管,通过发射具有一定能量的红外线,红外线被经过检测区域内的车辆反射,然后利用安装在一个传感器接收反射后的红外线的能量,并对实时信号进行预处理,确定交通量、车速、排队长度等交通参数,系统示意图和原理分别如图 3-9、图 3-10 所示。当没有车辆通过时,红外接收管不接收光线;当有车辆通过时,接收由车辆反射回来的红外线。

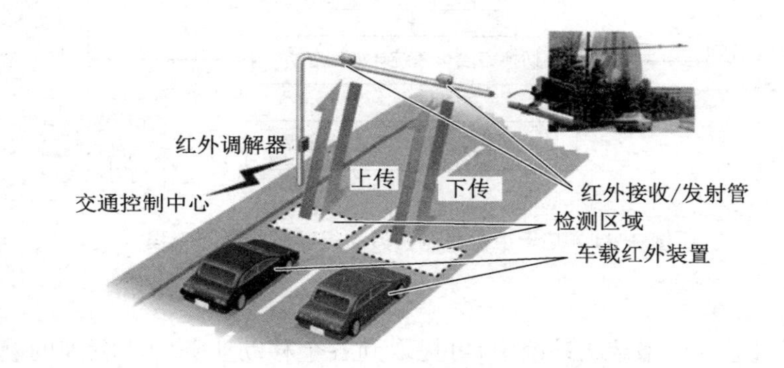

图 3-9　主动红外线检测器系统示意图

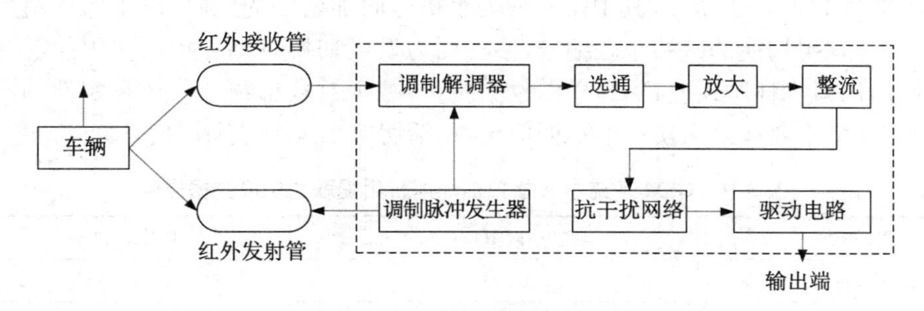

图 3-10　主动红外线检测器系统原理图

被动红外检测器利用一个能量接收传感器,来检测设定检测区域内经过车辆本身辐射的能量,能量接收传感器根据接受能量的变化来检测交通参数,被动红外检测器可以提供主动红外车辆传感器除车速外的所有交通参数。

如果车辆和路面的表面温度相同,车辆经过所引起的传感器信号与路面和车辆的反射率差及路面和大气的温度差有关。在阴天、雨天等湿度大的天气情况下,大气温度比晴天时的高,则由车辆经过引起的信号会减弱。

六、基于手机信令切换的交通数据采集

基于手机信令切换的交通数据采集方法的基本原理是：当载有手机终端的车辆沿着道路行驶时，途中可能进行通话等相应的有效操作，手机与通信网络为保持正常的连接关系，需要与沿途穿越的多个基站小区边界依次发生切换，依据连续追踪手机切换的变化过程，记录相应的切换位置、切换时间和切换长度，通过相应算法处理即可获取车辆的速度等相关参数。具体的车速计算包括四个组成部分，依次是手机通信网络提取切换样本数据、切换路网标定、道路匹配和车辆速度计算，具体流程如图 3-11 所示。

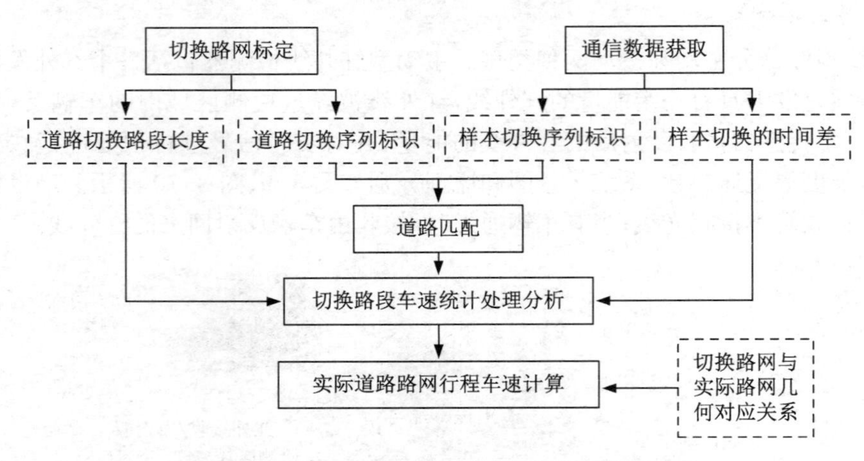

图 3-11 基于手机信令切换的行程车速获取流程

1. 通信数据获取

在 GSM 手机通信网络结构系统中，可提取到各个移动业务中心管理的基站小区所覆盖区域范围内所有手机发生切换的数据，数据内容包括切换小区序列和每次发生切换的时刻，其数据样例如表 3-1 所示，其中第一列为手机号码加密后的代码（出于保护用户隐私目的），第二列为发生切换的基站小区编号，第三列为发生切换时刻。数据使用前需要进行降噪等预处理，以减少样本误差，提高样本数据质量，减少对数据统计分析真实性的影响。通过手机通信网络中获取的切换样本数据信息，包括切换小区编号和切换时刻。

表 3-1 GSM 系统中 A 接口信令解析后提取的切换数据样例

用户 ID	切换小区 ID	切换时刻
wegrwer34	25203	6:42:54 AM
hjh234，wert	70432	6:42:54 AM
bghhtrhg	5202	6:42:54 AM
hjh234，wert	7825	6:43:59 AM

2. 切换路网标定

切换路网标定是影响手机切换样本的道路匹配的重要技术环节。所谓切换路网标定相当于在车辆运行中在实际的道路两边安装定位识别标签的过程，不一样的是，这里安装的是“虚拟定位标签”，只要手机在这里发生了切换，手机通信网络就会收到信息。切换路网标

定主要是为了探测和学习目标道路上移动终端可能发生的切换序列变化情况，这种变化具有一定的稳定性和动态性。通过多次重复测试，寻找出与目标道路关联度最强的切换序列来标定目标道路，并且将切换点作为其切换标签，最终得到可以准确描述通信网络层的变化与道路网络层之前的对应映射关系，以找出最接近真实情况的切换小区序列。

切换路网标定的方法是，根据确定的目标道路，设定道路起点和终点位置，保持测试手机一直处于通话状态，让携带有专业切换测试软件和设备的车辆沿道路行驶，自动记录沿途所有发生切换的基站小区序列、切换位置坐标，完成从起点到终点的一次测试结果作为一个切换路测样本，其一组数据样例如表 3-2 所示。通常，为了确保切换路网标定的可靠性，需要对同一条道路进行若干次切换测试。

表 3-2　切换标定结果信息表样例

切换点标号	道路	经度	纬度	切出小区 ID	切入小区 ID
HO_1	R_1	29 242.441 8	17 911.024 8	25 203	3 452
HO_2	R_1	22 774.485 0	17 749.667 9	70 432	1 009
HO_3	R_1	21 150.449 7	17 188.016 7	5 202	2 321

切换路网标定后每条道路都有若干个切换位置点将该道路换分为若干切换路段，每个切换点包含切入小区、切出小区、经纬度坐标信息，切换路段长度已知（由经纬度计算获取），可用于后续进行车速计算。

3. 道路实际匹配

按照之前标定好的切换网络，在理想情况下每条道路都有一个较为稳定的切换序列与之对应。假设实际道路网中，车载手机从起点（Origin）行驶到终点（Destination），期间经过了路段 1，2，3，4，手机发生切换的小区为 Cell1、Cell2、Cell3、Cell4 和 Cell5，经过了 4 个“虚拟切换标签”，HO1、HO2、HO3 和 HO4。因此，通信网络层变为{Cell1，Cell2，Cell3，Cell4，Cell5}或{HO1，HO2，HO3，HO4}，对应的道路网络层变化为{Link1，Link2，Link3，Link4}。当解析出来的小区标识全部或者大多数与这条道路的切换序列匹配时，则将载有该手机的车辆移动轨迹匹配到该条路线上，即完成一次道路地图匹配。

4. 切换车速计算

如图 3-12 所示，若车载手机在待调查路段行驶时无线通信网络中连续发生了 n 个切换，每个切换记录记为 h_{o_i}，$i=1$，…，n，相应时刻记为t_i，$i=1$，…，n，相应位置记为 s_i，$i=1$，…，n，连续两个切换 h_{o_i}，$h_{o_{i+1}}$ 之间的行程记为 $D(s_i,\ s_{i+1})$，则该车辆在该路段的平均车速为

$$\bar{v}=\sum_{i=1}^{n-1}\frac{D(s_i,s_{i+1})}{t_{i+1}-t_i} \tag{3-6}$$

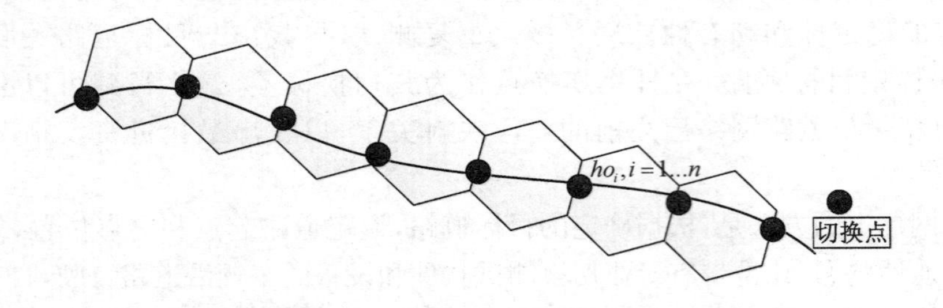

图 3-12　路段及其对应的手机信令切换位置示意图

§3-3　交通量调查

一、调查目的

交通量是描述交通流特性的关键参数之一。交通量调查是为了获得人、车在城市道路或公路选定点处运动情况的数据，以了解交通量在时间、空间上的变化，为交通运行分析提供必要的数据基础。

对交通量进行调查，根据不同目的和用途决定不同调查周期。

1. 年交通量(辆/a)的用途

(1)确定某一地区的年出行量；(2)预测年交通量发展趋势；(3)预估从道路使用者处获得的年收益，尤其是针对收费道路。

2. 日平均交通量(ADT)或年平均日交通量(AADT)的用途

(1)衡量当前对道路设施的需求；(2)评价现状道路系统与交通需求是否适应；(3)确定需增加新设施或改善现有设施的地方；(4)拟定道路改造计划。

3. 小时交通量(辆/h)的用途

(1)确定高峰持续时间和高峰交通量大小；(2)估算通行能力缺口；(3)为制定以下交通管理措施提供依据：①设置交通标志、标线和信号；②设置单向交通、可变车道、公交专用车道；③制定路边停车及转向限制方案；(4)对道路和交叉口进行几何设计或重新设计；(5)由小时交通量推算得到交通密度(辆/km)。

4. 短时流量的主要用途

短时流量(有 5 min、6 min、10 min 或 15 min 短时流量)，通常扩展为小时交通量，主要用于分析：(1)最大流率；(2)高峰小时内的流量变化；(3)通行能力对交通流的限制；(4)高峰交通量的特性。

二、调查分类

就某一具体交通量调查而言，采集哪类数据，取决于调查资料的用途。根据调查着眼点、地点等，有很多种类的交通量调查，主要有以下几类：

(1) 不分流向调查

用于研究日交通量、绘制交通流量图、分析交通量趋势等。

(2) 分流向调查

用于分析通行能力、确定信号灯配时、为实行交通管理措施提供依据、制定道路改造规划。

(3) 转向调查或交叉口调查

用于交通渠化设计、制定禁止转向措施、计算通行能力、分析多发事故交叉口、评价交通拥挤等。

(4) 分车种调查(获得交通流中各车种的交通量)

用于确定结构设计和几何设计标准、预估从道路使用者处获得的年收益、计算通行能力(受货运车辆影响的)、确定机械计数法的修正系数等。

(5) 车辆占用调查

用于确定每车乘客数的分布、某一区域内的累计人数、使用运输设施的人所占的比例等。

(6) 行人交通调查

用于估算步行道和人行横道的需求量,为设置行人过街信号灯提供依据,确定交通信号配时等。

(7) 境界出入调查

在圈定的区域(中心商业区、工业区等)的境界上进行交通量调查,用于统计在一定时间内进入和离开该区域的车辆或人员的数量,得到该调查区域内聚集的车辆或人员的总数。这一调查通常与 OD 调查同时进行。

(8) 分隔查核线调查

在穿过分隔查核线的所有道路上进行的分车种交通量调查,用于确定交通趋势、扩充城市出行数据、进行交通分配等。一般用于检验 OD 调查所得的数据。

(9) 特定地点或专项交通量调查

为满足交通管理与控制的需求,而在特定地点进行的交通量调查,包括城市出入口、公共交通、综合交通、事故调查等。一般调查各周的平均日交通量,如星期三平均日交通量、星期五平均日交通量,以及某周日的高峰小时交通量等。

三、调查方法

选择交通量调查方法主要取决于所能获得的设备、经费和技术条件、调查目的以及要求提供的资料情况等。在开始调查前需要做好调查时间、地点、人员等准备工作。

1. 选择调查时间

调查时间也应根据调查目的与方法确定,一般有以下几种情况:

(1) 常年观测,每年观测 365 d,每天观测 24 h。

(2) 抽样观测,用抽样方式在全年内选择实测日期,然后对抽样日做全天观测。

(3) 当以每天部分时间的实测交通量换算全天交通量时,应选择交通量集中时段:

做 16 h 观测可选上午 6 时至下午 10 时;做 12 h 观测可选上午 7 时至下午 7 时。

选定上述观测时段,既可准确掌握道路日交通量,又可节省观测时间。

(4) 进行高峰小时交通量调查时,应选择包含高峰小时在内的连续 3 h。

为使交通调查资料有广泛的使用价值,还应对调查记数时段的长度作规定。例如,为了常年观测资料在数据处理时能同时得到每日高峰小时交通量及小时内短时段交通量变化量，一次测量记录时间应小于1 h。测时时段越短，描述交通量波动形式越真实，但这会大大增加测量记录及数据分析工作量。考虑对实测数据的精度要求，一般选定 15 min 为时段，即每小时测量 4 个数据，每日测 96 个数据，当有特殊需要时可缩短至 5 min 或 3 min。

2. 确定调查地点

调查地点应根据调查目的来确定，一般选在下列各处：

(1) 不受平面交叉口交通影响的路段；

(2) 交叉口各入口停车线处；

(3) 交通设施的出入口处(道路收费口及停车场出入口处等)；

(4) 特定地点，如分界线与道路交叉口等处。

3. 选择调查方法

如§3-2 节所述，人工计数、机械计数、视频图像等多种方法均可以作为调查交通量的手段，具体方法的选择与所能获得的设备、经费和技术条件、调查目的以及要求等密切相关。这里以浮动车法为例进行具体说明。

浮动车法由英国道路研究试验所的华德鲁勃（ Wardrop）和查尔斯沃思（Chharlesworth）于 1954 年提出，可同时获得某一路段的交通量、行驶时间和行驶车速，是一种较好的交通综合调查方法。

(1) 调查方法

需有一辆测试车，小型面包车或工具车最好，吉普车或小汽车也可，尽量不要使用警车等有特殊标志的车。调查人员(除驾驶员以外)需要一人记录与测试车对向开来的车辆数；一人记录与测试车同向行驶的车辆中，被测试车超越的车辆数和超越测试车的车辆数；一人报告和记录时间及行驶时间。行程距离应已知或由里程碑、地图读取，或自有关单位获取，或亲自实地丈量。调查过程中，测试车一般需要测调查路线往返行驶 12～16 次(即 6～8 个来回)。

(2) 调查数据计算

根据所调查观测的数据，可分别按下列公式计算：

① 测定方向上的交通量 q_c

$$q_c = \frac{X_a + Y_c}{t_a + t_c} \tag{3-7}$$

式中 q_c——路段待测定方向上的交通量(单向)(辆/min)；

X_a——测试车逆测定方向行驶时，测试车对向行驶(即顺测定方向)的来车数(辆)；

Y_c——测试车在待测定方向行驶时，超越测试车的车辆数减去被测试车超越的车辆数(即相对测试车顺测定方向上的车辆数)(辆)；

t_a——测试车逆待测定车流方向行驶时的行驶时间(min)；

t_c——测试车顺待测定车流方向行驶时的行驶时间(min)。

② 平均行程时间 $\bar{t}_c$

$$\bar{t}_c = t_c - \frac{Y_a}{q_c} \tag{3-8}$$

式中 $\bar{t}_c$——测定路段的平均行程时间(min)。

③ 平均速度 $\bar{v}_c$

$$\bar{v}_c = \frac{l}{\bar{t}_c} \times 60 \tag{3-9}$$

式中 $\bar{v}_c$——测定路段的平均车速(单向)(km/h);

l——观测路段长度(km)。

在利用以上各式进行计算时,式中所用各数值(如 X_a、Y_c、t_a、t_c 等)一般都取用其算术平均值。如果分次计算 q_c、$\bar{t}_c$ 和 $\bar{v}_c$ 后再计算各次的平均值亦可,但计算比较麻烦。

(3) 实例

例 3-1 表 3-3 列出了浮动车法调查记录表,其中已填写了某一次调查的记录,根据这些记录数据,分别计算其向东行和向西行的交通量、行程时间和车速。先将记录表内的数据整理好,再填写在计算表中(表 3-4)。

① 先计算向东行情况

$$q_{东} = \frac{X_{西} + Y_{东}}{t_{西} + t_{东}} = \frac{36.2 + 0.67}{2.55 + 2.56} = 7.22 \text{ 辆/min} = 433 \text{ 辆/h}$$

$$\bar{t}_{东} = t_{东} - \frac{Y_{东}}{q_{东}} = 2.56 - \frac{0.67}{7.22} = 2.47 \text{ min}$$

$$\bar{v}_{东} = \frac{l}{\bar{t}_{东}} \times 60 = \frac{1.8}{2.47} \times 60 = 43.7 \text{ km/h}$$

② 再计算向西行情况

$$q_{西} = \frac{X_{东} + Y_{西}}{t_{东} + t_{西}} = \frac{48.5 + 0.33}{2.56 + 2.55} = 9.56 \text{ 辆/min} = 573 \text{ 辆/h}$$

$$\bar{t}_{西} = t_{西} - \frac{Y_{西}}{q_{西}} = 2.55 - \frac{0.33}{9.56} = 2.52 \text{ min}$$

$$\bar{v}_{西} = \frac{l}{\bar{t}_{西}} \times 60 = \frac{1.8}{2.52} \times 60 = 42.9 \text{ km/h}$$

表 3-3 浮动车调查记录表

	地点________ 日期____年__月__日			距离 1.8 km 时间____		天气____ 调查人____	
序号	测试车出发时间	行程时间 t/min		迎面驶来测试车的车辆数 X/辆	超越测试车的车辆数 Y_1/辆	测试车超越的车辆数 Y_2/辆	$Y=(Y_1-Y_2)$/辆
	(1)	(2)		(3)	(4)	(5)	(4)-(5)
	测试车行驶方向:向 东 行						
1	09:20	2′31″	2.52	42	1	0	1
2	09:30	2′34″	2.57	45	2	0	2
3	09:40	2′22″	2.37	47	2	1	1
4	09:50	3′00″	3.00	51	2	1	1
5	10:00	2′25″	2.42	53	0	0	0
6	10:10	2′30″	2.50	53	0	1	−1
平均值		2′34″	2.56	48.5	1.17	0.5	0.67

续表 3-3

地点________________				距离 1.8 km		天气________
日期____年__月__日				时间________		调查人________
序号	测试车出发时间	行程时间 t/min		迎面驶来测试车的车辆数 X/辆	超越测试车的车辆数 Y_1/辆	测试车超越的车辆数 Y_2/辆	$Y=(Y_1-Y_2)$/辆
	(1)	(2)		(3)	(4)	(5)	(4)−(5)
测试车行驶方向：向 西 行							
1	09:25	2′29″	2.48	34	2	0	−2
2	09:35	2′22″	2.37	38	2	1	1
3	09:45	2′44″	2.73	41	0	0	0
4	09:55	2′25″	2.42	31	1	0	1
5	10:05	2′48″	2.80	35	0	1	−1
6	10:15	2′29″	2.48	38	0	1	−1
平均值		2′33″	2.55	36.2	0.83	0.5	0.33

表 3-4 浮动车调查计算表

平均行驶时间 t/min	与测试车对向行驶的来车数 X/辆	超越测试车的车辆数减去被测试车超越的车辆数 Y/辆
向东行 6 次，$t_{东}=2.56$ 向西行 6 次，$t_{西}=2.55$	$X_{东}=48.5$ $X_{西}=36.2$	$Y_{东}=0.67$ $Y_{西}=0.33$

四、交通调查实施

在进行交通量调查前，首先应根据调查目的和要求，制订调查计划，对调查工作的内容、方法、所需要的条件等进行系统周密的准备、选择和部署，使调查工作取得预期的成果。

交通调查实施的程序，一般包括：

(1)接受交通量调查任务，明确调查目的，确定应提交的成果内容；

(2)拟定交通量调查方案；

(3)确定具体调查内容、日期、时间、地点、方法、所需仪器等与实施调查有关的细节；

(4)组织人力、开展交通量调查；

(5)汇总、整理资料；

(6)对所获得数据进行归纳分析。

1. 交叉口交通量调查

(1) 交叉口的流向流量调查

交叉口是交通量调查的重点对象。交叉口的交通量资料主要用于交叉口通行能力设计和为交叉口管理控制提供依据。与路段相比，交叉口的交通状况非常复杂，因此，交叉口的交通量调查一般采用人工观测法进行观测，另外，交叉口附近的车辆检测器采集到的数据也可以利用。对交叉口交通量进行人工观测时，每个交叉口的进口至少需要一个观测人员，当交通量较大时，为了保证精度，每个路口最好安排三个以上的观测人员，分别观测直行和左转、右转车流，必要时甚至对不同车型也应分别观测。

这类观测应选择在高峰小时车流、人流最大的时段进行。当机动车高峰、自行车高峰和行人高峰不重合时，可分别测定，找出它们之间的关系及其合成量最大的数值。

为了控制观测的精度和便于检查，可以同时观测各路的进口车辆数和出口车辆数并进行比较，其误差以不超过 5%为合格。要使观测的数据较为可靠，必须有一套检验的办法，原始资料一定要确实可靠，不能有含糊的数据。

(2) 交叉口各观测点的布置

对于正常的十字交叉、T 形交叉或道路断面的交通量观测，可用常规的方法进行，要求能定数量、定方向、定车型、定时段。

对于大型的环形交叉口，大于四路相交的多路交叉口及畸形交叉口，必须单独制定观测方案。如范围不太大的环形交叉口，其观测方案与十字交叉口略有不同，除在各相交道路进口道上设置测点并统计该断面入环车辆总数及右转车辆数外，还需在环道上设置四个观测断面，统计经过各断面的车辆数。根据以上所测数据即可计算出各进口道直行、左转的车辆数。测站布置如图 3-13 所示，图上的数字代表测点编号。测站点包含若干测点。

对于多路相交的交叉口或畸形交叉口，按照正常的观测方法一般难以测得车辆流向，因此最好用牌照法测定各进口道进入交叉口的车型及牌照号码，然后编制程序，用计算机算出各种车型的车辆通往各方向的流量。

确定各观测点的观测方案是一项十分仔细的工作，必须根据观测点的道路条件、交通情况确定观测断面及观测人员数，稍有疏忽，就会影响观测质量。

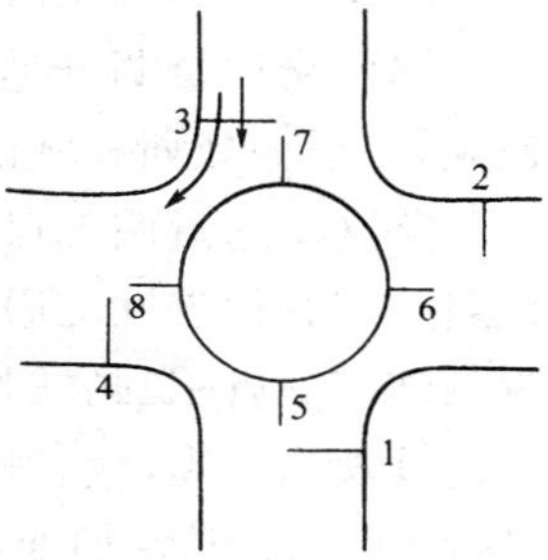

图 3-13　环形交叉口测站布置

(3) 交叉口交通量的表示法

各项调查所获得的交通资料，经过整理和数学处理，可列成总表，有时为了分析比较和一目了然，也可绘成曲线图或柱状图(直方图)。这些图的绘法基本上与路段交通量调查的方法相同，可以参考使用。对于交叉口交通调查的结果多用流向流量图来表示，图 3-14 为分车种(小汽车、公共汽车、卡车和自行车以及行人)的流向流量示意图。

图 3-15 为高峰小时的流量表示法，机动车未分车种，一般高峰小时采用三天(星期六、星期天及星期一至星期五中的一天)高峰小时流量的平均值。

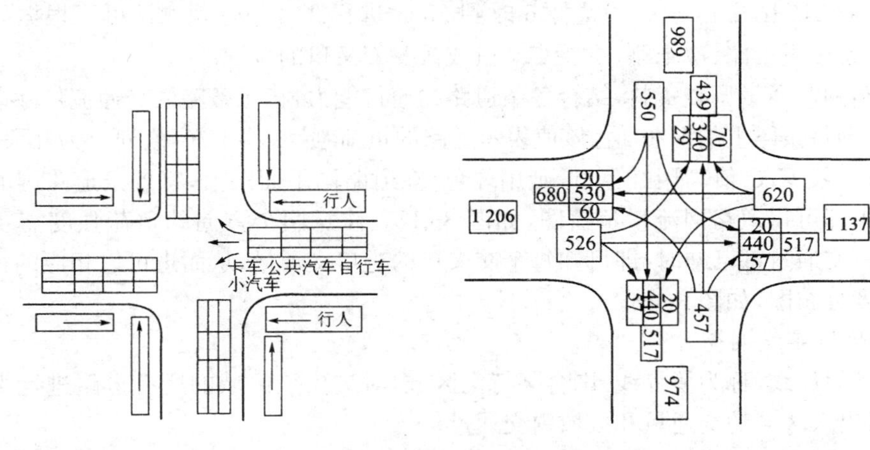

图 3-14　交叉口交通流向流量示意图　　**图 3-15　高峰小时交通流向流量示意图**

还有按运行方向用箭头表示的流向流量分布(图 3-16),并将各向流量用数字注明,这种方法形象直观,可一目了然地看清交叉口的流向流量分布。通常根据高峰小时的交通量绘制,也可直接用混合交通量代替。但为了相互比较或与历史资料比较,最好一律换成当量交通量。当车种混杂而且彼此性能相差很大时,可如图 3-14 将各主要车种列出,同时标上换算交通量以利分析对比。当机动车与自行车高峰期间不重叠,且自行车的交通量亦较大时,可分别绘出机动车和自行车的高峰小时流向流量图,这样看起来比较清楚。

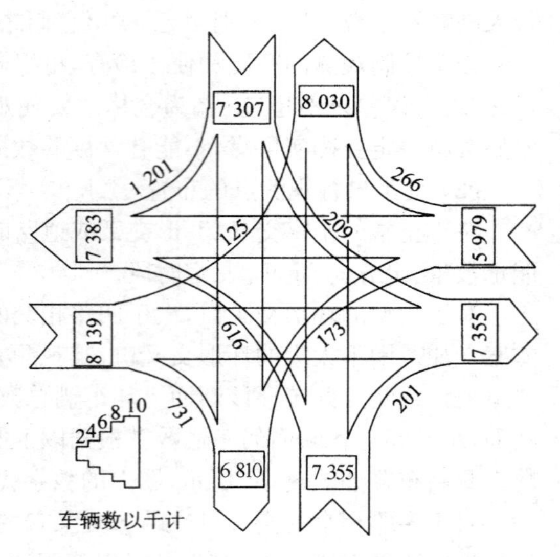

图 3-16　按方向表示的交叉口交通量的分布图

2. 路网交通量调查

路网交通量调查是地区或全国进行道路交通规划、运输规划和城市建设规划的依据。

路网交通量调查点分为控制性观测站和临时性观测站。路网交通量调查应在每种类型道路上与有代表性交通量的断面处建立控制性观测站。当拟调查区域原已建有各类永久性观测站、控制性观测站和关键站时,可以以此作为控制性观测站。控制性观测站一般每 3 个月连续观测一周,或者每个月选星期一至星期五中的一天,同时每隔 1 个月增加一个星期日进行 24 h 的观测,但要避开交通量异常的日子。控制站大多数采用人工计数,有条件的也可以采用自动机械计数装置。

临时性观测站应遍布整个调查区域。其间距一般规定为:郊区干线公路 3～5 km、市区公路 1.5 km 左右,在交通量变化较大的地点还需加密,具体设置网点个数,可根据人力和设备条件确定。临时性观测站通常采用人工计数法,有时也用浮动车法代替。

城市道路网交通量调查如受条件限制,也可按下述方法调查。调查时间一般选择星期二到星期五的 1 d 或者 2 d,全市各观测站同步调查。控制性观测站 1 d 调查 24 h,临时性观测站 1 天调查 12 h 或 14 h,一般选择 6 时到 20 时进行调查。各观测站可以根据其重要性大小,分别设于主干路、次干路、主要交叉口或次要交叉口的位置。

根据路网交通量调查资料,结合各条道路的通行能力,将每条路的交通流量除以其通行能力,可得到每条路上的 V/C 值,该值表示道路的负荷强度,将 V/C 值划分为几段,用不同颜色表示,一般 V/C 值高用红色,低则用绿色,在道路网平面图上,将各条道路网的负荷强度表示出来即可得道路网流量负荷图,如图 3-17。注意两个方向的负荷强度需要分开表示。当路段交通量都已知时,即可知每个交叉口的进口交通量,从而也可以相应的得到交叉口负荷强度分布图,如图 3-18。

3. 区域境界线调查

用一条假设线(称为境界线)围合某特定区域,对进出该区域的所有道路进行交通量调查,以获得出入区域的交通量和区域内交通量。

该类调查常用于中心商业区调查时,在每一条道路与调查区域的境界线相交处设立观

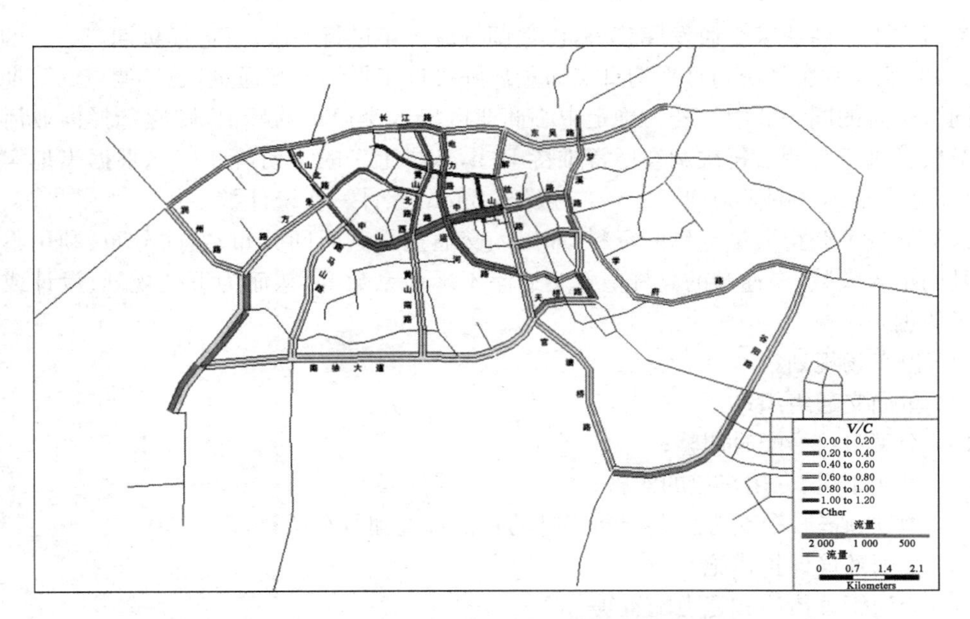

图 3-17 某市主城区现状主要道路负荷图

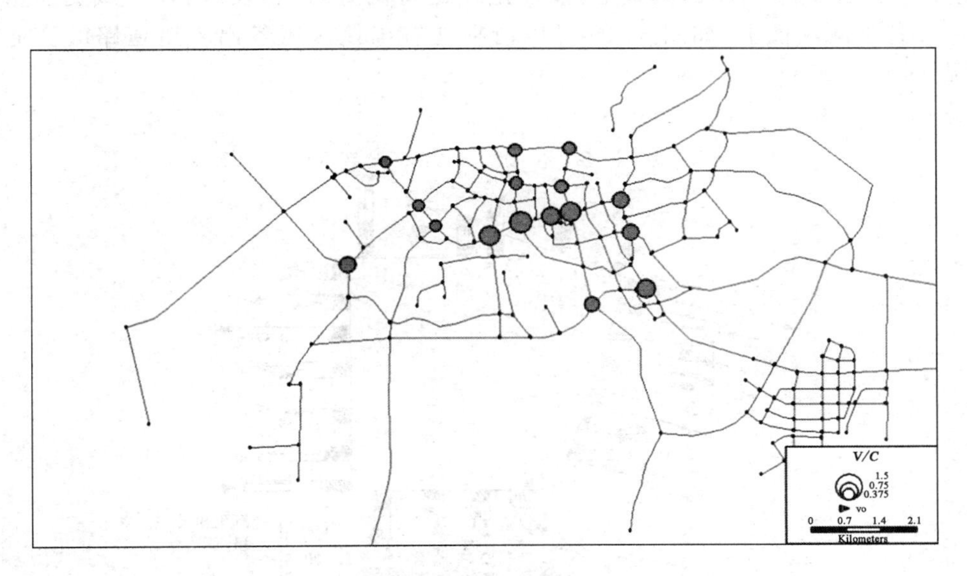

图 3-18 某市主城区现状主要交叉口负荷图

测点。对于某些交通量很小的街道可以不进行调查，但必须保证这些街道的总交通量不超过出入交通量的 3%～4%。观测断面要选在路段上，以避免由于存在转向车辆而造成的重复计数，同时也可使调查工作简化。为了减少观测点数量，境界线最好利用天然的或人为的分隔线如河流、区界线和铁路等，但不宜选择道路中心线。

由于这种调查通常要获得出入中心商业区的交通量详细资料，对各种机动车、非机动车、行人、乘客的数量都应按方向统计，因此只能采用人工计数法。乘公共汽车、地铁或者轮渡等交通工具进出拟调查区域的乘客数，最好从公交公司和地铁公司获取，不得已时也需布点观测统计。

为研究中心商业区交通发展趋势，该类调查应每年进行一次，可选择星期二、三、四中的某一天，要求其所在月份的月平均日交通量最好接近年平均日交通量，逐年调查的日期要保持在同一个月的同一周内。若为确定中心商业区出入交通量的峰值，则应选择商业活动集中的节假日进行观测。每次调查通常维持 12 h，从早上 7 时至傍晚 19 时，根据当地实际情况，可以延长至 16 h 或者小于 12 h。一般每 15 min 累计一次统计数。

这类调查可获得大量宝贵的资料，如出入交通量及其时间分布、空间分布、利用不同交通工具的出入人数、交通量的高峰值及交通流不平衡系数等，从而为下列规划、设计或管理提供了依据：

(1) 停车场规划；

(2) 单向交通组织；

(3) 交叉口信号配时调整；

(4) 可变车道、专用车道的实施；

(5) 地铁、轻轨、公交等公共交通工具的路线调整和行车调整；

(6) 交通环境保护措施；

(7) 交通管理措施和警力配置等。

通常在道路网平面图的基础上，按一定比例将调查时间内进出该区域交通量总数分别标在各观测断面上，如图 3-19 可以清晰地看出该区域各出入境道路的交通量分布情况。

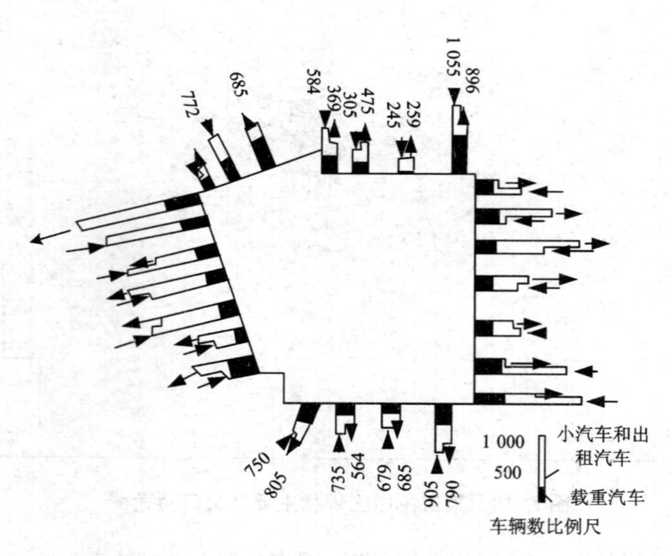

图 3-19 区域出入境道路交通量分布图

4. 分隔查核线交通量调查

分隔查核线交通量调查是针对跨越某主要地理障碍或者行驶于两地之间的交通量。为使跨越分隔查核线的道路条数最少，分隔查核线一般沿地理或者自然界限设置。分隔查核线交通量调查和区域境界线调查均可用于检验 OD 调查精度。

§3-4 车辆速度调查

车速调查是道路交通运行组织中重要的调查项目,分地点车速调查和区间车速(行程车速)调查两种。地点车速是交叉口交通设计的重要参数,是确定道路车速限制的依据。区间车速是评价道路服务水平的主要指标,是路线改善设计的依据,是衡量车辆运营经济性(时间和车辆耗油)的重要参数,也是确定交通管理措施及联动交通信号配时的重要依据。

一、地点车速调查

1. 观测地点的选择

地点车速是汽车通过某个地点的瞬间速度。因此,观测地点应选择在交叉口之间、地形平直、间距较大而又无干扰的路段,一般是无公共汽车站或临时停车站等侧旁、也不受行人过街、出入口车辆和行人横向干扰影响的路段。

对于某些拟测的特定地点,如交通事故频发地点、拟限制行车速度地段、准备设置交通信号与交通标志地点的车速调查,可不受上述限制,可以在该处设站观测。对交通运营有重要影响而进行前后车速对比调查的地段和固定观测收集基本数据的地段,均应选择有代表性的地点进行观测。

为了观测正常车速,减少观测者与观测设备对行驶车速产生的影响,车速调查地点应选在较隐蔽处,尽可能不被行进车辆的驾驶员发觉,避免行人围观与干扰,使观测记录能客观反映真实情况。总之,观测地点的选择应服从于观测的目的,以取得实际正常车速为目标。

2. 调查时间的选择

通常,地点车速的调查应选择天气良好、交通和道路状况正常的日期进行,严寒、酷暑、大风雪等恶劣天气时不宜进行观测。当有特殊需要时,才观测此特殊条件下的车速。

调查时间决定于调查的目的和用途,调查车速限制、收集基础资料等一般性的调查,应选择非高峰时段,国外常选用下列三个时段中一个小时:(1)9:00~17:00;(2)14:30~16:00;(3)19:00~21:00。

究竟选择哪一个小时去调查,要视具体情况而定,应以反应正常情况,有充分代表性为原则。如作长期观测或对比调查,应尽可能使先后调查的交通状况保持大致相似的条件为宜。

3. 样本大小的选择

通常任一样本中,至少应测定 50 辆(最好为 100 辆以上)汽车的速度。交通量较低(高峰小时少于 200 辆或更少时),观测员有可能测得其中 90%或者更多车辆的车速。交通量较大时,不可能将每辆车的速度都测量下来,因而需要选择,即进行抽样。为了不致产生偏见,观测人员应从车流中进行随机取样。为减少偏见应避免如下所述的一些常见错误做法:

(1) 总是选择车队中的第一辆汽车

由于跟随车辆的速度至少同带头的车辆一样,甚至可能快些,但为车头所压,后车只好跟进，总是测头车就会使得所得车速偏低，故应选择单车辆或者车队中不同位置上的车辆。

(2) 选择某一车种的比例过大

某一车种的速度，不能代表样本的其余车辆，应调查实际存在于车流中的各车种的比例，并按次比例选择样本进行测定，争取反映实际状况。

(3) 选取高速车辆比例大

未经训练或初次参与此项工作的观测者，常常会无视正常速度的车辆，而去寻找个别高速行驶的车辆，或测定所有较高速度的车辆，这样就会使观测结果高于实际车速，从而使观测资料失真。

4. 地点车速的测量方法

地点车速可采用人工测量和自动测量的方法来收集。这些方法的选择取决于可得到的仪器设备、人员和费用等。在人工测量方法中，单独车辆的地点车速是采用车辆经过一定长度路段的时间来测定的，只需要一些简单的设备，但误差较大，精度不高。自动测量需要一定的仪器设备，但误差小，精度高。其具体方法分述如下：

(1)人工量测方法

① 在观测点划线量测。首先，量测地点车速的路段长度，应根据交通流平均速度按表3-5所示速度的范围选用。一般要求选择的长度使得记录时间最小不少于 1.5 s，而计时平均值应在 2～2.5 s 范围内。为便于计算，其长度可在表 3-5 范围内取 0.277 78 m $\left(\frac{1}{3.6}\text{m}\right)$的 n 倍，通过该量测路时间为 t，则其地点车速可按 n/t 来计算，单位为 km/h。

表 3-5 地点车速调查的测控长度建议值

交通流平均速度/(km · h^{-1})	选定测量路段长度/m	变单位 m/s 为 km/h 的系数
<40	27.8	1.00
40～65	54	2.00
>65	83.1	3.00

该方法的具体布置见图 3-20。具体做法是，在选定的量测长度两段设置两个参考标记(可用色漆划横线或用行道树，布置参考标记时，要求能使观测员清晰地看到)，然后观测员站在量测路段的末端，当车辆前轮经过前参考线时，观测员立即停止秒表。那么地点车速$v=L/t$(m/s)，如果 L 取 0.277 78 的 n 倍，则 $v=n/t$(km/h)。

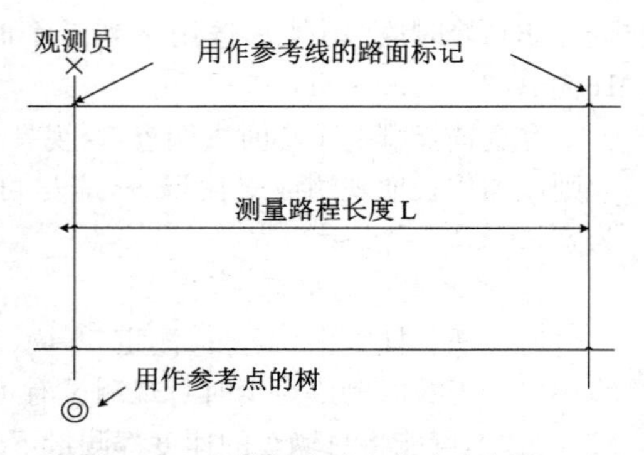

图 3-20 划线测定地点车速分布图

这种方法的显著缺点是，由于视差的影响而容易造成误差。为此，在观测时刻采用特制的 L 形视车镜(或反射镜)来消除由视差而引起的误差。

② 用反射镜观测。这种方法的具体布置如图 3-21。在路线长度的始端和末端设置 L 形视车镜(或反射镜)，其量测路段长度值的选用或地点车速的计算式同划线量测法。

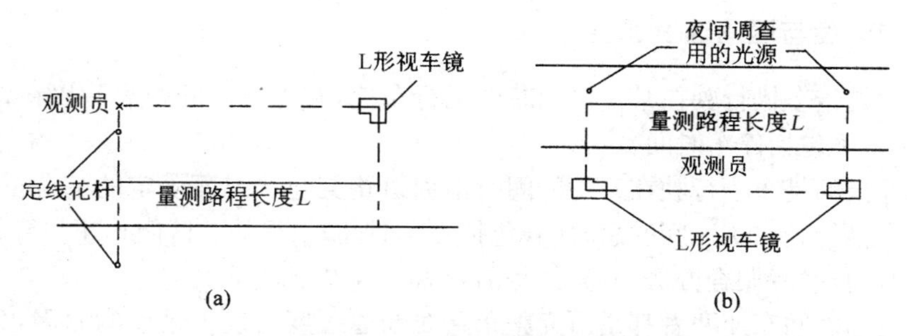

图 3-21　用反射镜测定地点车速布置图

(2)自动量测方法

① 道路检测器法。这种方法通常是在道路一固定距离间隔的每端横越车道各设置一根充气橡皮管,当车辆通过第一根管子上面时,压着管子的瞬间产生了空气冲击波,从而触发计时的数据可由观测员读记,也可借用自动数据记录器记下。由于距离 L 是已知的,记录下通过时间 t,则 $v=L/t$(m/s)或 $v=n/t$(km/h)。如果有双向车流,为了量测另一个方向的车辆,可安装一个调换开始和停止计时方向的装置。

② 雷达速度计法。这种方法可以详见本章第二节对应的内容。

③ 光电管方法。此法如图 3-22a 所示,将光源布在路侧的 A、B 两点,将光电管放在道路另一侧,分别接收由 A、B 两点来的光束。车辆通过时就会遮断光束,使接通的继电器移动电笔,在滚动纸上记下符号,如果从 A、B 两点记入的符号能平行于同一滚动纸上,如图 3-22 b所示,则通过 A 点的第一辆车在 A 线上记下 a_1,第二辆车记下 a_2,直至 n 辆车 a_n。通过 B 点也同样在 B 线上记下 b_1, b_2, …, b_n。于是,如果已知从 a_1 向 B 线的投影 a'_1 到 b_1 的长度 l,那么就可以知道从 A 到 B 所需的时间,而 A、B 的距离为已知,所以即可求得车速。某一车辆的记录应为 a_3b_3, a_4b_4,在有超车现象时,就容易在整理记录时错误地定为 a_3b_4 和 a_4b_3,因此,观测员在整理与观测时要注意超车情况。

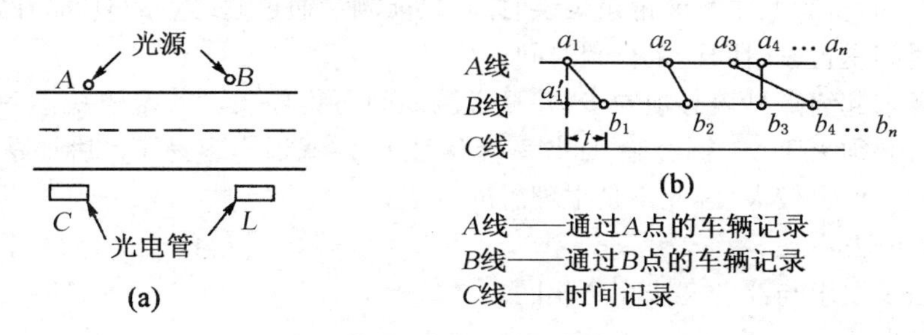

图 3-22　用光电管测地点车速

④ 摄影量测法。在非常拥挤的城市道路街道上,可借助摄影机拍摄照片,并从照片上精确地分析时间与距离的关系,从而得到地点车速。这种方法观测本身比较简单,但观测后的整理工作时耗长,花费较大。然而,由于用照片可以将交通实际情况记录保存下来,并能消除观测是的误差,而且还能用于其他交通现象的分析,因此,也是一个比较好的综合调查方法。摄影量测法根据选用的机型于拍摄方式,大致可分电影摄影法、间断摄影法和航空摄影法。

二、行驶速度与区间速度调查

行驶速度是指车辆行驶在某一区间时的运行车速，它等于区间距离除以在该区间运行所需要的时间(不包括停车时间)。

区间车速指的是车辆行驶在某一区间时根据道路交通状况而确定的综合车速，是用区间距离除以车辆行驶在该区间的总时间(包括停车时间)求得的。区间车速与行驶车速的区别在于停车时间，两者调查方法一样，只是前者需计入停车时间。

行驶车速和区间车速两者都是研究整条路线畅通程度与发生延误的原因，分析整条道路通行能力的重要资料。当道路交通条件允许各个车辆自由选择行车速度时，则区间车速接近行驶车速。但是，由于路上有交叉口、停车和公交车辆停靠站的影响，区间车速与行驶车速一般总是相差较大。

行驶车速和区间车速都是通过量车辆通过已知长度道路的行驶时间或行程时间来获得。通常要求拟调查路线的长度大于 1.5 km。观测时间取决于调查目的，可选在高峰时段，也可选在非高峰时段。我国在公路上进行车速调查，选用路段长度为 30 km 左右。

量测行驶时间和行程时间的方法很多，下面介绍常用的三种。

(1) 牌照法

在调查路段的起点、终点各设调查员 4～6 人，按上下行分为两组观测。当只需一个方向的资料时，起、终点各需 2～3 人。其中，一人读通过该点的汽车车牌号码的末三位数及车型，一人读通过该点的时间，一人记录。当交通量很小时，记录者可同时看表。如果交通量很大，则可以只记录末位数为特定数值的车牌号，例如 0 与 5(抽查 20%)，或只读 0(抽查 10%)的车牌号。观测完后，将起、终点同一车牌号码对起来，算出行驶时间，根据起、终点之间的距离，算出车速。如能有 50 组数据，则可取得很准确的资料。

对于中途交叉口较多，有较大出入口或中途停车、存车多的区间，应当避免使用这种调查方法。这是因为，牌照法不能记录延误时间，只能测量通过起终点的时间，在这种情况下，无法分清总时间是行驶时间还是行程时间。

观测时要求起终点秒表必须同步，并且观测期间不得停表。若希望获得 50 组数据，则观测的车辆数必须大于 50，据经验，回收率能保证 80%就很不容易了。牌照法的另一个缺点是数据整理工作量较大，因此不是很理想的方法。

(2) 流动车法

测定方法及要求与浮动车法完全相同。

(3) 跟车法

用图纸等方法测量路段全长及各交叉口间及特殊地点(如道路断面宽度变化点)间长度，并在实地上做好标记。测速时，测试车辆必须跟踪道路上的车队行驶。车上需两名观测人员，一人观测沿线交通情况，并用秒表读出经过各标记的时间、沿线停车时间及停车原因，另一人记录。

该方法的主要优点是能测量全程各路段间的行程车速、行驶车速、停车延误时间，便于综合分析与车速有关的因素；所需的观测人员少，劳动强度低，适用于交通量大、交叉口多的城市道路上。缺点是测量次数受行程时间的影响，次数不可能很多，一般只能往返 6～8 次，有时还要受到偶然因素的影响。当交通量大时，测量数据能代表道路上的实际行车速度，但当交通量小时，测试车较难跟踪到有代表性的车辆，所测车速受到试验车性能及驾驶员行车习惯的影响。

例 3-2 乘某路公共汽车从 B 出发到 E，中途经过两个交叉口（I_1，I_2）和三个停靠站（S_1，S_2，S_3），单方向行驶 5 次，用秒表计时，得到表 3-6 所示的结果。试计算平均行驶车速和平均区间车速。

表 3-6 跟车调查结果

地点	停车时间 t_1/min					行驶时间 t_2/min					距离/m
B	1.03	0.95	1.10	1.17	0.86						
I_1	0.51	0.87	0.00	1.01	0.77	0.20	0.27	0.18	0.22	0.21	100
S_1	0.47	0.63	0.52	0.78	0.84	2.93	3.15	2.76	2.88	3.21	1 650
I_2	3.21	4.37	1.55	2.73	2.87	0.27	0.38	0.41	0.23	0.29	150
S_2	0.66	0.54	0.72	0.69	0.79	0.65	0.72	0.51	0.63	0.55	400
S_3	0.41	0.37	0.34	0.45	0.57	1.00	0.97	1.21	1.37	0.85	600
E	0	0	0	0	0	0.91	0.86	1.17	1.06	1.35	500
合计	5.26	6.78	3.13	5.66	5.84	5.96	6.35	6.24	6.39	6.46	3 400

解 根据定义，行程时间不应包括在起点站 B 的等候时间，因此应将其剔除后，再对停车时间按竖向求和。

① 平均行驶时间

$$\bar{t}_2 = \frac{1}{n}\sum_{i=1}^{n} t_{2i} = \frac{1}{5}\times(5.96+6.35+6.24+6.39+6.46) = 6.28\ \text{min}$$

② 平均停车时间

$$\bar{t}_1 = \frac{1}{n}\sum_{i=1}^{n} t_{1i} = \frac{1}{5}\times(5.26+6.78+3.13+5.66+5.84) = 5.33\ \text{min}$$

③ 平均行程时间

$$\bar{T} = \bar{t}_1 + \bar{t}_2 = 6.28 + 5.33 = 11.61\ \text{min}$$

④ 平均行驶车速

$$\bar{v}_R = \frac{L}{t_2}\times 60 = \frac{3.4}{6.28}\times 60 = 32.48\ \text{km/h}$$

⑤ 平均区间车速

$$\bar{v} = \frac{L}{T}\times 60 = \frac{3.4}{11.61}\times 60 = 17.57\ \text{km/h}$$

用跟车法通过测定行驶时间调查行驶车速，所需要的最少运行次数通常根据规定的容许误差和行驶车速的平均极差按表 3-7 选用。

表 3-7 跟车法调查行驶车速的最小样本量(置信度 95%)

行驶车速的平均极差/($km \cdot h^{-1}$)	与下列容许误差相应的最少运行次数				
	±2 km/h	±3.5 km/h	±5 km/h	±6.5 km/h	±8 km/h
≤5.0	4	3	2	2	2
≤10.0	8	4	3	3	2
≤15.0	14	7	5	3	3
≤20.0	21	9	6	5	4
≤25.0	28	13	8	6	5
≤30.0	38	16	10	7	6

容许误差的选择与观测目的有关。对于运输规则调查,在估计平均行驶车速时的容许误差,建议取±5.0~±8.0 km/h;交通运行趋势分析与经济评价,建议取±3.5~±6.5 km/h;前后对比调查或运输路线运行,建议取±2.0~±5.0 km/h。其他调查目的,可对照上述建议值确定。表 3-7 中行驶车速的平均极差可按下式求出:

$$R = \frac{\sum_{i=1}^{N-1} S_i}{N-1} \tag{3-10}$$

式中 R——行驶车速的平均极差(km/h);

S_i——第 i 次运行与第 $i+1$ 次运行行驶车速之差的绝对值(km/h),$i=1, 2, \cdots, N-1$;

N——跟车运行次数。

一般说来,测定行驶车速用跟车法较流动车法要好。因为在连续的试验运行期间,即使在交通条件比较相似的条件下,也会遇到不同的延误,跟车法可以排除这种影响,而流动车法则不能。另一方面,跟车法还可以同时取得区间车速等资料,对于研究和评价公共交通的运行情况以及确定行车时刻表尤为适用。

§3-5 交通密度调查

交通密度调查的方法主要有出入量法、摄影法和道路占有率检测法三种。摄影法又可分地面上(高处)摄影法和航空摄影观测法。

一、出入量法

所谓出入量法,是一种为了测定道路上两断面间无出入交通的路段内现有车辆数,以便计算该路段交通密度的方法。

1. 出入量法的基本原理

在某道路上选择 A、B 及两点间的路段为观测路段,车流从 A 驶向 B(如图 3-23 所示)。

观测开始($t=t_0$)时,AB 路段内存在的初始车辆数为 $E(t_0)$,t 时刻内从 A 处驶入的车辆数为 $Q_A(t)$,从 B 处驶出的车辆数为 $Q_B(t)$,则 t 时刻 AB 路段内存在的现有车辆数应为初始车辆数与 t 时刻内 AB 路段的车辆数改变量之和。即

$$E(t)=E(t_0)+(Q_A(t)-Q_B(t))=Q_A(t)+E(t_0)-Q_B(t) \tag{3-11}$$

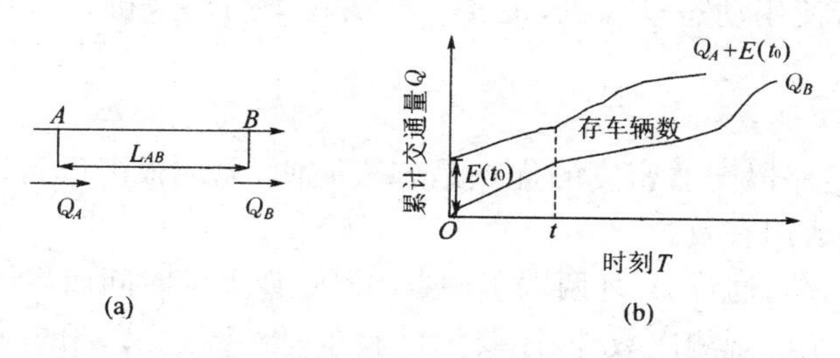

图 3-23 A、B 路段的存车辆数与 A、B 点累计交通量的关系

t 时刻 AB 路段内的交通密度为

$$K(t)=\frac{E(t)}{L_{AB}} \tag{3-12}$$

式中 $E(t)$——t 时刻 AB 路段内存在的现有车辆数;

$Q_A(t)$——从观测开始($t=t_0$)到 t 时刻内从 A 处驶入的累计车辆数;

$Q_B(t)$——从观测开始($t=t_0$)到 t 时刻内从 B 处驶出的累计车辆数;

$E(t_0)$——从观测开始($t=t_0$)时,AB 路段存在的初始车辆数;

L_{AB}——AB 路段长度(km)。

从式(3-11)可知,只要知道 AB 路段内的初始车辆数和 t 时刻内路段车辆数的改变量,就可计算得到 t 时刻 AB 路段的现有车辆数(参见图 3-23b)。从而由式(3-12)可计算得到 t 时刻该路段的交通密度。

初始车辆数 $E(t_0)$ 的求法:

求初始车辆数 $E(t_0)$ 的方法有试验车法、车牌号码法、照相观测法等。这里介绍一种最简易的方法即试验车法。

参见图 3-23a,设试验车在观测开始($t=t_0$)时从 A 驶向 B,t_1 时刻到达 B。从 t_0 到 t_1 时刻,通过 B 处的车辆数为 q。若试验车在行驶期间没有超越别的车,也没有被别的车超越时,则 q 就是 t_0 时刻 AB 路段内的初始车辆数;如果试验车在行驶期间存在超车和被超车的现象时,则观测开始($t=t_0$)时在 AB 路段内的初始车辆数应为

$$E(t_0)=q+a-b \tag{3-13}$$

式中 q——从 t_0 到 t_1 时刻通过 B 处的车辆数;

a——被试验车超越的车辆数;

b——超越试验车的车辆数。

2. 测定方法

用出入量法测定交通密度,适用于高速公路上立交之间无出入交通的路段。由于实测密度均方差为实测时段和区间长度的减函数,为了保证有足够的精度,调查时选用路段的长度尽量大于 800 m,时段延续 5 min 以上。

在测定路段的两端设置车辆情况示波器或动态录像机，从开始时刻(t_0)开始，测定通过这两端的车辆数，同时还要测定试验车在测定路段内的超车和被超车的车辆数。为了记取试验车通过 AB 路段两端的时刻，必须在试验车上标以特殊的记号。此时，若使用车辆情况示波器进行测定，当试验车通过两端时，要按动显示器把具有特殊记号的试验车记录在记录纸上；若使用动态录像机，也要对准试验车的记号摄影，以便整理资料时记取那个时刻。

3. 出入量法的优缺点

用出入量法测定路段交通密度的优点是方法简便，无须很多设备，适用于各种交通状况，既能保证精度又实用有效。

出入量法的缺点是，通过 A、B 两端车辆数的测量误差随时间而累加。为了防止误差的累加，除应增加试验车的观测次数外，还要把试验车每次经过 A 端的时刻都作为开始时刻(t_0)，且该时刻 AB 路段内的现有车辆都作为每次的初始车辆数值。

二、地面上(高处)摄影观测法

1. 测定方法

在高处架设摄像机进行摄影观测。测定路段长度依路段内的状况和周围地区条件而变化，一般取 50～100 m，若超过 100 m 测定精度将受影响。因此，当测定长路段的交通现象(也包括交通密度在内)时，需用多个摄影机同时进行观测。

测定交通密度时，在道路上要标记每台录像机所摄范围的道路路段长。一般有两处作标记即可。如果容许精度稍低时，亦可不必在路面上划记号，可利用车道分隔线的段数、护栏支柱数或电线杆数等代替。

2. 交通密度计算与分析

根据上述观测资料，可按下面介绍的顺序计算交通密度。在视频的每一画面(Δt)中，读取摄影观测路段长度(L)内存在的车辆数(K_i)。将总观测时间 T 内的 K_i 求算术平均，再除以路段长度，如式(3-14)所示：

$$K = \frac{\sum_{i=1}^{n} K_i}{n \cdot L} \times 1\,000 \tag{3-14}$$

式中 K——交通密度(辆/km)；

L——观测路段长度(m)；

n——总计时间 T 内，在胶卷上读取存在车辆数时的画面数，$n = T/\Delta t$；

K_i——第 i 画面上测定路段内存在的车辆数(辆)。

如前所述，总计观测时间如果在 5 min 以上时，交通流的偶然性变化或周期性变化就能被消除。

三、航空摄影法

随着无人机技术及图像处理技术的快速发展，利用航空摄影法及高点视频进行交通调查得到了大力推广。航空摄影技术应用于交通规划中，可以评价或确认规划过程中假设的土地利用形态；应用于交通管理中，可以追踪特定车辆运动轨迹，检测违法驾驶行为；应用于交通信息采集，可以获取路段流量、平均速度，进而评价道路服务水平。

该类调查方法具有的优势是：能实现较大范围交通调查，同时采集信息种类既可以检测单个车辆的运行状态、行驶轨迹和行人、自行车行为等微观交通信息，如 NG－SIM 交通数据库，也可以采集交通流量、平均速度、密度以及交通设施分布等宏观交通信息。

航空摄影对采集行驶轨迹及交通密度最为适宜，同时也是得到准确数值较好的方法。但航空摄影方法只有在光线和能见度达到一定水平的时候才能够使用，此外基于航空设备的航测观测不到诸如隧道、路桥、跨线桥下建筑物中的车辆。遇到这些场合，只能结合其他调查方法进行调查。

四、道路占有率检测法

密度是反映道路上车辆的密集程度、衡量道路上车流畅通情况的重要指标。由于交通流密度是瞬时值，随观测时间和区间长度的变化而变化，而且反映不出车辆长度与速度的关系，尤其当车辆混行时，交通流密度的高低并不能明确表示出交通流的状态。相比之下，道路占有率较容易观测得到，且一些新型的检测器可以测量道路的占有率，因此交通调查往往采用道路占有率来间接表征交通流密度。道路占有率包括空间占有率和时间占有率两种。

1. 空间占有率

如果事先已获得各车型的车长资料时，根据密度调查现场统计的分车型交通量资料，就可按式(3-15)计算空间占有率。空间占有率为在一瞬间测得已知路段上所有车辆占用的长度占路段长度的百分比，即

$$R_s = \frac{\sum_{i=1}^{n} L_i}{L} \times 100 \tag{3-15}$$

式中　R_s——空间占有率(%)；

L_i——第 i 辆车的长度(m)；

L——观测路段总长度(m)；

n——路段内的车辆数(辆)。

2. 时间占有率

如果事先没有各车型的车长资料，要在现场直接量测车长是很困难的，一般是在现场测定车辆的占用时间，按式(3-16)计算时间占有率：

$$R_t = \frac{\sum_{i=1}^{n} t_i}{t} \times 100 \tag{3-16}$$

式中　R_t——时间占有率(%)；

t_i——第 i 辆车的占用时间(s)；

t——总观测时间(s)；

n——观测时间内通过的车辆数(辆)。

车辆的占用时间可利用前述数据采集方式获得。

如果在测计车辆占用时间的同时，测计车辆的地点车速 v_i，计算地点车速的平均值，即时间平均车速 v_t。则车辆的占用时间 t_i 与该辆车的地点车速 v_i 之乘积，为该辆车的占用长度

L_i。总观测时间 t 与总观测时间内所有车辆地点车速的平均值即时间平均车速 v_t 的乘积，为总观测时间相应的路段长度 $\sum_{i=1}^{n} L_i$，代入式(3-16)也可求得车辆的空间占有率 R_s。

§3-6 行车延误调查

一、定义与分类

1. 延误

延误是指由于交通摩阻与交通管制引起的行驶时间损失，以 s 或而 min 计。

2. 固定延误

指由交通控制装置、交通标志等引起的延误。它与交通流状态和交通干扰无关，主要发生在交叉路口。

3. 停车延误

指刹住车轮及车辆停止不动的时间，等于停车时间。其中包括车辆由停车到起动时驾驶员反应时间。

4. 行驶延误

为行驶时间与计算时间之差。计算时间是相应于不拥挤车流的路线上，以平均车速通过调查路线计算的。

5. 排队延误

为排队时间与以畅行车速驶过排队路段的时间之差。排队时间是指车辆第一次停车到越过停车线的时间。排队路段是第一次停车断面到停车线的距离。

6. 引道延误

为引道时间与车辆畅行行驶越过引道延误段的时间之差。在入口引道上，从车辆因前方信号或已有排队车辆而开始减速行驶之断面至停车线的距离叫引道延误段。车辆受阻排队通过引道延误段的时间，叫引道时间。

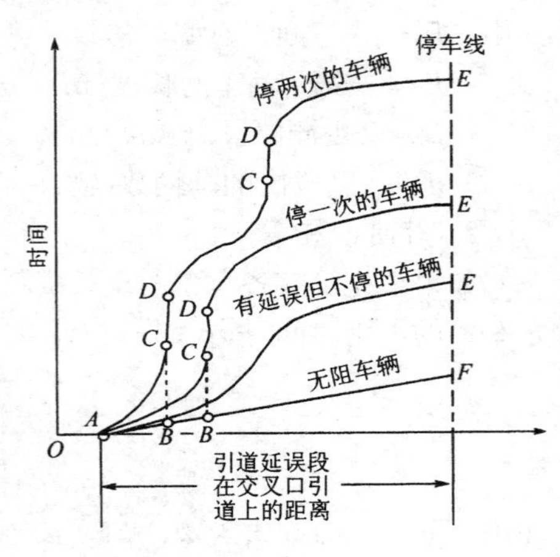

图 3-24 引道延误示意图

图 3-24 是车辆在交叉路口入口引道上的行程图。由图可以看出，受到延误的车辆的引道时间为 E 点的纵坐标值。在引道延误段上畅行行驶时间为 F 点的纵坐标值。引道延误为 E、F 两点纵坐标值之差。停车延误为 D、C 两点纵坐标之差。排队时间为 E、C 两点纵坐标值之差。排队延误时间为排队时间减去 F、B 两点纵坐标值之差。由于后者相对于前者很小，所以实际应用时，对排队时间和排队延误不加区别。

据调查，通常停车延误约占引道延误的 76%，排队延误约占引道延误的 97%。因此实际上常常以排队延误近似地代替引道延误。

二、应用范围

1. 评价道路交通堵塞程度

行车延误十分直观地反映了道路交通的堵塞情况。

2. 探求行车延误的发展趋势

在选定地点，定期进行行车延误调查，得到延误随时间的变化规律，从而探求发展趋势，作出交通状况是日益好转还是恶化的判断。

3. 评价道路服务质量

道路的服务质量通常以服务水平来评价，对于道路使用者，最关心的是行驶时间和延误，因此可以通过延误来评价道路服务质量。

4. 道路改建的依据

在拟定道路或路口改建计划时，是否应拓宽道路或实行快慢车隔离，是否应设左转专用道等，都应以延误分析为依据。

5. 用于运输规划

交通运输部门在运营高峰时往往不是选择距离最短的路线而是选择行车时间最少的路线，有了延误资料，有利于运输部门进行路线选择。

公共交通运输部门制定行车时刻表、调整路线运行状况时，也要依据延误资料。

6. 用于道路运输经济分析

交通运输部门计算运输成本以及城建和交通管理部门对采取某一工程措施或管理措施进行可行性研究时，通常将时间换算成经济指标，而延误资料是重要的原始资料。

7. 用于交通设施改善效果分析

对交通设施改善前后的延误时间进行调查，可以对改善的效果给出评价。

8. 用于交通管制

根据延误资料，可以确定是否应限制停车，是否应采取单行或禁行等交通管制措施。延误资料还是确定路口信号灯配时的重要依据。

三、具体调查方法

1. 跟车法

行车延误经常和行驶时间一起调查，这样可同时获得行驶时间、行驶车速、行程时间、行程车速和延误时间等完整资料。

用跟车法调查延误时间通常需用两名观测员，两块秒表，其中一人读表，一人记录。当车辆驶过调查起点时，观测员启动第一只秒表（车辆到达终点前不得中途停表），记录沿路程各控制点经过的时间。当车辆停止或被迫缓行时，观测员启动第二只秒表，量测每次延误持续时间。记录员将其连同延误地点、原因一起记录于表3-8中。待车辆恢复正常行驶时，观测员将第二只秒表及时回零。最后，车辆驶过调查路线终点时，停止第一只秒表，记录运行总时间。

表 3-8　跟车法观测行驶时间与延误现场记录表

日期________　天气________　运行编号________

路线________________　方向________________

运行开始时间________　地点________　里程________

运行结束时间________　地点________　里程________

控制点	
地点	时间

停驶或被迫缓行		
地点	延误/s	原因

行驶距离________　行驶时间________　行驶车速________

行程时间________　停驶时间________　行程车速________

观测员________　记录员________

调查路线的长度和所选各控制点之间的距离必须确定，这样才可能将时间转换为速度。距离可用皮尺量测，或在可靠的地图上用比例尺量出，也可以根据车辆上装置的里程表或GPS得到。调查结果可汇总为图 3-25 所示的形式。

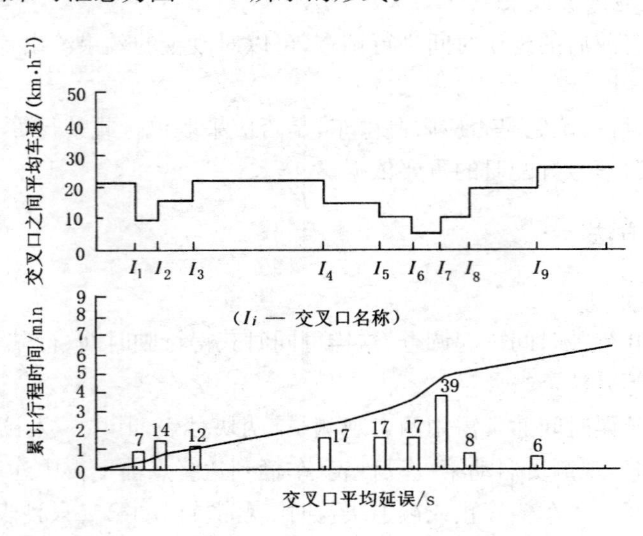

图 3-25　行程时间、平均车速和延误

常用跟车法调查公共运输车辆的延迟和行程时间，公交路线的行程时间通常绘成图 3-26所示的时间-区间图。经过分类后的时间可用图 3-27 表示。

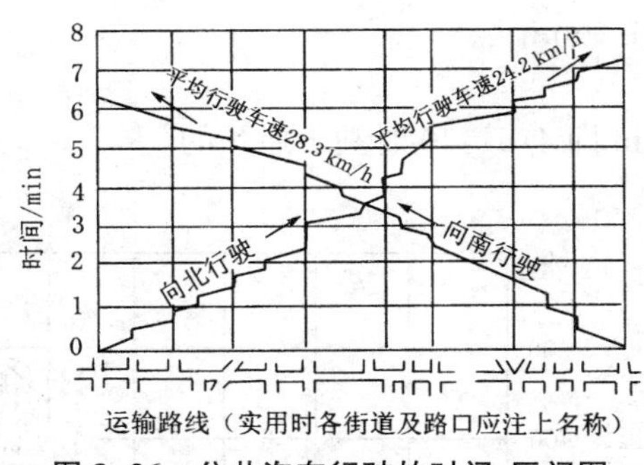

图 3-26　公共汽车行驶的时间-区间图

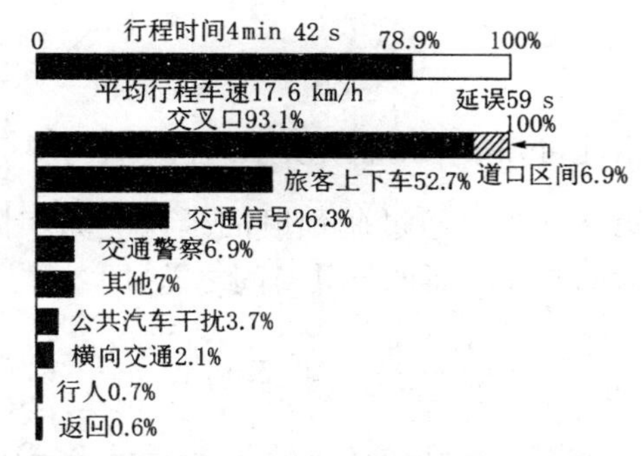

图 3-27　公共汽车延迟分析示意图

2. 输出-输入法

该方法仅适合于调查瓶颈路段拥堵状态下的行车延误，以车辆到达率和离去率均一为前提。

车辆排队现象存在于某一持续时间内，在其中某一时段中，若到达的车辆数大于道路的通行能力时则开始排队，而当到达车辆数小于道路的通行能力时，则排队便将逐渐消散。

调查在两个断面同时进行，即在瓶颈路段的起、终点各设一名观测员，用调查交通量的办法，以 5 min 或 15 min 为间隔累计交通量。要求两断面的起始时间同步，当车辆受阻排队有可能超过瓶颈时，该断面的位置要根据实际情况后移。若该路段通行能力已知，瓶颈终点(出口)断面可以不予调查。

表 3-9 所列为某公路上的瓶颈路段发生阻塞时的调查结果。已知该处通行能力为 360 辆/h，或每 15 min 平均通过 90 辆车。

表 3-9　某瓶颈路段堵车调查结果　　单位:辆

时间	到达车数		离去车数		阻塞情况
	到达	累计	离去	累计	
4:00～4:15	80	80	80	80	无阻塞
4:15～4:30	100	180	90	170	阻塞开始
4:30～4:45	120	300	90	260	阻塞
4:45～5:00	90	390	90	350	阻塞
5:00～5:15	70	460	90	440	阻塞在消散
5:15～5:30	70	530	90	530	阻塞结束

从表 3-9 可见，最初的 15 min 内到达的车辆数少于道路通行能力，路上没有阻塞。第二个 15 min 内因累计离去车数比累计到达车数少，有 10 辆车通不过，于是开始堵塞。4:15～4:45 是高峰。4:45～5:00 来车量已减少，但累计车辆数仍远远超过累计通行能力。这 45 min(4:15～5:00)是排队开始形成，并且其长度有增无减，直至出现最大排队长度的一段时间。5:00 以后到达车辆累计数和通行能力累计数的差距开始缩小，即表明排队开始消散，直至 5:30 累计车辆数等于路上累计通行能力，于是阻塞结束。

现在试求单个车辆，如第 300 辆车通过瓶颈段的延误时间。它的位置在 300－260＝40 辆排队车辆的末尾，瓶颈段的通行能力是 90 辆/15 min，故每辆车通过瓶颈段所需的时间为 15/90 min。因此第 300 辆车通过瓶颈段所需的时间为

$$\frac{15}{90}\times 40 = 6\ \frac{2}{3}\text{min}$$

由此可知第 300 辆车是在 4:45 后的 $6\ \frac{2}{3}$min 即 4:51:40 时驶出瓶颈的。

第 300 辆车通过瓶颈段的延误应为实际行程时间与无阻碍的行驶时间之差，即

$$6\ \frac{2}{3}-\frac{15}{90}=6.5\ \text{min}$$

将表 3-9 的数据绘成图 3-28 所示的到达离去曲线。当通行能力预先不能确定时，图中离去曲线(实线)应以终点处的实测数据绘制。图中虚线为到达车辆累计数，两曲线间水平间隔为某车通过瓶颈段所需的时间，垂直间隔为某一时段的阻车数(排队车数)。两曲线围成的面积即为受阻车辆通过瓶颈段的总车时数，记为 D_a。当无阻通过瓶颈段所需的时间与受阻车辆所需的行程时间相比(如第 300 辆车，10 s 与 400 s 即$6\ \frac{2}{3}$min相比)很小时，可将 D_a 直接当作总延误车时数，常以辆 · h 或辆 · min计。由数学分析可知：

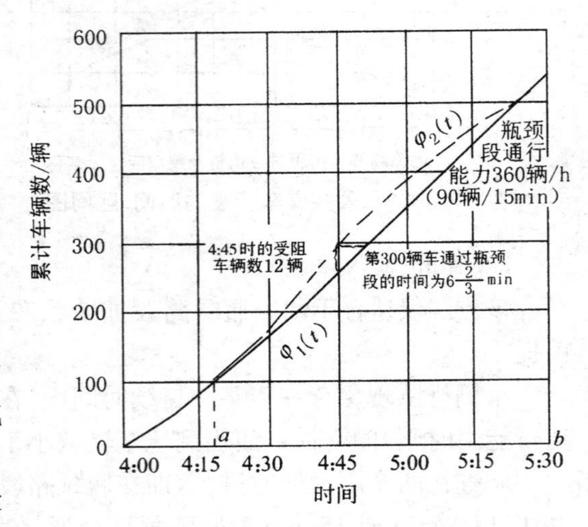

图 3-28 到达离去曲线图

$$D_a=\int_b^a[\varphi_2(t)-\varphi_1(t)]d_t \tag{3-17}$$

然而，在实际问题中，$\varphi_1(t)$、$\varphi_2(t)$ 的解析式一般不易求得，不能直接应用式(3-16) 计算 D_a，通常用微积分中介绍的近似公式计算。由于 $\varphi_1(t)$、$\varphi_2(t)$ 经常是折线而非曲线，因此其近似程度还能满足要求。由图 3-28 求得：

$$D_a = 1\ 351\ \text{辆}\cdot\text{min}$$

有了 D_a，便可求出每辆通过瓶颈路段的车辆所需的平均行程时间 T_s(s 或 min)；

$$T_s=\frac{D_a}{\text{总通过量}} \tag{3-18}$$

而无阻塞时，每辆车所需时间 t_n 为

$$t_n=\frac{3\ 600}{\text{通行能力}}(\text{s}) \quad \text{或} \quad \frac{60}{\text{通行能力}}(\text{min}) \tag{3-19}$$

于是，平均每辆车延误 d_s 为

$$d_s = T_s - t_n \tag{3-20}$$

当 t_n 可以忽略不计时，$d_s=T_s$。

在本例中由表 3-9 查得总通过量(4:00～5:30 间一个半小时的累计离车数)为 530 辆，于是，由式(3-18)、(3-19)、(3-20)得到：

$$d_s=\frac{1\ 351}{530}-\frac{60}{360}=2.38\ \text{min}$$

用输出-输入法调查延误很难得到平均每一受阻车辆的延误和受阻车辆占总数的百分比，并且无法确定产生延误的准确地点和原因，也无法分清延误的类型，这是该法不如跟车法的地方。还有最重要的一点，作为该法前提的来车与离去是均一的假设与实际交通状况不相符，事实上来车率与离去率往往不是均一而是随机的。因此，计数交通量的间隔取得越小，精度越高；瓶颈长度越短，精度也越高。

尽管这种方法存在上述这些缺点，但由于简单，调查结果又能整理成十分直观的形式，因此，作为瓶颈路段行车延误的一种客观研究方法，有一定的实用价值。

四、交叉口的延误

1. 调查地点

一般选择经常发生交通堵塞的交叉口进行延误调查。若一个交叉口只有其中一个或几个入口方向上经常发生交通堵塞，也可以只对这一个或几个方向进行调查。若调查是为了评价整个交叉口的运行效率，则要对该路口的各个方向同时调查。

2. 调查时间

延误通常出现在高峰时段，所以一般均选择高峰时段进行延误调查。至于是选早高峰还是晚高峰，机动车高峰还是非机动率高峰，则要根据调查目的确定。当希望获得高峰和非高峰时延误的对比资料时，还要在非高峰时调查。为了便于前后对比分析，两次调查应具备相似的条件，在时间上尽可能保持一致。

交叉口延误调查应在天气良好、交通正常的条件下进行。只有当需要研究不利条件下的延误特征时，才选择恶劣的天气或不利的交通条件进行调查。

3. 要求的样本量

(1) 在进行引道延误调查时，需要调查的最少车辆数按式(3-21)确定。

$$N \geqslant \left(\frac{SK}{E}\right)^2 \tag{3-21}$$

式中　S——引道延误的样本标准差(s)，通常取 10～20 s；

E——引道延误的容许误差(s)，根据要求的精度取用，通常取 $E=2\sim5$ s。

在任何情况下，所取最小样本量不少于 30 辆车。经验表明，观测 60 辆车，可取得满意的结果。

(2) 在进行停车百分比调查时，最小样本量按式(3-22)取用。

$$N \geqslant \frac{(1-p)K^2}{pd^2} \tag{3-22}$$

式中　p——在引道上停驻的车辆百分比，用小数表示，根据以往调查资料取用，或者假设；

d——停车百分比的容许误差，可在 0.01～0.10 之间选取，精度要求高时，取小值，一般取 $d=0.05$；

K——相应于要求的置信度的常数。对于典型情况，置信度 95%，$K=1.96$。

在任何情况下，所取样本量不应少于 50 辆车。

调查工作结束后，要根据实际的样本量 N，计算出的样本标准差 s(或停车百分比 p) 和所要求的置信度，用上面的公式反算出容许误差 E(或 d)，若不能满足要求，则需要增加样本量，重新调查。

4. 调查方法

(1) 点样本法

点样本法获得的是车辆在交叉口引道上的排队时间，每一入口需要 3～4 名观测员和一块秒表。观测员站在停车线附近的路侧人行道上。其中一人持秒表，按预先选定的时间间隔(通常为 15 s，根据情况也可以取其他值，例如 20 s)通知另外 2～3 名观测员。第二名观测员负责清点停在停车线后面的车数，记录在表 3-10 中，每到一个预定的时间间隔就要清点一次。第三名观测员负责清点经过停车通过停车线的车辆数(停驶数)和不经停车通过停车线的车辆数(不停驶数)。当交通量较大时，可由两个观测员分别清点，每分钟小计一次，并记入表 3-10 中相应的栏内。连续不间断地重复上述过程，直至取得所需的样本量或道口交通显著地改变，不同于拟研究的交通状况时为止。

表 3-10　交叉口延误时间抽样过程　　单位：辆

开始时间	对于交叉口引道抽样时间间隔为 5 min 的数据					
	交叉口引道上不同时间停过的车辆数				交叉口引道交通量	
	0 s	15 s	30 s	45 s	停止车辆数	不停车辆数
17:00	0	2	7	9	11	6
17:01	4	0	0	3	6	14
17:02	9	16	14	6	18	0
17:03	1	4	9	13	17	0
17:04	5	0	0	2	4	17
小计	19	22	30	33	56	37

若所调查的交叉口为定时信号控制，选定的取样间隔时间应保证不能被周期长度整除，否则，清点停车数的时间有可能是周期中的某个固定时刻，而失去了抽样的随机性，调查启动(开始)时间应避开周期开始(如绿灯或红灯启亮)时间。

每到一个清点时刻(例如 30 s 时)，要清点停车入口(或拟调查的车道)上的所有车辆，而不管它们在上个时刻(例如 15 s 时)是否被清点过。也就是说，若一辆车停驶超过一次抽样的时间间隔，则这辆车就要不止一次地被清点。在任一分钟内，入口交通量的停驶数一栏中的数值总是小于或等于这一分钟内停在入口车辆的总数(即 0 s、15 s、30 s、45 s 时停在入口车辆数之和)，这一特性，可用来判断记录的正确性。

对于入口为多车道的交叉口，若不要求区分某一具体车道上的延误，可不分车道调查，否则要按车道安排调查人员。

交叉口延误调查，通常要求提供以下成果：

$$\left.\begin{aligned}
&\text{总延误} = \text{总停驶车辆数} \times \text{抽样时间间隔(辆·s)} \\
&\text{每一停驶车辆的平均延误} = \frac{\text{总延误}}{\text{停驶车辆数}}(\mathrm{s}) \\
&\text{入口车辆的平均延误} = \frac{\text{总延误}}{\text{入口交通量}}(\mathrm{s}) \\
&\text{停驶车辆百分比} = \frac{\text{停驶车辆数}}{\text{入口交通量}} \times 100(\%) \\
&\text{停车百分比的容许误差} = \sqrt{\frac{(1-p)K^2}{pN}}
\end{aligned}\right\} \tag{3-23}$$

式中符号的意义同式(3-22)。

例 3-3 某交叉口采用抽样法调查停车延误，根据 5 min 观测(间隔为 15 s)所得资料列于表 3-10，试求总延误、平均延误和停车百分率。

解 总延误＝观测到的停驶车辆总数×抽样时间间隔＝104×15
＝1 560 辆·s

$$每辆停车的平均延误=\frac{总延误}{停车辆数}=\frac{1\,560}{56}=27.9\ \text{s}$$

$$交叉口引道上每辆车的平均延误=\frac{总延误}{引道上总交通量}=\frac{1\,560}{56+37}=16.8\ \text{s}$$

$$停车的百分数=\frac{停车辆数}{引道上的交通量}=\frac{56}{93}=60\%$$

取置信度 90%，则 $K^2=2.70$，于是

$$停车百分比的容许误差=\sqrt{\frac{(1-0.60)\times 2.70}{0.60\times 93}}=13.9\%$$

点样本法优点是：一个样本中的错误或遗漏对总的结果几乎没有影响，因为每一个样本相对于前一个样本都是独立的。同时，该法除了周期性的约束(前面曾提到的选择时间间隔的要求)外，不依赖于信号设备。这种约束为整个周期内排列了一组数据点，给周期中所有交通条件都提供代表性的样本。点样本法能够提供一组比较完整的描述交叉口延误的统计数。

但是，当停驶车辆百分数很高(例如达到 100%)时，点样本法很难适用。这时排队车辆数目很大，要在 15 或 20 s 的时间间隔里清点停在入口的车辆数几乎是不可能的。当入口为多车道且有左、右转专用车道时，若想应用点样本法获得多车道的延误，就要增加观测小组及观测人员。对于这种多车道入口情况，无论是否分车道调查，清点停驶数与不停驶数都是比较困难的。当入口为单车道时，用点样本法无法区分不同流向的车辆的延误时间。另外，点样本法只能得到平均延误时间，而无法获得延误时间的分布特性，后者在理论研究和电子计算机模拟时很有用处。

(2) 抽样追踪法

用该法可获取引道延误数据。因为引道延误等于引道时间减去引道畅行行驶时间，所以理应测量引道时间和引道畅行行驶时间。但实际上，通常根据以往资料，可以知道入口引道上的畅行行驶车速。因此，只要量测引道延误段长度，就可计算出引道畅行行驶时间。进行前后对比调查时，若假定引道畅行行驶时间不变，则前后两次调查都可不必测定引道畅行行驶时间。因为交通设施改善前的平均引道时间减去改善后的平均引道时间即为交通改善所降低的引道延误值。

用抽样追踪法来调查引道延误，简便、易行，调查人员不紧张，同时能得到引道延误分布特征、各流向车辆的延误及个别车的延误资料。抽样追踪法的主要缺点是不能获得每一停驶车辆的平均延误和停车百分比这两个统计数。

§3-7 通行能力调查

一、路段车头时距调查

一条车道的通行能力最主要决定于车头时距或车头间距。车头时距可直接用秒表测量，而车头间距则需在高处进行摄影观测。由于后者整理工作量大，测量成本高，很少采用，大都用测量车速及司机随车行驶的反应时间，推算车头间距。

路段车头时距必须考虑到车道分工及车道位置，是小汽车专用车道、公共汽车专用车道还是混合行驶车道；是中间车道还是最右侧的车道。如果最右侧车道上还设置公共汽车停靠站，那么必须调查公共汽车停靠站的通行能力。

1. 调查地点选择

调查地点应在平坡直线路段，并不受交叉口停车、加减速、车辆换车道及行人过街的影响。

调查的车流应该是连续行驶的车队，当车队中混有各种车型时应分别调查各种车型的车头时距。由于车头时距与行驶车速关系极大，故在观测车头时距的同时，需要测量被测车辆的地点车速。

2. 观测方法

最常用的方法是人工测定，在测量地点预先做好标记，一人用秒表读连续车流中一辆车经过定长距离（一般为 15～20 m）前后两断面的时间，以求得该车队的地点车速，并读以后各车辆经过第二断面的时间及车型，另一人记录。如果观测人数只有一人，则可用笔式自动平衡记录仪并配触发器量测。当不同车型的车辆经过断面时，只需按不同键钮，就可记录下车型和时间记号。使用这种仪器，测量简单，读数精确，但内业整理工作量大。

3. 资料整理与分析

(1) 各种车型的车头时距

将同类型车辆的车头时距整理在一起，按统计方法剔除异常数据、车头时距的最大和最小值。一般可用样本标准偏差的两倍来控制，即车头时距 h 应在平均值 $\overline{h}\pm 2s$ 之间（s 为样本偏差），然后算出各种车型的平均车头时距。

(2) 车辆换算系数

在混合车流中有大、中、小三种车型，若以小车为标准车，则需将大车及中车乘以各自的换算系数，成为当量小车。

车辆换算系数的计算方法：

$$a_{中}=\frac{\overline{h}_{中}}{\overline{h}_{小}} \tag{3-24}$$

$$a_{大}=\frac{\overline{h}_{大}}{\overline{h}_{小}} \tag{3-25}$$

式中 $a_{大}$、$a_{中}$——分别为大车及中车换算成当量小车的换算系数；

$\overline{h}_{大}$、$\overline{h}_{中}$、$\overline{h}_{小}$——分别为大车、中车、小车的平均车头时距。

具体工程中换算系数的选取也可以根据所调查道路性质的不同参考《公路工程技术标

准》(JTG B01-2014)或《城市道路交通规划设计规范》(GB 50220-95)。

二、信号交叉口穿越空档调查

信号交叉口通行能力的计算方法，有停车线法和冲突点法(前一计算方法详见第五章)。随着计算方法的不同，观测方法亦有差异，本节介绍用冲突点计算信号灯交叉口通行能力时应调查的内容。

1. 观测内容与方法

(1) 调查交叉口的几何组成、各进口道车道数、同一绿灯时直行车与对向左转车的冲突点位置、停车线位置。以上内容除冲突点及停车线位置需在现场调查外，其他均可在图纸上量出。

调查交叉口冲突点的方法是观察直行车辆与对向左转车辆的行驶轨迹，定出冲突点位置，并在实地做好标记，丈量直行车辆及对向左转车辆自停车线至冲突点的行车轨迹线长度，见图 3-29。图中 l_1 为直行车自停车线到冲突点的距离，l_2 为对向左转车自停车线到冲突点的轨迹线距离。

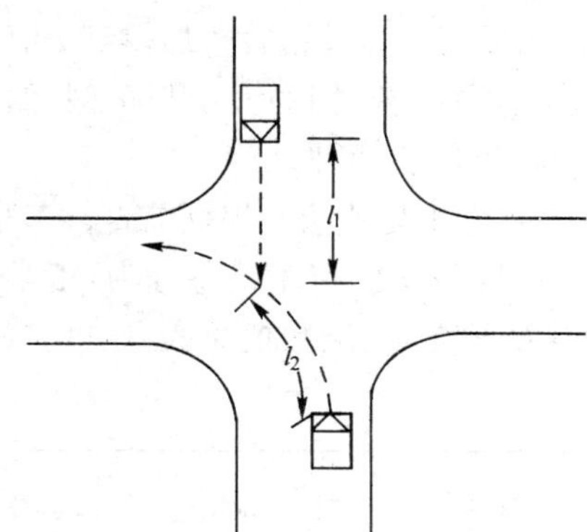

图 3-29 冲突点位置图

(2) 调查交叉口各进口道的车道分工。

(3) 观测信号灯周期时长及各相位时长。

(4) 观测绿灯启亮后，对向左转头车到冲突点的时间或本向直行头车到冲突点的时间(哪一方向先到冲突点，就测先到方向的时间)；

(5) 观测黄灯启亮后，对向左转车辆通过交叉口的车辆数。

(6) 观测各类车辆连续通过冲突点的临界车头时距。

(7) 观测本向直行车道(或合用车道)的周期流量。

(8) 观测绿灯与绿灯中期对向左转车辆各自的流量数。

(9) 观测车流中可穿越空档及不饱和周期中出现可穿越空档的空档数。

以上自(1)到(8)的观测内容均较方便，这里主要介绍可穿越空档时长的确定。

2. 可穿越档时长确定

可穿越空档是指交叉口对向左转车辆穿越直行车流中的最小空档或直行车辆穿越对向左转车流中的最小空档。由于左转车辆一般情况下所占比例较少，故主要讨论穿越直行车流的最小空档。

观测可分解为三个步骤，见图 3-30。

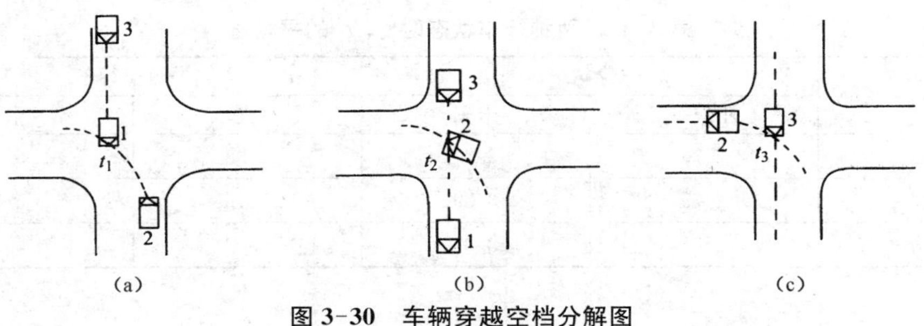

图 3-30 车辆穿越空档分解图

① 测量直行车到达冲突点的时间 t_1 及车型；

② 测量对向左转车紧接到冲突点的时间 t_2 及车型；

③ 测量左转车后的直行车紧接到冲突点的时间 t_3。

穿越空档的前半部分，简称前档，以 t_f 表示；穿越空档的后半部分，简称后档，以 t_r 表示：

$$t_f = t_2 - t_1 \tag{3-26}$$

$$t_r = t_3 - t_2 \tag{3-27}$$

空档的总时长以 t 表示，故 $t = t_f + t_r = t_3 - t_1$。

在实地观测中，很难得到直行车—左转穿越车—直行车紧接过冲突点的样本，因而将 t_f 与 t_r 分别测得，然后叠加得到 t 值。

可穿越空档的大小与车型、驾驶员的心理和行车状态有关，常用的分析方法有平均值法和临界值法两种。

① 平均值法。根据前直行车和穿越车的车型及行车状态分别计算可穿越空档的平均值。

穿越车的行车状态分为：正常速度通过冲突点，令它为 A 状态；减速通过冲突点，令它为 B 状态，实测数值见表 3-11。

表 3-11 可穿越空档值

行车状态	时间间隔/s	平均值/s	t_f/s		t_r/s	
			小汽车频数	卡车频数	穿越车小车频数	穿越车卡车频数
A	1.0～2.0	1.5	4	2	0	0
	2.0～3.0	2.5	26	12	4	3
	3.0～4.0	3.5	8	16	3	3
	4.0～5.0	4.5	6	6	4	6
	5.0～6.0	5.5		2	8	7
	6.0～7.0	6.5			8	6
	7.0～8.0	7.5				4
B	1.0～2.0	1.5	2	3	0	0
	2.0～3.0	2.5	14	7	3	2
	3.0～4.0	3.5	12	9	5	4
	4.0～5.0	4.5	3	6	6	6
	5.0～6.0	5.5		2	10	9
	6.0～7.0	6.5			6	8
	7.0～8.0	7.5			4	4

表 3-11 中的 t_f 和 t_r 的平均值汇总见表 3-12。

表 3-12 两种行车状态时 t_f，t_r 的平均值 单位：s

	t_f(穿越车)		t_r(直行车)	
	小汽车	卡车	小汽车	卡车
A	2.86	3.34	4.98	5.26
B	2.75	3.39	5.18	5.38
平均	2.81	3.37	5.08	5.32

有了 t_f，t_r 就可组合成不同的穿越空档值，见表 3-13。

表 3-13　不同车辆组合的穿越空档值　　单位：s

前列直行车	穿越车	
	小	中
小	7.89	8.13
中	8.45	8.69

② 临界值法。观测统计冲突点处直行车辆的各种空档时能穿越的左转车辆次数与不能穿越的左转车辆次数，然后绘制成图 3-31 所示的两条曲线，曲线的交点即为可穿越空档的临界值。

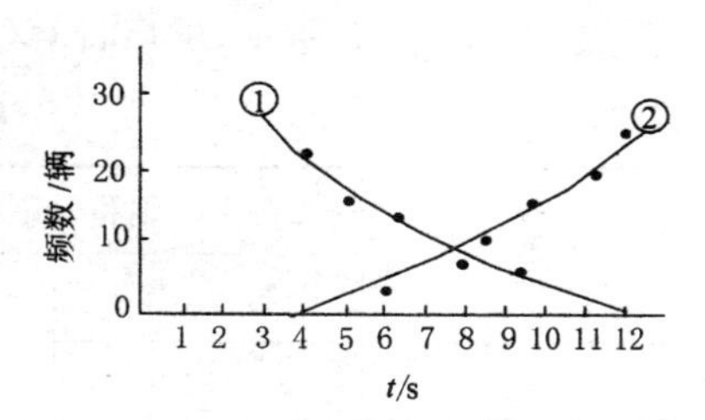

① 不能穿越空档曲线
② 可穿越空档曲线

图 3-31　可穿越空档曲线

三、信号交叉口的饱和流量测定

1. 饱和流量

指在一次绿灯时间内，进口道或冲突点上连续车队能通过停车线或冲突点的最大流量。此值对交通控制设计非常有用。

2. 观测地点

选择交叉口进口道数大于二车道，交通流量大、右转、直行、左转有明确分工的交叉口进口道。

3. 调查方法

主要调查红灯期间到达或绿灯初期到达而排队随后连续地通过停车线或冲突点的车辆。下面介绍几种常用的方法。

方法一：统计定时信号灯交叉口进口道的饱和流量

在绿灯和黄灯期间，以 0.1 min 为一个观测单元，记录这些间隔时间内饱和车流通过的车型、车辆数和方向，最后的一个间隔都小于 0.1 min，故应分别列出最后间隔的时长和通过的车辆数和车型。

例 3-4　某交通信号控制的交叉口上，对混合直行车辆作饱和流量观测，共统计了 32 个饱和周期，其中最后饱和间隔 24 个，平均间隔持续时间为 5.9 s，其总和为 $24\times5.9=142$ s。将已观测的数据整理成表 3-14。

表 3-14　饱和流量观测资料汇总表

时间/min	0～0.1	0.1～0.2	0.2～0.3	0.3～0.4	0.4～0.5
通过停车线车辆数/辆	60	76	71	78	79
观测饱和间隔数/辆	32	32	32	32	32
每 0.1 min 的驶出率/%		2.38	2.22	2.44	2.47

由于绿灯初期车辆起动和最后间隔车辆减速等的影响，使这两个间隔有损失时间，故计算饱和流量应去除第一和最后间隔的车辆数和时间。

$$饱和流量 S = \frac{2.38 + 2.22 + 2.44 + 2.47}{4} = 2.40 辆 /0.1\ min$$

每小时的饱和流量值为 1 440 辆/h。

方法一必须选择定时周期内是全饱和周期，这给选择地点带来很大的困难。

方法二：非定周期饱和流量的观测

每周期分为三个时间间隔，第一间隔为绿灯最初的 10 s，第二间隔为 10 s 以后余下的绿灯时间，第三个间隔为黄灯时间。测量各个间隔饱和连续车流通过停车线（或冲突点）的车辆数，如表 3-15 所示，然后计算饱和流量。

表 3-15 饱和流量观测整理表

周期	饱和车流通过停车线的车辆数/辆			饱和时间/s	绿灯时间/s
	第一间隔	第二间隔	最后间隔		
(1)	(2)	(3)	(4)	(5)	(6)
1	3	12	1	35	35
2	4	3	0	20	20
3	3	6	—	14	29
4	3	—	—	10	14
5	1	—	—	—	12
6	4	10	—	34	46
7	3	23	1	52	52
8	3	14	—	44	53
9	3	10	2	34	34
10	2	8	1	27	27
11	2	4	—	18	33
12	3	8	—	25	30
13	4	6	—	22	27
14	3	4	—	21	34
15	3	15	0	45	45
16	2	17	3	52	52
17	3	18	1	52	52
18	3	10	—	25	26
19	4	12	2	33	38
20	3	9	1	37	37
21	4	6	—	23	28
22	2	—	—	—	10

续表 3-15

周期	饱和车流通过停车线的车辆数/辆			饱和时间/s	绿灯时间/s
	第一间隔	第二间隔	最后间隔		
(1)	(2)	(3)	(4)	(5)	(6)
23	3	9	1	20	20
24	3	18	0	46	46
25	3	19	—	45	48
26	2	10	1	32	32
27	4	—	—	10	13
28	4	7	—	24	29
29	2	15	1	50	50
30	3	17	1	52	52
总计	$x_1=89$	$x_2=290$	$x_3=16$	$x_4=902$	$x_5=1\ 024$
样本数	$n_1=30$	$n_2=26$	$n_3=15$	$n_4=28$	$n_5=30$

表 3-15 的第(5)列饱和时间指绿灯启亮后,饱和车流通过停车线的总时间。若饱和时间等于绿灯时间,则为全饱和周期,饱和时间小于绿灯时间为非全饱和周期,此时第(3)列为零。当饱和时间小于 10 s 时,在计算饱和流量时应予排除。

饱和流率:

$$s^* = \frac{x_2}{x_4 - 10\,n_4} \tag{3-28}$$

式中 x_2——中间间隔的饱和车辆数;

x_4——饱和时间(s);

n_4——记录饱和时间的周期数。

现 $s^* = \frac{290}{902 - 10 \times 28} = 0.466$ 辆/s,饱和流量 $S = 3\ 600 \times 0.466 = 1\ 678$ 辆/h。

以上两个方法计算中若记录车辆为混合车辆,则还需按其组成换算成小汽车,再计算饱和流量。

方法三:用测量车头时距的方法来计算饱和流量

测量饱和车流各车辆经过进口道停车线的时间和车型、色灯变换时间(各相位时间)。整理中以每周期第四辆车以后计算各饱和车流中车辆间的车头时距及车头时距平均值,用 3 600 s 除以平均车头时距即得饱和流量。

例 3-5 在某交叉口进口道测得停车线处饱和车流的车辆组成及车头时距如表 3-16 所示。

表 3-16 某交叉口进口道饱和车流组成及车头时距

车辆类型	大	中	小
平均车头时距/s	5.5	3.6	2.7
饱和车流中的车辆比重/%	20	23	57

根据表 3-16 计算得到混合饱和车流的平均车头时距 $\overline{h}_t$：

$$\overline{h}_t = 5.5 \times 0.2 + 3.6 \times 0.23 + 2.7 \times 0.57 = 3.467 \text{ s}$$

$$饱和流量\ S=\frac{3\,600}{3.47}=1\,038\ 辆/h$$

§3-8　起讫点调查

所谓起讫点调查，即 OD 调查(OD 取自“起点”的英文“Orgin”和“终点”的英文“Destination”的首字母)。OD 调查是交通运输规划研究中最基础的调查，可以全面地再现城市交通特点，揭示出城市交通症结的原因，反映交通需求与土地利用、经济活动的规律，它在交通规划中占有极为重要的地位。

OD 调查主要包括：人的出行 OD 调查、车辆 OD 调查和货流 OD 调查三大内容。

OD 调查的最大特点是将人、车、货的出行活动视作交通形成的基础，据此研究交通的产生与分布。传统和常用的 OD 调查方法主要是人工调查法，该法具有较高的准确性，但需要消耗大量的人力物力。随着新兴技术的发展，一些智能的 OD 调查方法也愈发受到青睐。

一、基本定义与术语

(1) 出行

指人、车、货从出发点到目的地移动的全过程。出行“起点”，指一次出行的出发地点；“讫点”，指一次出行的目的地。

出行作为交通行业的计测单位，它须具有三个基本属性：①每次出行有起讫两个端点；②每次出行有一定目的；③每次出行采用一种或几种交通方式。

居民出行调查对出行定义补充了额外三点要求：①每次出行必须利用有路名的街道或公路；②步行单程时间必须在 5 min 以上，自行车单程距离在 400 m 以上；③凡是以步行(或自行车)方式完成购物为目的连续出行，以其出发点为始点，最远到达地点为终点计为一次出行。

(2) 出行端点

出行起点、讫点的总称。每一次出行必须有且只有两个端点，出行端点的总数是出行次数的两倍。

(3) 境内出行

起讫点都在调查区域范围内的出行。

(4) 过境出行

起讫点都在调查区域范围外的出行。

(5) 区内出行

调查区域分成若干小区后，起讫点都在小区内的出行。

(6) 区间出行

调查区域分成若干小区后，起讫点分别位于不同小区间的出行。

(7) 小区形心

指小区内出行端点(发生或吸引)密度分布的重心位置,即小区内交通出行的中心点,不是该小区的几何面积重心。

(8) 期望线

又称愿望线,为连接各小区形心间的直线,它的宽度表示区间出行的次数。因为反映人们期望的最短距离而得名,与实际出行距离无关。

(9) 主流倾向线

又称综合期望线,是将若干条流向相近的期望线合并汇总而成,目的是简化期望线图,突出交通的主要流向。

(10) OD 表

即表示起讫区之间出行交换数量的表格,见图 3-32。

(甲)

起点＼讫点	*A*	*B*	*C*	Σ
A	10	30	20	60
B	34	40	50	124
C	18	54	26	98
Σ	62	124	96	282

(乙)

小区号	*A*	*B*	*C*	Σ
A	10	64	38	112
B		40	104	144
C			26	26
Σ				282

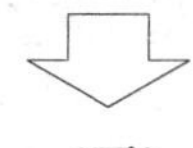

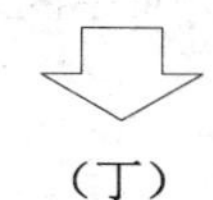

(丙)

i＼j	1	2	3	…	n	$P_i=\sum_j t_{ij}$
1	t_{11}	t_{12}	t_{13}	…	t_{1n}	P_1
2	t_{21}	t_{22}	t_{23}	…	t_{2n}	P_2
3	t_{31}	t_{32}	t_{33}	…	t_{3n}	P_3
⋮	⋮	⋮	⋮	⋮	⋮	⋮
n	t_{n1}	t_{n2}	t_{n3}	…	t_{nn}	P_n
$A_i=\sum_i t_{ij}$	A_1	A_2	A_3	…	A_n	$T=\sum P_i$ 或 $T=\sum A_i$

(丁)

1	2	3	…	n	$T_i=\sum_{j\geqslant i} t_{ij}+\sum_{j>i} t_{ji}$
t_{11}	$t_{12}+t_{21}$	$t_{13}+t_{31}$	…	$t_{1n}+t_{n1}$	T_1
	t_{22}	$t_{23}+t_{32}$	…	$t_{2n}+t_{n2}$	T_2
		t_{33}	…	$t_{3n}+t_{n3}$	T_3
			⋮	⋮	⋮
				t_{nn}	T_n
					$T=\sum T_i$

图 3-32　OD 表

(11) 调查区域境界线

包围全部调查区域的一条假想线，有时还分设内线和外线，内线常为城市中心商业区(CBD)的包围线，见图 3-33。

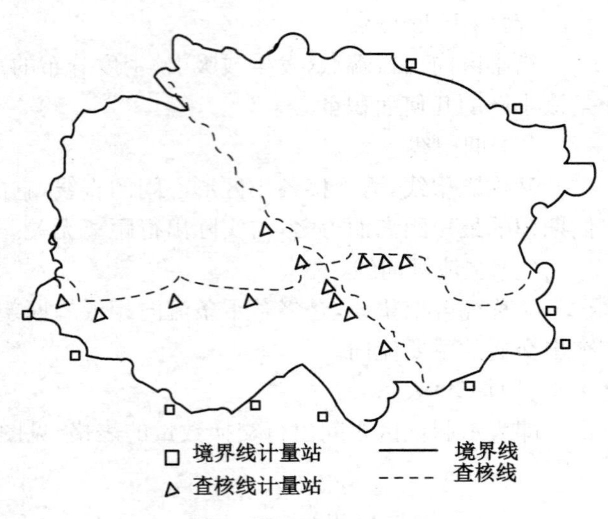

图 3-33　区域境界线和分隔查核线

(12) 分隔查核线

为校核 OD 调查成果精度而在调查区域内按天然、人工障碍设定的调查线，可设一条或多条。它们将调查区域划成几个部分，用以实测穿越该线的各道路断面的交通量。

(13) 出行产生

包括交通分区内下述出行端点：家庭出行中的家庭一端端点，不论其为出发点或到达点；非家庭出行的出发点。

(14) 出行吸引

相对于出行产生，出行吸引包括交通分区内下述出行端点：家庭出行中的非家庭一端的端点，不论其为出发点或到达点；非家庭出行中的到达点。整个调查区域的出行吸引数应等于出行产生数。

(15) 出行分布

调查区域内各交通小区之间的车、人出行次数(图 3-32 中 t_{ij})，当限为车辆出行时，亦称交通分布。

二、调查目的

起讫点调查的实质是把出行(人、车、货)从技术与社会综合的角度进行研究。该方法改变了传统的单靠断面交通量调查与增长率估计来研究交通需求与交通运输能力关系的方法。

起讫点调查的具体目的：

(1) 通过搜集出行类别与数量资料，在计算机上模拟现状的出行，为发现主要交通症结，调整与改善道路系统功能，从系统上和政策上对近远期工程项目排序提供依据；

(2) 由 OD 调查资料、土地使用资料建立各类交通预测模型，为远期交通规划提供依据；

(3) 客观地分析评价各类交通出行的特征，特别是公共交通服务水平，为提高公共交通系统运行效率，制定近期、远期交通政策提供有效信息。

三、调查类别

起讫点调查根据调查对象不同可分为三类，具体内容如下。

1. 个人出行

包括城市居民和流动人口的出行，调查内容主要包括出行目的、出行方式、出行时间、出行距离、出行起讫点以及用地设施等。城市居民出行调查属世界各国开展交通调查最常用的方式之一。

2. 车辆出行

机动车辆包括货车与客车。机动车出行调查包括所有牌照车辆和调查日进入调查区域的外地车辆。摩托车、出租车和公共汽车应包含在客车调查范畴，在我国大中城市，由于管理集中，一般可以做到按车辆所属系统全样调查。车辆出行 OD 包括车型、营业特点、装载客(货)、出行目的、出行次数、出发和到达时间、地点、经过主要江河桥址以及主要路口等。

3. 货物流通出行

一般分两部分：一部分是调查货物流通集散点(列名单位)，调查运输设施能力(岸线、码头、泊位、年吞吐量以及铁路专用线、货运汽车)、停车场地、仓储情况；另一部分是货物种类、运入量、运出量、运输方式等。

起讫点调查主要通过问卷调查的方法得到，此外也可以通过一些现有资料中得到居民的 OD 信息。

四、OD 调查方法

1. 传统调查方法

将人、物的移动作为调查对象的方法，可大致分为通过观测进行的调查和通过询问进行的调查两种。

通过观测进行的调查是指在交通工具上或交通的始终点处进行实际观测。这种调查具有代表性的实例为断面交通量调查、车站上下车人数调查等。在这种观测调查中，有直接观测出行和货运的调查，也有用观测通过的汽车数来掌握移动量的调查。

许多交通信息不能通过观测直接获得，尤其当需要获取如出行目的、出行者个人信息、出行方式选择等等关于出行的详细信息时，只能通过询问进行调查获取相关出行信息，而无法通过调查人员的独立工作得到。

在调查人的移动时，可以在出行现场直接询问出行中的人，也可以到住处或工作单位采访，调查一个人的出行状况。前者作为现场询问的例子，如有关机动车交通，可进行路侧询问调查；后者作为家庭访问的例子，如为进行居民出行调查采取的家庭访问调查、为进行物流调查所进行的工厂、机关访问调查等。该类调查在 OD 调查中应用较多，也广泛应用于其他需要获取出行详细信息的专项调查中，通过询问进行的调查可细分为以下几种方法。

(1) 家访调查(个人出行)

对居住在调查区内的住户进行抽样家访，由调查员当面了解该户中包括学龄儿童在内的全体成员一天的出行情况。

我国许多大城市居民出行调查采用这种方法。这种调查内容比较可靠，表格回收率高。在工作中辅以大量的宣传，实行市调查办、街道居委会、调查员三级管理，质量保证，可以获得事半功倍之效。家访调查还应包括在城市活动的“流动人口出行调查”。

(2) 发(放)表调查(车辆出行)

将调查表格发给机动车驾驶员，由车辆管理系统落实到每个人，由他们填写后回收。填写前应做好动员与解释工作。对调查未出车的应注明原因，若系节假日则改填次日出行情况。

(3) 路边询问调查

在主要道路或城市出入口设调查站，让车辆停下，询问该车的出行起讫点以及其他出行资料。对访问地点的选择,如果调查只涉及一条孤立路线上的资料,取一个中间点位置进行驾驶员访问就可以;如果要取得一个城市全部出入交通数据,应在城市放射出去的所有路线上选择访问点。在调查人员有限的情况下,该方法很有用,每天调查可限于一个站点,调查周期可以延至一周以上。路边询问一般要让驾驶员停车,一要警察协助,二要注意问答简洁、准确、高效,不致引起对方反感;同时应避免因调查导致交通堵塞和交通事故。

(4) 明信片法

当交通繁忙不能长时间停车作路边询问时,就采用在访问站对驾驶员发明信片的办法,要求驾驶员填写后投递寄回。访问站尽量设在交通减速地段,如通行收费处、交通信号处或有停车标志处。明信片法的回收率一般只有25%~35%。

(5) 公交站点调查

为了了解公交客流分布,派人去车上或站上对乘客进行询问调查,了解乘客起、讫点中转情况。主要内容有:①乘车路线,哪站下车;②下车后是否转车;③终点。这种调查抽样率高(可达20%)。

(6) 购月票填问卷调查

持月票者是一些城市公交客运的基本客流。利用月票换卡和购买之际,发表给购票者填写家庭地址、单位地址,上班出行、转车、上下车步行时间,候车时间、行程时间等项目。

(7) 境界线出入调查

在调查区的境界上设调查站,对所有穿越该路线的车辆作统计,在干线边作询问调查,此法可作家访调查的补充。小城市的OD通常不作家访,而直接采用本方法。

(8) 货物流通调查(货流OD)

在货源点和吸引点调查货源种类、数量,调查日的货流流向与流量,采用的运输工具等。

2. *新型调查方法*

(1) 互联网方式调查

伴随互联网技术的飞速发展,通过互联网的手段进行交通调查已愈发受到重视和欢迎。通常称之为网络调查。既有专门的专业网络问卷调查服务公司,也有提供(移动)互联网的全方位调查专业公司,通过扫描二维码、APP小程序、网络链接、红包奖励等各种方式基于互联网进行交通调查。这类方法的调查内容和问卷形式与传统调查几乎完全相同,最大不同是调查的媒介由纸质问卷、调查员填写等方式转换成为数字化电子答卷、点击回复等。

(2) 基于手机数据的OD调查

前面介绍过基于手机信令切换的交通数据采集,实际上还可以通过手机数据来获取OD。相比传统调查方法,利用手机数据的OD调查,所需调查人员非常少,调查成本也相对很低,而且调查获取的数据量非常大,速度非常快。

① 基本概念。根据手机数据的不同获取方式,目前可获取的原始手机数据主要分为两大类:手机话单数据和手机信令数据。手机话单数据是移动运营商利用话单计费系统,在匿名手机用户使用通信服务产生计费数据时所获取的信息,包括主被叫和收发短信等。手机信令数据主要是从移动通信系统中获取手机切换基站与切换时间。每次发生手机跨区切换时,会将相关数据传至基站系统,同时上报移动业务交换中心。

蜂窝小区是信令记录中产生位置信息的基本单元,一定数量的蜂窝小区构成了位置区。每个信令事件发生后都会产生一条信令数据,数据字段包括用户匿名ID、时间戳、位置区编号、蜂窝小区编号、事件类型、事件原因等，其中根据位置区编号和蜂窝小区编号可以唯一对应一个基站的地理位置坐标。

② 基本原理。基本原理是将各个移动手机用户作为彼此独立的传感器，通过移动通信网络记录手机基站小区切换序列从而反推出手机移动台在交通道路上的移动轨迹，并通过建立网络中基站小区与城市交通小区之间的对应关系，将手机基站小区映射到城市交通小区，从而获取相应 OD 矩阵数据。

③ 小区划分及匹配。基于手机数据的交通小区的划分方法可分为两大类：

一类是将蜂窝小区基站编码标识的出行端点匹配到传统交通分析。采用的方法是根据蜂窝小区和交通小区的覆盖面域的重叠关系进行匹配，也是目前使用较多的一种匹配方法，主要是按照四舍五入的原则，即将该基站编码标识的所有出行端点划入与之覆盖面域重叠最大的交通小区。根据蜂窝小区与周边交通小区面域的重叠面积大小按照概率将出行端点匹配到周边交通小区；考虑到基站信号强度由中心向远方逐渐减弱，出行端点归属于某个交通小区的概率不仅与重叠面积相关还与重叠区域距离基站的距离相关，因此，端点归属于某个交通小区的概率是一个对距离进行积分的函数。

另一类是出行端点匹配到蜂窝小区聚类形成的交通小区。使用蜂窝小区聚类形成交通小区可以避免蜂窝小区边界与交通小区边界不一致的问题，每个蜂窝小区可以唯一归属一个交通分析小区，出行端点也可以随之按归属进行匹配。这一交通小区形成方法可以分为点聚类和面聚类两种方式。

通过几何平面手机定位技术获得手机的平面坐标，连续追踪其在一定时间周期内（例如7：00～19:00）、每个时间间隔内（例如 5 s）在平面坐标系中离散点的位置变化轨迹，通过分析每个位置点的运动状态特征（分为 4 个状态，即移动状态、停滞状态、临界即将移动状态、临界即将停止状态）和位置点轨迹的集聚特征，进而判断出发地和到达地等信息，从而获取用户的出行链。

手机数据获取的出行起终点的位置信息需要依靠信令数据中的基站编号，并结合基站所在位置和信号覆盖范围判断当前手机所处的位置。蜂窝小区的覆盖范围随着通信负荷的不同在 100～200 m 之间不等。蜂窝小区的覆盖范围与交通分析小区的覆盖范围常常不是包含与被包含的方式，而是相互交错，如图 3-34。因此，将蜂窝小区定位的出行端点映射到交通小区成为一项复杂的工作。在实际应用中，可以将出行端点与交通中区相匹配。

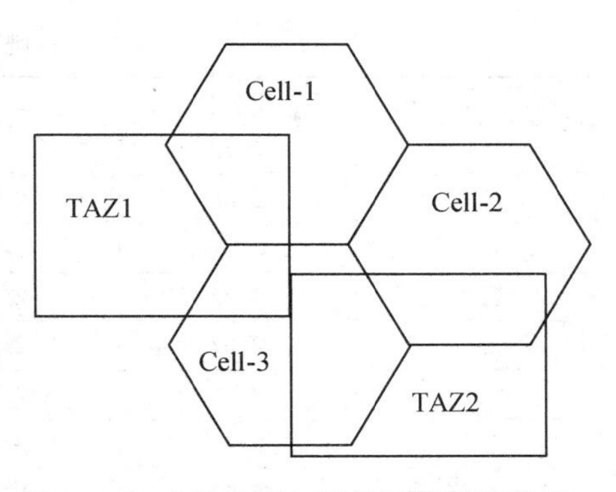

图 3-34　交通小区与基站覆盖范围关系

④ 调查步骤。基于手机数据进行 OD 调查主要分为两大步骤：首先是基于手机数据进行交通小区划分，然后是利用用户的出行链，实现从蜂窝小区到交通小区/中区映射，从而获得 OD 矩阵。

完成前面交通小区的划分后，通过建立通信网络中蜂窝小区与划分的交通小区之间的对应关系，将蜂窝小区变化信息映射到交通小区，进而可以获取相应的 OD 数据。

通过手机调查目标对象的位置变化，能够反映各种时间周期间隔内 OD 动态变化特征；可追踪的样本量充足，获得的 OD 数据具有较强的代表性和真实性，数据质量较高。此外，调查的安装成本十分低廉，模型简洁，运行稳定，其大数据量特征可以反映路段以及区域交通特征，是一项非常适用于实时交通信息采集的技术。

复习思考题

3-1 为什么要进行交通调查？交通调查有什么重要的意义和作用？

3-2 交通量的调查方法有哪些种？这些方法有什么优缺点？要注意什么问题？

3-3 为什么要进行车种换算？换算的原则和方法是什么？

3-4 什么叫延误？如何调查交叉口的延误？

3-5 磁感应技术和波感应技术有哪些分类？有什么特点？

3-6 利用手机数据进行OD调查的方法，与传统调查方法相比，有什么优缺点？

习 题

3-1 测试车在一条东西长2 km的路段上往返行驶12次，得出平均数据如下表：

行驶时间 t/min	与测试车对向行驶的来车数 x/辆	测试车被超车次数减去测试车超车数 y/辆
东行6次2.00	29.0	1.5
西行6次2.00	28.6	1.0

试分别求出东行和西行的交通量与车速。

3-2 在某城市一条两车道长100 m的道路路段上测定地点车速，希望得到平均车速的容许误差在2.1 km/h以内，并具有95.5%的置信水平。问至少应取多少样本？经实际观测，得到60个观测原始数据如下表：

地点车速观测原始数据

单位：s

2.73	3.03	2.71	2.68	2.71	3.02
2.88	2.73	2.70	2.62	2.67	2.77
2.46	2.68	2.81	3.43	2.84	3.19
2.87	3.57	2.81	2.32	2.57	2.93
2.98	2.32	2.72	2.28	3.30	3.04
2.60	2.37	2.40	2.57	2.66	2.88
2.78	2.59	2.70	2.71	2.51	2.54
3.15	2.41	2.49	2.23	2.90	2.45
2.77	2.47	2.51	2.80	2.53	2.56
2.66	2.59	2.73	2.70	2.92	2.90

问所取样本量是否满足要求并对车速资料进行调查和分析。

3-3 在某一条车流中有30%的车辆以60 km/h的稳定速度行驶，有30%的车辆以80 km/h行驶，其余40%则以100 km/h行驶。一观测车以70 km/h的稳定车速随车流行驶5 km，其中超越观测车减去被测试车超越的有17辆，在观测车以同样的车速逆车流行驶5 km时，迎面相遇的有303辆车，试问：

(1) 车流的平均车速和流量是多少?

(2) 用上述观测法得到的是时间平均车速还是空间平均车速?

(3) 试求有多少辆以 100 km/h 的速度行驶的车超越观测车?

3-4　某交叉口采用抽样法调查停车延误,由 10 min 观测(间隔为 15 s)所得资料列于表中,试作延误分析。

单位:辆

开始时间	在下面时间内停在进口内的车辆				进口流量	
	0s	15s	30s	45s	停止车数	没有停止车数
8:00	0	0	2	6	8	10
8:01	2	0	4	4	10	9
8:02	3	3	6	0	12	15
8:03	1	4	0	5	10	8
8:04	0	5	0	1	5	11
8:05	9	1	2	6	15	12
8:06	3	0	7	0	10	7
8:07	1	2	6	2	9	8
8:08	5	7	5	0	16	13
8:09	1	3	0	4	8	16
8:10	3	0	6	5	10	10

第4章　道路交通流理论

交通流理论是交通工程学的基础理论，它运用数学和物理学的定理来描述交通流特性，以分析的方法阐述交通现象及其机理，探讨人和车在单独或成列运行中的动态规律及人流或车流流率、流速和密度之间的变化关系，以求在交通规划、设计和管理中达到协调，提高各种交通设施使用效果的目的。本章主要介绍交通流基本特性、跟驰理论（动力学模拟理论）的应用、流体力学模拟理论（波动理论）的应用、概率统计分布的应用、随机服务系统理论（排队论）的应用以及网络交通的基本理论。

§4-1　连续流与间断流基本特征

交通流由单个驾驶员与车辆组成，以独特的方式在车辆间、公路要素以及总体环境之间产生影响。由于驾驶员的判断能力及驾驶技术的影响，交通流中的车辆行为不可能一致。更进一步地讲，即使在完全相同的环境中，由于驾驶员的行为受当地特征及驾驶习惯的影响，也不会存在两个表现完全相同的交通流。

研究交通问题与研究纯物理现象是很不相同的。根据水力学的原理，通过给定特性的涵管的既定水流会呈现出一种完全可以预知的状态。而通过既定特性的道路和公路的既定交通流则会随着地点和时间的不同而不同。这就是对交通工程的一种挑战，在规划和设计时，虽确切知道某一事件所受到的特定物理条件和复杂的人类行为的约束，却仍然难以事先预知其发展情况。

然而，总是存在一个合理的、较一致的驾驶员行为范围，因而也就存在着一个合理一致的交通流表现范围。

定量描述交通流，一方面是为了理解交通流特性的内在变化关系，另一方面也是为了限定交通流特征的合理范围。为了做到这些，必须定义和测量一些重要参数。基于这些参数以及由此而确定交通流发生的合理范围，交通工程必须分析、评估，并最后制定出改造交通设施的规划方案。本节将重点讨论这类参数的定义，同时也将对交通流的重要特性进行讨论。

一、交通设施种类

交通设施从广义上被分为连续流设施与间断流设施两大类。这些设施与交通流要素间的相互作用有关，交通流要素控制着沿线设施的大体特性。

连续流设置下，无外部因素会导致交通流周期性中断。连续流主要存在于设置了连续流设施的高速公路及一些限制出入口的路段。在这些路上，没有停车或让路一类的交通标志，也不会由于平交而中断车流。在乡村公路重要交叉口之间的较长路段也可能属于该类设施，这些路段的设施特性接近于限制出入口路段的设施。

在连续设施下，交通流是由单个车辆之间及车辆与公路几何特征和总体环境之间相互作用的结果。在这类设施下的车流模式仅仅由土地的使用特性而衍生的车辆行程所控制。

甚至当极端拥挤时，那也只是由于交通流内部的而非外部的干扰导致了车流停滞。因此，即使驾驶员在道路上遇到了交通堵塞，这类设施仍被划分为“连续流设施”范畴。

间断流设施是指那些由于外部设备而导致了交通流周期性中断的设置。导致间断流的主要设施是交通信号，它使车流周期性中止运行。其他设施，如停车或让路标志，也会中止交通。同样，在一些有着重要用途却没有任何控制的路段上，车流也会受到中断。

在间断流设施下，交通工程师必须注意车流经常性地停车和重新起动。车流不仅受车辆与道路环境的相互影响，也受着周期性信号的影响。比如说，交通信号只在部分时间内允许车流运动。在这类设施下，由于车流受到周期性的干扰，车流表现为成队行进的车群。车群是指一队车辆一起沿着同一方向运动，在一队与另一队之间存在着明显的间隔。在信号设施下，车群是由连续的交叉口内绿灯时段的模式而形成的。从本质上来说，间断流设施不可能连续使用，且时间作为一个重要参数影响着车流。

交通信号分隔出车群，因而车群有分散的趋向。当信号离得足够远时，车辆分散的趋向就较明显，以致在某些路段形成了连续流。信号标志之间距离多大时才会产生连续流尚未有一个确切的标准。许多变化因素影响着车流的分散，包括信号安装的合适程度、从未设信号标志的交叉口进入交通流的车辆数量和模式以及信号之间的驾驶方式。一般认为，信号标志间隔 3.2 km 是足够产生连续流的距离。

二、连续流特征

1. 总体特征

交通流率 Q、行车速度 $\overline{V}_s$、车流密度 K 是表征交通流特性的三个基本参数。

此三参数之间的基本关系为

$$Q=\overline{V}_s\cdot K \tag{4-1}$$

式中 Q——平均流率(辆/h)；

$\overline{V}_s$——空间平均车速(km/h)；

K——平均车流密度(辆/km)。

流率、密度、速度三者之间的关系式可以用三维空间中的图像来表示，如图 4-1 所示，尽管如此，为了便于理解，通常将这个三维空间曲线投影到二维空间中，如图 4-2。

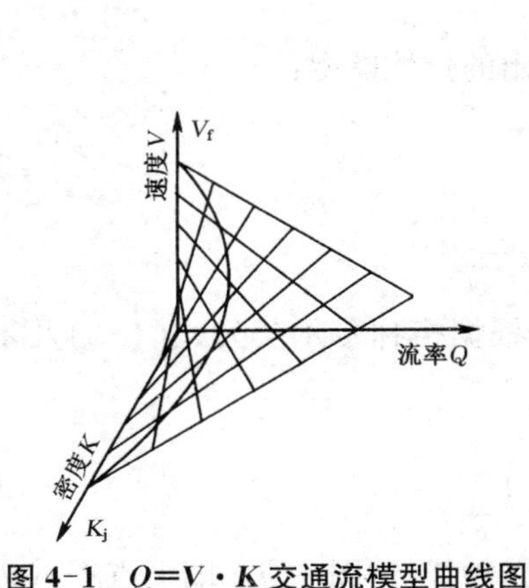

图 4-1 $Q=V\cdot K$ 交通流模型曲线图

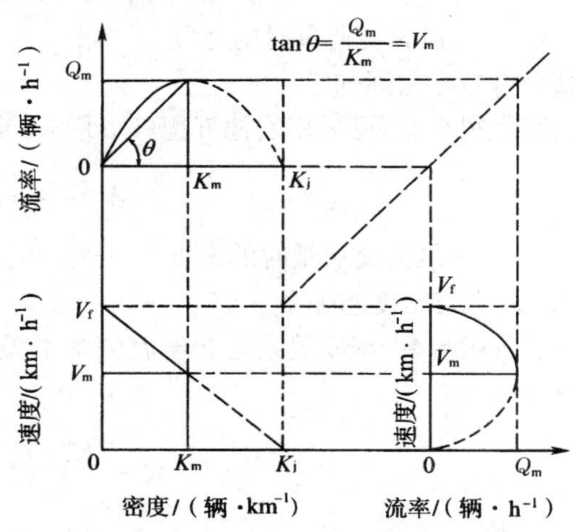

图 4-2 $Q-K$、$V-Q$、$V-K$ 关系曲线图

由图 4-2，我们可以找出反映交通流特性的一些特征变量：

(1) 极大流率 Q_m，即 $Q-V$ 曲线上的峰值。

(2) 临界速度 V_m，即流率达到极大时的速度。

(3) 最佳密度 K_m，即流率达到极大时的密量。

(4) 阻塞密度 K_j，车流密集到车辆无法移动($V=0$)时的密度。

(5) 畅行速度 V_f，车流密度趋于零，车辆可以畅行无阻时的平均速度。

图 4-2 阐明了这些变量之间的大致关系，这些关系不仅适用于连续流，也适用于两个固定干扰点之间的间断流，这些关系会随不同地点或同一地点不同时间而有很大变化。

2. 数学描述

(1) 速度与密度关系

1934 年，格林希尔茨(Greenshields)提出了速度-密度线性关系模型：

$$V=V_f\left(1-\frac{K}{K_j}\right) \tag{4-2}$$

式中符号意义如前。

这一模型简单直观(如图 4-3)，研究表明，式(4-2)表示的模型与实测数据拟合良好。

由图 4-3 可见，当 $K=0$ 时，$V=V_f$，即在交通量很小的情况下，车辆可以自由速度行驶。当 $K=K_j$ 时，$V=0$，即在交通密度很大时，车辆速度就趋向于零。流率变化也可以在速度-密度图上说明，例如：已知 C 点的速度为 V_m，密度为 K_m，因为 $Q=K\overline{V}_s$，故流率就等于矩形面积(阴影部分，$Q_m=V_mK_m$)。

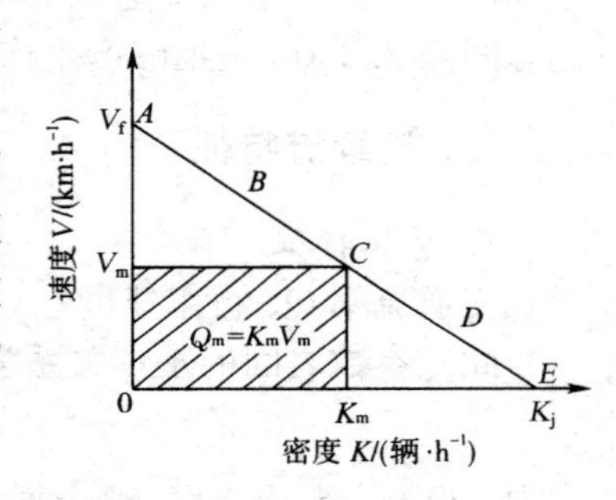

图 4-3 速度-密度关系图

当交通密度很大时，可以采用格林柏(Greenberg)提出的对数模型：

$$V=V_m\ln\frac{K_j}{K} \tag{4-3}$$

式中 V_m——最大交通量时的速度。

其余符号意义同前。

当密度很小时，可采用安德五德(Underwood)提出的指数模型：

$$V=V_f e^{-\frac{K}{K_m}} \tag{4-4}$$

式中 K_m——最大交通量时的密度。

(2) 流率与密度的关系

交通流的流率-密度关系是交通流的基本关系。根据格林希尔茨公式(4-2)及基本关系式(4-1)，得

$$Q=KV_f\left(1-\frac{K}{K_j}\right) \tag{4-5}$$

上式表示一种二次函数关系，用图表示就是一条抛物线，如图 4-4。图上点 C 代表通行

能力或最大流率 Q_m，从这点起，流率随密度增加而减小，直至达到阻塞密度 K_j，此时，流率 $Q=0$。以原点 A、曲线上的 B、C 和 D 点的箭头为矢径，这些矢径的斜率表示速度。通过点 A 的矢径与曲线相切，其斜率为自由速度 V_f。在流率-密度曲线上，对于密度比 K_m 小的点表示不拥挤情况，而密度比 K_m 大的点表示拥挤的情况。

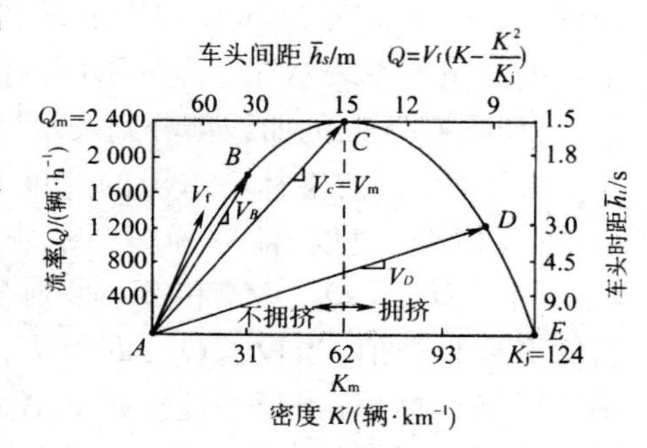

图 4-4　流率-密度关系

从基本定义出发，可证明平均车头时距 $\overline{h}_t$ 及平均车头间距 $\overline{h}_s$ 分别为流率及密度的倒数。假定车辆平均长度为 6.1 m，在堵塞密度时，单车道的车辆间的平均距离为 1.95 m，因此，$\overline{h}_s=8.05$ m。因为

$$\overline{h_s}=\frac{1\,000}{K}$$

曲线上点 E 的堵塞密度值：

$$K_j=\frac{1\,000}{\overline{h_s}}=\frac{1\,000}{8.05}=124\text{ 辆 /km}$$

然后假定：$\overline{h}_t=1.5$ s，因为

$$\overline{h_t}=\frac{3\,600}{Q}$$

曲线上 C 点表示最大流率值或通行能力 $Q_m=3\,600/h_t=3\,600/1.5=2\,400$ 辆 /h。点 C 的密度 K_m 可直接从图中看出，等于 62 辆/km。确定最大流率时的速度 V_m，只要计算从原点 A 到 C 的矢径斜率，即 $V_m=V_C=2\,400/62=38.7$ km/h。

流率-密度曲线上的其他点的数值以同样的方式找出。点 B 是表示不拥挤情况的一个典型点。从图 4-4 来看，点 B 的流率为 1 800 辆/h，密度为 30 辆/km，速度（AB 矢径的斜率）为 58 km/h。

点 D 是表示拥挤情况的一个典型点。从图 4-4 中看出，点 D 的流率为 1 224 辆/h，密度为 105.6 辆/km，速度（AD 矢径的斜率）为 11.6 km/h。根据定义，点 A 的密度、流率都等于零。

(3) 流率与速度关系

由式(4-2)知

$$K=K_j\left(1-\frac{V}{V_f}\right)$$

代入式(4-1)，得

$$Q=K_j\left(V-\frac{V^2}{V_f}\right) \tag{4-6}$$

上式同样表示一条抛物线（如图 4-5），形状与流率-密度曲线相似。通常速度随流率增加而降低，直至达到通行能力的流率 Q_m 为止。关于曲线在拥挤的部分时，流率和速度则都

降低。点 A、B、C、D 和 E 相当于流率-密度和速度-密度曲线上的同样点。从原点 E 到曲线上点的向量斜率表示那一点的密度的倒数 $1/K$。点 C 上面的速度-流率曲线部分表示不拥挤情况，而点 C 下面的曲线部分则表示拥挤的情况。

综上所述，按格林希尔茨的速度-密度模型、流率-密度模型、速度-流率模型（图 4-3、图 4-4、图 4-5）可以看出，Q_m、V_m 和 K_m 是划分交通是否拥挤的重要特征值。当 $Q \leqslant Q_m$、$K > K_m$、$V < V_m$ 时，则交通属于拥挤；当 $Q \leqslant Q_m$、$K \leqslant K_m$、$V \geqslant V_m$ 时，则交通属于不拥挤。

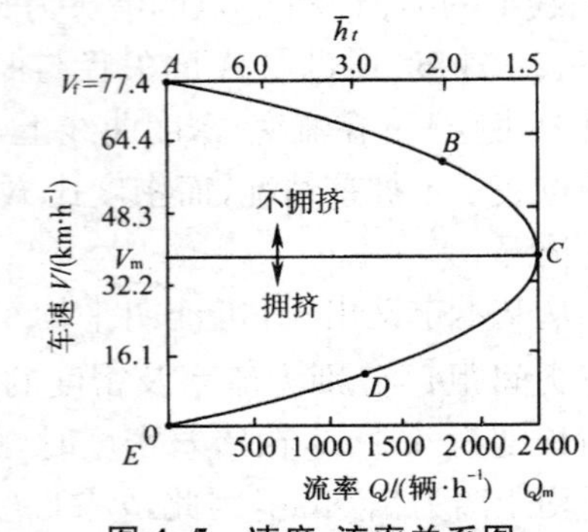

图 4-5 速度-流率关系图

例 4-1 设车流的速度与密度的关系为 $V = 88 - 1.6K$，如限制车流的实际流率不大于最大流率的0.8倍，求速度的最低值和密度的最高值。（假定车流的密度 $K <$ 最佳密度 K_m）

解 由题意可知：当 $K = 0$ 时，$V = V_f = 88$ km/h，当 $V = 0$ 时，$K = K_j = 55$ 辆 /km。

则：$V_m = 44$ km/h，$K_m = 27.5$ 辆 /km，$Q_m = V_m K_m = 1\,210$ 辆 /h。

由 $Q = VK$ 和 $V = 88 - 1.6K$，有 $Q = 88K - 1.6K^2$（如图 4-6）。

当 $Q = 0.8Q_m$ 时，由 $88K - 1.6K^2 = 0.8Q_m = 968$，解得：$K_A = 15.2$，$K_B = 39.8$。

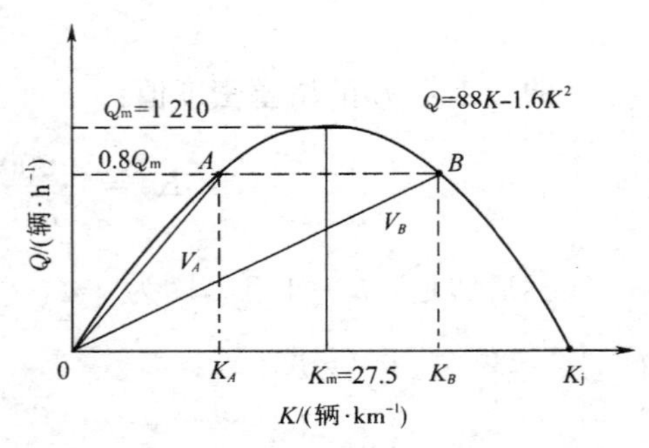

图 4-6 例 4-1 流率-密度关系图

则有密度 K_A 和 K_B 与之对应，又由题意可知，所求密度小于 K_m，故为 K_A。

故当密度为 $K_A = 15.2$ 辆/km 时，其速度为

$$V_A = 88 - 1.6K_A = 88 - 1.6 \times 15.2 = 63.68 \text{ km/h}$$

即 $K_A = 15.2$ 辆 /km，$V_A = 63.68$ km/h 为所求密度最高值与速度最低值。

3. 连续交通流的拥挤分析

（1）交通拥挤的类型

连续交通流不一定是不拥挤的，因为它受到内部的干扰。连续交通流的拥挤可以分为两种类型。

① 周期性的拥挤。在同一地点和同一时间，例如每个工作日的早晨或夏季的每个星期日，重复出现的交通拥挤。

② 非周期性的拥挤。是由某种偶然事件造成的，例如交通事故或临时关闭一条道路所引起的交通拥挤。

（2）瓶颈处的交通流

当进入某路段上游断面的车辆数超过下游断面道路通行能力时，在连续交通流中就会出现交通拥挤。如图 4-7 所示在一条高速公路中去掉一个车道的情况。

通过绘制到达和离开瓶颈的累计车辆数曲线，可以分析临近瓶颈处的交通情况。在

图 4-7所示的简单的例子中，统计通过 x_1 断面的车辆数，可以得到累计到达曲线 $A(t)$（见图 4-8），x_1 位于距瓶颈相当远的上游处。设 q_m 为 x_3 至 x_4 之间的断面上可能达到的最大流率，显然，车辆不可能以大于 q_m 的流率通过 x_2，所以，离去曲线 $D(t)$ 的斜率不可能大于 q_m。因此，离去曲线可以近似地用一条与到达曲线相切、斜率为 q_m 的直线表示。由图 4-8 可以看出：

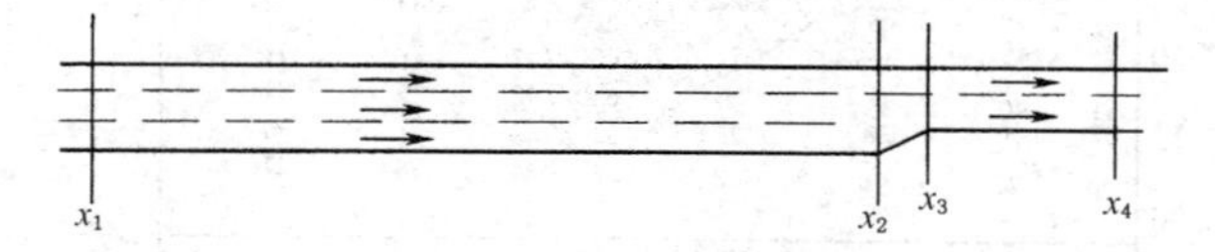

图 4-7　瓶颈示意图

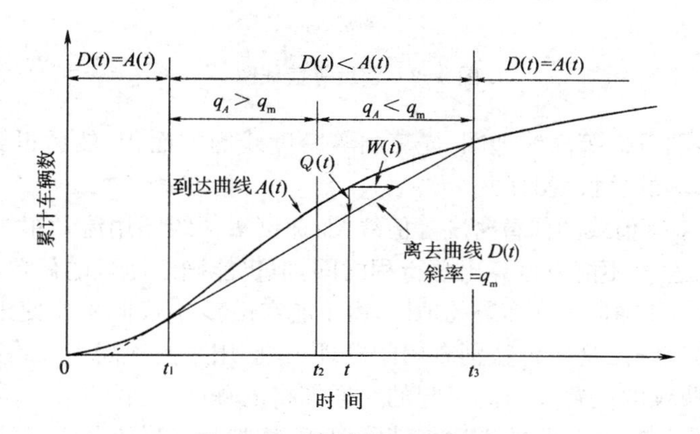

图 4-8　连续车流排队示意图

① 车辆排队在 t_1 时开始形成，直至 t_3 完全消散。

② 在 t_1 至 t_3 间的任一时刻 t，排队长度 $Q(t) = A(t) - D(t)$。

③ 时刻 t 到达的车辆经过 $W(t)$ 时间后才离去。

④ t_2 时，排队长度达到最大，此时来车率恰好等于 q_m。

⑤ 排队总延误等于曲线 $A(t)$ 和 $D(t)$ 之间的面积。

周期性的交通拥挤可能发生在任何通行能力降低处的上游，如窄桥的上游。当两股交通流的来车率之和超过下游可能允许的最大流率时，合流处的上游也经常会出现交通拥挤，如高速公路的驶入匝道。

(3) 交通密度分析

虽然瓶颈上游周期性拥挤的概念十分简单，但是由几个现场观测不能判明的瓶颈相互作用所形成的交通模式通常是相当复杂的。这种情况下的交通模式可以通过观测交通特性并将数据绘成时间和地点的函数图形来研究。常用的方法是绘制如图 4-9 所示的密度等值线图。图上的数据可以用航空摄影法获得，每一道路断面间隔 5～10 min 拍摄一次（通常是将 35 mm 的航空摄影彩色胶卷投影到屏幕上或用显微阅读器数出车辆数）。将等值线图上密度大于 50 辆/mi① 的区域涂成阴影，便能马上识别出瓶颈后面的排队情况。在图 4-9 中，排队约在 7:10 形成，约在 7:45 达到最大长度，大约 8:00 排队消散，此即为图 4-8 中的

① 考虑到本书图表中采用了一些国外资料，故对部分英制单位未作换算。

t_1，t_2 和 t_3。要注意较大的交通密度是在瓶颈的上游而不在瓶颈段内。

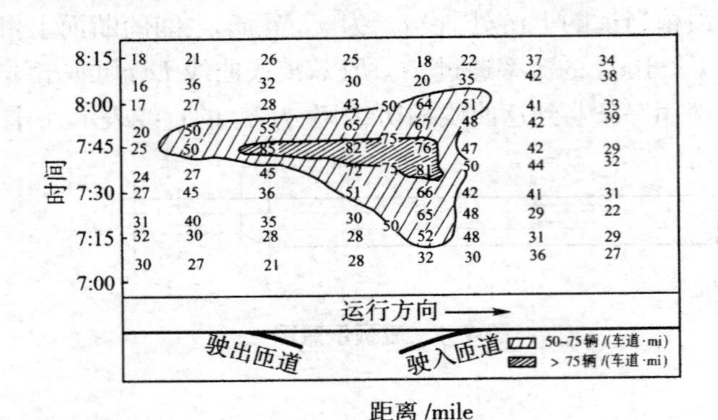

图 4-9　密度等值线图

将密度等值线图看作等高线地图，先算出等密度线内的面积，然后再算出其体积，便可得到道路上所有车辆的总行程时间。

有时也可用速度等值线图代替密度等值线图，速度等值线图用流动车法(见第三章)的观测数据绘制。这时，虽然不能直接算出总行程时间，但仍能确定瓶颈的位置，因为车辆排队的特征是密度增大而车速降低。在多雾的地区，由于航空摄影有困难，经常使用速度等值线图。

密度或速度等值线图是一种特别有用的管理工具，用来监视高速公路系统的运行情况。因为在这种图上，瓶颈的位置及由此引起的交通拥挤的程度一目了然。

应当注意，如果用拓宽道路的方法来消除瓶颈，增加的交通流率有可能超过下游某些断面的通行能力。在这种情况下，为了判断拓宽费用是否合算，要看交通运行状况能否在现有道路条件下得到充分改善。通常在做出拓宽瓶颈的决定之前应当对这个问题进行调查研究。

(4) 非周期性拥挤

周期性拥挤和非周期性拥挤的主要区别在于可预报性。图 4-8 和图 4-9 也可用来描述非周期性拥挤的特性，但一般不这样做，这是因为只有当过去的事件预料会重演时，人们才使用这样的图。

三、间断流特征

1. 信号间断处的车流

任何间断流设施，其最重要的地方是用于信号灯交叉口。在这些点上，瞬息万变的交通受到周期性的干扰，然后再以某一方式接着运行。如果规划合理，可以通过对交叉口时间利用避开主要冲突的管理来实现交通运行有效且安全的优化。

把握好信号交叉口附近交通流的特征对于理解间断流具有重要意义。图 4-10 显示了一列车队通过信号交叉口的情形，当信号变为绿灯时，车队开始进入交叉口。如果从车队进入交叉口即穿过图 4-10 所示的停车线时开始记录车头时距，就能观察到一个有趣的现象。从绿灯信号开始到第一辆车的前保险杠穿过停车线的时间定义为第一个车头时距。由于司机在看到信号转为绿灯后，还有一个反应时间和一个加速进交叉口的时间，所以第一个车头时距相对较长。测量第一辆车与第二辆车在各自前保险杠穿过标志线的时间作为第二车头时距，这一时间比第一车头时距略短，这是由于第二辆车的司机对绿灯的反应时间与第一位司机的反应时间有所重叠。第三车头时距比第二车头时距更小一点，如此类推。

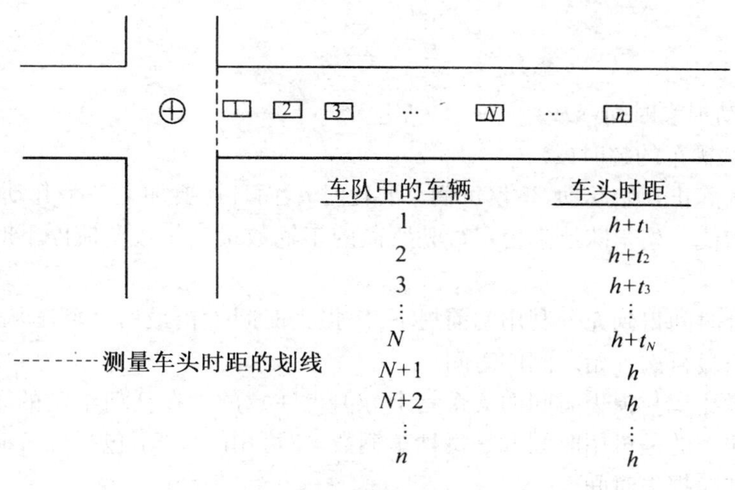

图 4-10　交通干扰点状况

最后（一般在第四与第六车头时距之间），进入交叉口的车辆在它们到达停车线时已经完全加速，因而它们的车头时距大小一致。

图 4-11 是对应于车辆在车队中的位置所绘的车辆进入交叉口的平均车头时距。它说明了上述的模式，即驾驶员必须对信号及他们的车辆作出反应，所以前几辆车的车头时距相对较大。

车辆起动过程所造成的影响随着后续车辆的到来逐渐减弱，直到某一时刻车辆在穿过停车线时已完全加速。这一时刻，可以观察到大小接近的车头时距。

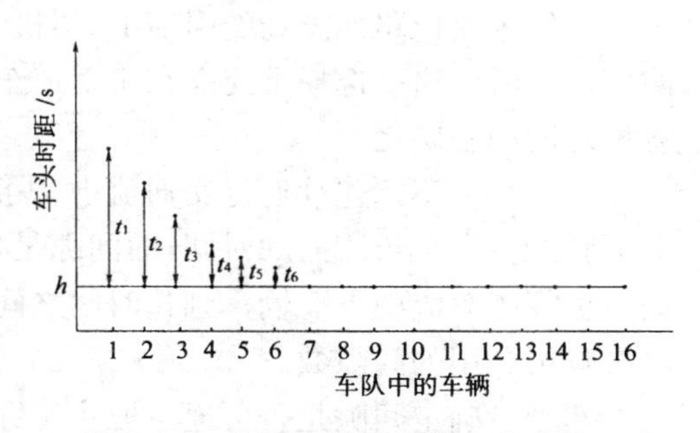

图 4-11　交通干扰点处的车头时距

2. 关键变量及其定义

在一列稳定移动的车队中观察获得的不变的车头时距被称为饱和车头时距 h，假设车辆进入交叉口耗时为 h，那么一个车道上进入交叉口的车辆数可以按式(4-7)计算：

$$S=\frac{3\ 600}{h} \tag{4-7}$$

式中　S——饱和交通量比率(单车道每小时车辆数)；

h——饱和车头时距(s)。

饱和交通量比率 S，指单个车道上，单位时间(每小时)以饱和状态进入交叉口的车辆数量。

然而，信号交叉口的交通流总会受到周期性的阻隔。当交通流开始移动时，前几辆车耗时均大于 h。将前几辆车的超时(即消耗的大于饱和车头时距 h 的时间)加在一起，称为起动损失时间(Start-up losttime)。如图 4-10 及图 4-11 所示，以 t_i 表示车队中第 i 辆车的超时，因而

$$l_i = \sum t_i \tag{4-8}$$

式中 l——起动损失时间(s)；

i——第 i 辆车的超时(s)。

每次车流从静止开始起动，不仅每辆车要耗时 h，而且还要加上一个起动损失时间。这其中还假定了为使一列车队达到稳定行驶所需的车辆数量。每次车流停下时，也要消耗一部分时间。

在假定绿灯时间得到充分利用的前提下，净损失时间 l_2 指最后一辆车从离开引道进入交叉口到绿灯信号再次开始之间的时间。

饱和交通量比率与损失时间的关系是十分值得注意的。在任何给定的车道上，用于表述饱和交通量比率的是可用时间或是每秒车辆数。“可用时间”不包括红灯时间，也不包括起动损失时间和净损失时间。

因此，信号交叉口车道通行能力是基于饱和交通量比率、损失时间和信号配时而得出的。

3. *在停车或让路标志处的车流*

在停车或让路标志处的引道上，司机必须做出一些判断，以选择主干道车流中合适的间隙穿过车流。这一选择是建立在主干道车流中存在可通过的间隙，且驾驶员对间隙距离持认可态度的基础之上。

空档是指车辆连续通过交通流中一条行车路线时形成的时间间隔，等于车头时距减去车辆驶过自身车长所需的时间，而间隙是指要穿越另一行车路线连续车流的车辆，其到达时间与被穿越车流中下一辆车到达时间之间的间隔，主要街道的总容量、方向分布、车道数都将影响可利用的间隙数。

驾驶员确定间隙是否可通过取决于穿过街道的距离、所要达到的运行行动的复杂性、主街道车流流速、视距、等待一个车间隙的时间和驾驶员自身特点。

4. *有效性指标——延误*

在间断流中，速度、密度等指标不足以表征服务水平。在某一地点，存在周期性的停止，停车的次数和延续时间是表示服务水平的一些有效手段。

延误是经常用于表征间断流服务水平的一个指标。大体说来，有两类延误：

(1) 停车延误，指车辆用于等待横穿道路所消耗的停车总时间。

(2) 运行延误，指预先决定的最优条件下的理想运行时间与实际运行时间的差值。它包括停车延误和由运行速度低于理想速度而造成的延误。

由于运行延误需要确定一个理想的运行时间或运行速度，而停车延误较易识别和确定，因而比起停车延误来，较少使用运行延误这一指标。

在信号交叉口，也用其他一些延误，称为引道延误。这包括停车延误加上减速至停止和加速至正常车速所损失的时间。虽然这一延误不好直接测量，但研究发现信号交叉口处每辆车的平均引道延误大约是每辆车平均停车延误的 1.3 倍。

§4-2 跟驰模型

跟驰理论是运用动力学方法，研究在无法超车的单一车道上车辆列队行驶时，后车跟随前车的行驶状态的一种理论。它用数学模型表达跟驰过程中发生的各种状态。

跟驰理论研究的一个主要目的是试图通过观察各个车辆逐一跟驰的方式来了解单车道交通流的特性。这种特性的研究可用来检验管理技术和通讯技术，以预测短途车辆对市区交通流的影响、在饱和交通时使尾撞事故减到最低限度以及用于自动驾驶汽车研究等方面。

一、车辆跟驰特性分析

在道路上，当交通流的密度很大时，车辆间距较小，车队中任一辆车的车速都受前车速度的制约，驾驶员只能按前车提供的信息采用相应的车速，我们称这种状态为非自由运行状态。跟驰理论就是研究这种运行状态车队的行驶特性。

非自由状态行驶的车队有如下三个特性：

1. 制约性

在一队汽车中，驾驶员总不愿意落后，而是紧随前车前进，这就是“紧随要求”。同时，后车的车速不能长时间的大于前车车速，只能在前车车速附近摆动，否则会发生碰撞，这就是“车速条件”。此外，前后车之间必须保持一个安全距离，在前车刹车后，两车之间有足够的距离，从而有足够的时间供后车司机做出反应，采取制动措施，这就是“间距条件”。

紧随要求、车速条件和间距条件构成了一队汽车跟驰行驶的制约性。即前车车速制约着后者车速和两车间距。

2. 延迟性(也称滞后性)

从跟驰车队的制约性可知，前车改变运行状态后，后车也要改变。但前后车运行状态的改变不是同步的，后车运行的状态改变滞后于前车。因为驾驶员对前车运行状态的改变要有一个反应过程，需要反应时间。假设反应时间为 T，那么前车在某时刻 t 的动作，后车在 $(t+T)$ 时刻才能做出相应的动作，这就是延迟性。

3. 传递性

由制约性可知，第 1 辆车的运行状态制约着第 2 辆车的运行状态，第 2 辆车又制约着第 3 辆，……，第 n 辆制约着第 $n+1$ 辆。一旦第一辆车改变运行状态，它的效应将会一辆接一辆地向后传递，直至车队的最后一辆，这就是传递性。而这种运行状态的传递又具有延迟性。这种具有延迟性的向后传递的信息不是平滑连续的，而是像脉冲一样间断连续的。

二、GM 跟驰模型

GM(General Motor)模型是发展最早的一类跟驰模型，于 20 个世纪 50 年代由美国通用汽车公司研究小组 Chandler、Herman 以及 Montroll 提出，其形式简单直观，易于理解。该模型认为，驾驶员在驾驶车辆跟驰的过程中，自身加速度与自身车速以及前后车速度差成正比，与前后车间距成反比：

$$a_n(t) = c\left[v_n(t)\right]^m \frac{v_{n-1}(t-T) - v_n(t-T)}{\left[x_{n-1}(t-T) - x_n(t-T)\right]^l} \tag{4-9}$$

式中 $a_n(t)$——第 n 辆车在 t 时刻的加速度；

$v_n(t)$——第 n 辆车在 t 时刻的速度；

$x_n(t)$——第 n 辆车在 t 时刻的位移；

T——感知-反应时间；

c, m, l——模型参数。

由上式可知，当前车速度大于后车时，加速度为正值，后车加速。速度逐渐增大至与前车相等时，加速度为 0，车辆保持匀速行驶，反之亦然。

如图 4-12 所示。

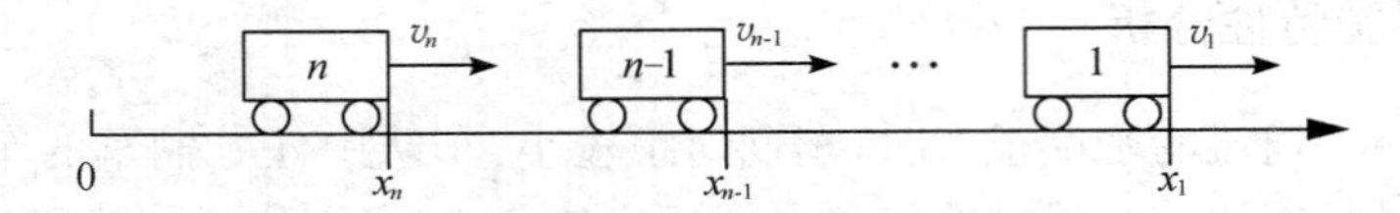

图 4-12　GM 模型跟驰运动示意图

在 20 世纪 60 年代至 90 年代的几十年中，众多研究人员针对 c, m, l 三个参数的具体取值，进行了大量的实验与分析，得到了一系列 GM 家族的跟驰模型。同时，一些研究者通过分析微观跟驰模型与基本图模型间的相关性，进而推导出 m 与 l 的值。部分研究成果总结见表 4-1。

表 4-1　GM 模型参数组合表

来源	m	l	方法
Chandler 等	0	0	微观
Gazis, Herman and Potts	0	1	宏观
Herman and Potts	0	1	微观
Helly	1	1	宏观
Gazis 等	0～2	1～2	宏观
May and Keller	0.8	2.8	宏观
Heyes and Ashworth	−0.8	1.2	宏观
Hoefs(非减速停车、减速停车、加速)	1.5/0.2/0.6	0.9/0.9/3.2	微观
Treiterer and Myers(减速、加速)	0.7/0.2	2.5/1.6	微观
Ceder and May(单阶段)	0.6	2.4	宏观
Ceder and May(非拥挤、拥挤)	0/0	3/0−1	宏观
Aron(减速、稳定跟车、加速)	2.5/2.7/2.5	0.7/0.3/0.1	微观
Ozaki(减速、加速)	0.9/−0.2	1/0.2	微观

GM 模型直观地描述了跟驰行为的动态特征，在 20 世纪的交通工程理论研究和应用领域被广泛采用。除此之外，GM 模型还有一个重要的性质，它能够建立起微观跟驰行为与交通流三参数基本图模型之间的联系。微观跟驰模型与宏观基本图模型之间有着密不可分的联系，因此，交通流的三参数基本图关系本质上是众多个体车辆微观跟驰行为在宏观层面的集聚体现。下面以 GM 模型中最基本的模型为例进行介绍。

令 $m=0$, $l=1$，则 GM 模型表达为：

$$a_n(t)=c\,\frac{v_{n-1}(t-T)-v_n(t-T)}{x_{n-1}(t-T)-x_n(t-T)} \tag{4-10}$$

将方程等式两侧积分，可得：

$$v_n(t) = c\ln[x_{n-1}(t-T) - x_n(t-T)] + C_n = c\ln[s(t-T)] + C_n \qquad (4-11)$$

其中　C_n—— 积分常数项。

考虑到交通流基本图模型描述的是平稳状态下交通流的三参数关系，在这个状态下，所有车辆都稳定运行，速度相同，间距相同。因此，车辆之间没有个体差异，n 可以省略。同时，稳态一直持续，不依赖于某一特定时刻，因此上式中反应延迟项 T 也可以省略。此时，$v_n(t)$ 即是交通流的稳态速度 V，两车间距 s 与交通密度 K 互为倒数关系，$s=1/K$。至此，上述方程可以转换为

$$V = c\ln\frac{1}{K} + C \qquad (4-12)$$

考虑到车辆在自由流过程中，车辆可以保持期望速度自由行驶，因此密度在 0 到 K_c 的区间内，所有车辆速度都为 V_f；当达到临界密度 K_c 之后，随着密度增大，车辆速度逐渐降低，直至最大密度 K_j，此时速度为 0。基本图模型在 K_c 至 K_j 这一区间内的 V-K 关系曲线必将通过(K_c，V_f)与(K_j，0)两点，将这两点的坐标代入式(4-12)，可得

$$0 = c\ln\frac{1}{K_j} + C \quad \Rightarrow \quad C = c\ln K_j$$

$$V_f = c\ln\frac{1}{K_c} + c\ln K_j = c\ln\frac{K_j}{K_c} \Rightarrow c = \frac{V_f}{\ln(K_j/K_c)} \qquad (4-13)$$

于是

$$V = \frac{V_f}{\ln(K_j/K_c)}\ln\frac{K_j}{K} = V_m\ln\frac{K_j}{K} \qquad (4-14)$$

即为 Greenberg 模型。式中，$V_m = \dfrac{V_f}{\ln(K_j/K_c)}$

经典的宏微观转换关系如表 4-2 所示。

表 4-2　宏微观转换关系

作者	模型	参数	对应 GM 模型参数
Greenshields	$V = V_f\left(1-\frac{K}{K_j}\right)$	V_f，K_j	$m=0$，$l=2$
Greenberg	$V = V_m\ln\frac{K_j}{K}$	V_m，K_j	$m=0$，$l=1$
Underwood	$V = V_f e^{-\frac{K}{K_m}}$	V_f，K_m	$m=1$，$l=2$
Northwestern	$V = V_f e^{-\frac{1}{2}\left(\frac{K}{K_m}\right)^2}$	V_f，K_m	$m=1$，$l=3$
Drew	$V = V_f\left[1-\left(\frac{K}{K_j}\right)^{n+\frac{1}{2}}\right]$	V_f，K_j，n	$m=0$，$l=n+1.5$
Pipes—Munjal	$V = V_f\left[1-\left(\frac{K}{K_j}\right)^{n}\right]$	V_f，K_j，n	$m=0$，$l=n+1$

GM 模型作为最早发展起来的一类跟驰模型，具有里程碑式的意义。然而，由于模型自身结构的限制，GM 模型有一些无法避免的缺陷。例如，当前后两车速度相等时，无论前后车辆之间的跟车距离如何不符合实际，后车都将维持现状而不产生加速度。此外，当后车在

驾驶过程中被迫停止后，由于速度为零，其加速度也为零，车辆无法再起动。很明显，这些都是与实际交通运行状况不相符的。

三、安全间距模型

Kometani 和 Sasaki 最早提出了安全距离跟驰模型，其基本假设是驾驶员在不能完全预判前车运动的情况下，必须保持合理的间距以避免碰撞。该模型中，合理间距为

$$\Delta x_n(t-T) = \alpha v_{n-1}^2(t-T) + \beta_l v_n^2(t) + \beta v_n(t) + b_0 \tag{4-15}$$

其中 $\Delta x_n(t) = x_{n-1}(t) - x_n(t)$—— 第 n 辆车与前车的车头距离。

$\alpha, \beta_l, \beta, b_0$ ——模型待定系数。

然而，实验表明，上述模型在不同行驶速度下的参数值变化较大，不太实用。随后，Gipps 提出了一种被广泛应用的安全间距跟驰模型，该模型同时考虑了自由驾驶状态和跟驰状态，其中跟驰状态的基本假设是前车突然减速，后车必须保持足够的安全间距以供紧急制动避免碰撞。

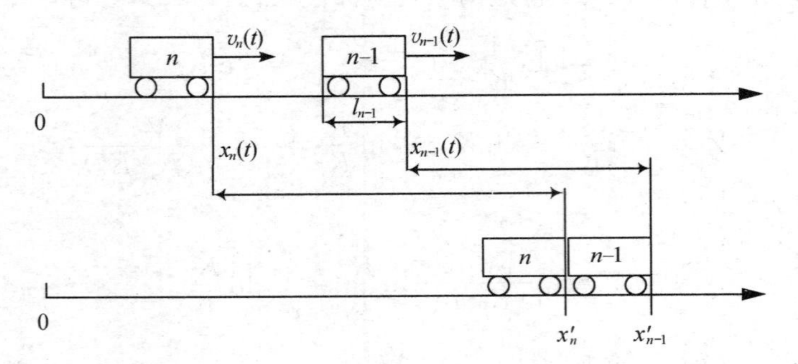

图 4-13　Gipps 模型跟驰运动示意图

如图 4-13 所示，考虑前车突然减速停止，后车驾驶员观测到这一情况，经过一定的反应时间之后，做出紧急制动最终安全停止，该过程满足以下条件：前车突然减速停止，满足：

$$x'_{n-1} = x_{n-1}(t) - \frac{v_{n-1}^2(t)}{2B_{n-1}} \tag{4-16}$$

其中 B_{n-1}—— 负值，表示第 $n-1$ 辆车采用的减速度。

后车经过反应时间，然后紧急制动停止，满足：

$$x'_n = x_n(t) + \frac{v_n(t) + v_n(t+\tau)}{2}\tau - \frac{v_n^2(t+\tau)}{2b_n} \tag{4-17}$$

其中 b_n——负值，表示第 n 辆车采用的减速度。

考虑更保守的安全条件，Gipps 增加了后车的运行间距：

$$x'_n = x_n(t) + \frac{v_n(t) + v_n(t+\tau)}{2}\tau + v_n(t+\tau)\theta - \frac{v_n^2(t+\tau)}{2b_n} \tag{4-18}$$

此时的临界安全条件为

$$x'_{n-1} - x'_n = l_{n-1} \tag{4-19}$$

将式(4-16)和(4-18)带入(4-19),可得

$$-\frac{v_n^2(t+\tau)}{2b_n}+\left(\frac{\tau}{2}+\theta\right)v_n(t+\tau)+\frac{v_n(t)}{2}\tau+\frac{v_{n-1}^2(t)}{2B_{n-1}}+l_{n-1}-(x_{n-1}(t)-x_n(t))$$

(4-20)

上式是关于 $v_n(t+\tau)$ 的一元二次方程,其正根为

$$v_n(t+\tau)=b_n\left(\frac{\tau}{2}+\theta\right)+\sqrt{b_n^2\left(\frac{\tau}{2}+\theta\right)^2-b_n\left[-v_n(t)\tau-\frac{v_{n-1}^2(t)}{B_{n-1}}-2l_{n-1}+2(x_{n-1}(t)-x_n(t))\right]} \tag{4-21}$$

该正根表达式即为跟驰状态下的 Gipps 模型。

此外,Gipps 模型还考虑了自由态的情况,完整的 Gipps 跟驰模型为

$$v_n(t+\tau)=\min\begin{cases}v_n(t)+2.5A_n\tau\left(1-\frac{v_n(t)}{v_n^*}\right)\sqrt{0.025+\frac{v_n(t)}{v_n^*}}, & \text{自由态}\\ b_n\left(\frac{\tau}{2}+\theta\right)+\sqrt{b_n^2\left(\frac{\tau}{2}+\theta\right)^2-b_n\left[-v_n(t)\tau-\frac{v_{n-1}^2(t)}{B_{n-1}}-2l_{n-1}+2(x_{n-1}(t)-x_n(t))\right]}, & \text{跟驰态}\end{cases}$$

式中 A_n——跟驰车辆 n 愿意采取的最大加速度;

v_n^*——跟驰车的最大期望速度。

Gipps 模型是一种较为成功的跟驰模型,能够反映很多跟驰行为特性。但是,它也有一个重要的缺陷。Gipps 模型对跟驰行为的安全约束作了十分严格的假设,即前车随时有可能突然急剧减速至停止。然而,在实际情况中,车辆经常减速但并不停止,因此所需的安全距离不一定如 Gipps 模型计算的那样大。因此,采用 Gipps 模型进行交通流的模拟所获得的流率值往往比实际流率值小。

四、优化速度类模型

优化速度类系列模型中包括了 Newell 模型、优化速度模型(Optimal Velocity Model, OVM)以及全速度差模型(Full Velocity Difference Model, FVDM)等。

著名学者 Newell 于 1961 年提出了一种基于期望速度的跟驰模型。该模型认为驾驶者对不同的跟驰距离存在着与之相对应的期望速度,其跟驰间距与期望速度之间的关系,可由函数式(4-22a)描述。然而,驾驶者在实际驾驶过程中往往并不处于这种期望的跟驰状态。因此,驾驶者总是试图通过一个时间 τ,将车速调整至期望的速度。这种跟驰策略即为 Newell 模型,其跟驰的车速控制方程如(4-22b)所示。

$$V(\Delta x_n(t))=v_{\max}\left[1-\exp\left(-\frac{c}{v_{\max}}(\Delta x_n(t)-d)\right)\right] \tag{4-22a}$$

$$v_n(t+\tau)=V(\Delta x_n(t)) \tag{4-22b}$$

式中 $v_{\max}$——最大速度;

d——间距;

c——模型参数;

$\Delta x_n(t)$——t 时刻的前后车间距;

v_n——车辆 n 的速度；

$V()$——优化速度函数。

与 Gipps 模型类似，Newell 模型也是一个速度表达方程，而非加速度方程。

如图 4-14 所示。

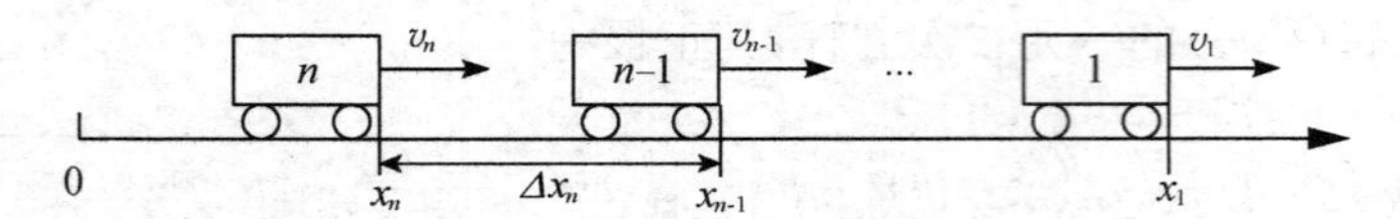

图 4-14　优化速度类模型跟驰运动示意图

Bando 于 1995 年提出优化速度模型（OVM），该模型与 Newell 模型本质上等同，但采用的是加速度的表达式，其形式如下：

$$a_n(t)=\alpha[V(\Delta x_n(t))-v_n(t)] \tag{4-23}$$

其中　α——敏感系数。

OVM 模型中不显含反应时间，使得模型的计算机仿真得到简化。Bando 在其模型中，使用的优化速度（或称为期望速度）函数为

$$V(\Delta x_n(t))=\frac{v_{\max}}{2}[\tanh(\Delta x_n(t)-h_c)+\tanh(h_c)] \tag{4-24}$$

式中　$v_{\max}$——车辆行驶的最大速度；

h_c——车辆间的安全距离。

我国学者在 OVM 模型的基础上，提出了全速度差模型（FVDM），表达式如下：

$$a_n(t)=\alpha[V(\Delta x_n(t))-v_n(t)]+\lambda\Delta v_n(t) \tag{4-25}$$

全速差模型（FVDM）既考虑了自身当前车速与期望速度的差异，又考虑了自身车速与前方车辆速度的差异，在模拟实际跟驰行为时能获得较为理想的效果。

五、智能驾驶员模型

Treiber 和 Helbing 两位学者借鉴牛顿力学的思想提出了社会力（Social Force）的概念，认为车辆的加速度可以看作是源于驾驶者期望提速的“动力”和前方车辆阻碍形成的“阻力”的综合影响。基于此，构造了一个全新的跟驰模型，称为智能驾驶员模型（Intelligent Driver Model，IDM），模型表达式如下：

$$\begin{aligned}a_n(t)&=a\left(1-\left(\frac{v_n(t)}{v_0}\right)^2-\left(\frac{S_n^*(v_n(t),\ \Delta v_n(t))}{S_n(t)}\right)^2\right)\\ S_n^*(v_n(t),\ \Delta v_n(t))&=S_0+v_n(t)T-\frac{v_n(t)\Delta v_n(t)}{2\sqrt{ab}}\end{aligned} \tag{4-26}$$

式中　v_0——理想驾驶速度；

S_n^*——期望间距；

S_0——静止安全距离；

T——安全时间间隔；

a——起步加速度；

b——舒适减速度。

如图 4-15 所示。

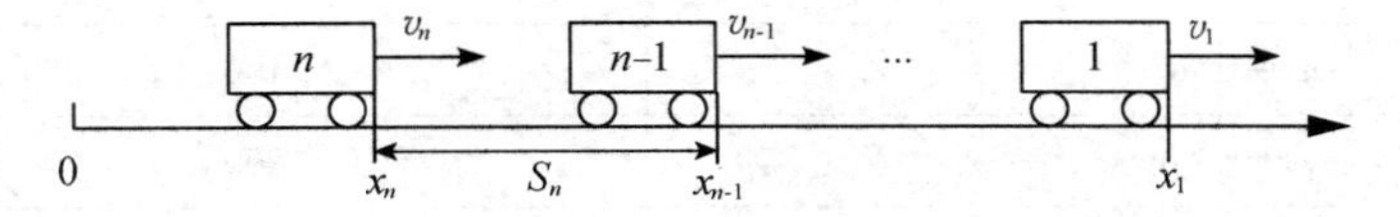

图 4-15　智能驾驶员模型跟驰运动示意图

IDM 模型考虑了期望速度、期望间距、前后车速度差等多因素对跟驰行为的影响，模型描述的跟驰行为能够较好地符合实际情况。此外，IDM 模型还具有所含参数物理意义明确、易于标定的优点。因此，该模型近年来得到了广泛的应用。

六、跟驰模型数值仿真实例

通过数值仿真，对上述四类模型进行对比分析，仿真的初始环境设置相同，前车设置见表 4-3。

相同仿真环境下，四类模型控制下后车的速度变化如图 4-16 所示。

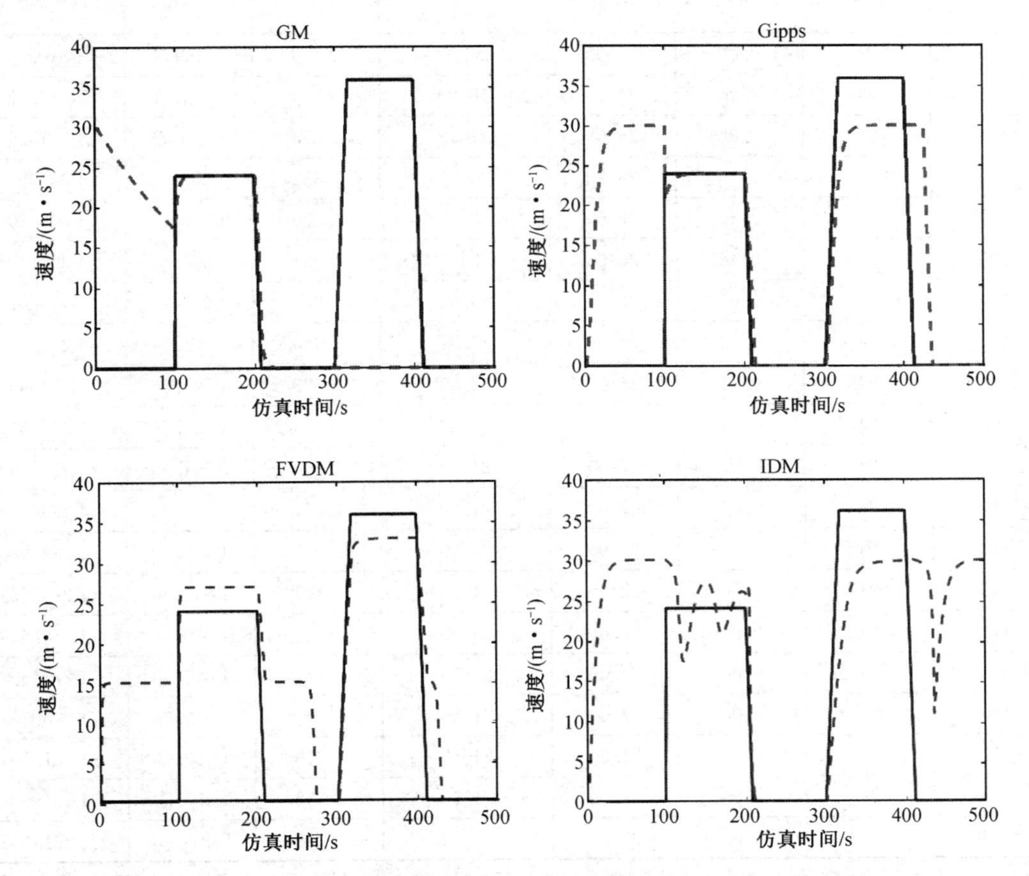

图 4-16　不同跟驰模型前后车速度变化图(实线为前车，虚线为跟驰车)

表 4-3 仿真过程中前车状态设置

前车状态设置	仿真时刻
$v_1=0$ m/s，$a_1=0$ m/s^2	$0\leqslant t<100$ s
$v_1=24$ m/s	$t=100$ s
$a_1=0$ m/s^2	$100<t<200$ s
$a_1=-3$ m/s^2	$200\leqslant t<208$ s
$a_1=0$ m/s^2	$208\leqslant t<300$ s
$a_1=2$ m/s^2	$300\leqslant t<318$ s
$a_1=0$ m/s^2	$318\leqslant t<400$ s
$a_1=-3$ m/s^2	$400\leqslant t<412$ s
$a_1=0$ m/s^2	$t\geqslant 412$ s

其中 FVDM 模型对应的每个步长的仿真数据如表 4-4 所示。

表 4-4 FVDM 跟驰模型计算结果

时间/s	前车速度 v_1/(m·s^{-1})	后车加速度 a_2/(m·s^{-2})	后车速度 v_2/(m·s^{-1})	前后车速度差 (v_1-v_2)/(m·s^{-1})	前车位置 x_1/m	后车位置 x_2/m	前后车间距 (x_1-x_2)/m
100	24	0.00	15.00	24.00	2 810	1 499.50	1 310.50
101	24	7.20	22.20	16.80	2 834	1 521.70	1 312.30
102	24	2.88	25.08	21.12	2 858	1 546.78	1 311.22
103	24	1.15	26.23	22.85	2 882	1 573.01	1 308.99
104	24	0.46	26.69	23.54	2 906	1 599.70	1 306.30
105	24	0.18	26.88	23.82	2 930	1 626.58	1 303.42
106	24	0.07	26.95	23.93	2 954	1 653.53	1 300.47
107	24	0.03	26.98	23.97	2 978	1 680.51	1 297.49
108	24	0.01	26.99	23.99	3 002	1 707.51	1 294.49
109	24	0.00	27.00	24.00	3 026	1 734.50	1 291.50
110	24	0.00	27.00	24.00	3 050	1 761.50	1 288.50
111	24	0.00	27.00	24.00	3 074	1 788.50	1 285.50
112	24	0.00	27.00	24.00	3 098	1 815.50	1 282.50
113	24	0.00	27.00	24.00	3 122	1 842.50	1 279.50
114	24	0.00	27.00	24.00	3 146	1 869.50	1 276.50
115	24	0.00	27.00	24.00	3 170	1 896.50	1 273.50
116	24	0.00	27.00	24.00	3 194	1 923.50	1 270.50
117	24	0.00	27.00	24.00	3 218	1 950.50	1 267.50
118	24	0.00	27.00	24.00	3 242	1 977.50	1 264.50
119	24	0.00	27.00	24.00	3 266	2 004.50	1 261.50

七、移动互联与智能驾驶

近几年来，随着移动互联技术与智能驾驶技术不断的发展，跟驰模型开始出现新的发展。移动互联主要关注车联网技术，交通流形成车与车之间信息相连的车队（Connected vehicle），车队之内的车辆能够共享驾驶信息，避免了传统的车辆跟驰过程中后车只能关注前面一辆车从而获取的信息有限的情况。智能驾驶技术（Autonomous vehicle）主要侧重通过自动控制来减少驾驶员的驾驶任务，从而减少人工驾驶的失误操作。目前比较成熟的智能驾驶技术，如自动巡航控制技术（Adaptive Cruise Control，ACC）技术，已经逐步在市场推广。ACC 车辆的控制原理与跟驰模型类似，通过车载雷达或者激光检测技术对前车进行检测，从而获取前车的位置、速度等信息，并自动作出反应，从而减少驾驶员的驾驶任务。

美国 PATH 研究所通过对 ACC 车辆的实验，基于实测数据提出了类似的跟驰模型：

$$a_k = k_1(x_{k-1} - x_k - t_{hw}v_k) + k_2(v_{k-1} - v_k) \tag{4-27}$$

其中 t_{hw}——ACC 车辆设定的车头时距；

k_1，k_2—— 控制参数。

总的来看，移动互联与智能驾驶技术主要从以下几方面改变车辆跟驰特性，实现不同的目标：

(1) 扩大车辆感知范围，增加感知信息。通过移动互联，跟驰车辆克服了传统跟驰过程中驾驶员只能获取前一辆车信息的缺陷，可以通过短程通讯获取一定范围内多辆前车的驾驶信息，从而改善跟驰车辆驾驶环境。

(2) 减少人工驾驶任务，避免驾驶失误。通过智能自动驾驶技术，通过移动互联与车载检测设备，智能车辆能够自动判断需要采取的驾驶状态并进行及时操作，从而减轻驾驶员的驾驶负担，同时避免人工驾驶带来的失误操作。

(3) 更短的车头时距，提高交通效率。由于车联网技术，跟驰车辆与前车之间能够保持较小的车头时距运行，从而改善道路通行能力，提高交通效率。

(4) 更快的反应时间，提高交通安全。通过车联网与智能驾驶技术，跟驰车辆能够获取多前车的信息，并及时做出有效的反应操作，避免失误，从而减少交通冲突，有效改善交通安全。

(5) 更稳定的运行状态，减少交通排放。通过智能驾驶技术，跟驰车辆能够避免频繁的剧烈加减速，保持更稳定的运行速度，从而减少过多的交通排放，节约能源消耗。

§4-3 流体模型

1955 年，英国学者莱特希尔（Lighthill）和惠特汉（Whitham）将交通流比拟为流体，在一条很长的公路隧道里，对密度很大的交通流的规律进行研究，提出了流体力学模拟理论。

该理论运用流体力学的基本原理，模拟流体的连续性方程，建立车流的连续性方程。把车流密度的疏密变化比拟成水波的起伏而抽象为车流波。当车流因道路或交通状况的改变而引起密度的改变时，在车流中产生车流波的传播。通过分析车流波的传播速度，以寻求车流流率和密度、速度之间的关系。因此，该理论又可称为车流波动理论。

流体力学模拟理论是一种宏观的模型。它假定在车流中各单个车辆的行驶状态与它前面的车辆完全一样，这是与实际不相符的。尽管如此，该理论在“流”的状态较为明显的场合，如在分析瓶颈路段的车辆拥挤问题时，有其独特的用途。

一、守恒方程

假设车流顺次通过断面Ⅰ和Ⅱ的时间间隔为 Δt，两断面的间距为 Δx，示意图如图 4-17 所示。同时，车流在断面Ⅰ的流入量为 q，密度为 k。车流在断面Ⅱ的流出量为 $(q+\Delta q)$，密度为 $(k-\Delta k)$。Δk 取负号表示在拥挤状态，车流密度随车流率的增加而减少。

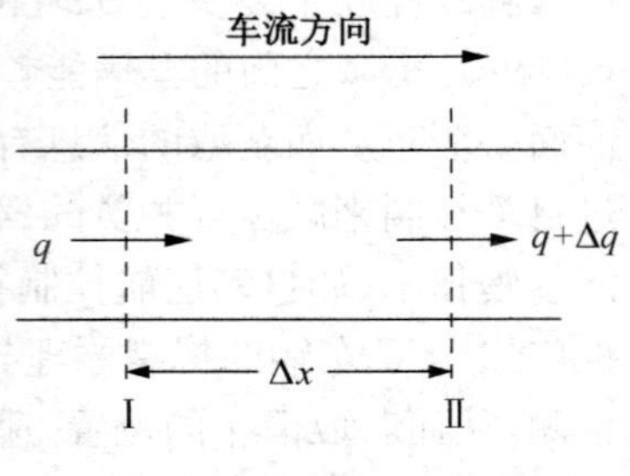

图 4-17　断面示意图

根据质量守恒定律：

流入量 − 流出量 ＝ 数量上的变化

即

$$[q-(q+\Delta q)]\Delta t=[k-(k-\Delta k)]\Delta x$$

化简得到

$$\frac{\Delta k}{\Delta t}+\frac{\Delta q}{\Delta x}=0$$

当 $\Delta t\to 0, \Delta x\to 0$ 时，得到

$$\frac{\partial k}{\partial t}+\frac{\partial q}{\partial x}=0 \tag{4-28}$$

方程(4-28)即为守恒方程，表明车流率随距离而降低时，车流密度则随时间而增大。

二、行波解

交通流中流率 q 和密度 k 并不独立，而是符合基本图关系，且依赖于时间与位置。因此，可将 q 表达成关于 k 的函数：

$$q(x,\ t)=Q(k(x,\ t)) \tag{4-29}$$

其中　$Q(\cdot)$——$q(x,\ t)$关于 $k(x,\ t)$的基本图函数，譬如，$Q(\cdot)$可以为 Greenshields 的 q-k 基本图关系式。

将公式(4-29)代入公式(4-28)中，得到

$$\frac{\partial k(x,\ t)}{\partial t}+\frac{\partial Q(k(x,\ t))}{\partial x}=0$$

化简得到

$$\frac{\partial k(x,\ t)}{\partial t}+Q'(k)\frac{\partial k(x,\ t)}{\partial x}=0 \tag{4-30}$$

其中　$Q'(k)$——流率 $q(x,\ t)$对密度 $k(x,\ t)$的微分。

由公式(4-30)偏微分方程的结构可知,守恒方程本质上体现的是密度波动(行波)方程。行波具有在特征线上波的振幅不变的性质。这一性质在交通流中反映的是交通流密度在特征线上不随时间而改变。即

$$\frac{\mathrm{d}k(x(t),\ t)}{\mathrm{d}t} = 0 \tag{4-31}$$

可由公式(4-31)推导特征线:

$$\frac{\mathrm{d}k(x(t),\ t)}{\mathrm{d}t} = \frac{\partial k(x,\ t)}{\partial t} + \frac{\partial k(x,\ t)}{\partial x}\frac{\mathrm{d}x(t)}{\mathrm{d}t} = 0 \tag{4-32}$$

对比公式(4-32)与公式(4-30),若密度不随时间变化时,需满足:

$$\frac{\mathrm{d}x(t)}{\mathrm{d}t} = Q'(k)$$

则,行波解为

$$x = Q'(k)t + C_0$$

式中　C_0—— 积分常数。

根据行波解性质,交通流密度波速 $\mu = Q'(k)$。反映在基本图上,波速为流率关于密度曲线的切线斜率。

三、激波路径

单一密度状态的交通流行波解特征线相互平行,两个密度状态相遇时,反映不同密度状态的特征线相交,造成密度值发生突变,即产生激波。每条特征线的多个交点中均存在唯一一个真实反映交通状态变化的交点,所有特征线这一交点的集合称为激波路径。

为讨论方便起见,取图 4-18 所示的计算图式。假设一直线路段被垂直线 S 分割为 A、B 两段。A 段的车流速度为 V_1,密度为 $k_1(x,\ t)$;B 段的车流速度为 V_2,密度为 $k_2(x,\ t)$;S 处的速度为 V_w,假定沿路线按照所画的箭头 x 正方向运行,速度为正,反之为负。并且:

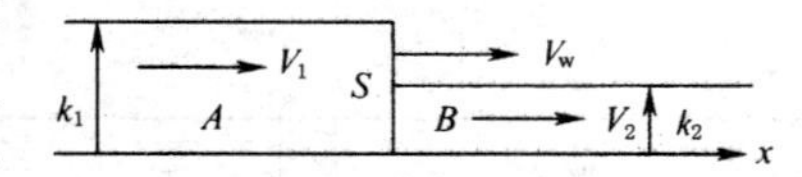

图 4-18　两种密度的车流运行情况

V_1 = 在 A 区的车辆的区间平均车速;V_2 = 在 B 区的车辆的区间平均车速。则在时间 Δt 内横穿 S 交界线的车数 N 为

$$N = (V_1 - V_w)k_1(x,\ t)\Delta t = (V_2 - V_w)k_2(x,\ t)\Delta t$$

即

$$\begin{gathered}(V_1 - V_w)k_1(x,\ t) = (V_2 - V_w)k_2(x,\ t) \\ V_w = \frac{V_2k_2(x,\ t) - V_1k_1(x,\ t)}{k_2(x,\ t) - k_1(x,\ t)}\end{gathered} \tag{4-33}$$

令 A、B 两部分的车流率分别为 $q_1(x,\ t)$、$q_2(x,\ t)$,则根据定义可得

$$q_1 = k_1(x,\ t)V_1,\quad q_2 = k_2(x,\ t)V_2$$

于是，式(4-33)变为

$$V_w = \frac{q_2(x, t) - q_1(x, t)}{k_2(x, t) - k_1(x, t)} \tag{4-34}$$

V_w 为激波路径关于时间的导数，以此作为激波路径的判别条件。反映在基本图上，V_w 为流率-密度曲线上两点之间弦的斜率。

基于以上内容，q 与 k 的关系取 Greenshields 基本图，如图 4-19 所示。图 4-19 中，A 和 B 为两个密度状态，v_A 和 v_B 为 A 和 B 处的交通流速度，w_A 和 w_B 为波速，U_{AB} 为激波路径斜率，即拥堵排队速度。图 4-19 右方为基本图对应的特征线与激波路径。

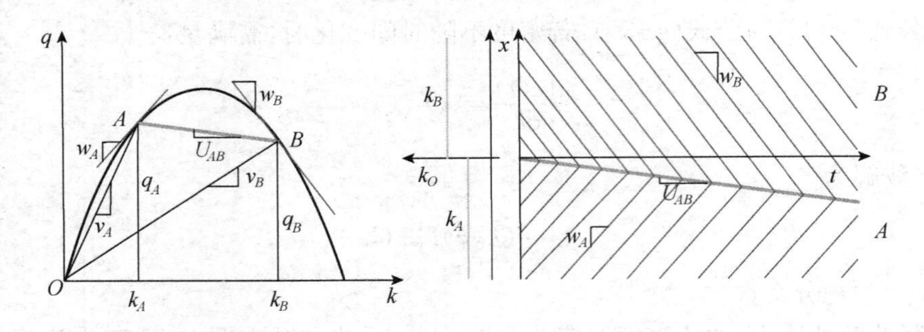

图 4-19　基本图与行波

四、车流波动理论的应用

例 4-2　假设某一高速公路通行能力为 2 000 veh/h，初始状态为 A，如表 4-5 所示。在 3 点钟有一辆以 18.75 km/h 速度行驶的货车驶入高速公路，该缓慢行驶的货车将会在前方 10 km 处驶离高速公路。试问：该货车对其上游交通状态的影响将持续多久？

表 4-5　已知交通状态

状态	$q/(\text{veh} \cdot \text{h}^{-1})$	$k/(\text{veh} \cdot \text{km}^{-1})$	$v/(\text{km} \cdot \text{h}^{-1})$
A	800	10	80
B	1 500	80	18.75
C	2 000	40	50
D	0	0	120

解　根据已知条件作出基本图与波速示意图，如图 4-20 所示。在图 4-20 中，ae 为货车驶离高速公路需要的时间，在这一过程中，货车上游交通流逐渐变为货车的行驶状态，紧跟其后形成排队，即状态 B。当货车驶离高速公路时，状态 B 的交通流同时存在 2 个过程：状态 B 逐渐加速至状态 C 与状态 A 变为状态 B 形成排队。这两个过程持续时间为图 4-20 中的 ef，f 时刻以后，状态 B 消失，高速公路恢复初始 A 状态在通行能力约束下的运行情况，即货车影响结束。因此，可通过以下步骤求得货车的影响时间 af。

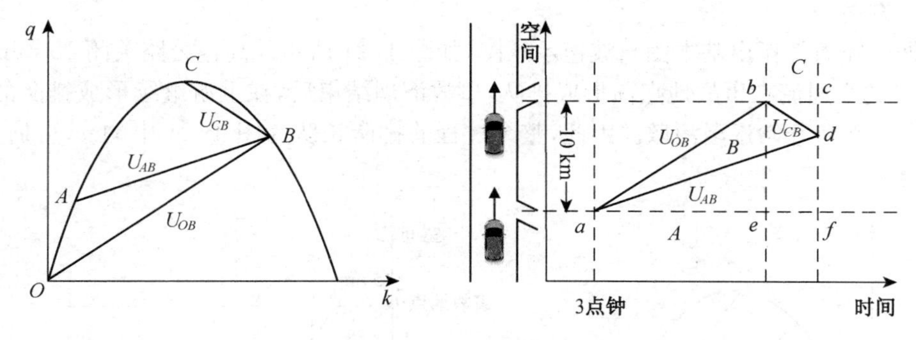

图 4-20　例题 1 解答示意图

$$U_{OB}=\frac{q_B-q_O}{k_B-k_O}=\frac{1\,500-0}{80-0}=18.75\text{ km/h}$$

$$U_{AB}=\frac{q_B-q_A}{k_B-k_A}=\frac{1\,500-800}{80-10}=10\text{ km/h}$$

$$U_{CB}=\frac{q_B-q_C}{k_B-k_C}=\frac{1\,500-2\,000}{80-40}=-12.5\text{ km/h}$$

$$\frac{be}{ae}=U_{OB}\rightarrow ae=\frac{be}{U_{OB}}=\frac{10}{18.75}=0.53\text{ h}$$

$$\frac{cd}{bc}=|U_{CB}|\rightarrow cd=|U_{CB}|\times bc=12.5bc$$

$$\frac{df}{af}=U_{AB}\rightarrow \mathrm{d}f=U_{AB}\times af=10af$$

$$\begin{cases}12.5bc+10af=10\\ af-bc=0.53\end{cases}$$

af=0.74 h，即货车的影响将持续 0.74 h。

例 4-3　假设某一高速公路发生事故，现有两种事故处理方案。方案一：完全关闭高速公路进行事故现场的清理工作，需要 15 min，然后开放高速公路并保持正常运行。方案二：部分关闭高速公路，使得通行能力减半，在此条件下清理事故现场需要 45 min。高速公路上游交通需求为 A 状态，如表 4-6 所示。

表 4-6　已知交通状态

状态	描述	$q/(\text{veh}\cdot\text{h}^{-1})$	$k/(\text{veh}\cdot\text{km}^{-1})$	$v/(\text{km}\cdot\text{h}^{-1})$
A	上游到达	1 500	20	75
B	通行能力减半	1 000	100	10
C	通行能力	2 000	40	50
D	排队	0	200	0

试问：哪种方案下由于事故造成的排队长度较小？

解　方案一

根据已知条件作出基本图与波速示意图，如图 4-21 所示。高速公路关闭 15 min 内，上游 A 状态的交通流在事故地点前形成排队，事故清理结束后，在上游继续形成排队的同时，队列状态的下游开始逐渐消散。因此，整个过程的排队长队为图 4-21 中的 x，可通过以下步骤求得。

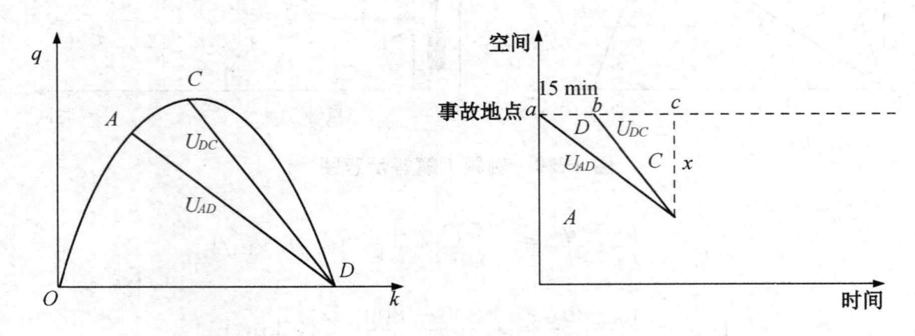

图 4-21　例题 2 方案一解答示意图

$$U_{AD}=\frac{q_D-q_A}{k_D-k_A}=\frac{0-1\,500}{200-20}=-8.33\ \text{km/h}$$

$$ac=\frac{x}{|U_{AD}|}=\frac{x}{8.33}$$

$$U_{DC}=\frac{q_C-q_D}{k_C-k_D}=\frac{2\,000-0}{40-200}=-12.5\ \text{km/h}$$

$$bc=\frac{x}{|U_{DC}|}=\frac{x}{12.5}$$

$$15\ \text{min}=0.25\ \text{h}=ac-bc$$

$$\Rightarrow x=6.24\ \text{km}$$

方案二

根据已知条件作出基本图与波速示意图，如图 4-22 所示。可通过以下步骤求得排队长度 x。

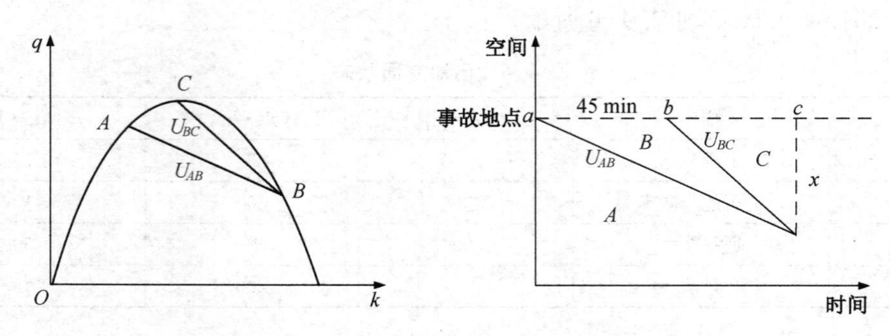

图 4-22　例题 2 方案二解答示意图

$$U_{AB}=\frac{q_B-q_A}{k_B-k_A}=\frac{1\,000-1\,500}{100-20}=-6.25\ \text{km/h}$$

$$ac=\frac{x}{6.25}$$

$$U_{BC}=\frac{q_C-q_B}{k_C-k_B}=\frac{2\,000-1\,000}{40-100}=-16.67\ \text{km/h}$$

$$bc=\frac{x}{16.67}$$

$$45\ \text{min}=0.75\ \text{h}=ac-bc$$

$$\Rightarrow x=7.50\ \text{km}$$

因此,方案一的排队长度小于方案二。

§4-4　概率统计模型

当交通流率较低时,车辆的到达在某种程度上具有随机性,描述这种随机性的统计分布规律的方法有两种:一种是以描述可数事件的离散型分布为工具,考察在一段固定长度的时间或距离内到达某场所的交通数量的波动性;另一种是以描述事件之间时间间隔的连续型分布为工具,研究事件发生的间隔时间或距离的统计分布特性,如车头时距分布、可穿越空档分布、速度分布等。

一、离散型分布

在一定的时间间隔内到达的车辆,或在一定的距离内分布的车辆数是随机变数,所得的数列可以用离散型分布描述。常用的离散型分布有如下三种:

1. 泊松分布

(1) 基本公式

$$P(k)=\frac{(\lambda t)^k e^{-\lambda t}}{k!},\ k=0,1,2,\cdots \tag{4-35}$$

式中　$P(k)$——在计数间隔 t 内到达 k 辆车或 k 个人的概率;

λ——单位时间间隔的平均到达率(辆/s 或人/s);

t——每个计数间隔持续的时间(s)或距离(m);

e——自然对数的底,取值为 2.718 28。

若令 $m=\lambda t$ 为在计数间隔 t 内平均到达的车辆(人)数,则式(4-35)可写为

$$P(k)=\frac{m^k e^{-m}}{k!} \tag{4-36}$$

当 m 为已知时,应用式(4-36)可求出在计数间隔 t 内恰好有 k 辆车(人)到达的概率。此外,还可计算:

到达数小于 k 辆车(人)的概率:

$$P(<k)=\sum_{i=0}^{k-1}\frac{m^i e^{-m}}{i!} \tag{4-37}$$

到达数小于等于 k 的概率：

$$P(\leqslant k)=\sum_{i=0}^{k}\frac{m^{i}\mathrm{e}^{-m}}{i!} \tag{4-38}$$

到达数大于 k 的概率：

$$P(>k)=1-P(\leqslant k)=1-\sum_{i=0}^{k}\frac{m^{i}\mathrm{e}^{-m}}{i!} \tag{4-39}$$

到达数大于等于 k 的概率：

$$P(\geqslant k)=1-P(<k)=1-\sum_{i=0}^{k-1}\frac{m^{i}\mathrm{e}^{-m}}{i!} \tag{4-40}$$

到达数至少是 x 但不超过 y 的概率：

$$P(x\leqslant i\leqslant y)=\sum_{i=x}^{y}\frac{m^{i}\mathrm{e}^{-m}}{i!} \tag{4-41}$$

用泊松分布拟合观测数据时，参数 m 按式(4-42)计算：

$$m=\frac{\text{观测的总车辆数}}{\text{总计间隔数}}=\frac{\sum_{j=1}^{g}k_{j}f_{j}}{\sum_{j=1}^{g}f_{j}}=\frac{\sum_{j=1}^{g}k_{j}f_{j}}{N} \tag{4-42}$$

式中 g——观测数据分组数；

f_j——计算间隔 t 内到达 k_j 辆车(人)这一事件发生的次(频)数；

k_j——计数间隔 t 内的到达数或各组的中值；

N——观测的总计间隔数。

(2) 递推公式

$$P(0)=\mathrm{e}^{-m}$$

$$P(k+1)=\frac{m}{k+1}P(k) \tag{4-43}$$

(3) 应用条件

车流密度不大，车辆间相互影响微弱，其他外界干扰因素基本上不存在，即车流是随机的，此时应用泊松分布能较好地拟合观测数据。

我们已经知道，泊松分布的均值 M 和方差 D 均等于 λt，而观测数据的均值 m 和方差 S^2 均为无偏估计，因此，当观测数据表明 S^2/m 显著地不等于 1.0 时，就是泊松分布不合适的表示。S^2 可按式(4-44)计算：

$$S^{2}=\frac{1}{N-1}\sum_{i=1}^{N}(k_{i}-m)^{2}=\frac{1}{N-1}\sum_{j=1}^{g}(k_{j}-m)^{2}f_{j} \tag{4-44}$$

式中符号意义同前。

(4) 应用举例

例 4-4 某信号灯交叉口的周期 $T=97$ s，有效绿灯时间 $g=44$ s，在有效绿灯时间内排队的车流以 $S=900$ 辆/h 的流率通过交叉口，在有效绿灯时间外到达的车辆要停车排队。设信号交叉口上游车辆的到达率 $q=369$ 辆/h 时，服从泊松分布，求到达车辆不致两次排队的周期数占周期总数的最大百分率。

解 由于车流只能在有效绿灯时间通过，所以一个周期能通过的最大车辆数 $A = gS = 44 \times 900/3\,600 = 11$ 辆，如果某周期到达的车辆数 N 大于 11 辆，则最后到达的 $(N-11)$ 辆车就不能在本周期内通过而发生两次排队。在泊松分布中

$$\lambda t = (369 \times 97)/3\,600 = 9.9 \text{ 辆}$$

按泊松分布公式分别计算到达车辆数分别为 0，1，2，3，4，5，6，7，8，9，10，11 辆车的概率，可得到达车辆数大于 11 辆的周期出现的概率为

$$P(>11) = 0.29$$

即不发生两次排队的周期最多占 71%。

本例的车流如果按每周期 10 辆均匀到达，则任何车辆都只在本周期内排一次队就能通过交叉口。实际车流的到达是时疏时密的，致使绿灯时间不能充分利用。这样，从平均角度看来每周期都能顺畅通过的车流实际上却会遇到一些不顺畅的周期。由此可看出概率分布的理论和方法是怎样揭示出车流运行的内在规律的。

2. 二项分布

(1) 基本公式

$$P(k) = C_n^k \left(\frac{\lambda t}{n}\right)^k \left(1-\frac{\lambda t}{n}\right)^{n-k},\ k = 0,\ 1,\ 2,\ \cdots,\ n \tag{4-45}$$

式中 $P(k)$——在计数间隔 t 内到达 k 辆车或 k 个人的概率；

λ——单位时间间隔的平均到达率(辆/s 或人/s)；

t——每个计数间隔持续的时间(s)或距离(m)；

n——正整数。

$$C_n^k = \frac{n!}{k!(n-k)!}$$

通常记 $p = \lambda t/n$，则二项分布可写成：

$$P(k) = C_n^k p^k (1-p)^{n-k},\ k = 0,\ 1,\ 2,\ \cdots,\ n \tag{4-46}$$

式中，$0 < p < 1$，n、p 称为分布参数。

用式(4-46)可计算在计数间隔 t 内到达 k 辆车(人)的概率，到达数少于 k 辆车(人)的概率：

$$P(<k) = \sum_{i=0}^{k-1} C_n^i p^i (1-p)^{n-i} \tag{4-47}$$

到达数大于 k 的概率：

$$P(>k) = 1 - \sum_{i=0}^{k} C_n^i p^i (1-p)^{n-i} \tag{4-48}$$

其余类推。

由概率论可知，对于二项分布，其均值$M=np$，方差$D=np(1-p)$，$M>D$。因此，当用二项分布拟合观测数时，根据参数p、n与方差和均值的关系式，用样本的均值m、方差S^2代替M、D，p、n可按下列关系式估算：

$$p=\frac{m-S^2}{m} \tag{4-49}$$

$$n-\frac{m}{p}=\frac{m^2}{m-S^2}\text{（取整数）} \tag{4-50}$$

式中m和S^2根据观测数据按式(4-42)、式(4-44)计算。

(2) 递推公式

$$P(0)=(1-p)n$$

$$P(k+1)=\frac{n-k}{k+1}\cdot\frac{p}{1-p}\cdot p(k) \tag{4-51}$$

(3) 应用条件

车流比较拥挤、自由行驶机会不多的车流用二项分布拟合较好。

此外，我们已经知道二项分布均值M大于方差D，当观测数据表明S^2/m显著大于1.0时就是二项分布不适的表示。

(4) 应用举例

例 4-5 在某条公路上，上午高峰期间以15 s间隔观测到达的车辆数，所得结果列入表4-7，试用二项分布拟合。

表 4-7 上午高峰期间以 15 s 间隔观测车辆到达的数据

车辆到达数 k_j	<3	3	4	5	6	7	8	9	10	11	12	>12
包含 k_j 的间隔出现次数	0	3	0	8	10	11	10	11	9	1	1	0

解 $$m=\frac{\sum_{j=1}^{g}k_jf_j}{\sum_{j=1}^{g}f_j}=\frac{3\times0+3\times3+4\times0+\cdots+12\times1+12\times0}{0+3+0+\cdots+1+0}=\frac{478}{64}=7.469$$

$$S^2=\frac{1}{N-1}\sum_{j=1}^{g}(k_j-m)^2f_j=\frac{203.284}{64-1}=3.227$$

因$S^2<m$，可用二项分布拟合之。用式(4-49)、式(4-50)计算的两个参数：

$$p=(7.469-3.227)/7.469=0.568$$
$$n=7.469/0.568=13.150\text{，取为 }13$$

因此，拟合表4-7数据的二项分布函数为

$$P(k)=C_{13}^{k}\times0.568^{k}\times0.432^{13-k}$$

3. 负二项分布

(1) 基本公式

$$P(k)=C_{k+\beta-1}^{\beta-1}p^{\beta}(1-p)^{k},\ k=0,1,2,\cdots \tag{4-52}$$

式中p、β为负二项分布参数。$0<p<1$，β为正整数，其余符号意义同前。

同样的，用式(4-52)可计算在计数间隔 t 内到达 k 辆车(或人)的概率，到达数大于 k 的概率可由下式计算：

$$P(>k)=1-\sum_{i=0}^{k}C_{k+\beta-1}^{\beta-1}p^{\beta}(1-p)^{i} \tag{4-53}$$

其余类推。

由概率论可知，对于负二项分布，其均值 $M=\beta(1-p)/p$，$D=\beta(1-p)/p^2$，$M<D$。因此，当用负二项分布拟合观测数据时，利用 p、β 与均值和方差的关系式，用样本的均值 m、方差 S^2 代替 M、D，p、β 可由下列关系式估算：

$$p=m/S^2,\ \beta=m^2/(S^2-m)(\text{取整数}) \tag{4-54}$$

式中观测数据的均值 m 和方差 S^2，按式(4-42)、式(4-44)计算。

(2) 递推公式

$$\begin{aligned}P(0)&=p^{\beta}\\P(k)&=\frac{k+\beta-1}{k}(1-p)P(k-1)\end{aligned} \tag{4-55}$$

(3) 适用条件

当到达的车流波动性很大或以一定的计算间隔观测到达的车辆数(人数)其间隔长度一直延续到高峰期间与非高峰期间两个时段时，所得数据可能有较大的方差。例如，选择信号灯的下游观测，信号循环的绿灯时间，交通流率大多较大，常达饱和；而信号循环的黄灯和红灯时间，交通流率通常很小。但是，当计数间隔相当于信号周期的绿灯时间或相当于整个周期时间，则这种不均匀影响不太明显；若计数间隔短于绿灯时间或短于整个周期时间，则观测数据将出现较大的方差，即 S^2/m 显著地大于 1.0，此时应使用负二项分布拟合观测数据。

二、连续型分布

描述事件之间时间间隔的分布称为连续型分布。连续型分布常用来描述车头时距或穿越空档、速度等交通流特性的分布特征。

1. 负指数分布

(1) 基本公式

若车辆到达符合泊松分布，则车头时距就是负指数分布。

由式(4-35)可知，在计数间隔 t 内没有车辆到达($k=0$)的概率为

$$P(0)=e^{-\lambda t}$$

上式表明，在具体的时间间隔 t 内，如无车辆到达，则上次车到达和下次车到达之间，车头时距至少有 t，换句话说，$P(0)$ 也是车头时距等于或大于 t 的概率，于是得

$$P(h\geqslant t)=e^{-\lambda t} \tag{4-56}$$

而车头时距小于 t 的概率则为

$$P(h<t)=1-e^{-\lambda t} \tag{4-57}$$

若 Q 表示每小时的交通量，则 $\lambda=Q/3\,600$ 辆/s，式(4-56)可以写成：

$$P(h \geqslant t) = e^{-Qt/3\,600} \tag{4-58}$$

式中　$Qt/3\,600$——到达车辆数的概率分布的平均值。

若令 M 为负指数分布的均值，则应有：

$$M = 3\,600/Q = 1/\lambda \tag{4-59}$$

负指数分布的方差为

$$D = 1/(\lambda^2) \tag{4-60}$$

用样本的均值 m 代替 M、样本的方差 S^2 代替 D，即可算出负指数分布的参数 λ。

此外，也可用概率密度函数来计算。负指数分布的概率密度函数为

$$P(t) = \frac{d}{dt}P(h < t) = \frac{d}{dt}[1 - P(h \geqslant t)] = \lambda e^{-\lambda t} \tag{4-61}$$

于是：

$$P(h \geqslant t) = \int_t^{\infty} p(t)dt = \int_t^{\infty} \lambda e^{-\lambda t} dt = e^{-\lambda t} \tag{4-62}$$

$$P(h < t) = \int_0^t p(t)dt = \int_0^t \lambda e^{-\lambda t} dt = 1 - e^{-\lambda t} \tag{4-63}$$

(2) 适用条件

负指数分布适用于车辆到达是随机的、有充分超车机会的单列车流和密度不大的多列车流的情况。通常认为当每小时每车道的不间断交通量等于或小于 500 辆时，用负指数分布描述车头时距是符合实际的。

由式(4-61)可知，负指数分布的概率密度函数曲线是随车头时距 t 单调递降的，这说明车头时距愈短，其出现的概率愈大。这种情形在不能超车的单列车流中是不可能出现的，因为车辆的车头之间至少应为一个车身长，所在车头时距必有一个大于零的最小值 τ。负指数分布应用的局限性也即在于此。

(3) 应用实例

例 4-6　假设一信号交叉口某进口道的直行车流(即主要车流)与对向左转车流(即次要车流)的冲突点为 C。左转专用车道最多可容纳 n 辆车排队。记驶过 C 点的直行车流的车头时距为 h，α 为一辆左转车辆穿越对向直行车流时直行车流的最小车头时距，α_0 为左转车辆连续通过 C 点的最小车头时距。当 $a \leqslant h < a + \alpha_0$ 时，允许一辆左转车穿过 C 点；当 $\alpha + (k-1)\alpha_0 \leqslant h \leqslant \alpha + k\alpha_0$ 且 $k \leqslant n$ 时，允许 k 辆从排队驶出的左转车穿过 C 点；当 $h \geqslant \alpha + n\alpha_0$ 时，一律只允许 n 辆左转车穿过 C 点。记直行车在某段时间 g_μ 内穿过 C 点的流率为 λ，车头时距服从负指数分布。要求计算 g_μ 内能允许多少辆左转车穿过 C 点。

解　记直行车流出现 $\alpha + (k-1)\alpha_0 \leqslant h < \alpha + k\alpha_0$ 的概率为 P_k，则

$$\begin{aligned} P_k &= P[h \geqslant \alpha + (k-1)\alpha_0] - P(h \geqslant \alpha + k\alpha_0) \\ &= e^{-\lambda[\alpha+(k-1)\alpha_0]} - e^{-\lambda[\alpha+k\alpha_0]} = e^{-\lambda\alpha}\left[e^{-\lambda(k-1)\alpha_0} - e^{-\lambda k\alpha_0}\right] \end{aligned}$$

直行车流车头时距总数为 λg_μ，其中出现 $\alpha + (k-1)\alpha_0 \leqslant h < \alpha + k\alpha_0$ 的次数为 $\lambda g_\mu \cdot P_k$，出现 $h \geqslant \alpha + n\alpha_0$ 的次数为 $\lambda g_\mu \cdot e^{-\lambda(\alpha + n\alpha_0)}$，所以 g_μ 内，允许左转车穿过 C 点 的总数应为

$$N_{左} = \sum_{k=1}^{n} \lambda g_\mu P_k \cdot k + \lambda g_\mu e^{-\lambda(\alpha+n\alpha_0)} \cdot n$$

$$
\begin{aligned}
&= \lambda g_{\mu} P_1 + \lambda g_{\mu} \times 2P_2 + \cdots + \lambda g_{\mu} P_n \cdot n + n\lambda g_{\mu} e^{-\lambda\alpha} \cdot e^{-\lambda n\alpha_0} \\
&= \lambda g_{\mu} e^{-\lambda\alpha} [(1 - e^{-\lambda\alpha_0}) + 2 \times (e^{-\lambda\alpha_0} - e^{-2\lambda\alpha_0}) + \cdots + n(e^{-\lambda(n-1)\alpha_0} - e^{-\lambda n\alpha_0})] + \\
&\quad n\lambda g_{\mu} e^{-\lambda\alpha} \cdot e^{-\lambda n\alpha_0} \\
&= g_{\mu} \frac{\lambda e^{-\lambda\alpha}(1 - e^{-\lambda n\alpha_0})}{1 - e^{-\lambda\alpha_0}}
\end{aligned}
\tag{4-64}
$$

左转车流可称为非优先车流或次要车流，上式中的 $N_{左}/g_{\mu}$ 可称为次要车流的饱和流率（理论通行能力），记为 $S_{次}$。

令 $n \to \infty$，得：

$$
S_{次} = \frac{\lambda e^{-\lambda\alpha}}{1 - e^{-\lambda\alpha_0}} \tag{4-65}
$$

这是次要车道可容纳无穷多辆车排队时的饱和流率。

同理，令 $n = 1$，得：

$$
S_{次} = \lambda e^{-\lambda\alpha} \tag{4-66}
$$

这是次要车道只能容纳一辆车排队时的饱和流率。

公式(4-64)中 n 的取值，除了考虑次要车道能容纳的车辆数外，还应考虑 λg_{μ} 的大小，自然应有 $n < \lambda g_{\mu}$。

国外对低交通量交叉口常用让路规则或停车规则管理交通，公式(4-64)可以估算次要车流通过此类交叉口的理论通行能力。英国对环型交叉口采取出环优先的规则，公式(4-64)也可估算进环车流的理论通行能力。

2. 移位负指数分布

(1) 基本公式

为克服负指数分布的车头时距愈趋近零其频率出现愈大这一缺点，可将负指数分布曲线从原点 O 沿 t 轴向右移一个最小间隔长度 τ（根据调查数据确定，一般在 1.0～1.5 s 之间），得到移位负指数分布曲线，它能更好地拟合观测数据。

移位负指数分布的分布函数：

$$
P(h \geqslant t) = e^{-\lambda(t-\tau)}, \quad t \geqslant \tau \tag{4-67}
$$

$$
P(h < t) = 1 - e^{-\lambda(t-\tau)}, \quad t \geqslant \tau \tag{4-68}
$$

其概率密度函数为

$$
f(t) = \begin{cases} \lambda' e^{-\lambda'(t-\tau)}, & t \geqslant \tau \\ 0, & t < \tau \end{cases} \tag{4-69}
$$

式中 $\lambda' = \frac{1}{\bar{t} - \tau}$，$\bar{t}$ 为平均车头时距。

分布的均值和方差分别为

$$
M = \frac{1}{\lambda'} + \tau, \quad D = \frac{1}{\lambda^2} \tag{4-70}
$$

用样本均值 m 代替 M、样本方差 S^2 代替 D，则可算出移位负指数分布的两个参数 λ 和 τ。

(2) 适用条件

移位负指数分布适用于描述不能超车的单列车流的车头时距分布和车流率低的车流的车头时距分布。

由式(4-69)可知,移位负指数分布的概率密度函数曲线是随 $t-\tau$ 单调递降的,也就是说,服从移位负指数分布的车头时距,愈接近 τ,其出现的可能性愈大。这在一般情况下是不符合驾驶员的心理习惯和行车特点的。从统计角度看,具有中等反应灵敏度的驾驶员占大多数,他们行车时是在安全条件下保持较短的车间距离,只有少部分反应特别灵敏或较冒失的驾驶员才会不顾安全去追求更短的车间距离。因此车头时距分布的概率密度曲线一般总是先升后降的。为了克服移位负指数分布的这种局限性,可采用更通用的连续型分布,如爱尔朗(Erlang)分布、韦布尔(Weibull)分布、皮尔逊Ⅲ型分布、对数正态分布、复合指数分布等。

(3) 应用举例

如果优先的主要车流的车头时距服从移位负指数分布,则通过与负指数分布一节中相类似的推导过程,得到下列公式:

$$N_{左} = g_{\mu} \cdot \frac{\lambda e^{-\lambda(\alpha-\tau)}(1-e^{-\lambda n\alpha_0})}{(1+\lambda\tau)(1-e^{-\lambda\alpha_0})} \tag{4-71}$$

对于横穿交通流所需安全间隔及交通流中的开段与闭段问题,亦可用类似的推导方法得出与负指数分布相类似的公式和结果,这里不再赘述。

3. 爱尔朗分布

爱尔朗分布亦是较为通用的车头时距、速度等交通特征的分布模型。根据分布函数中参数"l"的改变而有不同的分布函数。

累积的爱尔朗分布可写成:

$$P(h \geqslant t) = \sum_{i=0}^{l-1} (\lambda l t)^i \frac{e^{-\lambda l t}}{i!} \tag{4-72}$$

当 $l=1$ 时,式(4-72)简化成负指数分布;当 $l=\infty$ 时,式(4-72)将产生均一的车头时距。这说明,爱尔朗分布中,参数 l 可以反映畅行车流和拥挤车流之间的各种车流条件。l 越大,说明车流越拥挤,驾驶员自由行车越困难。因此,l 值是非随机性程度的粗略表示,非随机性程度随着 l 值的增加而增加。

实际应用时,l 值可由观测数据的均值 m 和方差 S^2 用式(4-73)估算:

$$l = \frac{m^2}{S^2} \tag{4-73}$$

l 值四舍五入,取整数。

爱尔朗分布的概率密度函数为

$$P(t) = \lambda e^{-\lambda t} \frac{(\lambda t)^{l-1}}{(l-1)!},\ l = 1,\ 2,\ 3,\ \cdots \tag{4-74}$$

图 4-23 为 $l=1,\ 2,\ 4$ 时的概率密度曲线。

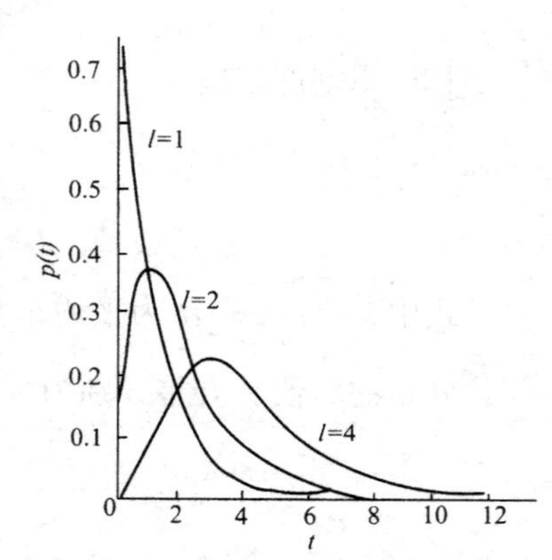

图 4-23　λ 固定时,不同 l 值的爱尔朗分布密度曲线

§4-5 排队论模型

排队论也称随机服务系统理论，是研究“服务”系统因“需求”拥挤而产生等待行列(即排队)的现象以及合理协调“需求”与“服务”关系的一种数学理论。它以概率论为基础，是运筹学的一个重要分支。

一、基本概念

1.“排队”与“排队系统”

“排队”单指等待服务的顾客(车辆或行人)，不包括正在被服务的顾客；而“排队系统”既包括了等待服务的顾客，又包括了正在被服务的顾客。

例如，一队汽车在加油站排队等候加油，它们与加油站构成一个排队系统。其中尚未轮到加油、依次排队等候的汽车行列称为排队，所谓“排队车辆”或“排队(等待)时间”都是仅指排队本身而言；如说“排队系统中的车辆”或“排队系统(消耗)时间”则把正在受服务的车辆也包括在内，后者当然大于前者。

2. 排队系统的三个组成部分

(1) 输入过程

就是指各种类型的顾客按怎样的规律到来，有各种各样的输入过程，例如：

① 定长输入——顾客等时距到达。

② 泊松输入——顾客到达符合泊松分布或顾客到达时距符合负指数分布。这种输入过程最容易处理，因而应用最广泛。

③ 爱尔朗输入——顾客到达时距符合爱尔朗分布。

(2) 排队规则

指到达的顾客按怎样的次序接受服务。例如：

① 损失制——顾客到达时，若所有服务台均被占，该顾客就自动消失，永不再来。

② 等待制——顾客到达时，若所有服务台均被占，它们就排成队伍，等待服务。服务次序有先到先服务(这是最通常的情形)和优先服务(如急救车、消防车等)等多种规则。

③ 混合制——顾客到达时，若队长小于可接受排队长度，就排入队伍；若队长等于可接受排队长度，顾客就离去，永不再来。

(3) 服务方式

指同一时刻有多少服务台可接纳顾客，为每一顾客服务了多少时间。每次服务可以接待单个顾客，也可以成批接待，例如公共汽车一次就装载大批乘客。

服务时间的分布主要有以下几种：

① 定长分布服务——每一顾客的服务时间都相等。

② 负指数分布服务——各顾客的服务时间相互独立，服从相同的负指数分布。

③ 爱尔朗分布服务——各顾客的服务时间相互独立，服从相同的爱尔朗分布。

为了以后叙述上的方便，引入下列记号：令 M 代表泊松输入或负指数分布服务，D 代表定长输入或定长服务，E_k 代表爱尔朗输入或服务。于是，泊松输入、负指数分布服务，N 个服务台的排队系统可以定成 $M/M/N$，泊松输入、定长服务、单个服务台的系统可以写成

$M/D/1$。同样，可以理解 $M/E_k/N$、$D/M/N$ 等记号的含义。如果不附其说明，则这种记号一般都指先到先服务、独个顾客服务的等待制系统。

3. 排队系统的主要数量指标

最重要的数量指标有三个：

(1) 等待时间

从顾客到达时起至开始接受服务时为止的这段时间。

(2) 忙期

服务台连续繁忙的时期，这关系到服务台的工作强度。

(3) 队长

有排队顾客数与排队系统中顾客数之分，这是排队系统提供的服务水平的一种衡量。

二、M/M/1 系统

1. 计算公式

由于 $M/M/1$ 系统排队等待接受服务的通道只有单独一条，也叫"单通道服务"系统，见图 4-24。

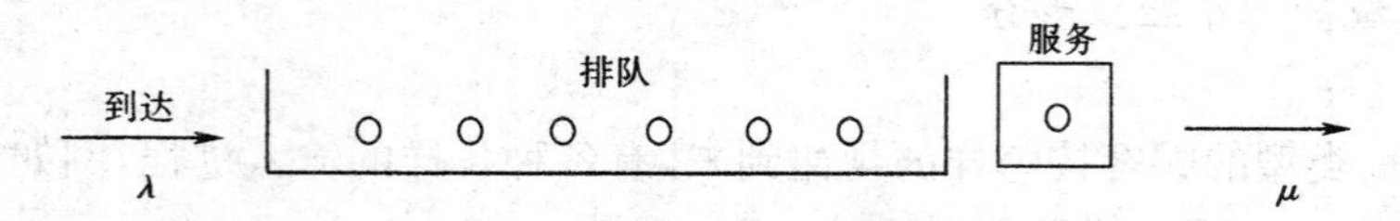

图 4-24 单通道服务系统示意图

设顾客平均达到率为 λ，则到达的平均时距为 $1/\lambda$。排队从单通道接受服务后通过的平均服务率为 μ，则平均服务时间为 $1/\mu$。比率 $\rho=\lambda/\mu$ 叫做服务强度或交通强度或利用系数，可确定各种状态的性质。所谓状态，指的是排队系统的顾客数。如果 $\rho<1$，并且时间充分，每个状态都按一定的非零概率反复出现。当 $\rho\geqslant1$ 时，任何状态都是不稳定的，而排队的长度将会变得越来越长。因此，要保持稳定状态即确保单通道排队能够消散的条件是 $\rho<1$(即 $\lambda<\mu$)。

(1) 在系统中没有顾客的概率

$$P(0)=1-\rho \tag{4-73}$$

(2) 在系统中有 n 个顾客的概率

$$P(n)=\rho^n(1-\rho) \tag{4-74}$$

(3) 系统中的平均顾客数

$$\bar{n}=\frac{\rho}{1-\rho} \tag{4-75}$$

(4) 系统中顾客数的方差

$$\sigma=\frac{\rho}{(1-\rho)^2} \tag{4-76}$$

(5) 平均排队长度

$$\bar{q}=\frac{\rho^2}{1-\rho}=\rho\cdot\bar{n}=\bar{n}-\rho \tag{4-77}$$

(6) 非零平均排队长度

$$\bar{q}_w=\frac{1}{1-\rho} \tag{4-78}$$

(7) 排队系统中的平均消耗时间

$$\bar{d}=\frac{1}{\mu-\lambda}=\frac{\bar{n}}{\lambda} \tag{4-79}$$

(8) 排队中的平均等待时间

$$\bar{w}=\frac{\lambda}{\mu(\mu-\lambda)}=\bar{d}-\frac{1}{\mu} \tag{4-80}$$

2. *应用举例*

例 4-7 某条道路上设一调查统计点，车辆到达该点是随机的，服从泊松分布，单向车流率为 800 辆/h。所有车辆到达该点要求停车领取 OD 调查卡，假设工作人员平均能在 4 s 内处理一辆汽车，符合负指数分布。试估计在该点上排队系统中的平均车辆数、平均排队长度、非零平均排队长度、排队系统中的平均消耗时间以及排队中的平均等待时间。

解 这是一个 M/M/1 排队系统。

$\lambda=800$ 辆/h

$\mu=1/4$ 辆/s$=900$ 辆/h

$\rho=\lambda/\mu=(800)/(900)=0.89<1$，系统是稳定的。

系统中的平均车辆数：

$$\bar{n}=\frac{\rho}{1-\rho}=\frac{\lambda}{\mu-\lambda}=\frac{800}{900-800}=8\text{ 辆}$$

平均排队长度：

$$\bar{q}=\bar{n}-\rho=8-0.89=7.11\text{ 辆}$$

非零平均排队长度：

$$\bar{q}_w=\frac{1}{1-\rho}=\frac{1}{1-0.89}=9.09\text{ 辆}$$

系统中的平均消耗时间：

$$\bar{d}=\frac{\bar{n}}{\lambda}=\frac{8}{800}\text{h/ 辆}=36\text{ s/ 辆}$$

排队中的平均等待时间：

$$\bar{w}=\bar{d}-\frac{1}{\mu}=36-4=32\text{ s/ 辆}$$

例 4-8 今有一停车场，到达车辆是 60 辆/h，服从泊松分布。停车场的服务能力为 100 辆/h，服从负指数分布。其单一的出入道可存车 6 辆，问该数量是否合适？

解 这是一个 M/M/1 排队系统。

$\lambda=60$ 辆/h，$\mu=100$ 辆/h

$\rho=\lambda/\mu=60/100=0.6<1$，系统是稳定的。

因出入道存车量为 6 辆，如果存车量超过 6 辆的概率 $P(>6)$ 很小（一般认为小于 5%），则为合适。反之，则为不合适。

$$P(0)=1-\rho=1-0.6=0.4 \qquad P(1)=\rho(1-\rho)=0.6\times0.4=0.24$$

$$P(2)=0.6^2\times0.4=0.14 \qquad P(3)=0.6^3\times0.4=0.09$$

$$P(4)=0.6^4\times0.4=0.05 \qquad P(5)=0.6^5\times0.4=0.03$$

$$P(6)=0.6^6\times0.4=0.03$$

$$P(>6)=1-P(\leqslant6)=1-\sum_{n=0}^{6}P(n)=1-0.97=0.03$$

计算结果表明，排队车辆数超过 6 辆的可能性极小，故可认为该出入道的存车量是合适的。

三、M/M/N 系统

1. 计算公式

在 M/M/N 排队系统中，服务通道有 N 条，所以也叫“多通道服务”系统。

设 λ 为进入多通道服务系统顾客的平均到达率，排队行列从每个服务台接受服务后的平均输出率为 μ，则每个服务的平均服务时间为 $1/\mu$。仍记 $\rho=\lambda/\mu$，则 ρ/N 称为 M/M/N 系统的服务强度或交通强度或利用系数，亦可称为饱和度。和 M/M/1 相仿，当 $\rho/N<1$ 时，系统是稳定的；而 $\rho/N\geqslant1$ 时，系统的任何状态都是不稳定的，排队长度将趋向于无穷大。

M/M/N 系统根据顾客排队方式的不同，又可分为：

(1) 单路排队多通道服务

指排成一个队等待数条通道服务的情况，排队中头一顾客可视哪个通道有空就到那里去接受服务，如图 4-25 所示。

(2) 多路排队多通道服务

指每个通道各排一个队，每个通道只为其相对应的一队顾客服务，顾客不能随意换队，如图 4-26 所示。这种情况相当于由 N 个 M/M/1 系统组成的系统，其计算公式亦由 M/M/1系统的计算公式确定。

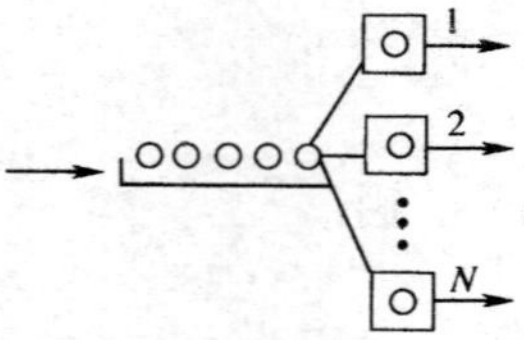

图 4-25 单路排队多通道服务

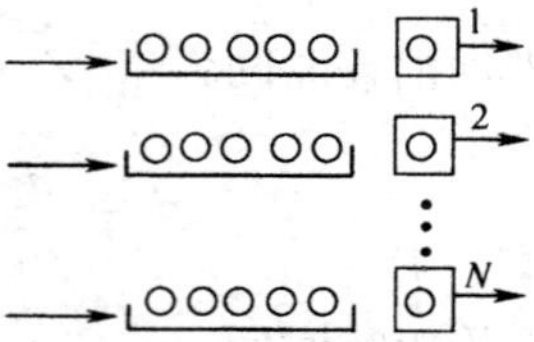

图 4-26 多路排队多通道服务

对于单路排队多通道服务的 M/M/N 系统，其计算公式如下：

① 系统中没有顾客的概率为

$$P(0)=\frac{1}{\sum_{k=0}^{N-1}\frac{\rho^k}{k!}+\frac{\rho^N}{N!(1-\rho/N)}} \tag{4-81}$$

② 系统中有 k 个顾客的概率为

$$P(k)=\begin{cases}\frac{\rho^k}{k!}\cdot P(0), & k<N\\ \frac{\rho^k}{N!N^{k-N}}\cdot P(0), & k\geqslant N\end{cases} \tag{4-82}$$

③ 系统中的平均顾客数为

$$\bar{n}=\rho+\frac{\rho^{N+1}}{N!N}\cdot\frac{P(0)}{(1-\rho/N)^2} \tag{4-83}$$

④ 平均排队长度为

$$\bar{q}=\bar{n}-\rho \tag{4-84}$$

⑤ 系统中的平均消耗时间为

$$\bar{d}=\frac{\bar{q}}{\lambda}+\frac{1}{\mu}=\frac{\bar{n}}{\lambda} \tag{4-85}$$

⑥ 排队中的平均等待时间为

$$\bar{w}=\frac{\bar{q}}{\lambda} \tag{4-86}$$

2. *应用举例*

例 4-9 一加油站，今有 60 辆/h 的车流通过四个通道引向四个加油泵，平均每辆车加油时间为 200 s，服从负指数分布，试分别按多路多通道系统(4 个 M/M/1 系统)和单路多通道系统(M/M/4 系统)计算各相应指标并比较之。

解 (1) 按 4 个平行的 M/M/1 系统计算

根据题意，每个油泵有它各自的排队车道，排队车辆不能从一个车道换到另一个车道上去。把总车流四等分，就是引向每个油泵的车流，于是对每个油泵有：

$$\lambda=\frac{60/4}{3\,600}=\frac{1}{240}\text{ 辆 /s},\quad \mu=\frac{1}{200}\text{ 辆 /s}$$

$$\rho=\frac{\lambda}{\mu}=\frac{5}{6}<1\text{，系统稳定。}$$

$$\bar{n}=\frac{\rho}{1-\rho}=\frac{\frac{5}{6}}{1-\frac{5}{6}}=5\text{ 辆},\quad \bar{q}=\bar{n}-\rho=5-\frac{5}{6}=4.17\text{ 辆}$$

$$\bar{d}=\frac{\bar{n}}{\lambda}=\frac{5}{\frac{1}{240}}=1\,200\text{ s/ 辆},\quad \bar{w}=d-\frac{1}{\mu}=1\,200-200=1\,000\text{ s/ 辆}$$

而对于四个油泵构成的系统：

$$\bar{n}=5\times4=20\text{ 辆},\qquad \bar{q}=4.17\times4=16.68\text{ 辆}$$
$$\bar{d}=1\,200\text{ s/ 辆},\qquad \bar{w}=1\,000\text{ s/ 辆}$$

(2) 按 M/M/4 系统计算

$$\lambda=\frac{60}{3\,600}=\frac{1}{60}\text{ 辆 /s},\qquad \mu=\frac{1}{200}\text{ 辆 /s}$$

$$\rho=\frac{\lambda}{\mu}=\frac{10}{3},\qquad \frac{\rho}{N}=\frac{10}{3\times4}=\frac{5}{6}<1,\text{ 系统稳定。}$$

$$P(0)=\frac{1}{\sum_{k=0}^{3}\frac{\left(\frac{10}{3}\right)^k}{k!}+\frac{\left(\frac{10}{3}\right)^4}{4!\left(1-\frac{5}{6}\right)}}=\frac{1}{16.061\,7+30.864\,2}=0.021\,3$$

$$\bar{q}=\frac{\left(\frac{10}{3}\right)^5}{4!\times4}\times\frac{0.021\,3}{\left(1-\frac{5}{6}\right)^2}=3.33\text{ 辆}$$

$$\bar{n}=\bar{q}+\rho=3.33+\frac{10}{3}=6.66\text{ 辆}$$

$$\bar{d}=\frac{\bar{n}}{\lambda}=\frac{6.66}{\frac{1}{60}}=400\text{ 辆}$$

$$\bar{w}=\frac{\bar{q}}{\lambda}=\frac{3.33}{\frac{1}{60}}=200\text{ s/ 辆}$$

两种系统的相应指标对比如表 4-8。

表 4-8　两种系统相应指标对比

服务指标 \ 系统类型	4 个平行的 M/M/1	M/M/4	$\frac{(1)-(2)}{(1)}\times100\%$
	(1)	(2)	
$\bar{n}$	20	6.6	67
$\bar{q}$	16.68	3.3	80
$\bar{d}$	1 200	400	67
$\bar{w}$	1 000	200	80

由表 4-8 可见，在相同通道数目的条件下，M/M/4 系统明显优于 4 个平行的 M/M/1 系统。原因在于：4 个平行的 M/M/1 系统表面上到达车流被分散，但实际受着排队车道与服务通道一一对应的束缚，如果某一通道由于某种原因拖长了为某车的服务时间，显然要增加在此通道后面排队车辆的等待时间，甚至会出现邻近车道排队车辆后来居上的情形。而 M/M/4 系统就要灵活得多，排在第一位的车辆可视哪个服务台有空就到哪个服务台，避免了各油泵忙闲不均的情形，充分发挥了它们的服务能力，因而显得优越。

§4-6 交通网络流理论

出行者的出行决策可以概括为四个步骤:是否出行、出行目的地选择、出行方式选择和出行路径选择,在交通规划中就对应了交通规划的四阶段法,即出行生成、交通分布、交通方式划分和交通分配。处理城市交通问题往往需要用到城市道路网络上的交通流量。无论是中远期的交通规划,还是短期的交通管理和控制,都需要合理地分析预测交通网络上的交通流量,恰当地理解交通需求在网络上的分布情况。因此,如何建立一个有效的模型来分析网络上的流量分布成为一个关键问题。20 世纪 50 年代,交通均衡理论的提出在很大程度上解决了交通分配的问题,在随后的时间内,大量的研究都是围绕该理论展开。基于均衡理论预测网络上的交通流量,进而为交通规划方案设计和评价等提供依据,已在城市交通规划实践中得到了非常广泛的应用。伴随着不断开展的城市交通规划实践和人们对城市交通网络流认识的深入,在过去几十年中,城市交通网络流理论得到了蓬勃发展,其在城市交通中的应用领域更是不断拓展,例如交通网络设计、OD(Origin,Destination)矩阵估计、拥挤收费、交通网络可靠性评价、交通管理措施优化、道路交通拥堵瓶颈识别等,这些以应用为导向的研究方向的发展大大提高了交通决策的科学性,对节约交通基础设施建设资金、优化供给资源配置、引导土地开发利用等都有着重大价值。本节首先介绍了城市道路的网络表示方法,然后叙述了网络用户均衡的概念和数学表达形式,最后介绍了一个等价的数学规划方法来求解用户均衡模型。

一、城市道路网络的表示

拓扑网络的概念广泛应用于实际生产生活中,如公路运输系统、城市公交系统、通讯系统和计算机网络系统等。这些系统都可以用点和边组成的集合来表示。这些由点和边所组成的拓扑图,并不是按比例尺绘制的,边不代表实际长度,点和边的位置也无地理坐标。图中的点通常称为顶点(vertex)或者节点(node),线段称为弧(arc)、路段(link)或者边(edge)。节点和线段是图中最基本的构成要素。在交通网络流理论中,经常采用节点和路段的表述。

图 4-27 所示网络由 6 个节点和 7 条路段组成,每条路段上的箭头表示承载体的流向,这样的路段通常称为有向路段或有向弧,由有向路段所构成的图称为有向图。交通网络承载交通流,具有明显的方向性,因此交通网络属于有向图。

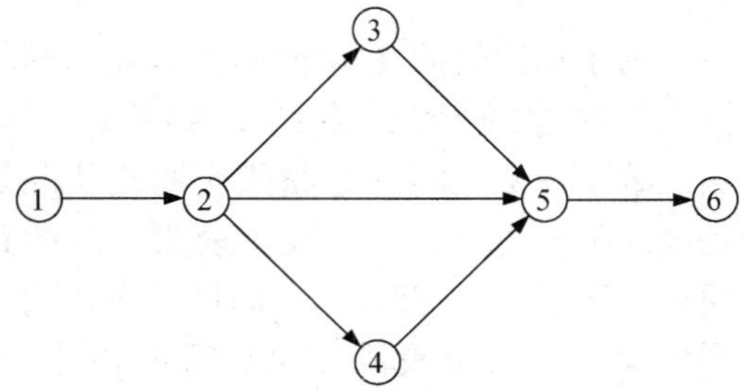

图 4-27 交通网络中的路段和节点

1. 形心和连接器

交通规划的基础是要对交通小区进行划分,交通小区的规模根据规划对象决定。一个城市的交通小区规模可以从十几个到数百个不等。每个交通小区都可用一个节点表示,这个节点称为小区形心(形心)。在城市交通网络上,除了形心,节点还可以代表交通网络上的其他设施,比如交叉口、公交站点等。形心代表了交通需求的起终点。交通网络上的形心被确定下来,网络上从起点到终点的交通需求就可以表达成 OD 矩阵的形式。这个 OD 矩阵描述了所有 OD 对之间的交通需求。

图 4-28 展示了一个交通小区，被 4 条双向道路环绕，交通小区当中的点就是这个交通小区的形心，通过道路连接器与城市路网相连。图中所示小区是出行起点，连接器从形心出发指向城市道路。这个交通小区内的形心代表了这个小区内部所有起点和终点。连接器代表了小区内部道路。如果小区内部的起点和终点是均匀分布的，连接器的出行时间可以根据节点之间的距离来决定。如果小区内部的起点和终点是不均匀分布的，连接器的出行时间可以加上权重来计算。

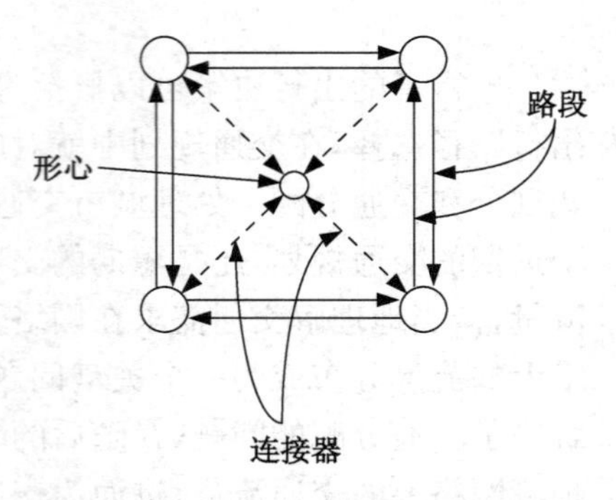

图 4-28　交通小区，形心和连接器

交通小区的大小很大程度上决定了城市道路网络的细致程度，小区形心及其连接线不涉及交通网络上的流量分析，只是承载了该小区的交通需求量，为交通需求进出城市网络提供通道。如果交通分析人员对小区内部的交通流量感兴趣，那么这个小区需要被划分成更小的小区。尽管小区细分可以使交通流量分析更加精确细致，但是，随着交通小区的不断细分，问题分析和数据收集的成本也将大幅提高，所以网络的大小需要在预算和精度之间取得平衡。

2. 路段效用函数

路段上的出行阻抗可以反映网络上包含的路段出行时间、安全程度、出行费用、流量稳定程度等因素。然而，交通阻抗最主要的影响因素是出行时间。把出行时间作为交通阻抗最主要的影响因素有三点考量：(1)路段出行时间对于交通流量的影响最大；(2)几乎所有的用来度量交通阻抗的测量值都与路段出行时间密切相关，并与之呈现相似的变化趋势；(3)相比其他测量值，路段出行时间更加容易获取。当然，考虑了其他测量值的广义交通阻抗也可以在交通均衡模型中去使用。另外，在特定网络上可以使用特定测量值，比如公交网络上的公交出行时间、等车时间、公交费用等都可以用来度量公交网络上的交通阻抗。

由于车辆间的互相影响，路段出行时间随着该路段流量的增加而增加，如图 4-29 所示。所以，路段效用函数是一个反映各个路段交通流状况的函数而不是固定不变的常量。路段流量为 0 时的路段出行时间称为路段自由流时间，此时路段上出行车辆不会受到延误，因为不会受到其他车辆的干扰。当路段流量增加，路段出行时间受到排队等因素的影响呈单调递增的趋势。美国联邦公路局提出的 BPR 函数是目前最为广泛接受和应用的路阻函数。其具体形式为：

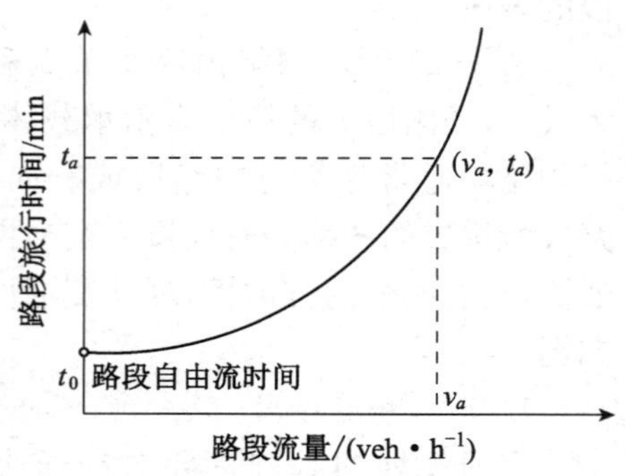

图 4-29　路段效用函数示例

$$t(v) = t_0\left(1 + \alpha\left(\frac{v}{C}\right)^{\beta}\right) \tag{4-87}$$

式中 t—— 路段出行时间；

t_0—— 自由流下的路段出行时间；

v—— 该路段的路段流量；

C—— 路段通行能力；

α、β—— 分别为待定参数，可以根据历史交通数据进行标定。

二、城市交通网络上的均衡

1. 什么是交通网络均衡

交通网络上的均衡源于路段出行时间和路段流量的相互依赖关系。假设网络上用户的出行需求已经确定，即，在交通规划四阶段法中前三个阶段已经完成。从起点到终点存在数条路径相连。那么接下来的问题是，各个 OD 对之间的出行需求是如何分布到这些路径上的？如果所有的用户都选择了相同的道路出行（一般是这些路径中的最短路径），这条路径上的拥挤程度就会随着这条路径上的用户的增加而不断增加。拥挤程度增加导致路径出行时间变长，当出行时间长到一定程度的时候，这条路径就不再是最短出行路径了。这时，一部分出行者就会放弃这条路径，选择当前最短路径出行。

确定网络上各条路径的交通流量实际上就是确定一个供需均衡问题的解。路段流量就是所有经过这条路段的路径的流量之和。每条路段上都有各自定义的相互独立的效用函数，用来描述路段出行时间和路段流量之间的关系。在这个交通网络上，路段、路径、OD 对之间的交通需求紧密联系，相互作用，不可分割。

交通网络流模型可以用来分析小汽车、公交车、小汽车和公交组合的交通分配问题。但是这些问题的核心思想都是交通网络均衡，交通网络均衡描述了出行者在交通网络上的路径选择机制。交通网络的出行者，可能是人、机动车、公交车等。当交通网络用户面临出行路径选择的时候，他们将遵循什么样的选择原则？即，在给定如下三个条件的情况下，如何找到网络上每条路段的出行时间和流量。

(1) 存在一个已经定义好的城市交通网络；

(2) 给定路段效用函数（定义路段出行时间和路段流量的关系）；

(3) OD 出行需求分布矩阵。

这个问题就是大家所熟知的交通分配问题，就是如何将 OD 矩阵分配到交通网络上。通过这个问题求到的路段/路径流量可以被用来计算一系列指标来反映道路乃至整个交通网络上的服务水平和拥堵情况。这为交通基础设施建设、交通相关政策的制定提供了重要的评估手段和决策依据。

要解决交通分配问题，就需要明确网络上出行者的路径选择机制是什么，这个选择机制其实也就是将交通需求分配到各个路径上的过程。所有的 OD 对之间的路径选择行为相互影响。对于一个 OD 对，存在分布交通量和承载分布交通量的若干条路径。多条路径如何共同承载该 OD 对之间的分布交通量呢？

假设所有出行者独立地作出令自己出行费用最小的决策，可以得到一个广泛认可的流量平衡原则，即 Wardrop 第一原则，通常称为用户均衡（User Equilibrium，UE）。用户均衡原则认为，网络上的平衡流量应满足两个条件：第一，在任何一个 OD 对之间，所有被使用了的路径（流量大于零）的出行时间相等，用符号 u^{rs} 来表示他们的出行时间；第二，所有未被使用的路径的出行时间均大于或等于 u^{rs}。在用户均衡状态下，没有用户能够通过单方面的路径变更行为，来减少自己的出行时间。

2. 用户均衡的数学等价条件

上文中所描述的用户均衡模型的两个条件，可以利用如下的数学符号来表达：

$$f_k^{rs}\begin{cases}=0 & c_k^{rs}>u^{rs}\\ >0 & c_k^{rs}=u^{rs}\end{cases}\quad \forall r\in R,\ s\in S,\ k\in K^{rs} \tag{4-88}$$

满足：

$$\sum_{k\in K^{rs}} f_k^{rs}=q^{rs}\quad \forall r\in R,\ s\in S \tag{4-89}$$

$$f_k^{rs}\geqslant 0\quad \forall r\in R,\ s\in S,\ k\in K^{rs} \tag{4-90}$$

式中 R—— 出行起点的集合；

$r\in R$—— 其中一个出行起点；

S—— 出行终点集合；

$s\in S$—— 其中一个出行终点；

K^{rs}——r 到 s 之间的路径集合；

$k\in K^{rs}$—— 其中的一条路径；

$f_k{}^{rs}$——OD 对$(r,\ s)$之间第 k 条路径的路径流量；

q^{rs}——OD 对$(r,\ s)$之间的需求量；

$c_k{}^{rs}$—— OD 对$(r,\ s)$之间第 k 条路径的出行时间，可通过该路径所经过的路段上的出行时间求和而得。

公式(4-88)表示只有当第 k 条路径的是最短路的时候(出行时间等于 u^{rs})，才有用户选择这条路径，这条路径上才有流量分配上去。公式(4-89)是 OD 对$(r,\ s)$之间的路径流量守恒约束。公式(4-90)是非负约束。

公式(4-88)到(4-90)可以等价转化为如下的式子，被称为用户平衡的数学条件：

$$\begin{aligned}f_k^{rs}(c_k^{rs}-u^{rs})&=0\\ c_k^{rs}-u^{rs}&\geqslant 0\end{aligned}\quad \forall r\in R,\ s\in S,\ k\in K^{rs} \tag{4-91}$$

满足：

$$\sum_{k\in K^{rs}} f_k^{rs}=q^{rs}\quad \forall r\in R,\ s\in S \tag{4-92}$$

$$f_k^{rs}\geqslant 0\quad \forall r\in R,\ s\in S,\ k\in K^{rs} \tag{4-93}$$

公式(4-91)与公式(4-88)完全等价。在该数学条件的基础上，可以进一步计算用户平衡的流量，并构造其他容易求解的数学模型。

3. 一个简单的用户均衡例子

考虑一个由两条路段组成的网络，如图 4-30 所示。该网络由一个 OD 对组成，有两条可选路径(路段)。令 t_1 和 t_2 分别表示路段 1 和路段 2 上的路段出行时间，x_1 和 x_2 表示路段 1 和路段 2 上的路段流量。OD 间的总出行需求量用 q 表示。q 与 x_1、x_2 之间存在流量守恒的关系，即

$$q = x_1 + x_2 \tag{4-94}$$

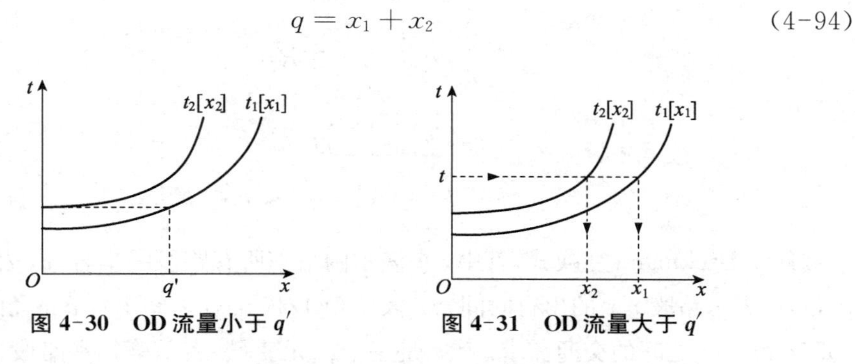

图 4-30 OD 流量小于 q'　　图 4-31 OD 流量大于 q'

路段出行时间是受路段流量影响的函数，路段流量越高，道路越拥挤，出行时间越长。出行者根据各条路径的出行时间选择最短路径出行。

(1) 当 OD 对之间的出行量小于 q'的时候，虽然出行者选择路段 1 出行引起了出行时间的增长，但即使所有出行者都选择路段 1 出行，路段 1 的出行时间仍然小于路段 2。所以，根据 Wardrop 第一原则，这个 OD 对之间所有的交通量都加载到路段 1 上。

(2)当需求量 q 超过临界点 q' 时，为了选择最短路径出行，一部分交通量就会转移到最短路上来，从出行个体的角度看，当一个出行者选择路段 2 出行，下一个出行者就会选择路段 1 出行。因为，路段 2 由于路段流量的增加而加剧了路段拥挤，道路服务水平降低，路段出行时间增长。最终，当所有个体完成他们的路径选择的时候，凡是被使用的路径，出行费用都相等，并且都是最短路。只要有更短的路径存在，一部分出行者就会改变他们的出行路径，降低出行时间。当所有被使用的路径出行时间都相等的时候，出行者就无法通过改变出行路径来降低出行时间。

上述两种情形，总结起来就是交通网络流量均衡(用户均衡)的定义：对于每个 OD 对，所有被使用的路径上的出行时间都相等，并且小于或等于没有被使用的路径上的出行时间。

根据用户均衡条件，OD 对之间路径可以分为两类，第一类路径承载了流量，路径上的出行时间都相等；第二类路径并不承载流量，这类路径上的出行时间不小于第一类路径上的出行时间，至少与其相等。

在这个只有两条路段组成的小网络上，基于用户均衡的定义，任意大小的需求量都可以求解相应的路段流量。当流量 q 小于 q' 时，所有流量都将被加载到路段 1 上。当流量 q 大于临界流量 q' 时，根据均衡定义，就意味着 $t_1 = t_2 = t$，而路段流量是路段出行时间的反函数。即，$x_1 = t_1^{-1}(t)$，$x_2 = t_2^{-1}(t)$。

三、等价数学规划模型简介

尽管上节介绍了用户均衡的定义及简单网络(由两条路段组成的网络)下的计算方法，要在大规模网络中利用用户均衡条件来求解流量非常困难。1956 年，Beckmann 等人提出

用如下的非线性数学规划模型来代替上述用户均衡模型的最优化条件，从而利用效率更高的数学算法来求解网络均衡流量。

$$\min z=\sum_{a\in A}\int_0^{v_a}t_a(x)\mathrm{d}x \tag{4-95}$$

满足：

$$\sum_k f_k^{rs}=q^{rs}\quad \forall r\in R,\ s\in S \tag{4-96}$$

$$v_a=\sum_{r\in R}\sum_{s\in S}\sum_k f_k^{rs}\delta_{a,k}^{rs}\quad \forall a\in A \tag{4-97}$$

$$f_k^{rs}\geqslant 0\quad \forall r\in R,\ s\in S,\ k\in K^{rs} \tag{4-98}$$

该模型被称为 Beckmann 变换式，其中，A 表示网络中所有路段的集合，v_a 表示路段 a 上的出行流量，t_a 表示路段 a 上的出行时间，f_k^{rs} 表示 OD 对 $(r,\ s)$ 之间第 k 条路径的路径流量。q^{rs} 表示 OD 对 $(r,\ s)$ 之间的交通需求。$\delta_{a,k}^{rs}$ 是一个二元变量，表示路径和路段之间的关系，例如，$\delta_{a,k}^{rs}=1$ 表示路径 $k\in K^{rs}$ 经过了路段 a，$\delta_{a,k}^{rs}=0$ 则表示没有经过。公式(4-96)、式(4-97)、(4-98) 是网络中的流量守恒条件，作为模型的约束条件。该数学模型具有如下两个性质：

(1) Beckmann 变换式的最优解与用户均衡条件等价。Beckmann 变换式这个数学模型的最优解就是满足用户均衡条件的网络流量。

(2) Beckmann 变换式存在最优解且最优解是唯一的。

因此，求解 Beckmann 变换式可以在得到网络上的均衡流量。在此之前，用户均衡的概念还停留在理论阶段，无法应用到实际交通规划中。Beckmann 变换式将用户均衡条件转化为非线性数学规划问题，该数学规划问题是一个凸规划问题。1975 年 LeBlanc 用 Frank-Wolfe 算法对该模型成功进行了求解。Frank-Wolfe 算法是 Frank 和 Wolfe 于 1956 年提出的一种求解带线性约束的非线性规划问题的线性化算法，属于可行方向法的一种。Frank-Wolfe 算法在交通网络均衡问题上的应用对于推动交通网络流理论的发展具有里程碑式的意义。

复习思考题

4-1　交通流三参数间有什么关系？有哪些特征变量？

4-2　简述车辆跟驰特性、跟驰模型及在交通工程中的应用。

4-3　简述车辆波动理论、交通波速及在交通工程中的应用。

4-4　简述离散型车流分布模型的类型、表达式、适用条件和适用情况。

4-5　简述离散型分布拟合优度检验的基本原理、方法和注意事项。

4-6　简述连续型车流分布模型的类型、表达式、适用条件和适用情况。

4-7　简述排队论、排队系统及服务方式。

4-8　简述用户均衡理论的定义、假设和数学表达式。

习 题

4-1 在交通流模型中，假定流速 V 与密度 k 之间的关系式为 $V=a(1-bk)^2$，试依据两个边界条件，确定系数 a、b 值，并导出速度与流率以及流率与密度的关系式。

4-2 已知某公路上畅行速度 $V_f=82$ km/h，阻塞密度 $k_j=105$ 辆/km，速度与密度用线性关系模型，求：

(1) 在该路段上期望得到的最大流率；

(2) 此时所对应的车速是多少？

4-3 对通过一条公路隧道的车速与车流率进行了观测，发现车流密度和速度之间的关系具有如下形式：

$$\overline{V}_s=35.9\ln\frac{180}{k}$$

式中车速 $\overline{V}_s$ 以 km/h 计，密度 k 以辆/km 计，试问在该路上的拥塞密度是多少？

4-4 某快速干道上车流的速度-密度模型为 $V^{0.103}=1.624-0.0041k$，其中 V 以 km/h 计，k 以辆/km 计。一列速度 $V_1=80$ km/h 的车流中由于被插入一辆速度 $V_2=19.2$ km/h 的低速车并不能超车而集结形成速度为 V_2 的拥挤车流。低速车行驶了 3.2 km 后驶离车队，拥挤车队随之离散形成具有速度 $V_3=48$ km/h 的状态，试求：

(1) 拥挤车队持续的时间；

(2) 拥挤车队最大排队长度；

(3) 拥挤车队持续时间内，参与排队的车辆总数。

4-5 某交通流属泊松分布，已知交通量为 1 200 辆/h，求：

(1) 车头时距 $t\geqslant 5$ s 的概率；

(2) 车头时距 $t>5$ s 所出现的次数；

(3) 车头时距 $t>5$ s 车头间隔的平均值。

4-6 已知某公路 $q=720$ 辆/h，试求某断面 2 s 时间段内完全没有车辆通过的概率及其出现次数。

4-7 某享有优先通行的主干道车流率 $N=360$ 辆/h，车辆到达服从泊松分布，主要道路允许次要道路穿越的最小车头时距 $t=10$ s，求：

(1) 每小时有多少个可穿空档？

(2) 若次要道路饱和车流的平均车头时距为 $t_0=5$ s，则该路口次要道路车流穿越主要道路车流的最大车辆数为多少？

4-8 不设信号灯管制的十字交叉口，次要路上的车辆为能横穿主要路上的车流，车辆通过主要车流的最小车间时距为 6 s，次要道路饱和车流的平均车头时距为 3 s，若主要车流的流率为 1 200 辆/h。试求：

(1) 已知车间时距为 6 s 或更大的概率是多少？次要路可能通过的车辆为多少？

(2) 若最小车间时距为 1.0 s，那么已知车间时距大于 6.0 s 的概率是多少？次要路可能通过的车辆为多少？

4-9　今有 1 500 辆/h 的车流通过三个服务通道引向三个收费站，每个收费站可服务 600 辆/h，试分别按单路排队和多路排队两种服务方式计算各相应指标。

4-10　考虑一个简化的交通网络(如右图所示)，由一个 OD 对和两条路段组成。假设 OD 对之间的交通需求是 100 辆 /h，路段 1 的路阻函数是 $t_1(x_1)=40+x_1$，路段 2 的路阻函数是 $t_2(x_2)=10+x_2^2$，其中 t_1、t_2 分别表示路段 1、2 上的出行时间，x_1、x_2 分别表示路段 1、2 上的交通流量。试分别求出满足用户均衡和系统最优条件的路段流量和出行时间。

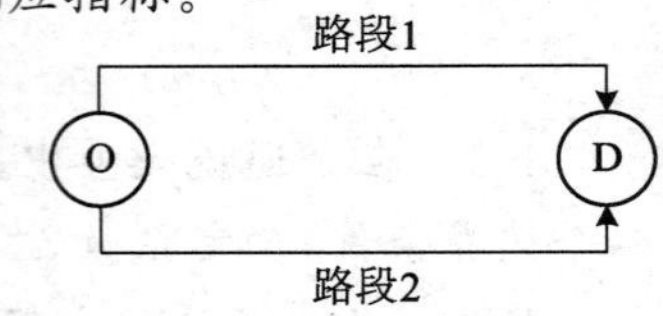

习题 4-10 图　交通网络示例

第5章　道路通行能力与服务水平

§5-1　概　　述

道路通行能力分析的主要目的是求得在指定的交通运行质量条件下，道路交通设施每小时所能疏导的最大交通量，如人数或车辆数。但是在到达或接近通行能力时，交通设施的运行状况通常较差，一般不会将设施设计在该范围内运行。交通设施疏导交通流需要保持一定的运行水平，称之为交通设施的服务水平，作为划分交通设施疏导交通流运行质量的标准。

一、道路通行能力概述

道路交通设施的通行能力是指在一定的道路、交通和管制条件下，在每小时内能通过车道、道路中某一点或均匀断面的最大交通量。在进行通行能力分析的同时，需要进行运行质量分析，将道路规划、设计及交通管理等与运行质量联系起来，这样可以合理地使用道路工程资金和提高道路工程和汽车运输的综合经济效益。

1. 通行能力的种类及其定义

确定道路通行能力的种类主要考虑两点：一是通行能力分析必须与运行质量相联系；二是需要有一种具体道路均能与之对比的基本参照通行能力。因此，通行能力按作用性质分为三种：

(1) 基本通行能力

是指道路组成部分在理想的道路、交通、控制和环境条件下，该组成部分一条车道或一车行道的均匀段上或一横断面上，不论服务水平如何，1 h 所能通过标准车辆的最大辆数。

(2) 可能通行能力

是指一已知道路的一组成部分在实际或预测的道路、交通、控制及环境条件下，该组成部分一条车道或一车行道对上述诸条件有代表性的均匀段上或一横断面上，不论服务水平如何，1 h 所能通过的车辆(在混合交通道路上为标准汽车)的最大辆数。

(3) 设计通行能力

是指一设计中的道路的一组成部分在预测的道路、交通、控制及环境条件下，该组成部分一条车道或一车行道对上述诸条件有代表性的均匀段上或一横断面上，在所选用的设计服务水平下，1 h 所能通过的车辆(在混合交通道路上为标准汽车)的最大辆数。

2. 交通量、交通流率和计算通行能力的时间间隔

交通量是在一段时间间隔内，通过一点观测或预测的实际车辆数；交通流率则表达按照不足 1 h 观测间隔的交通情况，通过一点的小时当量的车辆数。流率更能细致地反映交通量的波动情况，也更便于不同时间段的相互比较，在通行能力分析中，通常采用高峰时间的流率，而非 1 h 的交通量作为分析对象。

因为 15 min 为稳定交通流的最短存在时间，所以通常以 15 min 作为研究交通流量与运行质量相互关系的时间间隔。

3. 理想条件

理想条件原则上是指对条件更进一步提高也不能提高基本通行能力的条件。各理想条件的内容包括：

(1) 道路条件

是指道路的几何特征，包括车道数，车道、路肩和中央分隔带等的宽度及平、纵线形和视距等。

(2) 交通条件

是指交通特征。它包括交通流中的交通组成、交通量以及在不同车道中的交通量分布和上、下行方向的交通量分布。

(3) 控制条件

是指交通控制设施的形式及特定设计和交通规则。其中交通信号的设置地点、形式和预定时对通行能力的影响最大。其他重要交通控制包括停车和让路标志、车道使用限制及转弯限制等等。

(4) 环境条件

主要指横向干扰程度以及交通秩序等。

对于混合交通的双车道和单车道公路，一车道中所有车辆基本上不是以一列形式行驶，各类车辆行驶的横向位置的范围有差别，常交错行驶，不宜应用理想条件，故定出了具体路段可与之对比的基准条件。

4. 车辆换算系数和换算交通量

(1) 车辆换算系数

在分析计算通行能力和服务水平时，需要将标准汽车交通量与实际或预测的交通组成中各类车辆交通量进行换算，需要用到车辆换算系数。此系数的定义是在通行能力方面某类车辆一辆等于标准车辆的辆数。

(2) 换算交通量

也称为当量交通量，就是将总交通量中各类车辆交通量换算成标准车型交通量之和。其计算式如下：

$$V_e = V \sum P_i E_i \tag{5-1}$$

式中 V_e——当量交通量(pcu/h)；

V——未经换算的总交通量(veh/h)；

P_i——第 i 类车交通量占总交通量的百分比(%)；

E_i——第 i 类车的车辆换算系数。

5. 影响通行能力的主要因素及其对通行能力的修正系数

道路各组成部分的主要影响因素及其对通行能力的修正系数参见本章有关内容。要说明的是，路面使用质量尤其是不平整度对通行能力有较大的影响；气候尤其是雨、雪、雾以及台风等对通行能力有时也有较大的影响。但路面使用质量及气候的影响程度变化范围很大，且不易用数字具体表示，故在主要影响因素中没有涉及路面使用质量及气候这两种影响因素。通行能力和服务水平的各种关系及参数值均是在路面使用质量良好及气候正常情况下得出的。另外，智能交通系统(ITS)技术对道路通行能力的影响较大，如对于高速公路和其他连续流道路，ITS技术可以缩短车头时距，提高通行能力；对于信号交叉口，ITS技术可以更有效地分配绿灯时间，提高通行能力。

二、道路服务水平概述

通行能力的分析计算离不开交通运行质量。交通设施需要维持一定的运行水平，所以通行能力的分析计算必须与服务水平的分析计算一起进行。服务水平(LOS)是描述交通流运行状况的一种质量标准，通常用速度、行程时间、驾驶自由度、交通中断、舒适等指标来描述。

1. 道路服务水平的定义

道路服务水平是交通流中车辆运行的以及驾驶员和乘客所感受的质量量度，亦即道路在某种交通条件下所提供运行服务的质量水平。

2. 道路服务水平的分级及各级服务水平的运行质量描述

在达到基本通行能力(或可能通行能力)之前，交通量愈大，则交通密度也愈大，而车速愈低，运行质量也愈低，即服务水平愈低。达到基本通行能力(或可能通行能力)之后，则交通量不可能再增加，而是运行质量愈低交通量也愈低，但交通密度仍愈大，直至车速及交通量均下降至零为止。理想条件下道路的交通量-车速关系图及交通量-交通密度关系图分别见图5-1及图5-2。

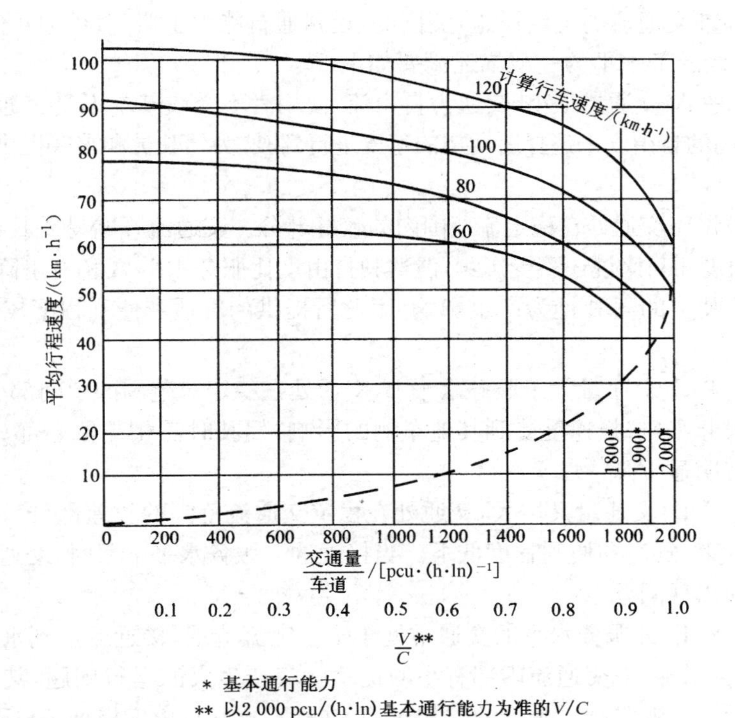

图5-1 在理想条件下交通量-车速关系图

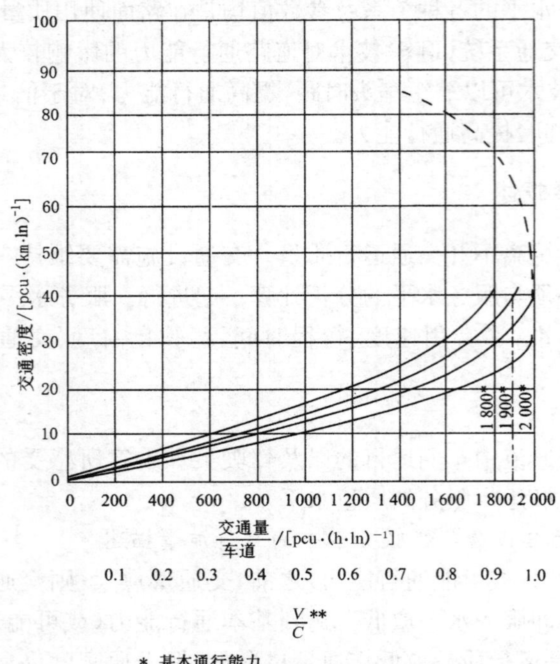

图 5-2　在理想条件下交通量-交通密度关系图

针对非中断性交通流的道路设施,美国的《道路通行能力手册》(HCM)将服务水平分为A至F六级,各级服务水平的一般描述摘要如下:

(1) 服务水平A:交通量很小,交通为自由流,使用者不受或基本不受交通流中其他车辆的影响,有非常高的自由度来选择所期望的速度进行驾驶,为驾驶员和乘客提供的舒适便利程度极高。

(2) 服务水平B:交通处在稳定流范围内的较好部分。交通流开始易受其他车辆的影响,选择速度的自由度相对来说还不受影响,但驾驶自由度比服务水平A稍有下降。由于其他车辆开始对少数驾驶员的驾驶行为产生影响,因此所提供的舒适和便利程度较服务水平A低一些。

(3) 服务水平C:交通量大于服务水平B,交通处在稳定流范围的中间部分,但车辆间的相互影响变得大起来,选择速度受到其他车辆的影响,驾驶时需相当留心部分其他车辆,舒适和便利程度有明显下降。

(4) 服务水平D:交通量又增大,交通处在稳定交通流范围的较差部分。速度和驾驶自由度受到严格约束,舒适和便利程度低下。当接近这一服务水平下限时,交通量有少量增加就会在运行方面出现问题。

(5) 服务水平E:此服务水平的交通常处于不稳定流范围,接近或达到水平最大交通量时,交通量有小的增加,或交通流内部有小的扰动就将产生大的运行问题,甚至发生交通中断。此水平内所有车速降到一个低的但相对均匀的值,驾驶自由度极低,舒适和便利程度也非常低,驾驶员受到的挫折通常是大的。此服务水平下限时的最大交通量即为基本通行能力(理想条件下)或可能通行能力(具体道路的可能条件下)。

(6) 服务水平 F：交通处于强制流状态，车辆经常排成队，跟着前面的车辆停停走走，极不稳定。在此服务水平中，交通量与速度同时由大变小，直到零为止，而交通密度则随交通量的减少而增大。

过去很长一段时间，我国将服务水平划分为 4 个等级，但是部分管理人员和设计人员在实际运用中发现 4 个级别的划分存在着明显的不足，于是在新的规范中，如《公路路线设计规范》(JTG D20-2017)和《公路工程技术标准》(JTG B01-2014)，对服务水平分级进行了细化，亦采用 6 级服务水平划分，具体各划分如下：

(1) 一级服务水平：交通流处于完全自由流状态，交通量小，速度高，行车密度小，驾驶员能自由地按照自己的意愿选择所需速度，行驶车辆不受或基本不受交通流中其他车辆的影响。在交通流内驾驶的自由度很大，为驾驶员、乘客或行人提供的舒适度和方便性非常优越。较小的交通事故或行车障碍引起的影响容易消除，在事故路段不会产生停滞排队现象，很快就能恢复到一级服务水平。

(2) 二级服务水平：交通流状态处于相对自由流的状态，驾驶员基本上可按照自己的意愿选择行驶速度，但是开始注意到交通流内有其他使用者，驾驶员身心舒适水平很高，较小交通事故或行车障碍引起的影响容易消除，在事故路段的运行服务情况比一级差些。

(3) 三级服务水平：交通流状态处于稳定流的上半段，车辆间的相互影响变大，选择速度受到其他车辆的影响，变换车道时驾驶员要格外小心，较小交通事故仍能消除，但事故发生路段的服务质量大大降低，严重阻塞并形成排队车流，驾驶员心情紧张。

(4) 四级服务水平：交通流处于稳定流范围的下限，但是车辆运行明显地受到交通流内其他车辆的影响，速度和驾驶的自由度受到明显限制。交通量稍有增加就会导致服务水平的显著降低，驾驶人员身心舒适水平降低，即使较小的交通事故也难以消除，会形成很长的排队车流。

(5) 五级服务水平：交通流处于拥堵流的上半段，其下是达到最大通行能力时的运行状态。对于交通流的任何干扰，都会在交通流中产生一个干扰波，交通流不能消除它，任何交通事故都会形成长长的排队车流，车流行驶灵活性极端受限，驾驶人员身心舒适水平很差。

(6) 六级服务水平：交通流处于拥堵流的下半段，是通常意义上的强制流或阻塞流。这一服务水平下，交通设施的交通需求超过其允许的通过量，车流排队行驶，队列中的车辆出现停停走走现象，运行状态极不稳定，可能在不同交通流状态间发生突变。

三、通行能力和服务水平的作用

通行能力与服务水平分析作为规划、设计与管理的基本依据，贯穿于我国交通建设的各个阶段，通行能力与服务水平分析主要有以下作用：

1. 用于道路规划设计

在规划、设计阶段，计算在特定的运行状况条件下，承担给定交通量所需要的道路设施几何参数，并预测其他一些设计要素对通行能力和运行特性的影响。

(1) 确定道路技术等级的主要依据

根据设计小时交通量和道路设计通行能力的对比，可以提出所设计道路的技术等级、所需要的车道数以及是否需要设置爬坡车道等。

(2) 设计长度内总体服务水平的分析

通过对道路各组成部分通行能力和服务水平的分析计算后，可以得到每一组成部分的服务水平分级，以了解全线服务水平的差别情况，并从整体出发，做出几何设计上的调整与改进，并消除潜在的瓶颈路程。

2. 交通运行状况分析

在现有或规划的交通需求下，通过通行能力与服务水平分析，可以发现交通设施存在的问题，并寻找解决问题的方法，正确评价道路运行状况，为管理部门制订正确的交通管理措施提供依据。

(1) 用于交通运行分析

评估现有交通设施与交通需求之间的适应程度，并通过交通量预测及投资效益和环境影响等的评估，规划交通设施的改善程度、建设规模和实施步骤等。

(2) 用于交通管理与控制

对现有的或潜在的瓶颈路段进行分析，并进行交通量预测，提出改善交通运行质量的交通管理措施。或者根据预测交通量增长情况和分析运行质量变化情况，计划好各阶段交通管理措施。

四、道路交通设施分类

道路交通设施一般划分为城间公路、城市道路、公共交通线路、行人道和自行车道等等。由于公共交通、行人交通、自行车交通的特殊性，其通行能力分析方法不同于一般道路通行能力的分析方法。道路通行能力分析的道路交通设施按照交通流运行类型可以分为连续流设施、间断流设施两种。

城市间高速公路不仅没有固定的中断交通流的交通设施，而且在车辆由匝道经过合流、分流或交织进入高速公路，一般认为高速公路及其组成部分的交通流是最纯粹的连续流。多车道公路和双车道公路在固定的中断交通点之间有足够长的路段可以认为是连续流。在多车道公路和双车道公路上，一般需要考查固定的中断点来确定连续流路段。城市道路的快速路与城市间高速公路类似，城市干道与支路与城市间多车道公路、双车道公路类似。间断流道路设施有信号控制交叉口、无信号控制交叉口、环形交叉口等，其通行能力分析必须考虑中断交通流的具体交通设施的影响。以信号控制交叉口为例，交通信号灯中断了交叉口的交通流，信号控制交叉口为城市道路的间断流交通设施。信号交叉口的通行能力不仅受到物理空间的限制，还受到信号配时的影响。因此，城市道路与城间公路根据其疏导交通流的特征，对其通行能力分析时一般按照基本路段、交织路段、道路无信号交叉口、环形交叉口、信号控制交叉口分别计算。例如高速公路与城市快速路的基本路段、多车道公路路段、城市干道路段的通行能力计算方法基本相同，只是选择的基本参数、修正参数不同。

公共交通线路比较特殊，例如一般公交线路在道路上行驶，有些则拥有专用道路例如公交专用道路等、有些不属于道路范围例如城市地铁、轻轨等，因此公共交通设施的通行能力比较复杂有专门的计算方法。行人和自行车交通设施与一般道路不同，行人交通设施和自行车道通行能力也有专门的计算分析方法。

§5-2 基本路段的通行能力与服务水平

选取高等级道路基本路段作为连续流道路交通设施的代表说明路段通行能力与服务水

平分析方法。

一、引言

1. 高等级道路的定义及其组成

高等级道路一般指高速公路与城市快速路，是具有中央分隔带，上下行每个方向至少有两车道，全部立体交叉，完全控制出入的道路。高等级道路是彻底的非中断性交通流设施。在正常情况下，高等级道路上的车辆可以不停顿地连续行驶。

高等级道路一般由以下三部分组成：

(1) 基本路段；

(2) 交织区；

(3) 匝道，其中包括匝道-主线连接处及匝道-横交道路连接处。

2. 高等级道路基本路段的定义

高等级道路基本路段是指主线上不受匝道附近车辆汇合、分离以及交织运行影响的路段部分。高速公路与城市快速路基本路段具体划分标准不同，例如高速公路基本路段是指驶入匝道-主线连接处上游 150 m 至下游 760 m 以外、驶出匝道-主线连接处上游 760 m 至下游 150 m 以外以及表示交织区开始的汇合点上游 150 m 至表示交织区终端的分离点下游 150 m 以外的主线路段，见图 5-3。由于高速公路基本路段与城市快速路基本路段的通行能力分析方法类似，只是其基本通行能力和修正系数不同，故基本路段通行能力与服务水平的计算分析方法以高速公路为例介绍。

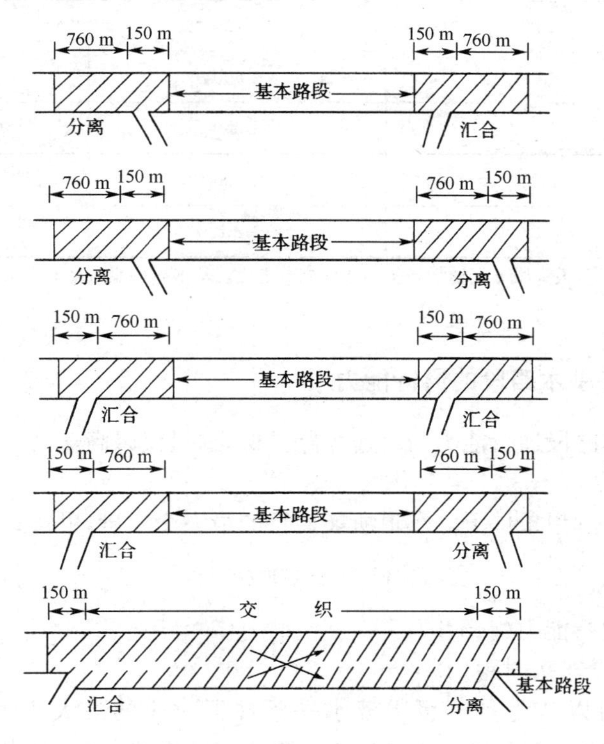

图 5-3　高速公路基本路段示意图

高速公路是多车道公路，和其他多车道公路一样，由于两个方向的交通运行互不依赖，且两个方向在其前进方向上的线形(其中主要是纵断线形上)的不同，因此，两个方向车行道的通行能力和服务水平的分析计算是分别进行的。

高速公路基本路段的理想条件包括：

(1) 3.75 m≤车道宽度≤4.50 m；

(2) 侧向净宽≥1.75 m；

(3) 车流中全部为小客车；

(4) 驾驶员均为经常行驶高速公路且技术熟练、遵守交通法规者。

二、高等级道路基本路段的服务水平

城市快速路基本路段通行能力与高速公路类似，这里仅以高速公路为例进行介绍。高速公路基本路段服务水平分级的关键性参数是 V/C。各种设计速度的基本路段在理想条件下各级服务水平的平均行程速度、V/C 及最大服务交通量列于表 5-1。

表 5-1　高速公路基本路段服务水平分级表(JTG D20-2017)

服务水平等级	V/C	设计速度/(km·h^{-1})		
		120	100	80
		最大服务交通量/[pcu·(h·ln)$^{-1}$]	最大服务交通量/[pcu·(h·ln)$^{-1}$]	最大服务交通量/[pcu·(h·ln)$^{-1}$]
一	≤0.35	750	730	700
二	≤0.55	1 200	1 150	1 100
三	≤0.75	1 650	1 600	1 500
四	≤0.90	1 980	1 850	1 800
五	≤1.00	2 200	2 100	2 000
六	>1.00	0～2 200	0～2 100	0～2 000

注：V/C 是在基准条件下，最大服务交通量与基本通行能力之比。基本通行能力是五级服务水平条件下对应的最大服务交通量。

三、高等级道路基本路段的通行能力

城市快速路基本路段通行能力与高速公路类似，这里仅以高速公路为例进行介绍。

1. 基本通行能力

基本通行能力为理想条件下一车道所能通行的最大交通量，可按式(5-2)计算：

$$C_0 = 3\,600/h \tag{5-2}$$

式中　C_0——基本通行能力(pcu/h)；

h——最小安全车头时距(s)。

基本通行能力可以认为是五级服务水平条件下对应的最大小时服务交通量，根据表 5-1，设计速度为 120、100 和 80 km/h 的高速公路基本路段的 C_0 分别为 2 200、2 100、2 000 pcu/(h·ln)。

2. 实际(可能)通行能力

在实际(可能)运行中,高速公路通行能力受道路几何条件、交通组成、驾驶员情况等因素影响,需要对基本通行能力进行修正:

$$C_{A}=C_{0}\cdot N\cdot f_{HV}\cdot f_{p}\cdot f_{f} \tag{5-3}$$

式中 C_A——实际(可能)通行能力(pcu/h);

N——单向车行道的车道数;

f_{HV}——交通组成对通行能力的修正系数;

f_p——驾驶员条件对通行能力的修正系数;

f_f——路侧干扰修正系数。

(1) 交通组成对通行能力的修正系数 f_{HV}

大型车与中型车的动力性能比不上小型车,所以需要按照车型比例对通行能力进行修正。计算公式为式(5-4)。

$$f_{HV}=\frac{1}{1+\sum P_{i}(E_{i}-1)} \tag{5-4}$$

式中 P_i——车型 i 交通量占总交通量的百分比;

E_i——车型 i 的车辆折算系数。

从不同角度、不同出发点获取的车辆折算系数有一定的差异,为简化车辆折算系数在实际中的应用,表 5-2 为一套可适用于各级公路的车辆折算系数推荐表。

表 5-2 车辆折算系数推荐表

车辆类型	小客车	大型客车	大型货车	铰接车
换算系数	1.0	2.0	2.5	3.0

(2) 驾驶员条件对通行能力的修正系数 f_p

根据驾驶员的熟练程度、遵守交通法规的程度、驾驶员行驶经验与健康状况,在 0.95~1.00 之内取值。

(3) 路侧干扰修正系数 f_f

对于高速公路,路侧干扰修正系数取值 1.00。

3. 设计通行能力

高速公路需要维持一定的服务质量,在设计时需要结合特定的服务水平来确定通行能力。

$$C_{D}=C_{A}\cdot(V/C)_{i} \tag{5-5}$$

式中 C_D——设计通行能力(pcu/h);

$(V/C)_i$——第 i 级服务水平下的饱和度。

高速公路一般是按三级服务水平设计,在条件受限区域,可根据实际情况适当降低设计标准。

四、算例分析

例 5-1 在平原地区有一双向四车道的高速公路，设计速度为 100 km/h。分析路段长 2 km，大客车占 15%，中型货车占 19%，大型货车站 6%，特大型车占 5%；高峰单向小时交通量为1 358 veh/h，实际平均行驶速度为 85.4 km/h。试分析其服务水平。

解 (1)根据上一小节，可得：

$$f_{\mathrm{HV}} = \frac{1}{1+\sum P_i(E_i-1)}$$

$$= \frac{1}{1+[0.34\times(1.5-1)+0.06\times(2.0-1)+0.05\times(3.0-1)]}$$

$$= 0.752$$

$$f_{\mathrm{p}} = 1.0,\quad f_{\mathrm{f}} = 1.0,\quad C_0 = 2\,100\ \mathrm{pcu/(h\cdot ln)}$$

(2) 计算饱和度 V/C：

$$V/C = \frac{V_{\mathrm{P}}}{C_0\cdot N\cdot f_{\mathrm{HV}}\cdot f_{\mathrm{p}}\cdot f_{\mathrm{f}}} = \frac{1\,358}{2\,100\times 2\times 0.752\times 1.0\times 1.0} = 0.430$$

(3) 因为饱和度为 0.430，查表 5-1 可知，该高速公路处于二级服务水平。

§5-3 平面交叉口的通行能力与服务水平

一、无信号交叉口通行能力

1. 行车规定

在无信号灯控制的交叉口上，我国未采取其他交通管理措施。按照惯例，主要道路上的车辆优先通行，通过路口不用停车，一直通过；沿次要道路行驶的车辆，让主要道路上的车辆先行，寻找机会穿越主要道路上车流的空档，通过路口。

主要道路上能够通过的车辆多少，按路段计算。次要道路上能够通过多少车辆，受下列因素影响：主要道路上车流的车头间隔分布、次要道路上车辆穿越主要道路车流所需时间、次要道路上车辆跟驰的车头时距大小、主要道路上车流的流向分布。

这种路口的通行能力，等于主要道路上的交通量加上次要道路上车辆穿越空档能通过的车辆数。若主要道路上的车流已经饱和，则次要道路上的车辆一辆也通不过。因此，无信号交叉口的通行能力最大等于主要道路路段的通行能力。事实上，在无信号交叉口，主要道路上的交通量不大，车辆呈随机到达，有一定空档供次要道路的车辆穿越，相交车流无过大阻滞，否则，需加设信号灯，分配行驶权。

2. 交通流向分析

在无信号交叉口，次要道路上的车流，每一流向都面临与之发生冲突的交通流，见图 5-4。

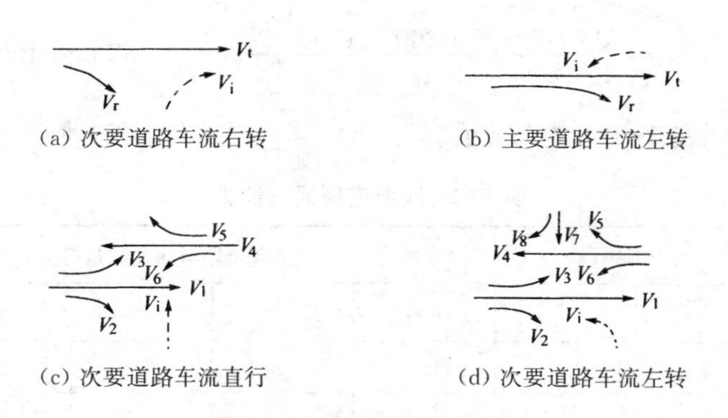

图 5-4　交通流向分析图

例如,次要道路上的右转车流与主要道路右侧车道的直行车流发生侧向摩擦、合流。主要道路上的右转车流,驶近交叉口时,由于没使用或没及时使用转弯信号,致使次要道路上右转车流产生误判,行进受到影响。

次要道路的直行车流与主要道路上所有车流都有冲突、摩擦。

次要道路的左转车流与次要道路的右转车流、直行车流、主要道路上的各股车流发生冲突、摩擦。

此外,主要道路上的左转车流与主要道路上的直行、右转车流也有冲突、摩擦。

由此可见,主要道路上车流存在的可穿越间隙,有多股车流争相利用。

3. 穿越间隙

可穿越间隙大小与次要道路上的车流通过交叉口的状态有关系。若在进口停车等候,则所需间隙时间为 7～9 s;若驶近路口降速待机通过,则所需间隙时间为 6～8 s。此外,应当说与穿越车流的流向有关系。

4. 计算公式

假设:主要道路上的车辆优先通过路口;主要车道上的双向车流视为一股车流;交通量不大,车辆之间的间隙分布符合负指数分布;当间隙大于临界间隙 t_0 时,次要道路上车辆方可穿越。当次要道路上车辆跟驰行驶时的车头时距为 t 时,按可穿越间隙理论,推算出次要道路上的车辆每小时能穿越主要道路车流的数量为

$$Q_{次} = \frac{Q_{主}\ e^{-qt_0}}{1 - e^{-qt}} \tag{5-6}$$

式中　$Q_{主}$——主要道路上的交通量(pcu/h);

$Q_{次}$——次要道路可能通过的车辆数(pcu/h);

q——$Q_{主}$/3 600(pcu/s);

t_0——临界间隙时间,对停车通过为 7～9 s,对减速通过为 6～8 s;

t——次要道路上车辆跟驰行驶的车头时距,取 3～5 s。

例 5-2　一无信号灯控制的交叉口,主要道路的双向交通量为 1 200 pcu/h,车辆到达符合泊松分布。次要道路上车辆可穿越的临界车头时距 t_0 = 6 s。车辆跟驰行驶的车头时距 t=3 s。求次要道路上的车辆可穿越主要道路车流的数量。

解 $$Q_{次}=\frac{Q_{主}\ \mathrm{e}^{-qt_0}}{1-\mathrm{e}^{-qt}}=\frac{1\,200\times \mathrm{e}^{-(1200/3600)\times 6}}{1-\mathrm{e}^{-(1200/3600)\times 3}}=257\ \mathrm{pcu/h}$$

同样计算,得到表 5-3 中各个数值。

表 5-3 次要道路通行能力*

次要道路行驶方式	车头时距/s		主要道路双向交通量/$(\mathrm{pcu}\cdot\mathrm{h}^{-1})$				
	t_0	t	800	1 000	1 200	1 400	1 600
停车等可穿越间隙	9	5	160	110	70	50	30
	8	5	200	140	100	70	50
	7	5	250	190	140	110	80
减速等可穿越间隙	8	3	275	190	130	90	60
	7	3	345	250	185	135	95
	6	3	—	335	255	195	150

注:* 次要道路通行能力很少超过主要道路交通量的 1/2。

美国各州道路运输工作者协会认为,无信号交叉口在不影响主要道路车辆通行的情况下,次要道路可通过的交通量不超过表 5-4 中数值。

表 5-4 无信号交叉口的通行能力 单位:pcu/h

主要道路为二车道	主要道路交通量	400	500	600
	次要道路交通量	250	200	100
主要道路为四车道	主要道路交通量	1 000	1 500	2 000
	次要道路交通量	100	50	25

二、信号交叉口通行能力

中华人民共和国道路交通安全法实施条例规定,在没有实施多相位信号灯控制的交叉口,绿灯亮时,允许各行驶方向的车辆进入交叉口。红灯亮时,只允许右转车辆沿右转专用车道行进,但不得影响横向道路上直行车辆的正常行驶。黄灯亮时,已越过停车线的车辆继续行驶,通过交叉口;没越过停车线的车辆应在停车线后等候绿灯。

1. 十字形交叉口的设计通行能力

十字形交叉口(图 5-5)设计通行能力等于各进口道设计通行能力之和。进口道设计通行能力等于各车道设计通行能力之和。

(1) 一条直行车道的设计通行能力计算公式

$$C_{\mathrm{s}}=\frac{3\,600}{T}\left(\frac{t_{\mathrm{g}}-t_0}{t_{\mathrm{i}}}+1\right)\varphi \tag{5-7}$$

式中 C_{s}——一条直行车道的设计通行能力(pcu/h);

T——信号灯周期(s);

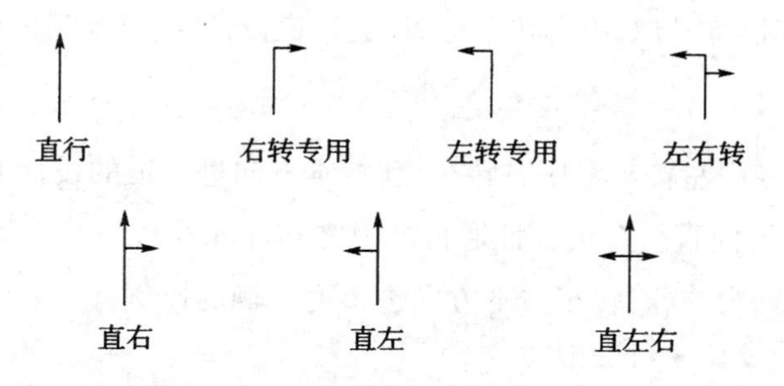

图 5-5　十字形交叉口的车道功能区分

t_g——信号周期内的绿灯时间(s)；

t_0——绿灯亮后，第一辆车起动、通过停车线的时间(s)，如无本地实例数据，可采用 2.3 s；

t_i——直行或右行车辆通过停车线的平均时间(s)；

φ——折减系数，可用 0.9。

车辆平均通过停车线的时间 t_i 与车辆组成、车辆性能、驾驶员条件有关。设计时，可采用本地区调查数据。如无调查数据，直行车队可参考下列数值取用。

小型车组成的车队，$t_i=2.5$ s；

大型车组成的车队，$t_i=3.5$ s；

拖挂车组成的车队，$t_i=7.5$ s。

混合车组成的车队，按表 5-5 选用。为计算方便，将拖挂车划归大型车。

表 5-5　混合车队的 t_i 值

大车：小车	2：8	3：7	4：6	5：5	6：4	7：3	8：2
t_i/s	2.65	2.96	3.12	3.26	3.30	3.34	3.42

(2) 直右车道通行能力计算公式

$$C_{sr}=C_s \tag{5-8}$$

式中　C_{sr}——一条直右车道的设计通行能力(pcu/h)。

(3) 直左车道设计通行能力计算公式

$$C_{sl}=C_s(1-\beta_l'/2) \tag{5-9}$$

式中　C_{sl}——一条直左车道的设计通行能力(pcu/h)；

β_l'——直左车道中左转车所占比例。

(4) 直左右车道设计通行能力计算公式

$$C_{slr}=C_{sl} \tag{5-10}$$

式中　C_{slr}——一条直左右车道的设计通行能力(pcu/h)。

(5) 交叉口进口道的设计通行能力

前已提及，进口道的设计通行能力等于进口各车道设计通行能力之和。此外，也可根据本进口车辆左、右转比例计算。

① 进口设有专用左转与专用右转车道时，进口道设计通行能力按式(5-11)计算：

$$C_{elr} = \sum C_s/(1-\beta_l-\beta_r) \tag{5-11}$$

式中 C_{elr}——设有专用左转与专用右转车道时，本方向进口道的设计通行能力(pcu/h)；

$\sum C_s$——本方向直行车道设计通行能力之和(pcu/h)；

β_l、β_r——分别为左、右转车占本方向进口道车辆的比例。

专用左转车道的设计通行能力为

$$C_l = C_{elr} \cdot \beta_l \tag{5-12}$$

专用右转车道的设计通行能力为

$$C_r = C_{elr} \cdot \beta_r \tag{5-13}$$

② 进口设有专用左转车道而未设专用右转车道时，进口道的设计通行能力按式(5-14)计算：

$$C_{el} = \frac{(\sum C_s + C_{sr})}{(1-\beta_l)} \tag{5-14}$$

式中 C_{el}——设有专用左转车道时，本方向进口道设计通行能力(pcu/h)；

$\sum C_s$——本方向直行车道设计通行能力之和(pcu/h)；

C_{sr}——本方向直右车道设计通行能力(pcu/h)。

专用左转车道的设计通行能力为

$$C_l = C_{el} \cdot \beta_l \tag{5-15}$$

③ 进口道设有专用右转车道而未设专用左转车道时，进口道的设计通行能力按式(5-16)计算：

$$C_{er} = \frac{(\sum C_s + C_{sl})}{(1-\beta_r)} \tag{5-16}$$

式中 C_{er}——设有专用右转车道时，本方向进口道的设计通行能力(pcu/h)；

$\sum C_s$——本方向直行车道设计通行能力之和(pcu/h)；

C_{sl}——本方向直左车道设计通行能力(pcu/h)。

专用右转车道的设计通行能力为

$$C_r = C_{er} \cdot \beta_r \tag{5-17}$$

④ 通行能力折减

在一个信号周期内，对向到达的左转车超过 3～4 pcu 时，左转车通过交叉口将影响本方向直行车。因此，应折减本方向各直行车道(包括直行、直左、直右、直左右车道)的设计通行能力。

当 $C_{le} > C'_{le}$，时，本方向进口道折减后的设计通行能力为

$$C'_e = C_e - n_s(C_{le} - C'_{le}) \tag{5-18}$$

式中 C'_e——折减后本方向进口道的通行能力(pcu/h)；

C_e ——本方向进口道的设计通行能力(pcu/h)；

n_s——本方向各种直行车道数；

C_{le}——对向进口道左转车的设计通过量(pcu/h)；

$$C_{le} = C_e \cdot \beta_l \tag{5-19}$$

式中 C'_{le}——不折减本方向各种直行车道设计通行能力的对面左转车数(pcu/h)，当交叉口小时为 $3n$，大时为 $4n$，n 为每小时信号周期数。

2. T 形交叉口的设计通行能力

(1) 图 5-6 所示 T 形交叉口的设计通行能力

该交叉口的设计通行能力为 A、B、C 各进口道通行能力之和。应验算 C 进口道左转车对 B 进口道通行能力的折减。具体计算如下：

① A 进口道的设计通行能力，用式(5-7)计算；

② B 进口道为直右车道，其设计通行能力用式(5-8)计算；

③ C 进口车道为直左车道，其设计通行能力用式(5-9)计算。

当 C 进口道每个信号周期的左转车超过 3～4 pcu 时，用式(5-8)折减 B 进口道的设计通行能力。

(2) 图 5-7 所示 T 形交叉口的设计通行能力

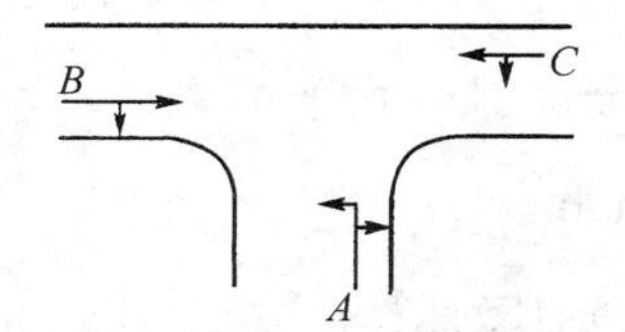

图 5-6 通行能力典型计算图式一

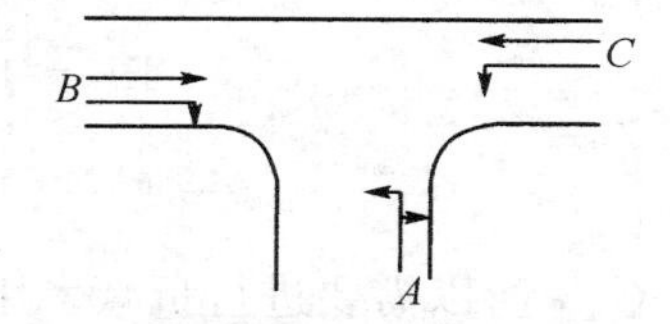

图 5-7 通行能力典型计算图式二

该交叉口的设计通行能力等于 A、B、C 各进口道设计通行能力之和。应验算 C 进口道左转车对 B 进口道设计通行能力的折减。具体计算如下：

① A 进口道的设计通行能力，用式(5-7)计算；

② B 进口道的车道布置为设专用右转车道，而未设专用左转车道，其设计通行能力可用式(5-16)计算，式中分子只有 C_s；

③ 当 C 进口道每个信号周期的左转车超过 3～4 pcu 时，左转车对 B 进口的直行车有影响，应用式(5-18)折减 B 进口道的设计通行能力。

例 5-3 已知某交叉口设计如图 5-8。东西干道一个方向有三条车道，南北支路一个方向有一条车道。信号灯管制交通。信号配时：周期 T=120 s，绿灯 t_g=52 s。车种比例大车：小车为 2：8，东西方向左转车占该进口交通量的 15%，右转车占该进口交通量的 10%，南北方向左转车所占比例 15%。求交叉口的设计通行能力。

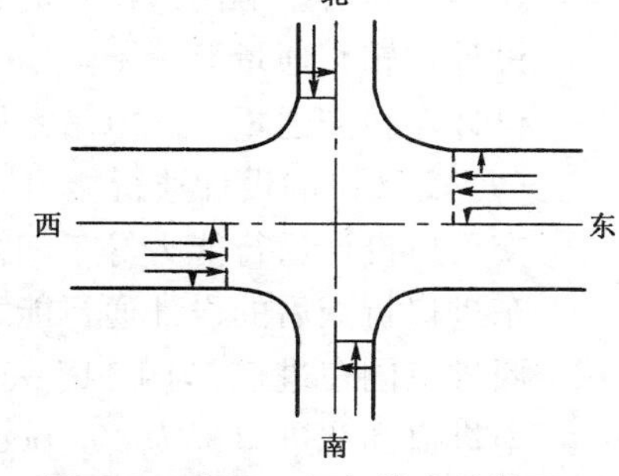

图 5-8 交叉口通行能力计算图

解 先计算东西方向干道。东进口有三条车道，区分为专用左转、直行和直右三种车道。

(1) 计算直行车道的设计通行能力

$$C_s = \frac{3\,600}{T}\left(\frac{t_g - t_0}{t_i} + 1\right)\varphi$$

取 $t_0 = 2.3$，$\varphi = 0.9$，据车种比例为 2∶8，$t_i = 2.65$。

$$C_s = \frac{3\,600}{1\,200}\left(\frac{52 - 2.3}{2.65} + 1\right) \times 0.9 = 533 \text{ pcu/h}$$

(2) 计算直右车道的设计通行能力，用公式(5-8)

$$C_{sr} = C_s = 533 \text{ pcu/h}$$

(3) 东进口属于设有专用左转车道而未设右转专用车道类型，其设计通行能力用公式(5-14)计算

$$C_{el} = \frac{\left(\sum C_s + C_{sr}\right)}{(1 - \beta_l)} = \frac{533 + 533}{1 - 0.15} = 1\,254 \text{ pcu/h}$$

(4) 该进口专用左转车道的设计通行能力，用公式(5-15)计算

$$C_l = C_{el} \cdot \beta_l = 1\,254 \times 0.15 = 188 \text{ pcu/h}$$

(5) 验算是否需要折减

$$C'_{le} = 4n = 4 \times \frac{3\,600}{T} = 120 \text{ pcu/h}$$

$$C_{le} = C_l = 188 \text{ pcu/h}$$

因为 $C_{le} > C'_{le}$，所以需要进行折减。用公式(5-18)计算

$$C'_e = C_e - n_s(C_{le} - C'_{le}) = 1\,254 - 2 \times (188 - 120) = 1\,118 \text{ pcu/h}$$

(6) 西进口设计通行能力同东进口

(7) 南进口设计通行能力

该进口只有直、左、右混行车道，其设计通行能力按公式(5-9)计算

$$C_{sl} = C_s(1 - \beta'_l/2) = 533 \times (1 - 0.15/2) = 493 \text{ pcu/h}$$

(8) 验算南进口的左转车是否影响对面直行车，因为南北进口车道划分相同，即验算北进口左转车是否影响南进口车的直行

设计左转交通量 $C_l = 493 \times 0.15 = 74$ pcu/h。

设计左转交通量 $C_l < C'_{le} = 120$ pcu/h，不需要折减。

(9) 交叉口的设计通行能力

交叉口设计通行能力等于四个进口设计通行能力之和。

东进口折减后的设计通行能力为 1 118 pcu/h；

西进口同东进口，为 1 118 pcu/h；

南进口和北进口都为 493 pcu/h。

故该交叉口的设计通行能力为

$$C = 1\,118 \times 2 + 493 \times 2 = 3\,222 \text{ pcu/h}$$

3. 信号交叉口服务水平

《城市道路工程设计规范》(CJJ 37-2012)中规定新建道路交叉口应按三级服务水平设计，具体服务水平见表 5-6。

表 5-6　信号交叉口服务水平(CJJ 37-2012)

指标＼服务水平	一级	二级	三级	四级
控制延误/(s·veh^{-1})	<30	30～50	50～60	>60
负荷度	<0.6	0.6～0.8	0.8～0.9	>0.9
排队长度/m	<30	30～80	80～100	>100

三、环形交叉口的通行能力

环形交叉口是自行调节的交叉口。这种交叉口是在中央设置中心岛，使进入交叉口的所有车辆都以同一方向绕岛行进。车辆行驶过程一般为合流、交织、分流，避免了车辆交叉行驶。环形交叉口的优点是车辆连续行驶，安全，不需要设置管理设施，避免停车，节省燃料，噪声低，污染小。同时，起到美化城市的作用。缺点是占地大，绕行距离长。非机动车和行人较多及有轨道交通线路时，不宜采用。

1. 环形交叉口类型

环形交叉口按中心岛直径大小分为三类：

(1) 常规环形交叉口，中心岛直径大于 25 m，交织段比较长，进口引道不拓宽成喇叭形(图 5-9)。我国现有的环形交叉口大都属于此类。

(2) 小型环形交叉口，中心岛直径小于 25 m，引道进口加宽，做成喇叭形，便于车辆进入交叉口(图 5-10)。

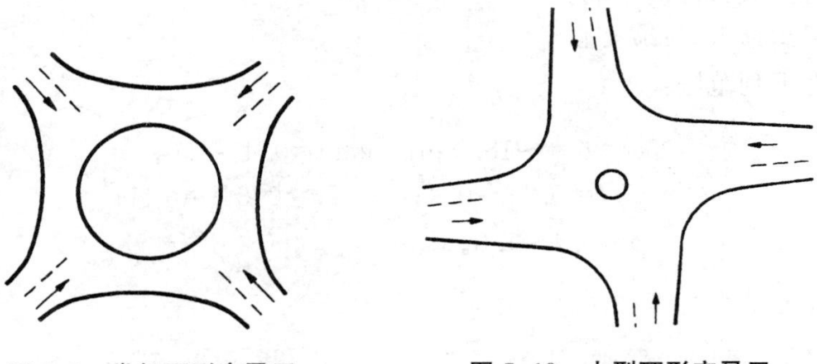

图 5-9　常规环形交叉口　　图 5-10　小型环形交叉口

(3) 微型环形交叉口，中心岛直径一般小于 4 m，中心岛不一定做成圆形，也不一定做成一个，可用白漆画成圆圈，不用凸起(图 5-11)。这种环交，实际上是渠化交叉口。

2. 常规环形交叉口的通行能力

常规环形交叉口通行能力计算图式如图 5-12 所示，其通行能力按下列公式计算。

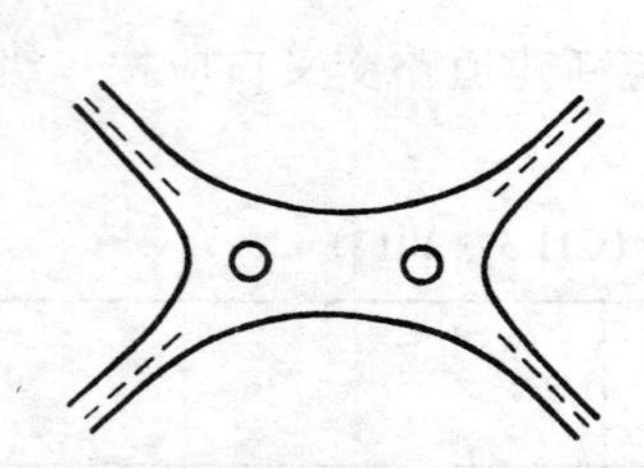

图 5-11　剪刀式微型环形交叉口

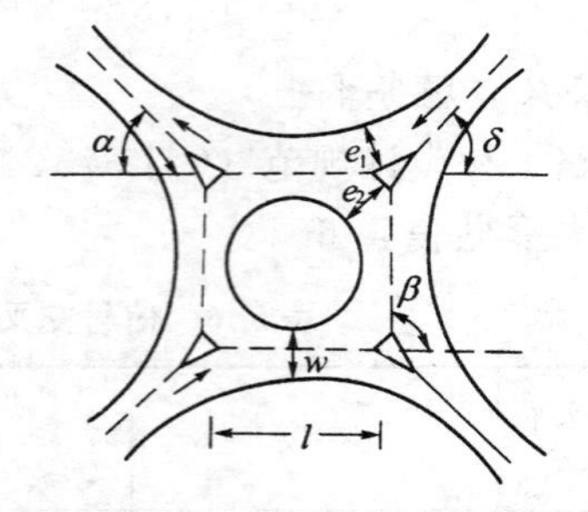

图 5-12　常规环交通行能力计算图式

(1) Wardrop 公式

$$C=\frac{280\left(1+\frac{e}{w}\right)\left(1-\frac{p}{3}\right)}{1+\frac{w}{l}} \tag{5-20}$$

式中　C——交织段上设计通行能力(pcu/h)；

l——交织段长度(m)；

w——交织段宽度(m)；

e——环交入口平均宽度(m)；

$$e=\frac{e_1+e_2}{2}$$

式中　e_1——入口引道宽度(m)；

e_2——环道突出部分的宽度(m)；

p——交织段内进行交织的车辆与全部车辆之比(%)。

公式(5-20)适用于下列条件：

引道上没有因故暂停的车辆。

环交位于平坦地区，纵坡$<4\%$。

各参数应在下列范围：

$w=6.1\sim18.0$ m；　$e/w=0.4\sim1.0$；

$w/l=0.12\sim0.4$；　$e_1/e_2=0.34\sim0.41$；

$p=0.4\sim1.0$。

驶入角 α 宜大于 30°。

驶出角 δ 应小于 60°。

交织段内角 β 不应大于 95°。

(2) 英国环境部暂行公式

英国对环形交叉素有研究。1966 年对环交实行了左侧优先的行驶法规，即规定行驶在环道上的车辆可以优先通行，进入环道的车辆让路给环道上的车辆，等候间隙驶进环道。这样，公式(5-20)已不适用，应采用式(5-21)计算交织段的设计通行能力

$$C=\frac{160w\left(1+\frac{e}{w}\right)}{1+\frac{w}{l}} \tag{5-21}$$

式中 C——交织段通行能力，再乘以 0.85，等于设计通行能力(pcu/h)；

其余各参数的意义、取值范围同前。

当重车超过 15%时，对该式应作修正。

例 5-4 某环形交叉口环道宽 12 m，西北和东南象限中的交织距离长 48 m，东北和西南象限中的交织距离长 42 m，$e_1=6$ m，$e_2=12$ m，远景年设计交通量见图 5-13。求设计通行能力，验算能否通过设计交通量。

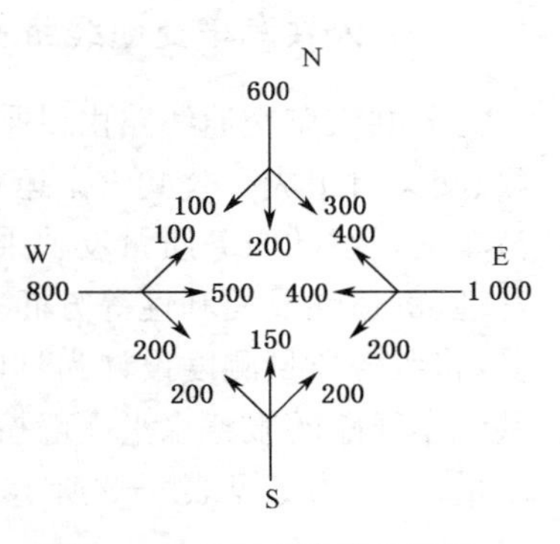

图 5-13 某环交设计交通量

解 用公式(5-21)分别计算四个象限交织段的设计通行能力。现列表 5-7 计算如下。

表 5-7 环形交叉口通行能力计算用表

象限	l	$\frac{w}{l}$	$\frac{e}{w}$	$1+\frac{e}{w}$	$160w\left(1+\frac{e}{w}\right)$	$1+\frac{w}{l}$	C	$0.85C$	远景流量
东北	42	0.286	0.75	1.75	3 360	1.286	2 612	2 220	1 450
西北	48	0.25	0.75	1.75	3 360	1.25	2 686	2 283	1 400
西南	42	0.286	0.75	1.75	3 360	1.286	2 612	2 220	1 450
东南	48	0.25	0.75	1.75	3 360	1.25	2 686	2 283	1 400

由计算结果可知，各象限的设计通行能力均大于相应象限的远景设计交通量。

3. 小型环形交叉口的通行能力

小型环交的特点是环道较宽、进出口做成喇叭形，对进入环道的车辆提供较多的车道，车流运行已不存在交织现象。在所有进口引道都呈饱和状态条件下，经过试验，得到公式(5-22)。

$$C=K\left(\sum w+\sqrt{A}\right) \tag{5-22}$$

式中 C——环交实用通行能力，该值乘以 0.8 等于设计通行能力(pcu/h)；

$\sum w$——所有引道基本宽度的总和(m)，见图 5-14；

A——引道拓宽增加的面积(m^2)，$A=\sum\sqrt{a}$，即图中阴影部分；

K——三路交叉，$K=70$；四路交叉，$K=50$；五路交叉，$K=45$。

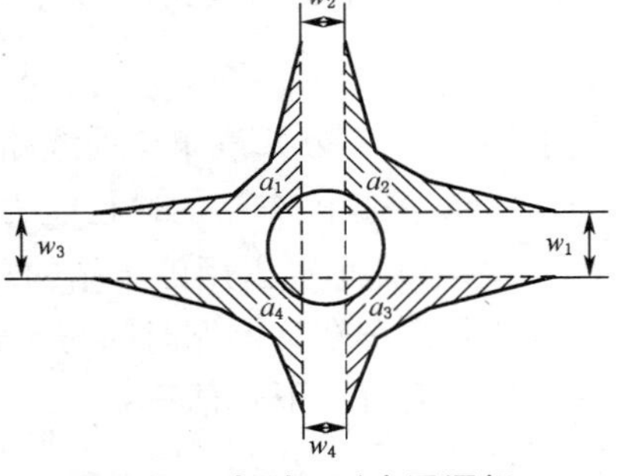

图 5-14 小型环形交叉通行能力计算图

§5-4　公共汽车交通线路的通行能力与服务水平

一、公共汽车交通线路及其服务水平

公共汽车交通线路由供乘客上下车的停靠车站和公共汽车在停靠站之间行驶的道路路段、交叉口组成。公共汽车运行的目的是运送人，而不是公共汽车线路上的车辆通行。公共汽车交通线的服务质量反映乘客对公共汽车运行状况的感受。它的评价指标包括服务的可达性、舒适性及便利性等方面。公共汽车服务水平指根据公共汽车交通乘客对其服务的感受，将服务质量测度设计为具体的等级指标，一般分六个等级，从一(最好)到六(最差)。公共汽车线路的服务水平一般按照公共汽车的平均车头时距，也就是平均发车频率的倒数来度量，具体指标见表 5-8 所示。

表 5-8　公共汽车线路服务水平

服务水平	车头时距/min	发车频率/(辆·h^{-1})
一	＜10	＞6
二	10～14	5～6
三	15～20	3～4
四	21～30	2
五	31～60	1
六	＞60	＜1

二、公共汽车交通线路的通行能力

公共汽车交通线路的通行能力受沿线各站通行能力的制约，其中通行能力最小的停靠站，是控制线路通行能力的站点。停车站的通行能力取决于车辆占用停车站的时间长短。因此，公共汽车交通线路的通行能力为：

$$C_{线} = \min[C_{站}] = 3\,600/T \tag{5-23}$$

式中　$C_{线}$——公共汽车交通线路的通行能力(辆/h)；

$C_{站}$——停车站的通行能力(辆/h)；

T——车辆占用停车站的总时间(s)。

公共汽车在站停靠时间与车辆性能、车辆结构、上下车乘客的多少、车站秩序等因素有关系。一般可用下式估算：

$$T = t_1 + t_2 + t_3 + t_4 \tag{5-24}$$

式中　t_1——车辆进站停车用的时间(s)；

t_2——车辆开门和关门时间，取 3～4 s；

t_3——乘客上下车占用时间(s)；

t_4——车辆起动和离开车站的时间(s)。

其中：

$$t_1 = \sqrt{\frac{2l}{b}} \tag{5-25}$$

式中　l——车辆驶入停车站时车辆之间的最小间隔，取值等于车辆长度(m)；

　　　b——进站时刹车减速度，一般取 1.5 m/s²。

$$t_3 = \frac{\Omega K t_0}{n_d} \tag{5-26}$$

式中　Ω——公共汽车容量(人)；

　　　K——上下车乘客占车容量的比例，一般取 0.25 ～0.35；

　　　t_0——一个乘客上车或下车所用时间(s)，平均约为 2 s；

　　　n_d——乘客上下车用的车门数。

$$t_4 = \sqrt{\frac{2l}{a}} \tag{5-27}$$

式中　a——离开停车站时的加速度，可取 1.0 m/s²。

将上述各值代入式(5-23)，简化得到：

$$C_{站} = \frac{3\,600}{T} = \frac{3\,600}{2.57\sqrt{l} + \frac{\Omega K t_0}{n_d} + 4} \tag{5-28}$$

按式(5-28)可以计算公共汽车交通线路的通行能力。公共汽车交通线路的设计通行能力等于该计算值乘 0.8。

例 5-5　一条公共汽车线路，配备 BK661 铰接公共汽车，该车车身长 17 m，额定容量 195 人，3 个车门，计算该线路的设计通行能力。

解　经分析，找到乘客上下车最多的站点，该站的 $K=0.35$。一个乘客上下车平均占用时间 $t_0=2$ s。将参数代入式(5-28)，得

$$C_{线} = C_{站} = \frac{3\,600}{2.57\sqrt{17} + \frac{0.35 \times 2 \times 195}{3} + 4} = 60 \text{ veh/h}$$

设计通行能力为 60×0.8=48 veh/h。

公共汽车交通的客运能力：

公共汽车线路的客运能力等于线路的通行能力乘汽车的额定容客量。对上述例题而言：

公共汽车线路的客运能力=60×195=11 700 人/h；该线路设计客运能力=48×195=9 360 人/h。

三、提高公共汽车交通线通行能力的措施

从公共交通线路通行能力计算公式来看，通行能力的大小与客流分布、运营管理情况、车辆特性有关系。客流沿线各站分布比较均匀，通行能力大；客流集中某几个站，通行能力小。此外，可考虑以下各点：

(1) 维持好站点乘车秩序，缩短乘客上下车时间。

(2) 增加车门个数，加大车门宽度，降低车辆底盘高度，减少踏步阶数，缩短乘客上下车时间。

(3) 改善车辆动力性能，提高驾驶员驾驶技术，缩短车辆进、出站时间。

(4) 在一条较长的街道上，同时开设几条公共汽车线，在同一站点将几路公共汽车沿行车方向分开设置停靠站位，提高通行能力。

$$C'_{线} = n \cdot C \cdot K \tag{5-29}$$

式中 $C'_{线}$——各线路总通行能力(veh/h)。

n——分开布设停靠站的个数，$n=1\sim3$。

K——分开布设站时，相邻站位互相干扰，使通行能力降低的系数：

$n=1$ 时，$K=1$；

$n=2$ 时，$K=0.8$；

$n=3$ 时，$K=0.7$。

C——一条公共汽车线路的通行能力。

§5-5 自行车道的通行能力与服务水平

一、自行车道路及其服务水平

提供给自行车使用的道路称为自行车道路。自行车不同于汽车，自行车可以在各类宽度的车道上行驶。自行车的通行能力和服务水平取决于自行车使用的车道宽度。对于自行车道路服务水平标准，如级别分得太多，各指标的定性定量难以掌握，太少又不能反映自行车交通运行现实状况的差异。因此建议按四级划分，对路段与交叉口分别考虑，指标亦有所不同。

对路段的服务水平建议用骑行速度、占用道路面积、交通量负荷与车流状况等指标。对交叉口服务水平标准增加了停车延误时间和路口停车率两个指标，而删去了车流状况，力图简明实用并便于测定，同时也考虑这些资料获得的可能性。

1. 服务水平指标

(1) 交通量负荷系数 X

定义为所评定路段高峰小时自行车交通量与该路通行能力的比值。

$$X = N/C \tag{5-30}$$

式中 N——路段上高峰小时自行车交通量(辆/h)；

C——路段上自行车的通行能力(辆/h)。

此值愈大表明道路负荷愈重，越小负荷越轻，运行条件越好。

根据现在一些城市的交通调查资料，城市主干线上、交叉口上的交通负荷均较重，一般此值均超过 0.5，有些路段和交叉口甚至达到或接近 1。因此，根据经验自行车道路路段可将小于 0.4 作为一级服务水平的一个指标，而 0.85 作为最不利的四级服务水平指标。

(2) 速度比例系数 Y

定义为在某种服务水平条件下自行车骑车速度 $v_{实}$ 与自由状态(理想状态)下骑车人实际选择的舒适理想的行车速度 v_{max} 之比。

$$Y = \frac{v_{实}}{v_{max}} \tag{5-31}$$

式中 $v_{实}$——某种服务水平条件下实际骑行速度(km/h)；

v_{max}——理想条件下骑行者所选择的速度(km/h)。

在路段上速度比例系数变化于0.3～0.8，而在交叉口处则情况较差，一般约为0.2～0.6，为了更直观和明确地表达，服务水平标准中直接采用了运行速度。

(3) 密度饱和系数 q

即为在某种服务水平条件下实际行车密度 $q_{实}$ 与最大的行车密度 q_{max} 之比。

$$q = \frac{q_{实}}{q_{max}} \tag{5-32}$$

式中 $q_{实}$——某种服务水平条件下实际的行车密度(辆/m^2)；

q_{max}——最大的行车密度(辆/m^2)。

这个从0到1的无量纲系数表示自行车实际运行时占有空间的大小，越小则自行车可占用的时间就越大，骑行的自由度也越大，骑车人越感到舒适轻松快慰。

(4) 车流状况

是指在某种服务水平条件下车辆可以自由行动的程度，如加速减速、超车转向等，即运行时所处的状态。一般用自由运行、基本自由运行、稳定运行、接近(准)稳定运行和束缚(受限)运行等表示。

(5) 延误时间

主要是指车辆在通过路口处于红灯受阻情况下等待绿灯开放的时间延误，另外还包括过停车线后在路口内的二次延误。

(6) 停车率

这项指标主要说明通过路口时停车等候的车辆数占全部流量的百分率。停车率大表示路口通过困难，停车率小表示易于通过。

2. 建议的路段与交叉口的服务水平(见表5-9和表5-10)

表5-9 建议的自行车道路路段交通服务水平标准

指标 \ 服务水平	一级(自由骑行)	二级(稳定骑行)	三级(骑行受限)	四级(间断骑行)
骑行速度/(km·h^{-1})	>20	20～15	15～10	10～5
占用道路面积/m^2	>7	7～5	5～3	<3
负荷度	<0.40	0.40～0.70	0.70～0.85	>0.85

表5-10 建议的自行车道路交叉口交通服务水平标准

指标 \ 服务水平	一级	二级	三级	四级
停车延误时间/s	<40	40～60	60～90	>90
通过交叉口骑行速度/(km·h^{-1})	>13	13～9	9～6	6～4
负荷度	<0.7	0.7～0.8	0.8～0.9	>0.9
路口停车率/%	<30	30～40	40～50	>50
占用道路面积/m^2	8～6	6～4	4～2	<2

二、自行车道的理论通行能力

1. 按汽车行驶原理计算自行车道通行能力与最佳速度

根据交通流原理，一条自行车道的最大通行能力可由前后车辆之间动的安全净空进行计算。

$$L = \frac{Vt}{3.6} + \frac{V^2}{254(\varphi \pm i)} + l_{车} + l_0 = \frac{Vt}{3.6} + \beta V^2 + l_{车} + l_0 \tag{5-33}$$

式中 L——动的安全净空；

V——车速，大多在 10～20 km/h 之间；

t——反应时间(s)，一般为 0.5～1.0 s，取平均值为 0.7 s；

φ——轮胎与路面之间的粘着系数，多在 0.3～0.6 之间，取 0.5；

i——道路纵坡，在平原区城市可取 0；

β——制动系数$=\dfrac{1}{254(\varphi \pm i)}=0.0079$；

l_0——安全间距，一般在 0～1 m 之间；

$l_{车}$——自行车的车身长度，常用 1.9 m。

则其理论通行能力计算值 N 为

$$N = \frac{1\,000V}{l_0 + 1.9 + 0.194V + 0.0079V^2} = \frac{1\,000V}{L} \tag{5-34}$$

求最大值，令 $x = 1\,000V$，$y = l_0 + 1.9 + 0.194V + 0.0079V^2$

$$\frac{\mathrm{d}N}{\mathrm{d}V} = \frac{y\left(\frac{\mathrm{d}x}{\mathrm{d}V}\right) - x\left(\frac{\mathrm{d}y}{\mathrm{d}V}\right)}{y^2} = \frac{1\,000\,y - x(0.194 + 0.158V)}{y^2}$$

$\dfrac{\mathrm{d}N}{\mathrm{d}V} = 0$，求得 V 之最大值，

$$1\,000y - x(0.194 + 0.0158V) = l_0 + 1.9 + 0.194V + 0.0079V^2 = 0$$

当 $l_0=0.5$ 时，通行能力最大的车速 $V=(2.4/0.0079)^{\frac{1}{2}}=17.43$ km/h，通行能力为 2 119辆/h。

当 $l_0=1.0$ 时，通行能力最大的车速 $V=(2.9/0.0079)^{\frac{1}{2}}=19.16$ km/h，通行能力为 2 012辆/h。

当 $l_0=0$ 时，通行能力最大的车速 $V=(1.9/0.0079)^{\frac{1}{2}}=15.51$ km/h，通行能力为 2 280辆/h。

理论通行通力的计算结果汇于表 5-11。

表 5-11　自行车一条车道的理论通行能力计算数值

$\overline{V}$/(km·h^{-1})	$\frac{\overline{V}t}{3.6}$	$\beta=\frac{1}{254\times0.5}$	βv^2	$L=l_0+1.9+0.194V+0.0079V^2$			$N=\frac{1\,000\,\overline{V}}{L}$			备注
				$l_0=0$	$l_0=0.5$	$l_0=1$	$l_0=0$	$l_0=0.5$	$l_0=1$	
5	0.97	0.007 9	0.20	3.07	3.57	4.07	1 629	1 400	1 229	$\varphi=0.5$ $l_车=1.9$ $t=0.7$ $i=0$
10	1.94	0.007 9	0.79	4.63	5.13	5.63	2 160	1 949	1 776	
15	2.91	0.007 9	1.78	6.59	7.09	7.59	2 276	2 116	1 976	
20	3.88	0.007 9	3.16	8.94	9.44	9.94	2 237	2 119	2 012	
25	4.85	0.007 9	4.93	11.68	12.18	12.68	2 104	2 052	1 972	
30	5.82	0.007 9	7.11	14.83	15.33	15.83	2 023	1 957	1 895	

2. 按车头时距原理计算自行车道的通行能力

按此原理，只要测得正常条件下连续行驶的自行车流中前后两车的最小车头时间间隔 t_i 值，即可用下式计算其通行能力：

$$N_{时}=3\,600/t_i \tag{5-35}$$

式中　t_i——为连续行驶车流中两自行车的纵向最小时间间隔(s)。

根据南京与北京大量实际观测资料，t_i 最小值分别为 1.24 s 和 1.2 s，最大值分别为 2.41 s和 2.37 s，总的平均值为 1.8 s。将最小、最大及平均的 t_i 值分别代入上式，得 $N_{时}=$ 1 500～3 000 辆/h，平均为 2 000 辆/h。按上述车头间距原理所算得的数值相差较大，其原因是实际行驶时车辆之间并不是串列排队骑行，而是交织骑行，同时往往保留足够的安全间距，另外也因前车行驶中不能立刻停下，有一定的制动距离，所以实际上两车间的时间间距要较理论计算上的保持时距为小。在交叉口受阻时，车速很慢，这时车头间隔仅为 2.2～2.5 m，车辆之间的净距只有 0.2～0.5 m，在停车时车辆相互穿插，车道利用率很高，密度可达 0.54 辆/m^2。

三、实际通行能力

1. 短时间最大通过量

最大通过量是选择路段高峰时期某一短时间内密集车流，观测其通过断面的最大交通量，可按下式计算：

$$N_{max}=\frac{N'_t}{B-0.5}\times\frac{3\,600}{t'} \tag{5-36}$$

式中　N_{max}——自行车单车道最大通过量(辆/h·m)；

B——自行车道的宽度(m)；

t'——密集车流通过观测断面的某一短时段(s)；

N'_t——t'时段内通过观测断面的自行车数量(辆)。

每条自行车道宽度定为 1 m，但考虑到路线两侧为进水口，需保留一定的安全间隙，每侧应减去 0.25 m，即 $B-0.5$。

2. 实际可能的通行能力(或称平均通过量)

实际有可能采用的不是高峰小时行车最为密集的短时间通过量，而是较长时间车辆连续通过断面的自行车数量(此时车流不过分密集和拥挤)除以统计时间,再换算为单车道的通过量,称为路段平均通过量,以下式表示:

$$N_{可} = \frac{N_t}{B-0.5} \times \frac{3\,600}{t} \tag{5-37}$$

式中 $N_{可}$——每米宽度内自行车连续 1 h 内通过断面的数量,实际为 1 h 内连续车流的平均通过量(辆/h·m);

B——自行车道的宽度(m);

t——连续车流的通过时间(s);

N_t——t 时间内通过观测断面的自行车数量,是确定自行车路段通行能力的重要参数,受道路、交通管理及气候等条件影响较大,因此,有条件的城市或设计单位应自行测定,并选择符合实际的 N_t 值。

3. 设计通行能力的计算

(1) 长路段设计通行能力

其计算公式为

$$N_{长} = N_{可} \cdot C_1 \tag{5-38}$$

式中 $N_{长}$——长路段(一般认为 5 km 左右)每米宽度自行车道(一条车道)的设计通行能力,它不考虑交叉口或其他纵横向干扰的影响(辆/h·m);

C_1——考虑到街道的性质、重要性和使用要求而规定的街道等级系数,根据城市道路规范编写组的研究,快速干道、主干道的 C_1 定为 0.8,次干道和支路的 C_1 定为 0.9。

(2) 短路段设计通行能力(即实际城市街道的路段通行能力)

根据南京、北京、福州等城市对 N_t 值的测定,先后获得 13 万多个数据(表 5-12),分为有分隔带和无分隔带两种,无分隔带的路段 N_t 为 0.51 辆/(s·m),有分隔带的路段 N_t 为 0.58 辆/(s·m)。

表 5-12 单位时间通过观测断面的自行车数量 N_t 观测数值

城市名称	隔离带情况	非机动车有效宽度($B-0.5$)/m	观察数量/辆	自行车平均行驶速度/($km \cdot h^{-1}$)	每 5 s 通过的自行车数量/辆	通过的自行车数量/[辆·$(s \cdot m)^{-1}$]
北京	无	3.9	12 433	14.23	9.85	0.51
北京	有	5.5	8 678	16.28	17.91	0.65
南京	有	3.3	1 551	14.28	9.39	0.57
福州	有	6.5	3 096	13.44	14.50	0.45
无锡	有	3.2	2 975	12.05	10.52	0.66
平均值	无		12 433	14.23		0.51
	有		16 300	14.01		0.58

故:无分隔带的 $N_{可}$=0.51×3 600=1 836 辆/(h·m),可取 1 800 辆/(h·m);

有分隔带的 $N_{可}=0.58\times3\,600=2\,088$ 辆/(h·m),可取 2 100 辆/(h·m)。

考虑到城市街道的路段通行能力与交叉口间隔、行人过街道及红绿灯周期的关系很大,路口的通行能力往往控制了路段通行能力,故设计城市街道自行车道通行能力时,应考虑路口信号灯等的影响因素。北京等地的观测分析认为路口等综合影响的折减系数 C_2 平均值约为 0.55,故得出有交叉口路段上自行车道设计的通行能力公式:

$$N_{设}=C_1\cdot C_2\cdot N_{可}=C_1\cdot C_2\cdot\frac{N_t}{B-0.5}\times\frac{3\,600}{t}\tag{5-39}$$

将 C_1、C_2 分别代入,则得

无分隔带的快速干道、主干道的路段设计通行能力为

$$N_{设}=0.8\times0.55\times0.51\times3\,600=808,取\ 800\ 辆/(h\cdot m)$$

次干道、支路设计通行能力为

$$N_{设}=0.9\times0.55\times0.51\times3\,600=908,取\ 900\ 辆/(h\cdot m)$$

有分隔带的快速干道、主干道的路段设计通行能力为

$$N_{设}=0.58\times0.8\times3\,600=918,取\ 900\ 辆/(h\cdot m)$$

次干道、支路设计通行能力为

$$N_{设}=0.58\times0.9\times3\,600=1\,037,取\ 1\,000\ 辆/(h\cdot m)$$

(3) 信号灯交叉口的设计通行能力

对信号交叉口停车断面自行车通过量的研究表明,红灯后放行的前一段时间车辆比较密集,以后就逐渐减小,根据以 5 s 为单位进行的大量观测,Q_1 为全部放行时间(绿灯时间)通过量,Q_2 为每次放行前 20 s 的通过量,Q_3 为放行时间段内最密集的 5 s 的通过量,将此三项数值汇总列于表 5-13。

表 5-13　交叉口上自行车放行特征交通量统计表

交叉口	观察断面宽度/m	放行时间平均通过量 Q_1/[辆·(5 s·m)$^{-1}$]	放行前 20 s 通过量 Q_2/[辆·(5 s·m)$^{-1}$]	放行最大 5 s 通过量 Q_3/[辆·(5 s·m)$^{-1}$]
西单	8.00	2.214	3.285	3.630
东单	3.75	2.006	3.210	3.400
崇文门	6.50	2.282	2.880	3.150
东四	5.00	1.907	2.780	3.270
双井	6.00	2.990	3.360	3.730
甘家口	4.50	2.332	2.803	3.330
地安门	3.20	2.264	3.073	3.800
珠市口	3.80	2.796	3.138	3.320
平均值		2.336	3.066	3.459

采用整个放行时间的平均通过量 Q_1 作为路口设计通行能力似乎偏低,因为有时 20 s 以后的车辆很少,甚至没有什么车辆通过。采用最为密集的 5 s 的通过量 Q_3,则过于密集、拥挤,可能给行车安全造成不利,且毫无余地,故亦不宜选作设计通行能力。而前 20 s 的通过

量虽前半段较密集，后半段比较稀，平均来看还属于正常，故以此时段的通过量作为交叉口的设计通行能力，可能较为安全、适中。从表 5-12 知，8 个路口 Q_2 的数值在 2.8～3.3 之间，平均值为 3.066 辆/(5 s · m)，换算为单条自行车道为 $\frac{3.066\times 3\,600}{5}=2\,208$ 辆/(h · m)，可取 2 200 辆/(h · m)是绿灯小时的通行能力。对于具体路口引道，必须乘以绿信比，例如信号周期为 60 s，而绿灯时间为 30 s，则其通行能力为 $2\,200\times\frac{30}{60}=1\,100$ 辆/(h · m)；如绿信比为 $\frac{25}{60}$，则可得到 $2\,200\times\frac{25}{60}=917$ 辆/(h · m)。

对于不受平交路口影响路段、受平交路口影响路段及交叉口进口路段的自行车道的通行能力的建议值列于表 5-14，如设计单位有条件时，亦可选择典型路段进行实际观测确定。

表 5-14　建议的自行车通行能力　　单位：辆/(h · m)

路段分离情况	不受平交路口影响路段	受平交路口影响路段	交叉口进口路段
物体分离	2 100	1 000～1 200	1 000～1 200
标线分离	1 800	800～1 000	800～1 000

§ 5-6　行人交通设施的通行能力与服务水平

一、行人交通设施及行人流特征

行人交通设施包括人行道、人行横道、人行天桥、人行地道等，它们是提供行人步行的交通设施。行人流速度、密度、流量之间的基本关系与车流类似。当流量和密度增加时，行人速度下降。当密度增加时，如果行人流保持平均速度，那么行人空间和单个行人行动的自由度降低。

二、行人设施的通行能力

1. 行人设施通行能力的定义

行人交通设施通行能力通常可以作如下定义：在良好的天气与道路条件下，行人以某一均匀速度行走时，单位时间内可能通过某一点或某一断面的最大行人数，一般以每小时通过 1 m 宽的道路的行人数量[人/(h · m)]或每分钟通过 1 m 宽的道路的行人数量[人/(min · m)]来表示。在通行能力分析中，也常用 15 min 的流量作为稳定人流存在的最短时间间隔。根据我国城市道路工程设计规范的规定和有关条文说明，行人交通设施的通行能力可以分为人行道、人行横道、人行天桥(地道)等几种类别，其通行能力可分为基本通行能力、可能通行能力、设计通行能力三类。

2. 通行能力计算步骤

(1) 确定采用的步速；

(2) 确定一条步行带采用的宽度(横向间距)；

(3) 确定行人正常步速情况下，前后行人间距；

(4) 按通行能力基本原理进行计算。

3. 行人步行速度确定

(1) 人行道上行人步行速度确定

行人在人行道上的步行速度一般为 0.55～1.7 m/s,平均步行速度为 0.9～1.2 m/s,计算中一般采用 1.0 m/s。

(2) 行人过街速度的确定

行人过街速度一般为 0.9～1.4 m/s,计算中一般采用 1～1.2 m/s。

(3) 行人过天桥或地道台阶时步行速度的确定

根据调查,行人上台阶的平均步行速度(以水平方向计算)为 0.54～0.94 m/s,行人下台阶的平均步行速度(以水平方向计算)为 0.54～0.90 m/s,一般采用 0.52～0.80 m/s。

4. 基本通行能力的确定

(1) 人行道基本通行能力

$$C_{bw}=\frac{3\,600v_p}{s_p\cdot b_p} \tag{5-40}$$

式中 C_{bw}——1 m 宽人行道的基本通行能力[人/(h・m)];

v_p——人行道行人步行速度(m/s),一般采用 1 m/s;

s_p——行人行走时纵向间距(m),采用 1 m;

b_p——一条步行带上每个行人所占用的横向宽度(m),采用 0.75 m。

将前面确定的数值代入式(5-40),可得:C_{bw}=4 800 人/(h・m)。

(2) 人行横道基本通行能力

$$C_{bc}=\frac{3\,600v_{pc}}{s_p\cdot b_p\cdot t_{gh}} \tag{5-41}$$

式中 C_{bc}——单位宽度人行横道的基本通行能力[人/(t_{gh}・m)];

v_{pc}——行人过街步行速度(m/s),一般采用 1～1.2 m/s;

t_{gh}——允许行人过街时的信号绿灯时间(s)。

将上述数值代入式(5-41),可得:C_{bc}=4 800～5 700 人/(t_{gh}・m),取平均值为 5 300 人/(t_{gh}・m)。

(3) 人行天桥、人行地道基本通行能力

由于行人上、下台阶采用的速度相差不大,故可以采用同样的数据。

$$C_{bg}=\frac{3\,600v_{bg}}{s_p\cdot b_p} \tag{5-42}$$

式中 C_{bg}——单位宽度人行天桥(地道)的基本通行能力[人/(h・m)];

v_{bg}——行人过天桥(地道)的步行速度(m/s),一般采用 0.54～0.94 m/s。

将上述数值代入式(5-42),可得 C_{bg}=2 000～3 800 人/(h・m),取平均值为 3 120 人/(h・m)。

5. 可能通行能力的确定

基本通行能力是在理想条件下计算所得,实际上行人交通设施的路侧干扰不同,老年、中年、残疾人的速度各不相同,携带物品不同,各地区季节、气候和天气状况不同,道路周围的环境、景物不同,商店橱窗对行人的吸引力不同等,这些东西对行人速度均有很大影响。

同时，在设计人行道路时，还要留有余地。

可能通行能力可以通过下面公式计算得到：

$$可能通行能力 = 基本通行能力 \times 综合折减系数$$

综合折减系数一般采用0.5～0.7的数值。

6. 设计通行能力计算

考虑到行人设施所处的地位和不同的服务水平的要求，《城市道路工程设计规范》(CJJ 37-2012)规定的人行设施基本通行能力和设计通行能力如表5-15。其中行人较多的重要区域设计通行能力宜采用低值，非重要区域宜采用高值。

表5-15 人行设施基本通行能力和设计通行能力

人行设施类型	基本通行能力	设计通行能力
人行道/[人·(h·m)$^{-1}$]	2 400	1 800～2 100
人行横道/[人·(t_{gh}·m)$^{-1}$]	2 700	2 000～2 400
人行天桥/[人·(h·m)$^{-1}$]	2 400	1 800～2 000
人行地道/[人·(h·m)$^{-1}$]	2 400	1 440～1 640
车站码头的人行天桥、人行地道/[人·(h·m)$^{-1}$]	1 850	1 400

三、行人交通设施服务水平的确定

1. 基本原理

行人交通设施服务水平常规定为描述行人步行所感受到的一种服务质量标准。一般用人均占用道路空间面积、可以达到的步行速度、步行者步行自由程度、超越他人与横穿人流的可能性与安全舒适度等作为评价人行道服务水平的标准。

行人交通设施服务水平与通行能力互为依存、密切相关。从严格意义上讲，没有无通行能力的服务水平，也没有无服务水平的或服务质量的通行能力，即一定的服务水平必然对应着一定的通行能力。一定的通行能力也必然对应着一定的服务水平。因此，通行能力与服务水平互为依存。前者反映人行道数量方面的量度，后者反映人行道质量方卖弄的量度，两者存在密切的关系。

2. 影响行人交通设施服务水平的因素

行人交通设施的服务水平与道路条件、交通条件、服务设施、管理水平、交通环境等因素有着密切的关系，而这些因素的实际情况及改善条件又与社会经济发展和投资水平相联系。

事实上，除了这些影响通行能力的因素会影响到服务水平，还有许多客观因素是通过影响行人的感觉而使行人领会到服务水平的，主要包括系统的舒适、便利、安全、可靠和经济等方面的因素。

(1) 舒适因素包括天气防护、气候控制、公共交通站棚以及其他行人舒适设施等。

(2) 便利因素包括步行距离、便捷的路径、坡度、人行匝道、方向标志、导游图以及其他使行人出行变得更方便和简单的设施。

(3) 安全因素是将行人和机动车分离。在平面上，将行人布置在林荫道或其他无车辆的地区；在立面上，设置下跨或下穿立交。

(4) 可靠因素包括照明、开辟视线及街道活动的类型和程度。

(5) 经济方面与道路使用者成本、旅行延误和方便程度有关，并且由于受行人客观因素的影响，也关系到道路周边房屋租金及零售业的发展。

这些附加因素对于行人对整个街道环境质量的感觉有着重要的影响。

3. 行人交通设施服务水平的确定

高水平的服务标准必定有相应的经济基础来支撑，因此不同发展水平的国家所制订的人行道服务标准与指标不尽相同，即使美国、日本、德国等经济发达的国家之间及他们各自在不同时期制订的服务水平标准也有很大的差别。如美国 A 级标准的行人空间占用面积同日本 A 级标准行人空间占用面积相差达 3.7 倍之多，美国 1971 年同 1985 年制订的标准也相差很大。

由于各国的国情不同，人行道行人服务水平的标准也应有所不同，所以要从我国的实际状况、实际需要、经济基础和行人交通发展趋势出发，按照科学、实用、简明、可行与适当超前的原则确定我国人行道服务水平与技术指标。

根据《城市道路工程设计规范》(CJJ 37-2012)，人行道服务水平划分见表 5-16。

表 5-16 人行道服务水平等级划分

指标 \ 服务水平	一级	二级	三级	四级
人均占用面积/m^2	>2.0	1.2～2.0	0.5～1.2	<0.5
人均纵向间距/m	>2.5	1.8～2.5	1.4～1.8	<1.4
人均横向间距/m	>1.0	0.8～1.0	0.7～0.8	<0.7
步行速度/$(m \cdot s^{-1})$	>1.1	1.0～1.1	0.8～1.0	<0.8
最大服务交通量[人·$(h \cdot m)^{-1}$]	1 580	2 500	2 940	3 600

复习思考题

5-1 简述道路通行能力的定义、作用。它与道路交通量的差别和内在关系。

5-2 影响道路通行能力的因素有哪些？各表现在哪些方面？

5-3 道路通行能力可以分成哪几类？分类的依据是什么？各是如何定义的？

5-4 道路的服务水平是如何定义的？服务水平的分级是按什么指标划分的？服务水平的高低与交通量的大小有何关系？

5-5 写出路段通行能力的计算公式、计算步骤。

5-6 简述平面交叉的类型、通行能力计算理论并写出其计算公式。

5-7 提高公交线路通行能力的措施有哪些？

5-8 影响自行车道服务水平的因素有哪些？

5-9 行人密度、速度和流量之间存在哪些关系？

习　题

5-1　已知：规划一条高速公路，其远景设计年限平均日交通量 AADT=45 000 veh/d，大型车占总交通量的 30%，方向系数 $K_D=0.6$，平原地形，设计小时交通量系数 $K=0.12$，应规划成几车道高速公路？

5-2　鼓楼广场环交高峰小时流向流量如下表所示：

进口＼出口	E	S	W	N	WN
E	—	78	141	208	96
S	89	—	33	341	168
W	196	47	—	16	83
N	232	253	82	—	57
WN	263	174	29	63	—

交织段宽度 10.5 m，平均进口宽度 $e=8.25$ m，各交织段长度如下表：

交织度	E-N	WN-N	WN-W	W-S	S-E
长度/m	102.5	24	75	24	42.5

混合交通量与标准小汽车交通量之间换算系数为 1.58，试问该环交交通负荷是否已达到饱和？

第 6 章　道路交通规划

为使交通运输能适应国民经济发展和人民生活需要，必须对交通发展进行全面的规划。城市综合交通体系规划包括城市对外交通系统规划、道路系统规划、公共交通系统规划、步行与自行车系统规划、客运枢纽规划、停车系统规划、货运系统规划、交通管理与信息化规划等方面。城市综合交通体系规划旨在科学配置交通资源，发展绿色交通，合理安排城市交通各子系统关系，统筹城市内外、客货、近远期交通发展，形成支撑城市可持续发展的综合交通体系。

道路交通规划作为城市综合交通体系规划的重要组成部分，其目的在于协调各种交通方式之间的关系，在可能的资金、资源条件下，对道路交通系统的布局、建设、运营等方面从整体上作出最佳安排，以适应社会、政治、经济发展的需要。

本章以城市道路交通规划为例介绍道路交通规划的主要内容、基本原理和方法，其他类型交通规划（如区域公路网规划、城市公共交通系统规划、城市停车系统规划等），请参考相关书籍。

§6-1　城市道路交通规划工作总体设计

为优化城市用地布局，提高城市的运转效能，提供安全、高效、经济、舒适和低公害的交通条件，对城市道路交通设施的建设，必须经过科学、合理的规划。城市道路交通规划应以市区内的交通规划为主，并处理好市际交通与市内交通的衔接、市域范围内的城镇与中心城市的交通联系。城市道路交通规划必须以城市总体规划为基础，满足土地使用对交通运输的需求，发挥城市道路交通对土地开发的促进和制约作用。

城市道路交通规划一般分为远期、中期、近期三类。规划年限分别为 20～50 年、5～20 年、3～5 年。特大城市、大城市都应完成三类规划，中小城市一般只需进行后两类规划。

1. 城市道路交通规划的主要内容

(1) 城市道路交通规划工作总体设计；

(2) 现状交通系统调查及分析；

(3) 城市交通需求发展预测；

(4) 城市道路交通网络规划方案设计；

(5) 城市道路网规划方案评价；

(6) 城市道路网规划方案调整与优化；

(7) 城市道路网规划方案实施计划。

2. 总体设计的内容

城市道路交通规划工作涉及面广、工作量大，在规划工作展开前，必须进行总体设计。总体设计包括以下内容：

(1) 建立工作机构，一般应包括规划领导小组、规划办公室及规划工作课题组三个层次；

(2) 确定该城市道路交通规划的指导思想及规划原则；

(3) 确定规划地域范围、规划层次、规划年限；

(4) 规划影响区(直接影响区及间接影响区)交通小区划分；

(5) 确定规划目标；

(6) 规划过程总体流程设计。

3. 城市道路交通规划的工作流程

城市道路交通规划的工作流程主要包括以下几个阶段：

(1) 现状调研

通过多种方式收集反映城市现状与发展规划的基础资料，包括城市社会经济资料、城市土地使用资料、城市道路交通设施资料、城市交通运行与管理资料等，并听取相关部门规划设想和建议。

(2) 交通调查

根据城市基础资料状况，结合规划编制要求开展相应的交通调查，交通调查一般包括居民出行调查、车辆出行调查、道路交通运行调查、出入境交通调查、停车调查等项目。

(3) 现状分析

以调查数据和相关资料为基础，切实反映城市交通系统的现状特征和存在问题，提出发展思路，应包括城市概况、城市经济与产业、城市空间结构与土地使用、城市交通需求、城市道路交通、城市公共交通、城市步行与自行车交通、城市停车、城市交通管理与信息化等方面内容。

(4) 需求分析

综合运用交通调查数据、统计数据、相关规划定量指标，建立交通分析模型，形成科学的交通需求分析方法，需求分析的主要内容包括出行生成、出行分布、出行方式划分与交通分配四个方面。

(5) 方案制定

以交通发展需求预测为基础，结合城市地形、地貌和规划的城市空间形态及功能布局进行道路交通系统规划方案编制，规划方案应体现城市交通发展的总体目标和相关要求，方案形成过程中，应采取多种方式征求相关部门和公众意见。

(6) 方案评价

采用定量与定性相结合的方法对规划方案进行评价，评价内容应包括经济、社会、环境、交通运行效果等方面。方案评价要素包括交通运行效果及与规划目标的吻合程度、对城市规划布局的引导和支撑作用、对城市用地资源的占用程度、规划的工程规模与投资等。

图 6-1 为南京市道路交通规划总体流程框图。

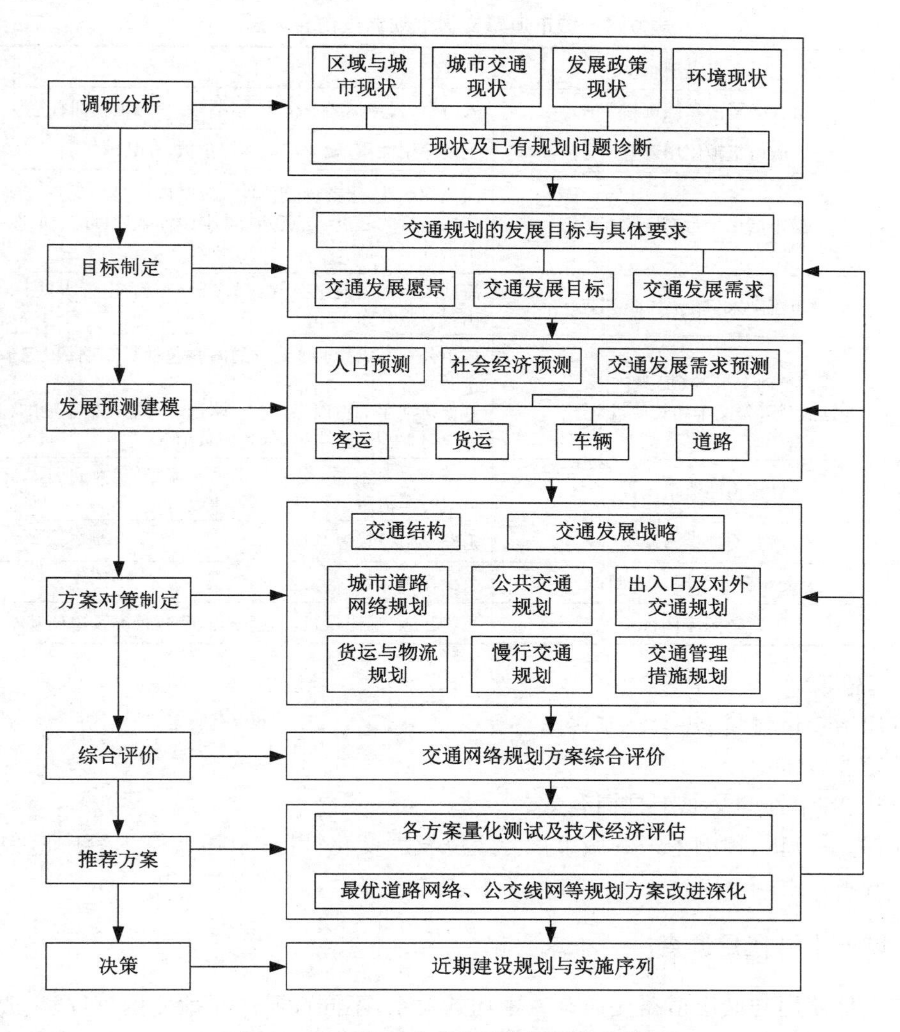

图 6-1　南京市道路交通规划总体流程图

§6-2　城市道路交通规划中的基础信息调查

服务于城市道路交通规划的交通调查的内容汇总见表 6-1 所示。

一、城市社会经济基础资料调查

需收集的城市社会经济基础资料包括：

(1) 人口资料

城市人口总量及各交通区分布，人口年龄结构、性别结构、职业结构、出生率、死亡率、机械增长率。

(2) 国民经济指标

国民收入、各行业产值、人均收入、产业结构等。

表 6-1 城市道路交通规划调查内容汇总

序号	调查类型	主要调查内容
1	城市社会经济基础资料调查	人口资料、国民经济指标、运输量、交通工具拥有量
2	城市土地使用调查	土地使用性质、就业与就学岗位数、商品销售额
3	城市居民出行 OD 调查	居民的职业、年龄、性别、收入等基础情况 各次出行的起点、讫点、时间、距离、出行目的、所采用的交通工具等出行情况
4	城市流动人口出行 OD 调查	流动人口的交通出行规律如出行次数、出行方式、出行目的、出行时空分布
5	机动车出行 OD 调查 （包括城市公交车和其他机动车）	城市公交车出行 OD 调查的内容包括行车路线、行车次数、行车时间等； 其他机动车辆境内出行 OD 调查的内容包括车辆的种类、起讫地点、行车时间、距离、载客载货情况等
6	城市道路流量调查	道路机动车流量、交叉口机动车流量、道路自行车流量、交叉口自行车流量、核查线流量
7	道路交通设施调查	道路、交叉口、停车场
8	公交运营及线路客流调查	公交车停靠站、公交上下客人数
9	货物源流调查	货物运入、运出量、运输起讫点、货物种类及单位基本情况

（3）运输量

客货运历年运输量、各运输方式比重等。

（4）交通工具

各方式、各车种的交通工具拥有量。

此外，为了分析、预测未来的城市社会经济发展变化情况，上述调查内容中应包括历史及现状的资料。

二、城市土地使用调查

城市土地使用与城市道路交通有着密切的关系，不同性质的土地使用，可产生或吸引不同性质的交通，交通与土地使用的关系是进行交通需求预测的基础。服务于交通规划的土地使用调查应包括：

（1）土地使用性质

各交通区主要土地使用类别的土地面积，如工业、商业、居住、科教卫等土地使用类别的面积。

（2）就业、就学岗位数

全部交通区或典型交通区的就业、就学岗位数。

（3）商品销售额

全部交通区或典型交通区的商品销售额。

三、城市居民出行 OD 调查

城市居民出行 OD 调查即居民出行起讫点调查。通过 OD 调查能较全面了解居民出行的内在规律，并获得一系列的重要参数，因此 OD 调查在城市道路交通规划中占有非常重要的地位。

居民的出行特征受个体、家庭属性的影响，因此居民出行OD调查的内容包括居民的职业、年龄、性别、收入等基础情况，以及各次出行的起点、讫点、时间、距离、出行目的、所采用的交通工具等出行情况。

居民出行OD调查采用的方法有：家庭访问法、电话询问法、明信片调查法、工作出行调查法、职工询问法及月票调查法等。可借助手持移动终端等电子媒介，以提高调查的精度。

居民出行调查的抽样率一般取城市人口总数的1%～5%，100万人口以上城市的最小抽样率不低于1%，50～100万人口城市不低于2%，20～50万人口城市不低于3%，20万人口以下城市不低于5%。在进行交通规划时，如以前没有进行过居民出行调查，建议取较高的抽样率，有历史OD资料时(如进行第二轮规划)，可采用小抽样率，并结合历史数据进行扩充。

四、城市流动人口出行OD调查

流动人口是城市总人口中特殊的组成部分，流动人口的交通出行规律如出行次数、出行方式、出行目的、出行时空分布等与城市居民出行规律有较大的差异，在我国更是如此。因此，要详细了解流动人口的出行状况，必须对流动人口出行进行调查。

流动人口的组成十分复杂，按其在城市中停留的时间可分为常住、暂住、当日进出城等三种情况，按其来城市的目的又可分为出差、旅游、探亲、看病、经商、转车等。因此，流动人口出行OD调查难度较大，调查时段为全天24 h，对不同类别的流动人口应采取相应的调查方法。常住、暂住流动人口一般可采用与居民出行OD调查类似的旅馆访问、电话询问、邮寄调查问卷等方法，对当日进出城的流动人口则可采用在城市的出入口，如车站、码头等流动人口集中的地方直接询问的方法进行。

五、机动车出行OD调查

机动车出行OD调查包括公交车出行OD调查及非公交车出行OD调查两类。

城市公交车出行OD调查的内容包括行车路线、行车次数、行车时间等，可直接由公交公司的行车记录查得。

城市境内除公交车外的其他机动车辆境内出行OD调查的内容，包括车辆的种类、起讫地点、行车时间、距离、载客载货情况等。

除城市公交车外的其他机动车出行OD调查的方法，一般有发(收)表格法、路边询问法、登记车辆牌照法、车辆年检法、明信片调查法等。

六、城市道路流量调查

城市道路流量资料是进行现状交通网络评价、交通阻抗函数标定及未来路网方案确定的重要依据。城市道路流量调查包括道路机动车流量、交叉口机动车流量、道路自行车流量、交叉口自行车流量、核查线流量等。其中，核查线流量用于校核交通预测模型。每条核查线把规划区分成两部分，尽可能利用天然障碍线(如河流、铁路、城墙等)，核查线与道路相交处需进行流量调查。

七、道路交通设施调查

道路交通设施调查主要包括道路、交叉口、停车场等。

八、公交运营及线路客流调查

公交调查的目的是了解公交线路(线网)上的乘客分布规律、平均乘距、平均乘行时间及公交车平均载客量,为公交线网规划提供依据。

公交线网运营情况可直接从公交公司调查得到,公交线路客流状况需通过公交线路随车调查获得。跟车法是指安排调查员跟随公交车辆记录站点上(下)客人数,且可对上车乘客发放特制小票,并在下车时进行回收,记录客流站间 OD。如表 6-2 为公交线路随车调查记录表。

表 6-2　公交线路随车调查记录表

______路　车辆类型______　调查日期______　星期______　天气______

行驶方向	从____站 至____站	车站发车时间				终点达到时间			
停靠站名称	1	2	3	4	5	6	7	8	…
上客数									
下客数									
站台余留人数									
车内人数									
到站时间									
受阻情况									

公交客流调查也可采用信息化技术采集。现阶段常用信息化技术通过建立公交 IC 卡与公交车辆 GPS 设备对应关系,统计分析上(下)客量、路段客流量和客流站点间OD 等。

九、货物源流调查

货运交通流是城市交通的一大组成部分,货物源流调查的目的是为货物运输发生、分布预测提供基础数据,调查内容包括有关单位的某一年(或一月、一周)内的货物运入、运出量,运输起讫点,货物种类及单位基本情况。

由于城市所辖的单位比较多,不可能全部调查,一般取年运输量达到一定水平(如超过 100 t)的单位开展调查。

§6-3　城市交通需求发展预测

服务于道路交通规划的城市交通需求发展预测应包括:城市社会经济发展预测、城市客运交通发展预测及城市货运交通发展预测三大部分。

一、城市社会经济发展预测

城市社会经济发展指标是城市交通客运、货运预测的基础。城市社会经济发展预测一般包括以下内容：

1. 城市经济发展预测

城市经济发展预测就是要确定各规划特征年(如2020年、2030年、2050年等)城市经济发展指标。包括各特征年城市国内生产总值总量及在各交通区的分配等指标,以此作为城市客货运量预测的依据。

一般情况下,城市政府部门会对本城市的经济发展进行规划(如城市十年发展纲要等),因此,城市经济发展指标可根据已制订的城市发展纲要并结合城市总体规划、城市历年经济发展规律等情况综合确定。

2. 城市人口发展预测

同样,城市人口发展预测就是要确定各特征年的城市常住人口、暂住人口及流动人口规模,以此作为城市客运预测的依据。

与经济发展指标一样,一般情况下市政府部门制订的城市发展纲要中已经包括了城市各特征年的人口指标。本预测中,主要任务是根据既定的人口规模以及现状人口特征资料,确定各特征年的人口年龄结构及人口在各小区的分布。

3. 劳动力资源与就业岗位预测

劳动力资源指城市人口、暂住人口中具有劳动能力的人数。各特征年的劳动力资源以各特征年人口指标为基础,考虑当前劳动力资源占总人口比例、人口的年龄结构变化(老龄化问题)、未来的退休年龄等因素确定。不计未来特征年的失业率,即认为劳动力市场是平衡的,那么,就业岗位数就等于劳动力资源数。

取得全市的劳动力资源数及就业岗位数后,还需将其分配到各个交通区。劳动力资源数在各交通区的分配,可根据各交通区人口数按比例分配。就业岗位数在各交通区的分配,需根据各交通区内所包含的工业、商业、科教卫等用地的面积和密度而定。

4. 学生人数及就学岗位预测

城市学生总人数的确定类似于劳动力资源预测,以各特征年人口为基础,考虑当前学生人数在总人口中的比例、人口的年龄结构变化、义务教育的普及和高等教育的发展等因素综合确定。不考虑失学问题,可以认为未来各特征年的就学岗位数等于学生人数。未来各特征年学生人数在各交通区的分布,可根据各交通区人口数比例确定。就学岗位数在各交通区的分布,应根据各交通区科教卫用地面积及密度确定。

二、城市客运交通需求发展预测

对于交通需求预测,目前国际上比较常用的是“四阶段”模型,即把交通需求预测过程分为四个阶段：出行生成、出行分布、方式划分及交通分配。

出行生成：通过对城市社会经济资料(人口、土地利用性质等)的分析,预测各交通区的出行发生量及出行吸引量,即OD矩阵中的“行和”与“列和”。

出行分布：将各交通小区的出行发生量及出行吸引量转换成各交通区之间的OD分布

矩阵。

方式划分：确定出行量中各交通方式所占比例，方式划分通常在出行分布结束后进行，也可在出行生成后、出行分布前进行。

交通分配：把各出行方式的 OD 矩阵分配到具体的交通网络上，产生道路交通量或公交线路乘客量。

在上述四阶段中，由于交通分配过程依赖于道路网络方案。因此，通常把交通分配归入网络方案论证过程中，此处只讨论前三步预测。

1. 城市居民出行产生预测

城市居民出行产生预测可以按出行目进行分类。通常，出行目的分上班、上学、公务、购物、文体、访友、看病、回程及其他九类。图 6-2 为鞍山市、无锡市、苏州市以及南京市江宁区、阜阳市、泸州市的居民出行目的结构及其对比图。

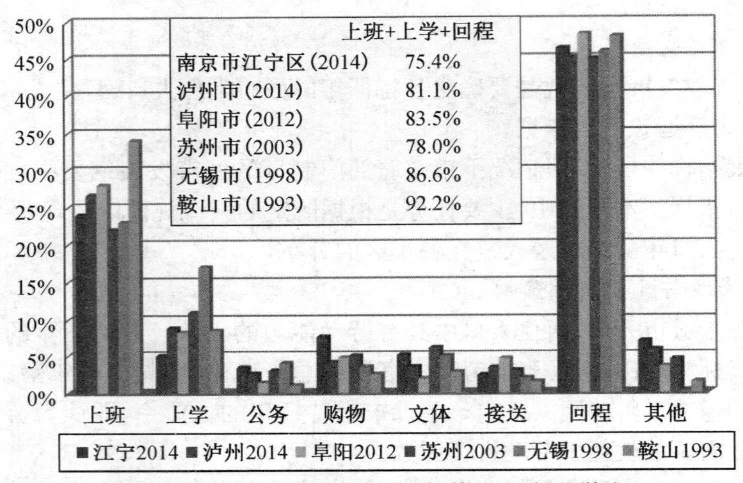

图 6-2　南京江宁、泸州、阜阳、苏州、无锡及鞍山的居民出行目的结构及其对比图

由图 6-2 中可见，出行目的结构中，上班、上学、回程占了绝大部分，一般在 80%～90%左右，我们称这类出行为“生存出行”，这类出行是居民为生存必须进行的，其他出行比例较少，只占 10%～20%左右，我们称这类出行为“弹性出行”或“生活出行”。一般来说，弹性出行占的比例越高，生存出行占的比例越低，则这个城市的生活水准就越高。如 1998 年无锡市的弹性出行占 13.4%、生存出行占 86.6%，2003 年苏州市的弹性出行占 22.0%、生存出行占 78.0%，说明 2003 年苏州市的城市居民生活水平高于 1998 年无锡市；南京市江宁区 2014 年的生存出行占 75.4%，2014 年泸州市的生存出行占 81.1%，说明 2014 年南京市江宁区的城市居民生活水平高于泸州市。随着我国社会经济的不断发展，各个城市的弹性出行比例呈上升趋势，尤其是购物和文娱活动所占的比例。

由于生存出行在出行结构中占主体，只要抓住了这个主要矛盾，作细致的分析、预测工作，则出行产生预测精度能大大提高。因此，在出行产生预测中，我们把出行目的分为上班、上学、回程、弹性四类分别进行。

上班、上学、回程、弹性四类出行目的的出行量预测基本模型，可采用下列形式的一种或几种：

$$Y_{ij} = a + bX_{ij} \tag{6-1}$$

$$Y_{ij} = aX_{ij}^{b} \tag{6-2}$$

$$Y_{ij} = ae^{bX_{ij}} \tag{6-3}$$

式中 Y_{ij} ——i 交通区 j 类出行目的的出行发生量；

X_{ij} ——i 交通区相应于 j 类出行目的的出行发生量影响因素，工作出行取为劳动力资源数，上学出行取为居住学生数，弹性出行取为居住人口数，回程出行取为非回程出行吸引量；

a、b——回归系数，根据现状居民出行调查资料及经济调查资料标定。

通常情况下，采用式(6-1)的线性模型已具有足够的预测精度，如表6-3为无锡市居民出行发生量预测模型标定结果。

表6-3　无锡市居民出行发生量预测模型

出行目的	发生量预测模型	相关系数
上班	$Y_{i1} = 1.104X_{i1} - 55.36$ X_{i1} ——i 交通区劳动力资源数	0.983 5
上学	$Y_{i2} = 1.396X_{i2} - 4.830$ X_{i2} ——i 交通区居住学生数	0.996 8
弹性	$Y_{i3} = 0.6461X_{i3} - 17.07$ X_{i3} ——i 交通区居住人口数	0.839 5
回程	$Y_{i4} = 0.8990X_{i4}$ X_{i4} ——i 交通区非回程出行吸引量	0.999 8

2. 城市居民出行吸引预测

与居民出行产生预测一样，城市居民出行吸引量预测也是按上班、上学、回程、弹性四类出行目的分别建模，并采用相同的基本模型。

$$Y_{ji} = a + bX_{ji} \tag{6-4}$$

$$Y_{ji} = aX_{ji}^{b} \tag{6-5}$$

$$Y_{ji} = ae^{bX_{ji}} \tag{6-6}$$

式中 Y_{ji} ——i 交通区 j 类出行目的的出行吸引量；

X_{ji} ——i 交通区相应于 j 类出行目的的出行吸引量影响因素，工作出行吸引取为交通区就业岗位数，上学出行吸引取就学岗位数，回程出行吸引取交通区居住人口数；

a、b——回归系数，根据现状资料标定。

由于各交通区的弹性出行吸引量影响因素非常复杂，一般很难用模型表示，通常根据交通区的商业、文体、医疗、旅游等用地面积，采用土地使用类别吸引率法确定。

表6-4为无锡市居民出行吸引量预测模型。

表 6-4　无锡市居民出行吸引量预测模型

出行目的	吸引量预测模型	相关系数
上班	$Y_{5i}=1.0437X_{5i}+128.5$ X_{5i}——i 交通区就业岗位数	0.998 2
上学	$Y_{6i}=1.281X_{6i}+27.00$ X_{6i}——i 交通区居住学生数	0.906 1
回程	$Y_{7i}=1.2625X_{7i}-3.2$ X_{7i}——i 交通区居住人口数	0.998 7

3. 城市居民出行生成预测

将各类出行目的的城市居民出行发生量、吸引量相加，便形成城市居民全目的的出行生成，它们分别是出行 OD 矩阵中的“行和”(交通区发生量)及“列和”(交通区吸引量)。交通生成总量预测以及交通发生量与吸引量的预测，除了采用上述对的回归分析法之外，通常还会采用原单位法、增长率法和交叉分类等方法。

4. 城市居民出行分布预测

城市居民出行分布预测就是要根据前面预测的各交通区发生量及吸引量，确定各交通区之间的出行量分布，即计算未来特征年居民出行量在 OD 表中的各元素值，因此，出行分布模型是一种空间相互作用模型。城市居民出行分布预测模型主要分两大类：增长系数法及重力模型法。

(1) 增长系数法分布预测

增长系数法需事先给定一个先验的 OD 矩阵(历史的、或抽样调查的、或是按某一种数学方法计算的)，并假设预测的 OD 矩阵与先验的 OD 矩阵具有基本相同的分布形式，模型的计算主要是解决了交通需求的增长及交通区之间的平衡问题。

① 常增长系数模型

常增长系数法假定 $t(i, j)$ 的增长仅与 i 小区的发生量增长系数有关，或仅与 j 小区的吸引量增长系数有关是一个常量。

分布模型为

$$T(i, j)=t(i, j)\cdot[E(i) \text{ or } F(j)] \tag{6-7}$$

式中　$T(i, j)$——i 区至 j 区的将来 OD 量；

$t(i, j)$——i 区至 j 区的现状 OD 量；

$E(i)$——i 区的出行发生增长系数；

$F(j)$——j 区的出行吸引增长系数。

该方法只考虑将来的发生量或吸引量或生成量当中的某一个量的增长率对增长函数的影响，忽视了其他变量对增长函数的影响。由于产生量与吸引量的不对称性，因此其预测精度不高，不需要迭代计算，是一种最简单的方法，有时不能保证交通分布的守恒约束条件。

② 平均增长系数模型

平均增长系数模型假设将来的 OD 量按该 OD 量的起讫点取增长系数的平均值增长，其分布模型为

$$T(i, j)=t(i, j)\cdot[E(i)+F(j)]/2 \quad (i, j=1, 2, \cdots, n) \tag{6-8}$$

式中　$T(i, j)$——i 区至 j 区的将来 OD 量；

$t(i, j)$——i 区至 j 区的现状 OD 量；

$E(i)$——i 区的出行发生增长系数；

$F(j)$——j 区的出行吸引增长系数；

n——全市(或全规划区域)的交通区个数。

按上述计算的 OD 矩阵，往往各交通区的吸引总量、发生总量不能满足增长后的平衡条件，即：

$$i\text{ 交通区的预测发生总量}\sum_{j=1}^{n}T(i, j) \neq i\text{ 交通区的现状发生总量}\sum_{j=1}^{n}t(i, j)\cdot [E(i)+F(j)]/2 \quad (i=1, 2, \cdots, n)$$

$$j\text{ 交通区的预测吸引总量}\sum_{i=1}^{n}T(i, j) \neq j\text{ 交通区的现状发生总量}\sum_{i=1}^{n}t(i, j)\cdot [E(i)+F(j)]/2 \quad (j=1, 2, \cdots, n)$$

为了使预测的 OD 矩阵满足增长要求，应重新确定修正增长系数，用上式进行迭代计算，修正增长系数为

$$E'(i)=\frac{\sum_{j=1}^{n}T(i, j)}{\sum_{j=1}^{n}t(i, j)\cdot [E(i)+F(j)]/2} \quad (i=1, 2, \cdots, n) \tag{6-9}$$

$$F'(j)=\frac{\sum_{i=1}^{n}T(i, j)}{\sum_{i=1}^{n}t(i, j)\cdot [E(i)+F(j)]/2} \quad (j=1, 2, \cdots, n) \tag{6-10}$$

利用前述公式不断进行迭代计算，直到修正增长系数 $E'(i)$、$F'(j)$ 接近于 1(允许误差 3%)为止。

③ Detroit 模型

底特律法假设 i，j 小区间交通分布量 $t(i, j)$ 的增长系数与 i 小区出行发生量和 j 小区出行吸引量增长系数之积成正比，与全规划区出行生成总量的增长系数成反比，Detroit 模型的具体形式为

$$t^{k}(i, j)=t^{k-1}(i, j)\cdot E^{k-1}(i)\cdot F^{k-1}(j)\cdot G^{k-1} \tag{6-11}$$

式中　$t^{k-1}(i, j)$——第 k 次迭代时的 OD 矩阵元素，迭代开始时，$t^{0}(i, j)$ 为给定的先验 OD 矩阵元素；

$E(i)$、$F(j)$、G——调整系数。

$$E^{k}(i)=\frac{\sum_{j}T(i, j)}{\sum_{j}t^{k}(i, j)} \tag{6-12}$$

$$F^k(j) = \frac{\sum_i T(i, j)}{\sum_i t^k(i, j)} \tag{6-13}$$

$$G^k = \frac{\sum_{i=1}^{n}\sum_{j=1}^{n} t^k(i, j)}{\sum_{i=1}^{n}\sum_{j=1}^{n} T(i, j)} \tag{6-14}$$

Detroit 模型由 $E(i)$、$F(j)$ 控制精度，一般取 $E(i)$、$F(j)$ 收敛于 1(允许误差 3%)时，迭代结束。

④ Fratar 模型

Fratar 模型是增长系数法中的一种较好的交通分布预测模型，它考虑了交通区与交通区之间的吸引强度，Fratar 模型的基本形式有多种，常用的形式为

$$t^k(i, j) = \frac{t_1(i, j) + t_2(i, j)}{2} \tag{6-15}$$

$$t_1(i, j) = \frac{t^{k-1}(i, j) \cdot E^{k-1}(i) \cdot F^{k-1}(j) \cdot \sum_j t^{k-1}(i, j)}{\sum_j t^{k-1}(i, j) \cdot F^{k-1}(j)} \tag{6-16}$$

$$t_2(i, j) = \frac{t^{k-1}(i, j) \cdot E^{k-1}(i) \cdot F^{k-1}(j) \cdot \sum_i t^{k-1}(i, j)}{\sum_i t^{k-1}(i, j) \cdot E^{k-1}(i)} \tag{6-17}$$

式中 $t^{k-1}(i, j)$——第 k 次迭代时的 OD 矩阵元素，迭代开始时，$t^0(i, j)$ 为给定的先验 OD 矩阵元素；

$E(i)$、$F(j)$——调整系数。

$$E^k(i) = \frac{\sum_j T(i, j)}{\sum_j t^k(i, j)} \tag{6-18}$$

$$F^k(j) = \frac{\sum_i T(i, j)}{\sum_i t^k(i, j)} \tag{6-19}$$

Fratar 模型由 $E(i)$、$F(j)$ 控制精度，一般取 $E(i)$、$F(j)$ 收敛于 1(允许误差 3%)时，迭代结束。

⑤ Furness 模型

在 Furness 模型中，由起点区所产生的出行量首先取得平衡，随之吸引到终点区的出行量再取得平衡，Furness 模型的具体形式为

$$T^0(i, j) = t(i, j) \cdot E(i) \tag{6-20}$$

$$T^k(i,j)=T^{k-1}(i,j)\cdot F^{k-1}(j) \tag{6-21}$$

$$T^{k+1}(i,j)=T^k(i,j)\cdot E^k(i) \tag{6-22}$$

$$(i,j=1,2,\cdots,n,k=1,3,5,7,\cdots)$$

式中　$T^0(i,j)$——初始迭代时 OD 量；

$T^k(i,j)$——第 k 次迭代时 OD 量；

$$E^k(i)=\frac{\sum_j T(i,j)}{\sum_j T^k(i,j)} \tag{6-23}$$

$$F^k(j)=\frac{\sum_i T(i,j)}{\sum_i T^k(i,j)} \tag{6-24}$$

Furness 模型通过上述公式的反复迭代，直到连续的发生增长系数与吸引增长系数均满足设定的收敛标准 3%，停止迭代。

例 6-1　某区域有三个交通区，现状 OD 矩阵及通过出行产生预测所获得的各交通区未来发生总量及吸引总量如表 6-5 所示，试用平均增长系数模型、Fratar 模型确定该区域的未来 OD 分布。

表 6-5　现状 OD 矩阵及未来发生、吸引量

起点＼终点	1	2	3	$\sum_j t(i,j)$	未来发生量
1	4	2	2	8	16
2	2	8	4	14	28
3	2	4	4	10	40
$\sum_i t(i,j)$	8	14	10	32	
未来吸引量	16	28	40		84

解　现状调查的 OD 矩阵为对称矩阵，且预测的各交通区发生量与吸引量相等，故各交通区的发生增长系数与吸引增长系数相同，即：

$$E(1)=F(1)=16/8=2$$
$$E(2)=F(2)=28/14=2$$
$$E(3)=F(3)=40/10=4$$

A. 用平均增长系数模型预测

① 第一次计算

$$T(1, 1) = t(1, 1) \times [E(1) + F(1)]/2 = 4 \times (2+2)/2 = 8$$
$$T(1, 2) = t(1, 2) \times [E(1) + F(2)]/2 = 2 \times (2+2)/2 = 4$$
$$T(1, 3) = t(1, 3) \times [E(1) + F(3)]/2 = 2 \times (2+4)/2 = 6$$
$$T(2, 2) = t(2, 2) \times [E(2) + F(2)]/2 = 8 \times (2+2)/2 = 16$$
$$T(2, 3) = t(2, 3) \times [E(2) + F(3)]/2 = 4 \times (2+4)/2 = 12$$
$$T(3, 3) = t(3, 3) \times [E(3) + F(3)]/2 = 4 \times (4+4)/2 = 16$$

由于 OD 矩阵对称，可得：

$$T(2, 1) = T(1, 2) = 4$$
$$T(3, 1) = T(1, 3) = 6$$
$$T(3, 2) = T(2, 3) = 12$$

于是得表 6-6 所示的第一次计算 OD 分布矩阵。在 OD 矩阵中，分布预测的各小区发生总量 $\sum_j T(i, j)$、吸引总量 $\sum_i T(i, j)$ 不等于出行产生预测的发生、吸引总量，且各交通区的发生、吸引修正增长系数 $E'(i)$、$F'(j)$ 不接近于 1（见表 6-6 最后一列和最后一行，偏差大于 3%），尚需以新确定的修正增长系数进行迭代计算。

表 6-6　第一次迭代的未来 OD 分布

起点＼终点	1	2	3	$\sum_j T(i, j)$	未来发生量	$E'(i)$
1	8	4	6	18	16	0.89
2	4	16	12	32	28	0.88
3	6	12	16	34	40	1.18
$\sum_i T(i, j)$	18	32	34	84		
未来吸引量	16	28	40		84	
$F'(j)$	0.89	0.88	1.18			

② 第二次计算

$$T(1, 1) = 8 \times (0.89 + 0.89)/2 = 7.12$$
$$T(1, 2) = 4 \times (0.89 + 0.88)/2 = 3.54$$
$$T(1, 3) = 6 \times (0.89 + 1.18)/2 = 6.21$$
$$T(2, 2) = 16 \times (0.88 + 0.88)/2 = 14.08$$
$$T(2, 3) = 12 \times (0.88 + 1.18)/2 = 12.36$$
$$T(3, 3) = 16 \times (1.18 + 1.18)/2 = 18.88$$

根据对称性可确定其他元素，于是得表 6-7 所示的第二次计算 OD 分布矩阵。在该OD 矩阵中，修正的增长系数仍不满足精度要求，还需迭代计算。

表 6-7　第二次迭代的未来 OD 分布

起点 \ 终点	1	2	3	$\sum_j t(i, j)$	未来发生量	$E'(i)$
1	7.12	3.54	6.21	16.87	16	0.95
2	3.54	14.08	12.36	29.98	28	0.93
3	6.21	12.36	18.88	37.45	40	1.07
$\sum_i t(i, j)$	16.87	29.98	37.45	84.30		
未来吸引量	16	28	40		84	
$F'(j)$	0.95	0.93	1.07			

③ 第三次计算

用同样的方法可得第三次计算的 OD 分布矩阵，如表 6-8 所示，该矩阵中修正的增长系数已满足精度要求，故表 6-8 所示 OD 矩阵即为要求预测的 OD 分布。

表 6-8　第三次迭代的未来 OD 分布

起点 \ 终点	1	2	3	$\sum_j t(i, j)$	未来发生量	$E'(i)$
1	6.76	3.33	6.27	16.36	16	0.98
2	3.33	13.09	12.36	28.78	28	0.97
3	6.27	12.36	20.20	38.83	40	1.03
$\sum_i t(i, j)$	16.36	28.78	38.83	83.97		
未来吸引量	16	28	40		84	
$F'(j)$	0.98	0.97	1.03			

B. 用 Fratar 模型预测

$$t_1^1(1, 1) = t^0(1, 1) \cdot E^0(1) \cdot F^0(1) \frac{t^0(1, 1) + t^0(1, 2) + t^0(1, 3)}{t^0(1, 1) \cdot F^0(1) + t^0(1, 2) \cdot F^0(2) + t^0(1, 3) \cdot F^0(3)} = 6.4$$

$$t_2^1(1, 1) = t^0(1, 1) \cdot E^0(1) \cdot F^0(1) \frac{t^0(1, 1) + t^0(2, 1) + t^0(3, 1)}{t^0(1, 1) \cdot E^0(1) + t^0(2, 1) \cdot E^0(2) + t^0(3, 1) \cdot E^0(3)} = 6.4$$

所以 $$t^1(1, 1) = \frac{1}{2}[t_1^1(1, 1) + t_2^1(1, 1)] = 6.4$$

$$t_1^1(1, 2) = t^0(1, 2) \cdot E^0(1) \cdot F^0(2) \frac{t^0(1, 1) + t^0(1, 2) + t^0(1, 3)}{t^0(1, 1) \cdot F(1) + t^0(1, 2) \cdot F^0(2) + t^0(1, 3) \cdot F^0(3)} = 3.2$$

$$t_2^1(1, 2) = t^0(1, 2) \cdot E^0(1) \cdot F^0(2) \frac{t^0(1, 2) + t^0(2, 2) + t^0(3, 2)}{t^0(1, 2) \cdot E^0(1) + t^0(2, 2) \cdot E^0(2) + t^0(3, 2) \cdot E^0(3)} = 3.11$$

所以 $$t^1(1, 2) = \frac{1}{2} \times [t_1^1(1, 2) + t_2^1(1, 2)] = 3.16$$

同理可得：

$t^1(1, 3) = 6.06$, $t^1(2, 1) = 3.16$

$t^1(2, 2) = 12.44$, $t^1(2, 3) = 11.93$

$t^1(3, 1) = 6.06$, $t^1(3, 2) = 11.93$

$t^1(3, 3) = 22.86$

经过一轮计算后，得表6-9所示的OD分布矩阵。在分布矩阵中，各交通区修正的增长系数已满足精度要求，无需进行迭代计算，可见，用Fratar模型比用平均增长系数模型收敛速度要快得多。

表6-9 Fratar模型预测的OD分布

起点 \ 终点	1	2	3	$\sum_j t(i, j)$	未来发生量	$E'(i)$
1	6.4	3.16	6.06	15.62	16	1.02
2	3.16	12.44	11.93	27.53	28	1.02
3	6.06	11.93	22.86	40.85	40	0.98
$\sum_i t(i, j)$	15.62	27.53	40.85	84.00		
未来吸引量	16	28	40		84	
$F'(j)$	1.02	1.02	0.98			

(2) 重力模型法分布预测

交通分布预测的重力模型考虑了两交通区之间的吸引强度与吸引阻力，认为两交通区之间的出行吸引与两交通区的出行发生、吸引量成正比，与交通区之间的交通阻抗成反比。与增长系数法(如Fratar模型)相比，重力模型预测考虑的因素比较全面，尤其是强调了局部与整体之间的相互作用，比较切合实际，即使没有完整的OD表，也能预测OD矩阵(只要能标定模型参数α)。重力模型的一个致命缺点是短程OD分布偏大，尤其是区内出行，在预测时必须给予注意。

重力模型有多种形式，目前在规划中应用最广泛、精度较好的是行程时间模型、单约束模型及双约束重力模型。

① 行程时间模型

行程时间模型以行程时间作为交通阻抗，其分布预测公式为

$$T(i, j) = \frac{A_j / S_{ij}^c}{\sum_{j=1}^{n} A_j / S_{ij}^c} P_i \tag{6-25}$$

$$A_j = \sum_{i=1}^{n} t(i, j) \tag{6-26}$$

$$P_i = \sum_{j=1}^{n} t(i, j) \tag{6-27}$$

$$(i, j = 1, 2, \cdots, n)$$

式中 A_j —— j 区的现状出行吸引总量；

P_i —— i 区的未来出行发生总量；

S_{ij} —— i 区至 j 区的行程时间；

c ——参数。

利用行程时间模型预测出行分布时，参数 c 采用试算法确定，参数一数在 1.0～2.0 之间，试算时，以全区加权平均行程时间作为精度控制条件，要求现状与预测的加权平均行程时间相对误差不大于 3%。

例 6-2 某区域有三个交通区，现状 OD 矩阵及通过出行产生预测所获得的未来出行发生、吸引总量如表 6-10 所示，各交通区之间的行程时间如表 6-11 所示。试用行程时间模型确定出行分布。

表 6-10 现状 OD 矩阵及预测的未来出行发生吸引总量

起点＼终点	1	2	3	p'_i	P_i
1	4	2	2	8	16
2	2	8	4	14	28
3	2	4	4	10	40
A_j	8	14	10	32	
A'_j	16	28	40		84

表 6-11 各交通区之间的行程时间 单位：min

起点＼终点	1	2	3
1	2	4	4
2	4	1	2
3	4	2	2

解 设 $c = 1.0$

交通区 1：$\sum_{j=1}^{n} A_j / S_{1j} = \frac{8}{2} + \frac{14}{4} + \frac{10}{4} = 10$

$$T(1,\ 2) = \frac{A_2/S_{12}}{10} P_1 = \frac{14/4}{10} \times 16 = 5.60$$

$$T(1,\ 1) = \frac{A_1/S_{11}}{10} P_1 = \frac{8/2}{10} \times 16 = 6.40$$

$$T(1,\ 3) = \frac{A_3/S_{13}}{10} P_1 = \frac{10/4}{10} \times 16 = 4.00$$

交通区 2：$\sum_{j=1}^{n} A_j / S_{2j} = \frac{8}{4} + \frac{14}{1} + \frac{10}{2} = 21$

$$T(2,2)=\frac{A_2/S_{22}}{21}P_2=\frac{14/1}{21}\times 28=18.67$$

$$T(2,1)=\frac{A_1/S_{21}}{21}P_2=\frac{8/4}{21}\times 28=2.67$$

$$T(2,3)=\frac{A_3/S_{23}}{21}P_2=\frac{10/2}{21}\times 28=6.67$$

交通区 3：$\sum_{j=1}^{n}A_j/S_{3j}=\frac{8}{4}+\frac{14}{2}+\frac{10}{2}=14$

$$T(3,2)=\frac{A_2/S_{32}}{14}P_3=\frac{14/2}{14}\times 40=20.00$$

$$T(3,1)=\frac{A_1/S_{31}}{14}P_3=\frac{8/4}{14}\times 40=5.71$$

$$T(3,3)=\frac{A_3/S_{33}}{14}P_3=\frac{10/2}{14}\times 40=14.29$$

于是得出行分布 OD 矩阵如表 6-12 所示。

表 6-12　出行分布 OD 矩阵

起点 \ 终点	1	2	3	$\sum_j T(i,j)$
1	6.4	5.60	4.00	16
2	2.67	18.67	6.67	28
3	5.71	20.00	14.29	40
$\sum_i T(i,j)$	16	28	40	84

现状 OD 分布加权平均行程时间为

$$\bar{S}_0=\frac{4\times 2+2\times 4+2\times 4+2\times 4+8\times 1+4\times 2+2\times 4+4\times 2+4\times 2}{32}$$

$=2.25\ \text{min}$

预测 OD 分布加权平均行程时间为

$$\bar{S}_1=\frac{6.4\times 2+5.6\times 4+4\times 4+2.67\times 4+18.67\times 1+6.67\times 2+5.71\times 4+20\times 2+14.29\times 2}{84}$$

$=2.21\ \text{min}$

加权平均行程时间的相对误差为

$$\frac{|\bar{S}_0-\bar{S}_1|}{\bar{S}_0}=\frac{2.25-2.21}{2.25}=1.7\%$$

相对误差满足精度要求，故表 6-12 所示矩阵即为要求的出行分布。

若相对误差>3%，则应调整参数 c 后重新计算。若相对误差>3%且 $\bar{S}_1 > \bar{S}_0$，则应增大 c；若相对误差>3%且 $\bar{S}_1 < \bar{S}_0$，则应减少 c。

② 单约束重力模型

a) 乌尔希斯重力模型

此模型只满足出行发生约束重力模型，其表达式为

$$X_{ij} = T_i \cdot U_j \cdot f(d_{ij}) / \sum_j U_j \cdot f(d_{ij}) \tag{6-28}$$

式中 X_{ij} ——交通区 $i \to j$ 的 OD 量；

T_i ——交通区 i 的发生量，$T_i = \sum_j X_{ij}$；

U_j ——交通区 j 的吸引量，$U_j = \sum_i X_{ij}$；

$f(d_{ij})$ ——交通阻抗函数，可取 $f(d_{ij}) = d_{ij}^{-\alpha}$；

d_{ij} ——交通区 $i \to j$ 的交通阻抗值；

α ——模型参数，α 通常通过小样本 OD 调查数据或局部 OD 矩阵标定。

b) 美国公路局重力模型(B. P. R. 模型)

$$X_{ij} = T_i \cdot U_j \cdot f(d_{ij}) \cdot K_{ij} / \sum_j U_j \cdot f(d_{ij}) \cdot K_{ij} \tag{6-29}$$

式中 K_{ij} ——调整系数，其计算公式为

$$K_{ij} = (1 - Y_{ij})\lambda_{ij} / (1 - Y_{ij}\lambda_{ij}) \tag{6-30}$$

其中 λ_{ij}——i 小区到 j 小区的实际交通分布量与计算交通分布量之比；

Y_{ij}——i 小区到 j 小区的实际分布交通量与 i 小区的出行发生量之比。

此模型与乌尔希斯模型相比，引进了交通调整系数 K_{ij}。计算时，用与乌尔希斯模型相同的方法试算出待定系数 α，然后计算 X_{ij}，最后计算 K_{ij}。

上述两种单约束重力模型也需要通过迭代计算才能获得满足精度的 OD 矩阵。

③ 双约束重力模型

双约束重力模型的形式为

$$X_{ij} = A_i \cdot B_j \cdot T_i \cdot U_j \cdot f(d_{ij}) \tag{6-31}$$

$$A_i = [\sum_j \cdot B_j \cdot U_j \cdot f(d_{ij})]^{-1} \tag{6-32}$$

$$B_j = [\sum_i \cdot A_i \cdot T_i \cdot f(d_{ij})]^{-1} \tag{6-33}$$

式中 X_{ij} ——交通区 $i \to j$ 的 OD 量；

T_i ——交通区 i 的发生量，$T_i = \sum_j X_{ij}$；

U_j ——交通区 j 的吸引量，$U_j = \sum_i X_{ij}$；

A_i、B_j ——运算参数；

$f(d_{ij})$ ——交通阻抗函数，可取 $f(d_{ij}) = d_{ij}^{-\alpha}$；

d_{ij} ——交通区 $i \rightarrow j$ 的交通阻抗值；

α ——模型参数，α 通常通过小样本 OD 调查数据或局部 OD 矩阵标定。

双约束重力模型也需要通过迭代计算才能获得满足精度的 OD 矩阵。

5. 城市居民出行方式结构预测

城市居民出行方式结构预测即将前面预测的居民全目的出行量分解成各种交通方式的出行量，并转换成各种交通工具的出行量。在城市道路交通规划中，交通方式(或出行方式)分为步行、(电动)自行车、公交、出租车、摩托车、单位车、私家车及其他几类。

从目前国内城市交通预测的实践看，在进行居民出行方式划分的预测中，一个普遍的趋势是定性和定量分析相结合，在宏观上依据未来国家经济政策、交通政策及相关城市的比较来对未来城市交通结构作出估计，然后在此基础上进行微观预测。因为影响居民出行方式结构的因素很多，社会、经济、政策、城市布局、交通基础设施水平、地理环境及居民出行行为心理、生活水平等均从不同侧面影响居民出行方式结构，其演变规律很难用单一的数学模型或表达式来描述。尤其是在我国经济水平、居民的物质生活水平还相对较低，居民出行以非弹性出行占绝大部分，居民出行方式可选择余地不大的情况下，可采用这样的思路：宏观与微观相结合，宏观指导微观。

首先在宏观上考虑该城市现状居民出行方式结构及其内在因素，定性分析城市未来布局和规模变化趋势、交通系统建设发展趋势、居民出行方式选择决策趋势，并与同类城市进行比较，初步估计规划年城市交通结构可能的取值。

其次在微观上，根据该城市居民出行调查资料计算出不同距离下各种方式分担率(如图 6-3 所示)，然后，考虑各交通方式特点、最佳服务距离、不同交通方式之间竞争转移的可能以及居民出行选择行为心理等因素，对现状分担率进行修正，经若干次试算，使城市总体交通结构分布值落在第一步所估计的可能取值范围之内。

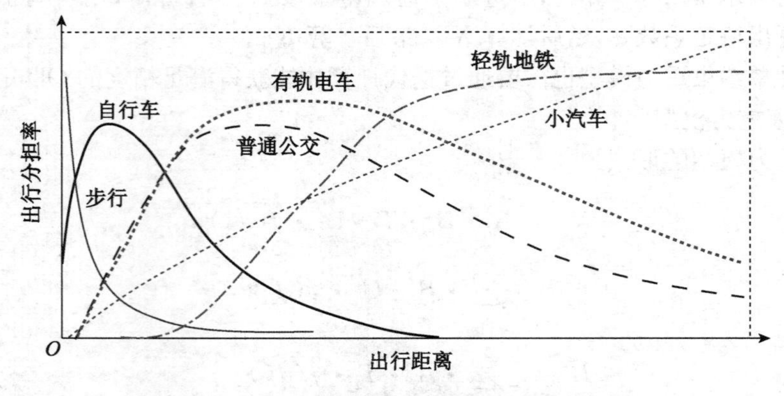

图 6-3 出行方式分担率-距离曲线分布示意图

三、城市货运交通需求发展预测

城市货运是城市交通运输的组成部分之一。与客运需求预测类似，货运需求预测也可以通过“四阶段法”进行，包括货运交通生成预测、货运交通分布预测、货运交通方式预测及货运交通分配预测四个方面。

1. 城市货运交通生成预测

一个城市的道路货运总量与该城市的国民生产总值、商品零售额、土地使用有着密切的关系，通常城市道路货运总量通过与该城市国民生产总值、商品零售额的历史资料建立回归模型预测，并根据产业结构、工业区分布进行修正。各交通区的货运发生、吸引量，以城市道路货运总量为基础，根据各交通区的土地使用性质（各类用地面积及货运生成密度）进行分担，对大型企业的货运发生、吸引量要作专门预测，最后进行货运总量的平衡及调整。通常采用弹性系数法和回归分析法进行货运生成预测。

2. 货运交通分布预测

与城市客运分布预测一样，各交通区的货运发生、吸引量需通过分布预测转换成货运量OD矩阵。

城市的货运交通分布与客运交通分布有明显的区别，客运分布主要受到居民出行心理和出行距离的影响，表现为近距离出行分布量较多；货运主要是由于企业工厂之间存在协作而产生，受距离约束较小，而与固定的货运需求紧密联系。因此，可以在各交通区货运发生量和吸引量的基础上，根据现状货物源流调查结果，采用增长系数法预测货运量的分布。此外，可以采用与客运分布预测类似的重力模型预测方法，但货运分布预测中最常用的模型为双约束重力模型，客货运分布预测的模型参数需分别标定，两者差异较大。

3. 货运交通方式预测

货运交通方式按照货车车型划分为大型（大于5.0 t）、中型（2.5 t到5.0 t）和小型（小于2.5 t）货车，大型货车运输效率高，小型货车机动性能好，未来的城市货运交通车型划分的发展趋势是“两头大、中间小”，如大型、中型、小型的比例为0.45∶0.1∶0.45。因此，货运交通方式划分不仅是预测，也是决策，根据生成预测和分布预测的成果，以及货运车型的发展决策，可得到该城市各特征年份各种车辆OD矩阵。

4. 货运交通分配预测

货运交通分配的过程、手段与客运交通分配相似，但是货运交通分配需要考虑道路网对货车通行的限制。

§6-4　城市道路网络布局规划方案设计

一、城市道路交通网络规划的一般原理

城市道路交通网络的规划，必须建立在各出行方式出行OD量的基础之上，并以满足出行需求为主要目标。

一般来说，城市道路交通网络规划方案按以下步骤产生：

(1) 在现状交通网络交通质量评价的基础上，参考城市总体规划及分区规划中的路网系统方案，根据城市形态及发展趋势确定一个初始的道路网络方案；

(2) 将预测的各方式出行OD量分配至路网方案上，预测每一交叉口、每一路段的分配交通量及路段平均车速、交叉口平均延误；

(3) 分析、评价每一路段、每一交叉口的交通负荷、服务水平及网络总体评价指标；

(4) 根据交通质量评价及网络总体性能评价结果，调整路网规划方案，返回步骤 2，直到规划方案可行、合理。

二、城市道路网络规划的一般原则

城市道路系统首先应满足人流、客货车流的安全畅通，同时应反映出城市风貌、历史和文化传统，为地上地下工程管线和其他设施提供空间，并满足城市日照通风与城市救灾避难要求。在进行城市道路网络系统的规划时，应对上述功能综合考虑、相互协调。

满足城市交通运输要求是道路网络系统规划的首要目标，为达到此目标，规划的道路网络系统必须“功能分清，系统分明”，为组成一个合理的交通运输网创造条件，使城市各交通区之间有“方便、迅速、安全、经济”的交通联系。这种道路网络系统由交通性与生活性两种道路组成，按道路在城市中的地位、作用、交通性质、交通速度及交通流量等指标，可将道路分为快速路、主干路、次干路及支路四类。快速路及主干路为交通性道路，次干路兼有交通性和生活性两重功能，并以交通功能为主，支路一般为生活性道路，在居住区、商业区、工业区内起着广泛的联系作用。通过合理的道路等级结构、道路功能组织，使道路的等级与功能相匹配，高效地实现居民出行的“通”和“达”。

城市道路系统应能适应今后城市用地的扩展、交通结构的变化和快速交通的要求，城市道路网络中快速干道及主干道是路网的骨架，应便捷地联系城市各主要功能区，形成客货运机动车的重要交通走廊（包括公交客运走廊）。次干道和支路是对交通走廊的补充，以通行公交汽车、自行车及分区内部交通为主。为了构成一个协调的运输系统，各类干道及支路的路网密度，在不同的规划阶段必须予以保证，表 6-13 及表 6-14 为城市综合交通体系规划规范规定的各类道路规划指标。

表 6-13　城市道路功能等级划分与规划要求

大类	中类	小类	功能说明	设计速度 /($\mathrm{km \cdot h^{-1}}$)	高峰小时服务交通量推荐（双向 pcu）
干线道路	快速路	Ⅰ级快速路	为城市长距离机动车出行提供快速、高效的交通服务。	80～100	3 000～12 000
		Ⅱ级快速路	为城市长距离机动车出行提供快速交通服务。	60～80	2 400～9 600
	主干路	Ⅰ级主干路	为城市主要分区（组团）间的中、长距离联系交通服务。	60	2 400～5 600
		Ⅱ级主干路	为城市分区（组团）间中、长距离联系以及分区（组团）内部主要交通联系服务。	50～60	1 200～3 600
		Ⅲ级主干路	为城市分区（组团）间联系以及分区（组团）内部中等距离交通联系提供辅助服务，为沿线用地服务较多。	40～50	1 000～3 000
集散道路	次干路	次干路	为干线道路与支线道路的转换以及城市内中、短距离的地方性活动组织服务。	30～50	300～2 000
支线道路	支路	Ⅰ级支路	为短距离地方性活动组织服务。	20～30	—
		Ⅱ级支路	为短距离地方性活动组织服务的居住街坊内道路、步行、非机动车专用路等。	—	—

表 6-14　不同规模城市的干线道路网络密度

规划人口规模/万人	干线道路网络密度/($km \cdot km^{-2}$)
≥200	1.5～1.9
100～200	1.4～1.9
50～100	1.3～1.8
20～50	1.3～1.7
≤20	1.5～2.2

在规划道路系统时，还应结合城市地形、地貌等自然条件，道路选线要注意通过地区的工程地质条件，减少灾害，充分利用荒地空地，节约用地。城市道路与自然环境、绿地、水体和主体建筑组成一个整体，城市道路网的规划需要满足城市环境与景观的要求，以改善城市环境质量，体现城市的特色风貌。此外，城市道路系统规划应该考虑和满足市政管线布置和埋设的要求，结合城市管线综合规划的内容，对各种管线给予合理安排。

三、城市道路网布局的影响因素

城市道路网络系统是由于城市的发展，为满足城市交通、土地利用及其他要求而形成的，城市道路网络系统的布局与形态主要取决于四个方面的影响因素：自然条件、城市规模、城市用地布局和形状以及对外交通设施。

1. 自然条件

城市的自然条件如地形、河流、岸线、地质、矿藏等是影响城市布局的重要因素。山地城市由于地形复杂，地形高差较大，用地往往被分隔为若干组团，因此矿业城市、山地城市多呈分散布局，道路线型走向受地形影响较大，道路网规划时应注意平行等高线设置，并考虑防洪要求；而滨河、滨海城市则多呈带状布局，道路网规划和改造时需要妥善处理道路与河流的关系。

2. 城市规模

城市的规模不同，对城市道路交通系统的需求也不同，从而表现出不同的路网布局形式。特大城市、大城市与中小城市在路网布局、路网密度、道路面积等方面存在较大差异。城市规模越大，居民出行距离越长，要求较大的道路用地比例和较高的道路等级，且往往出现环状路网以满足交通需求。且与中小城市相比，规模较大的城市对外通道和枢纽也较多，与城市道路的关系更加紧密和复杂。

3. 城市用地布局和形状

城市用地的形状受自然条件和人为影响因素如铁路、城墙等共同制约而形成，城市路网与城市的用地布局之间存在着相互依托的关系。平原地区城市向四面扩展较容易，城市用地布局往往呈现团块状，城市路网多表现为方格网或方格网加环形放射；某些城市由于地形水文等原因呈带状布局，其路网布局也表现为带状。但同时，路网并不简单表现为对城市布局形态的一味迎合，而应结合用地产生的实际交通流量、分布流向等协调规划，起到合理引导城市发展的作用。

4. 对外交通设施

城市的用地布局、空间拓展和道路系统很大程度上依托港口、公路、铁路、机场等大交通格局，因此必须建立和加强城市与对外交通枢纽的道路交通联系。公路与城市道路关系密切，必须协调过境公路、出入城公路与城市内部道路的关系，做到方便联系、合理衔接；为避免铁路场站对城市用地发展造成障碍，城市干路必须与铁路客、货场站有直接联系，做到及时集散和转运；机场是实现实际交通快速联系的枢纽，城区与机场之间需建立高等级道路连接，以充分发挥航空运输的优势。

四、城市道路网布局的形式

目前常用的道路网络系统可归纳为四种形式：方格(棋盘)式、放射环形式、自由式及混合式，不同类型的路网形式具有各自的特点。

1. 方格网式(棋盘式)

方格网式路网布局具有整齐、简洁的优点，有利于建筑布置和方向识别，交通组织简便，有利于机动灵活地组织交通；但路网通达性差，道路非直线系数大，对角线方向交通不方便，过境交通不易分流，对大城市进一步扩展不利。该形式适用于地势平坦的中小城市和大城市的局部地区。其改进方式是增加对角线道路或组织环形线路。如图 6-4 为西安市方格式路网示意图。

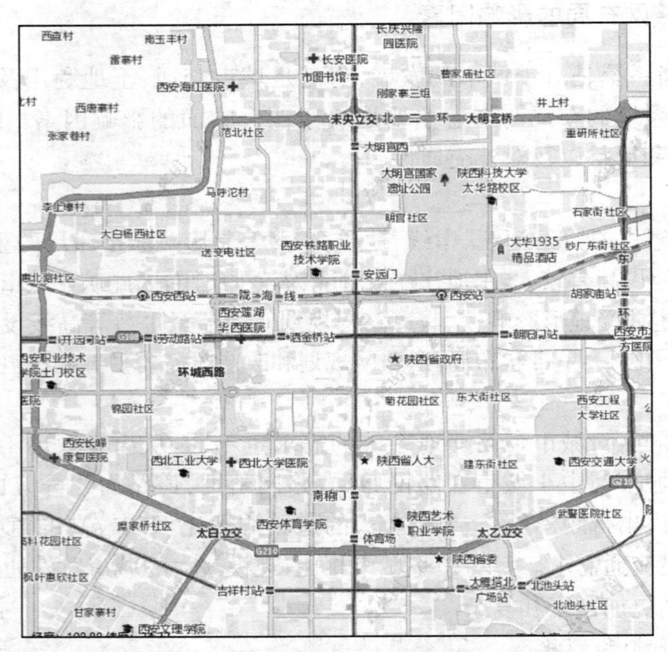

图 6-4　西安市方格网式道路网络示意图

2. 放射环形式

该种形式的干道网一般由旧城市中心区逐渐向外扩展，由旧城市中心向四周引出放射干道的放射式道路网演变而来。放射环形的路网布局有利于市中心区与各分区、郊区、市区周相邻的各区之间交通联系，通达性好，非直线系数较小，利于城市扩展和过境交通分流。但交通组织不灵活，街道不规则，对建筑布置不利，且不宜将过多的放射线引向市中心，易造成市中心区交通过分集中。该形式一般适用于大城市和特大城市。如图 6-5 为成都市放射环形路网示意图。

3. 自由式

自由式道路网布局通常是由于地形起伏变化较大，道路结合地形呈不规则布置而形成。

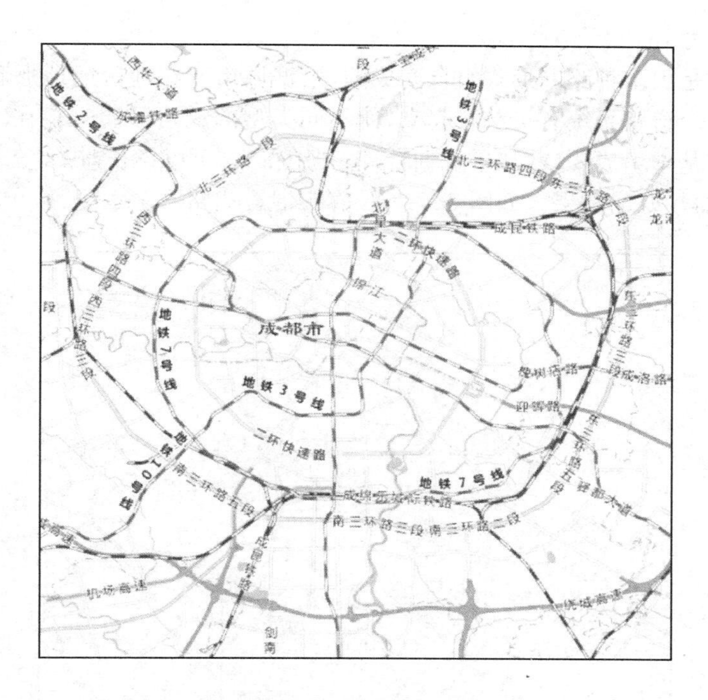

图 6-5 成都市放射环形式道路网络示意图

这种路网形式路线弯曲，无一定的几何图形，道路非直线系数大，不规则街坊多，容易造成建筑用地分散。但优点是能够充分结合自然地形，如果综合考虑城市用地布局、建筑布置、道路工程和城市景观等因素精心规划，能够在取得良好经济效果、人车分流效果的同时形成丰富的景观效果。如图 6-6 为重庆市自由式路网示意图。

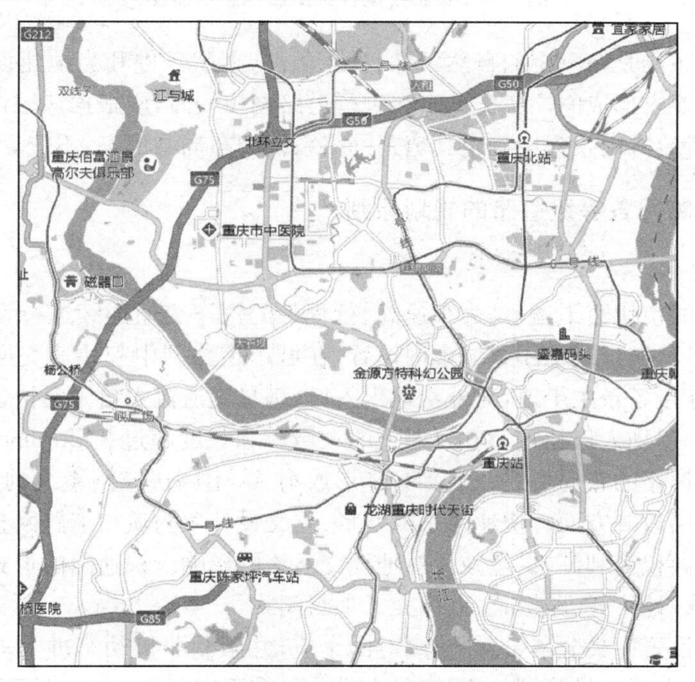

图 6-6 重庆市自由式道路网络示意图

4. 混合式

混合式路网是由多种路网形式组合而成的，根据城市所在地区的地形和交通需求将城市不同区域的各个道路系统有机结合起来，使不同类型的道路网同时存在。这种路网能够全面考虑城市的基本组成要素，如果规划合理、利用得当，可以扬长避短，充分发挥各种形式路网的优点，取得较好的效果。如图 6-7 为长春市混合式路网示意图。

图 6-7　长春市混合式道路网络示意图

城市道路网布局是在一定的自然条件、社会条件、现状条件和当地建设条件下，为满足城市交通及其他要求形成的。各类城市在进行道路网规划时，应根据该城市的城市形态、地理条件、主要客货流方向及强度确定其道路网络系统的布局与形态，不应套用固定的模式。

五、城市道路网各等级道路的规划原则

1. 快速路规划

快速路又称城市快速干道，是为车速高、行程长的汽车交通连续通行设置的重要道路，一般在大城市、带状城市或组团式城市内设置，在城市道路网中起快速交通骨干作用，联系城市主要分区，连接各条主干道，对外交通出入口，满足交通流大量聚集快速流动的要求。

一般情况下，规划人口超过 200 万以上的大城市和长度超过 30 km 的带状城市应设置快速路。城市快速路的布局形式一般多为环形放射式，不同快速路系统的差别主要体现在环的大小、形状、层数等方面。快速路平纵线形、立交设计要与城市道路网整体协调，道路形式选择要慎重全面权衡利弊，尽量减少对地面交通流的影响。快速路的形式主要有高架式、地面式、半地下式、地下式、路堤式、立体交叉加封闭式。

快速路应当设置中央分隔带，以分离对向车流，并限制非机动车进入，部分控制快速路两侧出入的道路；在无信号管制的交叉口，中央分隔带不应断开。快速路两侧不应设置吸引

大量人流和车流的公共建筑物出入口，与快速路交汇的道路数量应严格控制，快速路上出入道路的间距以不小于 1.5 km 为宜。快速路与快速路、主干路及交通量较大的次干路相交时，采用立体交叉方式，与交通量较小的次干路相交时，可采用进口拓宽式信号控制，但应保留修建立交的可能。原则上支路不能与快速路直接相接。

2. 主干路规划

主干路是城市道路网络的骨架，是连接城市各主要分区的交通干线，以交通功能为主，与快速路共同承担城市的主要客、货运输。

主干路上机动车与非机动车应实行分流，交叉口的机动车与非机动车分隔带应连续，主干路两侧不宜设置吸引大量人流、车流的公共建筑物出入口。主干路与主干路相交时，一般应采用立交方式，近期采用信号控制时，应为以后修建立交留出足够的用地和空间；主干路与次干路、支路相交时，可采用信号控制或交通渠化方式。主干路横断面形式应贯彻机非分流，实现主要为机动车交通服务的功能。机动车道两侧应考虑港湾式公交停靠站，对于公交客流比较集中的主干道，可设置公交专用道，在公交专用道上布设公交快线。

3. 次干路规划

次干路是介于城市主干路与支路间的车流、人流交通的主要集散道路，兼有"通"和"达"的功能。应设置大量的公交线路，广泛联系城内各区。次干路两侧可以设置吸引人流、车流的公共建筑、机动车和非机动车的停车场地、公交车站和出租车服务站。次干路与次干路、支路相交时，可采用平面交叉口。

4. 支路规划

支路是次干路与街坊内部道路的连接线，主要承担近距离出行、非机动车出行的交通任务，还承担着联系集散道路、作为城市用地临街活动面的作用。部分支路还承担着设置公交线路的作用，应满足公共交通线路行驶的要求。支路在城市道路中占有很大的比重，在城市分区规划时必须保证支路的路网密度。支路与支路相交可不设管制或信号控制。

5. 环路规划

当穿越市中心的流量过多，造成市中心区道路超负荷时，应在道路网络中设置环路。环路的设置应根据交通流量与流向而定，可为全环也可为半环，不应套用固定的模式。为了吸引车流，环路的等级不宜低于主干路，环路规划应与对外放射的干线规划相结合。

6. 城市出入口道路规划

城市出入口道路具有城市道路与公路双重功能，考虑到城市用地发展，城市出入口道路两侧的永久性建筑物至少退离道路红线 20～25 m。城市每个方向应有两条以上出入口道路，有地震设防的城市，尤其要重视出入口的数量。

六、城市道路网系统性分析

城市综合交通系统是城市大系统中的一个子系统，城市道路网系统又是城市综合交通系统中的一个子系统。城市道路网布局规划时应综合分析城市道路网络的系统性。城市道路网的系统性表现在：城市道路网同与之相关的子系统——对外交通系统、公共交通系统之间的功能衔接、转换、耦合关系；城市道路网同为之服务的子系统——城市用地之间的功能协调关系；城市道路网系统内各组成要素间的协同配合关系。具体有五个方面：

1. 与对外交通设施的配合、衔接关系

城市道路网布局规划时在考虑对外交通衔接配合时应遵循几点原则：城市快速道路网应与高速公路相衔接；城市常速交通性（或疏通性）道路网与一般公路相衔接；公路应方便地从外围绕过城市中心地区；为城市服务的对外客、货运交通枢纽设施应分别与城市客、货运交通干路有良好的衔接；对于中、小城市，可由高速公路引出常速的入城干路与城市道路网中的交通性（或疏通性）道路相衔接。

2. 与城市用地布局的配合关系

城市的布局形态会产生一定的交通分布形态，而一定的交通分布形态要求一定的道路结构与之配合。因此要对城市用地布局形态与交通分布形态和交通分布形态与道路结构进行相关性分析，还应注意解决城市各相邻组团间和跨组团的交通联系，以及各级各类道路走向要适应用地布局带来的交通流并且体现道路对用地建设的引导作用。

3. 本身的功能分工及结构的合理性

城市道路网布局规划时需重点分析城市道路系统的功能分类是否清晰，道路结构是否完整，主要道路的功能是否与两侧的用地性质相协调，不同等级的道路衔接是否合理，交叉节点的选型和处理是否合理以及公交系统与道路建设是否匹配的问题。如交通性路网要求快速畅通，避免行人或非机动车频繁的干扰，大城市和特大城市中，交通性路网往往是与城市用地布局结构紧密配合的城市结构性路网；而生活性道路网要求的行车速度相对较低，要求不受交通性车辆的干扰，有方便的生活联系和一定的景观要求。对于城市各级道路的衔接应遵循低速让高速、次要让主要、生活性让交通性、适当分离的原则。

4. 路网密度与城市交通形态相适应

不同规模的城市、城市中不同区位、不同性质的城市地段，其道路网密度应有不同。一般认为小城市、城市中心地段、商业地段的路网密度要密一些，大城市、城市边缘地段、工业仓储地段的路网密度要稀一些。不同性质用地对道路密度的要求和各级道路的间距要求不同，不能机械地套用规范指标。

5. 道路横断面与公交系统的配合关系

城市各级道路的横断面组合应有利于引导交通流的合理分布，城市不同区位、不同地段、不同性质道路对道路横断面的要求不同。交通的性质不同、流量不同，对通行能力的要求不同，应避免由于横断面组合的偏差出现道路瓶颈问题。道路横断面的划分应体现公交优先通道，实现公交系统内部及其与其他交通方式的无缝衔接，保障公交优先政策的实施。在断面划分时应考虑轨道交通线路、快速公交系统、公交停靠站、公交专用道等。

§6-5　城市道路网络布局方案交通质量评价

城市道路网络规划方案的交通质量评价是指将预测的城市交通需求量（各类OD矩阵）分配到已拟定的道路网络布局方案上，分析规划的交通网络能否适应未来各特征年的交通需求。道路交通网络的交通质量评价包括道路网络计算机处理、道路交通阻抗分析、网络交通分配、道路交通负荷及服务水平分析五个部分。

一、城市道路网络计算机处理

在处理交通网络时，首先必须把交通网络抽象化，即把交通网络抽象为点(交叉口)与边(路段)的集合体。如图 6-8 为某道路网被抽象后的网络。

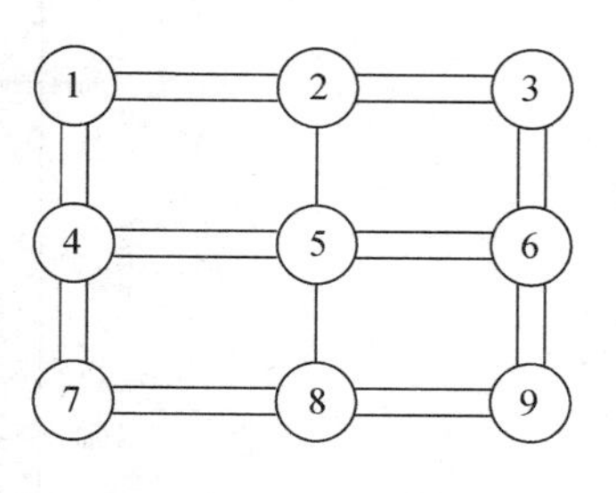

图 6-8 抽象的网络图

该网络由 9 个交通节点(交叉口)及 24 条边(单向路段)所组成。在交通网络中，两交叉口之间的路段用双向线表示，并符合交通法规中的右行规则，如图 6-8 中节点①与②之间，上面的边表示从②至①的单向路段(右行)，下面的边表示从①至②的单向路段(也为右行)。在不会引起混淆的前提下，双向路段可以用从节点中心之间的单线表示，单向线路用靠右侧单线表示或用从节点中心之间的带箭头的单线表示。

抽象后的道路交通网络可采用多种形式进行编码，便于计算机识别及运算。常用的有邻接矩阵、边编目表、邻接目录表等方式，其中，采用邻接目录表编码最为有效。

邻接目录法采用两组数组表示网络的邻接关系，一组为一维数组 $R(i)$，表示与 i 节点相连接的边的条数，另一组为二维数组 $V(i,\ j)$，表示与 i 节点相邻接的第 j 个节点的节点号。图 6-9 所示网络的 $R(i)$、$V(i,\ j)$ 两数组如表 6-15 所示。

表 6-15 邻接目录表

节点 i	$R(i)$	$V(i,\ j)$	节点 i	$R(i)$	$V(i,\ j)$
1	2	2 4	6	3	3 5 9
2	3	1 3 5	7	2	4 8
3	2	2 6	8	3	5 7 9
4	3	1 5 7	9	2	6 8
5	4	2 4 6 8			

根据该两数组，计算机便能判别节点与节点之间的邻接关系，对网络进行各种运算。各连接边上的数量指标(如长度、宽度、等级等)，可按照邻接目录法的顺序依次录入计算机。

二、道路交通阻抗分析

道路交通阻抗函数(简称路阻函数)是指路段行驶时间(交叉口延误)与路段(交叉口)交通负荷之间的函数关系，它是交通分配的关键。

1. 路段路阻函数

城市道路路阻函数一般采用如图 6-9 所示的组合模型进行预测。

图中，U_{max} 为自由车流速度，U_{min} 为维护车流正常运行的最低速度。U_{max}、U_{min} 与道路等级、车道宽度、交叉口间距、自行车及行人干扰等影响因素有关，通常可取道路设计速度的 100% 与 5%。

2. 交叉口延误

国内对交叉口延误的研究不多，通常采用信号交叉口分析的韦伯斯特(Webster)延误

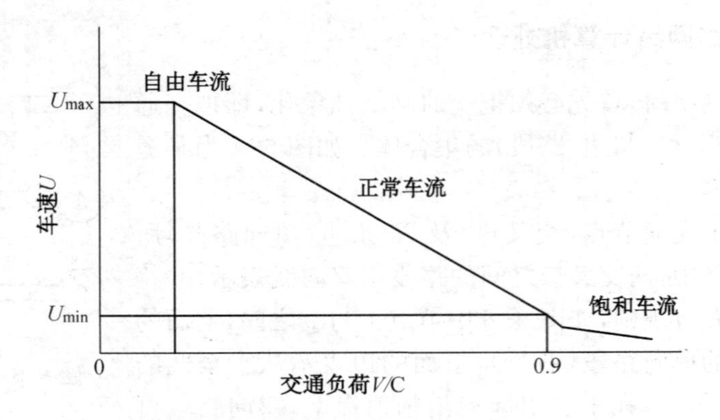

图 6-9　车流速度-交通负荷关系模型

模型(用于低交通负荷)及美国《道路通行能力手册》(HCM)延误模型(用于高交通负荷)。为了增强不同类型交叉口延误的可比性,对于无控制交叉口、环形交叉口及立体交叉口,通过与信号交叉口延误作对比分析确定延误。

3. 出行时耗与路权

这里的路权并不是指道路通行权,而是衡量出行费用的一个综合性指标,通常指路段时耗。在城市道路网络规划中,车辆在出行过程中所花费的出行时间为它所经过的所有路段的行驶时间及所有交叉口的延误之和:

$$T = \sum_i t_i + \sum_j d_j \tag{6-34}$$

式中　T——出行时耗;

t_i——第 i 路段的行驶时间;

d_j——第 j 交叉口的进口延误。

三、道路网络交通分配

1. 综述

交通分配是城市交通规划的一个重要环节,也是 OD 量推算的基础。所谓交通分配就是把各种出行方式的空间 OD 分配到具体的交通网络上,通过交通分配所得的路段、交叉口交通量资料是检验道路规划网络是否合理的主要依据之一。

对于交通分配,国内外均进行过较多的研究,数学规划方法、图论方法及计算机技术的发展,为合理的交通分配模型的研制及应用提供了坚实的基础。国际上通常把交通分配方法分为平衡模型与非平衡模型两大类,并以 Wardrop 第一、第二原理为划分依据。

Wardrop 第一原理指出:网络上的交通以这样一种方式分布,就是所有使用的路线都比没有使用的路线费用小。Wardrop 第二原理认为,车辆在网络上的分布,使得网络上所有车辆的总出行时间最小。

如果交通分配模型满足 Wardrop 第一、第二原理,则该模型为平衡模型,并且,满足第一原理的称为使用者优化平衡模型(User-Optimized Equilibrium),满足第二原理的称为系统优化平衡模型(System-Optimized Equilibrium)。如果分配模型不使用 Wardrop 原理,而是采用了模拟方法,则被称为非平衡模型。

平衡交通分配模型比较适合于宏观研究，非平衡模型由于具有结构简单、概念明确、计算简便等优点，在实际工程中得到了广泛的应用，效果良好。

非平衡模型根据其分配手段可分为有迭代与无迭代两类，就其分配形态而言，可分为单路径与多路径两类。因此，非平衡模型可分为表 6-16 所示的四种类型（详见王炜、陈学武主编《交通规划》，人民交通出版社，2017 年第 2 版）。

表 6-16　非平衡模型分类

分配手段 / 形态	无迭代分配	迭代分配
单路径型	最短路（全有全无）分配	容量限制分配
多路径型	多路径分配	容量限制-多路径分配

2. *最短路交通分配方法*

最短路分配是一种静态的交通分配方法，在该分配方法中，取路权（两交叉口之间的出行时间）为常数，即假设车辆的路段行驶车速、交叉口延误不受路段、交叉口交通负荷的影响。每 OD 点对对应的 OD 量被全部分配在连接该 OD 点对的最短线路上，其他道路上分配不到交通量。这种分配方法的优点是计算相当简便，其致命缺点是出行量分布不均匀。出行量全部集中在最短路上。最短路分配是其他各种交通分配方法的基础。

例 6-3　在图 6-10 所示的交通网络中（图中数据为路阻），交通节点 1、3、7、9 分别为 A、B、C、D 四个交通小区的作用点，四个交通小区的出行 OD 矩阵如表 6-17。采用全有全无分配法分配该 OD 矩阵。

解　(1)确定各 OD 点对之间的最短路径，如表 6-18。

(2) 将各 OD 点对的出行量全部分配到相应的最短路径上。

(3) 累加各路段上的出行分配量，得到最后分配结果，如图 6-12 所示。

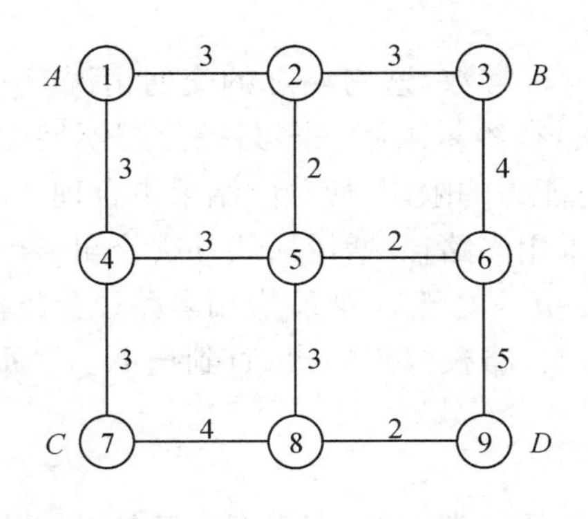

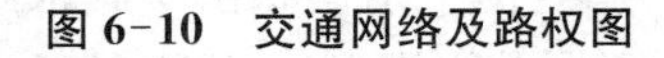
图 6-10　交通网络及路权图

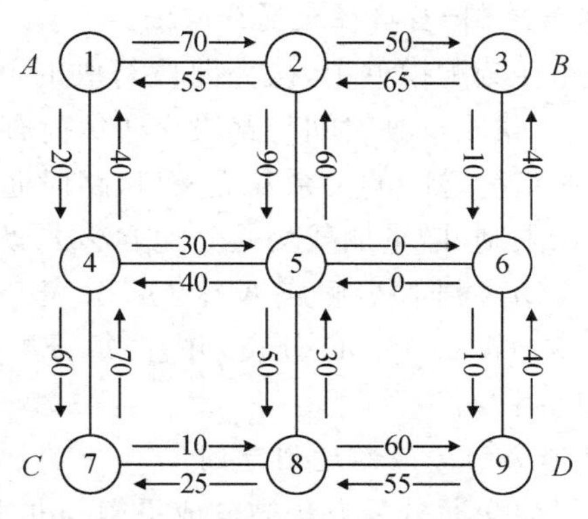

图 6-11　交通网络各路段上的流量

表 6-17　OD 矩阵(veh/h)

O \ D	1	3	7	9
1	0	20	20	50
3	25	0	40	10
7	40	30	0	10
9	30	40	25	0

表 6-18 OD点对之间最短路径

D \ O	1	3	7	9
1	—	①—②—③	①—④—⑦	①—②—⑤—⑧—⑨
3	③—②—①	—	③—②—⑤—④—⑦	③—⑥—⑨
7	⑦—④—①	⑦—④—⑤—②—③	—	⑦—⑧—⑨
9	⑨—⑧—⑤—②—①	⑨—⑥—③	⑨—⑧—⑦	—

3. 容量限制分配方法

容量限制分配是一种动态的交通分配方法，它考虑了路权与交通负荷之间的关系，即考虑了交叉口、路段的通行能力限制，比较符合实际情况，该法在国际上比较通用。

采用容量限制-增量加载分配模型分配出行量时，需先将OD表中的每一OD量分解成K部分，即将原OD表（$n \times n$阶，n为出行发生、吸引点个数）分解成K个OD分表（$n \times n$阶），然后分K次用最短路分配模型分配OD量，每次分配一个OD分表，并且每分配一次，路权修正一次，路权采用路阻函数修正，直到把K个OD分表全部分配到网络上。在具体应用时，视道路网的大小，选取分配次数K及每次分配的OD量比例。

4. 多路径交通分配方法

由出行者的路径选择特性可知，出行者总是希望选择最合适（最短、最快、最方便、最舒适等）的路线出行，称之为最短路因素，但由于交通网络的复杂性及交通状况的随机性，出行者在选择出行路线时往往带有不确定性，称之为随机因素。这两种因素存在于出行者的整个出行过程中，两因素所处的主次地位取决于可供选择的出行路线的路权差（行驶时间差或费用差等）。

5. 容量限制-多路径交通分配法

在多路径分配模型中，认为路段行驶时间为一常数，这与实际的交通情况有一定的出入。实际上，路段行驶时间与路段交通负荷有关，在容量限制一多路径分配模型中，考虑了路权与交通负荷之间的关系及交叉口、路段通行能力的限制，使分配结果更合理。

与容量限制-增量加载交通分配方法类似，采用多路径-增量加载方法分配出行量时，需先将OD表（$n \times n$阶）分解成K个OD分表（$n \times n$阶），然后分K次用多路径分配模型分配OD量，每次分配一个OD分表，并且，每分配一次，路权修正一次，直到把K个OD分表全部分配到网络上。

6. 交通分配方法的适用范围

尽管目前交通分配方法被分成平衡与非平衡两大类，但平衡模型由于其求解非常复杂，在实际交通规划的大型网络交通分配中难以采用，而非平衡模型由于具有简便、实用等优点，在实践中得到了广泛的应用。

非平衡模型按其分配手段可分有迭代与无迭代两类，按其形态可分为单路径型与多路径型两类，因此，非平衡模型可分为最短路分配、容量限制分配、多路径分配、容量限制-多路径分配四种分配方法。一般来说，有迭代方法优于无迭代方法，多路径型方法优于最短路型方法。无迭代分配方法仅适用于非拥挤型交通网络（如公路网、城市交通网络的非高峰小时交通分配及全日交通分配），有迭代分配方法适用于任何交通网络，特别适用于拥挤网络（如公路网、城市交通网络的高峰小时交通分配)。但对于非拥挤交通网络,迭代模型中的通行能力限制条件失去控制作用,其分配结果与无迭代方法接近。

四、道路交通负荷及服务水平分析

1. 交通负荷分析

交通负荷分析是指分析网络中交叉口、路段的机动车及非机动车饱和度。饱和度被定义为分配交通量与设计通行能力之比。

(1) 路段饱和度分析

$$S_r = N_b / N_a \tag{6-35}$$

式中 S_r ——路段饱和度;

N_b ——换算成标准车型的路段分配交通量;

N_a ——已经过各种修正的路段设计通行能力。

(2) 交叉口饱和度分析

交叉口进口车流一般由左转、直行、右转三种车流组成,不同流向的车辆对交叉口的交通压力是不一样的,如左转车辆对交通的影响远远大于右转车辆,因此,在进行交叉口交通负荷分析时,必须先确定交叉口的流向。在交通规划中。由于规划交叉口在现实的交通网络中不一定存在,因此无法进行流向观测,但经过交通分配后,可以很方便地获得交叉口的进出口交通量,故交叉口流向可以根据交叉口进出口流量采用 Fratar 或 Furness 模型进行推算。

2. 服务水平分析

所谓服务水平是指道路使用者根据交通状态,从速度舒适度、方便、经济和安全等方面所能得到的服务程度。影响服务水平的因素很多,如 V/C(即饱和度)、平均车速、交叉口延误、安全性、经济性及便利性等,其中,最主要的是 V/C,其次是平均车速(用于路段分析)或平均延误(用于交叉口分析)。

对于城市道路来说,衡量交通服务质量的最主要指标为路段、交叉口的拥挤程度(即 V/C),其次是车速(路段)或延误(交叉口)。由于车速、延误与 V/C 有关,若 V/C 增大,则必有车速降低,延误增加;若 V/C 减小,则必有车速增加,延误降低,故只有 V/C 是独立的。为方便研究,可采用 V/C 作为城市道路路段与交叉口的服务水平划分依据。参考国内外的经验,南京、郑州、合肥、鞍山等城市综合交通规划中,采用了表 6-19 所示的服务水平划分标准。

表 6-19 路段、交叉口服务水平划分标准

服务水平	A	B	C	D	E	F
V/C	<0.40	0.4~0.6	0.6~0.75	0.75~0.9	0.9~1.0	>1.0

各级服务水平的交通状况为:A——畅行车流,基本上无延误;B——稳定车流,有少量的延误;C——稳定车流,有一定的延误,但司机可以接受;D——接近不稳定车流,有较大延误,但司机还能忍受;E——不稳定车流,交通拥挤,延误很大,司机无法接受;F——强制车流,交通严重阻塞,车辆时停时开。

划分标准用于城市道路网络规划时(按高峰小时分析),对于路段,可用 C 级服务水平,

即要求路段 V/C 不大于 0.75；对于交叉口，可采用 D 级服务水平，即要求交叉口 V/C 不大于 0.90。

原则上要求规划网络中的每一路段、每一交叉口的服务水平均能满足设计要求。

五、城市道路交通分配与质量评价案例

南京市江宁区路网规划采用交通系统分析仿真软件“交运之星—TranStar”（详见第 11 章）对道路网络方案进行测试评价分析，通过在软件中录入 3 101 个交叉口信息（包括交叉口编号、控制类型等）和 11 622 个路段信息（包括路段编号、路段长度、路段等级、路段宽度等），建立规划年江宁区道路网络，一方面可分析规划路网能否满足远期的交通需求，另一方面可定量化评价交通质量的改善情况。

根据出行需求预测的结果，规划年江宁区东山副城内部全网络总机动车运输能力将达到 3 102 万pcu·km，东山副城内部快速路将达到 54.2 km，主干路 88.6 km，次干路158.3 km，支路 301.3 km，道路网级配为 1∶1.8：3.4∶6.4，等级配比合理；各级道路路网密度为快速路 0.56 km/km^2，主干路 0.91 km/km^2，次干路 1.63 km/km^2，支路3.10 km/km^2。

对比东山副城现状和规划年高峰小时机动车路段负荷分布可见：规划年道路网络负荷明显降低，绝大多数路段的高峰小时饱和度（V/C）在 0.4 以下，仅有少数路段饱和度超过 0.6，这表明道路网络能满足高峰期的交通需求，高峰小时绝大多数路段不会拥堵，交通较为通畅。见图 6-12。

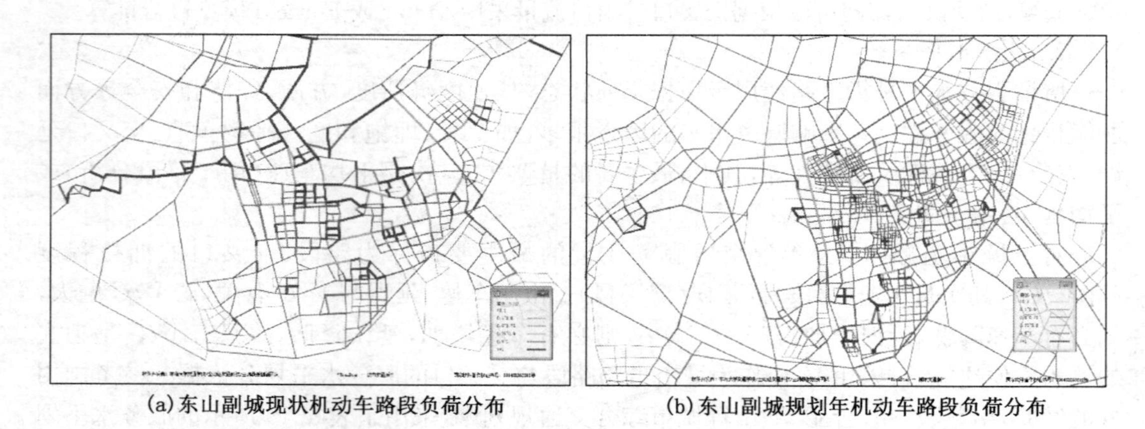

(a) 东山副城现状机动车路段负荷分布　　(b) 东山副城规划年机动车路段负荷分布

图 6-12　机动车路段负荷分布对比图

通过软件运行计算，我们可以得到高峰副城的平均车速，交叉口、路段饱和度等指标。其中道路拥堵与饱和度有直接关系，一般认为路段处于拥堵状态的标准是饱和度（V/C）大于等于 0.9，交叉口处于拥堵状态的标准是饱和度大于等于 1.0。

交通质量评价分析得出，高峰小时副城平均车速由 23.72 km/h 提升至 35.51 km/h，交叉口平均饱和度由 0.79 降至 0.51，路段拥堵百分比由 37.29%降低至 9.62%，交叉口拥堵百分比由 20.86%降低至 3.40%，高峰小时道路通行效率得到提升，路段和交叉口的拥堵状况均得到大幅缓解。

§6-6 城市道路交通规划方案综合评价

一、城市道路交通规划评价原则

城市道路交通规划评价的原则是：

(1) 科学性原则

建立的评价指标必须科学地、合理地、客观地反映城市交通系统性能及其影响。

(2) 可比性原则

评价必须在平等的、具有可比性的价值体系下才能进行，否则就无法判断不同城市交通网络的相对优劣。同时，可比性必然要求具有可测性。没有可测性的指标是难于进行比较的。因此，评价指标要尽量建立在定量分析基础之上。

(3) 综合性原则

城市交通规划评价指标体系应全面地、客观地、综合地反映城市交通规划方案的性能和效果。

(4) 可行性原则

评价指标必须定义确切，意义明确，并且力求简明实用。现有的一些城市交通规划评价指标中有些意义含糊，难于确定，缺乏实用性、可行性。

二、城市道路交通规划经济效益评价

对交通规划方案的经济效益评价要通过两方面的核算才能完成，即成本和效益。无论是成本还是效益都有直接和间接之分。

从成本(或投资费用)来看，直接费用包括初次投资费用，以及有关的交通设施、交通服务的运营和维修费用等；间接费用包括其他政府机构所需的经费开支(如公安机关为加强限制车速及停车规定，或公共交通终点站的保护防护所增加的费用)，增加大气和噪声污染、拥挤加剧等的社会费用，交通事故费用，能源、轮胎消耗费用等。

从效益来看，直接经济效益如出行时间节省、降低运输成本、减少交通事故等，间接效益如改善大气质量、减少噪声污染，以及改善投资环境、生活质量、增加地区旅游吸引力等。

三、城市道路交通规划技术性能评价

根据交通规划层次和要求不同，对规划方案的技术性能评价可以从两个层次上来分析。第一层次是城市交通网络总体性能评价，是从城市交通网络整体出发，从城市总体规划、城市交通远景战略规划的角度来分析评价交通网的总体建设水平、交通网络布局质量、交通网总体容量等；第二个层次是城市交通线路节点性能的评价，是从单条线路或单个交叉口出发，分析交通线路(道路、地铁、公交线路等)或交叉口的容量、服务水平、延误、事故等，适用于中长期综合交通和近期治理规划。

四、城市道路交通规划社会环境影响评价

交通问题不仅是一个技术经济问题，而且是一个影响广泛的社会问题。评价一个规划

方案的好坏不仅要用技术性能和可见的货币价值来衡量，并且要看其能否带来良好的社会环境效益。交通系统对社会环境的影响体现在正负两方面。负面效应包括：噪声、废气、振动、安全、恐惧、视线阻挡、拥挤疲劳、社区阻隔等。正面效应包括：可达性提高、促进生产、扩大市场、地价升高、改善景观等。

目前国内已经在交通噪声监测评价、汽车尾气扩散模型、城市交通综合效益分析评价模型等方面取得了一些理论成果，今后应致力于在城市交通规划实践中推广应用，并对理论模型作进一步深化完善。

复习思考题

6-1 简述道路交通规划的主要内容。

6-2 在道路交通规划中需要进行哪些交通调查？交通调查的目的是什么？

6-3 何为核查线？设置核查线的目的是什么？

6-4 何为“四阶段”预测模型？“四阶段”中，各阶段各进行什么预测？

6-5 简述交通需求预测的增长率法、重力模型法的区别。各有什么优缺点？

6-6 交通分配方法分哪几类？为什么说在拥挤网络，迭代分配模型优于无迭代分配模型？

6-7 简述道路网络规划原则。

6-8 何为道路阻抗函数？它的作用是什么？

习 题

6-1 某城市开发区有三个交通小区，各交通小区的出行发生量、吸引量如下表所示，试用平均增长率法、Fratar 模型预测 OD 矩阵。

单位：人次/d

交通区	吸引量	发生量
A	4 000	4 600
B	3 400	3 000
C	2 000	1 800

6-2 在习题 6-1 中，假设各交通区之间的行驶时间均为 10 min，试用重力模型（行程时间模型）预测 OD 矩阵。

6-3 某两交通区之间有 4 条道路连接，各连接道路的行驶时间分别为 8、6、9、20 min，两交通区之间的出行量为 3 600 辆/h，试用多路径交通分配方法确定各条道路的交通量。

第 7 章　道路交通设计

§7-1　概　　述

道路的服务对象是呈现在道路上的各种交通流，包括人流和车流。道路的服务功能要求道路要有充足的数量、可靠的结构和良好的路面质量，道路线形要能够顺应交通流的运行规律，道路网要有合理的路网结构，道路的空间布局应能与交通流的动态占用空间相适应。道路空间布局具有静态特性，而交通流是实时变化的，具有动态特性。为使两者能够相互适应与协调，一方面，道路空间设计要有明确的设计条件，而这一设计条件通常是针对既定的设计目标而确定的。如在设计某交叉口时，其设计目标是为了提高高峰时段的通行能力，高峰时段预测或实测的交通量就可以作为主要设计条件，以此条件确定交叉口的空间布局，包括进出口车道的数量、宽度、长度等空间设计参数。另一方面，道路要有足够的"弹性"，以适应交通量的动态特征。同样以交叉口为例，当交叉口的流量、流向发生变化时，交通控制方式也应作适当的调整以适应这样的变化，这不仅是交叉口功能实现的需要，也是道路网交通组织、公交优先通行等整体方案设计的需要。因此，单一的道路空间设计无法满足动态交通流对道路弹性服务功能要求，道路功能的完善需要通过一种集道路空间布局和道路时空资源利用最优化的设计与管理来实现。

一、交通设计的基本概念

交通的显性特征以交通流呈现，而道路是交通流的载体，不能脱离道路工程设计来谈论交通设计。路线设计是道路工程设计的核心，也是与交通设计密切相关的部分。路线设计包括道路横断面、平面和纵断面、道路与道路交叉等设计内容，是对道路布置进行的具体设计。可以这样理解，道路工程设计为道路提供了交通设计的几何空间。

1. 交通设计的定义

交通设计定义为：以交通工程学基础理论为指导，分析道路基础设施与交通流运行规律之间的互动关系，综合应用道路工程设计、交通控制与管理方案设计、交通工程设施设计的技术和方法，制定道路交通设施的布设方案和交通流的管理方案，以优化道路时空资源，协调出行者路权，实现道路交通系统安全、高效地运行。

根据交通设计项目背景不同，交通设计可分为规划阶段交通设计和治理阶段交通设计。规划阶段针对新建或扩建道路，治理阶段是针对已有道路的交通治理，包括道路的局部改建。交通设计所处阶段不同，设计思路、方法上也有所区别。规划阶段交通设计要为实现道路网的规划目标以及道路网各子系统的功能服务，强调设计的系统性和全局性。当交通设计方案无法实现规划目标要求时，要对规划方案进行重新论证和调整，调整后的方案要为交通设计提供足够的设计空间。治理阶段交通设计是针对已经出现交通问题的道路设施或某一个道路子系统，这些问题可能是运行效率方面的，也可能是交通安全、交通环境方面的。

相对而言，治理阶段交通设计的设计目标更加明确，设计方案更加具体。

2. 交通设计的特征

交通设计具有以下基本特征。

(1) 目标性

以需求为导向，明确交通设计需要实现的功能及功能目标。在资料收集和实地调研分析的基础上，针对实现规划目标中需要解决的问题，或实际交通运行中存在的问题，制定交通设计的设计目标。

(2) 系统性

道路交通运行状况受诸多因素的影响，道路交通各子系统之间也存在相互制约的作用。任何一个交通设计方案都会对道路网交通运行效果产生系统的影响。系统分析方法为实现道路基础设施资源配置的最优化和交通运行效率的最大化提供了有效的途径。因此，交通设计也是一种优化设计，即在各种限定条件(土地、资金等)下设计出最好的方案。优化设计需要综合地考虑多个要求，如最佳的运行效率、最少的交通事故、最低的环境污染和最少的资金投入。但是，这些要求通常是互相矛盾的，而且它们之间的相对重要性因交通设计目标的不同而异。交通设计者的任务是针对具体情况权衡轻重，统筹兼顾，使交通设计方案能够产生最优的综合效益。

(3) 综合性

交通设计需要综合应用交通工程学基本原理和交通设计相关知识体系。与其他工程类设计不同，交通设计不是开发具有某种特定功能的产品，也不是完全独立于道路工程、交通工程设施和交通控制之外而存在，相反，交通设计方案以道路工程、交通工程设施的设计方案和交通控制设计方案的形式存在。道路工程设计、交通工程设计、交通控制方案设计都有相对完善的标准规范，交通设计过程中需要遵循这些标准规范并加以灵活应用，而不能机械地照搬。

二、交通设计的内容

从知识体系看，交通设计应包括交通工程学基础理论、相关道路与交通工程设施的设计方法以及具体设计依据；从道路横断面型式看，交通设计可针对不同类型道路开展；从设计内容看，交通设计应该有服务于通行效率提升、交通组织优化和交通安全改善等方面的内容。可见，要准确界定交通设计的内容并不是一件简单的工作。本教材按照知识体系相对独立，设计方法相对完整的思路将交通设计归纳为五个方面的内容。

1. 交通设计基础

主要内容包括交通工程学基本原理、交通安全分析方法、道路工程设计原理和方法、交通工程设施设计方法等。

其中，交通工程学基本原理包括解析各交通要素基本特性的人/车/路/环境基本特征、揭示交通流运行规律的交通流理论、描述道路运行效率的通行能力及服务水平分析方法；道路工程设计原理和方法提供道路空间布局的设计方法；交通安全分析方法是交通安全设计的基础，也是交通设计方案评价的重要内容；交通工程设施设计方法提供交通安全与管理设施的设计方法。以上这些内容，共同构成交通设计的基础知识体系。

2. 道路基础设施交通设计

(1) 平面交叉口交通设计

平面交叉口是城市道路的重要基础设施，是道路通行能力的瓶颈地带，其适应交通量制约着整条道路乃至路网的通行能力和服务水平。交通设计主要通过交叉口各设计要素的优化,实现通行效率最大化,主要内容包括:平面交叉口选型设计、信号控制交叉口交通设计、无信号控制交叉口交通设计、环形交叉口交通设计、特殊形式交叉口设计以及平面交叉口交通标志设计等。

(2) 立体交叉口交通设计

立体交叉口是实现路网车辆转向的重要基础设施,通过匝道将不同交通设施连接,实现交通流的分流、合流和交织运行,立体交叉口交通设计对保障路网通行能力和高质量运行有着重要作用。主要内容包括:立体交叉口形式及适用条件、规划阶段立体交叉交通设计、立体交叉口交通标志设计和治理阶段立体交叉交通设计等。

(3) 路段交通设计

路段是城市道路基本组成部分,路段交通设计是城市道路交通设计的基础内容,主要内容包括干道交通设计和快速路交通设计。

(4) 停车场(库)交通设计

停车场(库)交通设计对于保障静动态交通的协调组织、最大化土地利用价值及停车便利性,最小化生态环境影响具有重要作用。停车场(库)交通设计主要包括:路外机动车停车场(库)交通设计及路内机动车停车带交通设计。

(5) 慢行交通设计

慢行交通以提供安全、通畅、舒适、宜人的慢行环境为目标,以城市沿线土地利用和服务设施为约束,是一种充分体现人本性的交通模式。慢行交通设计是城市道路交通设计的重要内容,主要内容包括:行人过街及通道设计、人行道设计、非机动车道设计、绿道设计、步行街区设计、无障碍设计等。

3. 公共交通优先通行交通设计

本部分是公交优先战略的具体体现,通过赋予公共交通优先通行权,提高公共交通系统总体运行效率、服务水平和可靠性。主要内容有:路段公交专用道设计、交叉口公交专用道交通设计、公交停靠站设计、公交优先信号控制设计。

4. 交通安全设计

改善道路交通安全是交通工程领域的核心目标之一。本部分通过分析交通各要素对交通安全与交通环境的影响机理,提出降低道路交通安全风险的交通设计方法。主要内容有:平面交叉口交通安全设计、道路沿线交通安全设计及交通宁静化设计。

5. 交通环境设计

交通环境是作用于道路交通参与者的所有外界影响与力量的总和,主要包括视觉环境、听觉环境、振动环境。本部分着重分析视觉环境对道路交通的影响,通过改善视觉环境,提高道路交通安全与交通参与者舒适程度。主要内容有:视觉参照系分类分层与评价、视觉参照系改善设计。

三、交通设计的功能定位和应用

1. 功能定位

道路交通系统是一个复杂的总体,交通系统运行状态会受到交通需求、道路基础设施规模和交通管理水平的影响。道路交通系统规划、建设和管理的一体化理念已得到行业的普遍认可。在制定交通规划、建设和交通管理方案过程中，都必须从全局角度认证方案的可行性，以动态和长远的角度面对和解决发展过程中出现的问题。交通设计的特征决定了其在道路交通系统规划、建设和管理一体化过程中的独特作用。

交通设计是交通规划目标实现的技术保障。道路交通规划以城市规划为指导，制定城市道路建设的发展目标、构建道路交通系统基础网络和功能模块，明确各功能模块需要实现的功能目标。交通规划方案是在交通量预测和通行能力分析基础上制定的。当实际运行中的交通量与预测交通量出现一定程度上的偏差时，极可能造成交通运行的困难；在道路建设过程中，受土地资源及其他客观因素的约束，规划方案的调整也时有发生，规划人员必须对方案调整后可能出现的交通流运行中的困难有充分的认识，并提出可行的交通设计方案。因此，交通规划方案要为今后的交通设计及交通管理方案的制定预留足够的设计空间，杜绝出现“宏观有余而微观不足”“规划有余而设计不足”的现象。只有这样，规划目标的实现才有了保障。

交通设计是制定交通控制与管理方案的基础。交通控制与管理主要结合交通需求的变化规律，在最小化改变既有交通基础设施条件下，运用系统工程的分析方法和现代化的技术手段，对交通流进行有效的组织与管理。交通设计和交通控制与管理，两者的目的相同，技术手段异曲同工，而“最小化改变既有交通基础设施条件”要求道路空间布局合理、道路资源得到有效利用。显然，没有好的交通设计，不可能有好的交通控制与管理方案，换言之，交通设计要能够服务于交通控制与管理的需求。

2. 应用层面

交通设计作为制定道路交通设施布设方案和交通流管理方案的重要手段，贯穿于城市道路交通系统规划、建设与管理的全过程。交通设计的应用层面可以从宏观、中观、微观三个层次来说明。

(1) 宏观层面

在宏观层面上，必须保证道路网络“功能清晰，系统分明”，能够处理好市际交通与市内交通的衔接以及市域范围内城区之间的交通联系，为组成一个合理的交通运输网创造条件。

城市路网布局规划、红线规划以及交通管理规划是保障路网功能的主要手段，但这些规划方案的确定需要交通设计技术与方法作为支撑。例如，在城市网络布局规划中，需要将预测的交通量分配至路网方案上，分析、评价每一路段及交叉口的交通负荷、服务水平等指标，并根据其评价结果，调整路网规划方案。在这一过程中，就需要应用交通设计技术与方法，制定路段、交叉口等的设计方案，以便最终对规划方案进行评价、调整。所以说，交通设计是交通规划目标实现的技术保障。

(2) 中观层面

城市道路功能需要从交叉口、路段、公交站、停车场等重要设施的总体布局来实现。不同于宏观层面对路网整体布局的重视，以及微观层面对某一具体交通单元的关注，在中观层面，交通设计关注道路设施的选址、选型等，以实现道路各组成部分的主要功能。

(3) 微观层面

从微观层面来说，交通设计可分解为众多单点方案设计，包括交叉口交通设计、路段交通设计等，需要充分考虑土地用地限制、道路条件、交通管理政策和措施，来确定设计参数、选择控制方案、设计交通组织方案等，期望通过交通设计技术和方法使道路达到预期通行能力和服务水平，发挥其最大功能。对于规划阶段，每一个小单元的交通设计和建设成果都对整体的交通运行有很大影响；而对于治理阶段，原有道路条件、与其相衔接路段的道路条件也会对新的交通设计方案有所制约。交通设计技术与方法不仅可以最小化新建、扩建单元对整体路网的影响，也可以最大化利用现有道路条件设计改建方案。

§7-2　交通设计基础

一、交通工程学基本原理

交通设计以道路交通系统为设计对象，交通设计的目标和方案的制定是建立在充分认识道路交通系统规律的基础上。交通工程学所涵盖的基础知识，如人-车-路基本特征、交通流理论、通行能力及服务水平等直接构成了交通设计的基础理论。

1. 人-车-路-环境基本特征

人-车-路-环境基本特征与交通设计的关联性可以总结为表 7-1。

表 7-1　人-车-路-环境基本特征与交通设计的关联性

<table>
<tr><th colspan="2">交通参与者</th><th colspan="2">基本特性</th><th>与交通设计的关系</th></tr>
<tr><td rowspan="8">人</td><td rowspan="4">驾驶人</td><td rowspan="2">生理特性</td><td>视觉特性</td><td>道路线形设计如直线路段长度设计；交通标志尺寸、颜色、布设设计；平面交叉口功能区的确定；交通宁静化设计</td></tr>
<tr><td>反应特性</td><td>平面交叉口功能区确定；平面交叉口信号控制设计；交通安全设计；交通宁静化设计</td></tr>
<tr><td colspan="2">心理特性</td><td>交通标志设计；道路线形设计；交通安全设计；交通宁静化设计；交通容错性设计</td></tr>
<tr><td colspan="2">疲劳特性</td><td>交通设施设计；如减速带设计；交通安全设计</td></tr>
<tr><td rowspan="2">行人</td><td colspan="2">步行速度</td><td>人行道设计；平面交叉口人行横道设计；行人过街信号配时设计；慢行交通安全设计</td></tr>
<tr><td colspan="2">个人空间需求</td><td>机非分隔带设计；行人过街天桥及地道设计；路段人行道宽度设计；平面交叉口人行横道设计；信号控制交叉口信号配时、相位设计</td></tr>
<tr><td rowspan="2">乘客</td><td colspan="2">交通需求心理</td><td>交通管理及交通设施设计；公交专用道设计；公交优先信号控制设计</td></tr>
<tr><td colspan="2">乘车反应</td><td>道路线形及路面设计；公交停靠站设计</td></tr>
<tr><td rowspan="6">车</td><td rowspan="3">机动车</td><td colspan="2">几何尺寸</td><td>道路几何设计；道路结构设计；路段机动车道宽度设计；交叉口机动车道宽度设计；出租车临时停靠点设计；机非分隔带设计；公交专用车道设计；交叉口公交专用进口道设计；公交停靠站设计；停车场(库)交通设计</td></tr>
<tr><td colspan="2">动力性能</td><td>道路线形设计；加速车道长度设计；掉头车道设计；中央分隔带设计；路段沿线出入口设计；公交信号优先控制设计；出租车临时停靠点设计；交停靠站设计；路段机动车单车道宽度设计；平面交叉口功能区的确定；立体交叉匝道与主线衔接即合流区、分流区以及交织区设计；交通环境设计</td></tr>
<tr><td colspan="2">制动性能</td><td>道路线形设计如长大下坡路段设计；信号控制交叉口信号配时设计；平面交叉口功能区设计；交通安全设计</td></tr>
<tr><td rowspan="3">非机动车</td><td colspan="2">爬坡性能</td><td>非机动车道纵断面设计如坡度设计</td></tr>
<tr><td colspan="2">动态平衡</td><td>平面交叉口非机动车道宽度设计；路段非机动车道宽度设计</td></tr>
<tr><td colspan="2">短程性</td><td>路段非机动车道长度设计</td></tr>
</table>

续表 7-1

交通参与者	基本特性		与交通设计的关系
路	线形	平面	道路交通设施的直线、圆曲线设计
		纵断面	道路的坡度设计、竖曲线设计
		横断面	道路宽度设计;公交停靠站设计;加速车道设计;掉头车道设计;单向交通设计;变向交通设计;路段交通安全设计
	路基		道路的运营质量;道路交通安全设计
	路面		道路使用性能、道路维护改建设计;交通宁静化设计
	道路交叉		道路平面交叉口设计;立体交叉设计;出入口设计;行人过街设施设计;交通安全设计
环境	视觉环境		道路线形设计;道路视觉参照系设计;道路景观设计
	交通秩序		道路横断面设计;行人交通设计;非机动车交通设计

2. 交通流理论

交通流理论与交通设计的关系如表 7-2 所示。

表 7-2　交通流理论与交通设计的关联性

交通流理论			交通参数	与交通设计的关系
连续流理论	交通流三参数关系		速度 密度 流量	快速路车速设计 快速路车道设计 快速路出入口匝道优化设计 快速路几何设计 快速路交通标志设计 时空设计流量的确定 服务水平的划分 交通管理与控制设计 公共交通优先通行设计 交通安全设计
	微观动力学模型	跟驰模型 换道模型	速度 加速度 反应时间 车间距离 驾驶期望	交通安全设计 交通宁静化设计 路段沿线出入口设计 加速车道长度设计 中央分隔带设计 路段机动车单车道宽度设计 交通环境设计
	宏观动力学模型	交通流守恒方程	流量变化率、密度变化率	快速路交通控制设计 交通安全设计
间断流理论	排队论 间隙接收理论 交通信号控制模型 交通延误分析模型		排队时长 流量 车道数 信号相位 绿信比 损失时间等	平面交叉口空间设计 平面交叉口进出口车道设计 平面交叉口掉头车道设计 平面交叉口空间优化设计 平面交叉口信号控制设计 公交专用道设计 公交停靠站设计 公共交通优先通行设计 交通安全设计等 交通宁静化设计 交通环境设计

3. 通行能力及服务水平

通行能力及服务水平与交通设计的关系见表 7-3。

表 7-3　通行能力及服务水平与交通设计的关联性

交通参与者	交通参数	与交通设计的关系
机动车	V/C 自由流速度 行驶速度	路段机动车道设计 辅道设计 平面交叉口空间设计 平面交叉口进出口车道设计 平面交叉口空间优化设计 平面交叉口信号控制设计 道路网络交通组织优化设计 交通安全设计 交通环境设计
非机动车	行驶速度 服务水平打分	路段非机动车道设计 交叉口非机动车道设计 交通安全设计
行人	行人空间 步行速度 服务水平打分	机非分隔带设计 行人过街信号配时设计 行人过街天桥及地道设计 路段人行道宽度设计 平面交叉口人行横道宽度设计 信号控制交叉口信号配时、相位设计 慢行交通安全设计

二、道路工程设计原理和方法

道路工程设计与交通设计关联性见表 7-4。

表 7-4　道路工程设计与交通设计的关联性

道路工程设计范畴	道路工程设计内容	道路工程设计与交通设计的关系
路线设计	横断面设计； 纵断面设计； 平面线形设计	断面形式的选择； 车道数的确定； 组合线形条件下标志标线的设置
路面结构设计	面层设计； 基层设计； 垫层设计	交通标志支撑方式的选择； 交通安全设施的安装

三、交通工程设施设计方法

交通工程设施与交通设计的关联性见表 7-5。

表 7-5　交通工程设施设计与交通设计的关联性

种类	交通工程设施与交通设计的关系
交通安全设施 （护栏；防眩设施；隔离封闭设施；视线诱导设施；施工安全设施；减速带）	减轻事故严重程度；避免事故的发生；诱导驾驶人员行车；保证养护与维修作业安全
交通管理设施 （交通标志；交通标线；交通信号灯）	管制驾驶员驾驶行为；引导驾驶员视线；交通管理与组织
景观与绿化设施	视线诱导；渠化设计；交通安全设计
道路照明设施	交通安全设计；视线诱导
道路监控设施	管制驾驶人和行人的交通行为，保障交通安全

四、交通安全分析方法

交通安全分析方法主要研究如何运用系统工程的原理和方法，对交通系统中的安全问题进行定性、定量的分析和评价，并采用综合安全措施予以控制，使系统产生交通事故的可能性降到最低限度，从而达到系统最佳安全状态。交通安全分析的结论可作为交通设计的依据。

交通安全具有可测性，交通安全分析的前提是寻找一系列可测的指标，这些指标应该真实体现道路的交通安全状态或交通安全性能，不同类型的指标可以从不同的方面衡量道路的交通安全状况。交通安全分析方法宏观层面以交通事故指标分析为主，微观层面以面向问题的交通安全诊断方法和交通冲突分析方法为主。

对于交通安全影响因素的分析，主要从几何设计、交通控制、交通环境三大方面考虑。例如，对于平面交叉口，主要因素有道路数量、交叉口角度、视距、线形、辅助车道、渠化、路面条件、转弯半径、照明、车道数、路肩、交通控制、驶入交叉口车速等；对于互通式立体交叉口，还需考虑加减速车道的长度、匝道的线形组合等；对于长大纵坡路段，还需考虑坡长、坡度等。

在制定交通安全改善对策的过程中，需要根据效益造价比模型，按照排序数值的大小进行排序，可得到交通安全改善对策的排序。例如，在对交叉口进行改善时，可以根据改善对策的排序对交叉口进行有次序或重点的改善。由于经济因素，对交叉口不可能进行所有的改善，这种情况下，可通过改善对策的排序分析，对改善对策进行取舍。

五、交通设计技术流程

交通设计是介于交通规划与土木工程设计之间的技术环节，交通设计流程应该是基于其目标、需求、供给，考虑到规划、建设、管理之间的有机衔接。交通设计的流程在规划阶段与治理阶段存在较大的差异。规划阶段，规划上的功能定位与设计目标、交通需求预测、用地条件等是交通设计的主要依据，是服务于道路建设的交通设计；治理阶段，在相关规划条件的基础上，道路的现状、使用中存在的问题和改善的可能性则成为交通设计的重要依据，是服务于交通管理的交通设计。

1. 规划阶段

由于新建道路的交通需求量为预测值，无法准确地反应道路使用后的情况，故其交通设计为原则性设计，即可预见性设计。在设计过程为今后的交通量变化预留空间，即使道路在建成后发生问题也可通过较为便捷的方法和措施对其作进一步的改善。需要强调的是，如果交通设计目标始终无法满足，说明规划出了问题，或者说规划目标没法落实，这时可能需要调整规划方案。规划阶段交通设计流程如图 7-1 所示。

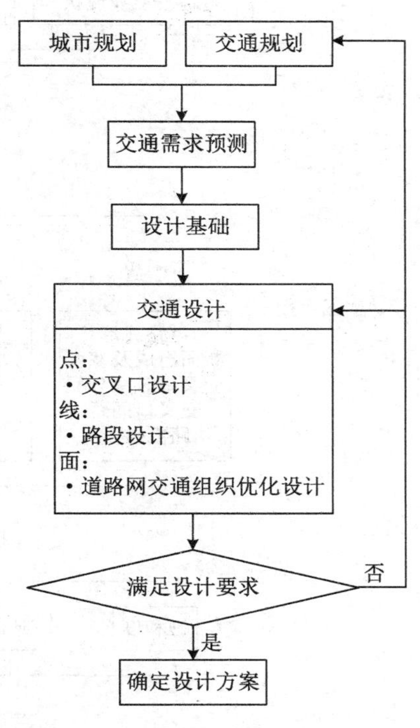

图 7-1　规划阶段交通设计流程

2. 治理阶段

治理阶段交通设计需要考虑的因素多，面对的基础条件也相对复杂。治理阶段的交通设计需要基于治理目标，在设计方案中重点体现。例如，对于某主干路，路侧有大量开口，存在较大的安全隐患，治理的目标是提升安全性，交通设计的重点就在开口的管理、重点交叉口的时空资源优化等；对于某支路，通行效率低，治理的目标是提升通行能力，交通设计的重点就在交通组织，交通管理与控制，如路侧禁止停车，设置单行道，形成道路微循环等。在制定设计目标和改善方案时，会受到各种条件的制约，治理阶段交通设计方案需要经过反复论证，评价、比选，形成最终方案。治理阶段交通设计流程如图 7-2 所示。

六、交通设计技术评价

交通设计技术评价是通过考量交通设计方案对设计目标的实现程度及效果，对交通设计方案进行评价、分析和比选，是方案选优的依据。交通设计评价应突出交通设计的目的性，需反映交通设计带来的通行能力、交通安全、交通环境的改善结果。交通评价分为事前评价和事后评价。事前评价只能采用模型、专家评估及仿真实验等方法，事后评价可通过现场调查和观测获取各项指标进行评价。交通设计方案的评价应面向设计的各项内容，包括平面交叉口交通设计、立体交叉口交通设计、路段交通设计、公共交通设计、交通安全设计等。

1. 交通效率评价

(1) 评价目的

交通效率评价的目的，是探寻现有交通方案或新的交通设计方案的运输效率与交通系统各方面的相互关系及其互动规律，然后根据这些规律对交通设计方案进行分析，明确方案所存在的问题，并寻找提高交通效率的途径和措施。

(2) 评价指标

交通效率评价指标有延误、速度、排队长度等。由于各指标之间有很强的相关性，因此在针对具体道路设施选择评价指标时需要注意两点：①各评价指标之间的独立性。所选取的评价指标之间应存在独立性，即某个评价指标不受另一个评价指标的影响；当指标之间不

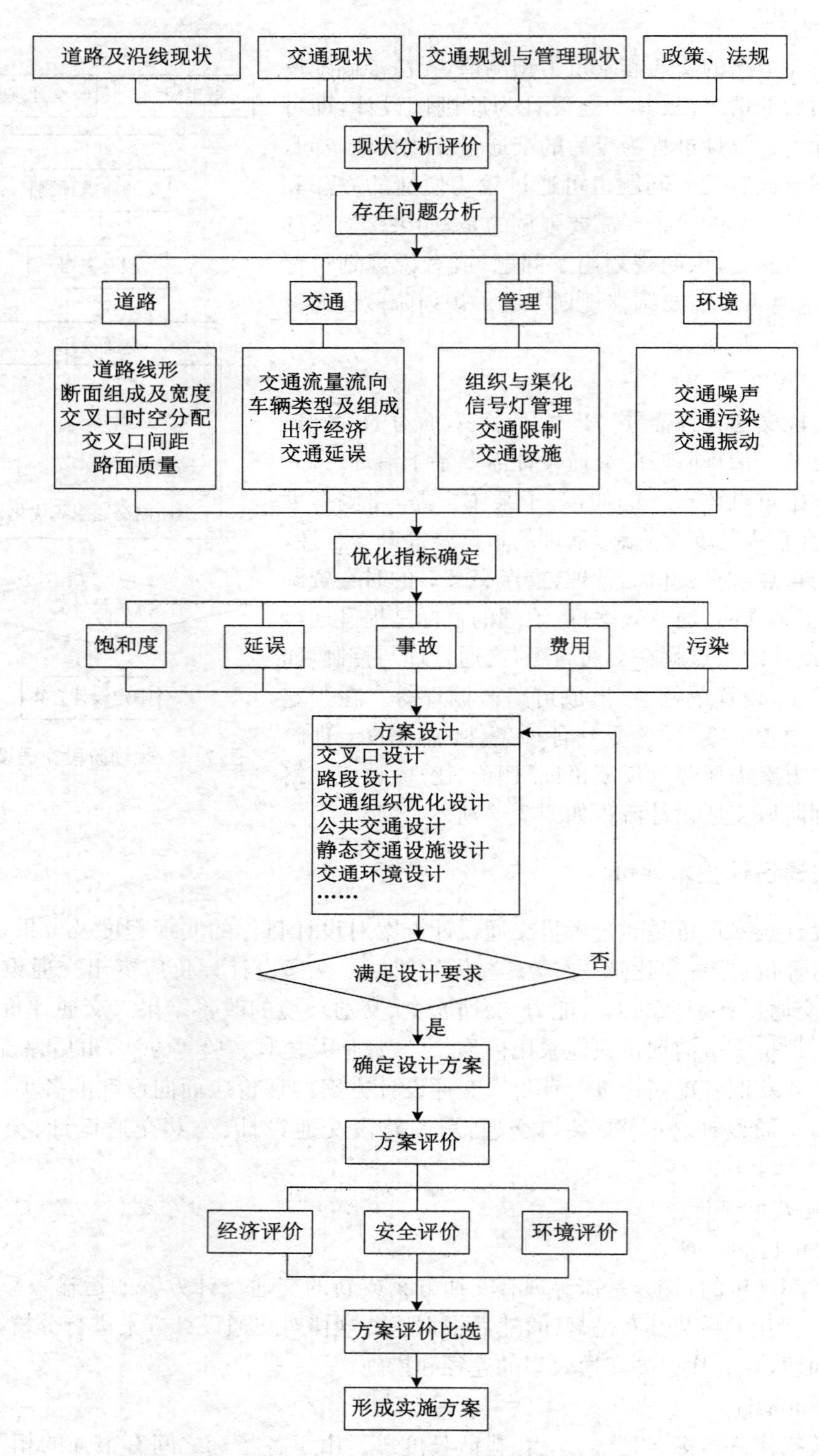

图 7-2　治理阶段交通设计流程

独立，即存在一定的相关性时，应根据评价目标对存在相关性的指标作出合理的取舍。②选择最能直观体现道路设施交通流运行特点的指标。不同的交通设施的交通流特性不同，其评价指标也不尽相同。交通效率评价指标选取时，应选择最能体现道路交通设施交通流运行特点的指标。评价指标见表 7-6。

表 7-6 交通效率评价指标

评价对象	效率评价指标
平面交叉口	饱和度、平均延误、最大排队长度、行程时间、停车次数、通行能力、信号周期、绿信比、损失时间、行人过街时间
路段	平均行程车速、通行能力、路段饱和度
公交专用道	平均行程速度、平均延误
公交停靠站	停靠站延误、停靠站点覆盖率
慢行通道	慢行通道宽度、慢行通道人均延误

2. 交通安全评价

(1) 评价目的

交通安全评价即比较分析交通设计方案实施前后的交通安全状况。交通安全评价能够发现现有道路交通安全隐患、查找设计方案的不足，完善交通设计方案。

(2) 评价方法

目前，比较成熟的交通安全评价方法主要有交通事故评价方法、交通冲突评价方法以及交通安全诊断方法等。

3. 交通环境评价

(1) 评价目的

交通环境评价是交通设计的一项重要内容，通过对环境进行评价可以对设计方案进行反馈，从而有根据地改善交通设计方案；此外，交通环境评价是环境保护的一项重要内容，是决策和开发建设活动中实施可持续发展的有效手段和方法。

(2) 评价的指标

交通对环境的影响主要包括空气质量、噪声、能量消耗以及水质量四个方面。

3. 评价方法

交通环境评价方法主要包括定性方法（专家调查法和民意测评法）和定量方法（层次分析法、灰色关联评价法）等。一般而言，交通环境评价采用定性与定量结合的综合评价方法，综合评价方法本身已经相当成熟。

七、交通设计知识体系

交通设计的知识体系可分为五个层面：基础理论、设计依据、设计内容、设计方案和方案评价。各层面所涵盖的内容如表 7-7 所示，不同层面间的关系见图 7-3。

表 7-7 交通设计知识体系

知识体系	知识领域	具体内容
基础理论与方法	交通工程基本原理	交通特性、交通调查、交通流理论、道路通行能力、交通规划理论、交通安全理论、交通管理与控制理论
	交通工程设施设计基本理论	交通安全设施设计、交通标志标线设计、静态交通设施设计
	道路设计基本原理	道路路线设计、道路横断面设计、路基路面设计、桥梁设计
设计依据	国家标准	《城市道路交通标志和标线设置规范》(GB 51038-2015)、《城市道路交通设施设计规范》(GB 50688-2011)、《城市道路交叉口规划规范》(GB 50647-2011)、《城市道路交通规划设计规范》(GB 50220-95)
	行业标准	《城市快速路设计规程》(CJJ 129-2009)、《城市道路交叉口设计规程》(CJJ 152-2010)、《城市道路路线设计规范》(CJJ 193-2012)、《城市道路工程设计规范》(CJJ 37-2012)
	导则	《城市交通设计导则》《城市步行和自行车交通系统规划设计导则》
设计内容	平面交叉口	机动车道设计、慢行交通设计、交叉口内部渠化、特殊交叉口设计
	立体交叉口	主线交通设计、匝道交通设计、端部交通设计
	路段	出入口设计、交通设施设计、机动车道设计、支路微循环设计
	公共交通	公交专用道设计、交叉口公交优先设计、公交停靠站设计
	公共停车场	路内停车设计、停车场开口设计、非机动车停车设计、智能停车场设计
	慢行交通	慢行交通过街通道设计、慢行通道设计、慢行交通辅助设施设计
设计方案	基本原理	车道平衡原理、车速平衡原理、时空资源优化原理
	设计方法	道路设计方法、交通特性分析方法、交通工程设施设计方法、交通安全分析方法、道路出入口管理
方案评价	交通安全评价	事故评价、冲突评价
	交通效率评价	密度、饱和度、速度等
	交通环境评价	空气、噪声、振动、能源消耗
	经济评价	费用效益比

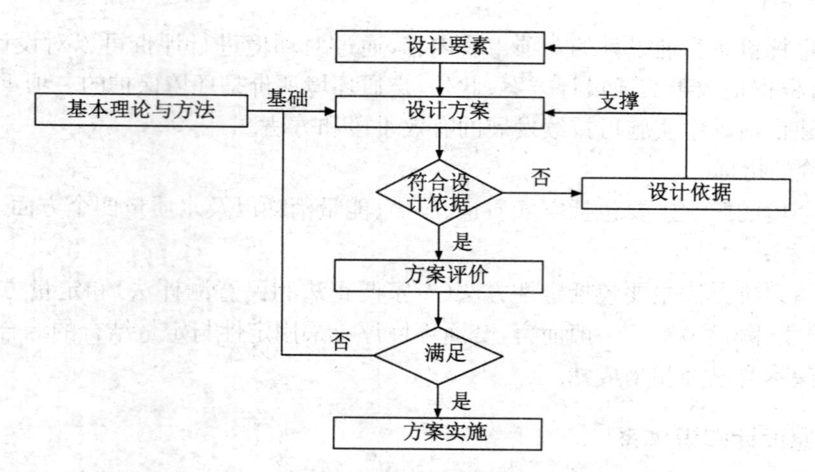

图 7-3 不同层面知识体系间关系

§7-3　交通设计依据及基本原理

一、概述

交通设计要符合道路工程、交通控制与管理、交通工程设施等内容的相关设计标准和规范，这些标准和规范即构成了交通设计的设计依据。由于不同设计内容的标准和规范相对交叉，且同一设计内容存在多个设计标准，因此，在交通设计过程中，需要灵活应用这些标准和规范。本节主要介绍了国内主要设计依据，总结其设计要点，分析其应用于交通设计时需要注意的问题；同时，列举出同一设计内容在不同规范之间存在的矛盾之处。最后，根据设计依据的解读，综合交通设计基础，总结出交通设计应遵循的基本原理。

二、设计依据

交通设计依据可分为国家标准、行业标准、导则和地方标准。国家标准是指对全国经济技术发展有重大意义，需要在全国范围内统一技术要求而制定的标准；国家标准是所有标准规范制定的基础，其他各级标准不得与之相矛盾。行业标准是对国家标准的补充，是专业性、技术性较强的标准，或没有相应国家标准而又需要在某个行业范围内统一技术要求而制定的标准。导则是对行业技术要求和实施程序所作的统一规定，不具有强制性。地方标准是在国家标准的基础上制定的具有地方特色并只在该地区执行的标准。本章就交通设计依据进行分类解读，总结设计要点及在交通设计中应该注意的技术环节。

1. 平面交叉口

平面交叉口交通设计的依据主要有《城市道路交叉口规划规范》(GB 50647-2011)与《城市道路交叉口设计规程》(CJJ 152-2010)。两个规范分别从宏观与微观角度对城市道路交叉口设计提供了基本设计要求，并为各设计要素提供设计方法。

1）设计依据要点

(1) 交叉口分类及选型

根据相交道路等级与交通组织方式将平面交叉口划分为信号控制、无信号控制及环形交叉口三大类，并给出相应等级道路交叉口选型。

(2) 交叉口进出口道设计

设计依据规定了不同控制方式的交叉口交通组织原则，列出了进口道左转专用道、右转专用道的设计方法，给出了进出口道与渐变段长度的计算方法。设计依据对于高架道路匝道与交叉口的衔接也作出了说明。

(3) 行人与非机动车过街设施设计

设计依据对行人与非机动车过街设施的设置原则作出了相应的规定。

(4) 环形交叉口的设计

通过计算模型对于环形交叉口的交通岛大小、交织区段长度作出详细规定，对于车道数、宽度、断面布置作出了定性的规定。

2）需要注意的问题

(1) 对于左转(右转)车辆转弯半径、停止线设置位置等未作出规定。

(2) 对于慢行交通过街设计重视程度不够。如人行横道在交叉口的设置位置、行人保护岛的设计面积、非机动车的膨胀性、非机动车过街等待设计未给予定量分析。

(3) 对于相邻两交叉口的间距未作出相应的规定。

(4) 对于错位、畸形交叉口、X 型、Y 型等的渠化及设计未给出相应的设计方法。

(5) 缺乏对交叉口内部渠化设计的方式与方法,而《城市道路交通标志和标线设置规范》(GB 51038-2015)中有相关渠化设计的标志标线介绍。

(6) 两个规范在同一设计要素存在不同说法或解释不清晰,如进口道展宽长度的取值、在出口道有公交站台时出口道的展宽长度规定。《城市道路交叉口规划规范》(GB 50647-2011)规定:道路展宽在无交通资料时,“支路最小长度不应小于 30 m,次干路最小长度不应小于 40~50 m,主干路长度不应小于 50~70 m,与支路相交应取下限值,与主干路相交应取上限值。”而《城市道路交叉口设计规程》(CJJ 152-2010)规定:“在无交通资料时,道路展宽最小长度应按不小于:支路 30~40 m,次干路 50~70 m,主干路 70~90 m,与支路相交取下限,与主干路相交取上限。”

2. 立体交叉口

城市道路立体交叉口的设计依据与平面交叉口的设计依据相同。《城市道路交叉口规划规范》(GB 50647-2011)从宏观角度确立了城市立体交叉各要素在设计时应遵循的规定,《城市道路交叉口设计规程》(CJJ 152-2010)更加详尽地阐述了立体交叉各要素设计方法及应满足的相关指标。

1) 设计依据要点

(1) 立体交叉的分类及选型

根据相交道路等级、直行及转向交通流特征、非机动车的干扰等将立体交叉口划分为枢纽立交、一般立交、分离式立交三大类。

(2) 立体交叉主线设计

对主线的横断面组成作出了简要介绍,对主线机动车道与非机动车道应满足的坡度及坡长等作出了详尽规定。

(3) 匝道设计

对不同形式匝道的横断面布置、曲线路面的加宽值、给出了相应指标,并给出加宽缓和段、平纵曲线与匝道端部的设计方法与计算公式,规定了在不同交通条件下应满足的线形指标。

(4) 变速车道与辅助车道设计

给出了不同形式的变速车道及其适应的基本条件,给出了在不同条件下的变速车道设计参数取值,同时明确了在何种条件下应设置集散车道。

2) 需要注意的问题

(1) 立交选型

对于立交选型,设计依据从相交道路等级、城市规模、交通需求等角度选定,选定条件过于抽象与宏观,未充分考虑不同类型立交的特性、适应条件及该处交通流时空特性。

（2）立交匝道与地面衔接

设计依据对立交匝道与地面衔接的相应要求过少，常出现匝道与地面衔接位置不对、离交叉口过近、衔接道路等级过低或车道不足等问题。

（3）立交匝道与主线衔接

设计依据对不同匝道与主线连接方式的适应条件作出了相关规定，现实情况由于城市用地的限制或缺乏汇入交通量的考虑，出现接入方式无法满足现状交通量、未设置变速车道或变速车道长度不足等状况。

（4）车道分配问题

由于车辆的合流、分流及交织，立交范围内常出现车道数量的变化，设计依据针对此类情况明确立交设计需满足车道平衡。而现实情况常出现匝道与主线连接处无变速车道、交织段无辅助车道、二次分流车道与交通量不匹配等问题。致使局部交通拥堵或交通事故。

3. 路段

路段交通设计依据主要有《城市道路工程设计规范》(CJJ 37-2012)与《城市道路路线设计规范》(CJJ 193-2012)，其中快速路交通设计可参考更为详细的规范，即《城市快速路设计规程》(CJJ 129-2009)，道路沿线相关标志标线的设置依据有《城市道路交通标志和标线设置规范》(GB 51038-2015)。这些规范对城市道路的功能等级、通行能力、基本设计要求等作出了原则性规定。

1）设计依据要点

（1）城市道路设计基本规定

设计依据将城市道路划分为快速路、主干路、次干路、支路四个等级，并规定了不同等级道路的设计速度、不同断面道路的建筑限界。此外，对设计车辆尺寸、道路设计年限、荷载标准、防灾标准也作出了基本规定。

（2）道路通行能力与服务水平

设计依据规定了不同等级道路的设计通行能力、基本通行能力，界定了服务水平分级标准。同时，对慢行交通的通行能力、服务水平分级标准也作出了量化规定。

（3）道路横断面设计

横断面分为单幅路、两幅路、三幅路、四幅路及特殊形式的断面，设计依据对各种断面的布置及适应条件分别作出了简要说明。为了便于设计，设计依据还将横断面细化为机动车道、非机动车道、人行道、分车带、设施带、绿化带，特殊断面还包括应急车道、路肩和排水沟等。同时，对于各要素应满足的宽度、设计要求均作出了详细规定。

（4）平面和纵断面设计

平面线形由直线、平曲线组成，平曲线宜由圆曲线、缓和曲线组成，设计时应处理好直线与平曲线的衔接，合理地设置缓和曲线、超高、加宽等。规范对平曲线的半径及最小长度作出量化规定。对于纵断面设计，规范在不同设计速度的坡度、坡长、竖曲线最小半径与最小长度及合成坡度作出量化规定。对于线形的组合设计，规范只进行了简要说明。

（5）其他方面设计

除上述设计外，规范对城市道路路基和路面、桥梁和隧道等设计也作出了相应的说明。

2）需要注意的问题

（1）横断面的选取

设计依据对各个断面形式的适用条件未作出详细规定，致使道路在规划阶段对于横断面的选取较为随意。

（2）道路沿线进出口管理

设计依据对于各级道路沿线的开口规定过于简略，开口位置、开口大小、开口组织形式等均未作出规定。

（3）路内停车布局

路内停车常占用非机动车道与人行道，而规范对于路内停车场与非机动车道之间关系未作出相应规定，支路与次干路上的行人与非机动车路权常得不到保障。

（4）分车带最小宽度取值矛盾

《城市道路工程设计规范》表 5.3.5 所规定的不同情况下分车带取值与《城市道路路线设计规范》表 5.3.4 规定的分车带取值不一。

（5）潮汐车道、单行道、双向左转车道的设置

设计依据对于潮汐车道、单行道及双向左转车道的设置条件、设置方法、设置标准等未作出任何规定，而《城市道路交通标志和标线设置规范》（GB 51038-2015）对于上述车道的标志标线形式都有相关说明。

3）设计依据与现实情况的差别

（1）道路功能

规范中明确规定了不同等级道路的功能、设计速度、设计交通量等，而现实情况下，常出现道路功能紊乱，未发挥其规定的功能。例如，城市主干道因周边商业林立、开口过多，致使其交通功能淡化、服务功能逐渐凸显。

（2）机动车道、非机动车道、人行道设置

规范规定路段机动车道的最小宽度为 3.25 m，非机动车道的最小宽度为 1 m，人行道的最小宽度为 2 m。而现实中常出现以下现象：

① 各地机动车道最小宽度不一，如浙江省规定的路段车道最小宽度为 2.8 m，江苏省为 3 m。

② 机非混行是我国城市的普遍现象，其重要原因是非机动车道宽度不足、舒适性差或中断，无法保障非机动的通行权。例如，在一些道路非机动车道常被路边停车、公交站台占据。

③ 人行道被市政设施、非机动车、商铺货品等占用，导致行人无法安全通行。

（3）视距问题

规范对于车辆的停车视距作了明确规定，而现实情况下，由于道路绿化设施、路侧停车及道路施工等影响，在急弯、坡道、与路侧开口等处，停车视距无法达到规范的最低要求。

4. 路网交通组织

路网交通组织设计面向整个城市道路网，是各要素设计的优化组合。其设计依据主要是《城市道路交通规划设计规范》（GB 50220-95）。

1）设计依据要点

(1) 城市道路系统的一般规定

城市道路系统应满足其功能需求,反映城市特性。因此,道路网规划设计过程中,不同规模的城市应满足相应的规划指标。

(2) 城市道路网布局

道路网应适应城市用地扩展并有利于向机动化和快速交通的方向发展,各等级道路布局应满足一定比例,不同等级道路相交形成的交叉口应满足一定等级,且布局合理。

2) 需要注意的问题

(1) 无道路网交通组织技术措施说明

设计依据对于可变车道、单向交通组织、禁行管理等区域交通组织措施未作相关说明。

(2) 未涉及道路网综合交通组织设计方法

设计依据对于道路微循环设计、交叉口群的协调设计等网络的综合和优化设计未作出相关规定和设计方法介绍。

3) 设计依据与现实情况的差别

《城市道路交通规划设计规范》(GB 50220-95)明确规定不同规模的城市道路网的平均密度、道路宽度、设计速度等应符合规定的指标要求。而现实中常出现某些等级道路路网密度不合规范的现象。例如,2014 年南京市高淳区各等级道路密度为 1.42∶1.46∶1.78,支路密度明显低于规范要求。

5. 公共交通

公共交通的设计依据分散于城市道路各个规范中,交叉口附近的公交站与公交专用道设计依据有《城市道路交叉口规划规范》(GB 50647-2011)与《城市道路交叉口设计规程》(CJJ 152-2010);路段的公交专用道设计依据有《公交专用车道设置》(GAT 507-2004)。

1) 设计依据要点

(1) 公交专用道设计

规范明确了公交专用道的设置条件,将公交专用道分为外侧式、内侧式公交专用道,并介绍了不同形式公交专用道的设置方法。

(2) 交叉口公交专用道设计

规范对于公交专用道在交叉口进出口道的设置方式、长度及宽度作出了相应的规定。

(3) 路段公交停靠站设计

规范对快速公交站台与常规公交站台的设计条件及应满足的基本要求作出了相应的规定。

(4) 交叉口公交站台设计

规范对于交叉口处公交站台的设置位置、站台形式的选择、站台宽度与长度及可容纳的最大线路数等均作出了相应的要求。

2) 需要注意的问题

(1) 不同类型公交专用道的适用条件未做说明

路侧型与路中型公交专用道各有优劣,其适用条件也存在差异,规范对此未加任何规定。

(2) 公交停靠站与慢行交通关系处理

在路段,公交停靠站常占用慢行车道,影响行人与非机动车安全通行。此外,交站与人行横道的衔接也未明确规定。

(3) 公交站台与地铁站的衔接

如何实现地面公交与轨道交通便捷换乘是实现公交优先的重要因素,而规范未涉及相关内容。

(4) 关于公交站台几何尺寸的设计规范间存在矛盾,

关于公交停靠站的渐变段,《城市道路交叉口规划规范》(GB 50647-2011)规定的为不小于 20 m,而《城市道路交叉口设计规程》(CJJ 152-2010)规定的为 12～15 m。

3) 设计依据与现实情况的差别

(1) 交叉口处公交专用道设置

规范中规定公交专用道在交叉口进出口道,在一定范围内均不设专用道。而现实情况,公交专用道常止于进口道停止线处或从出口道起点开始设置,干扰了右转车辆的通行。

(2) 公交停靠站设置

①《城市道路交叉口规划规范》(GB 50647-2011)8.3.1 第 4 条规定：无轨电车与公共汽车应分开设站,无轨电车停靠站应设置于公共汽车停靠站的下游。而一些城市将无轨电车公交站与常规公交合并设置。

②《城市道路交叉口规划规范》(GB 50647-2011)8.3.1 第 5 条规定：立体交叉匝道出入口段及立体交叉坡道段不应设置公共汽(电)车停靠站。现实情况中常有些公交站台常设置于高架道路的出口处,甚至不能满足公交进站所需的长度。

③《城市道路交叉口设计规程》(CJJ 152-2010)4.4.10 规定：当多条公交线路合并设站时,线路数不宜多于 5 条,特殊情况下不应超过 7 条。而在一些公交线路重合较多的干道上,公交线路的条数常多于 7 条。例如南京新街口东站停靠线路多达 10 条。

④ 关于停靠站台的设置,规范规定站台的最小尺寸为 1.5 m,现实情况常存在一些站台无法满足此宽度,而且在一些城郊公交站台,无明显的公交站台,乘客无法确认停靠站的具体位置。

6. 公共停车场

路内停车设计的依据有《城市道路路内停车泊位设置规范》(GAT 850-2009),该依据规定了路内停车泊位的设置条件与基本要求;路外停车的设计依据主要有《城市道路工程设计规范》(CJJ 37-2012)与《城市道路公共交通站、场、厂工程设计规范》(最新)。两个规范规定了机动车与非机动车停车场设置条件与停车场开口设置要求。

1) 设计依据要点

(1) 路内停车的设置

规范明确表明路内停车泊位设置的一般条件,不同类型的城市路内停车泊位设置率、设置泊位的道路宽度、占用道路设置停车泊位的 V/C 比值、人行道设置停车泊位后剩余宽度、道路沿线出入口的安全视距应满足一定条件。同时还列出了不应设置停车泊位的条件。

(2) 路内停车泊位设计

《城市道路路内停车泊位设置规范》(GAT 850-2009)结合《城市道路交通标志和标线

设置规范》(GB 51038-2015),对停车泊位标线设置、泊位宽度及泊位排列形式作出了规定。

(3) 停车场开口设计

设计依据规范了停车场的开口位置、开口净宽、不同类型停车场的开口数量等设计要素的设计。

2) 需要注意的问题

(1) 路内非机动车停车设计不足

对于路内停车设计,人们关注的焦点为机动车,忽略了非机动车停车设计,致使非机动车乱停乱放,占用人行道或非机动车道。

(2) 停车场与其他交通的衔接设计不足

设计依据多关注于停车位置选择、停车泊位数等设计,而忽略了停车场与慢行交通、公共交通、路边开口等衔接设计。从而导致停车位占用非机动车道、其他交通与公共交通衔接不当、路内停车影响路侧开口视距等诸多问题。

3) 设计依据与现实情况的差异

(1)《城市道路路内停车泊位设置规范》(GAT 850-2009)第 4.1.2 条规定:路内停车泊位的设置应当处理好与机动车、非机动车和行人交通的关系,保障各类车辆和行人的通行和交通安全。而现实情况是路内停车往往以牺牲慢行通道为代价,未能妥善处理好两者间关系。

(2)《城市道路路内停车泊位设置规范》(GAT 850-2009)关于"设置路内停车泊位的道路宽度"的规定,许多道路并不满足两侧或一侧设置停车泊位的宽度要求,但却设置了停车泊位,导致道路通行能力下降,同时造成机非混合现象。

(3)《城市道路路内停车泊位设置规范》(GAT 850-2009)对不同等级的城市人行道设置停车泊位后剩余宽度有相应的规定,而实际上常出现停车泊位占据整个人行道或致使人行道过窄,行人通行于机动车道。

(4) 路边停车在道路沿线出入口应满足一定的安全视距。而实际情况中,停车泊位紧邻开口处,视距无法满足。

7. 慢行交通

慢行交通设计与其他设计要素均存在关联,其与其他设计要素的衔接设计要求分布与各要素设计依据中。对慢行交通设计指导较为全面的依据是《城市道路工程设计规范》(CJJ 37-2012)与《城市步行和自行车交通系统规划设计导则》(以下简称《导则》)。

1) 设计依据要点

(1) 慢行交通设计的基本要求

慢行交通设计应遵循安全性、连续性、方便性、舒适性原则,在设计过程中应着重处理好与其他交通、周边环境间关系,并符合相关规定、遵循相关的设计规范。

(2) 步行交通设计

《导则》将步行道按城市不同区域之间的步行交通特征差异分为三个区,按不同类型步行道路的功能和作用划分为三个等级,不同区域、不同级别的步行道密度、间距、宽度及过街设施布局应满足一定要求。同时,《导则》对于步行过街设施设置、交叉口转角空间设计、步行环境设计提供了方法。

(3) 自行车交通设计

《导则》同样将自行车道划分为三个不同区及三个不同等级，对不同等级的自行车车道的设计指标应满足基本要求作出了规定；对于自行车空间与环境设计，《导则》从自行车道宽度、隔离形式、过街设施及停车设施给出了设计指标与设计方法。同时，《导则》也针对公共自行车租赁、选址及场地设置等提出了相应的要求。

(4) 慢行交通与其他交通的衔接

《导则》为慢行交通与公共交通、路内停车与出入口的衔接提供了设计依据和设计思路。

2) 需要注意的问题

(1) 对于慢行交通安全视距的考虑不足

目前设计规范对于视距的考虑多位于机动车的角度，而对行人与非机动车视距的考虑几乎为零。行人视距常被路边停车、绿化设施、路政设施及桥墩等遮挡，使行人通行的"安全感"不足。

(2) 对非机动车中差异性考虑不足

目前非机动车包括自行车车、电动车与三轮车，而设计依据多考虑自行车的交通特性，而忽略了其他非机动车，使得电动车等非机动车成为事故多发车型。

3) 设计依据与现实情况的差异

(1)《导则》第 5.1.2 规定：步行道各分区应保证连续，避免分区间发生重叠或冲突。而现实情况，步行道常被路政设施、路边停车占用，路边施工常阻断人行道。

(2)《导则》第 8.2.1 规定：城市主、次干路和快速路辅路的自行车道，应采用机非物理隔离。城市支路上的自行车道，可采用非连续式物理隔离。现实中，机非隔离带的设置较为混乱。

(3) 关于过街人行横道的设置，设计依据明确规定应保持路面平整连续、无障碍物，遵循最短线路，而现实中却存在人行横道设置于花坛处或与道路中心线不垂直。

(4)《导则》8.2.3 规定：在宽度大于 3 m 的自行车道入口处，应设置阻车桩，而现实中很多地方并未设置，导致机动车停车或行驶于非机动车道。

(5)《导则》中多处明确规定应优先保证慢行交通安全性与通行连续性，而现实情况常发生慢行通道被挤占或未设置慢行通道，影响慢行交通的安全性。

三、交通设计的基本原理

交通设计需要尽可能地消除道路通行能力的瓶颈，减少交通流之间的交通冲突，优化道路时空资源。为保持交通流的连续运行，结合对设计依据的解读和分析，在交通设计中需要遵循三个基本原理。

1. 车道平衡原理

车道平衡原理是指交通流在路径转移过程中所拥有的车道数应保持连续的平衡状态。

1) 车道平衡原理在平面交叉口的应用

主要应用在以下两个方面：(1)信号控制交叉口若设置了左转或右转相位，进口道须设置左转或右转专用车道；(2)交叉口出口道车道数应与各相位中不同流向的最大汇入车道数相平衡。举例说明，见表 7-8。

表 7-8 平面交叉口车道平衡原理类型图例

类型	图例	说明
十字型交叉口案例 1	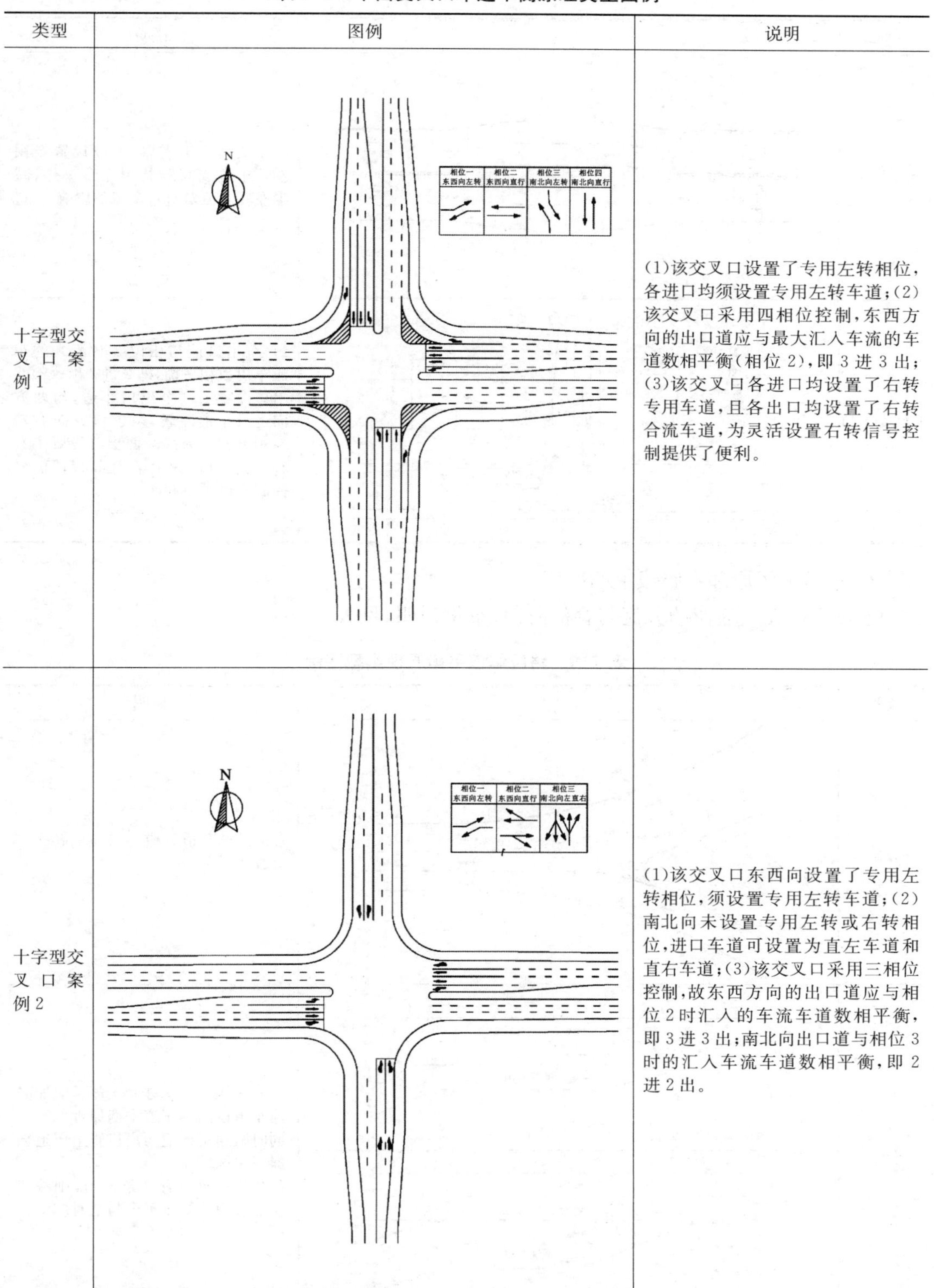	(1)该交叉口设置了专用左转相位，各进口均须设置专用左转车道；(2)该交叉口采用四相位控制，东西方向的出口道应与最大汇入车流的车道数相平衡（相位 2），即 3 进 3 出；(3)该交叉口各进口均设置了右转专用车道，且各出口均设置了右转合流车道，为灵活设置右转信号控制提供了便利。
十字型交叉口案例 2		(1)该交叉口东西向设置了专用左转相位，须设置专用左转车道；(2)南北向未设置专用左转或右转相位，进口车道可设置为直左车道和直右车道；(3)该交叉口采用三相位控制，故东西方向的出口道应与相位 2 时汇入的车流车道数相平衡，即 3 进 3 出；南北向出口道与相位 3 时的汇入车流车道数相平衡，即 2 进 2 出。

续表 7-8

类型	图例	说明
出入口	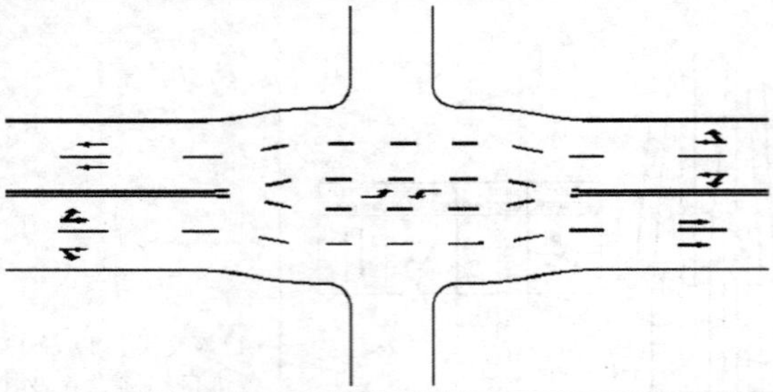	对于道路上出入口，可以设置专用左转车道或双向共用左转车道，减少左转车流对直行车流的影响。
T 型交叉口	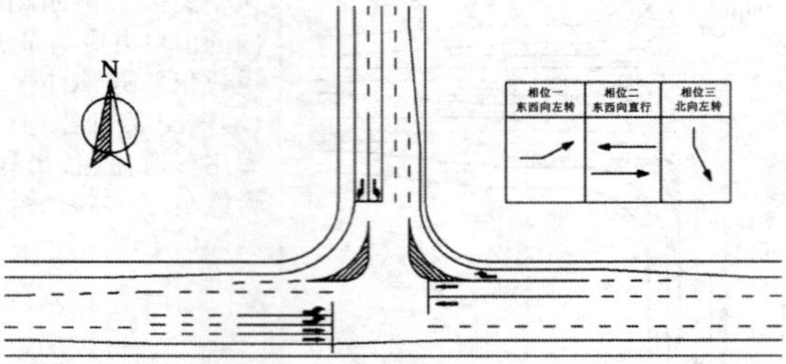	(1)东出口道与相位 2 时汇入的车流车道数相平衡，即 2 进 2 出；(2)北出口设置了 3 个出口车道，与西方向进口车道左转、东进口方向右转专用道相平衡；(3)西出口设置了右转合流车道，为灵活设置右转信号控制提供了便利。

2）车道平衡原理在路段上的应用

主要应用在交通流的分流与合流阶段，举例说明，见表 7-9。

表 7-9　路段车道平衡原理类型图例

类型	图例	说明
合流	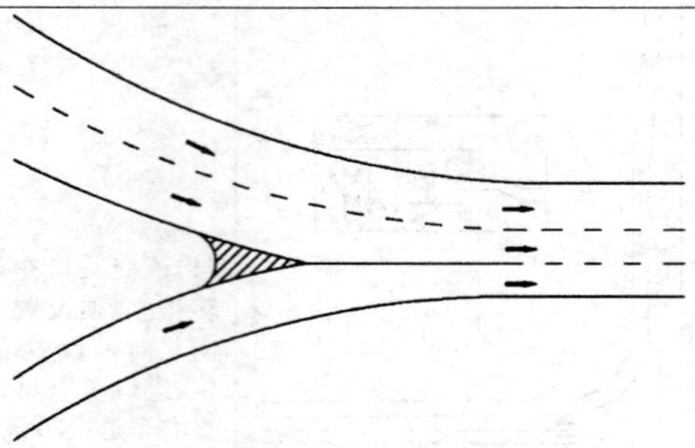	合流后的车道数应与合流前各个车道数相平衡
分流 1	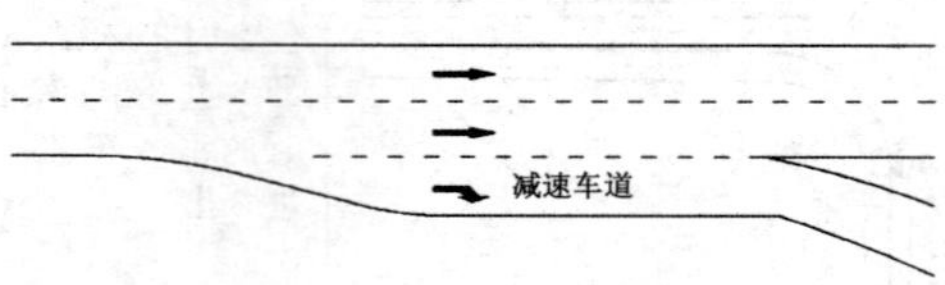 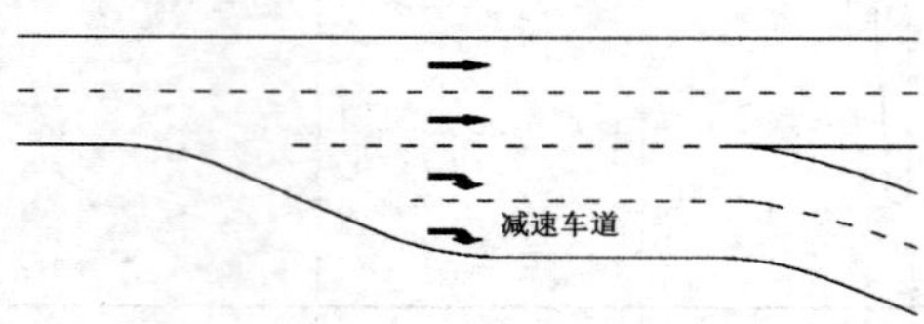	当有车辆驶出需求时，需要增加减速车道以满足车道平衡原理。 同时减速车道应与出口匝道车道数保持平衡。 例如出口匝道有 2 条车道，则减速车道应设置 2 条车道与之对应

续表 7-9

类型	图例	说明
分流 2	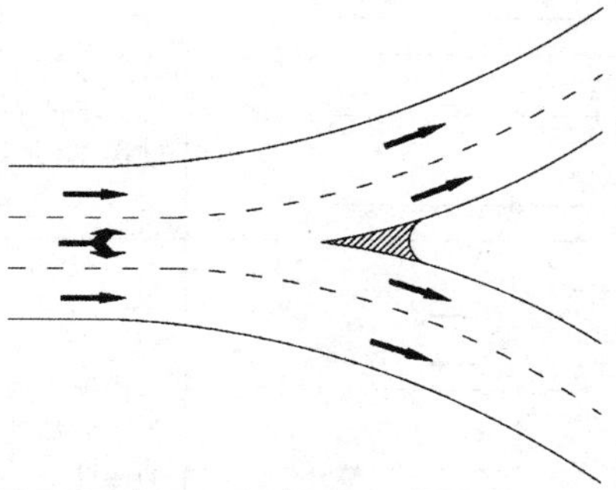	2 个出口各设置了 2 条车道，进口设置了 3 条车道，中间车道上的车辆可以自由选择行驶方向。

在城市道路中，快速路必须满足车道平衡原理；主干道作为城市道路网络的骨架，应满足车道平衡原理；次干路和支路可部分满足车道平衡原理。

2. 速度平衡原理

速度平衡原理是指在交通设计中应使不同流向的车流在合流或交织过程中，速度能够保持相互接近的状态。速度平衡能够使驾驶员采用连贯的驾驶方式行驶，相邻车辆之间保持相对静止的状态，从而避免或者减少彼此间的交通冲突，达到安全行驶的目的。见表 7-10。

表 7-10　速度平衡原理类型图例

类型	图例	说明
加速车道	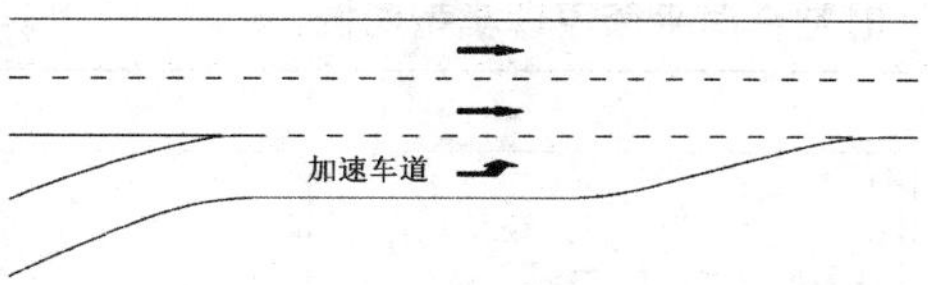 加速车道	车辆由匝道进入快速路时，经过加速车道加速后，车辆接近或达到路段上车辆的速度，实现合流。
右转合流车道	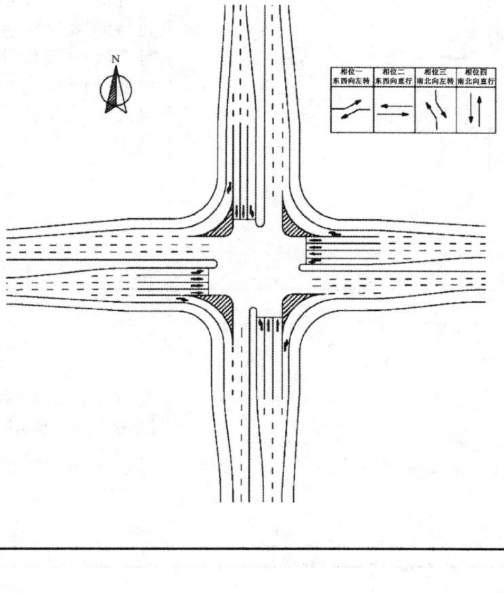	在交叉口出口道均设置了右转合流车道，使右转汇入的车流接近和达到路段上的车辆速度，实现合流

续表 7-10

类型	图例	说明
公交停靠站	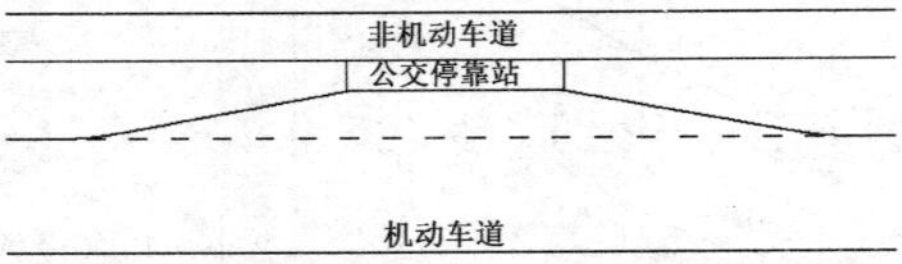 非机动车道 公交停靠站 机动车道	公交停靠站设置时，需要充分考虑公交车进站时减速与出站时的加速过程，减少交通冲突
掉头加速车道	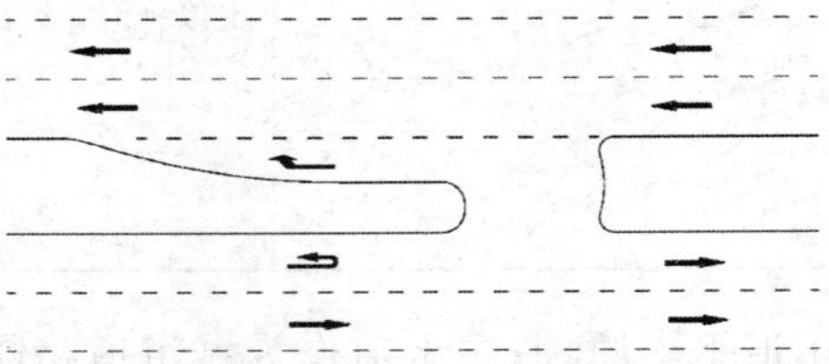	车辆掉头时，设置相应的辅道让掉头车辆加速，减少与直行车道之间的速度不平衡而导致的交通冲突

3. 时空资源平衡原理

在进行交通设计的过程中，应充分认识到道路时间资源和空间资源是两个相互联系的集合，时间资源和空间资源之间能够相互转化，例如，当早晚高峰时段，可以通过设置可变车道来提高空间资源利用率；当交叉口的空间资源受限时，可以通过增加信号周期时长等方式来弥补空间资源的不足。因此时空资源平衡原理是指在交通设计时需要根据道路的几何条件，交通流状况以及周围环境，确定道路的各种交通流的合理通行空间、通行权及通行规则，使交通流运行安全、有序，使道路的空间资源与时间资源得到充分利用。见表 7-11。

表 7-11　时空资源平衡原理类型图例

类型	图例	说明
可变导向车道	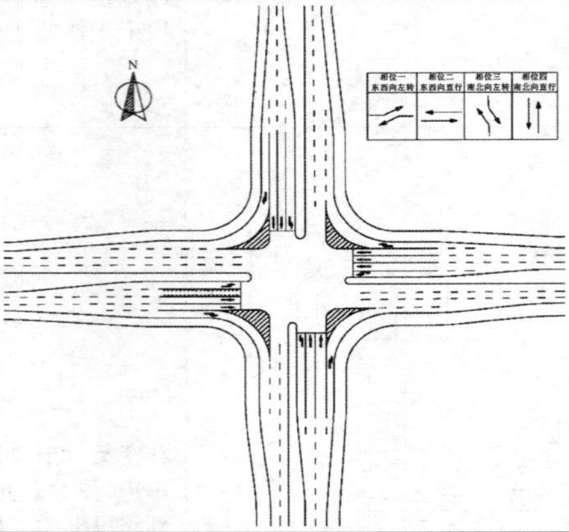	早晚高峰时段，西进口道若早高峰直行的流量比较大，而到了晚高峰时左转的流量比较大，则可以设置可变导向车道，利用交通信号控制以及设置可变车道来提高空间资源利用率。
潮汐车道	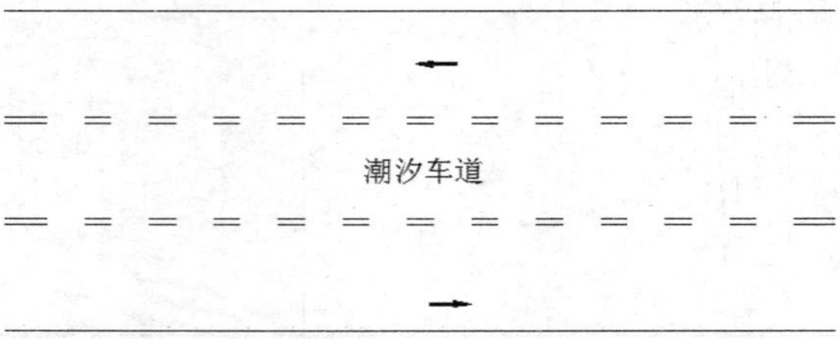 潮汐车道	根据交通流的潮汐现象，通过设置潮汐车道，利用交通工程设施管理潮汐车道，提高道路的空间利用率

需要指出的是，交通设计基本原理为诊断交通运行中存在的问题、为制定交通设计方案提供了一个基本的分析思路。在不符合上述原理的情况下，可能会导致交通拥堵和交通事故的增加，但这并不表示所有不符合交通设计基本原理的道路都会出现运行上的困难，对于交通量较低的道路，交通运行中潜在的交通问题可能暂时还不会暴露出来，例如：

（1）作为次干路和支路的路段和路口，部分满足上述原理时，也可运行良好；

（2）当交通量较小，左转车流和右转车流无法达到设置专用车道的最低要求时，交叉口不满足车道平衡和速度平衡原理也可运行良好；

（3）当交叉口本身设计有较宽的非机动车道时，机动车可以借助非机动车道运行，即使交叉口出口处不满足车道平衡原理也可运行良好。

复习思考题

7-1　如何理解和应用交通设计的主要设计依据？

7-2　交通设计的基本原理包含了怎样的设计逻辑？如何理解三个基本原理之间的关系？

7-3　构建一个简单的城市快速路网，说明：

（1）快速路网由哪些构造物组成？

（2）快速路网交通流有怎样的运行特征？在路网中标注交通流运行可能存在的瓶颈区域。

（3）提出治理性交通设计阶段，改善快速路交通运行的交通设计技术流程。

第 8 章　道路交通管理与控制

交通管理与控制是交通工程学的重要组成部分之一。交通规划与设计为交通基础设施的建设方案提供了理论依据，重点回答了交通设施是否建设、多大规模、建在哪里以及何时建设等问题。然而，大型交通基础设施建设周期长、投资规模大，具有较强的稳定性，一旦建成往往改变困难，而交通需求则呈现出相对动态的时间和空间变化特点，1 d 甚至 1 h 内都会不同。道路交通管理与控制的重点就是在最小化改变既有道路交通基础设施条件下，通过交通法规或政策措施、工程技术、交通信号控制等方面的综合技术应用，实现动态交通需求与交通设施服务能力的最佳平衡。因此，交通管理与控制是动态或准动态地调节交通系统供需关系和交通状态的重要手段。通过本章学习，应了解道路交通管理与控制的基本概念、主要分类、基本技术与方法。

§8-1　概　述

一、交通管理与控制的概念与作用

1. 概念

交通管理是根据有关交通法规和政策措施，采用交通工程科学与技术，对交通系统中的人、车、路和环境进行管理，特别是对交通流(人流、车流、货流)合理地引导、限制、组织和指挥，以保障交通安全、有序、畅通、舒适、高效。

交通控制是运用各种控制软硬设备，如人工、交通信号、电子计算机、可变标志等手段来合理地指挥和控制交通。

从宏观上讲，交通管理包含了交通控制的内容，交通控制是交通管理的某一表现方式。因此，交通管理与交通控制是一个有机体。

2. 目的及作用

交通管理与控制的主要目的包括：①通过削减交通需求总量、优化交通出行方式结构等措施提高交通需求的合理性，减少交通流量(特别是个体机动车交通流量)；②通过对交通系统的运行组织、引导和控制，实现交通流在时间、空间上的均衡分布，均匀交通负荷，提高道路交通资源供给的有效性，缓解交通压力。

提高交通参与者的交通意识与素质，加快交通基础设施建设和提高交通管理与控制水平是解决我国交通问题的主要途径。单纯的道路建设不仅不能从根本上解决交通问题，反而会刺激吸引交通流，加剧交通流的盲目增长，使交通问题与矛盾更加尖锐。交通管理与控制的作用主要体现在：第一，科学合理的交通管理与控制能挖掘现有道路设施的潜力，提高道路使用效率，充分发挥其通行能力；第二，通过交通管理与控制能协调解决路少、车多、人多、交通拥塞等矛盾；第三，交通管理与控制具有指导作用，先进的交通管理与控制理念能引导合理的交通需求，指导交通基础设施的建设与发展；第四，实施交通管理与控制需要的投入较少，但效率又高，因此社会效益与经济效益都很好。总之，交通管理与控制是实现交通运输的基本条件，再好的交通基础设施，没有交通管理与控制也不能高效发挥其作用。

交通管理与控制的重点及其与交通系统优化的关系见图 8-1。

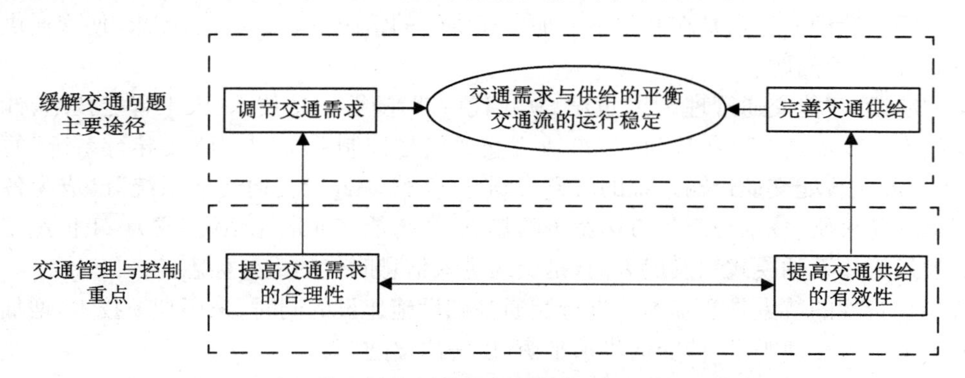

图 8-1　交通管理与控制的重点及其与交通系统优化的关系

二、交通管理与控制的发展与演变

交通管理与控制研究随车辆与道路交通而产生。随着社会及汽车工业的发展，交通管理与控制的目的与技术措施也在不断变化。总结交通管理与控制的发展历程，大体上可分为四个阶段。

第一阶段，交通管理的产生与传统交通管理。汽车交通出现初期，交通问题主要体现为交通事故的预防。治理交通的目标，在交通建设上是建设适合汽车行驶的道路；在交通管理上主要是克服因机动化快速交通的出现而引起的频繁交通事故，保障交通安全。采取的管理措施主要是针对性的分道行驶、限制车速、在交叉口上指挥相交车辆运行，避免发生冲突等。

随着汽车交通总量的增长，交通拥堵逐渐成为主要交通问题，治理交通的目标，主要是在交通建设上增建道路以满足汽车交通需求的增长；在交通管理上，除交通安全外，最直接的目标是缓解交通拥堵、疏畅交通，需要提高道路交通的通行效率，由此出现了如单向交通、变向交通、交叉口信号控制等措施，形成以“按需增供”为主要特点的交通管理方法。

第二阶段，交通系统管理。进入 20 世纪 70 年代，由于社会对环境的重视，加上土地资源的限制、石油危机以及当时的财政状况等因素；同时，科学技术上，系统工程、计算机技术的成就，给交通管理与控制提供了强大的技术支持。在这些社会、科技背景下，治理交通问题的理念从增建道路满足交通需求转向以提高现有道路交通效率为主，即从“按需增供”的传统交通管理方法变为“按需管供”的交通系统管理方法。

交通系统管理特点是将人、车、路、环境作为一个统一体，从系统角度探求使现有交通发挥最优效益的交通问题综合治理方案，从而避免交通问题的转移。

第三阶段，交通需求管理。20 世纪 70 年代末，在汽车交通需求不断增长的情况下，人们在治理交通的实践中逐步认识到，仅仅通过增建道路、提高道路交通效率永远满足不了交通需求的增长，反而会刺激潜在交通需求，并增加交通污染的严重程度。因此，逐步形成并提出了“交通需求管理”的理念与方法。这是在交通治理观念上的一次重要变革：从历来由增建道路来满足交通需求的增长转变为对交通需求加以管理，降低需求总量和优化出行结构，以适应已有道路交通设施能够容纳的程度，即改“按需增供”“按需管供”为“按供管需”，达到交通可持续发展的目的。

交通需求管理的特点是在基本不增加交通供给的情况下，减少交通需求，使交通供求平衡，从而解决交通问题。

第四阶段，智能交通管理。20 世纪 80 年代后期，随着信息技术、人工智能技术、计算机及通信技术的发展，在 70 年代研究“自适应交通信号控制系统”与“路线导行系统”的基础上，逐步扩展成智能交通运输系统的研究。到 90 年代，“智能交通运输系统”已成为各交通发达国家交通科研、技术与产品市场竞争的热点。“智能交通运输系统”成为 21 世纪现代化地面交通运输体系的模式和发展方向，是交通进入信息时代的重要标志。

智能化管理的特点是在基本不进行交通基础设施建设的同时，采用高新技术，增加交通供给能力来满足交通需求，使交通供求平衡，以解决交通问题。

§8-2　交通需求管理和系统管理

随着社会经济的发展和交通问题的演化，交通管理和控制的方法和措施也在不断丰富。从交通管理和控制的对象看，大致形成两类主要理念：

(1) 交通需求管理，侧重交通“源”的管理，通过影响出行者的行为，达到减少或重新分配各种交通出行对空间和时间需求的目的；

(2) 交通系统管理，侧重交通“流”的管理，对已经发生的交通流进行合理引导和管制，均匀交通负荷，提高系统运输效率。

一、交通需求管理

总结国内外对交通需求管理(Transportation Demand Management, TDM)的不同定义，可概括为：根据交通出行产生的内在动力和出行过程中所表现出来的时空消耗特性，通过各种法规政策、现代化信息系统、合理开发土地使用等对交通需求进行管理、控制、限制或诱导，减少出行的发生，降低出行过程中时空消耗，诱导交通流避开拥挤路径，建立平衡可达的交通系统。

1. 交通需求管理策略的层次性

交通需求管理影响面广，社会性、政策性、系统性强，许多问题涉及城市性质、土地使用、生产力布局等各个方面、各个层次。根据实践和研究，不同层次的问题需要在相应的层次去解决，错位解决有时很难实现。因此，交通需求管理，首先应争取在高层次和源头上实施，能在高层次解决的不应推延到低层次。

对于一个城市来说，交通需求管理的实施可分为以下几个层次：

(1) 城市性质、规模、结构与功能定位层次

城市性质、规模、结构与功能定位层次是实施 TDM 的最高层次，也是从源头上解决交通问题的最佳层次，牵涉未来交通发展的战略，处理好交通与城市发展的关系事关重大。

(2) 城市总体规划层次

城市总体规划层次是实施 TDM 的次高层次，或称基础层次，这个层次决定了土地利

用、功能分区，人口、就业岗位等空间分布，也决定了交通发生、吸引、分布、集聚强度和城市交通的主要流向与流量。

(3) 城市综合交通规划层次

城市综合交通规划层次是实施 TDM 的关键层次，任务是落实城市交通网络布局、网络结构功能、交通枢纽、交通结构、站场、港口布局及对外交通干线等专业规划，从而确定了客货运与交通设施在城市空间范围的分布。它是解决城市交通问题的重要阶段，对实现供给与需求的平衡起着关键性作用。

(4) 交通监控、组织与管理层次

交通监控、组织与管理层次是 TDM 最后发挥作用的层次。这一层次是在现有既定布局的基础上做好快慢分流、动静分流、客货分流等，以改善交通秩序，提高道路通行能力与交通运行质量。其特点，一是直接显现需求管理措施对于车流、人流的效果，二是前面几个层次未解决的问题或解决不好的问题，都会在实践中暴露出来。因此，这个层次的问题往往是前面层次问题的累积。

2. 交通需求管理主要策略

(1) 优先发展策略

优先发展道路利用率高、污染低、能源消耗少的交通出行方式，各城市应根据道路网络、环境控制和能源储备的实际情况，制订优先发展的实施措施。

由于城市公共交通的人均占用道路面积小、人均污染指数低、人均能源消耗少，应考虑优先发展城市公共交通。

(2) 控制发展策略

当道路交通网络总体负荷达到一定水平后，交通拥挤将会加重，因此必须对某些交通方式实施控制(甚至限制)发展，以防止交通状况进一步恶化。应控制(或限制)交通运输效率低、污染大、能耗高的交通方式的发展。如适当控制小汽车、机动自行车等出行方式的发展速度；限制摩托车的发展；各城市应结合具体情况对出租车交通实施总量控制。

值得注意的是，采用限制发展策略会对经济发展产生一定的负面效应，在实施前必须对此策略可能造成的正面效益及负面效应作认真的分析和定量化评价，处理好控制发展、限制发展与不发展之间的关系。

(3) 限制出行策略

当某些城市的道路网络总体负荷水平接近饱和或局部区域内超饱和时，应在特定的时间段、特定的区域内，对某些车辆实施限制出行或通行，限制出行策略一般为临时性的管理策略。

常采用的限制出行策略有：

① 某些重要的通道或区域在特定的期间内实施车辆单双号通行(如奥运会期间北京市实行机动车单双号通行)；

② 在某些时段或区域对某种交通工具实施禁止通行。

同样，禁止出行策略有一定的副作用，在实施前必须进行“事前事后”效果的定量化评价。

(4) 经济杠杆策略

经济杠杆策略是介于无管理与禁止出行策略之间的柔性较大的管理策略，通过经济杠杆来调整出行分布或减少出行需求量，原则为对鼓励的交通行为实行低收费，对限制的交通行为实行高收费。

常用的措施有：

① 收取市中心高额停车费(减少城市中心区的交通量)；

② 收取某些交通工具的附加费(减少其出行量)；

③ 对某些重要通道当过分拥挤时收取拥挤费(调节交通量)。

二、交通系统管理

交通系统管理(Transportation System Management，TSM)的基本目标，是通过改善车辆和道路的管理、运营，实现更有效地利用现有的交通设施。交通系统管理的基本原则，是不增加或尽可能少增加交通设施的供给，以充分利用现有交通设施为基础，提高现有交通系统的容量、效率和安全性。

1. 交通系统管理的特点

与着眼于局部交通问题的传统交通管理相比，交通系统管理的显著特点是能够从整个交通运输系统着眼，探求能使现有系统发挥其最优效益的综合治理方案，可避免各种局部措施仅转移交通问题产生地点的弊端，又可得到系统效益最优的方案。

与侧重影响交通行为的交通需求管理不同，交通系统管理强调通过运营手段和相对较小的物理改进提高运输服务水平，更注重使交通供给更好地适应现有交通需求，从而更加充分地利用现有交通系统。

表 8-1　不同交通管理方法的特点比较

	交通系统管理	交通需求管理
着眼点	从整个交通系统着眼，探求能使现有系统发挥最优效益的综合治理方案	从管理交通需求的源头入手，使交通需求和交通供给达到平衡
管理效果	避免各个局部措施把交通问题转移地点的弊端，得到系统效益最优的方案，是对已发生交通进行的管理	控制交通需求总量，消减不合理的交通需求，使供需平衡，是对将要发生的交通进行管理

2. 交通系统管理主要策略

根据管理范围的不同，交通系统管理的具体策略通常对应“节点、干线、区域”三个层面。

(1) 节点交通管理策略

以交通节点(交叉口)为管理范围，采取一系列的管理规则及硬件设施控制，优化利用交通节点的时空资源，提高交通节点的通过能力。

常用的节点管理方式有：

■ 交叉口控制方式

· 信号控制交叉口；

· 无控制交叉口；

· 环形交叉口；

· 立体交叉口。

■ 交叉口管理方式

· 进口拓宽，增加交叉口进口车道数，提高交叉口在单位时间内的通行能力；

· 进口渠化，根据交通量及转向流量大小设置不同转向的专用进口车道，优化利用交叉口空间及通行时间；

· 信号配时优化，根据交叉口交通量、转向流量大小优化信号灯配时，使有限的绿灯时间内放行尽可能多的车辆。

■ 交叉口转向限制

在交通量较大的交叉口，采用定时段（高峰小时）或全天禁止左转（全交叉口或部分进口），以提高交叉口通行能力。

(2) 干线交通管理

以某条或若干条交通干线为交通管理范围，采取一系列管理措施，优化利用交通干线的时空资源，提高交通干线的运行效率。干线交通管理不同于节点交通管理，它以干线交通运输效率最大为目标。干线交通管理应以道路网络布局为基础，根据道路功能确定具体的交通管理方式。

常用的干线交通管理方式有：

■ 单行线；

■ 公共交通专用线；

■ 货车禁行线、自行车禁行线（或专用线）；

■ “绿波”交通线；

■ 特殊运输线路等。

(3) 区域交通管理

区域交通管理是城市交通系统管理的最高形式，它以全区域所有车辆的运输效率最大（总延误最小、停车次数最少、总体出行时间最短等）为管理目标。区域交通管理是一种现代化的交通管理模式，它需要以城市交通信息系统作为基础，以通讯技术、控制技术、计算机技术作为技术支撑。

目前，区域交通管理有下列形式：

■ 区域信号控制系统，有定时脱机式区域信号控制系统（如 TRANSYT）、响应式联机信号控制系统（如 SCOOT、SCATS）两种控制模式。

■ 智能化区域管理系统，它是智能交通系统（ITS）的主体，正在研制和运行的有车辆线路诱导系统和智能化车辆卫星导航系统等。

§8-3 道路交通法规与标志标线

一、交通法规

1. 交通法规的意义

道路交通法规是国家在道路交通管理方面制定的文件、章程、条例、法律、规则、规定和技术标准等的总称，是国家行政法规的一部分，其目的在于维护交通秩序，保障交通畅通和车辆行人安全，协调人、车、路与环境相互之间关系，也是实行交通管理控制，进行交通宣传和安全教育的依据，一切参与道路交通活动的部门、单位、车辆、机器和个人都必须切实遵守。违反交通法规、造成交通事故者应视情节轻重、损失大小依法给予处分，甚至追究刑事责任。在一定意义上具有法律性、强制性、社会性和适应性。

2. 交通法规的内容

我国的道路交通法规，主要有以下四个方面内容：

(1) 各种车辆与驾乘人员的管理；

(2) 道路交通秩序的管理；

(3) 对交通违章和肇事人员的处理；

(4) 重要交通设施的维护与管理。

3. 中华人民共和国道路交通安全法

我国于2004年正式发布了《中华人民共和国道路交通安全法》，并于2004年5月1日起施行，于2007年和2011年两次修订。这是我国实施的第一部交通法，主要内容包括了车辆和驾驶人(机动车、非机动车、机动车驾驶人)、道路通行条件、道路通行规定(一般规定、机动车通行规定、非机动车通行规定、行人和乘车人通行规定、高速公路的特别规定等等)、交通事故处理、执法监督、法律责任等。

二、道路交通标志

1. 道路交通标志制定的依据

道路交通标志是用图案、符号或文字对交通进行指示、导向、警告、控制和限定的一种道路交通管理的设施，一般设在路旁或悬挂在道路的上方，使交通参与者获得确切的道路交通情报，从而达到交通的安全、迅速、低公害与节约能源的目的。交通标志还要使交通参与者在很短的时间内就能看到、认识并完全明白它的含义，以便采取正确的措施。因此，交通标志必须具有较高的显示性，清晰易见、良好的易读性(能很快地视认并完全理解)和广泛的公认性(各方面人士都能看懂)。为了要获得这样的效果，很多国家进行了大量研究和实践，认为应作三方面选择，或称交通标志的三要素：

(1) 颜色

从光学角度讲，不同的颜色有不同的光学特性(对比、前进、后退、视认)。从心理学角度讲会产生不同心理感受和不同的联想，因此不同的颜色会产生不同的心理反应，如：

红色，为前进色，视认性好，使人有产生血与火的联想，有兴奋、刺激和危险之感。在交通标志上常用以表示约束、禁令、停止和紧急之意。

黄色，亦为前进色，较红色的明度更高，能引起人们注意，有警告、警戒之意，标志上多用以表达警告、禁令、注意之意。

绿色，是后退色，视认性不高，有恬静、和平、安全之感，在交通标志上常用于表示安全、静适、可以通行之意。

蓝色，为后退色，注目性与视认性均不高，但有沉静、安宁之意，适于用作指示导向标志。

白色，明度与反射率较高，对比性强，适宜用作交通标志的底色。

(2) 形状

国外已有对交通标志的形状深入的研究，视认性与显示性是否良好与标志的形状有重要关系。面积相同时不同形状标志的易识别程度大小的顺序为：三角形、菱形、正方形、正五边形、圆形等。

(3) 符号

用于表示标志的具体含义，应简单明了、一看就懂，并易为公众理解，避免文字、叙述、意思繁杂，而力求明白肯定，扼要易认、直观确切。

2. 道路交通标志的意义和种类

(1) 交通标志的意义

道路交通标志，是用图形、符号、文字、特定的颜色和几何形状，向交通参与者预示前方道路的情况，表示交通管理的指令与交通设施的状况，是道路交通法规的组成部分与交通管理的重要手段。在公路与城市道路交通管理工作中占有重要的地位，被人们称之为不下岗的"交警"。

(2) 道路交通标志种类

我国从2009年7月1日起实施的道路交通标志和标线国家标准(GB 5768-2009)，规定道路交通标志分为主标志和辅助标志两大类，主标志就其含义不同分为下列四类：

① 警告标志：是警告车辆、行人注意道路前方危险的标志，计有30种，42个图式，其形状为顶角朝上的等边三角形，颜色为黄底、黑边、黑色图案。图8-2为警告标志示例。

图8-2　警告标志示例

② 禁令标志：是禁止或限制车辆、行人某种交通行为的标志，计有36种，42个图式，其形状分为圆形或顶角朝下的等边三角形，其颜色多为白底、红圈、红杠、黑图案。图8-3为禁令标志示例。

图8-3　禁令标志示例

③ 指示标志：是指示车辆、行人前进方向或禁止鸣喇叭以及转向的标志，计有17种，29个图式，其形状分为圆形、长方形和正方形，其颜色为蓝底、白色图案。图8-4为指示标志示例。

图8-4　指示标志示例

④ 指路标志:是传递道路前进方向、地点、距离信息的标志,按用途的不同又分为地名标志,著名地名标志,分界标志,方向、地点、距离标志等,计 59 个图式,其形状多为正方形、长方形,一般多为蓝色底、白色图案,高速公路则为绿色底、白色图案。图 8-5 为指路标志示例。

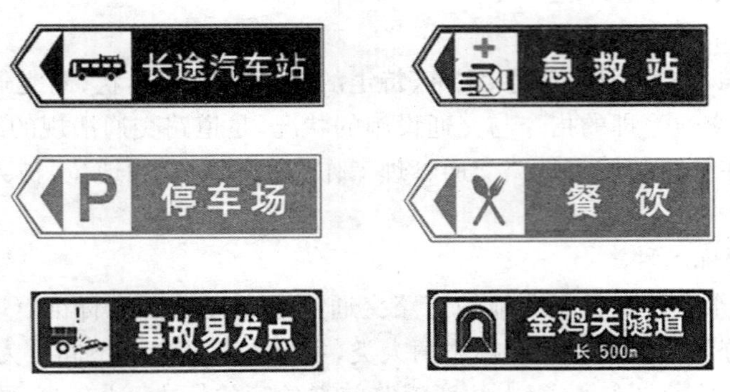

图 8-5　指路标志示例

⑤ 辅助标志:是附设在主标志下起辅助作用的标志。它不能单独设置与使用,按用途不同分为表示时间、车辆种类、区域与距离、警告与禁令及组合辅助理由等五种。其形状为长方形,颜色为白底、绿字绿边框。

此外还有可变信息标志,将道路状况,如水毁、塌方、堆雪、交通状况、事故、气候变化等多种信息通过科技手段储存在某一情报或标志牌上,亦可根据道路检测情况及时把信息显示出来,传达给车辆驾乘人员和行人,使其能及时采取正确有效的交通行为。

3. *道路交通标志的尺寸和视认距离*

标志牌的大小尺寸,应能保证司机在一定视距内能方便、清晰地识别标志上的图案、符号与文字,故符号、文字的大小必须满足视认距离的要求。认读一般有五个阶段,即①发现,在视野内觉察有交通标志,但看不清楚标志的形状;②识别,只能认识标志外形轮廓,看不清牌上的内容;③认读,除看清标志外形还能看清牌上内容;④理解,在认读的基础,理解标志含义并作出判断;⑤行动,根据判断采取行动,如加速、减速、转弯或停车等。在此五个阶段的全过程中汽车行驶的距离称之为视认距离或视距。

视认距离同行车速度与标志大小有关,根据实际试验,车速越高则视认距离越短,不同行车速度或不同等级的道路所要求的视认距离不同,为了能在较远的距离能视认清标志的内容,就必须相应的加大标志尺寸。同时字体的不同、笔画的多少或粗细也会影响视认的距离。

在我国,指示、警告、禁令三种标志的外廓尺寸按计算行车速度分两种情况计算。计算行车速度≥80 km/h 的道路上(高速公路、一级公路及平原微丘的二级公路),外形尺寸取:圆形直径 100 cm,正方形边长 100 cm,矩形长度 120 cm、高度 100 cm。计算行车速度<80 km/h的道路(一般性公路、城市道路)上,外形尺寸取:圆形直径 70 cm,正方形边长 70 cm,矩形高度 70 cm、宽度 100 cm。

三、道路交通标线

道路交通标线是用不同颜色、线条、符号、箭头、文字、立面标记、突起路标和路边轮廓标线等所组成,常敷设或漆划于路面及构造物上,作为一种交通管理设施,起引导交通与保障交通安全的作用,可同交通标志配合使用亦可单独使用,是道路交通法规的组成部分之一,具有强制性、服务性和诱导性。在道路交通管理中占有重要地位,对高速、快速、城市干道及一、二级公路均须按国家规定设置交通标线。

1. 道路交通标线的分类

2009 年 7 月 1 日实施的《道路交通标志和标线》(GB 5768-2009)把道路交通标线按其功能分为三类:

① 指示标线:指示车行道、行车方向、路面边缘、人行道等设施的标线。

② 禁止标线:告示道路交通的遵行、禁止、限制等特殊规定,车辆驾驶员及行人须严格遵守的标线。

③ 警告标线:促使车辆驾驶员及行人了解道路上的特殊情况,提高警觉,准备防范或采取应变措施的标线。

道路交通标线按形态又可分为四类:线条、字符标记、突起路标、路边线轮廓标线。

2. 道路交通标线的标划

道路交通标线的标划区分如下:

① 白色虚线:划于路段时,用以分隔同向行驶的交通流或作为行车安全距离识别线;划于路口时,用作引导车辆行进。

② 白色实线:划于路段时,用以分隔同向行驶的机动车和非机动车,或指示车行道的边缘;设于路口时,可用作导向车道线或停止线。

③ 黄色虚线:划于路段时,用以分隔对向行驶的交通流;划于路侧或缘石上时,用于禁止车辆长时间在路边停放。

④ 黄色实线:划于路段时,用以分隔对向行驶的交通流;划于路侧或缘石上时,用以禁止车辆长时间或临时在路边停放。

⑤ 双白虚线:划于路口时,作为减速让行线;划于路段时,作为行车方向随时间改变的可变车道线。

⑥ 双黄实线:划于路段时,用以分隔对向行驶的交通流。

⑦ 黄色虚实线:划于路段时,用以分隔对向行驶的交通流。黄色实线一侧禁止车辆超车、跨越或回转,黄色虚线一侧在保证安全的情况下准许车辆超车、跨越或回转。

⑧ 双白实线:划于路口时,作为停车让行线。

§8-4 平面交叉口交通管理

一、平面交叉口交通管理的主要目的

城市道路平面交叉口交通管理对应交通系统管理(TSM)中的节点管理,是最基本和常用的技术措施,平面交叉口交通管理的主要目的有以下五点。

1. 减少冲突点

交叉口交通安全的根本是减少冲突点,可采用单行线、禁止左转弯等方法。

2. 控制相对速度

可采用严格控制车辆进入交叉口的速度;对于右转弯或左转弯应严格控制其合流角,以

小于 30°为佳;必要时可设置一些隔离设施(如隔离墩或导向岛等)用以减小合流角等方法。

3. 重交通流和公共交通优先

重交通流是指较大交通流量的交通流(干道或主干道上的交通流)。重交通流通过交叉口应给予优先权。其方法是在轻交通流方向(支路)上设置让路标志,或是延长在重交通流方向上的绿灯时间。对公共交通也可采取类似优先控制的方式。

4. 分离冲突点和减小冲突区

交叉口上的交通流是复杂的,各种车辆在合流与分流的过程中所产生的车辆交叉运行,有的路径太接近甚至重叠,有的偏离过大,导致交叉口上冲突点增多和冲突区扩大,安全性大大降低。此时,运用分离冲突点和减小冲突区的原则能收到较好效果。

5. 选取最佳周期,提高绿灯利用率

在设置固定周期自动交通信号机的交叉口处,应对各方向的交通流常作调查,根据流量大小计算最佳周期和绿信比,以提高绿灯利用率,减少车辆在交叉口的延误。

二、平面交叉口的通行能力及延误

不同类型交叉口有不同的通行能力及不同的延误特征。图 8-6 为三类平面交叉口的延误-流量关系图。

由图 8-6 可见,小流量时,无控制交叉口的延误最低,大流量时,信号交叉口的延误最小,环形交叉口居中。一般情况下,各类交叉口的通行能力为信号交叉口>环形交叉口>无控制交叉口。为减少交叉口车辆延误并满足通行能力要求,小流量交叉口宜采用无控制形式,较大流量交叉口宜采用信号控制形式,环形交叉口只用于某些特殊情况(如城市入口处设置环形交叉口用于调整入城车辆速度、市区设置环形交叉口用于美化景观等)。

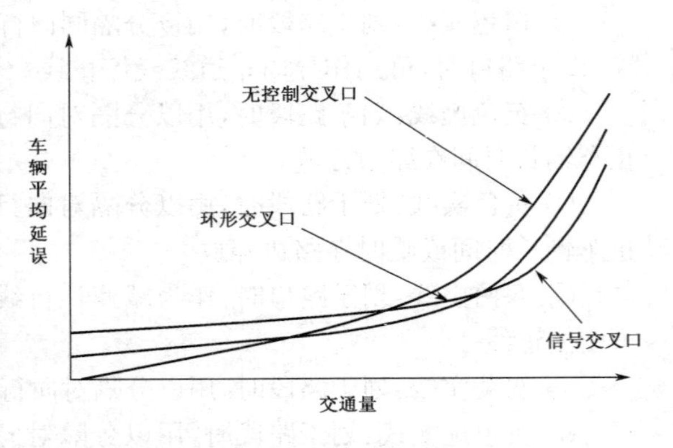

图 8-6 平面交叉口延误-流量关系曲线

平面交叉口也可以按有无信号灯控制分成信号控制交叉口及无信号控制交叉口两类,信号交叉口的交通管理技术在本章第 6 节中讨论,这里仅讨论无信号控制交叉口的常规交通管理技术。

无信号控制交叉口又可分为全无控制交叉口及优先权交叉口两类。

三、全无控制交叉口交通管理

全无控制交叉口是指具有相同或基本相同重要性,从而具有同等通行权的两条相交道路,因其流量较小,在交叉口上不采取任何管理手段的交叉口。

1. 交叉口视距三角形

无控制交叉口通常没有明确的停车线,当车辆到达交叉口时,驾驶员将在距冲突点一定距离处作出决策,或减速让路,或直接通过。驾驶员所作出的决策很大程度上取决于交叉口上的视距,故无控制交叉口的交通安全是靠交叉口上良好的视距来保证的。视距三角形常被用来分析交叉口上视距是否足够的一种图解分析方法(图 8-7)。

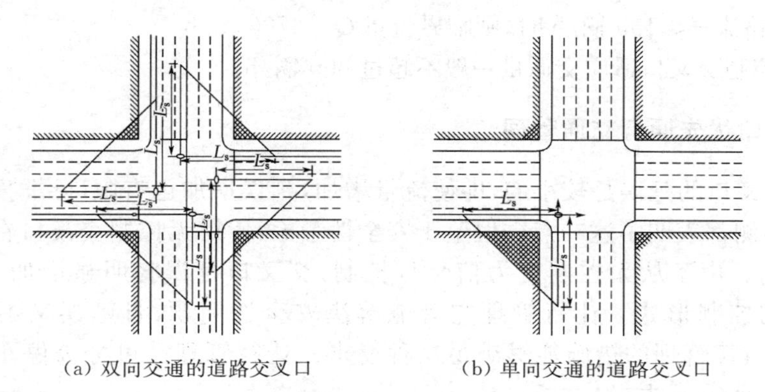

(a) 双向交通的道路交叉口　　(b) 单向交通的道路交叉口

图 8-7　交叉口的视距三角形

视距三角形中的直角边 L_s 用下式计算：

$$L_s = 0.28V \cdot t + \frac{0.004V^2}{\varphi \pm i} + L_0 \tag{8-1}$$

式中　L_s ——交叉口引道上的车辆驾驶员从感到危险时刻起到作出刹车反应，直到车辆停止不致发生冲突为止的距离(m)；

V ——行驶车速(km/h)；

t ——驾驶员反应时间(s)，一般取 1 s；

L_0 ——停车后的安全距离(m)，一般取 2 m；

φ ——车轮与路面的附着系数；

i ——道路纵坡。

2. 无控制交叉口的冲突点及通行规则

冲突是指当一辆车到达停车线时，如果在交叉口内有别的车辆正在行驶，致使到达停车线的该车减速等待，不能正常通过交叉口。发生冲突的车流称为冲突车流。

由于交叉口存在许多冲突点，使得有些相互冲突的车流车辆不能同时通过交叉口，因此，需要有一个通行规则，确定各入口车辆以怎样的次序进入交叉口。

若相交道路不分主次及不考虑优先，则先到达交叉口的车辆应先通过是理所当然的。但实际并非如此简单。《中华人民共和国道路交通安全法实施条例》第五十二条规定：机动车通过没有交通信号灯控制也没有交通警察指挥的交叉路口，应当遵守下列规定：(一)有交通标志、标线控制的，让优先通行的一方先行；(二)没有交通标志、标线控制的，在进入路口前停车瞭望，让右方道路的来车先行；(三)转弯的机动车让直行的车辆先行；(四)相对方向行驶的右转弯的机动车让左转弯的车辆先行。

3. 无控制交叉口的适应交通量

无控制交叉口的冲突交通量随着交叉口流量的增大而增加，交叉口总流量增加到一定程度，将造成交叉口内的车辆行驶混乱，事故频升。鉴于安全性考虑，此时应把无控制交叉口改为有控制交叉口，如设置信号灯。确定无控制交叉口设置信号灯的流量称为临界流量。临界流量主要是通过对无控制和信号控制这两种交叉口的冲突数进行计算比较来确定的，我国的理论研究与实际观测都表明：

（1）当次路流量>150 辆/h 时，则临界流量 Q_c =400～500 辆/h；

（2）当次路流量≤150 辆/h 时，则临界流量 Q_c =700 辆/h。

因此，无控制交叉口适应交通量一般不超过 800 辆/h。

四、交叉口优先通行交通管理

无控制交叉口的延误是较小的，即使流量增加，延误增加也有限（除非发生了交通阻塞），理论和实测都表明了这一点。但鉴于安全性考虑，使得无控制交叉口在低流量时就要求加以管制。由于从无控制变为信号灯控制，交叉口延误将明显增加，因此必须考虑一种过渡的控制形式。让行管理它既能解决安全性问题，且延误又不至于增加很多，各种优先通行管理的措施能够满足这种要求。让行管理又可分为停车让行管理和可减速让行管理等方式。

1. 停车让行管理

相交的两条道路中，常将交通量大的道路称主路或干路，小的称次路或支路（包括胡同和里弄）。规定主路车辆通过交叉口有优先通行权，次路车辆必须让主路车辆先行，这种控制方式称为优先通行管理。停车让行管理按相交道路条件的不同又分为单向停车和多向停车两类，见图 8-8。

（1）单向停车让行

单向停车让行，是指进入交叉口的次路车辆必须在停止线以外停车瞭望，确认安全后，才准许通行。这种控制在次路进口处划有明显的停车交通标志，相应地在次路进口右侧设有停车交通标志，同时次路进口处的路面上写有非常醒目的“停”字。

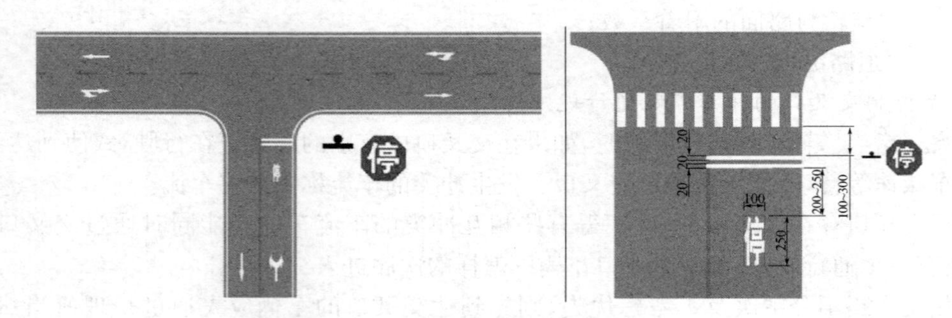

图 8-8　停车让行管理的交通标志与标线示意图

（2）多向停车让行

多向停车又称多路停车。各路车辆进入交叉口均需先停车后再通过，其中四路停车较多。其标志设在交叉口所有入口右侧。

2. 减速让行管理

减速让行管理，是指进入交叉口的次路车辆，不一定需要停车等候，但必须放慢车速瞭望观察，让主路车辆优先通行，寻找可穿越或汇入主路车流的安全“空隙”机会通过交叉口。让路控制与停车控制差别在于后者对停车有强制性。见图 8-9。

让路控制一般用在与交通量不太大的主次路相交的次路路口，其标志和标示的设置位置与单向停车控制相同。

环形交叉口的进口处，实质上就是采用让路控制。

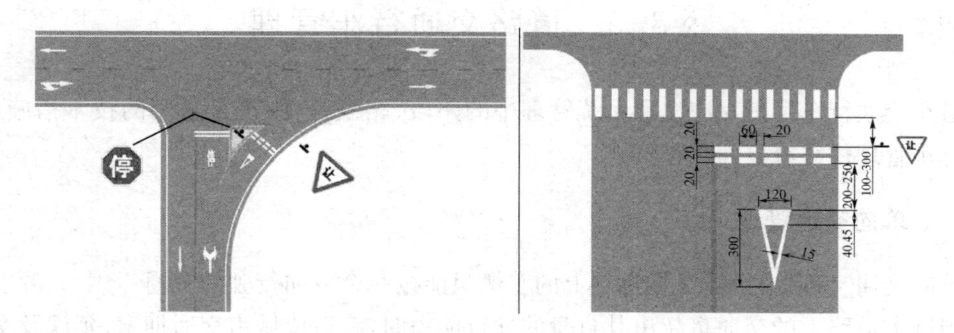

图 8-9　减速让行管理的交通标志与标线示意图

五、平面交叉口控制方式的选择

平面交叉口的设置必须满足道路功能、适应交通流量及交通安全三方面的要求，因此，平面交叉口控制方式选择也必须从这三个方面考虑。

1. 按照道路分类选择

设置平面交叉口的道路一般分成三类：主干路、次干路和支路，根据相交道路的情况，可按表 8-2 选择交叉口及其管制的方式。

表 8-2　按交叉道路类型选择交通管制方式

交叉口类型	建议的管制方式	交叉口类型	建议管制方式
主干路与主干路	信号灯	次干路与次干路	信号灯，多向停车，单向停车或让路
主干路与次干路	信号灯、多向停车或单向停车	次干路与支路	单向停车或让路
主干路与支路	单向停车	支路与支路	单向停车，让路或不设管制

2. 按照交通流和交通事故选择

根据调查交叉口各相交道路车流量、发生交通事故次数、行人稠密程度以及今后的发展趋势等资料，按表 8-3 选择。

表 8-3　按车流量和交通事故次数选择交通管制方式

项目			管制方式				
			不设管制	让路	单向停车	全向停车	信号灯
车流量	主要道路	辆/h	—	—	—	300	600
	次要道路	辆/h	—	—	—	200	200
	合计	辆/h	100	100～300	300	500	800
		辆/h	⩽1 000	<3 000	⩾3 000	5 000	8 000
每年直角碰撞事故次数			<3	⩾3	⩾3	⩾5	⩾5
其他因素			—	—	—	—	行人，间隙， 信号灯联动等

§8-5 道路交通行车管理

道路交通行车管理对应交通系统管理中的路段、路线管理，也是常用的技术措施，道路交通行车管理往往有下面几种形式。

一、单向交通管理

单向交通又称单行线，是指道路上的车辆只能按一个方向行驶的交通。

当城市道路上的交通量超出其自身的通行能力时，将造成城市交通拥塞、延误及交通事故增多等问题。此时，在道路交通系统中，若对某条道路或几条道路，甚至对某些路面较宽的巷、弄，考虑组织单向交通，则将会使上述交通问题明显地得到缓解和改善。在城市道路交通系统中，单向交通是解决城市交通拥挤，充分利用现有城市道路网容量的一种经济、有效的交通管制措施。

单向交通适合在道路相对狭窄、道路网络密度高的区域成对设置。狭窄的道路如果实施双向通行，则可能使车辆行驶的交通阻抗比较大，行驶车速低，通行能力小。实施单向通行，交通阻抗大幅度降低，行驶车速提高，通行能力增加。在高密度路网成对设置单向交通线，能减少因单向通行而造成的车辆通行绕行距离。交通标志见图8-10。

1. 单向交通的种类

(1) 固定式单向交通

对道路上的车辆在全部时间内都实行单向交通称为固定式单向交通。常用于一般辅助性道路上，如立体交叉桥上的匝道交通多是固定式单向交通。

(2) 定时式单向交通

对道路上的车辆在部分时间内实行单向交通称为定时式单向交通。如城市道路交通在高峰时间内，规定道路上的车辆只能按重交通流方向单向行驶，而在非高峰时间内，则恢复双向运行。所谓重交通流方向是指方向分布系数 $K_D > 2/3$ 的车流方向。必须注意，实行定时式单向交通，应给非重交通流方向的车流安排出路，否则会带来交通混乱。

(3) 可逆性单向交通

可逆性单向交通是指道路上的车辆在一部分时间内按一个方向行驶，而在另一部分时间内按相反方向行驶的交通。这种可逆性单向交通常用于车流流向具有明显不均匀性的道路上。其实施时间应依据全天的车流量及方向分布系数确定，一般当 $K_D > 3/4$ 时，即可实行可逆性单向交通。同样，应注意给非重交通流方向的车流以出路。

(4) 车种性单向交通

车种性单向交通是指仅对某一类型的车辆实行单向交通的交通组织。这种单向交通常应用于具有明显的方向性及对社会秩序、人民生活影响不大的车种，如货车。实行这类单向交通的同时，对公共汽车和自行车仍可维持双向通行，目的是充分利用现有道路的通行能力。

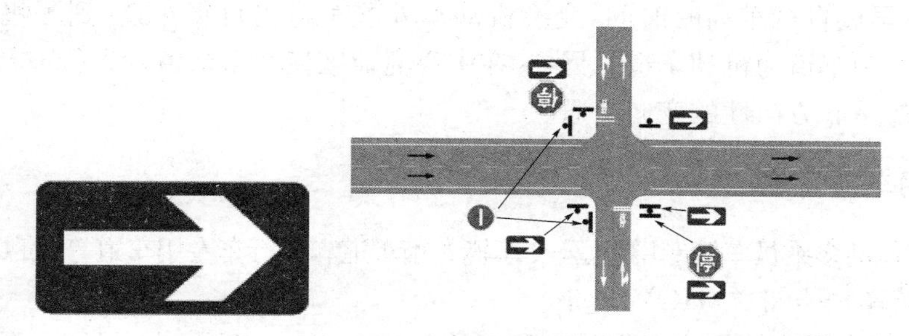

图 8-10　单向交通管理对应的交通标志及应用

2. 单向交通的优缺点

单向交通在路段上减少了与对向行车的可能冲突，在交叉口上大大减少了冲突点，故单向交通在改善交通方面具有以下较为突出的优点：

(1) 提高了道路通行能力；

(2) 减少了道路交通事故；

(3) 提高了道路行车速度。

同时，单向交通也存在着以下缺点：

(1) 增加了车辆绕道行驶的距离，给驾驶员增加了工作量；

(2) 给公共车辆乘客带来不便，增加步行距离；

(3) 容易导致迷路，特别是对不熟悉情况的外地驾驶员；

(4) 增加了为单向管制所需的道路公用设施。

二、变向交通管理

变向车道是指在不同的时间内变换某些车道的行车方向或行车种类的交通。变向交通非常适用于“潮汐交通”。见图 8-11。

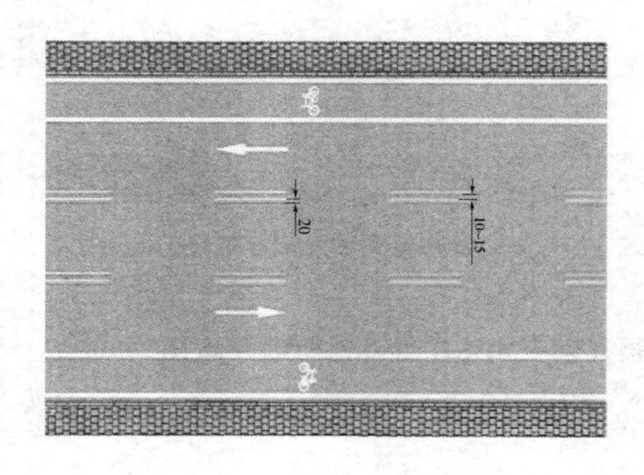

图 8-11　服务于变向交通管理的潮汐车道标志标线示意图(单位：cm)

变向交通按其作用可分为两类：方向性变向交通和非方向性变向交通。在不同时间内变换某些车道上行车方向的交通称为方向性变向交通。这类变向交通可使车流量方向分布不均匀现象得到缓和，从而提高道路的利用率。在不同时间内变换某些车道上行车种类的交通称为非方向性变向交通。它可分为车辆与行人、机动车与非机动车之间相互变换使用的变向车道。这类变向交通对缓和各种类型的交通在时间分布上不均匀性的矛盾有较好的效果。例如在早晨自行车高峰时间,变换机动车外侧车道为自行车道,到了机动车高峰时间,则变换非机动车道为机动车道。另外,在中心商业区变换车行道为人行道及设置定时步行街等,这些都是非方向性的变向交通。

三、专用车道管理

专用车道包括多乘员车辆专用道、公交车辆专用车道和自行车专用车道等,简要介绍如下:

1. 多乘员车辆专用道(HOV 车道)

多乘员车辆专用道是指为多乘员车辆(High Occupancy Vehicle,HOV)提供专门通行的车道。可使用 HOV 车道的车辆包括:公共汽车(Bus)、乘坐 2 人(或 3 人)以上的小客车(Car pools)、乘坐 2 人(或 3 人)以上的客车(Vanpools)以及出现紧急事故的车辆(Emergency Vehicles)。有时为将公交车与 HOV 其他类型的车辆进行区分,也将公共汽车与 HOV 分开。

多乘员车辆专用道为高承载车辆提供专用的通行空间,从而减少道路上机动车总出行量,减轻道路拥堵程度。同时,车道受外界因素影响较小,可以提供较为可靠的服务。这种车道较多地应用在高峰期道路上阻塞最为严重、时间节约显得尤为重要的路段。见图 8-12。

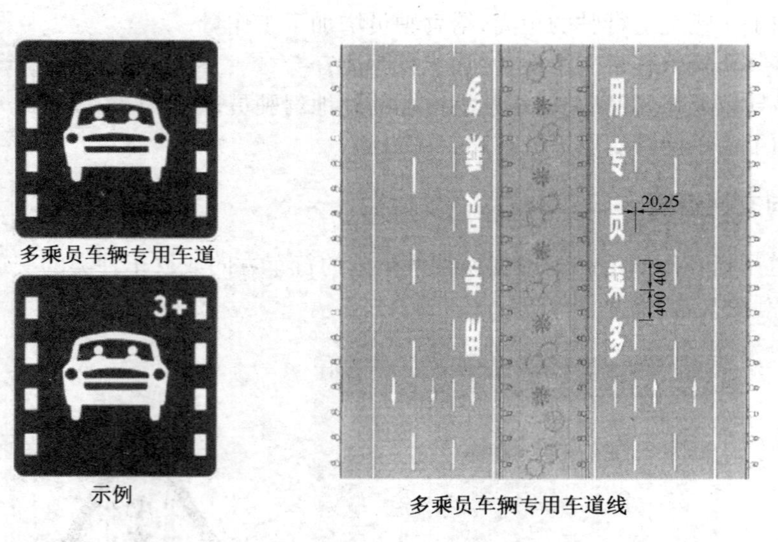

图 8-12　多乘员车辆专用道主要标志标线示意图

2. 公共交通车辆专用车道

公共交通车辆是指公共汽车、电车、轻型有轨车辆、地铁列车及城市铁路列车等。

公交车辆载客量大,人均占用道路面积小,且可有效地利用道路,故可采用公交车辆专用车道的办法来提高公交车辆的运行效率和服务质量,达到减少城市道路交通量的目的,使整个城市的交通服务质量得到改善,带来较大的社会经济效益。例如开辟公共汽车专用线、公共汽车专用街及公共汽车专用道路,发展轻型有轨交通和地下轨道交通等。见图 8-13。

公共汽车专用车道的开辟,可在多车道道路上划出一条车道,用路面标示或交通岛同其他车道分隔,专供公共汽车通行,这可避免公共汽车同其他车辆的相互干扰。再有,在单向交通的多车道街道上，若车道有余时，可划出一条靠边车道，专供对向公共汽车行驶，称为逆向公共汽车专用车道，即在单向交通街道上，只允许公共汽车双向通行。

公共汽车专用街是只允许公共汽车和行人通行的街道。对于较宽的街道上也可允许自行车通行。城市的中心商业区或只有两条车道而又必须行驶公共汽车的窄街道，特别适宜于划为公共汽车专用街。

公交线路专用车道

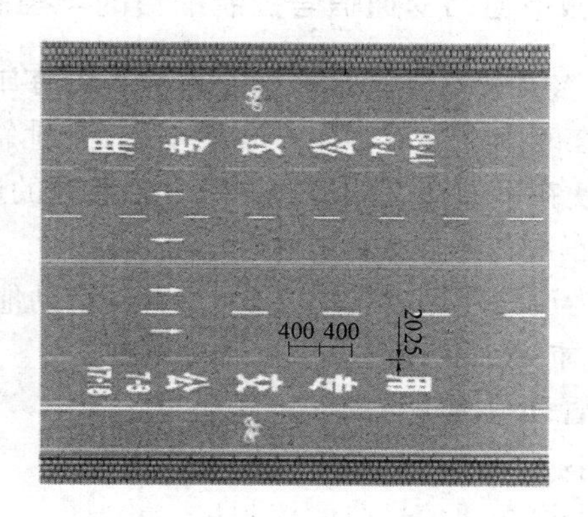

图 8-13　公交专用车道交通标志标线示意图

3. 自行车专用道

根据自行车交通早高峰流量最大的特点，将自行车和公共车流量大的路线、路段开辟成自行车和公共汽车专用线路段，定时将自行车与公共汽车及其他车辆分开，还可以开辟某些街巷作为自行车专用道。

四、禁行交通管理

为了减轻道路上的交通负荷，或将一部分交通流量均分到其他负荷较低的道路上去，根据道路条件和交通条件，实行对机动车和非机动车的某种限制性管理，称为禁行管理。禁行管理大致有以下几种情形：

(1) 时段禁行

根据机动车和非机动车的不同高峰时段，安排其不同的通行时间，如上午 9 点至下午 5 点禁止自行车进入被规定的主要道路。

(2) 错日禁行

如某些主要街道规定某些车辆单日通行，某些车辆双日通行；或规定牌照号为单数的货车单日通行，双数的双日通行。

(3) 车种禁行

如禁止某几种车(载货车和各类拖拉机)进入城市道路或城市中心区。

(4) 转弯禁行

在某些交通拥挤的交叉口，禁止机动车和非机动车左(右)转弯，有些专门禁止自行车左转。应注意在禁止左转弯交叉口的邻近路口必须允许左转弯。自行车可在支路上完成左转或变左转为右转，当然，这些措施应依据交通流量及道路、交通条件而定。

(5) 重量(高度、超速等)禁行

规定机动车和非机动车按规定的吨位(高度、速度)通行。

§8-6 城市道路交通信号控制

一、城市道路交通信号控制的目的与控制分类

1. 道路交叉口设置交通信号控制系统的目的

(1) 在时间上隔离不同方向的车流,控制车流运行秩序,并获得最大的交通安全性;

(2) 使在平面交叉的道路网络上人和物的运输达到最大效率,其效率往往用通行能力、延误及停车次数三项指标来衡量;

(3) 为道路使用者提供必要的情报,帮助他们有效地使用交通设施。

2. 城市道路交通信号控制系统类型

按其管理范围可分以下三种类型:

(1) 单点交叉口交通信号控制;

(2) 干道交通信号协调控制;

(3) 区域交通信号系统控制。

二、单点交叉口交通信号控制

单点交叉口交通信号控制简称"点控制",它以单个交叉口为控制对象,它是交通信号灯控制的最基本形式。点控制又可分为两类:固定周期信号控制及感应式信号控制。

1. 固定周期信号控制

固定周期信号控制是最基本的交叉口信号控制方式,这种控制方式设备简单、投资最省、维护方便,同时,这种信号控制机还可以升级,与邻近信号灯联机后上升为干线控制或区域控制。

(1) 控制原理

按事先设计好的控制程序,在每个方向上通过红、绿、黄三色灯循环显示,指挥交通流,在时间上实施隔离。交通规则规定:红灯停止通行;绿灯放行;黄灯清尾,即允许已过停车线的车辆继续通行,通过交叉口;在黄灯开启之初已接近停车线无法完全制动的车辆可以开出停车线。

(2) 信号相位方案

信号相位方案即信号灯轮流给某些方向的车辆或行人分配通行权的一种顺序安排。把每一种控制(即对各进口道不同方向所显示的不同色灯的组合)称为一个信号相位。

一般情况下,信号控制灯多采用两个相位,即二相制,如东西向放行,显绿灯,则南北向禁行,显红灯,这为第一相。第二相时,南北向放行,显绿灯,东西向禁行,显红灯。信号配时方案一般用信号配

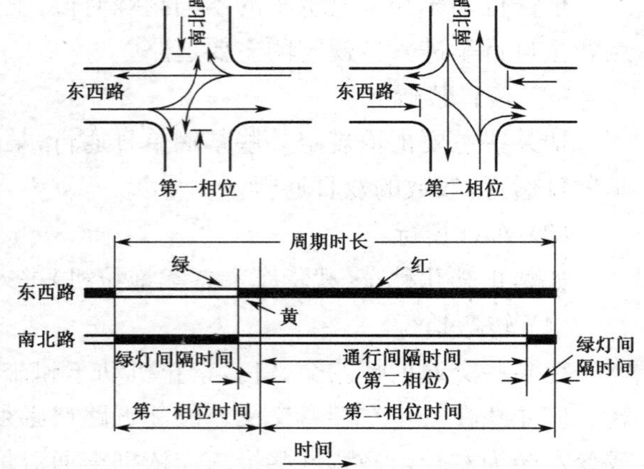

图 8-14 两相位信号及配时图

时图表示，如图 8-14 所示。当左转交通量比较大时，可设置左转专用相位，此时，信号控制灯采用三相制，如图 8-15 所示。

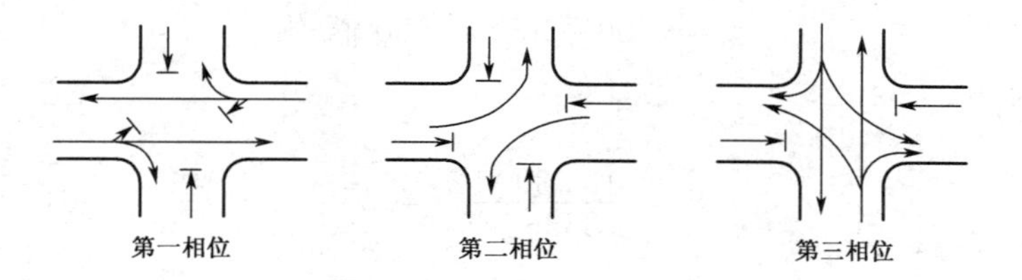

图 8-15 具有左转专用相位的三相位方案

(3) 固定周期信号灯基本控制参数

① 周期长度

各个行车方向完成一组色灯变换所需的总时间，它等于红灯时间＋绿灯时间＋黄灯时间。

周期长度及红灯、绿灯时间根据交叉口总交通量、两相交道路交通量确定。黄灯时间根据交叉口大小确定，一般为 3～4 s。在一个较小的时间段内(如 1 h)，周期长度及各色灯时间是固定的，但在一天中，周期长度及各色灯时间是可变的。

在根据交通量确定信号灯周期长度时，需将交叉口交通量转换成等效交通量，换算公式为

$$V_e = \frac{V + 0.5H + 0.6L}{n} \tag{8-2}$$

式中 V_e——等效交通量(辆/h，直行)；

V——交叉口进口实际交通量(辆/h)；

H——公交车、货车车辆数(辆/h)；

L——左转车车辆数(辆/h)；

n——进口有效车道数。

周期长度、相位数、等效交通量之间有以下关系：

$$T = \frac{13\,330P}{1\,333 - V_e} \tag{8-3}$$

式中 T——周期时间(s)；

P——相位数；

V_e——等效交通量(辆/h)。

图 8-16 给出了周期长度、相位数及等效交通量之间的曲线关系。

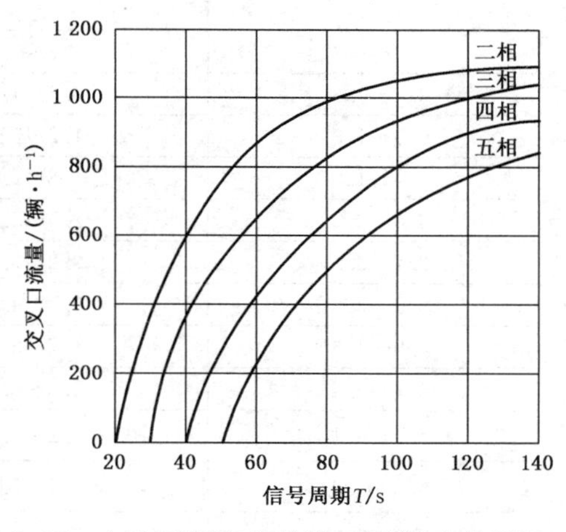

图 8-16 交叉口流量、相位数、周期长度关系图

当同一相位中有多股车流通过交叉口时，应取该相位中等效交通量较大的那股车流作为计算依据，如在十字信号交叉口，采用二相相位，南北向等效交通量为 400 辆/h，北南向等效交通量为 350 辆/h，东西向等效交通量为 370 辆/h，西东向等效交通量为 450 辆/h，则用于周期长度计算的等效交通量应为

$$V_e = \max(\text{南北流量}) + \max(\text{东西流量})$$
$$= \max(400,350) + \max(370,450)$$
$$= 400 + 450 = 850 \text{ 辆/h}$$

周期长度为

$$T = \frac{13\,330 \times 2}{1\,333 - 850} = 55 \text{ s}$$

② 绿灯时间

当周期长度确定后,便可按相交车流的等效交通量分配给各相位绿灯通行时间。如前例中,周期长度 55 s,黄灯时间 3 s,总绿灯时间为

$$G = T - 2 \times \text{黄灯时间} = 55 - 6 = 49 \text{ s}$$

则南北相位的绿灯时间为

$$G_{1-2} = \frac{400}{850} \times G = 23 \text{ s}$$

东西相位的绿灯时间为

$$G_{3-4} = \frac{450}{850} \times G = 26 \text{ s}$$

按以上方法分配的绿灯时间是否能满足车辆放行要求,可用(8-4)式来检验:

$$G_0 = 2.1x + 3.7 \text{ s} \tag{8-4}$$

式中 G_0 ——某一相位车辆放行所需绿灯时间(s);

x ——周期内的来车数,可查表 8-4 而得。

表 8-4 泊松流车辆平均到达率 *m*、置信度、周期内来车数 *x* 关系表

m(周期内平均来车数)			*x*/辆
置信度 95%	置信度 90%	置信度 75%	
	0.0~0.1	0.0~0.2	0
0.0~0.3	0.2~0.5	0.3~0.9	1
0.4~0.8	0.6~1.1	1.0~1.7	2
0.9~1.3	1.2~1.7	1.8~2.5	3
1.4~1.9	1.8~2.4	2.6~3.3	4
2.0~2.6	2.5~3.1	3.4~4.2	5
2.7~3.2	3.2~3.8	4.3~5.0	6
3.3~3.9	3.9~4.6	5.1~5.9	7
4.0~4.6	4.7~5.4	6.0~6.8	8
4.7~5.4	5.5~6.1	6.9~7.7	9
5.5~6.1	6.2~7.0	7.8~8.6	10
6.2~6.9	7.1~7.8	8.7~9.5	11
7.0~7.7	7.9~8.6	9.6~10.4	12

续表 8-4

m(周期内平均来车数)			x/辆
置信度 95%	置信度 90%	置信度 75%	
7.8~8.4	8.7~9.4	10.5~11.3	13
8.5~9.2	9.5~10.3	11.4~12.2	14
9.3~10.0	10.4~11.1	12.3~13.1	15
10.1~10.8	11.2~11.9	13.2~14.0	16
10.9~11.5	12.0~12.8	14.1~14.9	17
11.6~12.4	12.9~13.6	15.0~15.9	18
12.5~13.2	13.7~14.5	16.0~16.9	19
13.3~14.0	14.6~15.3	17.0~17.8	20
14.1~14.9	15.4~16.2	17.9~18.7	21
15.0~15.7	16.3~17.0	18.8~19.5	22
15.8~16.5	17.1~17.9	19.6~20.5	23
16.6~17.4	18.0~18.8	20.6~21.5	24
17.5~18.2	18.9~19.7	21.6~22.4	25
18.3~19.0	19.8~20.6	22.5~23.3	26
19.1~19.9	20.7~21.5	23.4~24.3	27
20.0~20.7	21.6~22.3	24.4~25.2	28

③ 绿信比

绿信比是某一方向通行效率的指标,它等于一个相位内某一方向有效通行时间与周期长度之比。

例 8-1 某交叉口采用二相位信号灯控制,各进口的交通量如表 8-5 所示,试求信号灯周期长度、各相位绿灯时间。

表 8-5 交叉口进口交通量

进口	进口总交通量/(辆·h^{-1})	公交车、货车数/(辆·h^{-1})	左转车数/(辆·h^{-1})	车道数
东	400	20	14	1
南	920	30	80	2
西	540	60	20	1
北	980	40	70	2

解

① 各进口等效交通量计算:

$$V_{东} = 400 + 20 \times 0.5 + 14 \times 0.6 = 418.4 \text{ 辆 /h}$$

$$V_{南} = \frac{920 + 30 \times 0.5 + 80 \times 0.6}{2} = 491.5 \text{ 辆 /h}$$

$$V_{西} = 540 + 60 \times 0.5 + 20 \times 0.6 = 582.0 \text{ 辆 /h}$$

$$V_{北} = \frac{980 + 40 \times 0.5 + 70 \times 0.6}{2} = 521.0 \text{ 辆 /h}$$

② 交叉口等效交通量计算

$$V_e = \max(418.4, 582.0) + \max(491.5, 521.0)$$
$$= 582.0 + 521.0 = 1\,103.0\ 辆/h$$

③ 周期长度计算

$$T = \frac{13\,330 \times 2}{1\,333 - 1\,103} = 115.9\ s$$

一般取周期长度为 5 的整倍数，故取 T=120 s。

④ 绿灯时间计算

取黄灯时间为 4 s。

总绿灯时间：

$$G = 120 - 2 \times 4 = 112\ s$$

南北向绿灯时间：

$$G_{南北} = \frac{521}{1\,103} \times 112 = 53\ s$$

东西向绿灯时间：

$$G_{东西} = \frac{582}{1\,103} \times 112 = 59\ s$$

⑤ 绿灯时间检验(取置信度为 90%)

南北向：

周期内平均来车数 $m_1 = 521 \times 120/3\,600 = 17.4$ 辆

查表得，周期内到车数 x_1 =23 辆。

所需绿灯时间：

$$G_1 = 3.7 + 2.1x = 52\ s$$

与南北向绿灯时间 53 s 基本一致。

东西向：

周期内平均来车数 $m_1 = 582 \times 120/3\,600 = 19.4$ 辆

查表得，周期内到车数 x_2 =25 辆。

所需绿灯时间：

$$G_2 = 3.7 + 2.1x = 56.2\ s$$

与东西向绿灯时间 59 s 基本相符。

2. 感应式信号控制

(1) 控制原理

感应式信号控制没有固定的周期长度，它的工作原理是：在感应式信号控制的进口，均设有车辆到达检测器，一相位起始绿灯，感应信号控制器内设有一个“初始绿灯时间”，到初

始绿灯时间结束时，如果在一个预先设置的时间间隔内没有后续车辆到达，则变换相位；如果有车辆到达，则绿灯延长一个预设的“单位绿灯延长时间”，只要不断有车到达，绿灯时间可继续延长，直到预设的“最长绿灯时间”时变换相位。

(2) 感应式信号灯的基本控制参数

① 初始绿灯时间：给每个相位预先设置的最短绿灯时间，在此时间内，不管有否来车本相位必须绿灯。初始绿灯时间的长短，取决于检测器的位置及检测器到停车线可停放的车辆数。

② 单位绿灯延长时间：它是初始绿灯时间结束后，在一定时间间隔内测得后续车辆时所延长的绿灯时间。

③ 最长绿灯时间：它是为了保持交叉口信号灯具有较佳的绿信比而设置，一般为 30～60 s，当某相位的初始绿灯时间加上后来增加的多个单位绿灯延长时间达到最长绿灯时间时，信号机会强行改变相位，让另一方向的车辆通行。

三、干道交通信号协调控制

干道交通信号协调控制系统也简称“线控制”，就是把一条主要干道上一批相邻的交通信号灯联动起来，进行协调控制，以便提高整个干道的通行能力。线控制往往是面控制系统的一种简化形式，控制参数基本相似。根据道路交叉口所采用信号灯控制方式的不同，线控制也可分为干道交通信号定时式协调控制及干道交通信号感应式协调控制两种。其中，以定时式协调控制较为普遍，本节仅介绍此类系统。

1. 干道信号控制系统的基本参数

(1) 周期长度

单个交叉口的信号周期长度是根据交叉口交通量来确定的，由于控制系统中有多个交叉口，为了达到系统协调，各交叉口必须采用相同的周期长度。为此，必须先按单个交叉口的信号配时方法，确定每个交叉口的周期长度，然后取最长的作为本系统的公共周期长度，其他交叉口也必须采用这个周期长度。

(2) 绿信比

在干道控制系统中，各交叉口的绿信比可根据交叉口的各方向交通量来确定，不一定统一。

(3) 相位差

相位差是干道交通信号控制的关键参数。通常相位差有两种：

① 绝对相位差：指各个交叉口信号的绿灯或红灯的起点相对于控制系统中参照交叉口的绿灯或红灯的起点时间差。

② 相对相位差：指相邻两交叉口信号的绿灯或红灯起点的时间差。

2. “绿波交通”——单向交通干道的信号协调控制

所谓“绿波交通”，就是指车流沿某条主干道行进过程中，连续得到一个接一个的绿灯信号，畅通无阻地通过沿途所有交叉口。这种连续绿灯信号“波”是经过沿线各交叉口信号配时的精心协调来实现的。完全意义的“绿波交通”只有在单向交通干线上才能实现，实现“绿波”的关键是精确设计相邻交叉口之间的相位差。如图8-17所示的

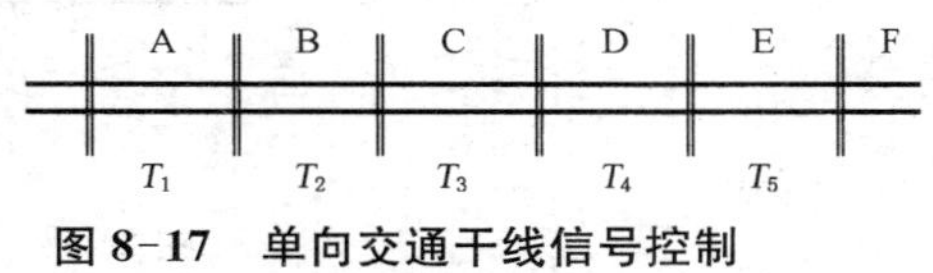

图 8-17　单向交通干线信号控制相位差计算示意图

干道交通控制系统中，如果取交叉口 A 为系统参照交叉口，周期长度为 120 s，那么按以下方式确定各交叉口的绝对相位差，便可获得完全的“绿波交通”。

实测得各相邻交叉口间车辆平均行驶时间为：

$$T_1 = 160\ \text{s},\ T_2 = 158\ \text{s},\ T_3 = 254\ \text{s},\ T_4 = 201\ \text{s},\ T_5 = 192\ \text{s}$$

则：

B 交叉口的绝对相位差$= T_1 - 120$ s（1 个周期长）$=40$ s

C 交叉口的绝对相位差$= T_1 + T_2 - 240$ s（2 个周期长）$=78$ s

D 交叉口的绝对相位差$= T_1 + T_2 + T_3 - 480$ s（4 个周期长）$=92$ s

E 交叉口的绝对相位差$= T_1 + T_2 + T_3 + T_4 - 720$ s（6 个周期长）$=53$ s

F 交叉口的绝对相位差$= T_1 + T_2 + T_3 + T_4 + T_5 - 960$ s（8 个周期长）$=5$ s

按照上述计算的绝对相位差进行该干线的信号协调控制，便能得到非常理想的“绿波带”。图 8-18 为单向干线的绿波时距示意图。

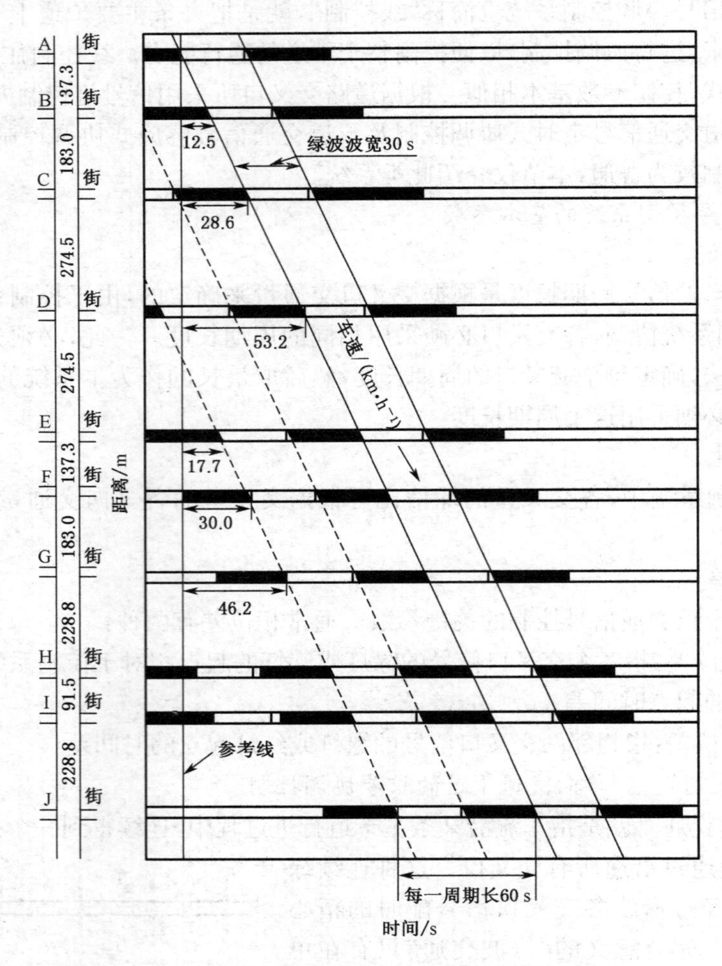

图 8-18　单向交通干线绿波时距图

3. 双向交通干道的信号协调控制

双向交通干道的交通情况远比单向交通干道复杂，一般较难得到理想的“绿波带”，在各交叉口间距相等时，比较容易实现“绿波”，且当交叉口间车辆行驶时间正好等于周期长度一半的倍数时，可获得理想的“绿波带”，各交叉口间距不等时，就较难实现“绿波”。图 8-19 为双向干线绿波时距图，从图中可以看出，双向干线的绿波带宽远远小于单向干线的绿波带宽。

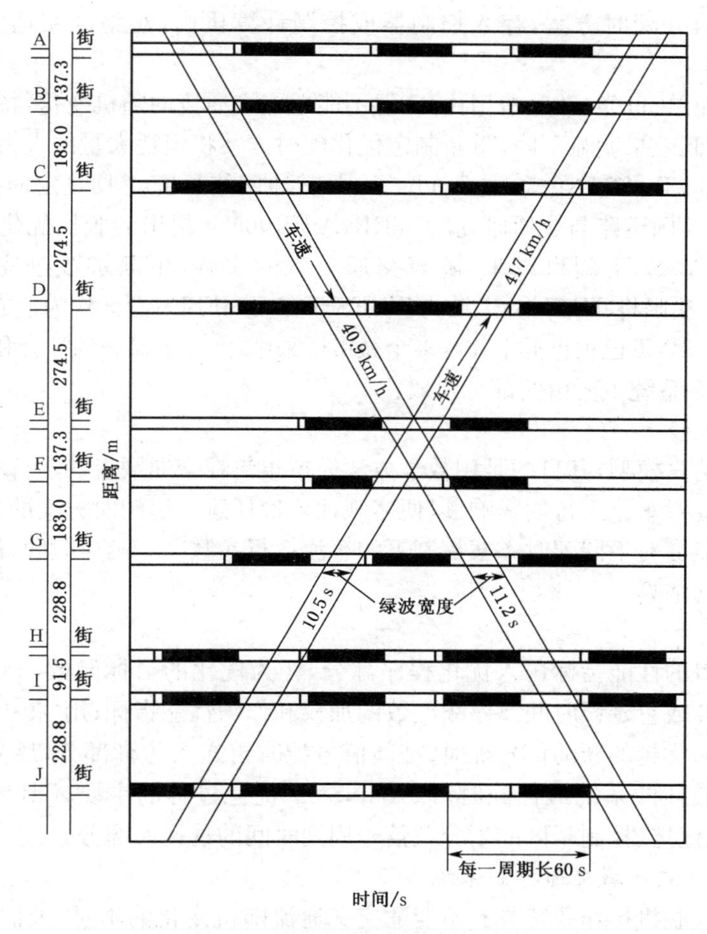

图 8-19 双向交通干线绿波时距图

尽管双向交通干道较难实现“绿波”，但线控制仍能大大提高干线的通行能力，双向交通干道定时式信号控制系统一般有三种协调方式：

（1）同步式协调控制；

（2）交互式协调控制；

（3）连续通告式协调控制。

四、区域交通信号控制系统

区域交通信号控制系统也简称“面控制”，它把整个区域中所有信号交叉口作为协调控制的对象。控制区内各受控交通信号都受中心控制室的集中控制。对范围较小的区域，可以整区集中控制；范围较大的区域，可以分区分级控制。分区的结果往往成为一个由几条线控制组成的分级集中控制系统，这时，可以认为各线控制是面控制中的一个单元；有时分区成为一个点、线、面控制的综合性分级控制系统。

区域控制系统按控制策略可分为定时脱机式控制系统及感应式联机控制系统两种。

1. 定时脱机式区域交通控制系统

定时式脱机操作控制系统，利用交通流历史及现状统计数据，进行脱机优化处理，得出多时段的最优信号配时方案，存入控制器或控制计算机内，对整区交通实施多时段定时控制。

定时控制简单、可靠、效益费用比高，但不能适应交通流的随机变化，特别是当交通流量数据过时后，控制效果明显下降，重新制定优化配时方案将消耗大量的人力作交通调查。

TRANSYT(Traffic Network Study Tool)交通网络研究工具是定时脱机式区域控制系统的代表，是英国道路与交通研究所(TRRL)于1966年提出的脱机优化网络信号配时的一套程序。TRANSYT问世以来，随着交通工程的实践，不断被改进完善，其中美国有TRANSYT-7F，法国将TRANSYT改为THESEE和THEBES型。作为最成功的脱机式控制系统之一，TRANSYT已被世界上400多个城市所采用，产生了显著的社会和经济效益。

TRANSYT系统主要由两部分组成：

(1) 仿真模型

建立交通仿真模型，其目的是用数学方法模拟车流在交通网上的运行状况，研究交通网配时参数的改变对车流运行的影响，以便客观地评价任意一组配时方案的优劣。为此，交通仿真模型应当能够对不同配时方案控制下的车流运行参数——延误时间、停车率、燃油消耗量等作出可靠的估算。

(2) 优化

将仿真所得的性能指标送入优化程序部分，作为优化的目标函数，TRANSYT以网络内的总行车油耗或总延误时间及停车次数的加权和作为性能指标；用"爬山法"优化，产生较之初始配时更为优越的新的信号配时；把新信号配时再送入仿真部分，反复迭代，最后取得性能指标达到最佳的系统最佳配时。TRANSYT优化过程的主要环节包括：绿时差的优选、绿灯时间的优选、控制子区的划分及信号周期时间的选择四部分。

2. 联机感应式区域交通控制系统

由于定时式脱机操作系统具有不能适应交通流随机变化的不足，人们进一步研究能随交通流变化自动优选配时方案的控制系统。随着计算机自动控制技术的发展，交通信号网络的自适应控制系统就应运而生。英国、美国、澳大利亚、日本等国家作了大量的研究和实践，用不同方式各自建立了各有特色的自适应控制系统。归纳起来有方案选择式与方案形成式两类。方案选择式以SCATS为代表，方案形成式以SCOOT为代表。

(1) SCATS

SCATS(Sydney Co-ordinated Adaptive Traffic System)控制系统是一种实时自适应控制系统，在20世纪70年代开始研究，80年代初投入使用。

SCATS的控制结构用的是分层式三级控制，即分成：中央监控中心地区→控制中心→信号控制机。在地区控制中心对信号控制机实行控制时，通常将每1～10个信号控制机组合为一个"子系统"，若干子系统组合为一个相对独立的系统。系统之间基本上互不相干，而系统内部各子系统之间，存在一定的协调关系。随交通状况的实时变化，子系统既可以合并，也可以重新分开。三项基本配时参数的选择，都以子系统为核算单位。

中央监控中心，除了对整个控制系统运行状况及各项设备工作状态进行集中监视以外，还有专门用于系统数据管理库的计算机，对各地区控制中心的各项数据以及每一台信号控制机的运行参数作动态贮存（不断更新的动态数据库形式）。

SCATS在实行对若干子系统的整体协调控制的同时，也允许每个交叉口"各自为政"地实行车辆感应控制，前者称为"战略控制"，后者称为"战术控制"。战略控制与战术控制的有机结合，大大提高了系统本身的控制效率。SCATS正是利用了设置在停车线附近的车辆检测装置，才能提供这样一种有效的灵活性。所以SCATS实际上是一种用感应控制对配时方案作局部调整的方案选择系统。

SCATS优选配时方案的主要环节为：子系统的划分与合并、配时参数优先、信号周期长度选择、绿信比方案选择、绿时差方案选择五部分。

(2) SCOOT

SCOOT(Split-Cycle-Offset Optimization Technique)，即"绿信比—信号周期—绿时差优化技术"，是一种对交通信号控制网络实行实时协调控制的自适应控制系统。由英国TRRL研制开发，1979年正式投入应用。

SCOOT是在TRANSYT的基础上发展起来的，其模型及优化原理均与TRANSYT相仿。不同的是，SCOOT是方案形成方式的控制系统，通过安装在各交叉口的每条进口道上游的车辆检测器所采集的车辆到达信息，联机处理，形成控制方案，连续地实时调整绿信比、周期长度及绿时差三参数，使之同变化的交通流相适应。

SCOOT优选配时方案的主要环节包括：

① 交通检测。含交通量、车辆占用时间、道路占用率和拥挤程度等的参数检测。

② 小区划分。SCOOT中的小区划分应事先判定，系统运行以小区为依据，运行中小区不能合并、拆分。

③ 模型预测。包括车队预测、排队预测、拥挤预测和效能预测等。

④ 系统优化。包括控制策略优化、绿时长-绿信比优选、绿时差优选和周期长度优选等。

§8-7 城市道路交通管理规划

一、城市道路交通管理规划的目的和作用

城市道路交通管理规划的主要目的是以城市整体为研究对象，在全面把握城市交通现状问题和未来发展趋势的基础上，综合运用各种交通需求和系统管理、控制措施，特别是在交通供给相对不足的情况下，通过交通管理充分挖潜，合理引导和控制交通需求，缓解城市交通拥挤堵塞的局面。

交通管理规划的制定需要紧密依托城市总体规划、城市交通规划、城市用地规划，科学、系统、全面地掌握城市交通各项基础信息，找出影响城市交通的各项因素，预测和把握未来可能出现的城市交通问题，明确今后交通管理的发展方向，规划长远，决策当前，防患于

未然。

二、城市道路交通管理规划的总体设计

1. 城市道路交通管理规划的目标确定

(1) 充分发挥交通管理效能，近期以综合治理交通秩序，合理组织与渠化交通、缓解城市交通拥挤为重点，远期实现与城市社会经济发展水平相一致，安全、畅通、秩序良好、环境污染小的城市交通系统。

(2) 加强交通需求管理，合理控制城市交通需求总量，积极促进城市形成以社会化公共运输为主体，多种交通运输方式相协调的城市交通结构。

(3) 科学组织，合理控制，均衡调控，充分挖掘道路交叉口、路段、网络的交通容量潜力，提高道路通行能力和服务水平。

(4) 力求各类交通设施规范、齐全，布置合理，具备先进的交通管理、控制、指挥手段。

(5) 制订科学、实用、完善的交通管理政策、法规和执行保障体系，加强宣传、教育、培训，提高全体交通参与者及交通管理者的现代化交通意识和遵守交通法规的自觉性。

2. 城市道路交通管理规划的层次、年限、范围

参照城市社会经济发展计划、城市总体规划、城市交通规划，根据城市公安交通管理的特点，可以将城市交通管理规划划分为以下几个层次：

(1) 城市交通管理战略规划。期限控制在 10～20 年。通常人口 100 万人以上的大城市才考虑编制此规划。主要内容为确定城市的交通管理发展目标、水平，确定城市交通远期方式、结构、总量及控制策略，先进管理技术的引进或应用。交通诱导、智能交通系统的建设等。

(2) 城市交通综合管理规划。可分为两个部分考虑，一是中长期规划，规划期限为 3～10 年；二是近期实施计划，规划期限为 1～3 年。在制订城市交通管理规划方案时，应从城市交通需求管理（TDM）规划、城市交通系统管理（TSM）规划、城市道路交通秩序保障体系三个方面进行方案设计。

(3) 城市交通专项管理规划。对某些特别重要（如社会影响大、或资金投入大）的交通管理工程，应进行专项的规划，规划期限为 1～10 年。如城市智能交通系统（ITS）发展规划、城市交通指挥系统建设规划，城市交通综合治理和交通拥挤缓解方案等。

根据城市交通问题的发生、发展及影响因素，城市交通管理战略规划的工作范围为城市规划区，即城市市区、近郊区以及城市行政区域内因城市建设和发展需要进行规划控制的区域。城市综合交通管理规划的工作范围为城市建成区。城市交通专项管理规划为固定地点以及周边影响交叉路口和路段。

由于交通管理工作的特点，无论哪一层次的管理规划，每年都要根据实际情况对年度计划进行调整。

三、交通调查及交通信息数据库的建立

交通调查有三个目的：①了解所调查城市当前存在的主要交通问题，为交通管理方案的制订提供依据；②掌握城市交通系统中各种交通现象的发生规律及发展规律，为未来交通需求预测提供依据；③为建立交通信息数据库提供基础资料。

面向城市交通管理规划的交通调查有以下十个方面：城市社会经济及土地利用基础资料调查、城市居民出行OD调查、城市流动人口出行OD调查、城市机动车出行OD调查、城市道路流量调查、道路交通基础设施调查、道路交通管理调查、公交运营及线路客流调查、货物源流调查、道路交通环境调查等。

一般来说，这十项调查都是必要的。但对于在近期进行过城市交通规划的城市，如果在交通规划中进行了上述调查中的若干项交通调查，则可利用已调查的数据，对已进行的那几项调查只需作补充调查。

如果城市交通管理规划与城市交通规划（包括道路网络规划与公共交通规划）同步进行，则可共同使用调查数据。

四、城市道路交通现状分析与问题诊断

在全面的现状道路交通系统调查的基础上，对交通系统中各个组成部分进行分析，发现其中的症结，提出解决问题的对策和思路。在进行城市交通系统的现状分析及问题诊断时，应根据该城市的性质、规模、类型，对照国家相关部委颁发的“道路交通管理畅通工程”实施方案的要求以及该城市自身“畅通工程”的目标进行。应着重从城市交通布局、交通结构组成、城市交通管理环境、交通基础设施等全局性方面进行分析，找出真正的主要交通问题，为制定城市交通管理规划方案，改善城市交通质量提供依据。

五、城市道路交通需求分析与预测

服务于城市交通管理规划的城市交通需求分析与发展预测包括城市社会经济分析及发展预测、城市客运交通分析及发展预测和城市货运交通分析及发展预测三大部分。

城市交通需求分析及发展预测的目的就是要确定当年（现状）、近期、中期、远期各特征年份的各车种（客车、摩托车、公交车、出租车、货车、自行车）出行需求量（OD矩阵），以便对城市交通管理规划方案实施效果进行事前评价，以避免交通管理的决策失误。

城市交通需求分析与预测的方法很大程度上取决于所掌握的城市交通信息状况，现状及近期（0～3年）交通需求分析可以根据调查的现状各车种OD矩阵数据，通过扩充、修正获得分析年份的各OD矩阵。无现状各车种OD矩阵调查数据的城市，可根据交通小区人口、各车种拥有量、居民（或车辆）出行参数等资料、通过交通需求预测的“四阶段法”预测获得分析年份的各OD矩阵。对于中远期（3～20年）的交通需求分析，必须采用预测方法。

城市交通管理规划的交通需求预测方法与城市道路交通规划的预测方法相同，最常用的是“四阶段法”，即交通生成预测、交通分布预测、方式划分预测及交通分配预测。预测方法与模型已经在第六章详细介绍。

如果城市交通管理规划与城市交通规划（包括道路网络规划与公共交通规划）同步进行，则可共享城市交通需求分析与预测结果。

六、城市道路交通管理规划的方案设计

一个城市的交通管理方案往往是由交通需求管理（TDM）、交通系统管理（TSM）中的数十种交通管理策略、数百种甚至数千种交通管理措施组合而成的。交通管理规划方案应

结合城市的具体情况，在深入分析城市交通现状和发展趋势的基础上合理制订。

在制订城市交通管理规划方案时，应从城市交通需求管理（TDM）规划、城市交通系统管理（TSM）规划、城市道路交通秩序保障体系三个方面进行方案设计，然后协调、集成，统一评价、调整、实施及滚动发展。

1. 城市交通需求管理（TDM）规划方案设计

在城市交通管理中，由于很多交通管理方案是由多种管理策略与管理措施组合而成的，因此，在城市交通需求管理方案设计时，也会包含一些交通系统管理的措施。城市交通需求管理方案设计一般应包括城市交通需求总量分析与控制、城市交通结构管理与优化、道路交通运行组织三个方面。

(1) 城市交通总量分析与控制

随着城市化水平的提高和人均收入的增加，城市交通需求总量和机动车的拥有量将会继续增长，但由于城市土地资源有限，道路规模不可能无限扩张。应针对交通供给与交通需求的矛盾，第一，从城市交通系统内部结构、功能、特性出发，分析具体城市道路网络系统（包括道路、停车场等交通基础设施）所能适应的交通需求量；第二，从城市交通系统发展的外部环境特性出发，分析在一定的资源约束和环境保护目标条件下，城市交通系统可能的发展规模及容许的机动车保有量。根据城市所能适应的交通总量，制定城市车辆发展规模。

(2) 城市交通结构管理与优化

根据交通调查得到的当前城市客运交通结构状况及未来城市交通需求发展预测结果，科学运用城市交通需求管理策略与管理措施，制订当前交通结构合理引导及未来交通结构优化的政策性实施措施及发展战略。

在城市交通结构管理与优化过程中，应有超前意识，通过对本城市社会经济发展速度、城市道路交通设施建设速度、车辆拥有量发展速度及车辆结构变化情况提出各年度各类车辆拥有量控制规模及各阶段各类车辆拥有量发展速度控制值。要特别强调对摩托车、出租车、单位车、私人小汽车等车辆的发展政策与总量控制策略，以及城市公共交通车辆的优先发展策略。

(3) 道路交通运行组织规划

城市道路交通运行组织是城市交通管理规划的主体之一，道路交通运行组织涉及交通需求管理、交通系统管理两方面的管理措施，应结合具体的道路网络及交通流量、流向，综合运用交通需求管理、交通系统管理策略及措施，如局部区域内道路在某一时段内禁止某种车辆通行（或出行）、单行线、公共交通专用线、交叉口转向限制等，制订交通运行组织方案，合理组织交通流，均衡交通负荷，提高网络运输效率。

2. 城市交通系统管理（TSM）规划方案设计

道路交通管理设施是城市交通管理方案实施的基础，在制订城市交通系统管理规划方案时应根据规划方案的要求和当前管理设施的建设状况，制订出管理设施的建设规划方案。

城市交通系统管理规划主要包括道路横断面交通设计与管理、道路交叉口交通设计与管理、道路交通标志标线设计与管理、交通信号灯优化设计、城市停车场规划与管理、公安交通指挥系统发展规划、城市智能交通系统发展规划等内容。

(1) 道路横断面交通设计与管理

道路的横断面是由车行道、人行道、绿化带以及分车带等部分组成的，对现状网络中交通拥挤严重或根据预测在未来可能出现严重拥挤的道路路段，应进行道路横断面交通功能设计。道路横断面交通功能设计的主要任务是根据道路的等级、性质和红线宽度以及有关交通资料，确定各组成部分的宽度，并给予合理的布置，使道路资源得到充分利用。

(2) 道路交叉口交通设计与管理

对现状网络中交通拥挤严重、或根据预测在未来可能出现严重拥挤的交叉口进行专门的交通设计，包括道路交叉口几何设计、交通渠化设计、行人过街道设计等，以提高交通拥挤地区的通行能力，缓解城市交通紧张状况。

在交通系统管理规划中，应根据现状的或预测的交通量，提出道路网络中各交叉口交通管制方式(信号控制交叉口、无控制交叉口、环形交叉口、立体交叉口及优先权管理交叉口)的选型与建设方案。

(3) 道路交通标志标线设计与管理

道路交通标志标线给道路使用者以明确的通行权利及准确的道路交通情报，正确和合理地设置交通标志标线，可以提高道路通行能力、调整运行秩序，使道路达到安全、畅通、低公害和节约能源的目的。

城市道路交通管理规划中应根据城市的规模以及现状交通标志标线设置情况制订近期和远景道路交通标志标线建设计划和目标。

(4) 道路交通信号控制与优化设计

城市道路交通管理规划中，应对现状信号交叉口的配时效果进行检查，结合交叉口渠化设计对现状交通矛盾突出的信号交叉口信号控制形式和配时方案提出近期改进方案；根据城市道路网建设规划成果提出干道交通信号协调控制设想；并提出远景城市区域信号控制系统建设目标和分阶段实施计划。

(5) 城市停车交通管理规划

在现状调查的基础上，结合停车需求预测，检查城市停车容量与停车需求之间的适应程度，结合停车供需矛盾的时空特性，制订差异化的管理策略(如空间分区差异化泊位供给、停车限时收费、泊位资源共享等)，开展路内停车带、路外停车场、换乘停车设施的优化设计等。

(6) 城市交通指挥系统发展规划

城市交通指挥系统是实现城市交通管理现代化的基础，人口在50万以上的城市应进行城市交通指挥系统的发展规划。包括城市交通指挥系统的系统结构设计、各子系统的功能设计、交通指挥系统的建设计划及资金筹措办法。

(7) 城市智能交通系统发展规划

城市智能交通系统(ITS)规划只在大城市、特大城市或有条件的城市进行。智能交通系统涉及面很广，城市交通管理(包括城市公共交通管理、城市交通控制系统等)只是其中的一部分，应联合其他领域的科技人员共同制订其发展规划，包括阐述智能运输系统(ITS)的特点和各国研究现状，对与道路交通管理相关的智能运输系统的内容、功能和发展目标进行研究。

3. 城市道路交通秩序保障体系设计

城市道路交通秩序保障体系在交通安全、交通管理队伍、交通法规建设、交通管理教育、交通执法和车辆管理等方面为城市道路交通管理规划的具体实施提供保障，是城市交通管理规划的一个重要内容。

城市道路交通秩序保障体系包括了道路交通安全保障、交通管理队伍建设规划、交通法规建设规划、交通管理教育、交通执法和车辆管理等内容。交通管理保障体系所规划的内容是城市交通管理中相当重要的方面，是保证交通管理规划思想得以贯彻和保证交通管理规划目标顺利实现的关键。

城市道路交通秩序保障体系规划的原则和指导思想：根据本地的社会经济文化发展，以道路交通安全和队伍等现有状况为基础，以安全、秩序、效率、公正和便捷为目标，以城市交通管理目标为中心，从交通安全对策与保障、队伍建设和交通安全宣传等方面，制定相应的措施和发展规划，以最大限度地满足城市社会经济发展对交通管理的要求。

复习思考题

8-1 简述道路交通管理与控制的意义、作用及内容。

8-2 简述道路交通管理的分类。

8-3 简述交通需求管理的目的、内容。

8-4 简述交通系统管理的目的、内容。

8-5 简述城市道路交通管理规划的基本内容。

8-6 简述道路交通标志的分类及作用。

8-7 简述平面交叉口交通管理的目的及管理类型。

8-8 简述道路交通行车管理的作用及管理类型。

8-9 简述道路交通信号控制的目的、类型及内容。

8-10 何为“绿波”交通？单行线道路“绿波”交通设计关键是什么？

习 题

8-1 某市区一平面交叉口为主、次干路相交，并均为双车道进口，主干路两个方向的高峰小时交通量分别为 723 辆/h 及 650 辆/h，次干路两个方向高峰小时交通流量分别为 180 辆/h 及 160 辆/h，在交叉口平均每年发生碰撞事故 6 起，问采用哪种控制方式为宜？

8-2 在上题中，若采用二相位信号机控制，主次干路在进口处均有 8%的左转车、5%的货车及 5%的公共汽车，试设计该信号交叉口的周期、主次干路绿灯时间及绿信比。

第9章　交通安全

§9-1　概　　述

一、国内外道路交通安全现状

自18世纪汽车诞生以来，汽车与其他交通管理工具就因不协调而产生交通安全问题。交通事故涉及面广，具有突发性和社会性特点，已发展成为一个重大的社会问题。2015年，世界卫生组织发布第三份《道路安全全球现状报告》(Global Status Report On Road Safety)，称道路交通事故是全球人类一项重要死亡原因，并且是15～29岁人群的主要死亡原因，其中49%都是行人、自行车或者摩托车驾驶者。交通事故的危害性不仅反映在伤亡人数上，在经济上造成的损失也是巨大的，在许多发展中国家因交通事故造成的经济损失超过了全国总收入的1%，发达国家则更高。

我国是世界上道路交通安全问题最严重的国家之一。2005～2016年的道路交通事故统计结果如表9-1所示。这12年间我国共有836 871人死于道路交通事故，3 429 275人受伤。

表9-1　我国2005～2016年道路交通事故统计结果

年份	事故次数/起	死亡人数/人	受伤人数/人	直接经济损失/万元	10万人口死亡率/(人·10万人$^{-1}$)	万车死亡率/(人·万车$^{-1}$)
2005	450 254	98 738	469 911	188 401	7.6	7.6
2006	378 781	89 455	431 139	149 000	6.8	6.2
2007	327 209	81 649	380 442	120 000	6.2	5.1
2008	265 204	73 484	304 919	101 000	5.5	4.3
2009	238 351	67 759	275 125	91 437	5.1	3.6
2010	219 521	65 225	254 075	92 634	4.9	3.2
2011	210 812	62 387	237 421	107 873	4.6	2.8
2012	204 196	59 997	224 327	117 490	4.4	2.5
2013	198 394	58 539	213 724	103 897	4.3	2.3
2014	196 812	58 523	211 882	107 543	4.3	2.2
2015	187 781	58 022	199 880	103 692	4.2	2.1
2016	212 846	63 093	226 430	120 760	4.6	2.1

其中城市道路交通事故平均每年导致2.1万人死亡，14.1万人受伤。根据公安部发布的数据，我国万车死亡率为美国的4倍、日本的9倍。原国家安全生产监督总局发布的数据显示，道路交通事故死亡人数占我国非正常死亡人数的70%以上，已成为“社会第一公害”。

二、道路交通安全学研究内容

我国对交通安全的系统研究始于20世纪80年代末90年代初，主要围绕交通事故的产生和改善交通安全的措施。相关研究主要可分为交通系统规划、项目设计与建设和交通运行及运营管理三个阶段。在不同阶段，交通安全的研究内容和相关应用也不尽相同。

在交通系统规划阶段，交通安全研究重点为交通安全现状分析、交通安全改善目标确定和交通安全改善策略制定，在远期交通规划和近期交通改善措施研究均有应用。

在项目设计与建设阶段，交通安全研究内容包括交通设施安全性诊断、交通事故黑点鉴别、事故分布特征及成因分析、交通安全改善备选方案制定、备选方案成本效益分析、交通安全改善方案排序、方案实施计划改善和方案实施效果评价，主要应用于交通网络枢纽结点及交通设施设计、道路接入管理设计、道路拓宽设计、车道配置优化、交叉口改造设计、道路安全防护设施设计。

在交通运行及运营管理阶段，交通安全涉及交通控制、组织及诱导方案、交通设施管理、交通预警体系、事故紧急救援系统、交通安全执法教育相关研究，主要应用于施工区交通组织、路段或交叉口交通流诱导及信号监控、交叉口信号配时方案调整与优化和路内停车管理。

三、道路交通安全学发展方向

道路交通安全的研究领域众多，几乎涵盖交通参与者、车辆、道路及环境相关要素的各个领域。现代交通安全研究发展方向包括以下几个方面：

1. 交通安全规划

道路交通安全管理规划需要通过对历史和现状的道路交通安全状况的调查，全面掌握规划区域内道路交通安全的现状，系统分析和评价道路交通安全的主要结症，科学预测道路交通安全的发展趋势，明确道路交通安全的发展目标，以发展目标为指导，制定具体的规划方案，继而进行评价和优化。因此，道路交通安全管理规划的基本内容主要包括以下几方面：道路交通安全发展趋势分析及预测，道路交通安全管理战略规划，道路交通安全管理实施规划，道路交通安全管理规划方案评价。具体如图9-1所示。

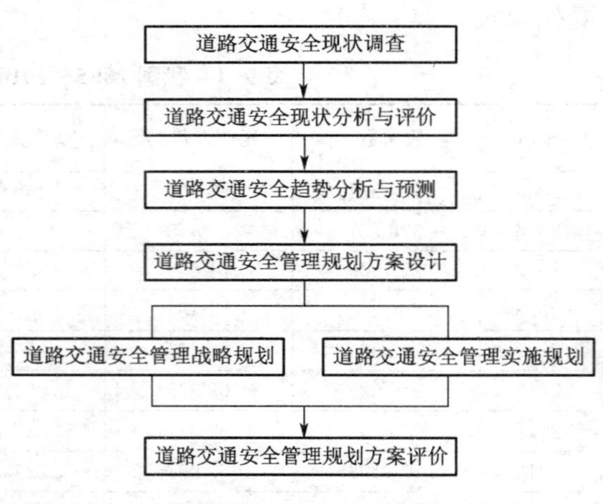

图9-1 道路交通安全管理规划基本内容

2. 驾驶行为和心理

道路交通系统是一个由人、车辆、道路及环境四要素组成的多元交互式系统。交通事故的发生往往由多个因素导致。在道路交通系统各要素中，人因是导致道路交通事故的最主要因素。因此，驾驶行为和心理始终是交通安全领域的一个重要研究方向。该方向的研究内容包括驾驶员与车辆的关系，驾驶员与道路环境的关系，以及驾驶员与行人等其他交通参与者的关系。在交通安全心理学的范畴，驾驶员的个性、行为、感知、态度等都是重点研究的方向。此类研究大多通过问卷调查的方式实现，与此同时，基于汽车驾驶模拟器的仿真实验也开始越来越多地应用到研究中。

3. 道路安全评价建模方法

道路安全评价建模方法着重于运用统计方法对事故发生频次和严重程度进行评估，从而对各种相关因素进行安全效应的估计，并提出相应的改善方式。利用历史事故数据校正过的统计模型可以对各种交通设施的安全性进行估计和预测提供理论支撑。该领域一直是交通安全数据分析的一个重要的研究领域。近年来，计算能力的大大提高和统计技术的发展加速了道路安全预测模型的快速更新。多元多层的复杂建模技术正在逐步替代传统的以线性模型、泊松模型为基础的一元单层建模方法，并且在实践中得到了验证和应用。多元多层模型包括整合事故发生频次、事故严重程度和事故类型的多元响应变量，以及同时考虑区域层面的社会经济因素、交通设施层面的道路环境因素、事故层面的车辆及驾驶员相关因素等多层影响变量。另外，贝叶斯估计方法和人工智能建模技术的创新也是该领域的两个主要发展方向。

4. 人-车-路-环境协调智能系统研究

道路交通系统是人-车-路-环境组成的多元交互系统。传统的交通组织形式和相关安全研究往往局限于静态单一的因素。如今，一个全新的人车路动态协调系统概念正在被逐渐探索和深化。该概念试图将人、车辆及道路环境不同要素在交通行为中动态地整合起来，从而实现改善交通运营状况和提高安全性的目标。该研究领域内容众多，在实现形式上，主要以智能交通的发展为主要手段，例如：智能交通控制和管理系统、基于 GPS 技术的车辆自动导航和安全系统、车内辅助驾驶系统、恶劣天气条件下的实时预警系统、交通信息智能发布系统、事故自动报告系统等。

§9-2　道路交通事故及影响因素

一、交通事故的定义与分类

1. 交通事故的定义

交通事故是指由至少一辆车的碰撞而导致受伤或财产损坏的一组事件，并且可能涉及与另一个机动车、非机动车、行人或物体的碰撞。

事故是小概率且随机事件。小概率是指事故占交通系统中发生事件总数的比例很小。随机意味着事故是由若干因素共同作用导致，这些因素是部分确定性的（它们可以被控制）和部分随机的（随机且不可预测的）。

道路交通安全是对道路交通设施属性的一种客观描述，通常采用一定时期内交通事故发生的期望频率及其严重程度作为评价指标。不同国家因文化背景不同，对交通事故定义有不同的表述，国际上比较有代表意义的是美国和日本的交通事故定义。

我国道路交通安全法对交通事故的定义是：车辆在道路上因过错或者意外造成人身伤亡或者财产损失的事件。从上述定义可以看出，构成交通事故必须具有六个要素，即：车辆、在公用道路上、在运行中、发生意外、造成意外的原因是人为的及有后果的。其中车辆包括机动车和非机动车。交通事故的现象，包括碰撞、碾压、刮擦、翻车、坠车、爆炸和失火等。

2. 交通事故的分类

从不同分析和研究的角度出发，对交通事故可以采用不同分类标准，目前主要的分类标准有以下三种：

① 道路交通事故按事故形态分为：侧面相撞、正面相撞、尾随相撞、对向刮擦、同向刮擦、撞固定物、翻车、碾压、坠车、失火和其他 11 种。事故类型示意图如图 9-2 所示。

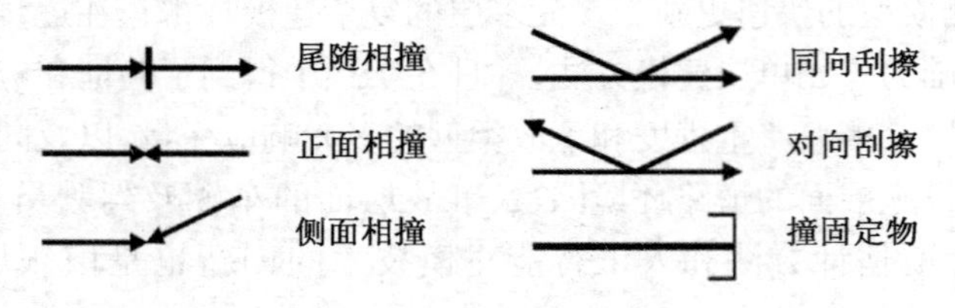

图 9-2 事故类型示意图

② 道路交通事故按照产生事故的原因可分为：机动车、机动车驾驶人、非机动车驾驶人、行人与乘车人、道路和其他原因造成的事故六大类。

③ 根据道路交通安全法，道路交通事故按事故严重程度可分为：轻微事故、一般事故、重大事故以及特大事故。

二、交通事故信息采集

1. 交通事故报告

交通事故信息获取的基础是交通事故报告。在事故报告中收集的信息包括：事故发生的时间和位置、道路/交叉口的特性、车辆和涉及事故人的详细信息、发生事故时的主要环境条件、事故发生的描述和事故的草图等。

值得注意的是，并不是所有的交通事故都会被记录在交通事故报告中，只有财产损失等于或高于一定水平的交通事故才会被记录下来。也就是说，仍有很大一部分的事故，特别是低于法定报告标准的财产损失事故未被记录，从而导致交通工程师在进行交通安全分析时缺乏这些未报告事故的信息。

2. 交通事故信息的准确性

在记录、报告和测量事故数据的过程中，数据的准确性和一致性会受到一些限制，这些问题可能会引入偏差，并且影响事故预测的有效性。这些限制并不局限于特定的事故分析方法，无论用什么样的事故分析方法都需要被考虑。

观测到的事故数据的局限性包括：

① 数据质量和精度：事故数据通常由经过培训的警察人员记录在标准表格上。并非所有事故都会记录，并且并非所有报告的事故都记录正确。错误可能发生在收集和记录事故数据的任何阶段，可能是由于不准确的、不正确的输入以及记录人的主观性等。

② 事故报告阈值：交通机构和管辖区通常使用警察报告作为观察到的事故记录的来源。在大多数国家或地区，当交通事故造成的损害高于最低阈值时，必须向警察报告。此阈值因国家或地区而异。

③ 事故频率与严重程度的依赖性(Frequency-Severity Indeterminacy)：并非所有可报告的事故都实际报告给警察，因此并非所有事故都包括在事故数据库中。通常，严重程度高的交通事故报告比严重程度低的交通事故更可靠。这种情况产生了一个称为频率与严重程度依赖性的问题，它表示无法确定事故次数的变化是由事故的实际变化引起，还是由严重性比例的变化或两者的混合所导致。

④ 不同管辖区事故报告标准的区别：不同管辖区在如何报告和分类事故上存在差异。这些差异包括：事故报告阈值，与事故、交通和几何数据相关的术语和标准的定义，以及碰撞严重性类别等。

基本信息							
1 事故时间	□□□□ 年 □□ 月 □□ 日 □□ 时 □□ 分						
2 事故地点	路号	□□□□□		3 人员死伤情况	当事人总数 □□	当场死亡人数	□□
	路名/地点				抢救无效死亡人数 □□	下落不明人数	□□
	公里数(路段/路口)	□□□□□	米数 □□□		重伤人数 □□	轻伤人数	□□
	在道路横断面	1-机动车道 2-非机动车道 3-机非混合道 4-人行道 5-人行横道 6-紧急停车带 9-其他					□□
4 事故涉及(车辆和行人数量)	机动车	□□□辆	非机动车	□□□辆	行人	□□□人	
5 事故形态	车辆间事故	11-碰撞运动车辆 12-碰撞静止车辆	车辆与人	21-刮撞行人 22-碾压行人 23-碰撞后碾压行人 29-其他			
	单车事故	31-侧翻 32-翻滚 33-坠车 34-失火 35-撞固定物 36-撞非固定物 37-自身摺叠 38-乘员跌落或抛出					□□
6 车辆间事故	碰撞角度	1-追尾碰撞 2-正面碰撞 3-侧面碰撞(同向) 4-侧面碰撞(对向) 5-侧面碰撞(直角) 6-侧面碰撞(角度不确定) 7-同向刮擦 8-对向刮擦 9-其他角度碰撞					□
7 单车事故(碰撞)	碰撞固定物	11-中央隔离设施 12-同向护栏 13-对向护栏 14-交通标识支撑物 15-缓冲物 16-直立的杆或路灯柱 17-树木 18-桥墩 19-隧道口挡墙 20-建筑物 21-山体 29-其他					□□
	碰撞非固定物	31-动物 32-作业/维修设备 39-其他					
8 现场形态	1-原始 2-变动 3-驾车逃逸 4-弃车逃逸 5-无现场 6-二次现场 7-伪造现场						□
9 是否载运危险品	1-是 2-否						□
10 危险品事故后果	1-爆炸 2-气体泄漏 3-液体泄漏 4-辐射泄漏 5-燃烧 6-无后果 9-其他						□
11 事故初查原因	违法	违法行为代码(参见违法行为代码表) 5981-未设置道路安全设施 5982-安全设施损坏、灭失 5983-道路缺陷 5989-其他道路原因					□□□□□
	非违法过错	9001-制动不当 9002-转向不当 9003-油门控制不当 9009-其他操作不当					
	意外	9101-自然灾害 9102-机件故障 9103-爆胎 9109-其他意外					
	其他	9901-其他					

其他基本信息					
12 直接财产损失	(元)		13 天气	1-晴 2-阴 3-雨 4-雪 5-雾 6-大风 7-沙尘 8-冰雹 9-其他	□
14 能见度	1-50米以内 2-50～100米 3-100～200米 4-200米以上	□			
15 逃逸事故是否侦破	1-是 2-否	□	16 路面状况	1-路面完好 2-施工 3-凹凸 4-塌陷 5-路障 19-其他	□
17 路表情况	1-干燥 2-潮湿 3-积水 4-漫水 5-冰雪 6-泥泞 9-其他				
18 交通信号方式	1-无信号 2-民警指挥 3-信号灯 4-标志 5-标线 6-其他安全设施				□ □□□□
19 照明条件	1-白天 2-夜间有路灯照明 3-夜间无路灯照明 4-黎明 5-黄昏				□
20 事故认定原因 违法	违法行为代码(参见违法行为代码表) 5981-未设置道路安全设施 5982-安全设施损坏、灭失 5983-道路缺陷 5989-其他道路原因				□□□□□
非违法过错	9001-制动不当 9002-转向不当 9003-油门控制不当 9009-其他操作不当				
意外	9101-自然灾害 9102-机件故障 9103-爆胎 9109-其他意外				
其他	9901-其他				

图 9-3　道路交通事故信息采集项目表

三、交通事故影响因素

1. 交通事故影响因素发生时段

根据交通事故影响因素与交通事故发生时间的关系，交通事故影响因素可以分为事故发生前、事故发生时和事故发生后影响因素。

① 事故发生前影响因素影响事故发生风险，例如，事故所涉及的一辆或两辆机动车的制动器是否磨损等。

② 事故发生时影响因素影响碰撞严重程度，例如，汽车是否有安全气囊以及安全气囊是否正确展开等。

③ 事故发生后影响因素影响事故结果，例如，交通事故应急响应的时间和质量、医疗处理等。

2. 事故致因

道路交通系统是一个由人、车、道路环境等要素构成的复杂动态系统。各要素在构成具有特定功能的道路交通系统整体时，通过规则和信息，相互之间产生联系和作用。一般认为，道路交通事故是上述三要素相互失调的结果。

人是交通活动的主体，是道路交通事故的制造者和受害者。这里的人指道路交通的参与者，包括机动车驾驶人、非机动车使用者及行人等。如图 9-4 所示，绝大多数的交通事故是由于人的原因造成的。具体原因包括驾驶员操作失误、违章驾驶、疲劳驾驶，非机动车使用者、行人及乘客不遵守交通法规等。

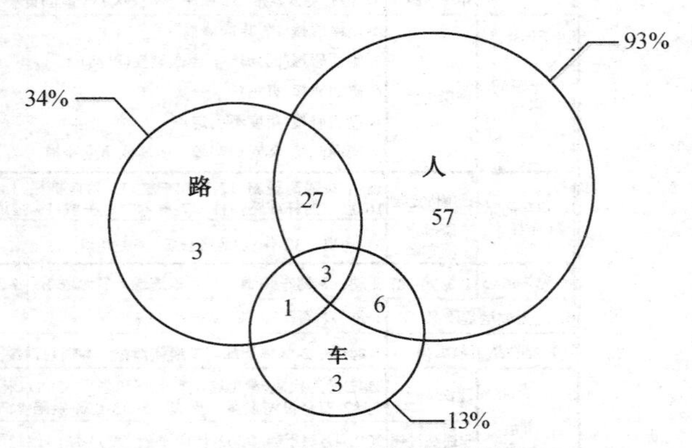

图 9-4　人、车、路在事故因素中的比例

车是交通出行的载体，包括机动车辆和非机动车辆。据统计，13%的交通事故与车辆有关，具体原因包括车辆制动和转向装置、车轮、灯光、喇叭、仪表等故障以及漏油、漏气、漏水等。

道路环境因素包括道路几何设计、路面情况和交通设施三个方面。道路几何设计包括道路的线形、视距、车道宽度、弯道超高、转弯半径、坡度等因素。路面状况对交通安全的影响来自两个方面：一是干湿情况对车辆附着系数的影响；二是路面平整度对行车安全性和舒适性的影响。交通设施包括道路护栏、交通标识、交通标线、照明等设备。统计资料表明，有 34%左右的交通事故是由于不安全的道路条件或道路环境造成的。

3. 辨别事故致因的方法

哈顿矩阵(Haddon Matrix)是将一系列的事故事件与事故致因类别相关联的框架。当需要确定是哪些致因影响了一起事故以及这些因素影响了事故发生哪个阶段事件时，通常采用哈顿矩阵。如表 9-2 所示。

表 9-2 哈顿矩阵用于辨别事故致因的示例

时段	人为因素	车辆因素	道路/环境因素
导致事故发生风险增加的事故发生前因素	分心，疲劳，粗心大意，判断力低，年龄，使用手机，不良驾驶习惯	破损的轮胎，破损的刹车	潮湿的路面，抛光的集料，陡峭的下坡，信号系统协调不良
导致事故严重性的事故发生时因素	判断力弱，年龄，没有系安全带，驾驶速度	保险杠高度以及能吸收的能量，车头的设计，安全气囊	路面摩擦，坡度，路边环境
导致事故结果的事故发生后因素	年龄，性别	便于移除受伤的乘客	应急反应的时间和质量，随后的医疗措施

考虑事故致因和事故事件所在的时间段对于建立合适的事故预防策略有很大的帮助。减少事故以及事故的严重性可以通过以下几个方面改变：人类的行为；道路/环境的状况；车辆安全防撞技术；提供医疗急救，医疗技术和事故后康复；交通需求的水平等。

四、交通事故数据特征

本节讨论与事故数据中的自然变异和地点条件的变化相关的限制。这些限制是由于数据本身的固有特性、随机性和变化引起的，而与收集或报告数据的方法无关。如果不把这些限制考虑其中的话，它们会引入偏差，并且以不容易解决的方式影响事故数据的可靠性。

由于随机性和变化引起的限制包括：

(1) 事故频次的自然变化

交通事故是随机事件，事故频次随时间在任何给定的地点自然波动，短期事故频次不是期望事故频次的可靠估计，需要用长期历史事故数据度量交通设施的安全性。如 9-5 图所示，直线 A、B、C 为短期事故频次的平均值，均无法准确度量期望交通事故频次 D。

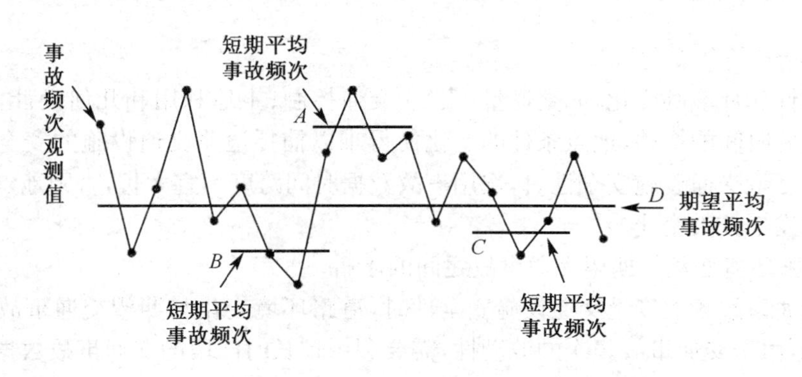

图 9-5 事故频次自然变化示意图

(2) 回归到均值和回归到均值偏差

回归到均值(Regression to the Mean, RTM)：事故随时间的波动使得我们难以确定观察到的事故频次变化是由于地点条件的变化还是由于自然波动。当观察到具有相对高的事故频次的时段时，从统计学的角度讲，在随后的时段很有可能具有相对较低的事故频次。该趋势被称为回归到均值，它同时也能用来解释低事故频次周期之后将是出现高事故频次周期。

如果没有考虑 RTM 的影响,则很有可能会引入"RTM 偏差",也被称为选择偏差。当实施改进措施的地点的选择是基于事故频次观测值的短期趋势时,就会发生选择偏差。例如,用在非常短的时段(比如两年)观测到的较高的事故频次来选择需要改进的地点,然而该地点的长期事故频次实际上可能很低,因此在另一个地点实施改进措施可能更具成本效益。

RTM 偏差还可导致对改进措施有效性的过高估计或低估。在不考虑 RTM 偏差的情况下,我们无法得知所观察到的事故减少是由于实施的措施引起的还是由 RTM 所导致。

图 9-6 显示了 RTM 和 RTM 偏差在改进措施效果评价中的影响。在这个例子中,改进地点的选择是基于三年的短期事故频次趋势(其趋势向上)。实际上,由于回归平均的影响,观察到的事故频次可能在没有任何处理的情况下减小(向预期的平均事故频次靠近)。然而,如果忽略在无改进措施的情况下将发生的事故频次的减小(由于 RTM),我们可能会高估实施措施的有效性。

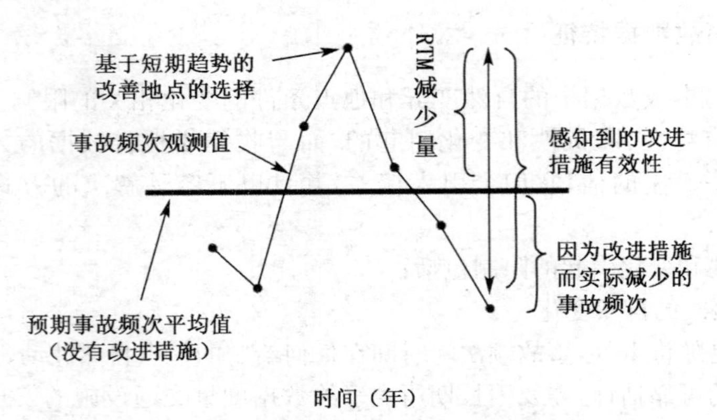

图 9-6　交通事故频次回归到均值偏差示意图

(3) 道路环境的变化

道路特性和环境的变化,如交通量、天气、交通控制、土地利用和几何设计,都会随时间而变化。随着时间的推移,地点条件的变化使得难以捕捉道路交通设施的安全性。利用交通事故频次度量交通设施安全性时,选用事故数据时间跨度不宜太长,否则地点条件可能会在研究期间发生较大变化。

(4) 道路环境变化与期望交通事故之间的矛盾

利用交通事故频次度量交通设施安全性时,道路环境变化与期望交通事故之间存在矛盾。一方面,由于交通事故频次的波动性,需要利用较长时间段的交通事故数据以确定期望事故频次;而另一方面,道路环境的变化导致不宜采用时间跨度太长的交通事故数据。这种矛盾关系在利用交通事故数据进行交通安全分析时需要慎重考虑。

五、交通事故分析的数据需求

详细的事故数据、道路或交叉口和交通量数据对于进行有意义的、统计学上可靠的交通事故分析至关重要,这些数据包括以下几个方面:

(1) 事故数据

事故报告中的数据元素描述了事故的总体特征。虽然数据的具体细节和详细程度不同，但是一般来说，最基本的事故数据包括事故发生的位置、日期和时间、事故的严重性、事故类型以及道路、车辆和人员的基本信息。

（2）设施数据

道路或交叉口数据提供关于事故现场的物理特性的信息。路段特征数据通常包括道路分类、车道数量、路段长度、中间护栏和路肩宽。交叉口数据通常包括道路名称、区域类型、交通控制和车道配置。

（3）交通量数据

在大多数情况下，交通事故分析所需的交通量数据是年平均日交通量（AADT），一些管理部门可能使用其他平均日流量（ADT）。可以用于交通事故分析的其他数据包括交叉口总进入交通量和路段上车辆总里程。在一些情况下，可能需要额外的流量数据，例如交叉口行人流量或转弯交通量。

§9-3 交通安全分析

交通安全可以从主观和客观两个角度进行度量。主观安全指人们对自己在道路上的安全程度的主观感受；不同的观测者对于同一地点的主观安全评价不尽相同；公众、交通领域的专家和统计学家在判断某地点是否安全时可能会得出多种不同但都有理有据的结论。与主观安全不同，客观安全指对于普遍存在的危险事件或普遍存在的事故和它们造成的伤害的客观度量，它利用了一系列不依靠观测者主观感受的定量方法来度量安全。

交通安全分析的研究重点在于估计和评价在特定时间段内，某个路网、设施处或地点的事故频次和事故严重度，因此主要研究基于事故数据的客观安全。

一、基于事故数据的安全定义

1. 安全

安全是实体的一个属性，实体的安全是在一段时间内，实体可能发生的事故数，或不同种类和严重程度的事故结果。美国《高速公路安全手册》（Highway Safety Manual）指出，安全可由在一段时间内，在一定的道路线形和运行条件下的事故频次、事故严重性和事故类型来衡量。

2. 事故

事故，即由于一辆机动车与其他机动车、骑自行车的人、行人或物体碰撞而导致人员受伤或财产损失的一系列事件。

3. 事故频次

事故频次，即一年间，发生在特定地点、设施处或路网的事故数量。

4. 事故估计

事故估计，指任何用于预测或估计下列三种情况的事故频次的方法：

① 在过去或未来的某个时间段中，实际条件下的现有路段；

② 在过去或未来的某个时间段中，替代条件下的现有路段；

③ 在未来的某个时间段中，假定条件下的设计路段。

5. 预测方法

预测方法，即用于估计在特定时间段，在给定道路线形和交通量条件下，某个地点、设施处或某条道路的事故频次期望。

6. 事故评估

事故评估，即基于事故估计结果的比较，来确定特定措施在实施后的效果。效果指某个地点或某个项目中，事故频次期望值或事故严重度的改变。如：

① 评估单一措施并记录其效果；

② 评估一组类似的项目并记录这些项目的效果；

③ 评估一组类似的项目以量化对策的效果；

④ 评估特定项目或对策相比于成本的总体效果。

二、事故数据的计算指标

衡量交通事故多少及严重程度的指标，多以事故次数以及死伤人数为单位，通常用下列指标。

1. 事故的绝对指标单位

通常，以事故次数、死亡人数、受伤人数三项指标来衡量每年或每月、每周不同地区、范围或不同路段的事故情况。若比较世界各国发生交通事故死亡人数，需将死亡时间进行标准化，换算成世界标准的交通事故死亡人数。通常以 30 d 为标准，然后附加一个交通事故死亡人数的修正因子。

事故频次期望，即用于描述在特定时间段内（以年为单位），在给定道路条件下，某个地点、设施处或某条道路长期平均事故频次的估计值。

由于事故是随机事件，某地点的事故频次会随时间自然波动，所以短期的事故频次观测值并不能准确估计在同等条件下更长时间段内的事故频次期望。如果路段上的所有情况是可控的（如固定的交通流量、不变的道路线形等），长期事故频次均值是可测的。然而，保持情况一致是几乎不可能实现的，实际的长期交通频次均值是未知的，只能用估计值替代。

2. 事故的相对指标单位

事故率指在特定时间段，在某个地点发生的事故次数或死亡、受伤数总和与其人口数、在籍（机动）车辆数、运行里程等的相对关系。常用的事故率有以下几种：

(1) 万车事故率（次/万车）

$$A = \frac{B}{M} \times 10^4 (\text{次 / 万车}) \tag{9-1}$$

式中 A——1 万辆登记汽车的事故率；

B——1 年内该地区事故件数或死亡、受伤数总和；

M——该地区的机动车的保有量（辆）。

(2) 万人事故率（次/万人）

$$A_1 = \frac{B}{P} \times 10^4 (\text{次 / 万人}) \tag{9-2}$$

式中 P——该地区的人口数（人）。

(3) 亿车公里事故率（次/亿车公里）

$$A_2 = \frac{C}{V} \times 10^8 (\text{次 / 亿车公里}) \tag{9-3}$$

式中 C——该地区1年内事故次数；

V——该地区1年内登记运行的车公里数。

(4) 交叉口事故率

按百万或万车流入交通量，计算交叉口的交通事故率，即以汽车进入交叉口的流量为基数，除以交通事故数。

$$\text{交叉口的事故率} = \frac{\text{1年间交通事故件数} \times 10^6}{\text{24 h 流入交通量} \times 365}(\text{次/百万辆}) \tag{9-4}$$

3. 交通事故严重性计算

(1) 事故严重度

事故严重度，即由事故造成的人员伤亡或财产损失水平。虽然一场事故可能导致多种不同程度的伤害，事故严重度特指由一场事故造成的最严重的伤害。

事故严重度通常被分为K、A、B、C、O五个等级：

K类——致命伤害：导致死亡的伤害。

A类——致残伤害：除致命伤害外，其他使伤者无法再行走、驾车或进行事故发生前可以从事的活动的伤害。

B类——非致残的明显伤害：除致命伤害和致残伤害外，其他在事故现场能明显察觉到的伤害。

C类——可能伤害：除致命伤害、致残伤害和非致残的明显伤害外的任何不明显伤害。

O类——无伤害/只有财产损失(Property Damage Only，简称PDO)。

(2) 经济损失费用

交通事故中死亡、受伤和财产损失的严重程度是不相等的，对不同地区不同的死、伤、财产损失的统计量很难进行统一比较，故实际分析时，一般以财产损失为参考标准，对一个死亡或受伤人员所造成的损失换算为相当的经济损失费用数，然后将死亡、受伤统一换算成财产损失，这样不同类型、不同性质的各类交通事故可以统一换算成经济损失费用。

三、交通安全评价

交通安全评价是道路交通安全学的重点研究内容，也是当前国内交通安全学领域研究的热点问题。道路交通安全评价是以特定的道路交通系统为对象，采用定性或定量方式对该系统的安全特征做出客观的描述，确定影响交通安全的因素以及制约程度，为改善道路交通安全提供客观的数据和科学的依据。现阶段主要的交通安全评价方法主要有以下几种。

1. 直接评价法

交通安全直接评价法通常以交通事故频次的期望值作为交通设施安全性的评价指标，是建立在交通事故统计资料基础上的安全评价方法，其应用依赖于完善的事故统计资料的积累。在道路交通安全改善过程中，决策者需要对不同方案的安全效益进行观测分析及评价。常用的评价方法包括两种：事前事后分析法(Before-After Analysis)及横断面分析法(Cross-Section Analysis)。

(1) 事前事后分析法

事前事后分析法是通过交通改善措施实施前后评价对象的属性及事故数据相对比，分析交通改善措施产生的安全效益。在此过程中,评价者需要对评价对象在“假设未进行交通安全改善”情况下的事故数据进行预测,将进行安全改善后某一时刻的事故估计值与“假设未进行交通安全改善”情况下在该时刻的事故预测值进行比较,从而得到交通安全改善设施的效益。

常用的朴素事前事后分析法假设某条道路没有实施改善措施前后,道路的安全性没有发生改变,即利用事前的道路安全状况对事后的安全状况进行预测。这种假设认为道路的交通状况、降水量、道路使用者总数、车辆、周边经济状况等因素前后不发生改变。然而现实中这些假设都很难成立,所以朴素事前事后法得到的安全变化其实是改善措施和因素混合的影响,并且哪部分安全变化是改善措施带来的,哪部分是其他因素带来的是不能确定的。对于一些渐变因素如车辆损耗等,可以通过缩短事前事后研究时间长来减小影响,但是对于一些突变因素如暴风雪等,缩短研究时间长的方法就不奏效了,所以需要使用考虑因素修正的事前事后比较法。

(2) 横断面分析法

在事前事后分析法的数据较难获得时,也可采用横断面分析法。横断面分析法是将两类具有相似特性的交通设施事故数据进行比较,其中仅有一类进行过交通安全改善。

这两类观测分析方法的区别在于:事前事后分析法反映了交通改善措施实施前后评价对象的安全指标变化情况,而横断面分析法并未体现这一变化过程,只是将同一时间段内两类相似交通设施安全指标进行对比分析。

2. 间接评价法

在不具备完善的事故统计资料的情况下,则采用交通安全间接评价法,即以各种交通事故替代指标来进行交通安全评价。我国目前尚未建立起满足事故微观分析需求的交通事故数据库,现有数据库在准确性和公开性方面都存在一定缺陷,制约了交通安全直接评价法在我国的应用。因此,我国学者提出的交通安全评价体系大都采用交通安全间接评价法。

交通冲突技术(Traffic Conflict Technique, TCT)是目前国内外应用最广泛的交通安全间接评价法。交通冲突技术以现场观测到的交通冲突作为交通事故替代指标来评价道路交通设施安全状况,与传统的基于交通事故数据分析的交通安全评价方法相比,交通冲突技术不依赖于完善的事故统计资料的积累,具有数据获得迅速、评价周期短等优点,因此自20世纪80年代引入我国以后迅速得到了我国学者的关注。

3. 交通事故模型

交通安全研究者们以深入理解各种影响事故发生的因素为目标,为事故预测以及交通安全改善奠定基础。但是,详细的驾驶员信息以及事故碰撞的实时信息都是很难获取的。研究者们往往转而研究在特定的道路交通条件下特定时间内事故发生频次的影响因素,从而建立了一系列交通事故预测模型。

交通事故模型是将事故发生与影响因素之间的联系抽象为数学形式,主要包括交通事故频次预测模型和交通事故严重性模型,相比于其他传统的安全分析方法,交通事故模型具有以下优点:

① 可以用来预测某个地点特定时间段发生的交通事故数。有了交通事故模型,交通工程师就不必实地收集事故数据,而且可以减少由于事故报告存在主观性引起的偏差。

② 可以提供事故期望数,用于评价安全水平。传统地,我们用实地测得的事故数来评

价某处的安全性。然而,交通事故是随机事件,某处一定时间内的交通事故数服从某种分布,因此理论上如果用交通事故数作为安全评价的标准,那么应该是用特定时间段内发生在该处的交通事故的期望数,而不是某次观察得到的事故数。

③ 可以用来评价某种因素的安全影响。传统的事前事后法比较用事前事后交通事故数的不同来评价改善措施的安全影响,这种方法需要假设影响安全的其他因素事前事后保持不变,有了交通事故模型,在进行事前事后比较时,可以较为方便地控制模型中其他变量不变,研究该因素的安全影响。

通常在进行交通事故模型建模时,所采用的交通事故数据,由于受到各种干扰因素的影响,会呈现不同特性,而这些特性所导致的问题正是我们在建模过程中需要注意并解决的,详见表 9-3。

表 9-3　交通事故模型建模常见问题

常见问题	影响
过度分散	与一些基础事故数据模型的模型假设发生冲突
欠分散	与过度分散问题类似,会与一些基础事故数据模型的模型假设发生冲突
时变特性	忽略重要变量的周期特性而在计算周期内采用均值进行计算,会导致模型参数估计的偏差
时空相关性	时间与空间上的相关性将导致模型估计结果失去应有的效用
低样本均值与小样本量	样本中存在大量的零值样本,会导致样本参数估计的偏差
事故严重程度与事故类型的相关性	事故严重程度与事故类型的相关性使得在对单一严重程度事故进行模型参数估计时,模型估计结果失去应有的效用
未记录事故	事故数据的缺失将改变模型的估计结果,导致错误的产生
未考虑变量的影响	当具有显著影响的变量未被纳入模型中时,模型的估计结果就会发生偏差
变量自相关性	在建模时若未能考虑解释变量的自相关性,而使这种自相关特性内涵在模型中,模型的估计结果就会发生偏差
模型形式	当选择了错误的模型形式,那么模型中的变量就无法正确地对事故估计结果进行解释,从而模型的估计结果必将发生偏差
固定参数取值问题	固定的模型参数取值并不能很好地适合不断变化的实际情况,导致模型估计结果发生偏差

(1) 交通事故频次预测模型

交通事故模型中有很大一部分是关于事故频次的。研究者利用事故数据和道路线形、天气、交通运营管理等影响因素的数据,选择合适的交通事故频次预测模型确定事故频次与其影响因素的定量关系,从而确定交通安全影响因素,根据既定的道路线形、天气、交通运营管理等数据预估事故频次,有效指导交通设计和交通政策的制定。

由于事故频次是非负整数,泊松回归是最初的事故模型的基础。随着研究的深入,泊松模型的局限性逐渐显现出来,研究者开始在泊松模型基础上进行变化,例如负二项模型,负二项模型由于适用于过饱和数据(均值显著大于方差)而得到广泛应用。对于冲突频次数据中有许多为 0 的情况,许多研究者考虑采用零膨胀泊松模型和零膨胀负二项模型,将为 0 的情况分为两种状态:一种是 0 状态,另一种是正常状态。除此以外,还有伽马模型、康威麦斯威尔泊松模型、负二项 Lindley 模型等。

还有研究者不是把事故作为计数数据分析，而是分析事故间隔时间(持续时间模型)从而可以利用事故间隔时间产生特定时间段内的事故频次。另外，近来很多研究者把计数模型看作广义有序响应模型的特例，相对于计数模型广义有序响应模型更容易将单变量计数模型扩展为多元计数模型，更适应空间和时间的动态变化。

(2) 交通事故严重性模型

事故严重程度数据通常用一些离散分类数据来表示，比如说事故严重程度可以分为致命或死亡的，致残的，非致残的，可能造成伤害的和只有财产损失的。除了这些数据的离散性，过去的一些研究也发现了事故严重程度数据其他的相关特征，详见表 9-4。

表 9-4　交通事故严重程度数据特征

特征	影响
不可见	在传统的事故数据中，不是所有的数据都会被公布，事故存在被人为隐瞒的特征，研究所用的事故数据不是随机从总体中抽取的，而是基于结果的样本，产生的偏差会导致有些因素的边际效应被放大
有序性	事故严重程度分类是有序的，有时相邻的两个分类之间界限不明显。忽略相邻选择之间的关联，会造成一些模型中参数的有偏估计和不正确结论
固定参数	固定参数忽略了每起事故参与者的异质性(如避险行为、生理条件的不同)，可能会导致估测结果的偏差和错误结论
遗漏数据偏差	事故报告所提供的信息量是有限的，如果遗漏变量与模型中其他变量互相关联，或其具有自相关性或异质性，那么可能造成对应模型的参数估计不一致。当想要通过分析事故严重性来设置相关安全改善措施时，影响事故严重性因素的遗漏往往是一个较大的缺陷
小样本量	根据样本量的大小来确定研究模型与方法，当数据有限时，通常会选择较为简单的模型，例如固定参数模型，在较少数据的情况下也能得到较为合理的估计结果
内生性	在建模过程中，会出现解释变量反过来被因变量影响的问题。但内生性更一般地可解释为解释变量与残差(不可观测的异质性)相互关联，由于事故数据的离散性，解释变量在度量上很有可能存在误差，其所建立的回归模型会成为回归误差的一部分，从而产生内生性问题
事故内部的相关性	通常，许多研究根据事故中受伤程度最严重的个体来划分事故的严重性。但是，研究中事故却是涉及到多辆车和所有事故相关的个体的，不能仅由单一个体来代表整起事故情况，否则会造成模型参数的有偏估计
空间和时间的相关性	当事故发生在相近的地点(同一交叉口)或相近的时间(如同一天，同一个星期)可能就会有相同的不可观测影响因素。这些因素的存在会使得建模与模型参数估测更加困难。如果忽略事故间时空的相关性，所得估测结果将不够精确严谨

事故严重性模型与计数模型发展过程类似，最初的事故严重性模型是简单的二项离散模型，如二项 Logit 和二项 Probit 模型，后来事故严重性模型发展为多项离散模型、Nested 模型和随机参数 Logit 模型。但是多项离散模型，不能考虑事故严重程度的有序性(即从没有伤害到死亡)，因此考虑到伤害程度的有序性，发展了有序 Probit 和 Logit 模型。

§9-4　交通安全管理

一、交通安全管理一般流程

道路交通安全管理过程为系统规划，项目规划以及近期设计、操作和维护提供信息。道路交通安全管理流程包括：找出可以实施减少事故频次或严重程度措施的地点；了解交通事故发生的模式和最可能减少某一地点事故发生频率的对策；估计某一项措施的经济效益；开发优化的项目列表以改进；评估减少事故频次对策的有效性。

道路交通安全管理过程中活动可以独立地进行，或者可以集成到用于监视运输网络的循环过程中，如图 9-7 所示。交通安全管理有六块内容：路网甄别（黑点鉴别）；存在问题诊断；改善方案决策；经济评价；对方案进行排序；安全效益评价。六块内容相互联系、相互交织，并不断迭代循环。

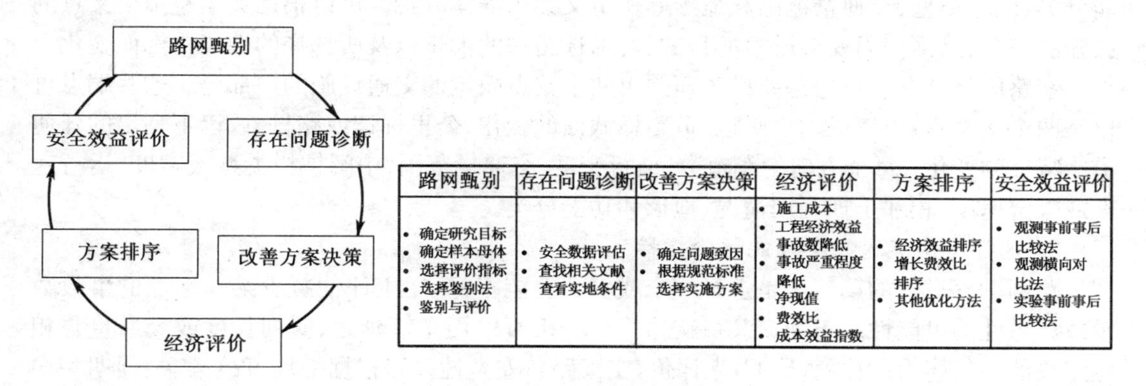

路网甄别	存在问题诊断	改善方案决策	经济评价	方案排序	安全效益评价
• 确定研究目标 • 确定样本母体 • 选择评价指标 • 选择鉴别法 • 鉴别与评价	• 安全数据评估 • 查找相关文献 • 查看实地条件	• 确定问题致因 • 根据规范标准选择实施方案	• 施工成本 • 工程经济效益 • 事故数降低 • 事故严重程度降低 • 净现值 • 费效比 • 成本效益指数	• 经济效益排序 • 增长费效比排序 • 其他优化方法	• 观测事前事后比较法 • 观测横向对比法 • 实验事前事后比较法

图 9-7　交通安全管理流程

二、路网交通安全勘查

路网交通安全勘察（路网甄别）是整个道路安全管理循环中的第一步，是为了审查交通网络，从而识别出实施改进措施后能实现事故频次减少的地点并且将它们从最可能到最不可能进行排序。那些最有可能实现减少事故频次的地点会被用来进行更加详细的研究，包括事故发生模式、导致因素以及合适的对策。路网交通安全勘察也可以被用来制定和实施一项政策，比如在一些有较高数量的冲出道路事故的地点，优先更换非标准护栏。本节将会介绍路网交通安全勘察的过程、评价指标以及勘察方法。

路网交通安全勘察一般可以分为五步。

1. 确立研究目标

确立路网交通安全勘察的目的或预期结果，确立重点研究的对象。同时也可以识别具有特殊事故类型或严重程度的地点以便制定或实施政策。

如果应用路网交通安全勘察来识别可以减少事故频次的地点，则评价指标适用于所有地点。根据分析结果，那些有可能被改进的地点会被进行进一步分析。该分析类似于用于识别“事故频发地点”的黑点鉴别法。

黑点鉴别本身也可以划分为三个关键问题,即路段划分、黑点鉴别标准选择以及指标值计算。黑点鉴别方法也在不断更新。最早出现同时也是最简单的黑点鉴别方法是基于事故数、事故率的数值方法。随后研究者考虑事故是随机产生的,并受到多种因素的影响,经验贝叶斯法、全贝叶斯等统计学方法被研究者应用到黑点鉴别中来,以消除事故随机性带来的影响。此外考虑黑点鉴别这项工作的实际意义,有部分方法将显著超过平均水平的点作为事故黑点,如事故降低可能性法,同时与贝叶斯方法的结合也使这类方法得到改进。

2. 识别路网并建立参考群体

识别要筛选路网元素并将这些元素组织成参考群体。可以筛选的道路网络元素的示例包括交叉点、道路段、设施、坡道、坡道终点和坡道铁路交叉口。

参考群体是具有相似特征的一组地点。最终会在参考群体中对每个地点进行优先级排序。在一些情况下,可以在参考群体之间进行性能指标比较。在下面的章节中确定了用于建立交叉路口和道路段的参考群体的特征。

可以用于确认道路交叉口参考群体的特征有:交通控制、交叉口进口道数、横断面、功能分类、区域类型、交通量范围和地形等。定义参考群体的特性可以根据关于每个交叉点的已知的细节、路网交通安全勘察的目的、要筛选路网的大小以及所选择的性能指标而变化。

道路段是具有一致的道路横截面并由两个端点限定的交通设施的一部分。这些端点可以是两个交叉点、出口或入口匝道、道路横截面的变化、公里标记或路桩,或以下列出的任何道路特征的变化:每个方向的车道数、通行密度、交通量范围、中间护栏类型或宽度、运行速度或限定速度、相邻土地利用情况、地形和功能分类。

3. 选择路网交通勘察性能评价指标

路网勘察过程的第三步是选择一个或多个性能指标,用于评估减少某一地点的事故数量或严重性的可能性。正如交叉口交通运行分析可以用车辆延迟、队列长度或交通量与相应路段的通行能力的比值(V/C)来评价,交叉路口安全性可以根据平均事故频次、预期平均事故频次、临界事故率,或几种其他性能指标来衡量。在路网勘察中,使用多个性能度量来评估每个地点可以提高结果的置信水平。

选择性能指标的关键考虑因素是数据可用性、平均偏差回归以及如何建立性能阈值。

4. 选择鉴别方法

这一步要与评价指标的选择一致,主要有三种方法,滑动窗口法、简单排序法和峰值搜索法。对于路段(如道路路段、匝道)可以使用滑动窗口法或者峰值搜索法来鉴别筛选。对于某一节点(如交叉口或者匝道终端交叉口)可以用简单搜索法。对于交通设施(节点和路段的结合)可以结合节点和路段的搜索方法。

5. 鉴别和评价

该过程的最后一步是进行筛选分析和评估结果。通过节点、路段或设施来鉴别。筛选分析的结果是根据所选性能指标排序的地点的列表。列表中较高的那些地点是指最有可能在减少事故频次的对策中受益的地点。对这些地点的进一步研究将告诉我们什么样的改进可能是最有效的。

三、交通安全诊断

交通安全诊断是道路交通安全管理的第二步。诊断的预期结果是识别事故的原因以及可以进一步评估的潜在安全问题或事故模式。

交通安全诊断一般包括以下三个步骤:

1. 事故数据审查

交通安全诊断从审查事故类型、事故严重性或道路环境条件(例如,路面、天气或照明条件)数据开始。这种审查可以识别与时间、事故前的行进方向、天气状况或驾驶员行为相关的模式。建议编制和审查三至五年的安全数据,以提高诊断的可靠性。安全数据审查可以考虑:

① 事故条件的描述性统计,包括事故发生的时间地点、事故类型、严重程度或道路环境条件等。这些信息是从警察的报告中获得的,如§9-2第二部分所述。同时,可以借助柱状图、饼图或表格来展现事故数据的描述性统计,如图9-8所示。

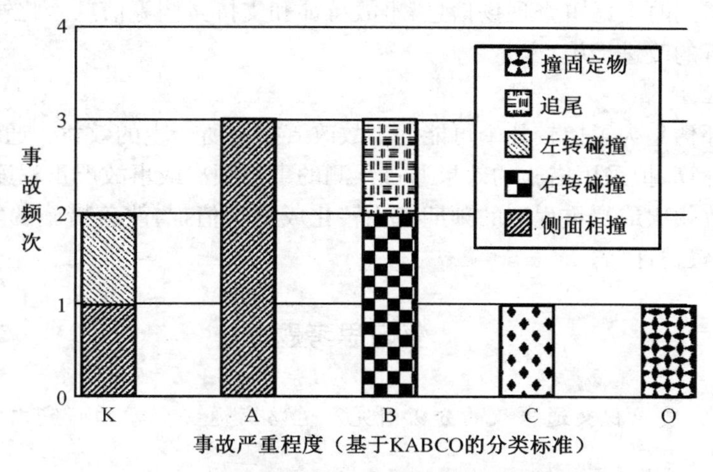

图9-8 不同事故类型及严重程度的事故频次柱状图

② 事故位置总结。事故位置可以用三种工具进行总结,即碰撞图、条件图和使用地理信息系统(Geographic Information System, GIS)工具产生的碰撞映射图。这三种工具都是可视化工具,可以显示与事故位置相关的信息。

2. 评估支持文件

评估文件提供了关于地点条件的信息,包括基础设施的改善、交通运营、道路几何线形、交通控制、使用的交通方式以及相关的公众评论。

本评估的目的是获取和审查本地交通专业人员的文件信息或个人证词,为事故数据审查提供额外的视角。这些文档中所提供的该地点设施变化信息可以用来识别新的安全问题或验证事故数据审核中确定的问题。

3. 地点条件评估

勘察该地点以审查和观察该地区的各种交通设施特征,特别是使用不同交通方式的人如何通过该地点的。

诊断可以通过现场调查来进行。实地观察可以用来验证由事故数据或支持性文件审查中发现的安全问题。在现场调查期间,收集第一手地点信息以帮助理解在研究地点的机动车和非机车的通行特征,通过分析各种交通方式的通行方向以及之间的可能交叉碰点,辨识可能的事故原因。

四、交通安全改善方案与经济效益评估

1. 交通安全改善方案

根据可能导致观察到的事故模式或安全问题的影响因素，选择改进措施来解决相应的影响因素。

首先要识别研究地点导致事故发生的因素。方法已经在上文中描述过，如§9-2第三节所讲的，识别事故导致因素的一个很有用的方法是哈顿矩阵。在哈顿矩阵中，事故的导致因素分为人、车和路三类，并且将可能的事故情况分为了三个时段，即事故发生前、发生时和发生后，以识别事故发生的原因。

改进措施需同时考虑审查现场信息、事故特征和支持文档等信息。此外，还可考虑一些教育或强制执行的改进措施。

2. 经济效益评估

经济效益评估是为了比较几个可能的事故改善措施所产生的效益。通常改善措施的实施成本以货币计算，拟采用措施的效果通过预测的事故频次或事故严重程度的变化来表征，并进一步将事故频次或严重程度的预期变化转化成货币值，与改善措施的实施成本进行对比，以进行经济效益评估。

复习思考题

9-1　为什么要重视交通事故的分析研究？道路交通安全学的研究内容有哪些？发展方向有哪些？

9-2　如何定义交通事故？交通事故的影响因素有哪些？如何辨别一起事故的影响因素？

9-3　交通事故信息采集的目的是什么？交通事故信息包括哪些内容？采集到的交通事故数据有哪些局限？

9-4　如何定义交通安全？度量交通安全的指标有哪些？各有什么优缺点？

9-5　试简述交通安全评价的主要方法。

9-6　试简述道路交通安全管理规划各步骤的侧重点。

习　题

9-1　某公路路段长15 km，路段日交通量平均为4 500辆/d，该路段每年发生交通事故28起，死亡8人。问：年事故率和死亡率各是多少(按1亿车km计算)？

9-2　某交叉口日交通量平均为4 800辆/d，该交叉口每年发生交通事故9起，死亡4人。问：年事故率和死亡率各是多少(按每百万辆车计算)？

9-3　某三级公路长20 km，日交通量平均2 000辆/d，年事故率为82起/亿车km，年死亡率为27人/亿车km。问：该公路每年发生多少起交通事故？死亡多少人？

第 10 章　道路交通与环境保护

§10-1　概　述

一、道路交通的发展与环境影响

1. 环境的定义

环境，是指影响人类生存和发展的各种天然的或经过人工改造的自然因素的总和，包括大气、水、海洋、土地、矿藏、森林、草原、野生生物、自然遗迹、人文遗迹、自然保护区、风景名胜区、城市和乡村等。

环境是以人类为主体的外部世界，即人类赖以生存和发展的物质条件的整体，包括自然环境和社会环境。环境与发展是当今世界普遍关注的重大问题。人类经过漫长的奋斗历程，特别是自产业革命以来，人类在改造自然和发展经济方面取得了巨大的成就，但与此同时，由于工业化进程中对环境的处理失当，特别是不合理地利用自然资源，带来了全球性的环境污染和生态破坏问题，对人类的生存和发展构成了现实威胁。保护生态环境，实现可持续发展，已成为全世界紧迫而艰巨的任务。

2. 道路交通环境问题

自从汽车诞生以来，以汽车为主要运输工具的道路交通给人类带来了巨大的效益和便利，促进了社会经济的发展，提高了人们的生活、生产水平。但事物的发生和发展总是一分为二的，道路交通在给人类社会发展带来巨大正面影响的同时，也带来了负面影响，即道路交通造成了严重的环境问题。道路交通环境问题主要包括环境污染和资源破坏两个方面。

(1) 道路交通环境污染

道路交通环境污染指与道路交通有关的人为活动向环境排放的某种物质或能量，使环境质量恶化的现象。如汽车排放的一氧化碳、二氧化碳等有害气体对大气环境的污染；交通噪声对声环境的污染；夜晚由于交通产生的不合理灯光所造成的光污染；由于铁路振动、公路振动、地铁振动所造成的振动污染；公路沿线服务设施的固体垃圾、污水及路面径流对地表水环境及土壤环境造成的生态污染。

(2) 道路交通资源破坏

道路交通资源破坏是指与道路交通相关的人为活动使自然资源遭受损失，包括土地占用、植被破坏、水土流失和动植物被影响等。

二、交通环境保护的目的

随着我国经济水平的不断提高，交通环境得到不断改善。然而交通运输在改善人们出行环境的同时，对自然环境也产生了极大的负面影响。道路交通对环境的负面影响，均直接或间接地造成国家资源、财产的损失及人民生命、健康的损害。如自然生态平衡的破坏，将产生或加剧道路沿线地区的自然灾害，不仅使道路本身形成病害，影响其使用价值，也使沿线人们的生活和生存受到危害；汽车的排放物，使沿线农业土壤和农作物的铅含量倍增，蒙尘使农作物减产；对水资源的污染，使水质恶化，影响工农业用水和人们的饮用水；尤其是对在排放物浓度大的地区和空间中长期工作的人员危害更大，如在缺乏排放控制的汽车驾驶室中，污染物的浓度常超过人体所能承受的大气环境质量标准，导致司机因慢性中毒而危害其身体健康，甚至引起交通事故。在城市道路的交叉路口处，汽车的各种排放物就像两条“山脉”，其浓度从路中央向两侧呈指数下降分布，正常情况下，要到两侧 150 m 左右处，才达到平均值，因而交叉路口就成为两条“山脉”的浓度最高峰值的交叉点。交通警察处在污染浓度的峰值点上指挥交通，成为汽车排放污染的受害者。在高等级公路的收费站口，由于汽车的停车、起动，其排放污染的积累也是相当严重的，影响收费人员的身体健康。另外，在城市街道两侧的商店、住户及行人，由于污染浓度超标而受害的人群数量会更加广泛。

自然环境为我们的生存和发展提供了必要的资源和条件，是人类生存和发展的基本前提。随着社会经济的发展，环境问题已经成为一个不可回避的重要问题，被提上了我国政府的议事日程。2016 年 11 月 24 日，国务院印发的《“十三五”生态环境保护规划》指出：按照党中央、国务院决策部署，以提高环境质量为核心，实施最严格的环境制度，打好大气、水、土壤污染防治三大战役，加强生态保护与修复，严密防控生态环境风险，加快推进生态环境领域国家治理体系和治理能力现代化。同时，《“十三五”生态环境保护规划》制定了生态环境保护五年规划的主要目标：到 2020 年，生态环境质量总体改善。生产和生活方式绿色、低碳水平上升，主要污染物排放总量大幅减少，环境风险得到有效控制，生物多样性下降势头得到基本控制，生态系统稳定性明显增强，生态安全屏障基本形成，生态环境领域国家治理体系和治理能力现代化取得重大进展，生态文明建设水平与全面建成小康社会目标相适应。

为了与《“十三五”生态环境保护规划》的目标相一致，在改善道路交通环境的同时，应该加强对生态环境的保护。因此，研究交通对环境产生不良影响的原因，寻找减少甚至消除这些影响的措施，是保证可持续发展的重要手段之一，同时也是交通工程学的重要课题之一。

本章将主要介绍道路交通产生的大气、噪声、交通光、振动等污染的危害与应对措施，以及道路交通污染控制与可持续发展之间的基本关系。

§10-2 大气污染

一、大气污染的基本概念

1. 大气的结构和组成

地球的最外层被一层总质量约为 3.9×10^{15} t 的混合气体包围着，它只占地球总质量的百万分之一。大气质量在垂直方向的分布是极不均匀的，由于地心引力的作用，大气的质量主要集中在下部，50%的质量集中在离地面高度 5 km 以下，75%集中在 10 km 以下，90%

集中在 30 km 以下的范围内。高度 100 km 以上空气的质量仅是整个大气圈质量的百万分之一。根据大气在垂直方向上温度、化学成分、荷电等物理性质的差异，同时考虑到大气垂直运动状况，可将大气圈分为 5 层（图 10-1），分别是对流层、平流层、中间层、热层和逸散层。

在对流层中，因受地表的影响不同，又可分为两层。在 1～2 km 以下，因受地表机械、热力强烈作用的影响，通常称为摩擦层或边界层，亦称低层大气，排入大气的污染物绝大部分活动在此层。在 1～2 km 以上，受地表的影响变小，称为自由大气层，主要天气过程如雨、雪、雹的形成均出现在此层。对流层和人类的关系最为密切。

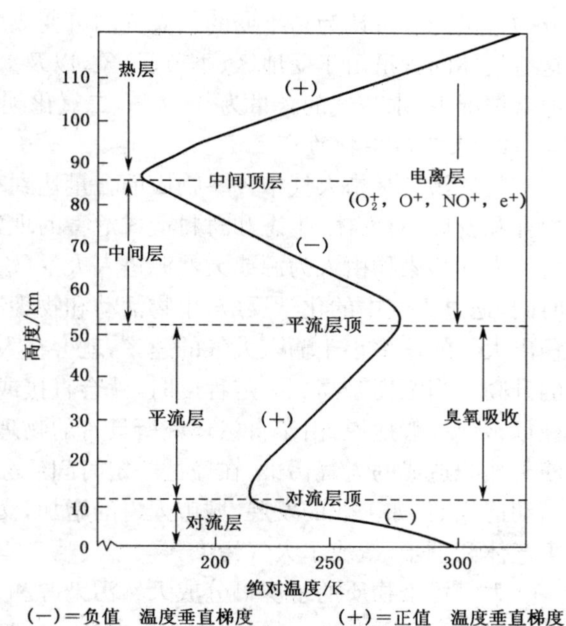

图 10-1　大气圈的层状结构

大气是一种气体混合物，其中除含有各种气体元素及化合物外，还有水滴、冰晶、尘埃和花粉等杂质。大气中除去水汽和杂质的空气称为干洁空气。

表 10-1　大气气体组成

大气的组成	大气中的平均浓度		循环
	%	10^{-6}	
N_2	78.09	780～840	生物和微生物
O_2	20.94	209～460	生物和微生物
Ar	0.93	9～340	无
CO_2	0.033	330	生物活动和人类活动
Ne	—	18	无
He	—	5.2	无
Kr	—	1.0	无
Xe	—	0.08	无
H_2	—	0.5	生物活动和化学过程
CH_4	—	1.5	生物活动和化学过程
CO	—	0.1	生物活动和化学过程
N_2O	—	0.25	生物活动和化学过程
O_3	—	0.1～0.01	化学过程

表 10-1 列出了对流层清洁空气的气体组成。由表可知，地球表面大气主要由氧、氮和几种惰性气体组成，约占空气总量的 99.9%以上。除二氧化碳和臭氧外，其他组成在对流层的大气中是稳定的，甚至在平流层以及中间层，即约在 90 km 这段大气层里，这些气体组

分的含量几乎可认为是不变的。大气的可变成分主要是指大气中的二氧化碳和水蒸气等，这些气体的含量由于受地区、季节、气象，以及人们生产生活等因素的影响而有所变化。在通常情况下，水蒸气的含量为0～4％，二氧化碳的含量为0.033％。

2. 大气污染物的产生

大气污染是指大气中一些物质的含量达到有害的程度，以致破坏人和生态系统的正常生存和发展，对人体、生态和材料造成危害的现象。

大气污染物由人为源或天然源进入大气(输入)，参与大气的循环过程，经过一定的滞留时间，通过大气中的化学反应、生物活动和物理沉降等过程从大气中去除(输出)。如果它们输出大气的速率小于输入大气的速率，就会在大气中相对地积聚，造成大气中某种物质浓度的升高。当浓度升高到一定程度时，就会直接或间接地对人体、生物或材料等造成急性或慢性危害。一般地说，由于自然环境所具有的物理、化学和生物作用过程(自然的净化作用)，使天然源造成的大气污染，在经过一定时间后会得到恢复。所以说，大气污染主要是指人类活动造成的，如工业的发展、城市人口的增加，交通运输等活动使大气加入了各种各样的有害气体和烟尘，造成了大气污染。

大气污染物质的来源可分成天然污染源和人为污染源。

(1) 天然污染源

自然界中某些自然现象向环境排放有害物质或造成有害影响的场所，是大气污染物的一个很重要的来源。大气污染物的天然源主要有：

① 火山喷发：排放出SO_2、H_2S、CO_2、CO、HF等气体及火山灰等颗粒物。

② 森林火灾：排放出CO、CO_2、SO_2、NO_2、HC等。

③ 自然尘：风沙、土壤尘等。

④ 森林植物释放：主要为萜烯类碳氢化合物。

⑤ 海浪飞沫：颗粒物主要为硫酸盐与亚硫酸盐。

(2) 人为污染源

随着工业化进程和人类对于生态环境的破坏，历史上很多国家都发生过大规模的空气污染事件，如1930年比利时马斯河谷烟雾事件，1948年美国多诺拉烟雾事件，1952年英国伦敦烟雾事件等。近年来，我国快速的发展进程也引起了一系列的空气污染问题，尤其是大规模的雾霾天气。高密度人口的经济及社会活动排放出大量二氧化硫、氮氧化物以及可吸入颗粒物($PM_{2.5}$)，一旦排放量超过大气循环能力和承载度，细颗粒物浓度将持续积聚，此时受静稳天气等影响，极易出现大范围的雾霾。这些都是由于人类活动引起的大气污染源，也被称为大气的人为污染源。大气的人为污染源可概括为四方面：

① 燃料燃烧：燃料(煤、石油、天然气等)的燃烧过程是向大气输送污染物的重要发生源。

② 工业生产过程排放：工业生产过程中排放到大气中的污染物种类多，数量大，是城市或工业区大气的主要污染源。

③ 交通运输过程排放：现代化交通运输工具如汽车、飞机、船舶等排放的尾气是造成大气污染的主要来源。内燃机燃烧排放的废气中含有一氧化碳、氮氧化物、碳氢化合物、含氧有机化合物、硫氧化物和铅的化合物等多种有害物质。由于交通工具数量庞大，来往频繁，故污染物的排放量也非常大。

④ 农业活动排放：农药及化肥的使用，对提高农业产量起着重大的作用，但也给环境

带来了不利影响，致使施用农药和化肥的农业活动成为大气的重要污染源。

此外，为便于分析污染物在大气中的运动，按照污染源性状特点可分为固定式污染源和移动式污染源。固定式污染源是指污染物从固定地点排出，如各种工业生产及家庭炉灶排放源排出的污染物，其位置通常是固定不变的；流动源是指各种交通工具如汽车、轮船、飞机等主要在运行中排放废气，向周围大气环境散出各种有害物质。

3. 主要大气污染物

(1) 气溶胶状态污染物

在大气污染中，气溶胶系指固体粒子、液体粒子或它们在气体介质中的悬浮体，其直径为0.002～100 μm。气溶胶粒子按其来源及其物理形态的不同，又可分天然气溶胶和人为气溶胶，包括烟、雾、尘等。它们的物理特征和成因等如表10-2所示。

表10-2　气溶胶形态及其主要形成特征

形态	分散质	粒径/μm	形成特征	主要效应
轻雾	水滴	>40	雾化、冷凝过程	净化空气
浓雾	液滴	<10	雾化、蒸发、凝结和凝聚	降低能见度，影响健康
粉尘	固体粒子	>1	机械粉碎、扬尘、煤燃烧	能形成水核
烟尘(气)	固、液微粒	0.01～1	蒸发、凝聚、升华等过程，难分散	影响能见度
烟	固体微粒	<1	升华、冷凝、燃烧过程	降低能见度、影响健康
烟雾	液滴和固体微粒	<1	冷凝过程、化学反应	降低能见度、影响健康
烟屑	固体微粒	～0.5	燃烧过程、升华过程、冷凝过程	影响人体健康
霾	液滴、固体微粒	<1	凝聚过程、化学反应	温度低时有吸水性

(2) 硫氧化合物

硫氧化物(SO_x)主要是指二氧化硫(SO_2)和三氧化硫(SO_3)。二氧化硫是无色、有刺激性气味的气体，其本身毒性不大。但是，SO_2在大气中，尤其在污染大气中易被氧化形成SO_3，再与水分子结合生成硫酸分子，形成硫酸气溶胶，并同时发生化学反应生成硫酸盐。硫酸和硫酸盐可形成硫酸烟雾和酸性降水，造成较大的危害。SO_2之所以被作为重要的大气污染物，原因就在于其参与了硫酸烟雾和酸雨的形成。

(3) 氮的氧化物

氮氧化物(NO_x)种类很多，它是NO、NO_2、N_2O、N_2O_3、N_2O_4、N_2O_5等氮氧化物的总称。造成大气污染的NO_x，主要是指NO和NO_2。大气中NO_x的人为源主要是燃料的燃烧。

燃烧源可分为流动燃烧源和固定燃烧源。城市大气中的NO_x一般70%来自汽车等流动源的排放，30%来自固定源的排放。燃烧产生的NO_x主要是NO，只有很少一部分被氧化为NO_2。

(4) 碳的氧化物

碳的氧化物在大气中主要包括一氧化碳(CO)和二氧化碳(CO_2)。CO_2是大气中的正常组分，CO则是大气中很普遍的排放量极大的污染物，是温室效应的主要原因。燃料的燃烧过程是城市大气中CO的主要来源，其中80%是由汽车排放的，家庭炉灶、工业燃煤锅炉、煤气加工等工业过程也排放大量的CO。

(5) 碳氢化合物(HC)

大气中的碳氢化合物通常是指C_1～C_8可挥发的所有碳氢化合物，又称烃类。它是形成光化学烟雾的前体物。

(6) 光化学烟雾

光化学烟雾是一种二次污染物，由二氧化氮(NO_2)在强烈的太阳紫外线照射下发生分解产生一氧化氮(NO)和氧原子(O)，氧原子迅速同空气中的氧(O_2)反应产生臭氧(O_3)，臭氧再与碳氢化合物发生一系列反应产生过氧乙酰硝酸酯、醛类和其他多种复杂化合物，形成蓝色的烟雾叫光化学烟雾。

(7) $PM_{2.5}$

特指粒径当量小于等于 2.5 μm 的颗粒物，主要有自然源和人为源两种。自然源包括土壤扬尘(含有氧化物矿物和其他成分)、海盐(颗粒物的第二大来源，其组成与海水的成分类似)、植物花粉、孢子、细菌等。人为源包括固定源和流动源。固定源包括各种燃料燃烧源，如发电、冶金、石油、化学、纺织印染等各种工业过程，供热、烹调过程中燃煤与燃气或燃油排放的烟尘。流动源主要是各类交通工具在运行过程中使用燃料时向大气中排放的尾气。

4. 道路交通产生的大气污染物及其主要影响因素

在道路交通的建设和营运中，所产生的主要大气污染物为：

(1) 总悬浮微粒(TSP)

指直径在 100 μm 以下微粒。对 10 μm 以下颗粒，又称之为“可吸收尘”(IP)。在道路的建设期，由于对原地面的开挖式回填以及筑路材料的拌和、运输等工程行为，均会产生大量的 TSP，使空气环境受到污染。尤其是在半干旱、干旱季节施工时，TSP 对沿线环境空气的污染就显得更加突出。在道路竣工投入营运期，由于高等级道路的路面均系沥青混凝土或水泥混凝土面层，TSP 会显著降低，此时，其对环境空气的污染一般不会超过国家标准规定的浓度限制。

(2) 氮氧化物、一氧化碳、二氧化硫以及光化学氧化剂等

指汽车运行当中排放的污染物以及在环境空气中经转化的污染物。这些污染物质在环境空气中超过国家标准规定的限值浓度时，对自然生态和人群健康以及城市、乡村中的动植物等会产生一定的危害作用。表 10-3 为比利时政府研究得到的不同运输方式产生的大气污染物排放量。

表 10-3 比利时不同运输方式的大气污染物排放量

运输方式		排放量(单位：客运为 g/(人·km)，货运为 g/(t·km))				
		CO	CO_2	NO_x	C_xH_y	SO_2
客运	常规铁路	0.008	48.7	0.120	0.003	0.209
	高速铁路	0.005	28.9	0.071	0.002	0.124
	轿车	1.038	126.4	1.367	0.168	0.084
	飞机	0.266	210.0	0.588	0.198	0.078
货运	有效载重大于10 t的卡车	2.10	—	1.85	0.92	—
	铁路	0.6	—	0.40	0.02	—
	水路	0.20	—	0.58	0.08	—

由表中数据可知，汽车运输排放的污染物较其他方式高得多。因此，汽车运输的污染是一个不可忽视的因素。我国正处于一个汽车拥有量日益增多、发展迅速的时期，应尽快加以

重视，加强治理。

汽车排放污染物的成分与数量，同汽车的运行状态、速度、燃料种类、发动机类型、驾驶技术有关。

污染物的排放量与车速密切有关，一氧化碳、碳氢化合物均随车速增高而减少，而氮氧化合物则随车速提高而稍有增长（总的看来高速污染量减少）。表 10-4 为汽车不同速度时排放污染物的成分。

表 10-4　不同车速时汽车所排放的污染物　　单位：g/km

污染物	车速/(km·h^{-1})					
	16	32	48	64	80	97
CO	59.55	30.11	21.26	17.15	14.34	12.47
HC	7.08	4.63	3.63	2.98	2.50	2.27
NO_2	3.16	.3.55	3.90	4.39	4.81	5.16
总计	69.79	38.29	28.79	24.52	21.65	19.90

由于道路交通状况不同，汽车经常以不同运行状态行驶。在不同行车状况时，其污染物的排放量不同，表 10-5 所示为三种主要污染物的数量。怠速时一氧化碳排出量最多，减速次之，恒速最低；碳氢化合物则减速量最多，恒速最低。在城市条件下，由于交叉口信号灯的控制与交通拥挤，汽车行驶速度不断变化，经常出现加速、减速等不同运行状况，因此其排污量与废气成分也是不断变化的。

表 10-5　汽油与柴油排污种类

燃料类别	运行状况	污染物类型及含量		
		CO/%	HC/10^{-6}	$NO_2/10^{-6}$
汽油	怠速	4.0～10.0	300～2000	50～1 000
	加速(0～40 km/h)	0.7～5.0	300～600	1 000～4 000
	恒速(40 km/h)	0.5～4.0	200～400	1 000～3 000
	减速(40～0 km/h)	1.5～4.5	1 000～3 000	5～50
柴油	怠速	0	300～500	50～70
	加速(0～40 km/h)	0.0～0.1	200	200～1 000
	恒速(40 km/h)	0	90～150	200～100
	减速(40～0 km/h)	0	300～400	30～55

汽车排放污染物的量与道路纵坡有关，坡度大耗油量大，因而污染物的排放量也就大。据有关部门测定，国产车在 40 km/h 时，不同坡段上 CO 的排放量同平坡时排放量的比值列于表 10-6。由表可知坡度为 3%时增加 1.7 倍，坡度为 3.5%时增加 2.1 倍。

表 10-6　车速为 40 km/h 时 CO 排放量同坡度的关系

坡度	$i=0$	$i=+3\%$	$i=+3.5\%$	$i=+4.5\%$
排放量增大倍数	1.0	2.7	3.1	3.7

一般城市愈大、人口密度愈高、交通量愈多，则污染排放物也愈多。如交叉口处的污染排放量常多于路段，城市中心区常多于边缘区，商业中心区也常多于一般居民区。

5. 道路交通大气污染物的危害

汽车排出的污染物对人体有多方面的影响，主要表现为呼吸道疾病与生理机能障碍，或眼鼻粘膜组织病变，严重者会因急性污染中毒导致心脏病恶化而死亡。

(1) 呼吸道疾病

近百年来，世界各大城市呼吸道疾病日益增多，很重要的一个原因就是大气污染。尤其是 $PM_{2.5}$ 导致的雾霾现象，由于霾中细小粉粒状的飘浮颗粒物可直接通过呼吸系统进入支气管，甚至肺部，造成的疾病主要集中在呼吸道疾病、脑血管疾病、鼻腔炎症等病种上。同时，雾霾天气时，气压降低，空气中可吸入颗粒物骤增，空气流动性差，有害细菌和病毒向周围扩散的速度变慢，导致空气中病毒浓度增高，疾病传播的风险很高。

国内外曾出现过多起光化学烟雾事件，如英国伦敦烟雾事件、美国洛杉矶光化学烟雾事件等，其中大量的受害者均系患呼吸道疾病；知名的日本东京、横滨哮喘，更是直接由硫酸烟雾和光化烟雾为主的第二代污染物引起的。

(2) 致癌

汽车废气中，粉尘附着的苯并芘(Bap)是氧化氮和碳氢化合物相互作用生成的硝基化合物，具有放射性物质(PD_{210})，而 PD_{210} 是致癌的。据有关资料介绍，英国和美国城市癌病死亡率比乡村高 1.26～2.23 倍；日本大阪市在 1964～1967 年，污染区的肺癌发病率比非污染区高 2～3 倍，烟雾期间死亡率比非烟雾期间高 20%。

根据美国的调查，呼吸器官癌、肠胃癌、动脉硬化和心肌梗死四大疾病的死亡率与工厂数量和汽车拥有率成正相关。

(3) 对心血管系统的影响

污染物中的一氧化碳、硫化合物、铅化合物对心血管系统有不良影响，一氧化碳侵入人体可吸取血液里的氧，浓度低时会使人眩晕、头痛、精神呆滞、心律异常；浓度高时可能诱发其他疾病造成死亡。

世界上出现烟雾的事件证明，硫酸烟雾和光化学烟雾对心脏均有严重影响。例如 1952 年 12 月伦敦烟雾事件中，患心脏病者数量为平时的 3 倍，在发生事件的一周内，因支气管炎死亡 704 人，为前一周的 9.3 倍；因冠心病死亡 218 人，为前一周的 2.4 倍；因心脏衰竭死亡 244 人，为前一周的 2.8 倍。

(4) 对消化系统的影响

污染物对消化系统的影响，以损害肝脏最为突出，常见的症状是肝大、肝区不适、头晕、乏力、记忆力衰退和睡眠障碍等神经衰弱症。

与其他污染源所产生的污染物一样，汽车排出的污染物对植物、牲畜和各种物品(金属制品、油漆涂料等)也有各种损害或腐蚀作用。

二、污染物的监测与分级排放标准

1. 大气污染的监测

为消除日趋严重的大气污染，除抓紧对大气污染源治理，尽量减少乃至消除某些大气污染物的排放之外，还应通过其他一系列措施作好对大气质量的管理工作，包括制订和贯彻执行环境保护方针政策，通过立法手段建立健全环境保护法规，加强环境保护管理等。制订大气环境标准是执行环境保护法规，实施大气环境管理的科学依据和手段。于 2016 年 1 月 1 日实施的《环境空气质量标准》(GB 3095-2012)旨在建立全面协调的大气污染监测体系，该标准保证监测数据的连续性、准确性和完整性，确保全面、客观地反映监测结果。采用自动监测设备时，监测仪器应全年 365 天(闰年 366 天)连续运行。在监测仪器校准、停电和设备故障，以及其他不可抗拒的因素导致不能获得连续监测数据时，应采取有效措施及时恢复。截至目前，全国共设立 1436 个空气质量监测站点，监测 6 种主要污染物并发布数据。

2. 我国的污染物分级排放标准

我国的污染物分级排放评价体系起步较晚，大气污染物综合排放标准于 1997 年 1 月 1 日正式施行，2012 年颁布了新的污染物分级排放标准(GB 3095-2012)，增加了 $PM_{2.5}$ 值监测，已于 2016 年 1 月 1 日正式实施。对于机动车排放标准的预测和评价，还未有相关的分级排放标准。表 10-7 和表 10-8 是 2012 年污染物分级排放标准。

表 10-7　环境空气污染物基本项目浓度限值(GB 3095-2012)

序号	污染物项目	平均时间	浓度限值		单位
			一级	二级	
1	二氧化硫(SO_2)	年平均	20	60	μg/m³
		24 h 平均	50	150	
		1 h 平均	150	500	
2	二氧化氮(NO_2)	年平均	40	40	
		24 h 平均	80	80	
		1 h 平均	200	200	
3	一氧化碳(CO)	24 h 平均	4	4	mg/m³
		1 h 平均	10	10	
4	臭氧(O_3)	日最大 8 h 平均	100	160	μg/m³
		1 h 平均	160	200	
5	颗粒物(粒径小于等于 10 μm)	年平均	40	70	
		24 h 平均	50	150	
6	颗粒物(粒径小于等于 2.5 μm)	年平均	15	35	
		24 h 平均	35	75	

表 10-8　环境空气污染物其他项目浓度限值(GB 3095-2012)

序号	污染物项目	平均时间	浓度限值		单位
			一级	二级	
1	总悬浮颗粒物(TSP)	年平均	80	200	$\mu g/m^3$
		24 h 平均	120	300	
2	氮氧化物(NO_x)	年平均	50	50	
		24 h 平均	100	100	
		1 h 平均	250	250	
3	铅(Pb)	年平均	0.5	0.5	
		季平均	1	1	
4	苯并[a]芘(BaP)	年平均	0.001	0.001	
		24 h 平均	0.002 5	0.002 5	

三、道路交通大气污染控制方法

防止大气污染是改善自然环境特别是城市环境，保护人民健康的重要工作。在国外，经过几十年的治理，目前已有明显的改善，除个别城市外，基本解除了城市上空烟雾弥漫的局面。

由美国环境保护局(EPA)提供的 2000 年至 2014 年主要污染物趋势图(图 10-2)可以体现出世界环境明显改善的过程，但碳氧化合物作为目前最主要的环境污染物，带来的全球气候变暖将导致至 2100 年海平面上升 127 cm，届时，美国约 1 400 个城市将面临被淹没的

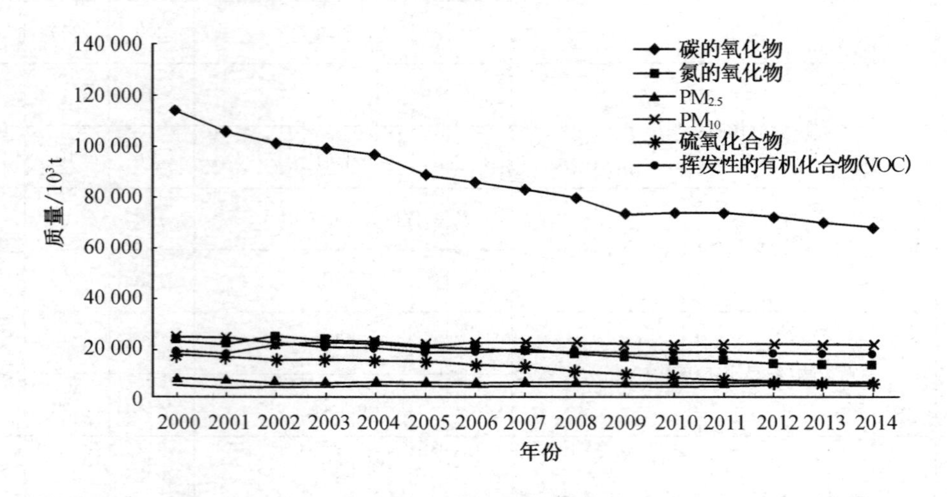

图 10-2　主要污染物趋势图

威胁。此外，近年来光化学烟雾仍有蔓延及恶化的趋势，美、日、德等国光化学烟雾的关键性污染——氮的氧化物仍有增加的趋势，其主要原因在于产生 NO_2 的主要污染源是单独活动的汽车，它排出的废气量大而分散，无法集中处理。由此可见，防治汽车废气对道路周围环境的污染，是环境保护的一项十分重要且迫切的任务，各国正把大气污染治理的中心转向对光化学烟雾的控制，其措施如下：

1. 制定严格的排放标准和环境法规

为了统一评价大气的环境质量、保护环境，全国人大常委会于 1989 年发布了《中华人民共和国环境保护法》，并在 2014 年对其进行了修订；1996 年，国家环境保护局和技术监督局联合发布了《环境空气质量标准》(GB 3095—1996)，并于 2012 年对其进行了修订，发布了《环境空气质量标准》(GB 3095—2012)，对空气污染物的浓度限值分两个级别予以规定。这个标准是检查大气环境质量的依据，也是检查交通排放物是否造成污染、是否进行控制的标准。

在车辆营运过程中，要作好对车辆排污性能的监督和管理。汽车及其发动机产品生产主管部门应强化对其产品的行业监督，达不到国家有关排放标准的不得出厂；公安、交通管理部门在年检和抽检中，对排放超标的车辆按有关规定处罚；汽车维修部门应将排放污染纳入维修质量考核内容，经维修的车辆必须达到有关标准；强化对进口车辆的管理，排气污染达不到国家标准的不得进口。

2. 建立空气质量监测系统

在需要控制的道路和地区安装空气监测装置，记录 1 h 内的污染浓度，亦可根据长期监测结果制成图表，直接查用。

道路空气监测系统可以与交通自动控制系统联系起来，作为交通自动控制的一个组成部分，道路空气监测站所得空气质量情报可及时传至中央控制室，当空气污染浓度超过规定标准时，控制室可调整交通流、控制车速或采取其他措施予以解决。

实际上，道路空气监测系统又是环境综合监测系统的一个组成部分，所以它又可与综合监测系统联系起来，为综合系统提供道路环境的空气质量情报，接受综合系统的指令。

3. 控制汽车排污量，发展无公害汽车

世界各工业发达国家对汽车尾气排放控制技术措施的发展过程是和汽车排放法规的变化过程紧密相关的。世界上机动车排放标准的严化过程大体可分为以未经排放治理的汽油车排放为基础，使机动车排放总量下降 40%、60%、80%和 95%以上等几个阶段。不同的严化程度对应着不同的技术措施。美国已有 90%以上的汽车装上了净化装置，日本以采用延迟点火时间的方法，使氮氧化合物的排放量减少 30%～40%，包括中国在内的不少国家还积极研制新能源汽车(如电子汽车、电动汽车等)，消除车辆排放的大气污染。

4. 加强道路养护中的环保对策

按照道路标准化美化工程的要求，科学合理地实行草、花类与灌木、乔木相结合的立体绿化，达到恢复植被，保护边坡，减少水土流失，减轻交通噪声和汽车废气的污染，美化环境，改善景观的综合环境效益。对低等级公路和有条件的城市道路，应及时洒水，降低扬尘在大气环境中总悬浮微粒的含量。

5. 加强交通管理

加强城市交通管理，维护良好的交通秩序，减少交通拥挤阻塞和各种干扰，使汽车以均匀速度行驶，既可减少排放的污染物质，又可节约能源，提高道路的通行能力。

§10-3 噪声污染

一、交通噪声的产生与危害

1. 交通噪声的产生

从声音对人耳作用的角度,无论是自然界的音响,还是人为产生的声音,可大致分为乐音与噪音(即噪声)两类。不同频率、不同强度的声音,无规律地组合在一起即为噪声,广义来说,凡是对人的生活、工作有妨碍的声音都可称为噪声。本节主要讨论在道路上行驶的各种车辆所产生的噪声,简称为交通噪声。

交通噪声是一种典型的随机非稳态噪声,主要来源于行驶车辆发动机、排气管、车辆各零部件以及车胎与路面摩擦产生的声音,与车辆自身的性能、负荷、车型、车速、道路交通量的大小、道路的纵坡、路面的类型以及路面的平整度等均有密切的关系,并在传播过程中衰减。一般而言,大城市较小城市噪声大,市中心较边缘区域大。交叉口由于车辆的加速、减速与鸣喇叭等行为,其噪声要比一般路段大,甚至相差达 10 dB(A)以上。

同时,交通噪声除了与车辆本身声功率级有关外,与道路结构和交通状态也有很大关系。公路上车流连续,速度快而且重车比较多,因此噪声也比较大,相应的计算方法也比较简单。城市道路车流不连续,受到交叉口等影响,速度相对比较慢,周围建筑物较多,计算比较复杂。高架道路车流连续,重车较少,速度快,声源点位置较高,影响范围比较大。高架道路使得通行能力大大提高,避免了平面交叉,减少了车辆鸣号、刹车、起动的频率,在同样交通量的情况下,交通噪声应该是降低的。但车速提高,又由于在地面道路上修筑了桥梁,使得地面道路的交通噪声多次反射,增加了对周围环境的影响。如果以桥面为基准的话,在桥面以上的高架道路的交通噪声分布应该和一般道路的噪声分布是相似的,对桥面以下的影响比较小。

2. 交通噪声的危害

噪声广泛地影响着人们的各种活动。比如,影响睡眠和休息,妨碍交谈,干扰工作,使听力受到损害,甚至引起神经系统、心血管系统、消化系统等方面的疾病。所以,噪声是影响面最广的一种环境污染。它的危害主要表现在下面几个方面:

(1) 听力机构损伤

近几十年来,关于噪声对听觉影响的研究有了很大进展。大量的调查和研究证明,强噪声会造成耳聋。根据国际标准化组织的规定,暴露在强噪声下,对 500 Hz、1 000 Hz 和 2 000 Hz三个频率的平均听力损失超过 25 dB(A),称为噪声性耳聋。在这种情况下,正常交谈时,句子的可懂度下降 13%,而句子加单音节词的混合可懂度降低 38%。换句话说,即听力发生了障碍。

在不同噪声级下长期工作,耳聋发病率的统计结果见表 10-9。从表中可以看出,噪声级在 80 dB(A)以下,才能保证长期工作不致耳聋;在 90 dB(A)条件下,只能保证 80%的人不致耳聋;即使是 85 dB(A),还会有 10%的人可能产生噪声性耳聋。

表 10-9　每天工作 8 h 后噪声性耳聋发病率

噪声级/dB(A)	发病率/%	
	国际统计(ISO)	美国统计
80	0	0
85	10	8
90	21	18
95	29	28
100	41	40

(2) 对睡眠的干扰

睡眠对人是极为重要的，它能够调节人的新陈代谢，使人的大脑得到休息，从而消除疲劳，所以睡眠是关系到人体健康的重要因素。但是噪声会影响人的睡眠质量和时长。老年人和病人对噪声干扰较敏感，当睡眠受到噪声干扰后，工作效率和健康都会受到影响。研究结果表明，连续噪声可以加快熟睡到轻睡的回转，使人多梦，熟睡的时间缩短；突然的噪声可使人惊醒。一般来说，40 dB(A)的连续噪声可使 10%的人睡眠受到影响，70 dB(A)可影响 50%的人的睡眠；而突发的噪声在 40 dB(A)时可使 10%的人惊醒，到60 dB(A)时，可使 70%的人惊醒。

(3) 对人体的生理影响

许多调查和统计资料说明，大量心脏病患者病情的发展和恶化与噪声有着密切的关系。实验结果表明，噪声会引起人体紧张的反应，使肾上腺素增加，从而导致心率改变和血压升高。一些工业噪声调查的结果指出，在高噪声条件下工作的钢铁工人和机械车间工人比在安静条件下工作的工人循环系统的发病率要高。对小学生的调查还发现，经常暴露于飞机噪声下的儿童比安静环境下的儿童血压要高。目前不少人认为，工业生产噪声和交通噪声的升高，是造成心脏病的重要原因之一。

噪声还会引起神经系统方面的疾病，其中神经衰弱症候群是最明显的，包括：失眠、疲劳、头晕、头痛、记忆力衰退等。

此外，强噪声会刺激内耳腔的前庭，使人眩晕、恶心、呕吐，就像晕船一般。超过 140 dB(A)的噪声甚至会引起眼球振动，视觉模糊，呼吸、脉搏、血压都发生波动，全身血管收缩，使供血减少，甚至说话能力都受到影响。

(4) 心理影响

噪声引起的心理影响主要是烦恼。首先是对交谈和休息的干扰。例如一个人正站在放水的水龙头旁，其背景噪声大约是 74 dB(A)。另一个距离他 6 m 远的人，即使放大嗓音，两人交谈也很困难。如果两人相距 1.5 m，环境噪声如超过 66 dB(A)，就很难保证正常的交谈。

由于噪声容易使人疲劳，因此往往会导致精力不集中，造成工作效率低下，尤其是对一些不是重复性的劳动影响更为明显。

此外，由于噪声的掩蔽效应，往往使人不易察觉一些危险信号，从而容易造成工伤事故。美国根据不同工种工人医疗和事故报告的研究发现，吵闹的工厂区域比安静工厂区域出的事故要多得多。

二、交通噪声的传播

1. 噪声相关基本概念

为进一步了解噪声，下面介绍几个相关的声学概念。

(1) 响度

响度也叫音量，是听觉所估计的声音轻响程度，它取决于声强、频率和波形，计算单位为方(phon)。响度的定义是以频率为 1 000 Hz 的纯音的声压级为其响度级，因此 1 000 Hz 的纯音也被称为响度的基准音，该基准音是通过对听觉正常的人进行大量比较试听后确定的。40 dB 的 1 000 Hz 纯音响度为 1 方。

(2) 声强与贝尔

声强即声音的强度，单位时间内通过空间某一点与指定方向相垂直的单位面积的声能称为该点指定方向上的声强，单位为 I。

贝尔是声学上用来计量功的比值单位，简记作 dB，是采用一种对数的刻度来表达能量的多少或一种声音的强度。

表 10-10 给出了几种常见环境声音的加权分贝水平(从人类声音阈值 dB(A)＝0 到生理损伤水平)。

表 10-10 噪声等级与人的反应(源自美国环保机构)

常见声音	噪声等级(dB)	影响
底盘甲板，喷气式飞机运行，防空洞	140	损害性声音
喷气式飞机起飞(200 ft)，雷声，迪斯科舞厅，自动喇叭(3 ft)，打桩司机	130	最大发声
	120	
	110	
垃圾处理	100	
重交通(50 ft)，城市交通	90	非常恼人，听力损伤(8 h)
闹钟(2 ft)，吹风机	80	恼人的
吵闹饭店，高速公路交通，人的声音(3 ft)	70	手机使用困难
空调装置(20 ft)	60	有干扰
轻小汽车交通(100 ft)	50	安静
起居室，卧室，安静办公室	40	
图书馆，轻声低语(15 ft)	30	非常安静
广播室	20	
	10	刚好可听见
	0	有听觉

注：1 ft＝0.3 m

(3) 声压及声压标准

声波通过媒质时所产生的压力强度，称为声压，其大小随时间变化，常用的计量单位为 N/m^2。交通工程中用以衡量声压大小的标准有 SPL、LP、dB(A)及 Lx 等几种：

① SPL：它是声压水平(Sound Pressure Level)的缩写，是两倍量测声压 P_1 与基准声压 P_0 的比值的对数值，即

$$\mathrm{SPL} = 2\lg \frac{P_1}{P_0} \quad \mathrm{Bel} \tag{10-1}$$

$$\mathrm{SPL} = 20\lg \frac{P_1}{P_0} \quad \mathrm{dB} \tag{10-2}$$

基准声压 P_0 一般为 20 μPa。20 μPa 是可闻度的极限，即可听性的最低界限，称为闻阈，其对应的声压标准 SPL = 0 dB。使人感到不愉快的极限，称为不快阈，其对应的声压标准 SPL = 94 dB。人耳的感觉特性，从可听域 20 μPa 的声压到痛阈的 20 Pa，两者相差100 万倍，用分贝来表示则变化为 0～120 dB 的范围。一般人耳对声音强弱的分辨能力约为 0.5 dB。实践证明，距声源的距离越远，声压愈低。当距离增加一倍时，声压减少 6 dB。

② dB(A)：即分贝，人耳对于高频声音，特别是对于 1 000～5 000 Hz 的声音比较敏感，而对低频声音，特别是对 100 Hz 以下的可听声不敏感，且频率越低越不敏感。即声压级相同的声音由于频率不同所产生的主观感觉不一样。为了使声音的客观量度和人耳听觉主观感受近似取得一致，根据音域的不同，可将噪音分为 A、B、C、D 四级，交通工程中多用 A 级，故以 dB(A)表示，dB(A)级声压标准近似于人对低音的灵敏度，dB(A)是广泛用于噪音控制方面衡量噪声大小的噪声测量，并用配有"A"计数网络所测出的声级。

③ Lx：是声音压的统计标准，如果每小时有 1%的时间声音超出此标准，则为 L1 级；有 10%的时间超出，则为 L10 级，亦称峰值；有 50%的时间超出，则为 L50，相当于噪声的平均值。L90 为噪声的本底噪声级，L10 被广泛用于交通工程中。

2. 交通噪声的传播

声音在大气中传播将产生反射、衍射、折射等现象，并在传播过程中衰减。这一衰减通常包括声能随距离的扩散(衰减)和传播过程中产生的附加衰减两个方面。总的衰减值应是两者之总和。

(1) 声能随距离的衰减

最简单的情况是假设以声源为中心的球面对称地向各方向辐射声能(即无指向性，见图 10-3(a))，设接收点与声源距离为 r，则它的声强 I 与声功率 W 间的关系，即：

$$I = \frac{W}{4\pi r^2} \tag{10-3}$$

当声源放置在刚性地面上时，声音只能向半空间辐射，如图 10-3(b)所示，设接收点与声源距离为 r，则半径为 r 的半球面之面积为 $2\pi r^2$，由此得半空间接收点声强：

$$I = \frac{W}{2\pi r^2} \tag{10-4}$$

可见，声强随着离开声源中心距离的增加，按平方反比的规律减小。

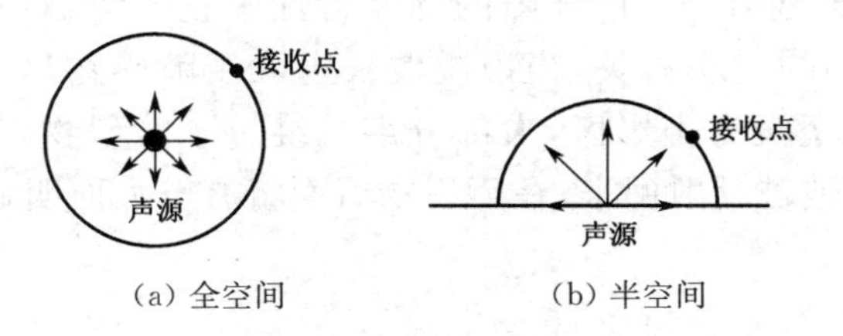

图 10-3　球面对称辐射声源

(2) 声传播过程中的附加衰减

产生附加衰减的因素一般指：①大气的声吸收；②树林引起的声音散射和吸收，屏障和建筑物产生的声反射；③风和大气温度引起的声折射；④雾、雨、雪的声吸收；⑤不同地面覆盖物(如草地等)的吸收等。

实际计算声波在大气中的衰减时，可参照表 10-11 所列出的数值。

表 10-11　声在空气中的衰减值　　单位：10^{-2} dB/m

频率/Hz	温度/℃	相对湿度/%			
		30	50	70	90
500	−10	0.56	0.32	0.22	0.18
	0	0.28	0.19	0.17	0.16
	10	0.22	0.18	0.16	0.15
	20	0.21	0.18	0.16	0.14
1 000	−10	1.53	1.07	0.75	0.57
	0	0.96	0.55	0.42	0.38
	10	0.59	0.45	0.40	0.36
	20	0.51	0.42	0.38	0.34
2 000	−10	2.61	3.07	2.55	1.95
	0	3.23	1.89	1.32	1.03
	10	1.96	1.17	0.97	0.89
	20	1.29	1.04	0.82	0.84
4 000	−10	3.36	5.53	6.28	6.05
	0	7.70	6.34	4.45	3.43
	10	6.58	3.85	2.76	2.28
	20	4.12	2.65	2.31	2.14
5 940	−10	4.11	6.60	8.82	9.48
	0	10.54	11.34	8.90	6.84
	10	12.71	7.73	4.47	4.30
	20	8.27	4.67	3.97	3.63

(3) 声波的衍射现象

声波在传播过程中遇到障碍物时，能够绕过障碍物的边缘前进，并引起声波传播方向的改变，称为声波的衍射或绕射。在声屏障的降噪特性中就要考虑声波的绕射问题。声波的绕射与障碍物或孔洞的大小有关，当声波波长远大于障碍物尺寸时，只有在离障碍物很近时才有声影区，甚至没有声影区，大部分声波绕过了障碍物。当声波波长远小于障碍物尺寸时，大部分声波被反射回来，在障碍物后面将有较大而明显的声影区，如图 10-4 所示。

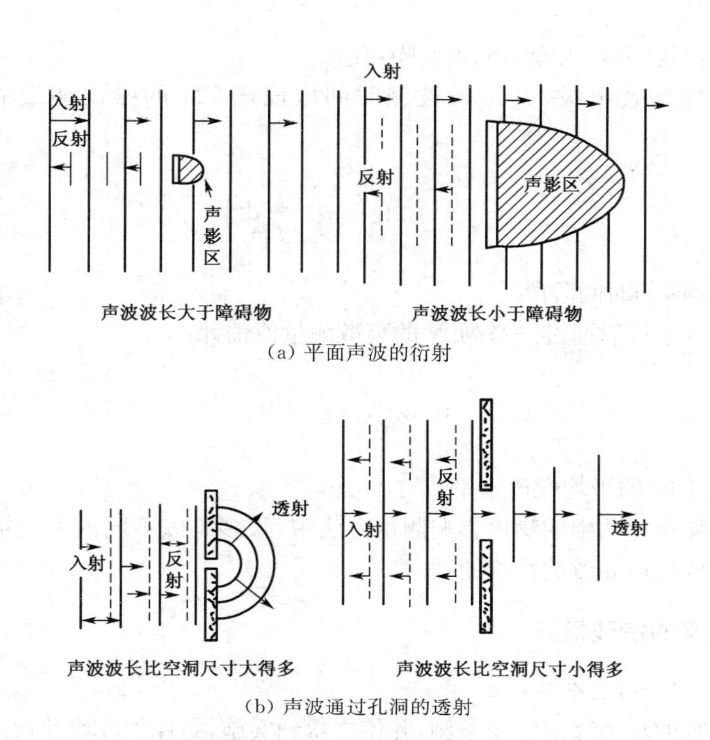

（a）平面声波的衍射

（b）声波通过孔洞的透射

图 10-4　平面声波的衍射和透射

三、交通噪声的测量

道路交通噪声有 A 计权声级、统计声级和等效声级等几种评价指标。

图 10-5 所示为以随时间变化表征的交通设施产生的噪声水平。因此，有必要建立统计学意义上的方法，在获取这种变化后来描述噪声的量级，通常使用的统计学方法如下：

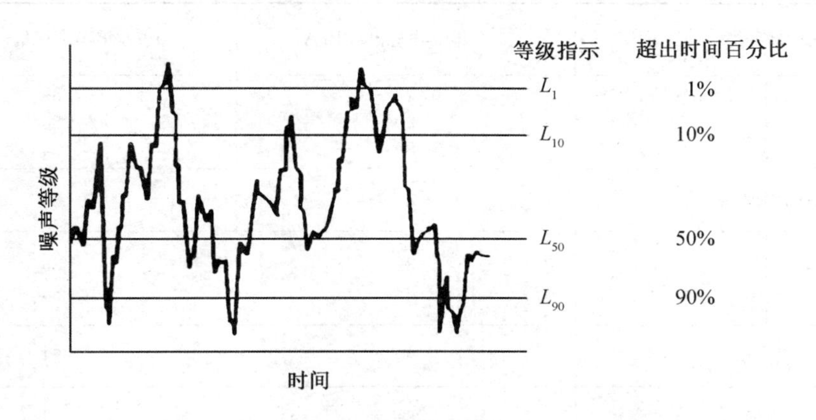

图 10-5　噪声等级变化

（1）L_P 是声音压的统计标准，表示在超过 P%的时间内接收站收到的噪声水平。这种方法通常还使用包括超过 10%，50%和 90%时间的噪声水平。L_{10} 为美国高速公路局使用和联邦公路局提倡的高峰噪声水平，亦称峰值，被广泛用于交通工程中。噪声水平 L_{90} 为超过大多数时间的背景等级，为噪声的本底噪声级。

(2) L_{eq}（亦称等效声级）是反映被测时间区段内（T）的噪声能量的平均值，常用式(10-5)表达：

$$L_{eq}=10\lg\left(\frac{1}{T}\int_0^T\frac{f^2}{f_0^2}\mathrm{d}t\right) \tag{10-5}$$

其中　T——测量时的时间阶段。

相应的噪声水平可以通过一系列 N 的离散测量值估计：

$$L_{eq}=10\lg\left(\frac{1}{N}\sum_i 10^{(L_i/10)}\right) \tag{10-6}$$

其中　L_i——区间 i 的平均噪声水平。

在其他交通噪声评估中的噪声影响测量方法中，很多是以不同的方式结合了前面的两种方法来尝试获取噪声导致的影响的。

四、交通噪声的治理措施

1. 制订切实可行的法令条例

制订切实可行的环境噪声法令条例，并使之得到实施，是保护环境免遭声公害影响的重要措施，国外已有较成熟的经验，我国目前已经建立了管理法规体系，如《环境保护法》《城市环境噪声控制法》《城市区域环境噪声标准》等。

制订环境噪声标准，也是一项有关政策性的工作，它涉及技术经济等各方面的问题。

表 10-12 为我国机动车辆允许噪声标准，既作为车辆产品的噪声标准，又作为城市机动车辆噪声管理检查的依据。

表 10-12　我国机动车辆允许噪声标准

车辆种类		1990 年噪声标准/dB(A)	1988 年噪声标准/dB(A)
载重汽车	8～15 t	92	89
	3.5～8 t	90	86
	＜3.5 t	89	84
轻型越野车		89	84
公共汽车	4～11 t	89	86
	＜4 t	88	83
摩托车		90	84
轿车		84	82
轮式拖拉机(45 kW 以下)		91	86

表 10-13 系 2008 年颁布的国家城市区域环境标准 GB 3096-2008，表 10-14 系国际环境噪声标准，应严格贯彻执行。

表 10-13　中华人民共和国国家标准城市区域环境噪声标准(GB 3096-2008)

单位：dB(A)

声环境功能区类别＼时段		昼间	夜间
0 类		50	40
1 类		55	45
2 类		60	50
3 类		65	55
4 类	4a 类	70	55
	4b 类	70	60

注：0 类声环境功能区：指康复疗养区等特别需要安静的区域。

1 类声环境功能区：指以居民住宅、医疗卫生、文化教育、科研设计、行政办公为主要功能，需要保持安静的区域。

2 类声环境功能区：指以商业金融、集市贸易为主要功能，或者居住、商业、工业混杂，需要维护住宅安静的区域。

3 类声环境功能区：指以工业生产、仓储物流为主要功能，需要防止工业噪声对周围环境产生严重影响的区域。

4 类声环境功能区：指交通干线两侧一定距离之内，需要防止交通噪声对周围环境产生严重影响的区域，包括 4a 和 4b 两种类型。4a 为高速公路、一级公路、二级公路、城市快速路、城市主干道、城市次干道、城市轨道交通（地面段）、内河航道两侧区域；4b 类为铁路干线两侧区域。

表 10-14　国际标准组织制定的环境噪声标准

性质	标准 L_{eq}/dB(A)	性质	标准 L_{eq}/dB(A)
寝室	20～50	办公室	25～60
生活室	30～60	工　厂	70～75

2. 合理规划城市，减少噪声来源

合理的城市规划，对于未来的城市噪声控制具有重要的战略意义。为了控制噪声，城市规划时应考虑如下几个方面：

（1）控制城市人口

城市噪声源无不与人们的活动有关，国内外的研究表明，城市噪声随着人口密度的增长而增加。城市人口的过度集中使环境噪声日益严重，如交通噪声中以机动车的鸣声为主，人口密度愈高，车辆也愈集中，街道上人流愈多，汽车鸣声愈频繁。

（2）划分功能区域

在规划中尽量避免疗养区、医院、宾馆和居民住宅区与工商业区、交通干道等吵闹区混合。比如国外有的大城市，将主要工厂都集中于机场附近，远离居民区。由于工厂噪声一般都比环境背景噪声高，因此飞机噪声对它的干扰就小。现有旧城市由于缺乏合理的规划和没有考虑城市噪声污染这一因素，因此大部分地区很难严格地划分功能区，致使住宅区环境噪声较高，难以控制。

在规划中应避免主要干道，如高速公路、高架道路等穿越市中心住宅区，交通干道与住宅（尤其高层建筑）应有足够的距离，一般不应小于 30 m，并在其间种植林带，使噪声在传播途中得到一定的衰减。

（3）合理利用土地

根据不同使用目的和建筑物的噪声允许标准来选择建筑物的场所和位置，从而确定哪些地带适于建学校，哪些地带适于建医院、住宅或旅馆。为此，在设计前，应先进行噪声环境的预测，并了解今后的发展趋向是否符合该建筑物的环境噪声标准。对于兴建噪声较大的工矿企业，还应进行相应的预测评价，估计它们对周围环境的影响以及应该采取的减噪措施。我国城市区域环境噪声标准是土地使用规划的重要依据。

3. 建设隔声屏障，减弱噪声传播

对于噪声无法避免的情况，要考虑采取环境噪声对居民生活、工作生产影响最小的建筑布局。如对小区域的建筑物布局，除考虑声源位置的布局外，还应充分利用地形或已有建筑物的隔声屏障的效应，使噪声得以降低。这样的布局，使噪声污染形成之前就解决了矛盾，不仅效果理想，而且又是最经济的一种办法。

在进行道路网规划时，应重视不同功能道路的区位选择，噪声污染严重的车辆宜辟专用道，以便集中采取隔离措施。

对于噪声敏感地区和医院、学校等宜采用路堑式道路，以减少噪声（有关资料证明，路堑的噪声比平地要低数分贝），见图 10-6。

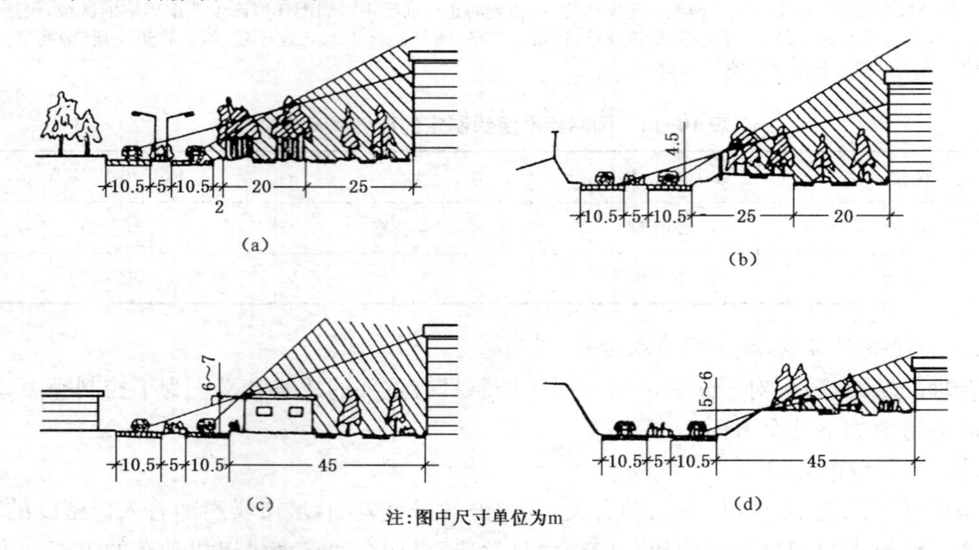

(a) 利用绿化带；(b) 利用防声屏障；(c) 利用临街建筑；(d) 利用路堑式道路断面

图 10-6　四种典型的噪声屏蔽

城市中的绿化带设施，可以利用森林的散射、吸声作用以及地面吸声，达到降低噪声的目的。一般来说，城市街道上经常遇到的观赏遮阴绿林，并不形成密实的绿林实体，降噪效果不大，只有采用种植灌木丛或者多层林带才能构成绿林实体。大多数绿化实体的噪声衰减量为平均每米衰减 0.15～0.17 dB。如松林（树冠）全频带噪声级降低量平均值为 0.15 dB/m，冷杉（树冠）为 0.18 dB/m，茂密的阔叶林为 0.12～0.17 dB/m，浓密的绿篱为 0.25～0.35 dB/m，草地为 0.07～0.10 dB/m。林带设计中，除考虑树木种类外，还需考虑结构，如不同高度和密度树冠的组合、地面高度的变化、整片树林还是分段等因素。目前许多国家对绿化降噪都比较重视。

从现实考虑，利用浓密的绿篱将快、慢车道和人行道分离，具有一定的效果。据国内的研究资料显示，常见的松柏、侧柏绿篱、配以乔灌木和草皮的混合结构，有一定的减噪效果。

在高层建筑群的街道两旁种树，由于吸声作用可以减少混响声，也能使噪声有所改善。

§10-4 光污染与振动污染

一、道路交通光污染

1. 道路交通光污染的产生

光污染是指由自然光反射或者不合理人工光照导致影响自然环境、损害人类心理或生理健康、对人类正常活动带来不利影响的现象。光污染具有局部性、不残留性和相对性。在道路交通中，常见的光污染大多是由行车时对向车辆的眩光以及道路照明设施造成的。

夜间行驶的汽车为保证行车安全，需要以远光灯照亮行驶中的道路，强烈的光照常常使得对向行车的驾驶员发生炫目现象，从而导致短暂性"视觉丧失"，这种眩光污染常常引起交通事故。随着汽车行业的飞速发展，一种能有效提高驾驶照明亮度的氙气车灯技术被广泛应用于汽车照明，但这种先进的照明技术屡屡成为制造道路光污染的凶手，危及道路交通安全。

此外，为保证夜间出行安全、减少夜间交通事故的发生、方便交通畅通有序运行，除了机动车自备灯外，还需要设置道路照明。然而，不合理的道路照明设施也常常导致驾驶员出现心理或生理上的不适。据估计，所有的道路交通光污染中，有35%～50%是由道路照明设施产生的。

2. 道路交通光污染的危害

(1) 对人体的危害

驾驶员和行人在受到瞬间强光照射下会产生短暂的失明。普通光污染对人眼的角膜和虹膜会造成伤害，抑制视网膜感光细胞功能的发挥，引起视疲劳和视力下降。长时间处于光污染驾驶环境下的驾驶员，白内障的发病率高达45%，且容易出现失眠、食欲下降、身体乏力等症状，甚至出现偏头痛，晶状体、角膜、虹膜、结膜细胞死亡或变异，心跳过速和心脑血管疾病等。光污染还会导致驾驶员和行人出现情绪低落、头晕心烦、食欲下降、精神抑郁，在行车和步行中出现对交通状况的误判，导致交通事故。

(2) 对交通的危害

道路夜间照明产生的干扰光对行车中驾驶员的正常视觉活动造成不良影响，降低驾驶人员的工作效率，甚至引发交通事故，比如无法通过后视镜对后方车辆进行正确判断。同时，眩光还常诱发驾驶员错觉，影响驾驶员对交通信号灯及标志标线的辨识。此外，行车时对向车辆产生的眩光常造成驾驶员出现短暂视觉功能丧失，造成交通事故。

(3) 对生态的危害

动植物生长与光照具有直接关系，过度的道路照明破坏了正常的生物周期和生活习惯，导致其新陈代谢受到影响，如道路两侧树木落叶期推迟，鸟类迁徙受到影响等。

3. 道路交通光污染控制标准

目前，国内外已有一些研究组织提出了光污染防治技术规定，如国际照明委员会CIE提出了《泛光照明指南》(CIE 94-1993)、《机动和人行交通道路照明》(CIE 115-2010)、《城区照明指南》(CIE 136-2000)、《限制室外照明装置干扰光影响指南》(CIE 150-2017),英国照明工程师协会(ILE)提出了《限制干扰光指南》(GN 01-2005),澳大利亚提出了《限制室外照明干扰光》(AS 4282-1997),日本提出了《光污染指南》(2006 年 12 月修订版)、《区域环境照明规划手册》(2000 年 6 月)、《光污染防治方案指南》(2001 年 9 月)。中国也有一些与光污染防治相关的技术规定,如《城市道路照明设计标准》(CJJ 45-2015)、《城市夜景照明设计规范》(JGJ/T 163-2008)、《城市夜景照明技术规范》(DB11/ T 388.3-2016)第 3 部分"光污染限制"等。

道路交通光污染中较为严重的问题包括道路照明产生的眩光、道路周围光源产生的眩光以及道路照明对周围环境所产生的影响。其中,《城市道路照明设计标准》(CJJ 45-2015)对道路照明装置可能产生的眩光做出了明确限制,而对于道路周围光源可能产生的眩光应用眩光等级 G 进行系统评价,做出相应限制。根据该项标准对道路照明眩光阈值增量 TI 的限制值和 CIE 112 对区域照明眩光值的限制推荐值如表 10-15 所示,建议交通道路眩光控制值如表 10-16 所示。

表 10-15 CIE 112 推荐的区域照明 G 限制值

应用类型		G_{max}
安全情形	低危险程度	55
	中等危险程度	50
	高度危险程度	45
运动情形	行人	55
	慢行交通	50
	正常交通	45
工作区	不精细工作	55
	中等精细工作	50
	很精细工作	45

表 10-16 交通道路眩光建议控制值

级别	道路类型	$TI/\%$	G
I	快速路、主干路	10	45
II	次干路	10	
III	支路	15	

4. 道路交通光污染防治措施

(1) 提高防治道路交通光污染意识

目前,光污染还没有非常好的防治技术,只能以防范为主、防治结合。光污染产生的根源在于缺乏对光污染的深刻认识,应宣传并提高道路照明产生光污染危害的意识,对于在建道路照明计划需要考虑光污染问题;对于已产生光污染的道路照明设施需要采取措施进行控制,如在道路两侧可以多建绿地,扩大绿地面积,实施绿化工程,改平面绿化为立体绿化,大力植树种草，将反射光改为漫反射，从而达到防治光污染的目的。

(2) 合理设计及布置道路照明灯具

在满足照明要求基础上，从灯具外观、几何尺寸和色彩上对灯具进行改进。在选择灯具的时候，尽量选择截光型灯具，控制灯光照射方向，颜色上尽量采用“生态颜色”，从而减少或避免眩光的产生和能源浪费。在满足照明要求的前提下，尽可能降低光源亮度，如尽可能采用低压钠光源。同时，对安装在道路两旁的各类照明装置，在颜色和亮度上与道路上的交通信号进行区别，避免引起驾驶员的误解。

(3) 制定道路交通光污染相关法规

目前我国还没有专门防治光污染的法律法规，也没有相关部门负责解决光污染产生的问题，加之近几年我国城市亮化过于严重，使得城市的光污染也大量增加。应尽快着手制定我国防治光污染的标准和规范，建议在国家或地区性环境保护法规中增加防治光污染的内容。同时，强调城市照明要严格按照照明标准设计，严格限制光污染的产生。

二、道路交通振动污染

1. 道路交通振动的产生及传播规律

道路交通振动是指机动车在道路上行驶时通过轮胎与地面接触的压力变动对沿途地表引起的振动。当汽车行驶于凹凸不平或有较深车辙的路面上时，汽车产生上下、左右或前后颠簸、摇动，这种不断变换方向的冲击力量作用于车体的各部，作用于车上的乘客，作用于路面，路面又将这巨大的外力传给路基，路基土壤又传给道路两侧房屋设施，于是沿线一带就产生不同程度的振动。这种振动与路面的平整程度、汽车类型、汽车载重量及行车速度等因素有关。沿道路传播到两侧地域的振动特性还与公路及桥梁基础结构、公路两侧的岩土层能量传播特性等因素有关。

随着经济的发展，城市内机动车辆的增多、交通负荷增大，一方面使振动源强度加大，另一方面加速了道路的磨损。道路交通振动的产生主要是由车辆的行驶及路面的不平整引起。不同类型的车辆质量及前后轮的轮轴距离均不相同，但对振幅的影响较小。而对振幅影响较大的车辆自振频率在各车型之间的变化不大，满载时，车辆自振频率主要取决于车体部分的自振特性，而空载时则取决于轮轴部分的自振特性。另一方面，路面的凹凸程度对车辆的影响也较大，当车辆的自振频率与路面的粗糙度相近时，会引起车辆的宽频振动。

2. 道路交通振动的危害

道路交通振动对人体健康存在危害。人体的各个器官都具有其固有的振动频率，如头部为 8～12 Hz，胸腔为 4～6 Hz，心脏为 5 Hz，腹腔为 6～9 Hz。当道路交通振动频率与人体器官固有频率接近或一致时，就会引起生物共振反应。当振动较强且持续时间较长时，将造成内脏器官的损伤，出现心率加快、血压升高等症状；也会使消化系统功能下降、肝脏解毒功能代谢发生障碍等症状；还会使神经系统出现交感神经兴奋、手指颤动等异常。驾驶人员长期处于振动环境中，其患骨关节、胸部和腰椎病变的比例较高，而且接触振动时间越长，发生病变的比例越高，其原因为汽车行进中发动机转动和路面颠簸在驾驶座椅上产生了小于 50 Hz的低频振动，驾驶人的胸部、腰椎和骨头关节的固有频率正好处于该范围内，引起共振现象。同时，振动还会影响沿线居民的睡眠质量，当振动加速度级达到 65 dB 时，对睡眠有轻微影响；达到 69 dB 时，所有轻睡的人将被惊醒；达到 74 dB 时，除酣睡的人外，其他人将惊醒；达到 79 dB 时，所有人都将惊醒。

道路交通振动对沿线建筑存在危害。交通车辆引起的振动通过周围地层（地面或地下）向外传播，进一步诱发地下结构以及邻近建筑物的振动，对建筑物结构安全产生较大影响。道路交通振动是长期反复存在的，这种小幅度振动的反复作用会引起较大的残余应变，当诱发的动应力达到较高水平时，会引起建筑疲劳破坏，使结构强度降低，产生裂缝或引起结构变形；振动还会引起结构构件或整个结构的整体性下降，导致结构的寿命缩短，影响结构安全。

近年来由于重型车辆、超重型车辆及拖挂车辆数量的迅速增长，发动机功率增大，交通量激增导致道路交通振动越来越大，对周围环境影响越来越大。由于道路交通振动在时间上不分昼夜、连续发生，给沿线居民的身体健康产生较大的不利影响，因此在高等级道路设计中不可不予以考虑。

3. 道路交通振动量测的标准

道路交通振动对人体危害程度因振动的强度、频率、方向和持续时间而不同。根据国际标准化组织对人体振动的研究，振动对人体的作用方式有三种情况：①振动作用于人体的主表面或基本部分；②振动只是通过支撑面传递给人（如站立或坐在汽车上）；③振动作用在人的某一部分或器官（振动的手柄或头枕）。道路交通中的振动主要为第二种，即当人乘车时站立或坐在车中以及在路旁建筑物中。由于受振的部位、频率、强度、方向和振动持续时间等的不同，人体感受反应会不同。人体感受振动的范围一般在 0.1～500 Hz，受害的主要振动领域为 1～90 Hz。从人体受害程度划分又可分为：①降低人的舒适性（使人产生不快）；②降低人的工作效率（增加人的疲劳）；③降低人的健康素质。

根据《城市区域环境振动测量方法》（GB 10071-88）规定，人体全身振动的感受与振动加速度的对数值大体成正比，故振动大小可定义如下，记为 VAL，单位为分贝（dB）：

$$\mathrm{VAL} = 20\lg\frac{A}{A_0} \tag{10-7}$$

式中 A ——振动加速度的有效数值（$\mathrm{m/s^2}$）；

A_0 ——基准振动加速度（$10^{-6}\ \mathrm{m/s^2}$）。

国际上 A_0 采用 $10^{-6}\,\mathrm{m/s^2}$，当垂直振动时，振动频率为 4～8 Hz，一般认为人感受出的最小振动加速度为 $10^{-2}\,\mathrm{m/s^2}$。所以：

$$\mathrm{VAL} = 20\lg\frac{10^{-2}}{10^{-6}} = 80\ \mathrm{dB}$$

由于人体对振动的感受极其复杂，影响因素众多，且很多参数难以量测和取得定量指标，所以我国目前未出台全国性的统一标准，国际标准 IS02631-1987E. 亦仅就 1～80 Hz 频率范围做出了规定。就振动方向而言，对人体影响最大的是铅垂（z）方向，因此，振动的评价通常用铅垂方向的振动加速度来衡量振动对环境的影响。在实际应用中，一般首先采用拾振器测得铅垂向 z 的加速度，将其按照规定的公式换算为振动加速度级，或者直接从仪器上读得铅垂向 z 振级，以振级值作为道路交通环境振动评价的指标；然后与待评价区域的 z 振级标准相比，从而判断区域交通振动影响是否超标。

我国于 1988 年正式颁布了《城市区域环境振动标准》(GB 10070-88)(见表 10-17),对不同地带昼间、夜间允许振动的临界值做出了规定,其中稳态振动系指观测时段内振级变化不大的环境振动,冲击振动为具有突发性振级变化的环境振动,无规振动为未来任何时刻不能预先确定振级的环境振动。

表 10-17　城市区域环境振动标准(GB 10070-88)　　单位:dB

适用地带范围	昼间铅垂向 Z 振级	夜间铅垂向 Z 振级	
特殊住宅区	65	65	本标准适用于连续发生的稳态振动、冲击振动和无规振动、每日几次冲击振动,最大值昼间不许超标 10 dB,夜间不许超标 3 dB
居民、文教区	70	67	
混合区、商业中心	75	72	
工业集中区	75	72	
交通干线道路两侧	75	72	
铁路干线两侧	80	80	

北京市为保护居民的身心健康,参考国外资料和北京市实际情况制定了一项限制振动的规定《北京市区环境振动标准》(见表 10-18)对道路交通的振动提出要求。

表 10-18　北京市区环境振动标准　　单位:dB

区域类别	白天	夜间
一类区(安静的居民区)(L_{10})	65	60
二类区(工商业混杂区)(L_{10})	70	65

4. 道路交通振动防治措施

(1) 道路规划设计时要尽量预防。根据类似情况发生振动的实测资料,预估规划道路可能发生振动的场所、范围和严重程度,在规划设计时采取减轻或防止振动的措施。

(2) 对振源的措施。交通产生振动的振源是汽车,尽可能使汽车本身具有弹性或安装减振设施以降低行驶中的波动,从而使传给道路的波动变小。路面凹凸程度与沿路地基的振动有很大关系,提高道路质量,严格规定道路的平整度并加强检测,及时整平路面、修补裂缝可以减小振动。其次对车种、车速、重量和交通量的限制亦能影响振动。根据国外经验对损坏的水泥混凝土路面采用沥青罩面能大大减小振动,一般可减少 15~25 Hz。

(3) 加强交通管理,使汽车匀速流畅的通行,并及时排除故障或交通事故所造成的拥挤阻塞。

(4) 加宽两侧用地,使两旁的房屋远离道路,在交通干线两侧布置建筑物时,建筑物距道路不小于 30 m,或车道两旁布置绿化或设置缓冲地带,依靠土壤吸收振动能以减轻振动的传递。如果有必要,可以考虑在道路干线两侧开挖一定宽度和深度的防振沟槽,其深度应该在被保护建筑物基础深度的两倍以上,并填充多空隙类物质(如砂砾、矿渣等)或不填充物质,减少振动波向道路两侧传播。需要注意的是,若防振沟内被填充密实,或者灌满水将会失去隔振作用。

§10-5　道路交通对自然生态的影响

一、道路交通对自然生态的影响

道路交通广泛分布于自然环境中，在其增创社会财富值、方便人们生活的同时，也会在不同方面产生不同程度的生态学影响：不合理的道路网络会对不同生态系统的景观格局造成明显的切割作用，从而破坏生态系统的完整性和连通性；大规模的道路建设导致物种生境丧失和栖息地破碎，并引起生境中诸如水、土壤、大气、光照、噪音等理化环境变化；在道路运行阶段，会增加动植物死亡率，导致种群数量下降，并阻碍动物个体在同种种群间的交流以及在互补性资源间的周期性迁移。道路交通对生态系统的影响主要包括以下几个方面：

1. 对生物多样性的影响

（1）生物多样性

《联合国生物多样性公约》指出，生物多样性是指所有来源的形形色色的生物体。生物体的来源包括陆地、海洋和其他水生生态系统及其所构成的生态综合体。生物多样性包括生态系统的多样性、生物物种的多样性和生物遗传的多样性三个层次的多样性。

① 生态系统的多样性

陆地生态系统主要有农田、森林、灌丛、草甸、沼泽、草原、荒漠、冻原、高山垫状植被、高山流石滩植被等生态系统。

水生生态系统主要有河流、湖泊、水库、海洋等生态系统。

② 生物物种的多样性

陆生生物包括野生植物、栽培植物、微生物、野生动物、驯化动物、昆虫等。

海洋生物包括海洋植物、海洋动物、海洋微生物、海洋养殖生物等。

③ 生物遗传的多样性

基因是一种携带生物遗传信息的化学单元，具有可传递性。生物遗传多样性是指某个种内个体的变异性。遗传多样性可由特定种、变种、亚种或种内遗传（基因）的变异来计量。

（2）道路交通对生物多样性的影响

道路的建设和营运对地区局部生态环境的影响往往是永久性的。路基、路面、采石区、取土区、工程施工区以及永久性建筑区等，可能会对森林、草地、湿地、荒漠等生态系统产生一定程度的破坏。道路建设和营运还会干扰沿线野生动物的正常活动，有可能对某些珍稀濒危动植物产生一定的伤害。道路交通对生物多样性的影响包括以下几个方面：

① 阻隔作用

对地面的动物来说，道路是一道屏障，起着分离和阻隔的作用，使动物活动范围受到限制，使生态环境岛屿化，生存在其中的生物将变得脆弱，并有可能造成种内分化。

② 生存环境破坏

· 道路建设过程中产生了大量的水土流失，这些流失的土壤在下游的地表水体(如河流、湖泊)中沉积，沉积物覆盖了水生生物产卵和繁殖的场所。

· 道路建设会使河流改道或水文条件发生变化，使生物的生存环境变化，最终导致生物消失。

· 道路施工中产生的弃渣会对生长在道路两侧的动植物的活动场所产生影响。

③ 污染作用

道路上车辆运行时排放的废气、产生的交通噪声、振动和路面径流污染物等对动植物生存环境的污染，降低了动植物的生存环境质量。

④ 交通事故

一些动物在穿越道路时与快速行驶的车辆相撞而引起死亡。

⑤ 对地表植物的直接破坏作用

· 道路工程永久性征用土地，使道路沿线的地表植物遭受损失或损坏。

· 施工期临时用地，包括施工便道、拌和场、施工营地和预制场等，因施工作业的影响，这些用地的地表植被经常遭受损失或破坏。

· 取、弃土石方作业，使原有地表植被遭到破坏。

2. 对水系的影响

(1) 水质

水质，即水的品质，是指水与其中所含杂质共同表现出来的物理、化学和生物的综合特性。水在自然循环中，无时无刻不与外界接触。由于水易与各种物质混杂，溶解能力又较强，所以，任何天然水体都不同程度地含有各种各样的杂质。当水源受到生活污水、工业废水或其他废弃物污染时，水质就更趋复杂。水中的各种杂质，按他们在水中的存在状态不同可分为溶解物、胶体和悬浮物三类。溶解物是指颗粒粒径小于 1 μm 的物质，悬浮物为颗粒粒径大于 1 μm 的物质，胶体颗粒粒径则介于两者之间。

(2) 水质标准

地表水环境质量标准是为了保护地表水体免受污染，根据国家的环境政策和有关法令，规定所容许的地表水体中污染物含量的具有法律性的技术规范，是地表水环境保护的目标值和制定水污染物排放标准的依据。水质标准分国家标准、国家环境保护总局标准和地方标准三级。目前尚无国家标准。原国家环境保护总局修订并颁布的《地表水环境质量标准》(GHZB 1-1999)(见表 10-19)适用于中华人民共和国领域内江、河、湖泊和水库等具有使用功能的地表水域。该标准依据使用目的和保护目标将地表水域分为五类：

Ⅰ类：主要适用于源头水、国家自然保护区。

Ⅱ类：主要适用于集中式生活饮用水水源地一级保护区、珍贵鱼类保护区和鱼虾产卵场等。

Ⅲ类：主要适用于集中式生活饮用水水源地二级保护区、一般鱼虾类保护区及游泳区。

Ⅳ类：主要适用于一般工业用水区及人体非直接接触的娱乐用水区。

Ⅴ类：主要适用于农业用水区及一般景观要求水域。

表 10-19　地表水环境质量标准基本项目标准值　　单位：mg/L

序号	项目标准值分类		Ⅰ类	Ⅱ类	Ⅲ类	Ⅳ类	Ⅴ类
1	基本要求		所有水体不应有非自然原因导致的下述物质： a. 能形成令人感官不快的沉淀物的物质； b. 令人感官不快的漂浮物，诸如碎片、浮渣、油类等； c. 产生令人不快的色、臭、味或浑浊度的物质； d. 对人类、动植物有毒、有害或带来不良生理反应的物质； e. 易滋生令人不快的水生物的物质				
2	水温(℃)		人为造成的环境水温变化应限制在： 周平均最大温升≤1 周平均最大温降≤2				
3	PH		6.5～8.5				6～9
4	硫酸盐(以SO_4^{2-}计)	≤	250 以下	250	250	250	250
5	氯化物(以Cl^-计)	≤	250 以下	250	250	250	250
6	溶解性铁	≤	0.3 以下	0.3	0.5	0.5	1.0
7	总锰	≤	0.1 以下	0.1	0.1	0.5	1.0
8	总铜	≤	0.0 以下	1.0 (渔 0.01)	1.0 (渔 0.01)	1.0	1.0
9	总锌	≤	0.05	1.0 (渔 0.01)	1.0 (渔 0.01)	2.0	2.0
10	硝酸盐(以 N 计)	≤	10 以下	10	20	20	25
11	亚硝酸盐(以 N 计)	≤	0.06	0.1	0.15	1.0	1.0
12	非离子氨	≤	0.02	0.02	0.02	0.2	0.2
13	总磷(以 P 计)	≤	0.02	0.1	0.1	0.2	0.2
14	高锰酸盐指数	≤	2	4	8	10	15
15	溶解氧	≤	饱和率 90%	6	5	3	2
16	化学需氧量(COD_{Cr})	≤	15 以下	15	20	30	40
17	生化需氧量(BOD_5)	≤	3 以下	3	4	6	10
18	氟化物(以F^-计)	≤	1.0 以下	1.0	1.0	1.5	1.5
19	硒(四价)	≤	0.01 以下	0.01	0.01	0.02	0.02
20	总砷	≤	0.05	0.05	0.05	0.1	0.1
21	总汞	≤	0.000 05	0.000 05	0.000 1	0.001	0.001
22	总镉	≤	0.001	0.005	0.005	0.005	0.01
23	铬(6 价)	≤	0.01	0.05	0.05	0.05	0.1
24	总铅	≤	0.01	0.05	0.05	0.05	0.1
25	总氰化物	≤	0.005	0.05	0.2	0.2	0.2
26	挥发酚	≤	0.002	0.002	0.005	0.01	0.1
27	石油类	≤	0.05	0.05	0.05	0.5	1.0

(3) 道路交通水污染源

① 生活污水

按照污水的来源，可将污水分为生活污水、工业废水、城市污水及被污染的雨水四类。

生活污水是人们日常中产生的污水，主要含有人的排泄物和生活废料；工业废水是工业生产过程中排出的废水；城市污水是城镇地区生活污水与工业废水的混合污水；被污染的雨水也称为地表径流。生活污水包括厕所排水、厨房洗涤排水及沐浴、洗衣排水。其成分主要取决于人们的生活水平和习惯，与气候条件也有密切关系。

生活污水的特征是水质比较稳定、浑浊、深色，具有恶臭，呈微碱性，一般不含有毒物质，但常含植物营养物质，且含有大量细菌（包括病原菌）、病毒和寄生虫卵。如表 10-20 为典型的生活污水水质成分。

表 10-20　典型的生活污水水质　　单位：mg/L

序号	指　标	浓　度		
		高	中常	低
1	总固体（TS）	1 200	720	350
2	溶解性总固体	850	500	250
3	悬浮物（SS）	350	220	100
4	可沉降物	20	10	5
5	生化需氧量（BOD_5）	400	200	100
6	化学需氧量（COD）	1 000	400	250
7	总有机碳（TOC）	290	160	80
8	总氮（N）	85	40	20
9	总磷（P）	15	8	4
10	油脂	150	100	50

道路服务区、路桥收费站、管理部门和车站的排水主要以生活污水为主。道路附属设施的内部构成因功能不同而略有差异，以道路的管理部门为例，其设施构成包括厕所、办公室、宿舍、浴室、餐厅等，管理部门污水以部门内部常住工作人员的生活污水为主要组成部分。

② 洗车废水

城市各处的洗车场及车辆维修站排水可归属为工业废水，洗车废水所含污染物以泥沙颗粒物、石油类为主，车辆维修站排水则以石油类为主。典型的洗车废水水质成分见表 10-21 所示。

表 10-21　洗车废水水质　　单位：mg/L

污染物	范围	平均值
SS	45～7 650	5 327
COD	48～320	175
石油类	3.5～79.6	28.4

③ 地表径流

生活污水、工业废水和城市污水通常被称为点污染源，而地表径流一般被称为面污染源（或非点污染源）。地表径流是指经过地表漫流的雨水或融雪水，包括城镇地表径流和广大农业耕作区、矿山开发区、林区以及农村居住区地表径流。

与道路交通相关的地表径流包括道路施工场地地表径流和路面径流。道路施工场地地表径流所含污染物以泥沙颗粒物为主。道路路面径流污染主要来源于降雨对路面累积物的冲刷及突发危险品事故。道路路面累积污染物的种类和来源比较复杂,所含污染物与车辆运输及周围环境状况有关,主要包括机动车辆的通行(机动车辆尾气排放中的有害物质、机动车机油的渗漏、轮胎磨损等)、大气颗粒沉降于道路表面、筑路材料磨损、装载有害物质的机动车突发事故导致有害物质的泄露等几个方面。这些污染物一部分直接沉积在路面或道路附近,当降雨发生时,降雨的溶解和冲刷等作用将路面累积的污染物溶入雨水径流之中,其他部分则飘散在空气中或随降尘和降雨进入路面或绿化带土壤表层,再通过降雨或降雪进入地表水体。另外,道路交通事故污染物,如道路运输有毒有害化学品时洒、冒、泄露的有毒物质,以及汽车尾气中的大部分污染物最终也都将在自然沉降或雨水淋洗作用下迁移至水环境中,因此,由于道路交通活动而形成的路面沉积物是路面径流污染的主要来源。道路路面径流污染物和污染源见表 10-22 所示。

表 10-22　道路路面径流污染物与污染源

污染物	污染源
固体物质	混凝土及沥青路面,车胎磨损颗粒,筑路材料磨损颗粒,运输物品的泄露,刹车,大气降尘,路面除水剂和杂物等
重金属	汽车尾气的排放,燃料或润滑油的泄露,除水剂的撒播,轮胎的磨损、制动器,杂物等
油、脂	燃料及润滑油的泄露,废油的抛弃等
有机毒物	汽油的不完全燃烧产物和润滑油的泄露等
N、P 营养物	晴天降尘,雨天降水,道路两边植物施肥等

3. 对景观环境的影响

我国的道路建设目前仍保持快速发展的势头,而且正处于对道路网的完善阶段。后期建设的道路多位于山岭重丘地区,地形条件十分复杂,在建设时要注重道路建设与沿线自然生态环境的和谐统一,合理开发、利用、保护和节约项目影响区域的自然资源,实现道路环境的可持续发展。山区的道路受地形地貌的限制和道路技术指标的要求,避免不了大填大挖,同时高架桥、隧道、互通式立交和服务区等建筑物也不可避免地对沿线的自然景观和人文景观产生影响。道路对自然景观的影响主要表现在以下几个方面:

(1) 切割连续的自然景观

道路的建设经常会切割连续的自然景观,使自然景观的空间连续性和自然性遭到破坏。对于拟建项目区域内景观环境质量高、景观类型丰富、沿线存在没有人为活动的自然区域的拟建项目,拟建项目的建立会在景观环境中划出一条明显的人工印迹,破坏自然景观原有的美感。

(2) 占用和破坏重要的自然景观

道路交通的建设有时还会占用自然景观的某些区域,使区域内的景观环境受到损害。在山陵沟谷地区,因地域狭小,拟建项目无法避让,不得不以高填、高架、切坡、建隧道等方式通过,该类工程会破坏自然的坡面,给山岳风景带来影响。

(3) 道路自身景观与景观环境之间形成冲突

作为一条道路,道路本身的构筑物(如挡墙、护坡、排水、桥涵等)、辅助设施(如护栏、标志、标牌等)、绿化以及服务区、收费站、互通式立交都构成道路自身的景观,由于这些景观是人为的，若设计或选址不当，会给景观环境带来负面影响。

(4) 道路建设施工过程对自然景观的影响

由于拟建道路工程量大，施工周期长，需在施工现场安营扎寨，而且施工期的临时堆料场、来来往往的施工车辆、新开辟的施工便道、新搭建的施工营地以及施工人员的生活垃圾随意堆弃，这些都可能给湖泊、湖岸景观和山岭景观带来视觉污染。

(5) 风景区内道路系统杂乱

很多风景区内的道路系统，缺乏统一的管理和分类，杂乱无章，不能够根据道路交通的不同功能加以分类和组织。如货运路线与游览路线不能很好地区分开，造成景区内的交通混乱，不能为游人提供良好的旅游路线，也严重妨碍了景区内的园务工作。

二、道路交通中的生态保护

道路交通对生态系统的影响是巨大的，因此，正确理解、评价和全面分析道路网络建设及交通所产生的生态影响，最大限度地减少道路网络对自然生态系统所产生的负面作用，这对保护生物多样性、维持健康的生态系统均具有重要的实践指导意义。对应于道路交通对生态系统的影响，保护措施主要有以下三个方面：

1. 对生物多样性的保护

道路建设和运营对地区生态环境的影响是永久性的，因此道路建设和运营必须重视保护生物多样性，采取积极措施，尽可能消除和减少对生物多样性的不利影响。保护生物多样性的主要措施主要有以下几个方面：

(1) 合理选线

道路选线，通常应避开濒危野生动植物及古树名木集中分布区、重要自然遗迹分布区、具有旅游价值的自然景观区、自然保护区、风景名胜区和森林公园等地区。

(2) 设置动物标志，减速行驶

在野生动物频繁出没的路段设置动物标志，提醒驾驶人员减速行驶，避免动物与车辆相撞引起的伤亡。

(3) 设置灯光反射装置

在路旁设置一些反射装置，如反光灯等，以便夜间车辆行驶时驱赶道路两侧的动物，使其不敢穿越道路。

(4) 设置保护栅栏

在道路两侧修建的栅栏或植物屏障可减少动物与车辆碰撞的危险。这些屏障可改变动物的迁徙路线，从而避免动物与车辆相撞的事件发生。

(5) 设置动物通道

在野生动物保护区、自然保护区等经常有野生动物特别是濒临灭绝的珍稀野生动物活动的地区，可考虑修建动物通道来保护动物的栖息环境。

(6) 用桥隧、桥梁取代大开挖或高路基

用隧道取代大开挖或用桥梁取代高路基的做法，是基于生态设计的理念，这种方式对动物生态环境的影响是最小的。

(7) 植树造林

在道路路界内或相邻区域植树有利于当地的动植物保护。在一些场合，植树不仅可以防止水土流失，还可以为当地的动物提供更多的栖息地或迁徙路径。所要种植的树木应尽量采用本土植物，以便在最少的维护工作量下达到维持生态平衡的效果。

2. 对水环境的保护

道路建成投入运营后，其服务设施将排放一定数量的污水，如服务区的生活污水、洗车台(场)的污水、加油站的地面冲洗水、路段管理处及收费站的生活污水等。若这些设施的所在地远离城镇、不能直接排入污水系统时，排放的污水需经处理达标后才能排放。

(1) 生活污水处理

① 化粪池

化粪池是污水沉淀与污泥消化同在一个池子内完成的处理构筑物，其结构简单，类似于平流式沉淀池。污水在池中缓慢流动，停留时间为 12～24 h，污泥沉淀于池底进行厌氧分解。污泥的储存容积较大，停留时间为 3～12 个月。由于污泥消化过程完全在自然条件下进行，所以效率低，历时长，有机物分解不彻底，且上部流动的污水易受到下部发酵污泥的污染。通常化粪池作为初步处理，以减轻污水对环境的污染。

② 双层沉淀池

双层沉淀池又称隐化池。它具有使污水沉淀，并将沉淀的污泥同时进行厌氧消化的功能。污水从上部的沉淀槽中流过，沉淀物从槽底缝隙滑入下部污泥室进行消化。在沉淀槽底部的缝隙处设阻流板，使污泥室中产生的沼气和随沼气上浮的污泥不能进入沉淀槽内，以免影响沉淀槽的沉淀效果和污水受到污染。双层沉淀池的污泥消化仍在自然条件下进行，当污水冬季平均温度在 10～15℃时，污泥的消化时间约需 60～120 d，因此，消化室的容积较大。见表 10-23。

表 10-23　所需消化室容积

年均气温/℃	每人所需消化室容积/L
4～7	45
7～10	35
>10	30

③ 生物塘

当道路服务设施附近有取土坑(或洼地)可以利用时，可将取土坑(或洼地)适当整修作为生物塘。生物塘是一种构造简单、管护容易、处理效果稳定可靠的污水处理方法。生物塘可以作为化粪池或双层沉淀池的后续处理设施，也可以单独使用。

污水在塘内经较长时间的停留和贮存，通过微生物(细菌、真菌、藻类、原生动物等)的代谢活动与分解作用，对污水中的有机污染物进行生物降解，最后达到稳定。因此，生物塘又称为生物稳定塘。生物塘可分为好氧塘、兼性塘、厌氧塘和曝气塘四种。

(2) 洗车及机修废水处理

大型洗车场、汽车维修站及加油站的污水，常含有泥沙和油类物质。油类不溶于水，在水中的形态为浮油或乳化油。乳化油的油滴微细，且带有负电荷，需破乳混凝后形成大的油滴才能除去。汽车维修站及加油站的含油污水以浮油为主，通常采用隔油池进行处理。隔油池是指用自然上浮法去除可浮油的构筑物。目前常用的隔油池有平流式隔油池和斜板式隔油池两类。平流式隔油池的结构如同平流式沉淀池一样，其去除浮油的原理是：当污水进入隔油池后，密度小于水而粒径较大的可浮油粒便浮于水面，而密度大于1的重质油和可沉固体则沉向池底。在隔油池的出水端设置有集油管，将浮油收集去除。

（3）地表径流处理

道路交通产生的地表径流污染是最常见的，因此处理好地表径流的污染非常重要。对地表径流水污染的常用处理方法有以下几种：

① 植被控制

植被控制是一种利用地表密植的植物对地表径流中的污染物进行截流的方法，它能够在地表径流输送的过程中将污染物从径流中分离出来，使到达受纳水体的径流水质获得明显的改善，从而达到保护受纳水体的目的。地表的植被不但有助于降低径流的流速，提高沉淀效率，过滤悬浮固体，提高土壤的渗透性，而且能够减轻地表径流对土壤的侵蚀，是一种有效的径流污染控制方法。

② 湿式滞留池

湿式滞留池是池中平时保持有一定水量的滞留池，是去除地表径流污染最实用有效的方法之一。滞留池去除颗粒状污染物的基本机理是沉降，但一些滞留池对某些可溶性营养物质也有很好的去除效果，如可溶性氮、磷、硝酸盐及亚硝酸盐，其机理是湿式滞留池中的生物作用。

③ 渗滤系统

渗滤系统是使地表径流雨水存储起来，并渗透到地下的一种暴雨径流控制方法。渗滤系统在美国的许多地方都作为一种处理暴雨径流的可选方案。既可单独使用，也可与其他常规方案结合使用。渗滤系统通常包括渗坑、渗渠及渗井。设计良好的渗滤系统对路面径流中的污染物有很好的去除作用，渗滤系统适宜用于以下情况：(1)土壤或下层土壤有很好的可渗透性；(2)地下水位低于渗滤系统最低点最少3 m；(3)入流中的悬浮固体含量小；(4)渗滤过程中有足够的存储空间存储地表径流。

④ 湿地系统

湿地是一种高效控制地表径流污染的措施，它可以同化入流中大量的悬浮物或溶解态物质。去除污染物的主要机理是沉淀截留和植物吸附。湿地不同于滞留系统的特征有：水层浅，利用植物作为污染物去除的机制，强调水流缓慢或面流。

3. 对景观环境的保护

道路交通对自然景观的影响主要表现在道路与自然景观不协调，尤其是道路穿越旅游区或旅游景点时，会破坏了景观环境的天然之美。对自然景观的保护主要有以下几个阶段：

（1）设计阶段保护措施

① 要保证总体线形顺畅，顺应地形地貌，不要过分追求高标准而破坏自然景观。

② 在中、高山岭区减少大填大挖，尽量采用桥隧结合的方式。

③ 如果要建造隧道，建设时最好采用“前进后出”的方式，尽量减少对山体的切削。

④ 高填深挖边坡：深挖边坡尽量用缓坡，使其看似自然边坡，尽可能保持原来山体地貌，植被尽可能恢复自然野生植被；人工边坡首先应避免浆砌石片或混凝土边坡，最好采用植物护坡和混凝土护坡相结合的方式，并采用根系发达、固水性好、对立地条件要求低的当地物种进行护坡，若不得不用浆砌石片或混凝土边坡，则需在边坡顶部或底部种植当地的藤

本植物，减轻给行人带来的视觉冲突。

⑤ 如果道路建设时要建造桥梁，在桥梁设计中要注意桥梁造型、桥面线形和色彩对景观环境的影响，位于山岭沟谷区域的桥梁栏杆不要使用和环境对比度大的颜色，可以使用草绿色，与自然山体匹配，行车视觉舒适。

(2) 施工阶段保护措施

① 在景观环境质量高的区域施工时，施工时间最好安排在旅游淡季，施工车辆尽量在夜间运输，并且要保持车辆的外观整洁，运输时用遮雨篷遮盖运输物体。

② 不在风景区附近新建施工营地，施工营地最好设在路线村庄内，借用当地老百姓的房子。

③ 施工人员的生活垃圾不能随意堆弃，每天要及时收集，集中、统一处理或填埋，不给沿线景观环境带来污染。

④ 施工期的临时堆、拌料场，不能设在沿线的河边湖畔，在风景区内或边缘不能设临时堆、拌料场。临时堆料场选址要隐蔽，尽量不占用自然植被和自然环境好的地方，并要易于拆除和复原。

⑤ 尽量使用老路作为施工便道，不得不修建新的施工便道时，要尽量减少对自然环境的破坏，选择隐蔽性好、易于恢复的地方或便于今后留给当地村民作农耕通道的地方，减轻对自然景观的潜在影响。

(3) 建成后(营运期)保护措施

① 根据景区的生态承载力限制游客数量，并要求景区内统一使用环保型车辆，尤其是核心景区内需全部使用环保型电瓶车。

② 各条道路尤其是景区连接线道路入口处应设置路牌，禁止化学品、危险品等类物资在本道路运输。

③ 对风险性高的水污染事故应制定有效的风险防范措施及应急预案，以便在事故发生后将有毒有害物质对水体的污染降低到最低程度。

④ 道路建成后，在道路两侧种植绿化带，设置禁止车辆鸣笛的路牌，减轻交通噪声对沿线居民的影响。

⑤ 采用分路段到责任人的方式对沿线的固体废物及时进行收集处理；另外，在景区内合理设置垃圾收集箱和垃圾中转站，收集生活垃圾并将其运输到城市垃圾填埋场处置。

§10-6 道路交通污染与绿色交通

一、道路交通污染防治举措

在快速城市化、新型工业化的推进过程中，人们在追求城市交通发展速度的同时忽视了城市的循环发展和可持续性发展的内在要求，引发了诸多环境问题。其中，道路交通污染已超越燃煤成为城市的主要污染源，而汽车尾气排放，噪声污染以及土壤的重金属化等已经成为城市环境污染的主要致因。

减少城市交通污染的主要途径就是有效地控制污染源，降低污染气体排放和噪声污染，加强汽车的使用管理和交通管理的力度和规范性，最大程度地提高城市交通网络的运行效率。这里提出以下四项治理交通污染的具体措施。

1. 混合利用城市土地资源减少交通出行时间

城市系统中的一个重要组成部分是城市交通。《雅典宪章》中写道："城市的功能分区应该要按照工作、居住、游憩来进行分区。"这种死板且缺乏活力的分区方式已经不能很好地适应当今城市的发展趋势，也因此给城市的交通带来了许多的困难，例如：居住区和工作区分开，这种情况造成了城市早晚高峰时期的单侧的交通拥堵，而在相反方向则交通极为畅通。城市土地混合利用率的多少对交通状况有着极大的影响。土地的混合利用能使降低本地区居民跨区活动的频率，如当地居民能在本区域内满足就医、求学、娱乐等需求，能减轻交通运输的压力，从而缓解交通过度拥挤的状况。如果居住区和工作区处于同一区域，也能有效地避免早晚高峰交通拥挤，避免主干道路堵车的现象。

2. 大力发展公共交通

我国公共交通的使用率依旧较低，在欧美及日本等发达国家的大城市中，公交出行比例达到了 40%～70%。在日本、巴西及许多西欧国家中，尽管大部分家庭都拥有两辆以上私家车，但是其私家车的使用率极低，通常只在周末家庭聚会旅游时才会使用私家车，在日常工作时间中，公共交通的使用率高达 70%以上。然而在我国一些大城市中，公交的出行分担率低于 20%，在一些中小城市中，这个比例甚至低于 10%。因此，我国现阶段应加快公共交通系统的建设及完善，合理规划及布设公共交通的线路和站点，提升公共交通的便利性，加大公共交通的补贴力度，从而转变人们的出行习惯，提升公共交通的使用率及运营效率。

3. 制定相关政策合理控制小汽车的使用

我国大型城市对小汽车的过度使用导致了人们出行成本的增加，增加的出行成本不仅指交通拥堵导致的时间成本，也包括出行产生的外部成本，如环境污染、噪声污染等等。但是由于环境保护意识的缺失，人们不会因为环境问题主动选择减少使用私家车的次数，也不会主观能动地选择环保型污染治理技术。想要控制小汽车的增长速率，需要有关部门制定相关政策，例如，纽约根据公共交通的可达性采取阶梯式停车收费的策略，对小汽车的使用起到了遏制作用，而我国北京、上海通过对汽车牌照发放的控制，在一定程度上也减缓了小汽车的增长速率。这些经济政策必须采取逐步介入的方法，需要有一个过程，给群众适应和接受的时间，不能操之过急，而这个过程也正是公共交通不断完善的过程。

4. 加快新技术和新能源的运用与推广

据统计，2010 年小汽车对汽油、柴油的消费已经占全国汽柴油的 65%左右。随着经济的不断发展，小汽车的数量逐渐增加，随之增加的还有燃油的需求量。我国虽地大物博，但石油的产量还是不能满足大众的需求，这就迫使我们不得不开辟新道路，寻找新能源来代替石油。2010 年 6 月实施的节能汽车推广政策，极大程度上促进了节能与新能源汽车的发展。国家鼓励使用生物质燃料、天然气、混合燃料、氢燃料等新型能源汽车，除此之外，北京还试点零排放的新型公交"立体快巴"等。使用新技术，研发新能源汽车对提高能源利用率，减缓能源危机，降低城市污染，保护环境具有十分重要的意义。

二、绿色交通

1. 可持续发展的含义

挪威前首相布伦特兰夫人在《我们共同的未来》报告中，系统地阐述了人类面临的一系列重大的经济、社会和环境问题，提出了可持续发展概念，并在1992年联合国环境与发展大会上取得共识，其定义是："可持续发展是既满足当代人的需要，又不对后代人满足其自身需求的能力构成危害的发展"。它包括两层含义：一是优先考虑当代人，尤其是世界上贫穷人的基本需求；二是在生态环境可以支持的前提下，满足人类眼前和将来的需要，可见，它有两个基本要点：一是强调人类追求生产成果的权利应当和坚持与自然相和谐的方式保持统一，而不应是凭借着手中的技术和投资，采取耗竭资源、破坏生态和污染环境的方式来追求这种发展权利的实现；二是强调当代人在创造今世发展与消费的同时，应承认并努力做到使自己的机会与后代人的机会相平等，不能允许当代人一味地、片面地和自私地为了追求今世的发展与消费，从而剥夺后代人本应享有的同等发展和消费的机会。可持续发展以自然资源为基础，同环境承载能力相协调，它承认自然环境的价值，以提高生活质量为目标，同社会进步相适应。

2. 绿色交通的含义

1994年国务院第十六次常务会议审议通过了《中国21世纪议程——中国21世纪人口、环境与发展白皮书》，明确提出把可持续发展作为我国的一项重要战略。目前，城市交通问题突出，交通污染日益严重，为了坚决贯彻国家的可持续发展策略，"绿色交通"的理念逐渐进入大众的视野。

绿色交通与解决环境污染的可持续发展概念一脉相承，简单地说，是为了缓解交通拥挤、减少交通污染、促进社会和谐、节省建设维护费用而发展的低污染的有利于城市环境的多元化城市交通工具来完成社会经济活动的协和交通运输系统。这具体体现在减少个人机动车辆的使用，尤其是减少高污染车辆的使用；提倡步行，提倡使用自行车与公共交通；提倡使用清洁干净的燃料和车辆等等。

交通运输同人口、社会、经济、环境和资源都有着密切的关系，交通运输的发展，一方面促进了经济迅速地向前发展，提高了人们的生活水平。另一方面，交通运输业的发展也引起了诸如环境噪声污染、交通事故以及交通拥挤等一系列复杂的经济、社会问题，鉴于交通运输业所带来的这些问题，也由于绿色交通的科学性和现代性，绿色理念逐渐被广泛运用在各类交通问题中。

3. 我国绿色交通的发展

人们对绿色交通概念的接受程度决定了人们对出行方式的选择，选择绿色出行方式是发展绿色交通的重要基础。在这里，绿色出行方式是指低碳环保的出行方式。与绿色交通相关的指标有很多，因此可以从不同角度来深入理解绿色交通。

城市的交通需求总量、交通时空分布形态以及出行距离特性主要取决于城市的地理形态与土地利用模式。同时，由于每个城市不同的功能定位，不同的地理特征与人口特征，这些因素很大程度上影响了市民对于城市交通的需求总量。合理地定位城市功能并规划城市实体组成、实体环境以及各类活动的空间结构和形成是减少交通需求的核心，减少的交通需求意味着尾气排放的减少。（例如：杭州作为旅游城市，市中心总是出现拥堵状况。这是由于著名景点——西湖位于城市中心区域，导致了市中心区域巨大的游客量和大量的交通需求。）

相关部门应合理地规划城市的交通网络，并采取科学有效的管理措施，实现道路交通的畅通有序。车辆怠速、低速、走走停停等不良行为会增加油耗与排放。通过科学管理减少这些不良现象可以在一定程度上减少尾气排放。采用先进的技术，可以提高车辆性能，减少车辆的油耗。同时制定严格的排放标准，使用清洁能源作为汽车的动力，也能够有效减少尾气排放。

当城市交通需求无法再通过相应措施减少时，应当努力提高公共交通的分担率，大力发展公共交通，降低公共交通费用，鼓励市民使用公共交通以减少道路交通量，从而实现减少尾气排放的目的。

大力宣传绿色交通，提高市民对绿色交通的认识与了解，让市民接受绿色交通并提高环保意识，从而作为绿色交通的践行者，选择绿色出行方式。鼓励市民使用公共交通、自行车与共享汽车等出行方式是实现绿色交通的根基。

随着时代的发展，新型的绿色交通工具越来越多样化，如图 10-7 所示，例如：电动出租车，公共自行车租赁系统，无人驾驶汽车，有轨电车等等。

（a）电动出租车

（b）公共自行车租赁系统

（c）无人驾驶汽车

（d）有轨电车

图 10-7　新型的绿色交通工具

电动出租车：顾名思义，电动出租车就是以电作为其主要能源供给的出租车。由于电动出租车没有马达声，所以比一般的燃油汽车更安静，也不会排放有害气体，但纯电动出租车的续航能力只有 20～80 km，须对车辆采取“换电(池)为主，插充为辅”的模式。更换电池和普通汽车加油等待时间相差不大，所以是一类非常符合绿色交通发展理念的新型交通工具。

公共自行车租赁系统：公共自行车出行系统又简称公共自行车，是城市的交通规划部门在对城市公共交通进行部署时，根据城市的交通现状，在合适的地点设置的市民可自由租赁的公共自行车。以苏州市为例，苏州的公共自行车遍布全市，持有租赁卡的市民可在任意租赁点随意租赁自行车，使用完毕后只需将自行车归还到任意有空位的公共自行车租赁站即可，如果租借时长在 1 h 以内则免费，若超过 1 h 则按时收费。

无人驾驶汽车：无人驾驶汽车是一种智能化程度较高的汽车，主要通过车内计算机与 GPS、信号感应系统等相结合，实现车辆在道路上的无人驾驶。无人驾驶汽车是智能交通高度发展的产物，具备高效性、可接近性等优点，如果能投入实际的生产运用，能够有效缓解交通阻塞、提升安全性、减少燃油消耗、降低停车费用。

有轨电车：有轨电车是将电作为驱动力，有其固定轨道的交通列车，属于轻轨的一种。列车一般只有单节，最多 3 节，由于列车以电力作为其驱动力，车辆不会排放废气，所以是一种有效环保的绿色交通工具。

三、以绿色交通为导向的道路交通系统建设

近几年，国家不断提倡走可持续发展道路，而发展绿色交通为主的道路交通系统是实现可持续发展的必由之路。改革开放以来，由于城市经济的迅猛发展及城市化进程的加快，城市交通需求量急剧上升，为了适应城市经济发展的需要，城市建设部门投入了大量的资金进行城市交通系统的规划、建设。目前，我国大多数城市都基本上建成了初具规模的城市道路网及相应的交通配套设施。但是，由于传统的城市交通规划方法是单一的面向交通的规划，没有考虑交通发展对资源的要求及对环境的影响，因此，我国大多数城市的交通建设过程不符合绿色交通的发展战略，交通拥挤问题仍然存在，资源得不到充分利用，环境质量日趋恶化，传统的城市交通系统仍然是影响城市经济发展及人民生活水平提高的制约因素，主要表现在以下方面：

(1) 城市交通发展政策不健全，道路路面优先通行权不明确，导致城市交通结构极不合理，造成了道路交通的严重阻塞。

根据对国内数十个大中城市的居民出行调查资料分析，目前国内城市客运交通结构很不合理，在全出行方式中，公共交通方式出行仅占 10%左右，道路利用率最高的公共交通没有得到充分发挥，导致了整个城市交通系统的运输效率低下，造成城市交通拥挤。

(2) 城市交通系统的资源消耗严重，由于对不可再生资源过度依赖，资源供给的非均衡利用的矛盾已日趋突出。

城市交通系统所消耗的不可再生资源主要有两大类：城市用地及能源。西方发达国家的城市交通用地比例很高，一般城市都在 30%左右，有些城市高达 40%～50%。我国目前的交通用地比例不高，一般小于 15%，《城市道路交通规划设计规范》规定的城市道路用地比例为 10%～20%。随着我国汽车工业的发展、城市机动车拥有量的快速增长，我国的城市交通用地比例还会逐年提高。

交通运输中的能源消耗占总能源的比例也是非常高的。在加拿大交通运输系统消耗的燃油占总燃油的 66%，其中，绝大部分为汽车运输所消耗。在美国，交通燃油能耗为总燃油能耗的 60%，其中 73%为汽车交通所消耗，这些车用燃油是不可再生的能源。

尽管我国目前在交通系统中消耗的资源与发达国家相比还不算很高，但随着道路交通的逐步机动车化，交通系统的资源消耗比重会逐年增加，加上我国人多地少、能源后备不足等特点，资源供给的非均衡利用的矛盾已日趋突出，交通系统对土地、石油等不可再生资源的过度依赖，会严重影响城市经济的发展。

(3) 城市环境质量日趋恶化，严重影响城市居民的身体健康，而道路交通噪声、汽车排放的尾气是主要的环境污染源。

交通系统产生的环境污染包括大气污染、噪声污染以及振动、电磁波干扰等，其中交通系统产生的大气污染及噪声污染是影响城市环境质量的主要污染源。

交通系统产生的主要大气污染物包括一氧化碳 CO、氮氧化物 NO_x、非甲烷碳氢雾等。即使在环境优美的欧洲，交通污染也是相当严重的，全欧洲由道路交通产生的 CO、NO_x 分别占总排放量的 80%及 60%左右，其中，伦敦市机动车产生的 NO_x 占总排放量的 74%，烟尘(主要是 CO)占 94%。在美国，交通对大气环境的污染更加严重，多次发生光化学烟雾事件及酸雨事件，美国官方也宣称“汽车是最大的污染源”。

在我国，汽车拥有量急剧上升，现已仅次于美国，居世界第二，汽车尾气对大气的污染程度与发达国家面临着同样紧张的局面，如北京市机动车产生的污染物排放量占污染物总排放量的比例分别为 CO：60%，HC：86.8%，NO_x：54.7%。如果机动车拥有量继续增加而没有采取有效的措施，汽车尾气对大气污染的程度还将加剧。

道路交通产生的噪声污染在城市声污染中所占比例也是相当高的。在发达国家，道路交通产生的噪声强度一般都占总噪声强度的 80%以上。在我国，由于大多数城市处于城市开发及经济发展阶段，施工噪声及工业噪声占有一定的比重，但交通噪声仍占主导地位，一般占总噪声强度的 50%，多数大城市的主要道路噪声均超过了 65 dB，有些城市的道路噪声超标率达 90%以上。以上分析可见，我国道路交通对环境影响的相对程度已经接近(有些指标已经超过)了西方发达国家的道路交通对环境影响的相对程度，而我国城市环境质量的绝对状况远低于西方发达国家。

总而言之，面向 21 世纪，我国城市化进程的加快使得城市交通问题日趋突出，城市可持续发展的一个关键问题就是城市交通的可持续发展，用牺牲环境及资源来解决交通问题是城市交通建设的一大误区。建立一个以解决交通拥挤、改善环境质量、优化资源利用为目标的城市绿色交通模式，对我国的城市发展以及经济发展有着重大的意义。

立足中国国情，瞄准国际前沿，通过对 21 世纪中国交通领域发展趋势分析以及新理论、新方法、新技术的研究，提出适合中国发展的绿色道路交通系统模式，重点解决以下问题：

(1) 制订绿色交通的发展战略，引导城市交通结构向符合绿色交通的合理模式转变，对解决我国 21 世纪的道路交通问题有重大意义。

(2) 通过对交通与资源消耗相关关系的研究，制订能够优化利用不可再生资源的道路交通系统合理模式，是实现绿色交通的当务之急。

(3) 通过对道路交通与环境质量相关关系的研究，制订符合绿色交通的道路交通发展改善与管理办法，引导交通结构向绿色低碳的合理模式转移，对我国 21 世纪的环境保护有重大意义。

复习思考题

10-1　道路交通环境与环境保护的含义？

10-2　道路交通产生的大气污染主要有哪些？如何控制道路交通大气污染？

10-3　交通噪声的主要来源、危害及防治措施？

10-4　交通振动的产生及对人体的危害？如何防护？

10-5　何谓可持续发展？可持续发展的道路交通系统在我国有何重大意义？

第 11 章　交 通 仿 真

交通仿真是采用计算机数字模型反映复杂交通现象、复现交通流时空变化规律的交通分析方法和技术，是计算机仿真技术在交通工程领域的一个重要应用。交通仿真分析技术具有直观、准确、灵活的特点，已经成为交通研究、规划和管理人员的重要工具，被广泛应用于交通规划评价、交通组织和交通管理优化、交叉口渠化和优化配时设计等。本章主要介绍交通仿真的基本概念、基本方法以及一些重要的仿真模型和软件。

§11-1　交通仿真概述

一、系统仿真、计算机仿真及交通仿真

1. *系统仿真*

系统仿真顾名思义就是模仿真实系统，仿真是通过对系统模型的实验研究一个存在的或设计中的系统。

长期以来，人们已经充分认识到利用数学模型描述所研究系统的优越性，并且逐渐地发展了系统研究和系统分析理论。但是，由于数学手段的限制，人们对复杂事物和复杂系统建立数学模型并进行求解的能力是有限的。在 19 世纪末 20 世纪初工业技术的迅速发展过程中，由于常规数学模型的缺陷对技术进步的制约作用日益明显，系统仿真作为一门技术科学也就应运而生。

2. *计算机仿真*

仿真技术发展之初，由于相关技术条件的限制，人们多采用实物仿真的手段，例如通过对不同形状飞机模型的风洞实验分析来改进飞机设计。近年来，随着相关技术的发展，尤其是计算机软、硬件技术的突破，仿真技术已经由实物仿真发展到数字仿真。由于数字化主要通过计算机来实现，因而也称计算机仿真。

计算机仿真就是利用计算机技术，建立系统模型，在计算机平台上反映出事件或系统的特征。计算机仿真摆脱了实物模型的传统概念，借助计算机可以对物理性质截然不同的各种系统进行准确、灵活、可靠的研究，这就使现代科学实验技术提高到一个新的水平。

现代计算机仿真技术的优越性在于：

(1) 可以求解许多复杂而无法用数学手段解析求解的问题；

(2) 可以预演或再现系统的运动规律或运动过程；

(3) 可以对无法直接进行实验的系统进行仿真实验研究，从而节省能源和费用。

3. *交通仿真*

在交通仿真技术出现之前，交通工程师采用经验方法和数学分析方法分析交通现象。

然而，交通系统是一个典型的复杂系统，系统内要素的状态及其相互作用规律受多维随机因素的影响，往往难以用经验模型或数学分析模型来准确地描述。传统交通分析方法的局限性在20世纪60年代计算机化的交通信号控制系统出现以后显得尤为突出，当时的交通工程师们希望找到一种更有效的交通分析方法来优化交通控制的信号参数设计，从而开始了交通仿真的研究。

交通仿真就是利用计算机仿真技术，在计算机平台上复现现实交通运行状况，或虚拟出未来交通运行状况。它是随着计算技术的进步而发展起来的采用计算机数字模型反映复杂交通现象的交通分析方法，是计算机仿真技术在交通工程领域的一个重要应用。交通仿真模型的建立以及交通仿真系统的开发应用是交通仿真研究的核心内容。

二、交通仿真的特点、分类及步骤

1. 交通仿真特点

之所以要采用交通仿真技术在根本上是由交通现象的复杂性决定的。交通系统是一个涉及人-车-路-环境相互作用的复杂系统，具有动态性、随机性和不可再现性等特点。要利用传统方法对如此复杂的交通系统进行准确描述并寻求现实交通问题的解决之道就显得极为困难，有时甚至是不可能实现的。而交通仿真具有低成本、可重用、可控制等优点，可以从复杂的现象中抽象出问题的本质，从而更便利、更经济地寻找解决问题的方法。除此之外，在仿真环境中还可以构建现实中难以实现甚至无法实现的系统。因此，交通仿真就成了交通工程师和研究者描述复杂交通现象，对各类交通规划、设计、管理、控制方案进行测试和优化的一种直观、方便、灵活、有效的交通分析工具。

2. 交通仿真分类

根据交通仿真模型对交通系统描述细节程度的不同，交通仿真可分为宏观仿真和微观仿真，有时也将微观仿真的一部分单独划分为中观仿真(或准微观仿真)。

(1) 微观交通仿真模型对交通系统的要素及行为的细节描述程度最高。例如，微观交通仿真模型对交通流的描述是以单个车辆为基本单元的，车辆在道路上的跟车、超车及车道变换等微观行为都能得到较真实的反映。

(2) 中观交通仿真模型对交通系统的要素及行为的细节描述程度较高。例如，中观交通仿真模型对交通流的描述往往以若干辆车构成的队列为单元，能够描述队列在路段和节点的流入流出行为，对车辆的车道变换之类的行为也可以简单的方式近似描述。

(3) 宏观交通仿真模型对交通系统的要素及行为的细节描述程度较低。例如，交通流可以通过流量-密度-速度关系等一些集聚性的宏观模型来描述，诸如车辆的车道变换之类的细节行为就不予以描述。

3. 交通仿真基本步骤

交通仿真的对象是含有多种随机成分和各种逻辑关系的复杂的交通系统，因此交通仿真本身就是一个复杂的系统工程，包括问题分析、模型建立、数据采集、程序编制、仿真运行、输出结果处理等过程，必须按一定的程序和步骤进行。

图11-1所示为一般的交通仿真流程图，其中包括11个基本步骤：

(1) 明确问题。对拟要研究的问题进行详细的了解和描述,明确研究目的,划定系统的范围和边界,以便对各种交通分析技术的适应性作出判断。

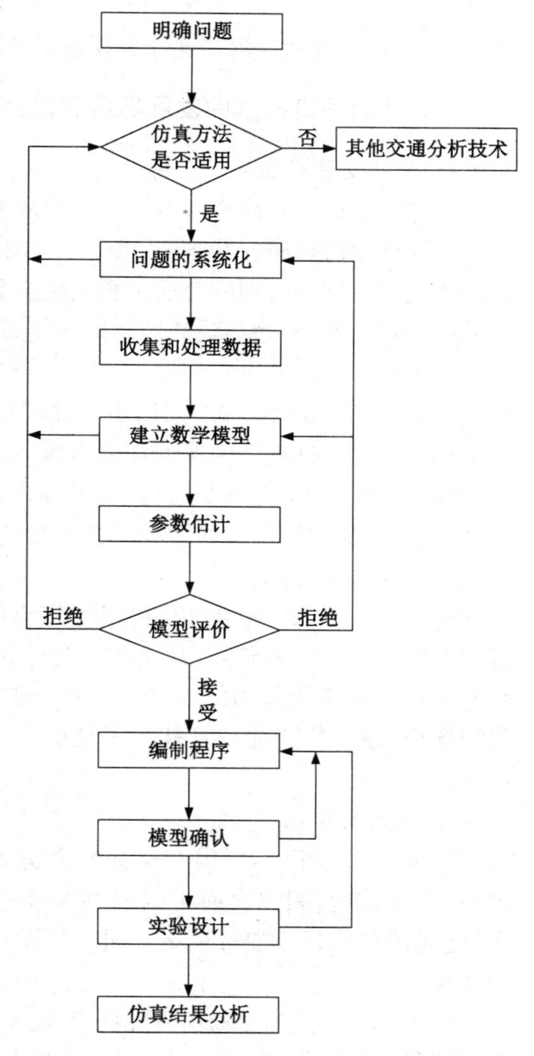

图 11-1 交通仿真流程图

(2) 确定仿真方法的适用性。这一步工作的核心是确定在各种交通分析技术中,系统仿真对于所论问题是最适宜的方法。

(3) 问题的系统化。一旦确定交通仿真对于所论问题是最好的解决方法,就要着手构造一个仿真模型的第一级流程图,其中包括输入、处理、输出三个部分。

(4) 数据的收集和处理。这一步工作的主要内容是根据输入和输出要求收集和处理所需的数据。

(5) 建立数学模型。这是最关键的一步,也是最费时间的一项工作。通常由第一级流程图出发,采用自上而下循序渐进的方法;建立第二级流程图,确定构成处理过程的主要模块及其相互关系、每一模块的输入和输出;建立第三级流程图,对每一个模块的功能进行详细的描述。

(6) 参数估计。模型中的参数有两种基本类型,即确定型和随机型。对于随机型参数,除给出它的均值和方差外,还要指出其分布形式。

(7) 模型评价。首要任务是对所建模型的各种可能情况进行手工计算,以确定流程中是否出现中断或回路、检验数据输入的适应性和取值范围、检验输出结果的合理性。其次,还需要做出一些判断,如是否有必要修正一些变量或参数,是否有必要对模型的结构进行修改等。若模型本身被拒绝,则需要返回第(3)或第(5)步骤,甚至返回第(2)步骤,以至于可能放弃系统仿真方法。

(8) 编制程序。一旦所建的模型被接受,便可着手编制计算机程序。编程工作量的大小和难度取决于前面建立的流程图的质量。

(9) 模型确认。模型确认包括三项内容,即模型校核、模型标定和有效性检验。模型校核的目的是确认程序代码执行的正是流程图规定的任务,并不涉及拟研究的实际问题。模型标定是以一部分现场观测数据作为输入,检验输出结果是否与实际的观测结果相吻合,若不一致,则需调整参数直至与实际情况相吻合。有效性检验是将其余未使用的现场观测数据输入仿真程序,并将计算结果与相应的观测结果进行比较。这时,不能再对模型参数进行调整,输出结果与实际观测之间的差异表明了整个仿真程序在所检验条件下的误差。

(10) 实验设计。一旦仿真程序通过了有效性检验,便可制定一个详细的实验方案进行仿真实验。

(11) 仿真结果分析。这一步骤包括三项工作内容,即仿真运行、结果分析和文档形成。

三、交通仿真技术的发展历程和趋势

1. 国外发展历程

国外的交通仿真研究基本上经历了从最初起步、迅速发展到深化完善的不同发展阶段。

国外交通仿真研究始于20世纪60年代,其中TRANSYT交通仿真软件是当时最具代表性的成果。这一时期的交通仿真系统主要以优化城市道路的信号设计为应用目的,模型多采用宏观模型,模型的灵活性和描述能力较为有限,仿真结果的表达也不够理想,这也是由当时的计算机性能决定的。

20世纪70年代至80年代,由于计算机的迅速发展,交通仿真模型的精度迅速提高,功能也更加多样。这期间的典型代表当属NETSIM模型。该模型是一个描述单个车辆运动的、时间扫描的网络微观交通仿真模型,其对城市道路交通现象的描述精度达到了一个新的高度,因此广泛应用于交通控制与管理系统方案优化、交通设计方案优化以及交通工程相关领域的理论研究方面。

随着20世纪90年代初国外ITS研究的日益热门,世界各国都展开了以ITS为应用背景的交通仿真软件的研究,并达到了交通仿真研究前所未有的高潮,出现了一大批用于评价和分析ITS系统效益的仿真软件系统。进入新世纪以来,随着ITS研究和应用的进一步深化和推广,新一代交通仿真技术得到更全面的提升,呈现出高精度、多样化、在线仿真等新特点。

2. 国内发展现状

与国外研究相比,国内在交通仿真方面的研究长期处于一种未受重视的状态,20世纪90年代以后,国内交通工程界逐渐注意到交通仿真研究的重要性,东南大学、同济大学、交通部公路科学研究所等一批科研单位开始展开这方面的实质性研究并取得了一定的成果。

国内自主开发的交通仿真软件很少,已经商品化、能在比较大范围内使用的更少。由于我国道路交通流具有异于国外交通流的特点(比如低速、平面、混合),适合我国特点的交通流模型及微观交通仿真软件研究进展缓慢,但是在宏观交通仿真软件的研制上有初步进展,开发了一些具有自主知识产权的软件,如东南大学交通学院开发的“交运之星—TranStar”系列。新世纪以后,通过对国外成果的消化吸收,出现了一些面向网络交通分析的较为系统化的研究成果。如同济大学先后开发的TJTS模型和TESS模型,山东省科学院则开发出一个用于实时交通预测的仿真模型DynaCHINA。

3. 未来发展趋势

近年来电子信息领域的技术发展非常快,尤其是互联网、云计算、大数据、移动互联、人工智能等技术在交通领域的应用,对ITS发展带来了重大的变革,也给交通仿真注入了新的技术内涵:

(1) 交通仿真模型在精度和描述能力方面不断改进,对描述复杂路网形式和交通现象的适应性明显提高,尤其是加强了面向仿真建模的高精度交通数据的采集。例如,美国联邦公路局2003年启动的下一代交通仿真研究计划NGSIM。

(2) 在商业化交通仿真系统开发方面，由于用户需求多样化问题凸显，各大商业仿真系统均开始提供各种高级应用开发接口来满足用户个性化交通仿真分析的需要，同时开始突破微观仿真与宏观仿真的界限，出现一体化仿真解决方案。

(3) 将交通仿真系统和外部信号控制机以硬件或软件方式集成在一起的“硬件在环”交通仿真，或者“软件在环”交通仿真，其研发和应用也是近年来交通仿真技术发展的一个重要特点。

(4) 随着交通信息实时采集技术的快速发展和应用普及，面向动态交通管控和实时方案决策支持的在线交通仿真研究成为研究与应用热点。如美国麻省理工学院开发的DynaMIT模型、美国德州大学奥斯丁分校和马里兰大学联合开发的 DYNASMART 模型等，以及国内东南大学正在研发的城市虚拟交通系统、阿里巴巴公司主推的城市交通大脑等。

(5) 针对我国道路交通流特征和交通行为特点，如何借鉴国际上的交通仿真技术，开发自主创新、适合中国国情的交通仿真系统，形成具有自主知识产权的技术体系，将是今后一项重要的任务。

§11-2　交通仿真模型

一、道路设施模型

在微观交通仿真的诸多模型中，道路设施模型是最重要的静态模型。道路设施模型主要用来描述道路的几何特征、车道划分、隔离带、路肩宽度、路面类型、固定交通标志位置以及路网拓扑结构等。同时，对于微观交通仿真，道路模型不仅仅是简单的几何图形的记录和表现，更重要的还应起到交通仿真载体的作用。通过有效的数据组织，道路模型必须主动和高效地体现对动态实体—车辆运行的约束作用，提高仿真运行效率。

道路设施模型描述了仿真研究的地理空间参照系统，在整个仿真过程中起载体和容器作用，具有如下功能：

(1) 定义被仿真道路系统的空间参照系（如经纬度、投影变换后的 x, y, z 坐标），划定系统边界约束；

(2) 记录和存储仿真系统所需的各种算法模型（如车辆到达模型、信号灯控制模型、车辆冲突模型等），是仿真系统中所有模型存在和协作推进的容器；

(3) 存储、记录诸如交叉口、控制器等各种动、静态计算参数的状态信息和统计信息等；

(4) 根据道路几何线形、控制器作用范围、路口冲突规则等定义车辆运行拓扑轨迹等逻辑模型和逻辑规则，协调各种算法模型、动态模型以及动态模型实例间的逻辑操作，提高系统仿真效率、实现车辆运动动画表现；

(5) 作为整个仿真运行的程序指令、信息、控制（编程）载体，是各种开放性编程控件、外部函数、仿真算法的调度器。

例如，Vissim 软件采用 Link 和 Connector 两个基本要素来描述道路的几何特性和路网的拓扑结构。一条 Link 为具有相同几何线性和车道划分的一个路段，Connector 则用于描述交叉口范围内各相交 Link 的连接情况。

二、交通生成模型

交通生成模型是微观交通仿真的最基本模型，主要解决交通流的输入问题。车辆的到达在某种程度上具有随机性，描述这种随机性的规律有两种方法：一种是以概率论中的离散型分布为工具，考虑在一段固定长度的时间内到达某场所的交通数量的波动性，如使用泊松分布、二项分布、负二项分布等来描述车辆的到达；另一种方法是以概率论中的连续型分布为工具，研究上述事件发生的时间间隔的统计特性，如使用负指数分布、移位负指数分布、韦伯尔分布、爱尔朗分布等来描述车头时距的统计特性。

交通生成模型事实上是一种对交通需求的微观简化描述，若要对交通需求情况进行完整描述，一般采用分时段 OD 矩阵表，并通过在路网中定义一个区域元素来对应 OD 矩阵表中的 OD 点编号。随后采用交通分配模型来确定车辆在路网中的行走路径。为了适应对驾驶员在获取实时交通信息情况下路径选择的分析，可采用固定路径和可变路径两种方式。如果是固定路径方式，则车辆在加载进入路网时根据事先给定的路段费用表和选定的路径选择模型确定行车路径，在路网行驶过程中不再改变。可变路径方式则是在仿真运行过程中，可以按照一定的时间频率更新路段费用表。与此相对应，具有交通信息获取设备的车辆将在路网行驶过程中不断根据新的路段费用确定其行驶路径。

三、车辆跟驰模型

车辆跟驰模型是微观交通仿真中最重要的动态模型，是运用动力学方法探究在无法超车的单一车道上车辆列队行驶时车辆行驶状态的理论。模型从交通流的基本元素人-车单元的运动和相互作用的层次上分析单车道交通流的特性。通过求解跟驰方程，不仅可以得到任意时刻车队中各车辆的速度、加速度和位置等参数，描述交通流的微观特性，还可以通过进一步推导，得到平均速度、密度、流率等参数，描述交通流的宏观特性。

常见的车辆跟驰模型包括 Pipes 与 Forbes 的跟驰模型、刺激-反应模型、安全距离模型、元胞自动机模型等。近年来，随着 ITS 开发建立，需要对车辆跟驰特性进行更加细致的研究，车辆跟驰模型的研究再一次成为热点。车辆跟驰模型的研究一方面是朝着更细致、更深入的方向发展，另一方面是朝着微观与宏观相结合的方向发展。

四、车道变换模型

车道变换行为是驾驶员根据自身驾驶特性，针对周围车辆的车速、间隙等周边环境信息的刺激，调整并完成自身驾驶目标策略的包括信息判断和操作执行的综合行为过程。

车辆驶入或驶出交织区、匝道，以及车辆超车，都必须进行车道转换。对于有目标车道需要在一定区间范围内强制换车道的转换车道行为(如交织区的交织车辆)与不符合上述条件发生的转换车道行为(如超车行为)在驾驶行为方式上有很大的区别，因而通常采用不同的模型分别描述。为了叙述上的方便，前者称为强制性换车道，后者称为判断性换车道或主动性换车道。

对于有明确目标车道的强制性换车道行为，与判断性换车道行为的区别之处在于缺少换车道需求产生这一环节。应用中的换车道行为主要指交织区的交织车辆行为与匝道中的汇入车辆行为，另有少部分指高速公路上为避免前方障碍物的车辆换道行为。

没有固定目标车道的换车道行为都属于判断性换车道，车辆超车或交织区内非交织车辆的换车道行为显然都属于判断性换车道，交织车辆中也可能发生判断性换车道。一般来说，发生判断性换车道的行为动机主要有：提高车速、超过慢车或重车、交织区内躲避交织车辆。

与强制性换车道行为相比，判断性换车道中需求产生是一个重要组成部分，也就是说，什么时刻司机要换车道，什么时刻司机不换。这一过程的发生是比较难以把握的，通过对驾驶员换车道行为的分析，可以将驾驶员对换车道的判断过程分为以下 4 个阶段：

第一阶段：是否需要更换车道？当跟驶车辆的加速度小于某一数值时，驾驶员不满意当前行驶状态，考虑能否换车道。

第二阶段：在目标车道上行驶是否会改善行车状况？驾驶员换车道是为了获得更好的行驶状态，当前车道上的满意行驶速度小于某一数值时，车辆就有换车道的需求产生。

第三阶段：选择何种换车道方向？在以右侧行驶为交通规则的情况下，驾驶员选择换车道的方向通常为左侧。观测表明，向左变换车道的概率是向右的 4 倍。驾驶员在选择换车道的方向时，主要考虑的是左侧车道和右侧车道的驾驶利益的不同。

第四阶段：是否有可能进入目标车道？换车道必须满足安全要求，即一方面换车道后不至于与目标车道中的前车发生冲突，另一方面也不至于与目标车道中的后车发生冲突。满足这两个条件才能进行成功的换车道行为。

五、车辆超车模型

在双向双车道公路上，当车辆处于跟驰状态，并且前车车速低于后车的期望车速时，车辆试图超车以改变其行驶状态。

超车过程一般分为以下两个阶段：

第一阶段：是否需要超车？当车辆处于跟驰状态，前车速度小于该车的期望车速时，驾驶员不满意其行驶状态，从而产生变换车道超越前车的意图。但当前车的速度不同时，判断是否超车的标准不同。一般而言，当前车速度小于 40 km/h，前、后车之间的速度差大于 5 km/h时，驾驶员就会考虑超车；当前车速度大于 40 km/h，前、后车之间的速度差大于 15 km/h时，驾驶员才考虑超车。

第二阶段：是否有可能进入对向车道？只有当车辆与对向来车有足够的间距时，车辆才能完成超车。换言之，只有满足超车视距时，才有可能实现超车行为。

六、交通网络流模型

宏观交通仿真模型主要用于交通规划与管理，通常基于交通需求预测“四阶段”模型框架，核心模型是交通网络流模型及各类求解算法。

要对交通系统进行科学的管理和控制，必须了解如何才能使交通网络中物质流动和设施分布更为合理，这在理论上可以归结为网络流问题。网络流问题关注网络中物质和信息如何高效地流动和转移，通常分为非拥挤网络和拥挤网络两种情形。非拥挤网络意味着各个单位的流并不影响其他流，换言之无需考虑流量之间的交互作用和拥挤效应，比较适合抽象网络。拥挤网络会达到饱和程度使得流量之间通过产生延误和其他与拥挤相关的费用以致相互影响，通常对应物理网络特别是交通网络。

非拥挤网络流问题表现为在网络的承载能力约束下流量最大和流动消耗最小两方面内容,也就是最大流和最小费用问题。最小费用流模型是最基本的网络流问题。简单地讲,最小费用流问题即为满足网络中某些节点的货物需求,选择其他节点上合适的供货地,并确定费用最小的运输方案。最小费用流问题的求解算法有很多,包括消圈算法、最小费用路算法、原始-对偶算法、松弛算法、网络单纯形算法等。由一般的最小费用流问题出发,加上一些特殊条件可衍生出最短路径问题、最大流问题、指派问题、运输问题、环流问题等。

拥挤网络流问题集中于平衡交通分配问题。用户平衡原理及其基本模型虽然建立在对交通网络特性以及出行者行为特性的理想化假设之上,但是奠定了交通分配模型发展的基础。求解用户平衡分配基本模型比较成功的方法是 Frank-Wolfe 算法,其本质是基于最短路径搜索的迭代过程。从修正用户平衡基本模型的各种假设条件出发,将路径选择原则与一定的约束结合起来以进一步接近实际,从而形成更为丰富多彩的研究,如:OD 量可变的弹性需求模型,路段、车种、用户组之间相互影响的一般化模型,考虑出行者对阻抗估计不确定性的随机用户平衡,考虑交通需求时变特征的动态交通分配,集成交通需求预测不同阶段的组合模型,带附加边界约束的分配,公交网络流量分配,多准则分配,带转向约束的分配,以及建立在平衡分配基础上的拥挤收费、网络设计、网络可靠性、信号控制优化等问题。

§11-3 交通仿真系统设计方法

一、仿真模型的选择

交通仿真最重要的环节就是开发仿真模型。仿真模型是仿真对象和仿真技术的切入点,只要有了合理可行的仿真模型,剩下的就是数学和计算机方面的问题了。

仿真模型是仿真系统的核心,因此在模型确认和选择时应重点考虑以下几个方面:

(1) 从技术、费用、时间、效益、现有可利用的编程技巧和技术支持及风险因子等方面考虑,选择能最大限度地满足问题需求的模型。

(2) 明确研究的目的,确定各仿真模型的功能及限制,估算为校验和输入所需数据的采集范围及费用,确定模型的特点是否与所要解决的问题匹配,考虑与其他设施或系统的兼容性。

(3) 尽量简化模型或减小其规模。在把仿真模型应用到现实系统之前,应首先对过去已知情况进行仿真,通过把仿真结果与实际观测结果进行比较判断模型是否需要进一步改进。

(4) 在确定模型的结构时注意模型的可扩展性。

(5) 如果有可能,应尽量从数学的角度分析模型各部分的正确性。

二、仿真系统的实现

1. 仿真模型的数据结构

(1) 车辆的数据结构

对车辆的描述是相当复杂的,因为影响一辆车运行的因素很多,其中包括它的前车的运行状态、前几个时刻的运行状态等因素,这些要素均要储存在对车辆描述的数据结构中。为此,可以建立车辆(Vehicle)类,每一辆车都是 Vehicle 类的一个对象。

(2) 路段的数据结构

一般情况下,路段均有两个行车方向。可以用"链"(Link)的概念来表示一个路段上的两个行车方向。这样,建立了路段(Road)类,每一条链都是 Road 类的一个对象。Road 类定义了一些数据成员,如路段起、终点坐标,检测器的位置,停车线的位置,道路等级,路段长度、宽度及车道数,链与链之间的关系等。

(3) 路口的数据结构

路口的数据包括路口的位置、是否为灯控路口等,还要对冲突点进行描述和定义。同样可建立路口(Cross)类,每一个路口都是 Cross 类的一个对象。

2. *仿真系统功能模块*

一个完善的交通流微观仿真系统应包括以下两个主要模块:

(1) 路网模块

本模块帮助用户输入路段、路口等信息,以建立一个完整的路网。车道是车辆行驶过程中最直接的载体,因此要达到更好地描述车辆行驶行为的目的,对道路网的描述就必须细化到车道这一基本单元上。车辆的行驶轨迹主要由车道的走向决定,而车道的走向是由路段的线型决定的。由于交叉口之间的联系路段范围内可能存在不同线型或横断面,因此有必要引入节段的概念。所谓节段就是具有相同线型和横断面的一段道路,交叉口之间的联系路段可能由一个或多个节段构成。基于上述考虑,确定路网描述的基本要素为节点、路段、节段、车道。

① 节点与路段。节点与路段是反映路网拓扑关系的两个基本要素。一个节点可代表一个交叉口,作为反映道路拓扑关系的基本要素。另外,一个节点也可代表一个车辆产生吸引点(OD 点),车辆通过这些 OD 点进入或驶离路网。一条路段代表的是一个节点到另一个节点的有向线段。各路段与节点的关系可以反映出整个路网的拓扑结构。

② 节段。节段是路段的组成部分。道路的线型、横断面型式、坡度等几何特征均相同的一段连续路段构成一个节段。道路的线型是非常重要的几何特征,根据交通仿真的要求往往需要建立能够详尽反映道路走向的道路线型方程。城市道路的线型包括直线和曲线,对直线节段的线型描述较为简单,只需确定其起点和终点的坐标即可。而对曲线的描述,往往需要进行曲线拟合,即根据一些特征点坐标反推曲线的方程。由于道路的线型较为顺滑,因此一般可采用三次抛物线拟合。

③ 车道。在仿真系统中车道是表述道路网的基本单元,因为仿真系统所描述的车辆运行均是基于车道的。显然,对车道的走向特征的描述是非常重要的。车道的走向特征基本上都可通过其所在节段的线型方程获取。

(2) 仿真模块

系统仿真部分包括以下几个功能子模块:

① 随机数产生模块。产生符合均匀分布、正态分布和爱尔朗分布的随机数,满足程序处理需要。在现实中要产生真正的随机数很难,取而代之的是伪随机数,即采用某种确定的规则来产生的随机数序列。可采用线性一致方法产生伪随机数,这是经过实验证明较好的、

现在广泛使用的方法。

线性一致方法采用递归方程产生一系列随机整数 s。

$$s_i = (a \times s_{i-1} + b) \bmod c \tag{11-1}$$

式中　c 是模数，$c > 0$，a 是倍数，$0 < a < c$，b 是增益，$0 < b < c$，s_0 是初始值。

② 车辆初始化模块。车辆的产生对于交通流微观仿真而言十分重要，它为微观仿真提供了处理的对象。此外，车辆的产生与客观实际是否相符，也直接影响仿真的效果。车辆产生的关键是要处理好不确定性因素的问题。该子模块可以产生车型、司机类型、进入路网的初速度和其他需要初始化的数据。

车辆产生模型用于仿真车辆的产生，包括在一定时间间隔内到达的车辆数、每辆车的目的地、车辆类型、车辆速度、车辆加速度等一系列车辆参数以及驾驶员的不同种类。由于交通现象具有很强的随机性，车辆产生部分应充分考虑到车流的随机性。

③ 车辆-驾驶员属性设置模块。

车辆属性：根据调查所得的分布，将车辆种类随机地赋予每一辆车辆。先用随机数发生器产生 $U(0-1)$，判断 U 值，确定当前产生的车辆是何类型后，根据不同车辆类型进行交通特性的仿真。

驾驶员属性：通过随机数发生器，将驾驶员行为参数按某一分布随机地赋给每一个驾驶员；类似于产生车辆初始属性的方法，确定当前产生的驾驶员是何类型后，再针对不同驾驶员类型进行交通特性的仿真。

车辆进入仿真区域是个随机性事件，因此，可将进入仿真区域的车辆之间的间隔时间视为随机量。

④ 车辆处理模块。将路段上的车分成首车和其后的车辆两部分处理。每条链上首车的处理比较复杂，要考虑路口处转向等因素。对于路口内的车辆要考虑冲突点的问题，不同方向的来车，先到冲突点的车辆优先通过。该模块可以完成对路段上和路口内车辆的处理。

⑤ 网内点处理模块。网络内部可能有一些车辆的吸引点和产生点，它们对路网的影响不可忽视，应对其作专门的处理。当它们产生的动作是吸引车辆时，则从链上摘下一辆车，否则产生一辆车插入链中。

⑥ 检测器模块。此模块用来为控制算法提供车辆信息，包括速度、流量和车流密度等。

三、仿真结果的输出

对于一个仿真系统而言，输出结果是非常重要的。通常有两种输出形式，即数字模拟和图像模拟。数字模拟是将计算结果以数值形式显示出来，而图像模拟则是将计算结果以图形或图像形式动态地显示出来。一个完善的交通仿真系统一般应同时具备这两项功能。

图像模拟可分为静态图形与动画图像两种形式。静态图形显示是在数字模拟的基础上，通过二维图形(如曲线、星形图、条形图、柱状图、饼图等)方式显示输出结果。动画图像显示则是显示车流的运行状况，再现实际交通条件下车流运行状况，其特点是直观、形象、生动。例如，以动画的形式模拟交叉口车流的运行状况，就是通过表示车辆图像的动态移动，显示车辆在交叉口的冲突、交汇、分流等行为，以及车辆为了避免冲突而在交叉口引道上出现的停车、跟驰、排队及其消散、转向、变换车道等运行现象。

目前，随着地理信息系统(GIS)和数据可视化等先进技术的发展及应用，交通仿真结果的输出效果更加丰富、直观和交互。

§11-4　常用交通仿真软件简介

20世纪50年代，美国开发了第一个交通规划软件，定名为UTPS(城市交通规划系统)，并且在芝加哥交通规划中得到成功的应用。UTPS奠定了如今几乎所有同类软件的基础，UTPS的框架即著名的"四阶段"方法，仍然是现在主流交通规划与管理软件的框架。UTPS之后，随着计算机软件技术的发展涌现出许多宏观交通仿真软件。其中，国外的TransCAD、CUBE、EMME、PTV VISION软件包在国际上都有广泛的应用，而国内同类软件则以"交运之星—TranStar"为代表。在微观交通仿真软件方面，目前国际上比较有名的软件集中在欧美、日本等发达国家，包括Paramics、Vissim和TransModeler等，以服务于城市交通管理优化为主，部分软件面向高速公路汽车与道路设计。同时开始出现宏微观多尺度和一体化的交通仿真软件。

一、国内自主软件TranStar

1. 简介

"交运之星—TranStar"(有城市交通版、综合交通版两个版本，这里只介绍城市交通版。以下简称交运之星或TranStar)是由东南大学交通学院王炜教授领衔的协同创新团队开发的一款基础功能全面、分析结果可靠、人机操作灵活、环境界面友好的交通仿真分析集成软件。TranStar软件能为各类交通规划、交通设计、交通建设、交通管控、政策制定等交通相关项目提供详细的交通分析与评价结果，也可对相关方案的实施情况进行交通系统能源消耗与交通环境影响方面的评估。

TranStar考虑了大数据时代城市巨量、多源异构数据的实际背景，基于标准结构化的交通数据库，实现了对城市全时段、全方式、宏微观交通数据的管理与更新；基于软件集成化功能背后数百个交通模型的构建、数万个模型参数的确定，软件可实现城市交通系统"基础数据多源化、网络结构层次化、系统功能集成化、数据分析定量化、分析结果可视化、人机交互实时化"，可有效支撑城市交通问题的解决、辅助交通规划方案的制定，并对未来智慧城市的构建等提供帮助。

TranStar软件的开发历时三十年，倾注了我国交通工程领域多位专家学者、交通规划师、交通设计师、交通管理者的心血，所依托的绝大部分研究成果已通过国家级、省部级科学技术鉴定，理论成果均达到国际先进水平。TranStar是我国少数自行开发具有自主知识产权的交通分析软件之一，也是用户最多的国产交通分析软件。新版"交运之星—TranStar"系统软件在运算速度、系统容量、预测精度、可视化等方面已经达到了TransCAD、EMME等国外品牌软件的技术水平，且比国外软件更适合中国国情。

2. 系统构成

交通网络系统交通分析软件"交运之星—TranStar"(全称：Transportation Network System's Traffic Analysis Software)是面向城市交通网络及区域综合交通网络，应用于交通系统规划、设计与管理方案优化的快速反应计算机辅助设计基础软件系统。

2012 年，东南大学王炜教授牵头成立现代城市交通技术协同创新中心，协同创新中心由交通领域的八所顶级高校，交通运输部、公安部、住建部的四个研究院所以及一批国内知名企业组成。协同创新中心把 TranStar 作为中心的主导研发产品，对 TranStar 进行了系统升级和功能更新。升级后的新版“交运之星—TranStar”主要由软件主体功能、图形编辑系统及图形显示系统三部分构成。

(1) 软件主体功能

TranStar 主体功能界面为用户提供了可视化的交互式计算模块，用户可以通过主界面方便地进行城市交通系统的模型建立、参数标定、分析计算。模块间的逻辑结构简明、清晰，并且每个模块均提供了集成分析功能，即便没有相关知识的非专业人员也可通过该软件进行交通系统仿真。用户还可通过既有模块对设计方案进行评价分析，生成详尽报告，能够直观地呈现不同方案的优劣，为决策提供有力支持。同时用户能够通过软件主界面进入图形编辑系统及图形显示系统，从而对路网结构、公交信息、管理措施、小区信息等进行可视化编辑，并且通过丰富的图形从不同层面展示方案实施后网络的交通运行状态。如图 11-2 所示。

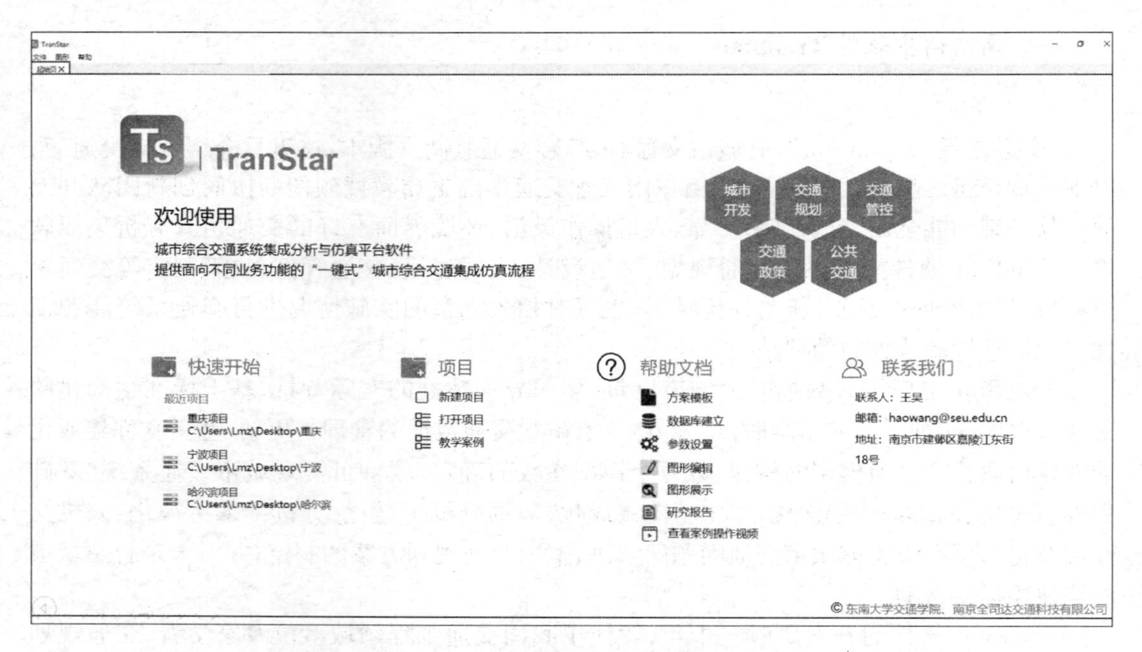

图 11-2 “交运之星—TranStar”主界面

(2) 图形编辑系统

为了方便用户便捷和直观地对道路网络、公交网络、交通系统管理方案、小区土地开发方案和交通发展政策方案进行实时自主的修改，TranStar 提供了人机交互式的图形编辑功能，如图 11-3 所示。编辑主窗口由图层管理窗口、快速查看窗口和图形显示窗口组成，具有简单、清晰、操作性强等特点。用户可以在图层管理窗口更改交互模式，选择添加、单选、区域以实现不同功能，也可将分析层根据需要切换至节点层、路段层、路线层、公交层、区域管理层或底图层，并控制这些图层是否可见，如图 11-4、图 11-5 所示。图形显示窗口可以向用户可视化展示实例城市的网络形态，支持执行缩放、拖动等功能。快速查看窗口能为用户显示选择对象的简要信息，供用户快速查阅。

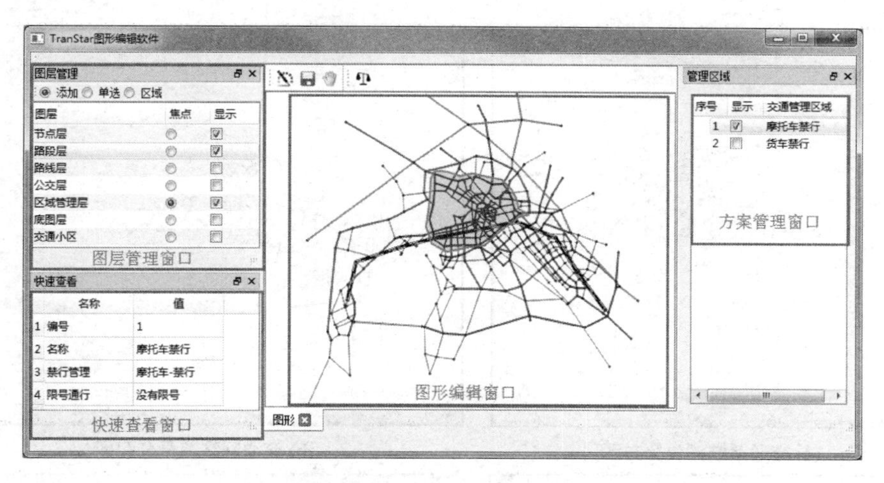

图 11-3　TranStar 图形编辑软件界面

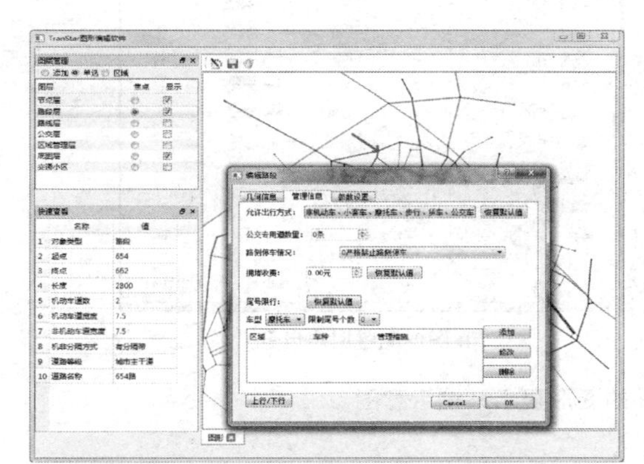

图 11-4　图形编辑之单选操作交互界面

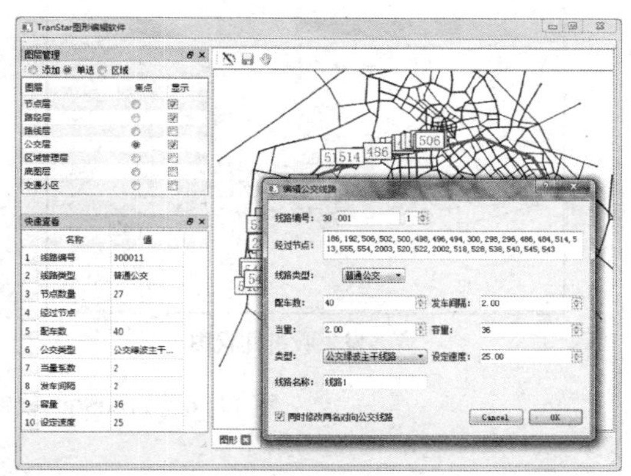

图 11-5　图形编辑之编辑公交线路信息

（3）图形显示系统

图形显示系统是 TranStar 的重要功能模块，支持前端实现的 TranStar 各类交通分析结果的可视化展示。基于用户操作习惯与交通分析结果展示的需求，TranStar 图形显示系统集成了包含交通网络信息、交通管理信息、交通流量信息、交通质量信息、公共交通分析、能源消耗与环境影响分析等模块在内的多种交通信息与分析成果的图形化功能，具有展示内容丰富、操作简便、用户自由度高等特点。

依托于基础路网信息、交通管理信息、交通需求分析结果和仿真结果的全面图形可视化，该系统可帮助用户观察基于所制定交通方案的路网运行状况，检验规划调整或管理策略对路网产生的影响，从而进行方案比选或快速找出路网存在的问题进而优化调整自己的方案；同时，图形化的分析结果可满足用户对交通方案及其实施效果的多维展示的需求。展示效果方面，除了基于主流审美确定了图元的默认配置外，图形设置功能允许用户自行对显示图元的尺寸、配色进行灵活调整；对于不同的交通方案显示内容，图形显示系统支持包含折线图、饼图、柱状图等多种显示形式，如图 11-6，便于用户根据需要展示交通系统的整体或局部信息。

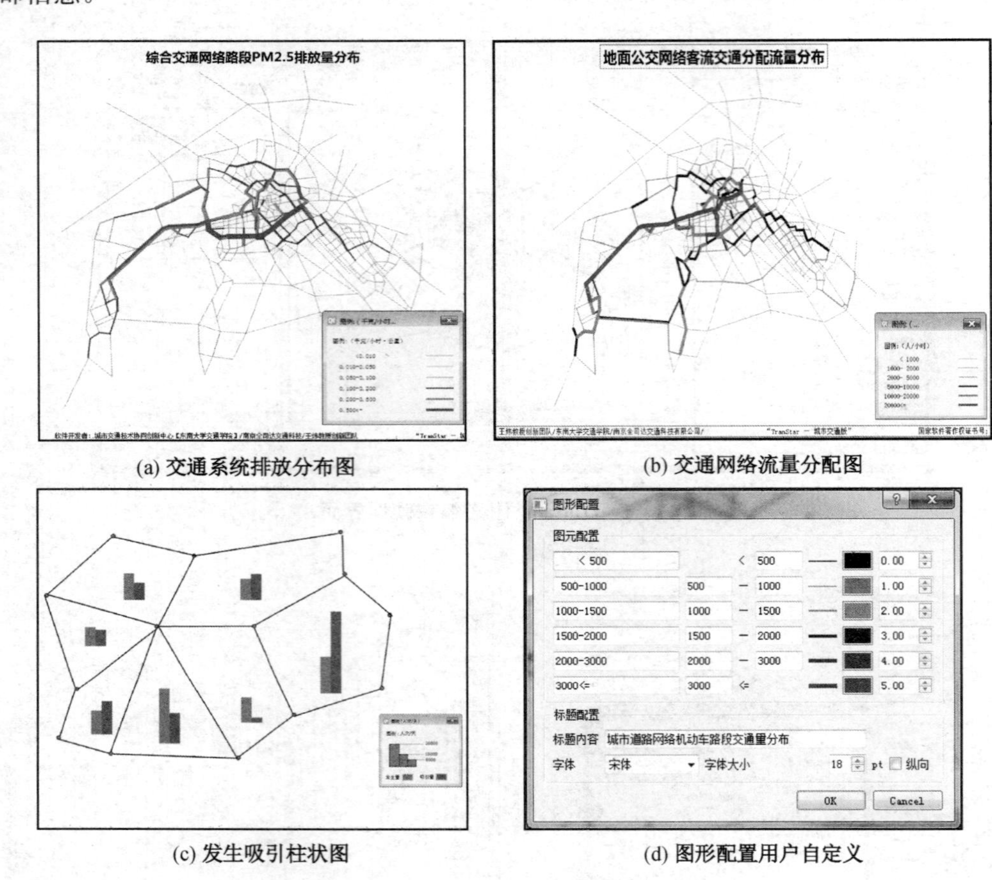

(a) 交通系统排放分布图

(b) 交通网络流量分配图

(c) 发生吸引柱状图

(d) 图形配置用户自定义

图 11-6　TranStar 软件的图形显示系统示意图

3. *主要功能*

(1) 数据支持

TranStar 对海量异构交通大数据具有完备的导入、处理和分析能力，能够快速处理不同来源的交通大数据，包括传统的交通出行调查数据、RFID 数据、GPS 数据等。数据处理能力的扩展，大大提高了 TranStar 在处理交通分析案例方面的应对能力，可满足不同用户的使用需求。

TranStar 在存储数据方面采用了数据库机制，可对交通数据实现分类立体化存储和滚动更新。分类立体化存储数据便于用户对不同类别的交通数据进行快速查找和编辑；滚动更新数据可实现快速更新交通数据，提高了交通数据的时效性。为满足用户使用需求，TranStar 数据库包括城市综合交通网络、公共交通网络、交通管理信息、交通需求信息等多个数据库。

交通管理信息数据库是为了适应交通规划从增量规划演变成存量规划的大趋势而构建的，是 TranStar 的一大特色。研发团队从交通管理者的角度出发，分别以节点管理、路段管理和区域管理三种类别的数据库为基础，囊括了现有的所有交通管理措施和策略，可实现对交叉口、路段和区域三个层面的交通管理，用户可根据自身需要设置管理参数。

为解决人工构建道路网耗时长、资金消耗大等问题，TranStar 研发团队以开源道路网信息为基础，开发了基于 OpenStreetMap 的路网构建模块[OSM 路网解析模块]，如图 11-7 所示。OSM 模块可实现就用户所选区域或行政区域范围进行下载、解析，从而快速生成指定区域范围内的路网。OSM 路网解析模块具有以下优点：建网速度快，大城市路网构建几十秒完成；精准度高，解析的路网与实际路网精准吻合。

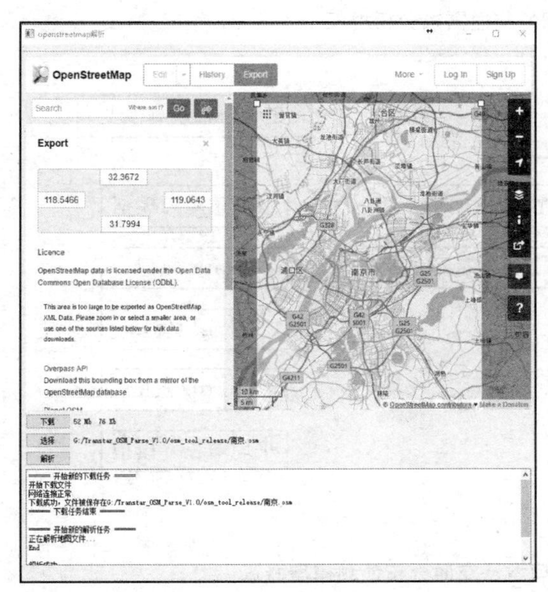

图 11-7　利用 OpenStreetMap 接口对在线地图进行交通网络数据库解析

此外，考虑到面向交通分析的基础数据来源途径较多，数据格式难以统一，用户可能会根据自身情况研发数据分析软件，TranStar 为用户提供了一个自备数据分析软件接口，方便用户运行自行开发的各种数据分析软件。

（2）交通需求分析

TranStar 具有完善的交通需求分析功能，可实现以传统四阶段法为基础的交通发生吸引预测、交通分布、交通方式划分的过程，如图 11-8，同时提供了基于居民出行距离分布函数与交通方式优势出行距离组合的交通方式划分、交通分布、路径选择一体化交通分析方法。采用的模块化设计，一方面便于用户根据需求自由组合运行，另一方面也为后期新功能的开发提供可能。

TranStar 为传统四阶段法预测中的发生吸引预测和交通分布预测提供了多种可供选择的预测方法，如图 11-9，用户可以根据需求及掌握的基础数据进行任意组合。TranStar 为居民出行交通方式预测提供了两种方法，一是根据全方式居民出行 OD 矩阵、最短路权矩阵和各方式优势出行距离得到的交通方式划分预测结果；二是基于居民出行距离调查文件及各方式优势出行距离得到的交通方式划分预测结果。

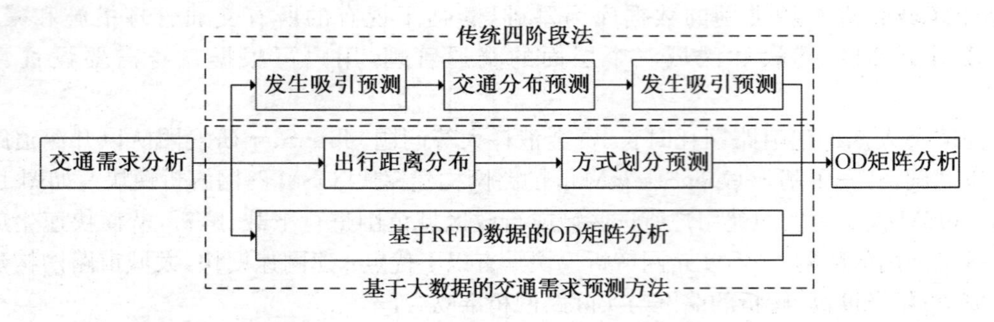

图 11-8 基于大数据的交通需求分析框架

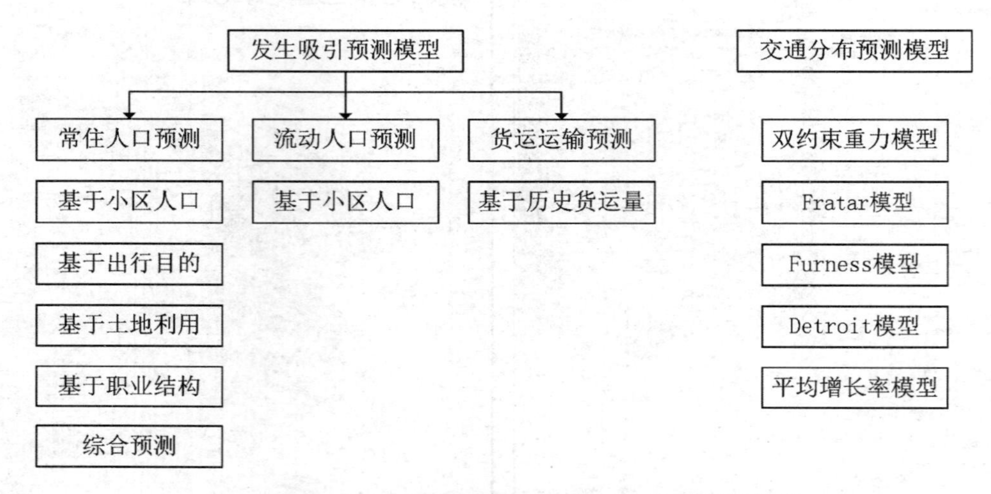

图 11-9 交通发生吸引预测模型及交通分布预测模型概览

TranStar 内置的交通管理对 OD 矩阵的影响修正模块，在原有 OD 矩阵的基础上，实现了区域禁行、尾号限行及拥堵收费等交通管理方案对 OD 矩阵的影响修正功能。

(3) 公共交通分析

TranStar 具有强大的公交分析功能，为使用者提供的三类分析模块可以满足不同规划目的和层次的分析需求，如图 11-10。其中，①服务于公交网络总体布局的愿望客流分析功能可预测公交愿望客流在道路网上的分布情况，有助于寻找城市的主要公交走廊和流向，适用于还未确定公交线路具体走向的总体布局和规划阶段，包含不设运输能力限制、设置运输能力限制和考虑轨道交通线路三种预测前提；②服务于公交网络规划评估的客流交通分配功能可预测公交客流在公交线网上的分布情况，有助于确定每条公交线路的客流需求，适用于公交线路走向已知的规划和分析阶段，包含地面公交网络客流交通分配和考虑轨道交通的网络客流交通分配；③服务于公交网络系统设计的客流交通分配功能可实现公交线路断面客流预测、站点上下客流量预测和换乘次数计算等任务，适用于已知公交线路走向和站点信息的规划和管理阶段。上述所有的公交客流分配计算都可以基于最短路和多路径分配两种方法实现，如图 11-11。

请确认多模式公交网络基本参数表

参数表：Mparam511. txt

线路编号	线路名称	平均运营速度	线路运输能力(人/单向小时)
1	高铁线路	250	4000
2	普铁线路	100	4400
3	地铁线路	35	40000
4	轻轨线路	35	20000
5	有轨电车线路	25	10000
6	BRT线路	30	10000
7	公交绿波主干线路	25	6000
8	普通公交专用道线路	20	5000
9	普通公交线路	15	3000

OK　Cancel

图 11-10　城市多模式公共交通基本参数表

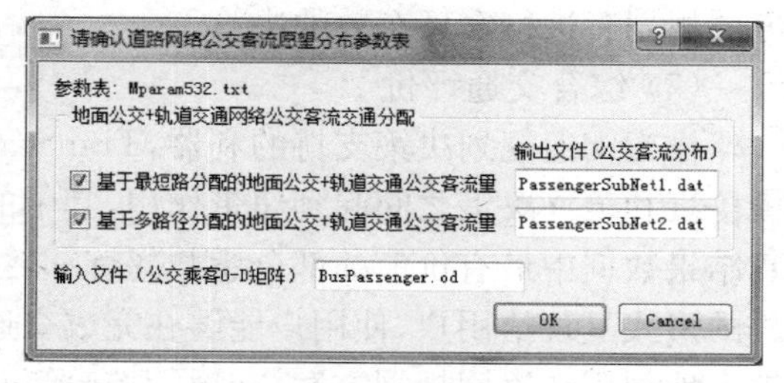

图 11-11　公交网络客流交通分配参数表

(4) 交通运行分析

通过交通运行分析模块，用户可以对交通网络阻抗进行分析，在不同的交通管理措施、交通控制策略及交通政策法规下，此模块提供的模型能够准确地反映出各种出行方式对应的交通网络阻抗，以服务于交通分配。

交通分配是交通规划、建设、管理与政策制定等方案设计优化的一个重要组成部分，在特有的多模式综合交通网络结构下，TranStar 可实现多层次多方式的组合交通分配，分配模型中考虑了多种管理措施对分配过程的影响，使得 TranStar 可反映出基于现实道路几何情况、实时管控措施及全方式出行下的精准、可靠的分配结果。

TranStar 采用了创新的批量分配算法，并设计了多线程并行计算。不同出行方式各车型采用多线程并行计算同时加载，在组合的分配模型下依然能够保证计算的高效性和准确性，如图 11-12。用户还可通过此模块对交通网络运行特征进行分析，包括交叉口的负荷、排队、延误及路段的负荷、平均车速、服务水平等指标，软件会针对各指标自动生成详尽的汇总报告以便用户进行查阅。

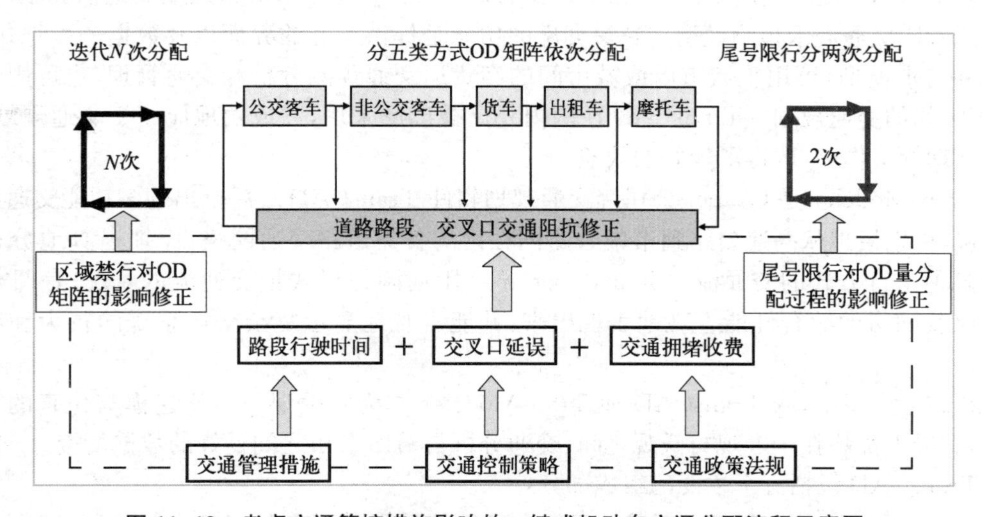

图 11-12　考虑交通管控措施影响的一键式机动车交通分配流程示意图

准确、高效的分配算法加之图形系统对分配结果的全方位展示及评价系统对综合交通网络的详尽评估，使得用户能够快速、精准地了解城市交通状况。用户还可通过图形编辑系统便捷地设置不同网络结构、管理措施、需求特征、公交策略及设计标准下的组合方案，通过集成分析功能快速地对不同方案情景进行比对，软件可直观地呈现出不同方案情景的优劣，方便规划者进行合理有效的决策。

(5) 综合交通评价

作为交通规划决策支持的利器，TranStar 拥有系统全面的评价功能模块。该模块在建模仿真和最终决策之间起到纽带作用，其中的网络分析评价模型可将软件各分析模块的仿真结果数据中最有价值的部分悉数提炼和转化为直观的交通系统运行指标，再以列表和报告的形式呈现给用户，使用户能够在完成交通仿真后全面掌握当前网络运行状态并迅速了解土地利用和路网规划方案、交通管控政策和措施等对交通系统整体效率产生的影响，从而为面向可持续发展的城市交通决策提供支持。

当前国内的城市交通基础设施建设、新技术应用都处于快速发展阶段，但是交通规划与管理的科学性、有效性尚待提高，相关方案的设计和实施难以做到标准化、规范化，对方案的实际效果也认识不足。其中一个重要原因是缺少集成了国内标准规范要求和交通系统评价研究成果的量化工具，导致在进行交通决策时难以从全面系统的角度把握复杂的交通发展需要。因此 TranStar 在充分把握畅通工程、公交都市、绿色交通、慢行交通等热门发展方向的基础上，综合参考了国内外最新研究成果和国内相关规范和指南，从居民出行效率、路网运行效率、公交运行效率、城市节能减排和系统经济效益等多个角度构建了服务于系统评价功能的指标体系，力图向决策者和使用者提供他们最希望了解的信息，辅助支持规划管理的科学决策。

二、国外主要软件产品

1. TransCAD & TransModeler

TransCAD 是由美国 Caliper 公司开发的第一个完全基于 GIS 的宏观交通仿真软件，集成了四阶段交通需求预测模型。它最突出的功能是提供友好的界面以及数据的可视化，支持多种需求模型，可用于城市内或城市间的客货运交通预测分析和交通管理，也可用于省际、国际间的交通规划。TransCAD 在国内外已被广泛采用，并成功地应用于交通规划、设计和管理等工作中，取得了较好的效益。

TransModeler 是 Caliper 公司继交通规划软件 TransCAD 之后推出的多功能交通仿真软件包，可以模拟从高速公路到市中心路网在内的各类道路交通网络，详细逼真地分析大范围多种出行方式的交通流。TransModeler 可用动画的形式把交通流的状况、信号灯的运作以及网络的综合性能直观地表现出来，并能直观地显示复杂交通系统的行为和因果关系。

在实际应用中，以 TransCAD 和 TransModeler 作为宏微观一体化建模与仿真的平台软件，其最大优势在于宏观与微观之间、交通分析与 GIS 分析之间良好的数据衔接。

TransCAD 包括五个主要的组成部分：

(1) 功能强大的地理信息系统。TransCAD 软件提供了多种工具，用户可创建和剪辑数字地图和地理信息数据、制作专题地图和其他图表输出、进行各种空间和地理信息分析。

TransCAD 软件使用一种高效率的拓扑格式存储空间信息数据，除此之外，还提供了一种压缩式只读的地理数据格式，可对大型地理信息数据库进行快速访问。

(2) 可拓展的数据存储系统。该系统为运输数据的显示和处理提供基本的工具，可以把新的数据类型和传统的地理信息系统数据类型进行共同处理，操作简单、方便且功能强大。

(3) 一个含多个分析程序的交通分析程序集。完整的 TransCAD 工具包包括一套核心的交通网络分析和运筹学模型、用于特殊应用的高级分析模型和一套统计与计量经济分析的支持工具。这些程序可被独立使用或联合使用来解决用户工作中遇到的问题。这种模块化方法使用户能够更灵活地处理特定的建模和数据问题。

(4) 在交通、地理信息和人口资源方面全面而广泛的数据。TransCAD 提供了一个综合工具，可以创建、编辑、导入和导出地理信息数据。TransCAD 能够导入几乎所有的美国交通运输调查的数据结果，包括 TIGER/Line 档案、运输规划普查软件包(CTPP)的数据档案和公用微观资料实例(PUMS)数据。TransCAD 还可使用交通统计局(BTS)、联邦高速公路管理局(FHWA)、联邦运输管理局(FTA)、联邦航空管理局(FAA)、联邦铁路管理局(FRA)发布的数据。

(5) 强有力的二次语言开发系统。该系统可用于建立宏语言程序、嵌入式应用程序、服务器应用程序、通用接口、相关产品及网络应用程序。TransCAD 包括 GIS 开发者工具包(GISDK)和 Caliper Script 编程语言。其中，GISDK 是一种全面的开发环境，提供三种不同方法用以对 TransCAD 进行二次开发。

TransModeler 采用为交通网络数据专门设计的地理信息系统为平台，将交通仿真模型和地理信息系统进行整合，对有关交通数据进行存储、维护和分析。TransModeler 提供专用工具来编辑和修改交通仿真模型数据，并可对输入输出资料进行各种形式的分析。

TransCAD 和 TransModeler 界面图分别见图 11-13 和图 11-14。

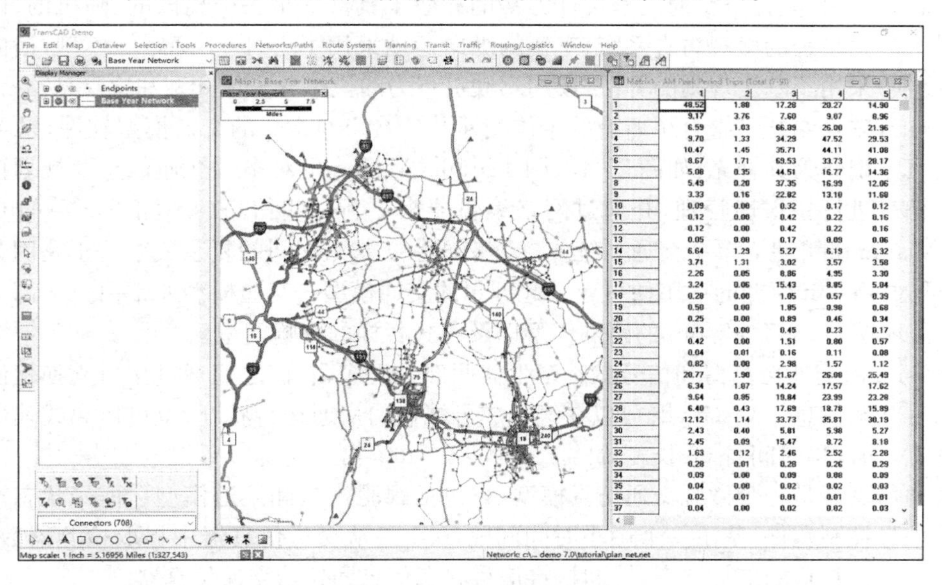

图 11-13 TransCAD 界面图

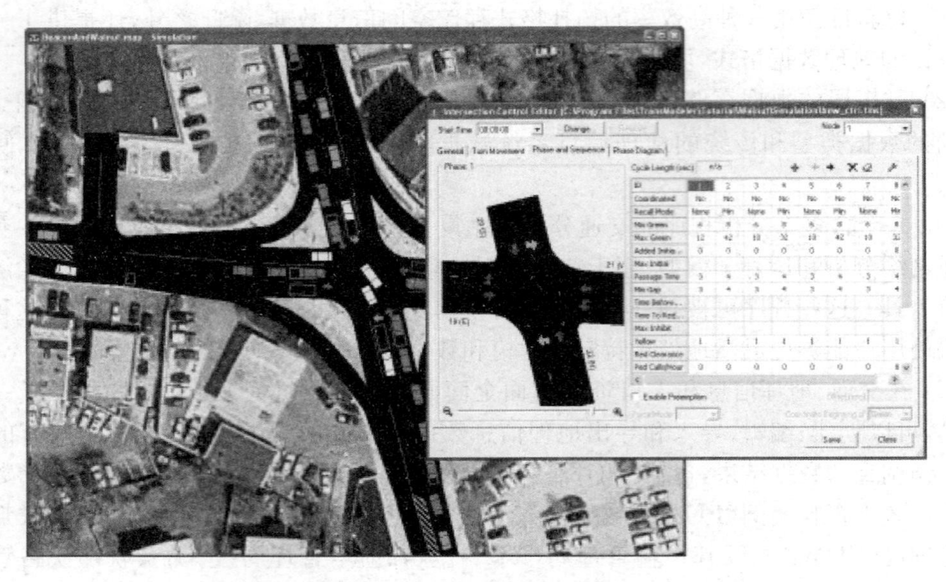

图 11-14　TransModeler 界面图

2. PTV VISION

PTV VISION 是一组用于交通规划、设计、管理和控制的系列软件，由德国 PTV 公司开发，目前包括 Visum、Vissim、Viswalk、Vistro、Optima 等可根据不同应用需求进行灵活组合的软件，得到了广泛使用。

其中，在国内应用最为普遍的是宏观交通软件 Visum 和微观交通仿真系统 Vissim。Visum 是一种将私人交通和公共交通集于一体的宏观交通规划软件。而 Vissim 软件用以建模和分析各种交通条件下(车道设置、交通构成、交通信号、公交站点等)城市交通和公共交通的运行状况，是评价交通工程设计方案的有效工具。它是一个离散的、随机的、以十分之一秒为时间步长的微观仿真系统，车辆的纵向运动采用了心理-生理跟驰模型，横向运动(车道变换)采用了基于规则的算法，不同驾驶员行为的模拟分为保守型和冒险型。

Visum 软件系统是整合了所有的个体交通及公共交通方式的交通模型软件，以 Vissim 微观仿真系统作为其补充，如图11-15、图 11-16。Visum 可对多数交通信息及规划信息中的基本信息进行一致性管理，并通过网络编辑器来更新这些信息。不同于简单的 GIS 系统，在 Visum 中可建立单个交通系统或多个交通系统与路网间的复杂关系。正是因为这一特点，通过 Visum 模型的运用便可建立起理想的交通模型。交通模型通常由三大部分内容组成：需求模型、基于 Visum 的路网模型以及各式各样的影响模型。

Vissim 由交通仿真器和信号状态产生器两部分组成，它们之间通过接口交换检测器数据和信号状态信息。Vissim 既可以在线生成可视化的交通运行状况，也可以离线输出各种统计数据，如行程时间、排队长度等。

交通仿真器是一个微观交通仿真模型，它包括跟驰模型和换道模型。信号状态产生器是一个信号控制软件，基于一个微小时间间隔(0.1 s)从交通仿真器中提取检测器数据，用以确定下一仿真秒的信号状态。同时，将信号状态信息回传给交通仿真器。

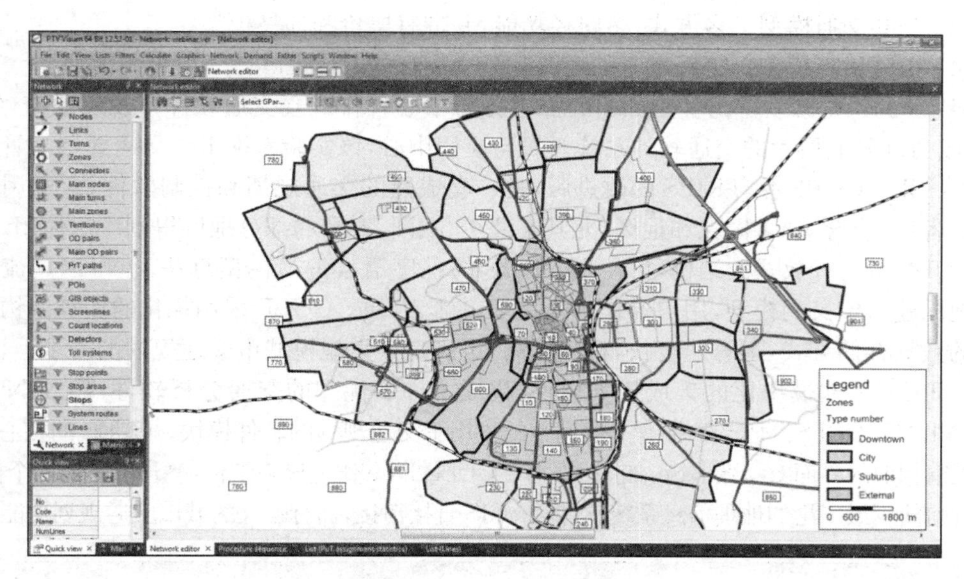

图 11-15 Visum 界面图

图 11-16 Vissim 界面图

3. CUBE/TRIPS

TRIPS(Transport Improvement Planning System)是英国 MVA 交通咨询公司开发的基于传统的四阶段模型的交通规划软件包。TRIPS 软件主要由 TRIPS 管理器、TRIPS 图形和 TRIPS 帮助三大模块构成。其中,TRIPS 管理器用流程图的形式来组织建模过程,其输入、输出数据及数据的流动在流程图中得到表述;TRIPS 图形用来建立道路和公交网络,探求模拟结果;TRIPS 帮助向用户提供模型运作各层次所需的文档介绍。

TRIPS 软件内置的主要交通模型有:

(1) 需求模型。包括 Logit 模型、重力模型、矩阵分析与运算等。

(2) 道路网模型。提供多种分配技术。

(3) 公共交通模型。多方式、多路径功能,并带有票价和拥挤模型。

(4) 矩阵估算模型。更新过时的道路和公交出行的 OD 矩阵。

MVA 的系统开发部与美国加州的都市分析中心合作成立交通软件开发实验室(Citilabs),成为世界上最大的交通软件系统开发与应用中心,该实验室推出了交通规划与管理软件包 CUBE。CUBE 是 TRIPS 的改进版,是一套成熟的交通规划和控制软件,它的用户遍及世界各地,包含 70 多国家和地区,尤其在北美、欧洲、亚洲的部分地区得到广泛使用。

CUBE 具有开放式的结构,可使用 CUBE 的程序语言编写模型算法,也可以用流程图直观地构建自定义的模型,用户操作起来更加灵活、方便。CUBE 采用优化的运算结构和高精度的数据存储方式,运算速度快,精确度高,可满足于大规模城市交通规划的需求。

CUBE 是一款模块化的集成规划软件,集成了许多优秀的交通分析软件,如 MINUTP、TRANPLAN、TRIPS、TP+等,拥有一套完整的可用于交通规划的软件模块。CUBE 的核心是与微软视窗相似的界面 CUBE Base,如图 11-17。CUBE Base 作为核心平台,整合了其他各个模块,并与目前使用最广泛的地理信息系统软件 ArcGIS 直接衔接,拥有强大的城市交通规划功能。

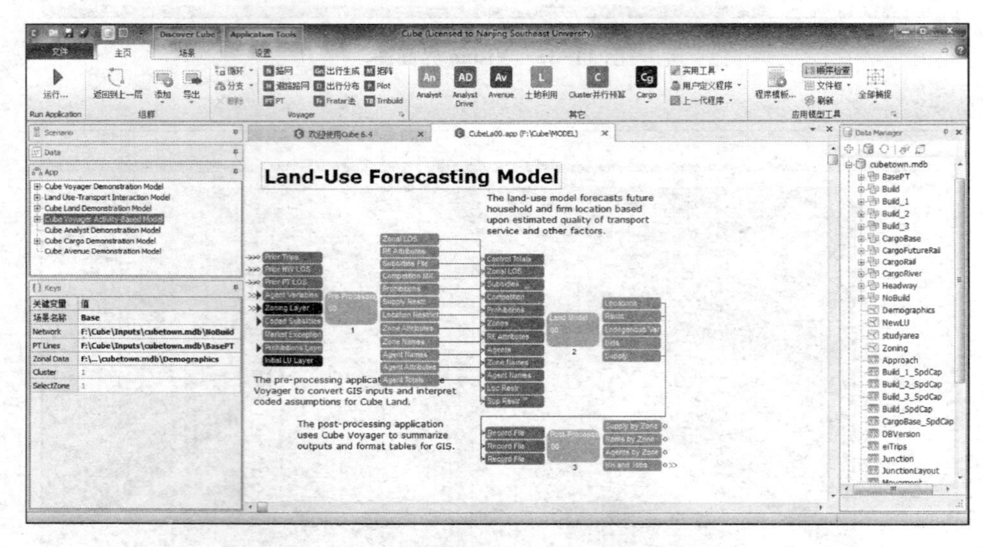

图 11-17　CUBE Base 界面图

CUBE 软件应用模块包括 CUBE Base(核心平台)、CUBE Voyager(客流预测)、CUBE Cargo(货流预测)、CUBE Dynasim(交通微观仿真)、CUBE Avenue(交通中观仿真)、CUBE Analyst(估算 OD 矩阵)、CUBE Land(土地使用预测)、CUBE Cluster(多处理器并发运行模型)以及其他扩展模块(如信号配时优化模块、报告和图表模块等)。

4. Emme

Emme2 最初由加拿大 Montreal 大学开发,后由 INRO 咨询公司继承,该系统为用户提供了一套内容丰富、可进行多种选择的需求分析及网络分析与评价模型。Emme4 是由 Emme2 和 Emme3 衍生而来的,其功能得到了进一步的拓展,目前的最新版本是 Emme4.3。

Emme 是一个面向城市、区域、国家的较为全面的出行需求预测系统。Emme 提供特有的灵活开放的建模思路,用户可通过程序语言以及 Python 语言拓展高度自定义的模型,精确地处理复杂的交通系统,以适应当今多元技术和社会经济的挑战。

Emme 核心模块包含 4 个部分：私人交通、公共交通、需求模型、分析自动化。Emme 主要由以下几个系统构成：

（1）操作界面。操作界面提供可视化的窗口，如图 11-18，可进行图形编辑、数据编辑和管理以及模型比较等操作。它能提供丰富的图形和报告以及便捷地访问模型数据的方法，可帮助用户做出准确、可靠的决策方案。操作界面主要包括三个部分：地图、表格和报告模块；路网编辑和数据管理模块；场景对比和展示模块。

（2）建模器。Emme 为用户提供了一套简单易用的建模系统，如图 11-19，其模型清晰性、重用性和自动化程度均较好。建模器提供了丰富的模型及组件以支持交通需求预测及完成交通规划相关功能。同时用户也可通过建模器扩展网络对象属性、建立自己的模型，从而得到准确可靠的预测结果。

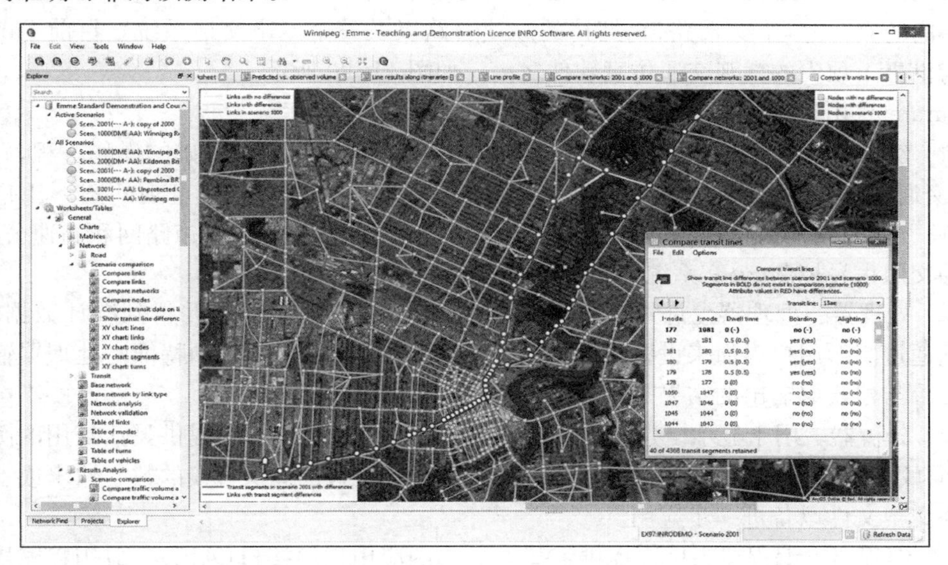

图 11-18　Emme 界面图

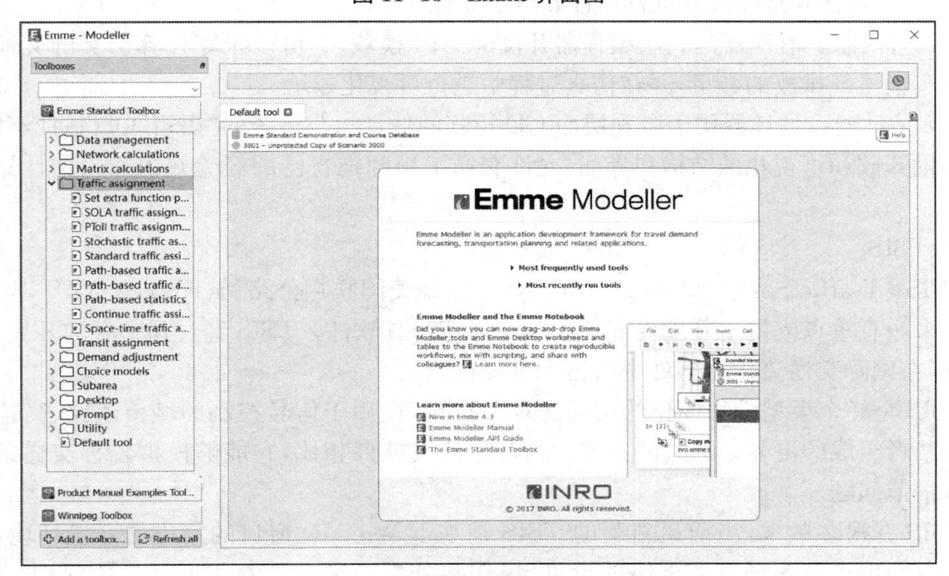

图 11-19　Emme 建模器

(3) 应用程序编程接口(APIs)。Emme 的编程接口采用 Python 语言,API 可使 Emme 无缝链接到程序脚本,可使用户精简的脚本程序自主地添加任何工具,将工具集成到复杂的模型程序中,从而可以扩展用户自定义的模型框架。

(4) 工作日志。工作日志用来记录各个模型的建立过程,能记录模型的各个细节,使模型的查阅、修改和重新运行等操作更加方便。工作日志提供了模型的流程结构、可视化报告、操作界面的映射以及模型运行过程中记录的图表等,有利于模型建立过程中的团队合作和交流。

5. Paramics

Paramics 是由英国 Quadstone 公司开发的一款具有强大功能的建立在成熟的仿真引擎基础上的用于微观交通仿真的软件包,可用于模拟各种交通和运输问题。适用于各种交通网络的仿真,如单个交叉路口、拥挤的高速公路以及整个城市交通系统。目前 Paramics 已成为世界上顶尖的微观交通仿真软件之一。如图 11-20 所示。

Paramics 由以下主要工具模块组成:

(1) 建模器。建模器是核心的仿真和可视化工具,提供了三个基础的操作过程,即模型建立、交通仿真(3D 可视化)和统计数据输出,所有这些功能均支持直观的图形用户界面(GUI)。建模器的功能涵盖了真实交通路网的各个方面,包括混合城市路网和高速公路网、先进的交通信号控制、公交系统、停车场、紧急事件等。

(2) 处理器。处理器允许用户用批处理的方式进行仿真计算,并得到统计数据输出。批处理通过图形用户界面来设置仿真参数、选择输出数据和改变车辆特征。处理器输出的仿真结果与建模器输出的结果是相同的,但所需的运行时间较少。

(3) 分析器。用于显示由建模器或处理器输出的仿真结果。它提供灵活易用的图形用户界面(GUI),将仿真过程中的各种结果进行可视化输出,也提供直接的数字输出或者将数据存为文本文件以备进一步应用。

(4) 编程器。编程器为用户提供了基于 C++ 的应用程序接口(API)。应用程序接口使得 Paramics 具备非常强大的可移植性和可扩充性。

(5) 监视器。监视器是利用编程器开发的 API 模块,它可以跟踪计算仿真的交通路网中所有车辆尾气排放的数量,并在仿真过程中进行可视化显示。

(6) 估计器。估计器用于微观层面 OD 矩阵的估计。与传统的"黑箱"OD 估计不同,估计器提供开放和可视化的结构和界面,允许交通工程师把自己的经验知识加入估计器的系统内核。

6. TSIS

TSIS (Traffic Software Integrated System)是美国联邦公路局(FWHA)自 20 世纪 70 年代以来一直重点支持下开发而成的微观交通流仿真软件。TSIS 经过几十年的开发、实践和改进,在国际交通流仿真软件中占据了重要位置。

TSIS 是一个大型的集成化的交通仿真工具箱,适用于信号控制的城市道路、高速公路或者由两者组成的更复杂的路网系统。与其他仿真软件相比,它能够模拟各种交通条件下的诸多细节问题。

TSIS 有很多版本,当前最新版的 TSIS 是基于 Window 窗口的集成的开发环境,它能使用户方便地进行各种交通网络的设置、操作和分析。它主要由 Tshell、TRAFED、COR-

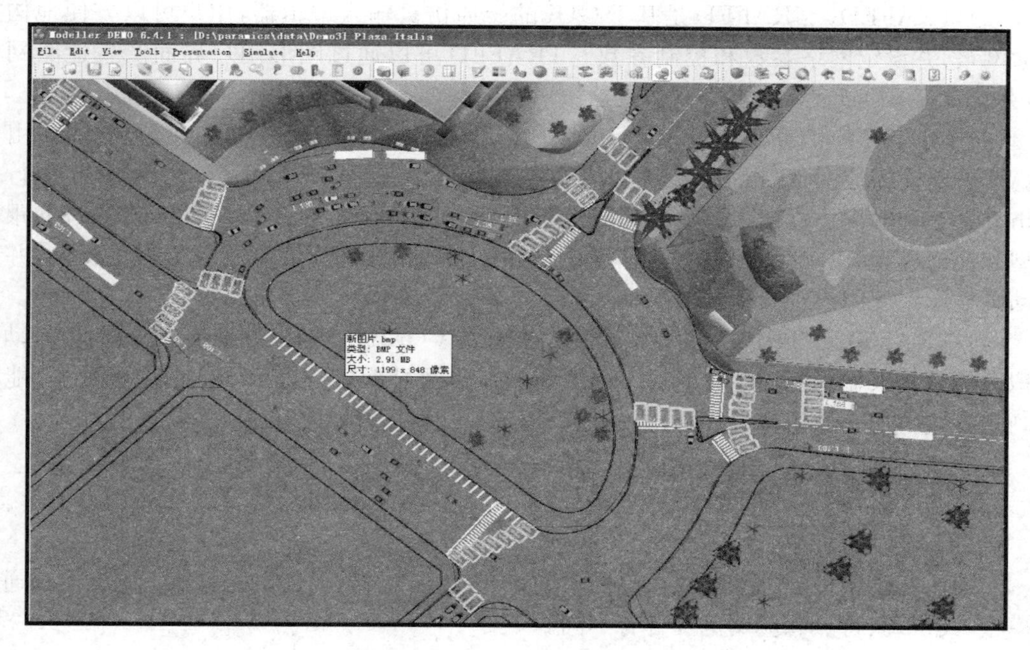

图 11-20 Paramics 界面图

SIM 和 TRAFVU 四个模块组成。

(1) Tshell。Tshell 是 TSIS 环境的外壳程序和图形用户接口，它集成了 TSIS 的各个模块，为 TSIS 提供了图形用户界面环境，如图 11-21，使得用户可以方便有效地进行交通流仿真和分析，从而有效地管理交通分析项目。

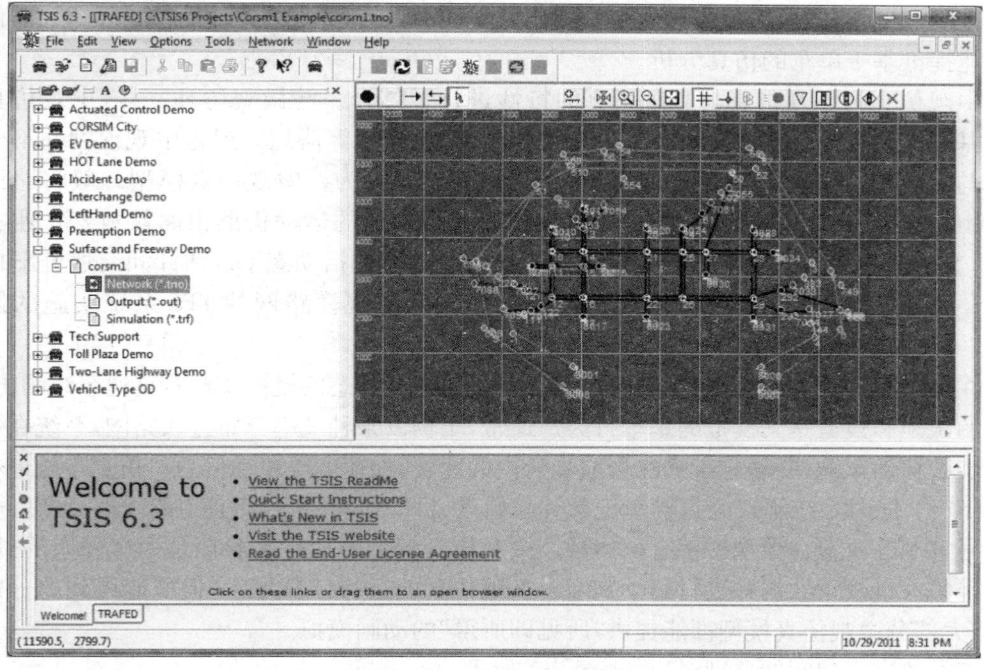

图 11-21 TSIS 界面图

(2) TRAFED。TRAFED 是基于 GUI 的交通仿真输入编辑器,用户可以方便地构造交通网络,并设定网络参数和控制参数。TRAFED 可以通过图形用户界面产生道路网模型,并且支持 COMSIM 微观交通仿真器。

(3) CORSIM (CORridor microscopic SIMulation)。CORSIM 是交通仿真模块,由仿真高速公路交通流的 FRESIM 模块和仿真普通道路交通流的 NETSIM 模块组成,执行交通仿真计算和输出仿真结果。CORSIM 能够真实再现动态交通的随机行为,有先进的跟驰模型和换道模型,以 1 s 为间隔模拟车辆的运动。它提供了很多指标量化路网的性能,并提供动画显示以便用户观察仿真结果。

(4) TRAFVU。TRAFVU 是一个用户友好的 COMSIM 输出处理器,是交通仿真动画模拟和仿真结果显示模块。它通过不同的图例在路网显示窗口表示不同的交通元素,能以动画的方式再现交通仿真过程,可方便地获得各种交通仿真结果。

三、交通仿真软件比选

1. 三类仿真工具间的比较

交通仿真模型依据细节描述程度的不同,可分为宏观、中观、微观三类,不同类的交通仿真模型,其机理、特点和应用范围各有不同。

宏观交通仿真模型基于对交通流的流量、密度、速度间的关系的定量描述。在宏观交通仿真模型中,将车流描述为流体或气体,以路段或小区为基本的建模对象,它能够仿真不同类型的交通设施,包括高速公路、交通走廊、城市道路网等。在宏观仿真中,系统在每一个仿真周期模拟车流的移动,而车流的速度、路段流量等数据则基于集计的流-密-速关系。在宏观仿真中,仿真模型的校正主要依赖于仿真模型运行结果与建模对象间阻塞位置和形式的对应。在高速路仿真中,模型校正基于模型对流-密-速关系的再现,而城市道路仿真则还需关注排队延误、路段通行能力等信息。相比微观模型,宏观模型所需的计算资源较少,但是它不能提供基于单车的仿真分析。

中观仿真将宏观仿真与微观仿真的特性进行了结合。与微观仿真一样,中观仿真的仿真基本对象是车辆,记录每辆车的车型、OD、驾驶行为等信息。但是中观模型并不模拟车辆与车辆间的相互作用,也不模拟单个车辆的具体行为。中观仿真模型一般将路段模拟为由排队服务系统和运动部分构成,而车辆在路段上的运动仍然由路段流-密-速关系获得,其仿真参数校正除了交通流运动模型参数外,还包括动态 OD 估计和交通分配模型参数。近年来,中观仿真模型的开发趋势逐渐面向大规模路网的 ITS 系统实施的影响分析。

在微观交通仿真模型中,系统通过对每辆车的运行状态的模拟实现对交通系统的仿真,车辆的跟驰和换道是其模拟的基本行为。通常,车辆以某种概率分布进入路网,系统在每个仿真步长移动车辆,并确定车辆在当前步长内的速度、加速度等属性信息。仿真步长最小可到 1/10 s。同时系统不仅为每辆车记录其起始点、目的地和路径,而且道路线形、坡度、交叉口信号控制等要素在模型中都有所体现。微观仿真模型的校正和验证是一个复杂的过程,需要采集大量校正数据并进行科学判断。微观仿真的运行计算量大,但所能得到的分辨率最高,大部分微观仿真模型都能提供“所见即所得”的动画模拟。

三类仿真模型间的差别对比如表 11-1 所示。

表 11-1　三类仿真模型基础对比表

比较项	宏观	中观	微观
理论背景	连续系统建模,数值仿真	离散事件系统建模,固定步长推进/事件调度	离散事件系统建模,固定步长推进
仿真对象	将车辆拟为流体或气体	单个车辆,按队列驱动	单个车辆
核心模型	以流量守恒规则导出的微分方程描述系统演化规律	排队模型、流-密-速关系模型、分配模型	跟驰模型及换道模型

三类交通仿真模型的适用性情况如表 11-2 所示。

表 11-2　三类仿真模型适应性对比表

比较项	宏观	中观	微观
规模	大规模,包括区域乃至城市	中大规模,接近于宏观仿真	小规模,若干路段,有限区域等
设施种类	基本的高速路、城市道路(不包括交叉口)	高速路、城市道路(包括交叉口,但模型较为简单)	各种路段(分车道及渠化信息)、信号控制、公交专用道、停车场等
交通方式	标准车	标准车或简单的车辆分类(小车和大车、公交车等)	各种机动车(多种分类)、非机动车、行人
交通管理措施	路段限行等少量措施	路段限行、管理车道等少量措施	各类措施,包括部分 ITS 措施
交通参与者对交通信息的反应	无	部分	部分
运行参数种类	均一假设,流量、密度、速度	流量、密度、速度,车辆 OD 信息等	车辆运行速度、实时流量、密度、延误等
成本	单位规模成本最低	单位规模成本中等	单位规模成本最高

2. 交通仿真软件的选择

目前,交通仿真软件种类繁多,由于底层模型和软件设计思路的差异,其特性和工作方式皆有差别。在实际选择中,可根据交通分析过程的需求和背景条件,选择能够胜任的交通仿真软件。以微观交通仿真软件为例,选择软件所需考虑的因素包括:技术性能、输入/输出接口、二次开发接口、用户培训、技术支持和软件升级等。

(1) 技术性能

软件的技术性能与它精确预测仿真分析中所有备选方案的交通运行状态的能力相关。交通分析人员可以从如下方面考察软件的技术性能。

① 软件所能处理的最大问题规模。主要表现在单个网络中允许的最大信号灯数,或者路网中一次能仿真的最大车辆数以及路网面积等。

② 车辆运动逻辑,如跟车、换道等行为。车辆的运动逻辑是微观交通仿真软件的核心,也是反映软件开发水平的关键因素。

③ 软件对中国特色的混合交通流的考虑,如非机动车行为模型、步行行为模型、机非混行交通流模型等。

④ 软件对备选方案具体特征的灵敏度,例如车型分类、水平曲率对速度的影响,或者智

能交通技术对系统状态的影响等。

⑤ 软件的功能。可从软件的使用说明书和成功案例了解。

⑥ 模型校准和验证时可以调整的模型参数。

⑦ 项目分析人员还应该熟悉该软件应用的成功案例的种类和范围。

(2) 输入/输出接口

选择软件时应考虑的要素还包括输入、输出以及该软件与交通分析项目中用到的其他软件(比如交通预测模型)接口的能力。交通分析人员应评估软件生成有关评价指标报告的能力;而对分析人员而言,定制输出报告的功能也是很重要的。分析人员还必须清楚软件所定义的评价指标的含义。这是因为也许对于某个评价指标,软件给出的定义和计算方法与工程实践中广泛接受的定义不同。

(3) 二次开发接口

在交通仿真建模的使用中,往往需要根据用户的需要对软件进行二次开发。二次开发能够实现许多有用的功能,包括对软件未定义的设施/管理措施进行建模分析、实现复杂的控制逻辑、实现自动化的模型校正流程等。不同的仿真软件提供的二次开发接口各有不同,分析人员需要了解其应用的可行性。

(4) 用户培训、技术支持和软件升级

交通分析人员同时作为交通仿真软件的用户,还应当关注自身可以得到何种形式的培训和技术支持,所选用的软件在本国或本地区是否已经有一定数量的用户群。由于交通仿真软件作为高度专业化的行业应用软件,对使用人员的专业素质具有很高的要求。交通分析人员不但需要了解仿真软件的功能和操作,也需要对其底层模型和特性有一定的了解。最后,考虑到用户培训及建模的成本,软件的持续升级对交通仿真建模分析的成本控制有重要的作用。

复习思考题

11-1 简述交通仿真的特点、分类与步骤。

11-2 简述宏观、中观与微观交通仿真的区别。

11-3 如何运用随机数产生微观交通仿真系统中的车辆(服从泊松分布)?

11-4 简述车辆跟弛模型和车道变换模型如何在微观交通仿真过程中进行应用?

11-5 如何设计交通仿真对象和仿真模型的数据结构来实现交通仿真系统的开发?

11-6 简述各种交通仿真软件的基本功能,并给出各种交通仿真软件的特色应用功能。

11-7 简述 TranStar 软件的系统构成、主要功能及优势。

11-8 如何根据实际工作需要选用合理的交通仿真工具软件?

第 12 章　智能运输系统

§12-1　概　　述

一、引言

1. 智能运输系统的定义

智能运输系统(Intelligent Transportation System, ITS),是指以全方位提升交通运输效率与安全性、促进交通运输可持续发展为主要目的,综合运用先进的传感技术、计算机技术、电子控制技术及信息与通信技术等现代高科技,整合多模式交通管理策略,建立起来的一种以智能化为主要特征,实时、准确、高效的交通运输管理系统。

ITS 是目前世界交通运输领域研究的前沿课题,涉及多个学科领域,具有很强的学科交叉性(如图 12-1)。它同时吸引着全球范围内的交通运输行业、电子信息与通讯行业、计算机数据处理行业、自动化与汽车行业的技术研究者与政策制定者的注意力。

比之传统的交通运输模式,ITS 呈现出系统化、信息化、动态化、标准化等鲜明特点。

ITS 的总体建设目标是运用现代科技,实现人、车、路、环境协同与管理的智能化。主要包括六个方面:提高运输效率、优化出行服务、保障交通安全、缓解交通拥堵、减少环境污染、节约能源消耗。

ITS 的实现需要来自电子、信息、计算机等领域的智能化技术的支撑。因此,ITS 的技术体系主要包括:传感技术、人机工程学、人工智能、通信技术与计算技术。见图 12-1。

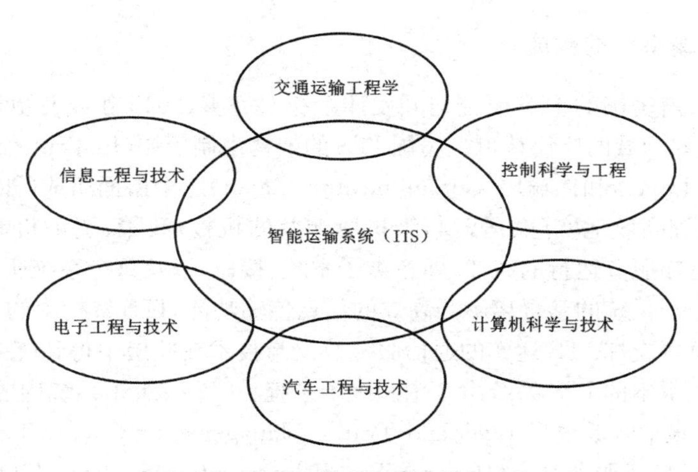

图 12-1　ITS 的学科领域及其交叉关系

2. 智能运输系统的产生背景

交通运输业的发展，促进了物资流通和人员往来，有力推进了人类社会的发展进程。工业革命之后，地面汽车交通蓬勃发展，大部分工业化国家迅速步入汽车化时代。然而，汽车化社会在给人们带来种种便利的同时，其负面效应也日益显现，交通拥堵严重、交通事故频发、能源消耗过量、环境污染严重等等。这些问题不仅影响到经济的可持续发展，同时也带来了诸多社会问题，如何有效地解决现代交通运输衍生的各种问题已成为世界各国必须共同面对的迫切课题。以往，许多国家从供求关系出发，通过增加道路供给等方式解决交通拥堵问题，这在一段时期和一定范围内缓解了通行压力。但是，不断开发交通基础设施是以消耗土地等不可再生资源为代价，由于土地资源有限，这一策略显然不可持续。随着汽车等现代交通工具的井喷式增长，仅仅依靠增加道路供给已经难以解决现代交通运输业伴生的诸多问题，而且，发达国家和发展中国家道路基础设施已经渐渐达到或接近饱和状态。在大量土地、燃油等资源被占用和消耗的同时，不但交通需求难以完全得到满足，而且尾气排放量剧增对全球环境的破坏日益加剧。20 世纪六七十年代后，针对石油危机及环境恶化问题，工业化国家开始实施以提高效率和节约能源为取向的交通系统管理（TSM）和交通需求管理（TDM），同时大力发展大运量轨道交通并实施公交优先政策，发挥了积极作用。同时，随着计算机技术、传感技术、信息技术的日益普及与广泛应用，交通监控与感知系统、交通诱导系统、信息采集与传输系统等在交通管理中发挥了越来越重要的作用，但这些技术的服务对象仅单纯针对车辆或道路，功能相对单一，且缺乏系统性，难以从根本上解决问题，亟须一种系统、平衡的解决方案。

20 世纪 80 年代，自第三次科技革命以来，信息技术飞速发展，交通运输系统的管理进入了信息化时代。人们尝试将信息技术、数据通信技术、电子控制技术及计算机处理技术等综合应用于交通系统管理，从而建立起一种大范围、全方位发挥作用的，实施、准确、高效的智能运输系统。21 世纪以来，随着大数据、物联网、云计算等智慧城市管理关键技术的发展与应用，处理海量、复杂、多源、动态的交通信息成为可能，各个系统之间的信息处理与传输得到有效集成，人、车、路、环境等各个交通要素之间的联系进一步加强。在智慧城市建设浪潮的推动下，智能运输系统得到强力推进，人类社会开始步入智慧交通时代。

二、智能运输系统的构成

相比之下，目前美国的 ITS 研究与开发体系相对完善（2015 年 4 月更新至 7.1 版），已受到国际 ITS 研究领域的广泛认可。美国 ITS 的架构由制度层（Institution Layer）、交通层（Transportation Layer）和传输层（Communication Layer）三个层面组成（如图 12-2）。制度层包含让 ITS 系统高效地实施、运营与维护所涉及的机构、政策、资助机制；交通层（核心层）包括让交通运输服务运行的载体，即各类子系统、接口，以及每个系统所需求的潜在功能与数据定义；各个子系统的整合离不开高效的信息传输功能，ITS 架构中的传输层负责提供数据传输服务，负责支撑 ITS 运作的通信服务协议与技术在此层中得到统一定义。

具体来说，该版本的 ITS 系统由 8 个一级子系统、30 个二级子系统构成。

1. 出行与交通管理系统（Travel and Traffic Management System，TTMS）

（1）行前出行信息服务系统（Pre-trip Travel Information System，PTIS）

PTIS 基于出行起点的位置数据，向出行者提供全方位、实时化、多模式的交通信息，包

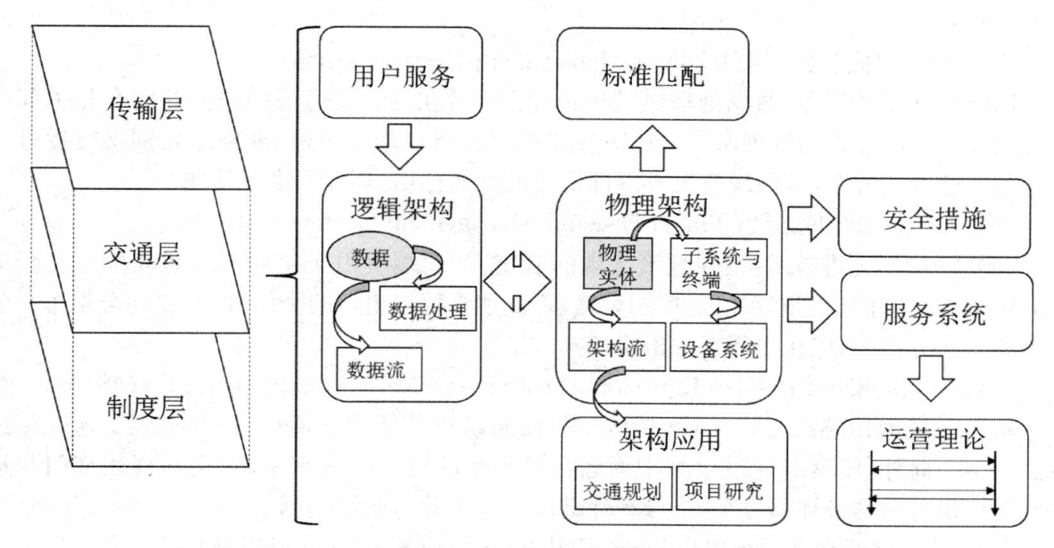

图 12-2　美国 ITS 总体架构图(图片来源：美国交通运输部 DOT：http://www.iteris.com/)

括路网状态、事件信息、天气信息、公交服务信息等，从而让出行者更好地做出出行规划与决策(例如选择是否出行，选择最佳的出发时刻、行程路径)。

(2) 行程中驾驶员信息系统(En-route Driver Information System，EDIS)

EDIS 向机动车驾驶员(包括私人车辆、商务车辆、公交车辆)提供诸如道路交通状态、事件信息、施工信息、公交时刻表之类的建议信息。同时，EDIS 也提供车载设备的通信服务，从而实现定制化交通信息服务功能，例如道路风险状态预警(大雾、结冰)、针对车型(大型货车、小汽车)的安全行驶速度提醒。

(3) 路径导航系统(Route Guidance System，RGS)

在出行者通往目的地的过程中，RGS 负责提供路径导航服务与转弯、变道等驾驶行为的预测与提示。基于实时交通系统信息，包括交通状态、道路封闭信息、公交系统的状态与运营时刻表，RGS 为不同交通出行方式提供定制的目的地导航服务。

(4) 搭乘与预约系统(Ride Matching and Reservation System，RMRS)

RMRS 一方面向用户提供实时的搭乘信息与预约服务，另一方面辅助运输供给方以车辆分配与调度服务。例如，面向拥堵时段独自驾驶的个体出行者，该系统可为出行者提供出行信息，优化其出行行为，为其安排搭乘车辆及行程计划，提供优化的出行与行驶方案。

(5) 出行者信息服务系统(Traveler Services Information System，TSIS)

TSIS 主要面向出行者提供相关的服务信息，并提供交通信息数据库检索服务。出行者可以在不同的地点与出行时间段访问该数据库，从而做出合理的出行规划。除了信息服务之外，TSIS 还可以提供出行相关服务的预订。TSIS 服务的数据采集自交通系统，通过数据融合与处理，转换为可用信息，从而用于优化机动车与行人的路权分配。

(6) 交通控制系统(Traffic Control System，TCS)

TCS 通过对高速公路与地面街道系统的自适应协同耦合控制提升交通流运行效率，保障公交优先、合乘车辆优先，缓解交通拥堵，提高乘客与货物的运输效率。TCS 采集到的数据可同时服务于许多其他ITS用户服务系统。

(7) 突发事件管理系统(Incident Management System, IMS)

IMS集成了传感器、数据处理、数据传输模块,旨在提升交通部门与公共安全相关部门的突发事件响应能力与管理水平。IMS提供的服务可以帮助快速、准确地甄别出突发事件并立刻实施响应方案,从而缓解突发事件造成的交通拥堵、环境污染等问题。

(8) 出行需求管理系统(Travel Demand Management System, TDMS)

TDMS应用先进技术,指导政策法规的制定,从而缓解由于交通拥堵对环境与社会造成的影响。通过信息管理手段与控制策略,降低独自驾车出行的个体数量,提高合乘车与公交车的交通分担率,优化出行者的出行选择。

(9) 尾气检测与减排系统(Emissions Testing and Mitigation System, ETMS)

基于先进的传感技术,ETMS检测空气质量敏感地区的交通信息,并实施交通管制或导流方案。此外,ETMS通过检测车辆运行过程中的尾气排放水平,向交通规划部门与运营机构提供各种污染评估方案,指导环保部门减排规范与政策的制定。

(10) 公路铁路交叉系统(Highway Rail Intersection System, HRIS)

HRIS通过ITS技术的应用,预防或降低小汽车与火车之间发生严重冲突的可能性,提升公路与铁路交叉路段的安全性。

2. 公共交通管理系统(Public Transportation Management System, PTMS)

(1) 公共交通管理系统(Public Transportation Management System, PTMS)

PTMS提供自动化的公交系统运营、规划、管理功能。通过计算分析公交车辆信息与乘客信息,包括车辆位置、行程时间、调度与时刻表、行驶里程,客流时空分布、上下客流量、乘客的路径选择,从而提升公交系统的运营与养护水平。

(2) 行程中公交信息服务系统(En-route Transit Information System, ETIS)

通过公交车辆与基础设施中的信息发布渠道,ETIS向公交系统中的乘客提供实时的、准确的公交服务信息,辅助行程中的乘客。

(3) 私人定制公交系统(Personalized Public Transit System, PPTS)

PPTS提供灵活线路的公交车辆私人定制服务。该服务适用于小型公交车辆、出租车或者私家车辆。用户提出交通需求到达指定目的地,有相同或相近路线的交通供给接载乘客。

(4) 公共出行安全保障系统(Public Travel Security System, PTSS)

PTSS通过对公交设施与车辆的监控,必要时提供人工或自动的预警功能,旨在为公共交通的客户、管理者、工作人员创造一个安全的环境。

3. 电子支付系统(Electronic Payment System, EPS)

EPS向出行者的交通出行消费提供电子支付媒介。将电子收费、公交车票收费、停车支付等功能集成,形成一个通用的、多模式、多功能的电子支付系统,实现交通系统收费服务的智能化。

4. 商用车辆运营管理系统(Commercial Vehicle Operation System, CVOS)

(1) 商用车辆电子通关系统(Commercial Vehicle Electronic Clearance System, CVECS)

CVECS通过电子化、自动化的手段,使装有脉冲应答器的载货汽车与公共汽车可以在行驶状态下接受对其安全状况、注册情况、车辆基础属性(例如：车型、重量、体积)等的检查。性能安全、注册合法且无明显安全故障隐患的车辆，在到达检测站点的时候，无须停检。该系统简化了通关手续，降低了通关延误。

(2) 自动化路侧安全检测系统(Automated Roadside Safety Inspection System, ARSIS)

ARSIS基于电子通关系统采集到的路侧安全数据，融合更先进的技术(高精度传感技术、诊断学理论)，实时获取车辆运行数据与驾驶员行驶安全数据。此系统可以满足检查官检查车辆系统和驾驶员的双向需求，并能将停车检查指令反馈给驾驶员，以实现更精准的筛选与更快速的检查。

(3) 车载安全监控系统(On-board Safety and Security Monitoring System, OSSMS)

OSSMS通过安装在车辆内的监控设备，对高速行驶中的车辆、货物及驾驶员的安全状况进行监控，判别车辆运行过程中的不安全状况，例如驾驶疲劳状态、车辆系统状态、货物滑移情况等，并给予驾驶员警告或者采取相应的防护措施。

(4) 商用车辆管理程序(Commercial Vehicle Administrative Processes, CVAP)

CVAP通过电子化的手段提供有关注册手续的服务，为行政管理部分提供自动许可管理与税务管理等功能，从而有效地降低政府部分行政人员的工作压力，缩短运输机构的注册手续时间，提升管理方与被管理方的工作效率。

(5) 危险品运输安全与突发事件应急响应系统(Hazardous Materials Security And Incident Response System, HMSIRS)

HMSIRS通过采集危险品运输过程中突发事件的即时信息(包括危险品的种类与数量、事件发生点位)，为应急管理人事部门提供迅捷、合理的响应方案，从而提升危险品运输的安全性，降低事故风险与损害。

(6) 货物运输机动性系统(Freight Mobility System, FMS)

FMS通过驾驶员、调度人员、联运交通供应者之间的信息关联，提供商用车辆的实时位置信息，帮助调度人员更好地进行车辆的运营与管理，帮助驾驶员合理规避交通拥堵，提高集散作业的效率与可靠性，保障货物运输获取最有价值的实时信息、车辆与货物装载位置信息，从而提高整个货物运输系统的运营效率。

5. *应急事件管理系统*(Emergency Management System, EMS)

(1) 应急事件通知与用户安全保障系统(Emergency Notification and Personal Security, ENPS)

在紧急或非紧急情况下，当突发事件发生，需要救援或增援的时候，ENPS为用户提供通知相关应急响应人员的服务。

(2) 应急车辆管理系统(Emergency Vehicle Management System, EVMS)

EVMS通过改进响应车辆与调度中心的通信服务，向用户展示应急车辆位置信息，为调度中心寻求最快速的调度方案，并将响应车辆调度到应急事件现场。该系统的服务导向在于尽可能地减少应急车辆到达事件地点的时间，包括响应时间与行程时间。

(3) 灾害响应与疏散系统(Disaster Response and Evacuation System, DRES)

DRES通过ITS技术，增强地面交通系统对灾害的响应能力。该服务向用户提供更有效的人员与资源响应，同时更有效地提供受灾地区的交通系统信息，从而协助用户制定更高效、更安全的受灾公众疏散策略。

6. 先进的车辆安全系统(Advanced Vehicle Safety Systems, AVSS)

(1) 纵向避碰系统(Longitudinal Collision Avoidance System, LonCAS)

LonCAS通过实施防追尾预警与控制策略,辅助车辆驾驶员,预防车头或车尾的纵向碰撞,包括车辆与车辆、车辆与行人、车辆与其他物体之间的碰撞。系统功能包括潜在碰撞隐患、即发碰撞事故的探测,为驾驶员提供即时的回避操作并可以临时控制车辆。

(2) 侧向避碰系统(Lateral Collision Avoidance System, LatCAS)

LatCAS通过提供侧向碰撞预警信息,预防车辆之间侧向碰撞的发生,也为变道或离道车辆提供即时的碰撞警告。此外,针对侧向碰撞已经发生的情况,该系统还可对车辆进行临时控制,从而降低侧向碰撞带来的损伤。

(3) 交叉口避碰系统(Intersection Collision Avoidance System, ICAS)

针对车辆通过信号控制交叉口时有潜在冲突发生的情况,ICAS旨在通过给驾驶员提供碰撞警示服务,包括来车对象、停车控制、红灯信号相位等,降低交叉口车辆碰撞事故的风险。该系统同样可以实现对变道或离道车辆的控制,提供自动导向与油门控制,最大程度地降低车辆碰撞事故的损伤。

(4) 基于视觉增强的避碰系统(Vision Enhancement for Crash Avoidance System, VECAS)

VECAS通过车载式安全隐患探测设备,对危险信息进行处理与分析,并给驾驶员提供有用的信息。该系统旨在减少由于不良视觉条件造成的交通事故数量,系统的核心在于提升驾驶员对路况的观察、感知与判断能力。

(5) 安全预防系统(Safety Readiness System, SRS)

SRS旨在给驾驶员反馈自身驾驶表现、车辆状态、车辆感应到的道路状态等信息,并且根据预设的安全指标,提供安全预警功能。在高度危险情况下,该系统可以临时对车辆实施自动控制。

(6) 碰撞前乘客安全防护系统(Pre-crash Restraint Deployment System, PRDS)

PRDS通过确定即发碰撞涉及车辆或物体的质量、速度、方向、位置等物理与动力学信息,对迫近交通事故进行预判。同时,该系统在碰撞前,激活乘客安全系统,包括束系安全带、启动安全气囊等措施。该系统旨在降低车辆碰撞事故的数量和严重性。

(7) 自动驾驶车辆运行系统(Automated Vehicle Operation System, AVOS)

AVOS通过完全自动控制的车辆-高速公路系统,实现没有驾驶员参与的车辆运行。

7. 信息管理系统(Information Management System, IMS)

IMS对历史ITS数据进行存档,并将规划、安全、运营、研究机构的数据融合并汇入数据库,提供数据采集、处理与传输的功能。

8. 维护与建设管理系统(Maintenance and Construction Management System, MCMS)

MCMS系统的功能是为ITS各个系统的维护与建设运营提供整合的管理方案,从而保障道路、基础设施、可提供的资源得到最大化的利用。

图12-3为ITS子系统协同运作流程示意图。

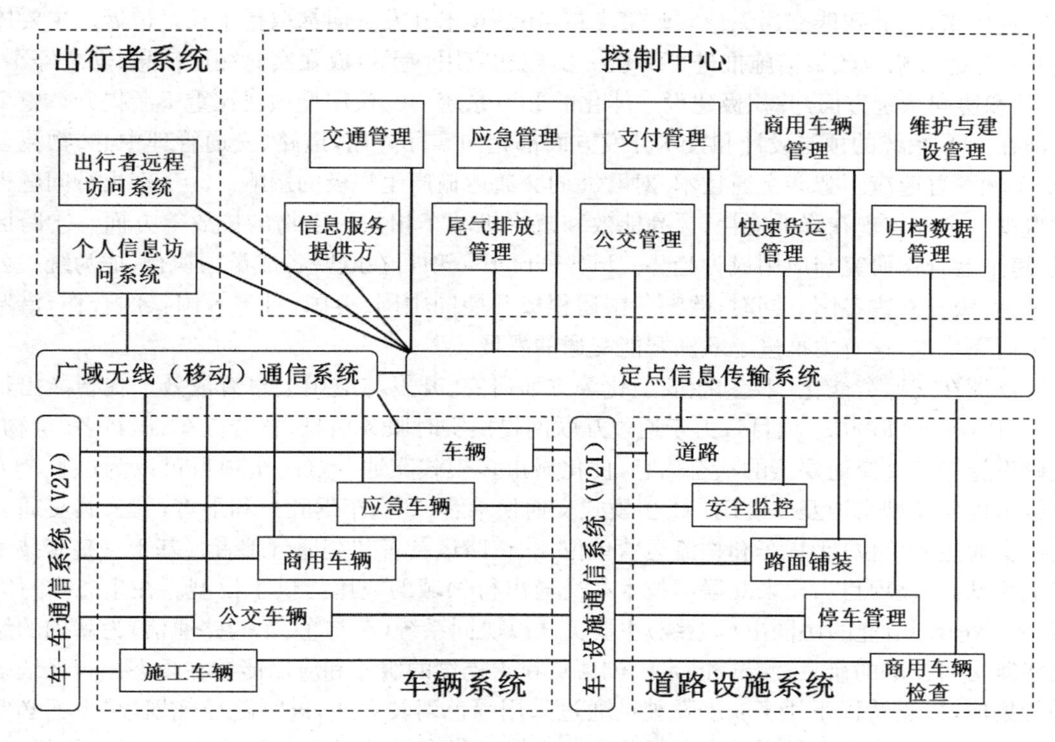

图 12-3 ITS 子系统协同运作流程示意图

§12-2 国外智能运输系统的研究进展

在 20 世纪 80 年代，发达国家首先开展智能运输系统研究和开发，一度出现过激烈竞争局面。其中，美国、欧洲、日本与新加坡取得的成就最为瞩目。

一、欧洲 ITS 研究进展

欧洲诸国从 1986 年开始涉足 ITS 领域的研究。由欧洲主要汽车公司发起的 PROMETHUS (Program for an European Traffic with Highest Efficiency and Unprecedented Safety)计划旨在以汽车为主体，利用先进的信息、通信、自动化技术来改善运输系统，解决交通问题；由欧洲共同体委员会(CEC-Commission of European Communities)发起的 DRIVE (Dedicated Road Infrastructure for Vehicle Safety in Europe)计划主要涉及公路和交通控制技术的研究。1991 年末成立的 ERTICO (European Road Transport Telematics Implementation Coordination Organization)作为民办的公共组织，负责监督欧洲的 ITS 研究、发展和实施。20 世纪 90 年代欧洲的 ITS 研究特点为：①ITS 各领域均得到研究与开发；②CEC 发起组织的 ITS 研究立项缜密、重视技术的开发与评价，其研究具有高度的连贯性，但是与实际的应用部署尚存在差距；③欧洲在公路系统广泛部署了车辆专用电台，可以向用户提供声音或编码信息；④欧洲的城市历史悠久、城区道路相对狭窄、交通较为拥挤等问题在研究中受到重视。

近年来，欧洲智能交通无论在政策支持，还是技术开发方面都取得了长足进展。主要体现在：①通过相应政策措施推进ITS统一实施和应用。重点放在实时交通信息、安全停车、eCall和协同系统方面，并积极建设一体化的ITS系统。②应用型项目比重不断提升。整个欧洲在ITS系统的顶层设计和技术开发方面都趋向实际应用，道路、交通管理中心、物流公司、车辆等普遍应用智能交通技术，对欧洲的交通运输产生积极的影响。③生态出行问题得到重视。主要体现在降低能耗、提高能效和减少机动车相关污染物的排放等方面。④跨区域、跨平台合作研究与应用成为趋势。ITS Directive项目在欧盟各成员国执行，成为统一公共平台，服务欧盟各国。同时，欧洲各国还积极开展同中国、美国、日本等国家的合作，借鉴各国研究成果，这有力推进了欧洲智能交通的发展。

欧洲在交通智能化、生态化、安全化等方面研究、开发与应用上卓有成效。在智能出行方面，Instant Mobility项目致力于通过互联网提供实时服务信息，整合汽车、出行者、货物、基础设施等各个交通要素的状态信息，优化城市多模式交通。这一个项目可以为以下个人或组织提供新型交通互联应用：①多模式交通换乘者；②汽车驾驶员和乘客；③公共交通和其他交通运营单位；④货车和物流运营单位；⑤道路运营者和交通管理者。基于一整套技术规范为基础，该项目为未来互联网技术在交通出行领域的应用提供了模型。在生态出行方面，eCoMove（节能的协同出行系统）主要关注以协同系统（车与车、车与路通信）为基础的绿色智能交通技术的研发、测试和验证，创新点在于提供的服务和应用能够在生态出行系统上进行集成，以支持以下服务：①驾驶员通过采用绿色驾驶方式，进行路径规划，减少不必要的能耗；②车队管理人员通过生态驾驶支持系统和货车导航以优化路径规划，减少能耗；③道路运营方在城市和城际以节能方式平衡交通流量。该项目主要关注ITS的环境效益分析（生态优先和绿波分析、驾驶行为评价）和城市应用（车路协同系统和成本效益分析）两大方面。研究表明，对于城市路网，eCoMove可减少10%的CO_2排放；对于重负载网络，可减少12%的CO_2排放。车路协同系统还为终端出行用户和路网管理者提供了可持续交通发展的新机遇。

安全出行方面，DRIVE C2X（欧洲车路、车车通信技术的推广和评价）项目主要目标是在欧洲范围内为协同系统建立统一的测试环境，检测协同系统在交通流量控制、交通管理、危险预警、辅助驾驶、信息服务等方面的作用。项目将协调相关单位，开展测试评估协同系统收益，最终目的是为了推广协同驾驶。DRIVE C2X项目将在德国、意大利、荷兰、瑞典、西班牙、法国和芬兰七个国家进行测试，项目的核心是测试方法，以及评估协同驾驶对于驾驶员、环境和社会带来的影响，用户的反馈和技术测试结果将为向市场全面推广合作驾驶提供依据。

二、美国ITS研究进展

美国比欧洲和日本部署智能运输系统研究要晚。1990年美国智能车路学会（Intelligent Vehicle-Highway Society of America，IVHS AMERICA）成立，并于1991年12月通过了复合式地面运输效率法案（Intermodal Surface Transportation Efficiency Act），旨在利用高新技术和合理的交通分配提高整个路网的效率，这一法案标志着美国联邦政府开始重视、支持、协调并参与智能运输系统研究。从1995年开始至今的二十多年内，美国交通部一直都是全美智能交通系统计划的领导者，在智能交通领域开展了最前沿的实践并取得了丰硕的成果。

美国智能运输系统的研发主要采取自上而下模式：顶层规划、市场引导、分步实施。首先设计智能运输系统体系，继而研究各子系统功能，然后逐步研发实施。从20世纪90年代以利用情报技术缓解交通拥挤为重点，逐步发展到开发以安全为目的的车辆控制技术系统，并规划发展自动驾驶系统的开发和应用。近年来，美国的智能运输系统十分注重安全设施建设，根据交通基础设施特点和实际交通需求，建立了相对完善的车辆管理、公交出行信息、电子收费和交通需求管理四大系统及多个子系统及技术规范标准。智能运输系统在美国已得到广泛应用，而车辆安全系统、交通安全技术研究则是应用重点。在交通管理方面，大量采用先进的监控管理技术，通过道路监控中心和路边的可变标志板、自动测速器和称重装置等传感系统，在为驾驶者提供实时路况信息的同时，为道路管理者提供监控违章车辆的服务。

美国交通部明确了未来几年美国智能运输系统的发展的两大战略重点：实现车联网与推进车辆自动化。以近年来全美在车联网设计、测试及规划方面取得的重大进展为基础，确定了围绕新兴自动化技术的研发与运用的智能交通系统项目。在车联网项目方面，依据美国国家公路交通安全管理局发布的2016年车对车安全信息提案，重点关注车联网的研发以及系统的运用部署。车对车通信以短程通信(DSRC)技术为基础，其他车联网技术及通信技术由专用短程通信设备启动或者其他网络启动，例如蜂窝网、无线网或卫星，多项技术与通信媒体(包括安全性及其他应用与信息类型)在预期的车联网环境中实现交互与操作。自动化项目方面，重点关注自动道路车辆系统及相关技术的研究，这些技术可实现车辆为驾驶员分担车辆控制任务。自动化技术在很大程度上提高车辆的安全性和环保性，但是同时也面临新的技术与相关政策方面的挑战。美国智能交通系统规划的重点是开发相应系统，使各种自动化要素平稳安全地导入车辆与交通系统中。未来规划的每个项目类别中都包含了引导项目开发与性能测试方面的研究并注重利益方的关联性，主要用以指导并解决智能交通系统各方的真实需求，并规划开发特定项目。车联网和自动驾驶的发展齐头并进，成为美国智能运输系统项目联合办公室基础性研究的重点，有关这两项技术的创新性研究是美国交通部战略计划的关键组成部分。未来可预见，一辆辆智能互联无人驾驶汽车的出现，不仅对公众而言意味着更安全、更高效的出行，同时必将对整个美国社会，乃至整个世界产生深远影响。

三、新加坡ITS研究进展

从1991年智能交通中心(the ITS Centre)建立以来，新加坡政府一直十分重视高科技交通管理系统的开发研究，不断采用最尖端的科学技术完善整个交通管理体系。近年来，新加坡政府更是投入巨资研究和建设城市智能交通系统，现已逐步建成具有世界领先水平的智能交通控制中心(ITS Operation Centre)，成功打造了高效的智能交通系统。新加坡凭借其前瞻性的智能交通规划理念以及地利、经济、技术等方面得天独厚的条件，在城市智能交通的发展方面已经走在了世界的前列。

新加坡ITS建设主要集中在先进的城市交通管理系统方面。构建智能交通管理系统是新加坡智能交通规划设计的重点。智能交通管理系统集成了高速公路监控信息系统(Expressway Monitoring and Advisory System，EMAS)、出行者信息服务系统(Traveler Information System，TIS)、车速信息系统(TrafficScan)、电子收费系统(Electronic Road Pricing，ERP)、出租车调度系统、优化交通信号系统(Green Link Determining System，GLDS)等，整合了交通监控、管理和服务等功能，进而加强了道路、使用者和交通系统之间实时、稳定的相互信息的传递，便于实现城市交通的智能管理，从而为出行者和道路使用者提供及时准确的交通信息，使其能够对交通线路、交通方式和出行时间做出充分、及时的判断。新加坡智能交通管理系统还在不断吸纳和整合最新的智能交通科技而持续发展。新加坡政府将智能交通管理系统的建设分为三个阶段。

第一阶段是交通管理系统的整合。在这个阶段，将从城市EMAS、TrafficScan、ERP、TIS、GLIDE等多个子系统中收集信息和数据。每个子系统都将执行各自特定的交通管理职能，它们不仅提供交通和道路路线电子地图等静态信息，还提供车辆行驶速度、交通流量、车辆分类、交通繁忙时间和交通事故发生等动态交通信息和数据。为了实现这些功能，各个子系统之间通过系统集成将信息整合起来，这些集成信息经过处理、整合、优化、存储在交通管理信息中心的服务器上，再通过互联网和电子通讯服务机构将这些实时交通信息能够被社会公众、车辆营运者、政府机构等有效使用。此外，路线导航系统也将建立起来为驾车者在出行前提供实时的交通信息和优化行驶路线方案。

在第二阶段，新加坡智能交通发展的重点在于将公共交通的信息整合到智能交通管理信息系统中。这样，出行者在出行前即可获取公共交通服务信息，例如公共交通车辆到站信息、是否需要换乘、预计出行时间等，以便出行者选取最佳的出行方式，这些服务已经在2001年实现。

在第三阶段，新加坡政府着力打造智能交通体系，建设绿色交通，有效降低城市交通的碳排放。全面实现城市公共交通在信息、监控和管理三个方面的集成。建立一个能够提供多种模式的交通信息化系统，全面应用现代信息化、网络化、数字化、自动化、智能化科技。智能交通管理信息系统不仅为出行者提供方便和便捷，同时更注重对车辆最佳行驶路线、拥堵路段通行控制、公共交通的无缝换乘等。智能交通系统的建立使得城市交通网络更加健全、完善，有助于实现前瞻性的交通规划和管理，从而为高密度的人流与车辆提供更加优质的服务。目前，新加坡富有成效的智能交通系统开发、建设和运用，已经成为其城市交通发展规划和科学化实践中最引人瞩目的一环。

随着社会经济越来越好，科技水平越来越高，新加坡人对于交通和出行的需求也相应提高。而近年来智能移动科技如智能手机的普及，正好为新加坡未来的交通发展带来新的机会。鉴于此，新加坡陆路交通管理局(Land Transport Authority)联合新加坡智能交通协会(Intelligent Transportation Society Singapore)共同制订了“智能出行策略规划(Smart Mobility 2030)”。该规划勾勒出了新加坡智能交通发展策略，指出实施智能交通发展策略是为了构建一个互通互联的城市交通系统。

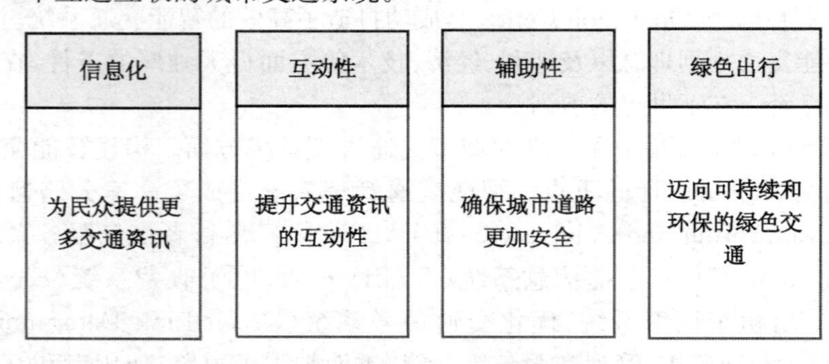

图12-4　新加坡智能交通未来发展的焦点

§12-3 我国智能运输系统的研究情况

一、我国智能运输系统的发展过程

我国的智能交通运输系统研究和实施起步较晚，20世纪90年代开始跟踪研究ITS技术，在“九五”计划中中国政府首次将智能交通作为发展的重心，分阶段展开初步研究。随后的“十五”、“十一五”期间，国内研究人员逐步完善了智能交通运输系统的相关体系框架及标准指标，为中国ITS体系的成型打下了坚实基础。进入“十二五”后，随着科学技术水平的进步以及通信、电子、互联网等相关技术的迅猛发展，我国ITS的发展水平取得了长足的进步。

“九五”期间，原交通部提出“建立智能公路运输的工程研究中心”，同时指出：“结合我国实际情况，分阶段地开展交通控制系统、驾驶员信息系统等5个领域的研究开发、工程化和系统集成。在此基础上，使成熟的科技成果转化成为可提供使用的技术和产品，该工程研究中心也将逐步发展成为我国智能公路运输系统产业化基地。”原国家技术部立项进行智能运输系统的研究；原国家建设部与欧洲的ITS组织ERTICO联合建立了EU-China计划；原国家科委于1998年11月在北京举办了首届ITS在我国应用的研讨会；原国家计委在1999年4月的科技立项会议中将ITS列为100个重点科研项目领域之一，并指出“ITS近期的产业化重点是加快发展先进的交通管理系统(包括交通信号控制系统、交通诱导系统、交通监控系统、违章自动检测系统、城市公交自动化调度系统等)、道路交通信息及服务系统、高速公路通信监控及紧急事件处理和救援系统、不停车收费系统。对上述各系统，形成系统设计、设备制造、项目建设、系统运行管理的总体能力，以及成套设备的规模化生产能力”，国家自然科学基金委员会已将智能运输系统研究作为基金的重点资助研究内容。

国家自然科学基金重点项目“城市交通流诱导系统理论模型和方法的研究”是我国最早进行智能运输系统研究的科研项目，此项目结合我国城市交通运输的实际情况，主要研究与开发城市车辆运行中的动态路径诱导系统的理论模型和实施技术。在ATMS方面，国内诸如北京、上海、大连、沈阳等许多大城市已经引入并使用国外先进的自适应城市交通控制系统。国内已经开通的若干条高速公路(如京津唐、沪宁高速公路等)正在使用从国外引进或国内开发的监控和电子收费系统。在APTS方面，杭州市为改善公共交通服务已经开发并使用了基于GPS定位的公交电子站牌及自动化调度系统。在CVO方面，基于GPS的集群车队调度系统目前已经应用于银行的运钞车车队。在AHS方面，吉林大学进行了智能车辆自主导航的研究。

在“十五”期间，由原科学技术部牵头、国家智能交通系统工程技术研究中心承担、全国20余所高校和研究所参与国家重大攻关项目“ITS体系框架”和“ITS标准体系及关键指标制定”。原科学技术部在“十五”国家科技攻关重大专项中安排了“智能交通系统关键技术开发和示范工程项目”项目，确定了北京、上海、天津、重庆、广州、深圳、济南、青岛、杭州、中山等在内的10个示范城市。该项目以中心城市和高速公路相关应用项目为龙头，在城市智能化交通管理、公共交通系统、交通信息服务、跨省市高速公路联网收费、高速公路智能化管理以及智能交通系统的产业化和基础性工作等方面开展科技攻关和应用示范。

北京、上海、杭州、济南在现有道路的条件下，合理地为各种交通方式分配道路，并且配合必要的视频监视手段和通信手段，使道路交通处于有效的监控之下；同时采用无线电广播、电视建立信息服务网站等方法将道路交通信息提供给道路的使用者。北京、上海、青岛、深圳、中山等城市应用先进的管理技术和设备使公共交通系统有效地运行，即进行公共交通系统智能化建设。北京、广州和重庆利用市场运作的手段开展交通信息服务和与其相关的增值服务，建设独立于各管理部门之外的信息服务中心，利用采集到的交通信息和其他信息对出行者发布诱导信息。

中国智能交通系统的研究和示范已具备了一定的基础，系统的推广应用和产业化成为发展的重点。原科技部、交通部等部门联合成立了全国智能交通系统(ITS)协调指导小组及办公室，并制定出近期产业化的重点是：加快发展先进的城市交通管理系统、道路交通信息及服务系统、不停车收费系统、高速公路通信监控及紧急事件处理和救援系统；实施公共交通优先战略，加快公交企业的信息化建设进程。

"十一五"期间，智能运输系统研究与建设列入《国家中长期科学和技术发展纲要》，是智能运输系统技术体系和智能型综合交通系统形成期。国家科技重大支撑项目"国家综合智能交通技术集成应用示范"以提高人性化交通运输服务、发展交通系统智能化技术和安全高速的交通运输技术作为研究重点，包含北京奥运智能交通管理与服务综合系统、上海世博会智能交通技术综合集成系统、广州亚运会综合信息平台系统、国家公路网不停车收费和服务系统、远洋船舶及货物运输在线监控系统等项目。"863"计划则设置了"重大交通基础设施核心技术"和"综合交通运输系统与安全技术"两个研究专题。综合交通运输系统与安全技术专题分别对道路交通控制系统的信息共享与协调控制、大城市宏观交通联动诱导、新一代交通信号控制器、网络化公交优先信号控制技术、公共交通智能调度技术、交通事件自动检测与定位技术交通突发事件分析与交通管制技术等100多个项目进行了立项研究。

在此期间，政府开展了国家道路交通安全科技行动计划，启动了"重特大道路交通事故综合预防与处置集成技术开发与示范应用"项目，为ITS在中国的迅猛发展打下了坚实的基础。2007年在北京召开的第十四届智能交通世界大会，也是中国首次举办此类世界性大会，为中国与世界交流最先进的交通理念和技术成果提供了良好的舞台。

"十二五"期间，在"973计划""863计划""国家科技支撑计划"等国家科技项目布局中，智能交通科技的重点领域也得到了进一步的支持。其中，"973"计划对"大城市综合交通系统基础理论"研究进行了立项支持，"863"计划则围绕智能交通管理系统发展要求，对大城市区域交通协同联动控制、车路状态感知与交互、智能车路协同、综合交通枢纽智能管控、环境友好型智能交通控制、多模式城市公共交通协同控制与服务等关键技术进行了立项布局。国家科技支撑计划组织实施了"大城市交通主动防控技术集成与示范""中等城市智能交通联网联控技术集成与示范"等项目。

智能交通科技项目的顺利实施，对我国ITS领域的研究和产业化起到了良好的引领作用，在"十二五"期间，我国交通运行管理和服务的信息化水平显著提高，智能交通在城市和交通运输各个行业得到了广泛的应用，取得了显著的成就，开始步入快速发展的轨道。北京、上海、广州、深圳、南京等城市建成了具有国际先进水平的智能化交通管理系统，有效缓解了这些城市日益严重的交通拥堵，同时有力保障了奥运、世博会、亚运会、青奥会等一系列大型活动的交通服务；高速公路电子不停车收费系统(ETC)已在全国应用，并实现29个省市联网，成为国际上用户规模超过千万，并拥有自主知识产权的三大ETC技术体系之一。

在第十二届全国人民代表大会的政府工作报告中，李克强总理提出制定“互联网+”行动计划，推动了移动互联网、云计算、大数据、物联网等先进技术在智能交通中的应用。手机导航、电子票务成为公众出行中智能化交通服务的主要方式；车联网、自动驾驶等技术迅猛发展；滴滴出行、专车计划、UBER(优步)等软件遍地开花，对传统出租车市场和行业模式带来了颠覆性变革。“互联网+交通”已经成为智能交通发展的重要内容。

2016年开始的“十三五”规划中，“综合运输与智能交通”仍旧是交通科技领域规划布局的重点专项之一。针对“一带一路”“京津冀协同发展”“长江经济带”等国家战略对交通运输提出的重大需求，以及大数据、云计算、互联网等技术的迅猛发展，中国智能交通运输系统的发展正在进入一个新的时代。

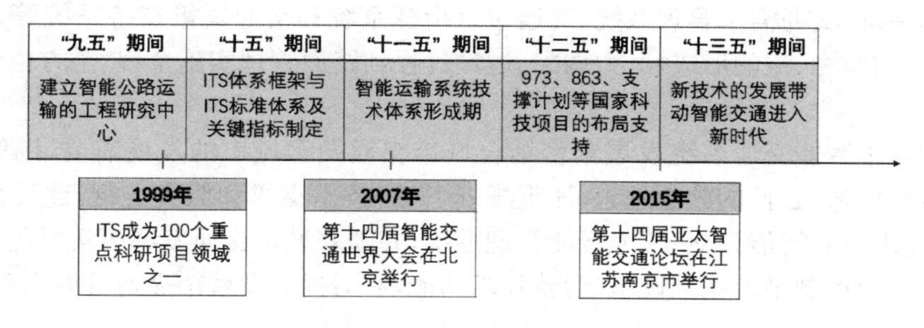

图12-5 中国智能交通发展大事记

二、我国智能运输系统的应用现状

中国智能运输系统技术研究已具备了一定的基础，系统技术的推广应用和产业化成为发展的重点。智能交通应用成效显著，集成应用已经跻身世界先进水平。我国的智能交通系统建设已发展成为世界智能交通格局的重要构成。在对智能交通关键技术进行系统开发和研究的同时，我国结合重大应用需求对智能交通的关键技术进行了大范围的集成应用，效果显著。

目前，北京、上海、广州、深圳等城市已建成了具有国际先进水平的智能化交通管理系统，有效缓解了这些城市日趋严重的交通拥堵，同时有力保障了奥运、世博会、亚运会等一系列大型活动的交通服务。高速公路联网电子服务系统(ETC)成功开发与推广，成为迄今为止我国唯一在全国范围内应用的、具有自主知识产权和统一标准且形成产业规模的智能交通系统。

北京市一直将交通信息化、智能化作为促进首都交通可持续发展的重要手段，智能运输系统技术在交通决策支持系统、交通行业运营管理系统、智能化公共交通系统、公众出行动态信息服务等系统建设方面得到广泛应用。在交通决策支持方面主要应用有交通运行智能化分析平台、交通运输行业综合统计平台、交通领域节能减排统计与监督等系统；在智能交通控制与管理方面主要应用有公交能耗监测和统计平台、轨道交通管理服务类系统、高速公路收费及管理类系统；在智能化公共交通方面主要应用有智能调度管理系统、乘客信息服务系统、公交专用道移动车载电子监控系统；在公众出行动态信息服务方面主要应用有公交到站预测系统、公共自行车服务系统、地面公交乘客信息服务系统、停车诱导系统。

南京以打造智慧城市为契机，在建设国家智慧城市的征途上阔步前行，智能公交成为交通信息化发展的重要方向，通过对网络覆盖和数据传输能力的优化，实现了对公交事故、突发事件等异常情况的实时监控。同时，还建设了电子站牌、智能公交客户端、公交 WiFi 等信息发布平台，乘客可以随时了解公交的到站信息，随时随地查询各公交车辆的实时位置、上下行方向等信息，方便用户适时安排自己的乘车计划。

通过多年的努力，厦门的智能交通建设也取得了一定的成就。城市智能交通系统总体框架由 1 个中心、3 个平台、16 个系统和 76 个子系统组成。即在全市建立一个"城市交通运营中心"，并通过"三大平台"实现全市交通动静态数据的统一管理、分析和应用。在具体的应用层面，厦门市构建的"综合交通信息平台"，囊括了城市综合交通体系的各层次应用需求，包括交通信号控制系统、路网运行管理系统、智能停车管理系统、交通安全管理系统、交通运输管理系统、交通需求管理系统、交通应急指挥系统和交通决策支持系统等，实现对全市交通，从量的监测、流的形成、运力调配、运输过程到路面管理实施全程、全方位的监测、管控和评估。

香港的城市智能交通系统发展紧密结合城市交通乃至城市的发展需要，围绕"公交优先、服务公众、保障出行"的核心理念，注重规划引导、技术支撑和服务先行，建设形成了"交通管理、交通出行和智能公交"三大智能管理系统，并随着城市交通发展而实时优化调整，全面完善智能交通控制平台基础设施、运营管理功能，有力提升了城市交通发展水平。

复习思考题

12-1 简述智能运输系统的定义、特点、研究目标与研究内容。

12-2 智能运输系统有哪些新兴技术？选取一项智能运输系统关键技术，综述其在相应应用领域的发展现状。

12-3 归纳总结欧洲、美国、新加坡 ITS 发展的特点，并进行对比分析。探索国外先进经验对我国 ITS 发展的启示与建议。

参 考 文 献

[1] American Association of State Highway and Transportation Officials; National Connected Vehicle Field Infrastructure Footprint Analysis: Applications Analysis; Version 3, July 31, 2013

[2] American Association of State Highway and Transportation Officials; National Connected Vehicle Field Infrastructure Footprint Analysis: Deployment Concepts; Version 2, September 20, 2013

[3] American Association of State Highway and Transportation Officials; National Connected Vehicle Field Infrastructure Footprint Analysis: Deployment Scenarios; Version 2, December 27, 2013

[4] Daiheng Ni. Traffic flow theory: Characteristics, Experimental methods, and Numerical techniques. Elsevier, 2016

[5] 迈尔斯. 智能交通系统手册. 陈干，译. 北京：人民交通出版社，2007

[6] Junger J R, Havlicek J P, Barnes R D, et al. Prediction aggregation of remote traffic microwave sensors speed and volume data. IEEE, 2009: 1-6

[7] Kikuchi H, Kawasaki S, Nakazato G. ITS in Japan: Current status and future direction. In Proceedings of 7th World Congress on Intelligent Transport Systems. Turin, Italy, 2000, 3149-3152

[8] Klein L A, Mills M K, Gibson D R. Traffic Detector Handbook: Volume Ⅱ[R]. , 2006

[9] Milanés V, Shladover S E. Modeling cooperative and autonomous adaptive cruise control dynamic responses using experimental data. Transportation Research Part C: Emerging Technologies, 2014, 48, 285-300

[10] Miller H J, Shaw S L. Geographic information systems for transportation: principles and applications. Oxford University Press, 2001

[11] National Cooperative Highway Research Program; NCHRP 03-101: Costs and Benefits of PublicSector Deployment of Vehicle-to-Infrastructure Technologies Deployment Plan; Version 1. 0, 2013

[12] 罗斯・罗格 P，普拉萨丝・艾琳娜 S. 交通工程(基础). 北京：机械工业出版社，2008

[13] Roger, Roess P, Prassas Elena S, McShane William R. Traffic engineering: 交通工程（应用）. 3ed. 北京：机械工业出版社，2008

[14] 莫欣德・辛格. 新加坡陆路交通系统发展策略. 城市交通，2009，7(6)：39-44

[15] Tan H S, Huang J H. DGPS-Based vehicle-to-vehicle cooperation collision warning: engineering feasibility viewpoint. IEEE Transactions an Intelligent Transportation Systems, 2006, 7(4): 415-428

[16] United States Department of Transportation. Intelligent Transportation System Joint Program Office. http: //www. iteris. com/itsarch/html/user/userserv. html

[17] USDOT Research and Innovative Technology Administration, ITS Joint Program Office; AASHTO Connected Vehicle Infrastructure Deployment Analysis; Publication Number FHWA-JPO-11-090; June17, 2011

[18] Vassili Alexiadis, James Colyar. Next Generation Simulation Program. *ITE Journal*, 2004, 75(2): 23-26

[19] Yee L M. Traffic surveillance and information advisory for Singapore's roads. In the proceedings of 12th Intelligent Transport Systems APF, Kuala Lumpur, Malaysia, 2012

[20] 马小毅，王炜. 模拟方法在主路优先交叉口通行能力中的应用. 东南大学学报(自然科学版)，1997，27

(5)：71-75
[21] 王军. 可持续发展：一个一般理论及其对中国经济的应用分析. 北京：中国发展出版社，1997
[22] 王英杰，袁勘省，李天文. 交通 GIS 及其在 ITS 中的应用. 北京：中国铁道出版社，2004
[23] 王国锋，宋鹏飞，张蕴灵. 智能交通系统发展与展望. 公路，2012(5)：217-222
[24] 王炜，邓卫，杨琪. 公路网络规划建设与管理方法. 2 版. 北京：科学出版社，2006
[25] 王炜，任刚，程琳. 缓解城市交通拥堵的基础理论 //国家自然科学基金委员会学科发展战略研究报告——建筑、环境与土木工程Ⅰ(建筑、环境与交通工程卷). 北京：科学出版社，2006
[26] 王炜，杨新苗，陈学武. 城市公共交通规划建设与管理技术. 北京：科学出版社，2002
[27] 王炜，陈学武，陆建. 城市交通系统可持续发展理论体系研究. 北京：科学出版社，2004
[28] 王炜，陈学武. 交通规划. 北京：人民交通出版社，2009
[29] 王炜，项乔君，常玉林等. 城市交通环境影响与能源消耗分析方法. 北京：科学出版社，2002
[30] 王炜，徐吉谦. 城市交通规划理论与方法. 北京：人民交通出版社，1992
[31] 王炜，高海龙，李文权. 公路交叉口通行能力. 北京：科学出版社，2000
[32] 王炜. 交通工程学科发展战略研究报告 //国家自然科学基金委员会学科发展战略研究报告——建筑、环境与土木工程Ⅰ(建筑、环境与交通工程卷). 北京：科学出版社，2006
[33] 王炜. 城市交通管理规划指南. 北京：人民交通出版社，2003
[34] 王炜. 主动引导式城市交通系统规划、设计与调控基础理论. //国家自然科学基金委员会学科发展战略研究报告——建筑、环境与土木工程. 北京：中国建筑工业出版社，2011
[35] 王炜，等. 城市交通规划. 南京：东南大学出版社，1999
[36] 王炜，等. 城市交通规划理论及其应用. 南京：东南大学出版社，1998
[37] 王建军，严宝杰. 交通调查与分析. 北京：人民交通出版社，2004
[38] 王笑京，等. 智能交通系统体系框架原理与应用. 北京：中国铁道出版社，2004
[39] 王殿海. 交通流理论. 北京：人民交通出版社，2002
[40] 中国公路学会. 交通工程手册. 北京：人民交通出版社，1998
[41] 中国科学院可持续发展研究组. 中国可持续发展战略报告. 北京：科学出版社，2002
[42] 中国智能交通协会. 中国智能交通行业发展年鉴(2012)(含光盘). 北京：电子工业出版社，2013
[43] 中国智能交通协会. 新加坡智能交通策略规划 2030 年. http：//www. itschina. org/article. asp? articleid=4191，2015
[44] 文国玮. 城市交通与道路系统规划. 北京：清华大学出版社，2013
[45] 冉斌. 手机数据在交通调查和交通规划中的应用. 城市交通，2013，11(1)：72-81，32
[46] 过秀成，盛玉刚. 公路交通事故黑点分析技术. 南京：东南大学出版社，2009
[47] 过秀成. 城市停车场规划与设计. 北京：中国铁道出版社，2008
[48] 过秀成. 道路交通安全学. 南京：东南大学出版社，2004
[49] 过秀成. 道路交通运行分析基础. 南京：东南大学出版社，2009
[50] 曲向荣. 环境学概论. 北京：北京大学出版社，2009
[51] 任刚. 交通管理措施下的交通分配模型与算法. 南京：东南大学出版社，2007
[52] 任福田等. 交通工程学导论. 北京：中国建筑工业出版社，1987
[53] 刘运通，石建军，熊辉，交通系统仿真技术，北京：人民交通出版社，2002
[54] 刘学军，徐鹏. 交通地理信息系统，北京：科学出版社，2006
[55] 刘培桐. 环境学概论. 2 版. 北京：高等教育出版社，1999
[56] 关宏志，刘小明. 停车场规划设计与管理. 北京：人民交通出版社，2003
[57] 孙剑. 微观交通仿真分析指南. 上海：同济大学出版社，2014
[58] 严保杰，李小俊. 信号交叉口通行能力及延误仿真系统结构研究. 西安公路交通大学学报，1997，17

(2B)：1-5
[59] 李文权，王炜. 无信号交叉口主路车流服从负指数分布下的支路混合车流的通行能力，东南大学学报，2000，30(1)
[60] 李作敏，杜颖. 交通工程学. 北京：人民交通出版社，1997
[61] 李林. 新加坡"智慧岛"建设经验与启示(连载二). 中国信息界，2013(4)：58-63
[62] 李德宏. 智能交通系统在新加坡的应用与发展. ITS 通讯，2001(4)：34-38
[63] 杨六龄. 刘会学. 道路交通标志和标线. 北京：新华出版社，1999
[64] 杨齐. 对交通仿真模型软件开发及应用问题的思考. 城市交通，2006，4(3)：77-81
[65] 杨佩昆，张树升. 交通管理与控制. 北京：人民交通出版社，1995
[66] 杨晓光，张汝华，储浩，等. 基于高速公路收费系统的交通信息采集与处理基本问题研究. 系统工程，2004，22(11)：4-11
[67] 杨晓光，孙剑，马万经. 复杂条件下网络交通流及其调控基础理论. //国家自然科学基金委员会学科发展战略研究报告——建筑、环境与土木工程. 北京：中国建筑工业出版社，2011
[68] 杨晓光，孙剑，徐建闽，易思蓉. 实验交通工程基本理论与信息技术 //国家自然科学基金委员会学科发展战略研究报告——建筑、环境与土木工程Ⅰ(建筑、环境与交通工程卷). 北京：科学出版社，2006
[69] 杨晓光. 城市道路交通设计指南. 北京：人民交通出版社，2003
[70] 杨晓光. 交通设计. 北京：人民交通出版社，2010
[71] 杨晓明，丁旭文，王菁，等. 智能监管和谐运行——新加坡交通智能化管理考察. 交通与运输，2008(4)：55-57
[72] 住房和城乡建设部. 城市综合交通体系规划交通调查导则，2014
[73] 住房和城乡建设部. 城市综合交通体系规划编制导则，2010
[74] 邹智军. 新一代交通仿真技术综述. 系统仿真学报. 2010，22(9)：2037-2042
[75] 沈志云. 交通运输工程学. 北京：人民交通出版社，1999
[76] 张国伍. 动态交通仿真理论应用与发展. 交通运输系统工程与信息. 2014，14(2)：1-6
[77] 张泉，黄富民，王树盛. 低碳生态的城市交通规划应用方法与技术. 北京：中国建筑工业出版社，2016
[78] 陆化普. 生态城市与绿色交通：世界经验. 北京：中国建筑工业出版社，2014
[79] 陆化普. 城市交通现代化管理. 北京：人民交通出版社，1999
[80] 陆化普，等. 城市交通管理评价体系. 北京：人民交通出版社，2003
[81] 陆书玉. 环境影响评价. 北京：高等教育出版社，2001
[82] 陈峻，周智勇，梅振宇，等. 城市停车设施规划方法与信息诱导技术. 南京：东南大学出版社，2007
[83] 陈峻，徐良杰，朱顺应等. 交通管理与控制. 2 版. 北京：人民交通出版社，2017
[84] 国家中长期科学和技术发展规划纲要. 北京：中国法制出版社，2006
[85] 国家智能交通系统工程技术研究中心. 中国智能交通系统文集. 北京：中国铁道出版社，2005
[86] 周干峙，等. 发展我国大城市交通的研究. 北京：中国建筑工业出版社，1997
[87] 郑长聚，洪宗辉，王提贤，等. 环境噪声控制工程. 北京：高等教育出版社，1999
[88] 郑祖武，等. 现代城市交通. 北京：人民交通出版社，1998
[89] 承建文. 日本、新加坡道路交通管理智能化的经验及启示. 上海建设科技，2000(2)：13-14
[90] 项乔君. 道路交通设计. 北京：人民交通出版社，2017
[91] 赵娜，袁家斌，徐晗. 智能交通系统综述. 计算机科学，2014，41(11)：7-11
[92] 胡兴华. 黄伟宏. 钟芸，等. 绿色交通理论探索与实践. 北京：人民交通出版社，2015
[93] 姜桂艳. 道路交通状态判别技术与应用. 北京：人民交通出版社，2004
[94] 宫福军. 新加坡 ITS 系统关键技术与应用效果分析. 中国交通信息化，2013(S1)：49-51
[95] 贺大胜. 智能交通发展现状及在我国的应用研究. 西安：长安大学，2013

[96] 夏禾. 交通环境振动工程. 北京：科学出版社，2010
[97] 徐吉谦. 交通工程总论. 北京：人民交通出版社，1991
[98] 徐良杰. 城市交叉口交通量调查方法研究. 交通与计算机，2003，21(4)：6-9
[99] 朱鲤，杨东援. 基于低采样频率浮动车的行程车速信息实时采集技术[J]. 交通运输系统工程与信息，2008(4)：42-48
[100] 黄顺汉. 城市智能交通控制与管理——新加坡智能交通发展与未来. 第八届中国城市智能交通论坛，2011：8-10
[101] 黄海军. 交通流研究进展与发展战略//国家自然科学基金委员会学科发展战略研究报告——建筑、环境与土木工程Ⅰ(建筑、环境与交通工程卷). 北京：科学出版社，2006
[102] 裴玉龙，王炜. 道路交通事故成因及预防对策. 北京：科学出版社，2004
[103] 裴玉龙，严新平，陆键，等. 道路交通安全分析与控制理论//国家自然科学基金委员会学科发展战略研究报告——建筑、环境与土木工程Ⅰ(建筑、环境与交通工程卷). 北京：科学出版社，2006
[104] 裴玉龙. 道路交通安全. 北京：人民交通出版社，2004
[105] 翟婉明，罗强，曾庆元，等. 轨道交通工程领域动力学基础理论//国家自然科学基金委员会学科发展战略研究报告——建筑、环境与土木工程Ⅰ(建筑、环境与交通工程卷). 北京：科学出版社，2006
[106] 陈宽民，严宝杰. 道路通行能力分析. 2版. 北京：人民交通出版社，2011